陳進傳

臺灣史研究名家論集

（初編）

蘭臺出版社

作者簡介（依姓氏筆劃排序）

王志宇　1965 年出生於臺灣彰化縣田中鎮，1988 年移居臺中。現為逢甲大學歷史與文物研究所專任教授，曾任逢甲大學歷史與文物研究所所長、臺灣古文書學會理事長、臺灣口述歷史學會理事等職。專攻臺灣史、臺灣宗教及民俗、方志學，並對近代中國史頗有涉略，著有《臺灣的恩主公信仰》、《苑裡慈和宮志》、《儒家思想的實踐者－廖英鳴先生口述歷史》、《寺廟與村落－臺灣漢人社會的歷史文化觀察》等書，編有《片雲天共遠》、《傳承與創新－逢甲大學近十年的發展，1998-2007》、《閩臺神靈與社會》、《大里市史》等書，並著有相關論文三十餘篇，也參與《集集鎮志》、《竹山鎮志》、《苑裡鎮志》、《外埔鄉志》、《臺中市志》、《南投縣志》、《新修彰化縣志》、《大村鄉志》、《續修南投縣志》等方志的寫作，論述豐碩。

汪毅夫　男，1950 年 3 月生，臺灣省臺南市人。曾任福建社會科學院研究員，現任中華全國臺灣同胞聯誼會會長，福建師範大學社會歷史學院兼職教授、博士生導師，享受國務院特殊津貼專家。撰有學術著作《中國文化與閩臺社會》、《閩臺區域社會研究》、《閩臺緣與閩南風》、《閩臺地方史研究》、《閩臺地方史論稿》、《閩臺婦女史研究》等 15 種，200 餘萬字。曾獲福建省社會科學優秀成果獎 7 項。

卓克華　文化大學史學碩士，廈門大學歷史博士。曾先後兼任過中山、空中、新竹師範、中原、中國醫藥、中國技術、文化等等大學教職，現在佛光大學歷史系所為專職教授。先後擔任過臺灣眾多縣市的古蹟審查委員，現為文化部古蹟勞務主持人之一。早年專攻臺灣經濟史，近二十年轉向古蹟史、宗教史、社會史，撰寫古蹟調查研究報告書超過八十本，已出版學術著作有《清代臺灣行郊研究》、《從寺廟發現歷史》、《寺廟與臺灣開發史》、《古蹟・歷史・金門人》、《竹塹媽祖與寺廟》、《民間文書與媽祖廟之研究》、《臺灣古道與交通研究－從古蹟發現歷史卷之二》，著作等身，為臺灣知名學者。

周宗賢　臺灣臺南市人，生於 1943 年。文化大學史學碩士。曾任淡江大學歷史系教授、系主任、主任、所長，內政部暨文建會古蹟評

鑑委員。現任淡江大學歷史系榮譽教授，臺北市、新北市文化資產審議委員。學術專長為臺灣史、臺灣民間組織、臺灣文化資產研究、淡水學等，著有《逆子孤軍——鄭成功》、《清代臺灣海防經營的研究》、《黃朝琴傳》、《臺南縣噍吧哖事件的調查研究》、《淡水輝煌的歲月》等。是臺灣知名的臺灣史、臺灣文化資產研究的學者。

林仁川　1941 年 10 月出生於龍岩市。1964 年復旦大學歷史系本科畢業，1967 年研究生畢業。教育部文科百所重點研究基地——廈門大學臺灣研究中心首任主任、教授、博士生導師，享受國務院特殊津貼專家。曾兼任福建省人大常委會常委、廈門市政協副主席。現任兩岸關係和平發展協同創新中心教授，廈門市炎黃文化研究會會長。主要著作有《大陸與臺灣歷史淵源》、《閩台文化交融史》、《臺灣社會經濟史研究》、《明末清初私人海上貿易》、《閩台緣》等多部專著。編寫十三集大型電視專題片《海峽兩岸歷史淵源》劇本和國家級博物館《中國閩台緣博物館》、《客家族譜博物館》展覽文本。在國內外各種刊物上發表學術論文近百篇。多次承擔國家文化出版重點工程、國家哲學社會科學重大項目、教育部文科重點項目，均任課題組長。主持編寫《現代臺灣研究叢書》、《圖文臺灣》、《中國地域文化通覽——臺灣卷》、《臺灣大百科全書——文化分冊》。曾多次榮獲全國及省部級哲學社會科學優秀成果獎。

林國平　歷史學博士，兩岸協創新中心福建師範大學文化研究中心首席專家，福建師範大學社會歷史學院教授、博士生導師，福建省高等院校教學名師，享受國務院特殊津貼的專家。主要從事閩臺民間宗教信仰研究，代表作有《林兆恩與三一教》、《福建民間信仰》、《閩臺民間信仰源流》、《籤占與中國社會文化》等。

韋煙灶　學歷：國立臺灣師範大學文學博士【地理學】（2003）
現職：國立臺灣師範大學地理學系教授
學術專長：鄉土地理、水文學（地下水學）、土壤地理學、地理教育
主要著作（專書）：《鄉土教學與教學資源調查》（2002）、《臺灣全志：卷二土地志（土壤篇）》【與郭鴻裕合著】（2010）、《與海相遇之地：新竹沿海的人地變遷》（2013）
研究領域：早期的研究偏向於自然地理學，奠定後來地理研究之厚實知能。2004 年以後的研究重心逐漸轉向鄉土地理、歷史

地理（閩客族群關係）與地名學研究，已發表相關學術期刊論文約 40 篇。

徐亞湘　臺北藝術大學戲劇系教授、中國文化大學戲劇系兼任教授、《戲劇學刊》主編、中華戲劇學會理事、華岡藝校董事。學術專長為臺灣戲劇史、中國話劇史、中國戲劇 及劇場史。著有戲劇專書《日治時期中國戲班在臺灣》、《日治時期臺灣戲曲史論──現代化作用下的劇種與劇場》、《Sounds From the Other Side》、《臺灣劇史沉思》等十餘冊。

陳支平　1952 年出生，歷史學博士。現任廈門大學人文與藝術學部主任委員、國學研究院院長，兩岸關係和平發展協同創新中心首席專家，兼任中國西南民族學會會長、中國明史學會常務副會長、中國朱子學會副會長、中國民族學與人類學研究會副會長等學術，職務。主要著作有《清代賦役制度演變新探》、《近 500 年來福建的家族社會與文化》、《明史新編》、《福建族譜》、《客家源流新論》、《民間文書與明清賦役史研究》、《歷史學的困惑》、《透視中國東南》、《民間文書與明清族商研究》、《臺灣文獻與史實鉤沉》、《史學水龍頭集》、《虛室止止集》等，編纂大型叢書《臺灣文獻彙刊》100 冊等。2006 年胡錦濤總書記訪問美國時，曾把《臺灣文獻彙刊》作為禮品之一贈送給耶魯大學。是書 2009 年入選「建國 60 周年教育成就展」。

陳哲三　1943 生，南投縣竹山鎮人，東海大學歷史系歷史研究所畢業，逢甲大學歷史與文物研究所教授，退休。先治中國現代史，著有：《中華民國大學院之研究》（臺北，商務印書館，1976）、《鄒魯研究初集》（臺北，華世出版社，1980）、《中國革命史論及史料》（臺北，商務印書館，1982）、《問學與師友》（臺中，大學圖書供應社，1985）等書。後治臺灣史，著有《竹山鹿谷發達史》（臺中，啟華出版社，1972）、《臺灣史論初集》（臺中，大學圖書供應社，1983）、《古文書與臺灣史研究》（臺北，文史哲出版社，2009）。教學研究之餘，又主修《逢甲大學校史》（未刊稿，1983）、《集集鎮志》（南投，集集鎮公所，1998）、《竹山鎮志》（南投，竹山鎮公所，2001）、《南投縣志》（南投縣政府，2010）、《南投農田水利會志》（南投，南投農田水利會，2008）等書。

陳進傳　1948 年生，台灣宜蘭人。淡江大學歷史系、歐洲研究所畢業，

曾任宜蘭大學副教授、教授，嶺東科技大學教授，現為佛光大學文化資產與創意學系教授。早年先治明史，著有論文多篇，其後研究轉向宜蘭史，曾擔任宜蘭縣文化、文獻、古蹟、藝術各種委員會委員及宜蘭縣政府顧問，撰述《清代噶瑪蘭古碑之研究》、《宜蘭傳統漢人家族之研究》、《宜蘭擺厘陳家發展史》（合著）、《宜蘭本地歌仔—陳旺欉生命紀實》（合著）、《宜蘭布馬陣—林榮春生命紀實》（合著）、《宜蘭的傳統碗盤》（合著）等及論文約 80 篇。

鄭喜夫　台南市籍澎湖人，民國三十一年生。財校財務科畢業、興大歷史所碩士。高考會審人員考試及格。曾任臺灣省及北、高二市文獻會委員，內政部民政司專門 委員。編著有臺灣史管窺初輯、民國連雅堂先生橫年譜、民國邱倉海先生逢甲年譜、清鄭六亭先生兼才年譜、重修臺灣省通志財稅、文職表、武職表、武職表三篇、南投縣志商業篇、臺灣當代人瑞綜錄初稿等書十餘種。

鄧孔昭　1953 年生，福建省三明市人。1978 年廈門大學歷史系畢業。後留系任教。1982 年轉入臺灣研究所。先後任助理研究員、副研究員、研究員、教授。1996 年起，兼任臺灣研究所副所長，2004年改為副院長。2012 年退休。現為兩岸關係和平發展協調創新中心成員。
已經出版的著作有：《臺灣通史辨誤》、《鄭成功與明鄭在臺灣》等。

戴文鋒　1961 年生，臺南人，國立臺灣大學歷史學學士、國立成功大學歷史語言研究所碩士、國立中正大學歷史研究所博士，日本國立一橋大學言語社會研究科客員研究員，國立臺南大學臺灣文化研究所教授兼所長。學術領域為臺灣史、臺灣民俗、臺灣民間信仰、臺灣文化資產，重要專著有《府城媽祖行腳》、《萬年傳香火、世代沐法華——萬華寺廟》（以上 2002）、《萬華觀光案內》（2004）、《走過・歷史・記憶——鏡頭下的永康》（2008）、《萬年縣治所考辨》（2009）、《東山鄉志》、《在地的瑰寶——永康民俗祭儀與文化資產》、《永康的歷史遺跡與民間信仰文化》（以上 2010）、《九如王爺奶回娘家傳統民俗活動之研究》（2013）、《重修屏東縣志・民間信仰》（2014）、《山谷長歌——噍吧哖事件在地繪影與歷史圖像》（2015）等十餘冊。

目　錄

臺灣史研究名家論集——總序

　　《臺灣史研究名家論集》（初編）即將印行，忝為這套叢刊的主編，依出書慣例不得不說幾句應景話兒。

　　這十幾年我個人習慣於每學期末，打完成績上網登錄後，抱著輕鬆心情前往探訪學長杜潔祥兄，一則敘敘舊，問問半年近況，二則聊聊兩岸出版情況，三則學界動態及學思心得。聊著聊著，不覺日沉西下，興盡而歸，期待半年後再見。大約三年前的見面閒聊，偶然談出了一個新企劃。潔祥兄自從離開佛光大學教職後，「我從江湖來，重回江湖去」（潔祥自況），創辦花木蘭出版社，專門將臺灣近六十年的博碩論文，有計畫的分類出版，洋洋灑灑已有數十套，近年出書量及速度，幾乎平均一日一本，全年高達三百本以上，煞是驚人。而其選書之嚴謹，校對之仔細，書刊之精美，更是博得學界、業界的稱讚，而海峽對岸也稱許他為「出版家」，而不是「出版商」。這一大套叢刊中有一套《臺灣歷史文化叢刊》，是我當初建議提出的構想，不料獲得彼首肯，出版以來，反映不惡。但是出書者均是時下的年輕一輩博、碩士生，而他們的老師，老一輩的名師呢？是否也該蒐集整理編輯出版？

　　看似偶然的想法，卻也是必然要去做的一件出版大事。臺灣史研究的發展過程，套句許雪姬教授的名言「由鮮學經顯學到險學」，她擔心的理由有三：一、大陸學界有關臺灣史的任務性研究，都有步步進逼本地臺灣史研究的趨勢，加上廈大培養一大批三年即可拿到博士學位的臺灣學生，人數眾多，會導致臺灣本土訓練的學生找工作更加雪上加霜；二、學門上歷史系有被社會科學、文學瓜分，入侵之虞；三、在研究上被跨界研究擠壓下，史家最重要的技藝——史料的考訂，最後受到影響，變成以理代証，被跨學科的專史研究壓迫的難以喘氣。中研院臺史所林玉茹也有同樣憂慮，提出五大問題：一、是臺灣史研究受到統獨思想的影響；二、學術成熟度仍不夠，一批缺乏專業性的人可以跨行教授臺灣史，或是隨時轉戰研究臺灣史；三、是研究人力不足，尤其地方文史工作者，大多學術訓練不足，基礎條件有限，甚至有偽造史料或創造歷史

的情形，他們研究成果未受到學術檢驗，卻廣為流通；四、史料收集整理問題，文獻資料躍居成「市場商品」，竟成天價；五、方法問題，研究者對於田野訪查或口述歷史必需心存警覺和批判性。

十數年過去了，這些現象與憂慮仍然存在，臺灣史學界仍然充滿「焦慮與自信」，這些焦慮不是上文引用的表面問題，骨子裡頭真正怕的是生存危機、價值危機、信仰危機，除此外，還有一種「高平庸化」的危機。平心而論，臺灣史的研究，不論就主題、架構、觀點、書寫、理論、方法等等。整體而言，已達國際級高水準，整個研究已是爛熟，不免凝固形成一僵硬範式，很難創新突破而造成「高平庸化」的危機現象。而「高平庸化」的結果又導致格局小，瑣碎化、重複化的現象，君不見近十年博碩士論文題目多半類似，其中固然也有因不同學門有所創見者，也不乏有精闢的論述成果，但遺憾的是多數內容雷同，資料重複，學生作品如此；學者的著述也高明不到哪裡，調研案雖多，題材同，資料同，析論也大同小異。於是乎只有盡量挖掘更多史料，出版更多古文書，作為研究創新之新材料，不過似新實舊，對臺灣史學研究的深入化反而轉成格局小，理論重複，結論重疊，只是堆砌層累的套語陳腔，好友臺師大潘朝陽教授，曾諷喻地說：「早晚會出現一本研究羅斯福路水溝蓋的博士論文」，誠哉斯言，其言雖苛，卻是一句對這現象極佳註腳。至於受統獨意識形態影響下的著作，更不值得一提。這種種現狀，實在令人沮喪、悲觀，此即焦慮之由來。

職是之故，面對臺灣史這一「高平庸化」的瓶頸，要如何掙脫困境呢？個人的想法有二：一是嚴守學術規範予以審查評價，不必考慮史學之外的政治立場、意識形態、身份認同等，二是返回原點，重尋典範。於是個人動了念頭，很想將老一輩的著作重新整理，出版成套書，此一構想，獲得潔祥兄的支持，兩人初步商談，訂下幾條原則，一、收入此套叢書者以五十歲（含）以上為主；二、是史家、行家、專家，不必限制為學者，或在大專院校，研究機構者；三、論文集由個人自選代表作，求舊作不排除新作；四、此套書為長期計畫，篩選四、五十位名家代表

作，分成數輯分年出版，每輯以二十位為原則；五、每本書字數以二十萬字為原則，書刊排列起來，也整齊美觀。商談一有結論，我迅即初步擬定名單，一一聯絡邀稿，卻不料潔祥兄卻因某些原因而放棄出版，變成我極尷尬之局面，已向人約稿了，卻不出版了。之後拿著企劃書向兩家出版社商談，均被婉拒，在已絕望之下，幸得蘭臺出版社盧瑞琴女史遞出橄欖枝，願意出版，才解決困局。但又因財力、人力、市場的考慮，只能每輯以十人為主，這下又出現新困擾，已約的二十幾位名家如何交待如何篩選？兩人多次商討之下，盧女史不計盈虧，終於同意擴大為十五位，並不篩選，以來稿先後及編排作業為原則，後來者編入續輯。

　　我個人深信史學畢竟是一門成果和經驗累積的學科，只有不斷累積掌握前賢的著作，溫故知新，才可以引發更新的問題意識，拓展更新的方法、理論，才能使歷史有更寬宏更深入的研究。面對已成書的樣稿，我內心實有感發，充滿欣喜、熟悉、親切、遺憾、失落種種複雜感想。本叢刊初編自有遺珠之憾，也並非臺灣史名家只有這十四位，此乃初編，將有續編，我個人只是斗膽出面邀請同道之師長友朋，共襄盛舉，任憑諸位自行選擇其可傳世、可存者，編輯成書，公諸同好。總之，這套叢書是十四位名家半生著述精華所在，精采可期，將是臺灣史研究的一座豐功碑及里程碑，可以藏諸名山，垂範後世，開啟門徑，臺灣史的未來新方向即孕育在這套叢書中。展視書稿，披卷流連，略綴數語以說明叢刊的成書經過，及對臺灣史的一些想法，期待與焦慮。

卓克華

2016.2.22 元宵　於三書樓

臺灣史研究名家論集——推薦序

　　臺灣史研究的興盛，主要是從二十世紀八十年代開始的。臺灣史研究的興起與興盛，一開始便與政治有著密切的聯繫。從大陸方面講，「文化大革命」的結束與「改革開放」政策的實行，使得大陸各界，當然包括政界和學界，把較多的注意力放置在臺灣問題之上。而從臺灣方面講，隨著「本土意識」的增強，以及之後的「臺獨」運動的推進，學界也把較多的精力轉移到對於臺灣歷史文化及其現狀的研究之上。經過二三十年的摸索與磨練，臺灣歷史文化的學術研究，逐漸蔚為大觀，成果喜人。以大陸的習慣性語言來定位，臺灣史研究，可以稱之為「臺灣史研究學科」了。

　　由於二十世紀八十年代以來臺灣史研究的興起與興盛，大體上是由此而來，這就造成現今的中國臺灣史研究的隊伍，存在著兩個明顯的特徵。其一，大部分的所謂臺灣史研究學者，特別是大陸的學者，都是「半路出家」，跨行或轉行而來，並沒有受過比較系統而嚴格的臺灣史學科的基礎訓練，各自的學術參差不齊，惡補應景和現買現賣的現象頗為不少。其二，無論是大陸的學者，還是臺灣的學者，對於臺灣史的研究，似乎都很難擺脫政治性的干擾。儘管眾多的研究者們，依然希望秉承嚴正客觀的歷史學之原則，但是由於各自政治立場的不同，大家對於臺灣歷史文化的關注點和解讀意趣，還是存在著諸多的差異，有些差異甚至是南轅北轍的。

　　儘管如此，從學術發展的立場出發，臺灣史研究的這兩個特徵，也未嘗不是一件好事。不同的政治立場、學術立場；不同的學術行當、學術素養，必然形成多視野、多層次、多思維的學術成果。即使是學術立場、觀點迥異的學術成果，也可以引起人們的不同思考與討論。借用大陸的一句套話，就是「百花齊放」，或者「毒草齊放」了。百花也好，毒草也罷，正是有了這般林林總總的百花和毒草，薈兮蔚兮，百草豐茂，在兩岸學者的共同努力之下，形成了臺灣史研究的熱潮。

　　蘭臺出版社有鑑於此，聯絡大陸和臺灣的數十位臺灣史研究學者，

出版了這套《臺灣史研究名家論集》。在這部洋洋大觀的名家論集中，既有較早拓荒性從事臺灣史研究的鄭喜夫、周宗賢、林仁川等老先生的論著，也有諸如王志宇、戴文鋒等年富力強的中生代的力作。在這眾多的研究者中，各自的政治社會立場姑且不論，僅以學術出生及其素養而言，既有歷史學、語言文學的，也有宗教學、戲劇學、地理學等等。研究者們從各自不同的學術行當和研究意趣出發，專研各自不同的研究專題，多有發見，多有創新。因此可以毫不誇張地說，這套《臺灣史研究名家論集》，在一定程度上體現了當今海峽兩岸臺灣史學術研究的基本現狀與學術水平。這套論集的出版，相信對於推動今後臺灣史研究的進一步開拓與深入，無疑將產生良好積極的作用。

陳支平

2016 年 3 月于廈門大學國學研究院

序

　　身為蘭陽子弟，不知道宜蘭史，實在說不過去，處在鄉土熱潮的時代，多輸情懷應是無可迴避的事。忝列歷史教學者，最好的回饋方式就是地方史的研究。儘管宜蘭地區範圍有限，漢人歷史不長，涉及的問題卻複雜得很，如何著手，也使筆者十分困擾。幾經思慮，就從每個人關係最密切的家族做起，宜蘭漢人家族史的研究，於焉展開。

　　宜蘭史料留存者不多，特別是道光以後，更是嚴重不足，造成史實難以重建，誠為治宜蘭史的無奈。為要彌補這個缺憾，家族史研究是很好的題材，因為每個家族，尤其是望族，極適合作田野實察，多少總會有些收穫，如族譜、古文書、照片、建築實體、文物器具及報告人的口頭訪談等，凡此都是非常珍貴的文獻資料。何況漢人基層社會的細胞，就是家族，因此，集合眾多家族的史料，不僅是各該家族史的復原，也是地方史的重要內涵。如謂從家族史立論，可相當程度掌握地方史的顯影，應是肯切的話。此乃筆者研究宜蘭漢人家族史的另一個理由。

　　本書是筆者近年來家族史研究的系列成果，其間第二、三、九章和第八章曾分別在《台北文獻》和《宜蘭文獻雜誌》登載，第四章和第七章則為「『宜蘭研究』第一屆學術研討會」、「第八屆亞洲族譜學術研討會」的宣讀論文。各章雖可獨立成篇，但寫作時曾考慮過整體結構與章節安排，是以分立中仍相繫屬，合而為連貫的專著。各章行文引用的資料，容或有些微重複，但為維持各章內容的完整，仍保留原樣，非必要不作修整。

　　撰述期間，辱承師長朋友的督促和鼓勵，各家族提供的文獻資料與口述內容，「宜蘭縣史館」及其他圖書館和許多朋友的惠借史籍，刊物雜誌與學術研討會的接納文稿，都令筆者由衷感謝，如缺乏這些有力的支持，本書勢難完成。部份篇章曾獲國科會的研究獎助，亦一併誌謝。內人蔡美聯女士於教學與家務之餘，謄錄全稿，極為辛勞，謹致謝忱。

　　本書能夠出版，「宜蘭縣史館」同仁的促成、協助與盛情，令人感念。付印前，邱彥貴先生看過部分原稿並賜卓見，在此深表謝意。本書

雖是筆者研究宜蘭史的專題著述，然因學疏識淺，寫來頗為吃力，加上
宜蘭圖書資料不足，增加研究難度，致使錯誤疏漏必不可免，敬祈博雅
先進不吝指正。

再版序

　　《宜蘭傳統漢人家族之研究》出版迄今已逾二十年，當時撰寫用意是以家族議題導向，提出家庭、家族、宗族和宗親四種類型作為基調，探討家族史的發展與意涵。待積文多篇，銜「宜蘭縣史館」之命，集結成書。本擬朝此方式，賡繼研究，再出續輯，然因習性疏懶，兼之俗務纏身，加上其他邀稿，以致事與願違，荒落家族研究。因而後來僅得數稿，分量不足，無法印製專冊，間或有朋友索閱，亦難以出示奉送，只能等「宜蘭縣史館」再版時，方予增補處理。

　　這個懸念多年的問題，託克華兄雅意，迎刃而解。克華兄學養精湛，望重士林，近日受蘭臺出版社之請，主持台灣史的叢書出版，遂建議將筆者原先漢人家族的舊著，及後續另撰數篇，兩相合併，擴大內容，宜蘭漢人家族的面貌由是更趨完整。職事之故，將現有的家族著述先行彙整問世，充任階段性成果，至於其他的家族議題之研究，只能俟之來茲。

　　本書初版原為十章，今將〈前言〉、〈結論〉刪除，加上新增五章，即第五章〈宜蘭漢人家族的婚姻網絡〉、第六章〈宜蘭漢人家族的譜牒修撰〉、第十章〈宜蘭漢人家族的家族文學〉、第十二章〈宜蘭員山林家的古厝興建〉、第十三章〈宜蘭員山林家的產業經營〉，前三篇屬家族議題之研究，後二篇針對宜蘭員山林家所作的討論，共是十三章。這些文章部分曾在學術研討會宣讀，有的則是應約稿件。須要表白的是，為保存撰述當時的治學情況與內容原樣，全書內容未加更動，及今看來，雖不免粗陋，然供作見證，似可見諒。

　　以前筆者從事田野調查時，到處請益耆老，如今主客易位，成為年輕學子訪談的對象，真是時光飛逝，歲月催人。宜蘭漢人家族還有許多議題，尚待開發研究，然已步入衰暮，時不我予，此後恐難再行握管。所以本書之再版，堪稱筆者研究宜蘭研究漢人家族的尾聲，頗具紀念意義。惟其如此，特別感謝克華兄的隆誼敦促與蘭臺出版社的厚愛支持，各界的邀稿，刊物的登載，宜蘭縣史館與朋友的助益，亦銘記在心，無以言之，借用宋詞的話，這次第怎一個謝字了得。

第一章　台灣漢人家族史研究的回顧

家族的指涉認定頗為困難，這裡所言者為漢人的家族，對於經由婚姻、生育、繼承等延續社會的行為，一直是傳統文化的主要關注。所謂的「宗法社會」也是中國漢人家族社會的另一稱呼，其所牽涉的問題十分複雜。

然本書的主題是在十八世紀末以降的宜蘭漢人家族，致使歷史宗法及其相關的漢人婚姻、家族等研究必須割捨，無法介紹，以免汗牛充棟的成果搪塞篇幅，而將重心擺在清末以後的研究及著作。但也很可惜的是，宜蘭甚至全台灣都沒有像《新安大族志》這樣專記一個區域血緣組織的專論。現存的兩種清代宜蘭方志《噶瑪蘭廳志》和《噶瑪蘭志略》，不僅沒有專立氏族的篇章，似乎也缺乏太多較細膩描繪當時風俗的歷史或文學作品。所以，本章的討論就以台灣漢人家族之研究為對象，間或涵蓋華南地區在內。更重要的是，以此回顧與評介，作為解讀宜蘭漢人家族的基礎。

本章想併同時間歷程與研究焦點二者來進行以下的回顧。時間分期上，依照順序區劃，二十世紀的前半葉為第一期，原則上即台灣的日治時期，但略延長至政府播遷來台，故實際上是從台灣割讓延至一九五〇年為斷限。第二期則自西元一九五〇年至一九八五年。此後為第三期。第一期著重考慮的是不同政治體制對台灣研究的影響。而第二期與第三期的界限則純就學術本身的演變來區分。但基於學術史不可能截然分割的鐵律，所以後文中會有一些跨分期的討論。各期的評價對象，則以各時期的中、日、英文論著為限。

第一節、二十世紀前半葉

如前所述，台灣漢人家族相關研究的第一時期回顧，是以二十世紀前半葉為時間斷限，涉及的學術社群則包括漢語、日語和英語三種，但由於光緒二十一年（一八九五）日本領台和民國三十四年（一九四五）

台灣光復，這兩度政權的轉移，影響各語言研究社群的回顧之時間斷限，以致內容略有短長。

一、台灣本地的調查與研究

　　日本領台後，便利殖民地的統治，先動員法律學者對清朝法律及官方同意許可下的民間慣例作了調查。領台後五年，即明治三十四年（一九〇一）四月組成「台灣舊慣調查會」，分為兩部，一部為法制部，自當年五月起開始調查，前後三次，歷時十年。後來於明治四十三年（一九一〇）刊行《第一部調查第三回報告書台灣私法附錄參考書》（以下簡稱《台灣私法》），其中第二卷第二編〈人事〉，除第一章第二節〈品行〉外，全卷（編）幾乎皆在討論我們的主題。《台灣私法》可以說是總結二十世紀之前，對台灣的家族相關問題的法律學研究，並保存若干史料，為日後的研究預留準備。[1]

　　及此，就要提到與《台灣私法》調查輯纂工作互為表裡的《台灣慣習記事》。[2]在「台灣舊慣例調查會」成立的稍前，另一個性質類似的團體「台灣慣習研究會」已先成立，並在明治三十四年（一九〇一）的元月起出刊《台灣慣習記事》。從這份期刊的第一卷第一期開始到明治四十年（一九〇七）八月停刊的七年內，其重要作者群除了舊慣調查會領銜的岡松參太郎、姊齒松平等人外，更有日後《台灣文化志》的作者伊能嘉矩等。而且我們發覺，其後《台灣私法》的若干定說，都曾經在《台灣慣習記事》中討論問難，堪稱是《台灣私法》的工作會報。

　　除官方法學家的綜合調查與史料成果外，大部分的法律從業人士在遭遇實際案例時，精行爬梳所獲的心得，也成為日後重要研究指引及資料。從臨時舊慣調查會的岡松參太郎，我們就不斷的見到日本法學者在

---

[1] 此書先以各篇方式於《台灣文獻叢刊》（台北，台灣銀行經濟研究室）中漢譯出版，其後有台灣省文獻委員會不附參考書目的漢譯本，自民國七十九年六月至民國八十二年六月依序出版。

[2]《台灣慣習記事》全七卷，台灣省文獻委員會的漢譯本自民國七十三年六月至民國八十二年九月依序出版。

這方面的成就，以《台法月報》雜誌的作者為例，就至少有兩位法律學者專研本題。其一是姊齒松平，他對各種型態的婚姻方式、養女、童養媳及祭祀公業等專題均有深入討論，代表作有《祭祀公業並台灣ニ於ケル特別法律ノ研究》和《本島人ノミニエ関スル親族法並相續法大要》兩種專著。

另一位是民法專家的戴炎輝，亦為橫跨兩時期的台灣家族研究先進。戴氏自昭和九年（一九三四）發表〈近世支那及び台灣の家族共財制〉開始，直到光復以後，復因整理「淡新檔案」之利，不斷以法律學的角度展現台灣漢人家族的相關層面，包括祭祀公業、婚姻、收養、祖先祭拜的討論。依照〈戴炎輝先生著作目錄〉所見載的內容看來，[3]戴氏自前引專文開始，以迄民國五十二年的總結之作〈清代台灣之家制及家產〉止，至少有十六篇中、日文專論是以家族的各面相為主題。日本領台後半期法律學者的研究，可說是與領台初期的《台灣私法》前後輝映，足為日後之重要礎石。

除了法學家的成果外，另一個是對家族研究的貢獻，來自業餘人士或所謂的民間學者。與法學者的區別大抵是，他們基於個人興趣或職業需要，例如擔任警察，因而對漢人生活中實際運作的民間習俗，加以文學性筆調的描寫及研究。大正十年（一九二一）片岡巖的《台灣風俗誌》、昭和九年（一九三四）鈴木清一郎的《台灣舊慣冠婚葬祭と年中行事》及昭和十六年梶原通好的《台灣農民生活考》等日治中期以後的台灣家族相關行為。這類作品兼具研究與資料性質，如梶原就統計昭和十年（一九三五）台北州轄下若干農家的家族成員之結構。[4]

上列作者以外，最值得注意的是《民俗台灣》月刊，該刊以全面的台灣民俗研究為職志，「台灣家族」即為其重要主題，如創刊伊始的第一卷第二期就有田大熊的〈本島人の婿入婚姻の風俗〉。所不同於法學

---

[3] 收錄於《固有法制與現代法學：戴炎輝先生七秩華誕祝賀文集》（台北，成文出版公司，民國六十七年十一月），頁 I～V。

[4] 梶原通好，《台灣農民生活考》（台北，緒方式藏發行，昭和十六年九月），〈附表四，農家家族調查表〉，頁一八〇～一八三。

家者,應該是我們可以從其中若干筆調優美的作品中,看出這些成文或不成文在實際生活中的運作,如連載長谷川美惠的〈台灣の家庭生活〉即為一例。另外則是敘述一個小區域在二十世紀中期的家族相關行為實錄,如池田敏雄等記錄當時艋舺黃姓祖廟的祭典活動。吳尊賢專述其故鄉台南州北門郡的婚姻習俗等。而該雜誌的第三卷第十一期依內容來看,可名為童養媳、養女的專輯。[5]在研究貢獻上,我們可舉深切融入台灣社會的池田敏雄為例,他在昭和十九年(一九四四)出版的《台灣の家庭生活》,匯集其發表在《民俗台灣》中,親身領略艋舺社會生活經驗的作品,堪稱日治末期民俗學者記錄與研究家族的代表作。這個刊物的許多同仁,且延續成為光復後第一代的台灣研究者。

　　歸納前引幾位作者的共同特性,即是他們皆非專業學者,這或許由於當年台灣的漢族民族學、民俗學研究,遠遜原住民研究來得吸引人,所以除了少數學者、作家的成就外,難與官方調查或法律學者洋洋鉅著相較。

　　總結日治時期台灣本地研究家族的成績,從日本領台不久後開始的舊慣調查是官方推動的,隨著時序推移,大正時期的重心轉向原住民研究,但司法界的關注卻一直延續到戰後。日治時期,由於台灣新的文化社群成立,一批民俗學者加入本題研究。簡言之,這五十年左右的表現是,一方面條理出清代以來台灣漢人家族相關行為及其規則,另方面也記錄若干二十世紀前半葉台灣漢人家族的活動。對日後家族史研究進程的貢獻,在於累積資料與提供基本研究脈絡。

二、日本學界的調查與研究

　　我們有必要將回顧的視野擴大到台灣地區之外,因為從上文可以看出,當時台灣家族研究,除極少數法學家和民俗學者的成果外,仍於累積資料的階段。所以,本段將回溯台灣的殖民母國日本與漢人祖國中國

---

[5] 關於《民俗台灣》雜誌的始末,〈池田敏雄氏追悼紀念特集〉,可逕參考《台灣近現代史研究》,第四號(東京,綠蔭書房,昭和五十七年十月)中多篇回憶錄,尤其是池田本人的遺稿〈殖民地下の台灣民俗雜誌〉一文,頁一〇九～一五一。

的家族相關研究，並稍微觸及下一時期深刻影響這個主題的英語學術社群。

　　日本在二十世紀前半葉的家族研究是由經學、律學傳統，轉變為西方史學與社會科學。像中國傳統學術分類一般，事實上中國的漢人家族或宗族研究一直都是日本漢學傳統的論題之一。因此，我們可以見到一些全才漢學家都有這方面的古典著作，如桑原騭藏的《支那法制史論叢》，加藤常賢的《支那古代家族制度研究》等。但是明治維新後，引進西歐的大學制度，在哲學與社會學兩部門的影響下，卻造就一批結合新舊兩種學術傳統的學者。他們既像前輩學者的討論《儀禮》、《爾雅》等經書中之有關家族史的疑義及歷朝律令中的家族親屬法史，同時也注意近世乃至當代的中國家族現象，而不再僅限於上古的經典研究。

　　茲引兩人為例：其一是牧野巽，他在大戰期間出版的《支那家族研究》，全書十五篇論文中，有研究漢代家族形態、婚齡的傳統經學史學篇幅，也有親屬法史的專論，以及近世宗族的討論。而戰後刊印的《近世中國宗族研究》則收集其對司馬氏書儀、文公家禮、族譜、宗族村落等的討論。這些由親屬理論到社會組織的思考，迄今猶是關注的焦點。而在此時期的最後，他也開啟廣東合族宗祠、合族宗譜的研究，即〈廣東の合族祠と合族譜─主として盧江何氏書院全譜について〉和〈廣東の合族祠と合族譜─主として蘇氏武功書院全譜について〉，此議題後為 Freedman 發揮，並形成極大影響之人類學理論。

　　另一個相同類型的日本學者是令人惋惜的學術慧星，台籍的郭明昆。出生於台南麻豆的郭氏為漢學名家津田左右吉之高徒，昭和六年（一九三一），其在早稻田大學文學部畢業論文為〈禮儀喪服考〉，此後，他以中國社會史為研究重心，故有多篇討論親屬稱謂的作品問世。郭氏的研究直到昭和三十八年（一九六三），才由李獻璋編輯成《中國の家族制及び言語の研究》，據書後李氏為其所編的著述編年〈郭明昆教授略歷〉看來，郭氏是從傳統禮學出發，繼而將語言（親屬稱謂）現象聯繫

到社會行為研究的先進。[6]可惜其充滿新機的學術生涯竟然不到十五年，於昭和十八年（一九四三）十一月，從神戶返台的船程中，在溫州外海遭美軍潛艇擊沈，全家罹難。所以這類語言整合社會行為的研究失去更進一步的發展機會。

從文獻方面研究家族的同時期日本學者，尚須提到清水盛光和內田智雄。因為他們所注意的問題至今仍在討論之中。清水氏在大戰前後出版兩種家族結構及族產的專著，分別是《支那家族の構造》及《中國族產制度考》。內田氏則可能是最早以文獻配合滿鐵在華北的調查資料，討論中國家族社會及信仰的學者，如其〈冥婚考—死屍の結婚習俗について〉一文即為冥婚研究佳作。[7]

還有一個研究傳統亦來自同時期的日本法學家，本期除仁井田陞於昭和十七年（一九四二）梓行的中國親法經典《支那身分法史》外，與本題更切近的研究是，日本在中國東北與華北的實際調查資料。東北地區的調查所得，散見《滿鐵調查月報》等刊物，並出版一些吸收二十世紀初期成果的研究報告，如水谷國一編的《支那に於ける家族制度》。但是和《台灣私法》成書的經過雷同，在中國東北的「滿州國」政權建立後，因應其取消治外法權，而需要自主私法，全面性的法務調查於焉展開。繼而在華北，則基於擴張的理由，在農村進行普遍的社會調查。相對於前述學院內「支那學」的研究，這批經社會科學家實地調查且卷帙龐大的報告，自有其不同的意義。但直到現在似乎仍未充分掌握其確實數量，故可視為漢人家族史研究的潛在寶庫。茲略述所知如下：

昭和十三年（一九三八）起，原任東京裁判所判事的千種達夫接任「滿洲國」司法部專任參事官，對東北境內包括漢人等不同民族展開民事調查。相關成果於昭和十九年（一九四四），曾出版《滿洲家族制度慣習調查》第一卷，但是要到昭和三十九年（一九六四）至昭和四十二

---

6 李獻璋編輯，〈郭明昆教授略歷〉，《中國の家族制及び言語の研究》（東京，泰山文物社，昭和四十年二月），頁五～七。

7 內田智雄，〈冥婚考—死屍の結婚習俗について〉，《中國農村の家族と信仰》（東京，弘文堂，昭和四十五年十二月再版），頁三～五七。

年（一九六七），千種氏的《滿洲家族制度の慣習》三卷出版後，二十世紀前半葉，中國東北漢人的家族行為之調查結果，始為世人略窺其全貌。[8]華北方面的社會調查當然也將血緣關係納入範圍之內，可是除了像平野義太郎的〈北支那村落の基礎要素としての宗族及び村廟〉及前引內田智雄等少數作品外，華北的調查成果同樣也要到戰後方得印行，且容後節再述。

　　總之，二十世紀前半葉，日本對台灣以外的漢人家族之調查與研究，可歸類為三：其一是沿自漢學傳統，再接受西方影響下的社會科學家，他們除了對漢語古代經典的再詮釋外，也對近代的家族歷史以至當代的家族行為，從事相當程度的記錄與研究；其二是其成績來自法學史家，迄今仍嘉惠學界；最後則是在華北、東北的實際調查，其資料之豐富，產生之影響，還真難以估計。

三、中國學界的調查與研究

　　日人因其統治殖民地及進一步侵略的需要，認真地研究中國及台灣社會的核心問題—家族。然自五口通商之後，進入中國的西方人士，其中尤以傳教士基於福音傳播的緣故，對風俗民情很感興趣。葛學浦（D.Kulp）在 1925 年出版的《華南的鄉村生活》（Country Life in South China），就成為現今常引用的早期英語著作。教會與中國家族研究的另一淵源是，中國的第一代社會科學者也在教會辦理的大學中，分別以家族的相關研究，為其學術歷程的發軔之作。絕佳的例證是，日後著名人類學家林耀華於民國二十四年，在燕京大學的畢業論文是〈義序宗族研究〉，稍後且刊出〈從人類學的觀點考察中國宗族鄉村〉一文。而另一位社會科學家費孝通在同系的畢業論文，則是以比較不同文化區之間婚禮的差異為題的〈親迎之研究〉。準此，中國的家族研究也形成一個特色，即寫作的語言包括漢語和英語，故本段亦兼敘二者。

---

[8] 前野茂，〈滿洲家族制度の慣習序〉，《滿洲家族制度の慣習》，第一卷（東京，一粒社，昭和三十九年三月），頁一～六。

　　此後，林氏在戰前完成的大作《金翼：中國家族的社會學研究》(The Golden Wing, A Sociology of Familism)，迄今依然是家族研究的經典作品。費氏在倫敦經濟學院的博士論文《江村經濟》(Peasant Life in China : A Field Study of Country Life in the Yangtze Valley)，雖是全面性的江南農村社會民族誌，但其親屬一章恐怕是少見對江南漢人家族行為的描述。他返國後任教於雲南大學，其間代表作《祿村農田》，亦有一章論及單（父）與上門姑爺對分家的影響。而本時期末出版的《生育制度》，更可視為家族研究專書。至於《鄉土中國》、《鄉土重建》、《皇權和紳權》諸書，多少也觸及家族問題。[9]當然，這兩位國際級的人類學者的畢生功業並不以家族的研究畫地自限，但不可否認，往後在本期中以至戰後，有關此一主題都是他們研究的重點之一。

　　及此該提到的是許烺光，許氏早年在倫敦大學即以華南家庭的功能研究的主題。返國之初任教雲南大學，後長期在美國講學，著有《中國交表婚的觀察》(Observations on Cross-Cousin Marriage in China)，這可能是漢人習見的中表婚風俗的最早研究，他日後雖以開拓心理人類學聞名，但在家族研究上也有從祖先崇拜切入中國社會文化脈絡的《祖蔭下》(Under the Ancestor's Shadow : Kinship, Personality, and Social Mobility in Village China)，及討論泛文化社會基本結構的專書《家族、階層與自由團體》(Clan, Caste and Club) 等，也是所有討論漢人家族問題的重要文獻。[10]此外，尚有一些華裔作者在海外的出版，如胡先晉於一九四八年討論家族功能的專書 The Common Descent Group in China and its Functions 和劉王惠箴於一九五九年刊印的 The Traditional Chinese Clan Rules 等即是。

　　當然我們也不能忽略中國漢學界的成果，除章太炎、王國維等幾位國故大師對宗法、喪服等傳統親屬行為的再詮釋外，隨著研究對象本身

---

[9] 費孝通，〈學歷自述〉，《費孝通學術精華錄》（北京，北京師範學院出版社，一九八八年六月），頁六〇五～六〇九。

[10] 許烺光著，張瑞德譯，〈文化人類學新論譯序〉、〈作者簡歷及著作目錄〉，《文化人類新論》（台北，聯經出版公司，民國六十八年八月），頁七，頁二六一～二六七。

（家族）及研究社群的變遷，民國初年以後，由於新文化思潮對家族的反省與西方社會科學引介的影響，學術界出現相當數量的漢人家族通史及專論。舉其要者，如民國十四年陳顧遠的《中國古代婚姻史》、民國十八年呂思勉的《中國宗族制度小史》、民國二十三年陶希聖的《婚姻與家族》和高達觀的《中國家族社會之演變》、民國二十六年雷海宗的《中國之宗族制度》，而民國三十六年瞿同祖的《中國法律與中國社會》所表現的深度，可夠得上與《台灣私法》並稱二十世紀前期法學史上的雙璧。這幾種專著大都自史料出發，從制度、法律等方面翔實敘述歷史上漢人家族的變遷，極富參考價值，深獲士林推重，故至今猶再版重梓。如就個別或區域家族史的研究，其實也是非歷史學者較為突出，遺傳學家潘光旦是個中翹楚。他於民國十八年發展〈中國家譜學略史〉，可謂為現代中國族譜學的肇始，而日後分別於民國三十年和三十六年問世的兩部專著《中國伶人之血緣研究》及《明清兩代嘉興的望族》，則是綜合文獻與田野調查的結果，並描述一地區或行業內親屬相關行為，允為漢人家族史的先行力作。[11]

至於官方的成果，同樣來自實務需要的法律部門，雖然可能在本世紀初即有若干官方的判例及《中國民事習慣大全》這類著作，但是司法行政部的《中國民商事習慣調查報告錄》是筆者唯一寓目的此類作品，其性質近似日人的《台灣私法》，台北古亭書屋有影印本。書中的第四篇〈親屬繼承習慣〉，為我們保留二十世紀前期中國內地及東北各省罕見的家族相關資料，內容取材頗為寬廣，唯其深度不及《台灣私法》。

綜合以上所述，十九世紀末至二十世紀中，中國學界對漢人家族研究的貢獻，可歸納如下：首先是傳統國學的研究漸次轉型，故而出現許多影響深遠的家族通史、通論，更有少數的家族史開山作品成為典範。而第一代中國人類學家也紛紛在其學術歷程的早期，不約而同選擇家族研究為起始點，為日後社會科學界從事家族研究鋪下坦途。

---

[11] 王玉波，〈從啟動到重建—中國家庭、家族史研究概述〉，《大陸雜誌》，第八十六卷第一期（台北，大陸雜誌社，民國八十二年一月），頁三～九。

第二節、一九五○年～一九八五年

戰後，由於東亞以至整個世界的秩序重整，學術社群亦因應而調整分區。臺灣經歷戰後政府遷臺如此巨大的變動，對家族研究這個主題自是有深刻的影響。從以下的回顧中，我們可以發覺對臺灣家族相關議題的研究，來自英語世界的人類學者，壓倒性取代了前期日本的法學家及民俗學家。在國際政治的冷戰對峙下，臺灣成為實際上的中國研究的替代區域，或是宣言中的中國社會文化實驗室，抑或近日所言之有其自主性，現成猶在討論之中。但本時期的臺灣已為漢語、英語研究社群匯流激盪之所，卻是已然的事實。所以本段的回顧也依其發展，照幾個關鍵性的時序，先粗論前期日語研究社群的遺緒，次及影響深遠的英語作品，再述臺灣學人的研究進程，而以討論的核心問題為準據，略述其要。最後再瀏覽本時期日本的論著。

一、前期臺灣學者的遺緒

對本期研究居主導地位的人類學界在回溯這段交替時期的學術史時，意見大致是一致的。從臺灣大學人類學系第一屆學生唐美君以下，回顧中國大陸時期的人類學研究史，幾乎一致認為可以依照研究發源及學派的區別，劃分為受芝加哥學派及英式社會人類學影響的「北派」，及受歐陸、美國歷史學派影響較大的「南派」。前者以北平的燕京大學為核心，較重視漢族社區的研究；後者是南京中央研究院為主導，興趣偏向非漢族的少數或邊疆民族。而遷臺的學者則以南派為主。[12]因此，二十世紀下半葉重新開始的臺灣之人類學研究，是從南島語系的臺灣土著發跡。而漢族社會的研究，依照李亦園看法，要遲至一九六五年才重

---

[12] 參見唐美君，〈人類學在中國〉，《人類與文化》，第七期（台北，台灣大學人類學會，民國六十四年一月），頁九；黃應貴，〈光復後台灣地區人類學研究的發展〉，《民族學研究所集刊》，第五十五期（南港，中央研究院民族研究所，民國七十三年六月），頁一〇五～一一六；李亦園，〈民族誌學與社會人類學：台灣人類學研究與發展的若干趨勢〉，《清華學報》，新第二十三卷第四期（新竹，清華大學，民國八十二年十二月），頁三四一～三六〇。

新展開。[13]

　　但是在敘述一九六五年後這段宗族研究黃金年代之前，我們需要提醒的是，尚且至少有兩位在日治後期，受過完整學術訓練的研究者。他們或總結了日本學術社群所締造的成果，甚至以「伏流」的姿態引導一九六五年之後的研究。一位是前期已經煥然於法學界的戴炎輝，他在本時期的〈清代臺灣之家制及家產〉，可謂其三十年來臺灣親屬法史研究的壓卷之作。

　　另一位則被譽為當時臺灣「唯一具有堅強學理的社會學家」的陳紹馨。陳氏早在日治就已發表過臺灣家族相關論文，以後且成為戰後臺灣第一代優秀的人口學家、社會學家，所以陳氏的研究往往能全面性的觀照社會諸種面相，而後凸顯家族之關鍵性所在。依照陳氏著作年表，[14]似乎在他學成返臺初期的研究是以俚諺——語言和社會之間的關係——為核心。但一九四五年的〈俚諺に現れた臺灣及支那の家庭生活〉刊登後，從人口與家族的研究出發，進而追尋臺灣社會體系之建立，就成為其追求的目標。[15]

　　陳氏在本期的單篇作品可以〈姓民・族譜・宗親會〉及〈臺灣的家庭、世系與聚落型態〉為代表。而其未竟之業，與傅瑞德（M.H.Fried）合作之「台灣人口與姓氏分佈：社會變遷的基本指標」研究計畫，陳奇祿稱若完成將是「人類親屬組織研究的最大貢獻」。[16]

二、英語研究社群在臺灣的研究

　　及此，我們要導入一個相當影響中國家族研究的學術傳統，一九四九年起，英國學者 Maurice Freedman 在新加坡進行當地華人家庭及婚姻的田野調查，同時他也閱讀了關於新加坡華人來源地，廣東及福建的西

---

[13] 李亦園，〈民族誌學與社會人類學：台灣人類學研究與發展的若干趨勢〉，頁三四七～三四八。

[14] 陳紹馨，〈附錄：陳紹馨先生著作年表〉，《台灣的人口變遷與社會變遷》（台北，聯經出版公司，民國六十八年五月），頁五七一～五七六。

[15] 黃應貴，〈光復後台灣地區人類學研究的發展〉，頁一一六。

[16] 陳奇祿，〈台灣的人口變遷與社會變遷序〉，《台灣的人口變遷與社會變遷》，頁五。

文著作，但格於一九四九年之後的中國政治變局，他對閩粵的大宗族興趣，只好以香港田野及書面文獻替代。一九五八年 Freedman 出版 Lineage Organization in Southeastern China 一書，一九六六年則梓行 Chinese Lineage and Society: Fukien and Kwangtung.。這兩本書及此後一系列的著述，如"The Family in China,Past and Present"、"The Chinese Domestic Family:Modles,"及其文集 The Study of Chinese Society 的若干篇目等，成為人類學界對華人或漢人，尤其是漢人家族研究的導引性經典。幾乎此後所有的討論都環繞他的理論發展而修正甚至反駁。

其實，對於福建及廣東兩地擁有強宗大族的印象，明清以後的中國已見若干載籍，但是 Freedman 進一步以英國社會人類學的功能主義去解釋它們出現的原因。他以方志為主的資料和香港新界的短期田野，判斷由於水稻栽植、水利灌溉及邊疆環境三重因素，使得宗族組織出現在中國東南沿海，因為集約型的水稻栽植需要較大的社會團體從事水利建設，故而利於大宗族的產生，且稻作農業較多的剩餘資本有利於宗族共同財產的設立與增長。而且閩粵地區在中國史上算是較晚開發的邊疆地區，以致政府的控制較差，基於自我防衛，亦促成大宗族的發展。

由於真正的中國社會已經淪入鐵幕，故後繼帶動的漢人宗族研究者只好選擇香港或臺灣瓜代。英籍學者多在香港地區進行田野，而美國學人就多前往臺灣。第一批在臺灣進行長時間調查的美籍人類學者，應該就是 Cornell 大學的研究生葛伯納（Bernard Gallin）和武雅士（Arthur P. Wolf）。先論葛氏，雖然他並非專為研究家族而來，但是其一九六六年的專書《小龍村——蛻變中的台灣農村》（Hsin Hsing,Taiwan:A Chinese Village in Change）中自不會忽略家族這個漢人社會的基本因素，且在此稍早即發表過單篇專文討論台灣農村的姻親關係，即〈台灣農村的親戚關係〉（Matrilateral and Affinal Relationships of a Taiwanese Village）。

Wolf 雖然是最早來臺者之一，但是他有關的專書卻出版得很晚，而且他與臺灣的關係也延續最久。從一九五七年在臺北海山的調查中，他將臺灣習見的童養媳現象推上人類學婚姻理論的國際舞臺，在方法上的影響則是，開啟了臺灣學術界對日本領臺後完備的戶籍資料運用。這

點除了影響往後在美濃從事研究的 Pasternak 寫了一本專書 Guests in the Dragon:Social Demography in a Chinese District，更是現今從事台灣研究者最常見的資料法門之一。武雅士對台灣婚姻與家族的研究與影響，迄今仍在進行中，將於本節及下節另敘。

到了一九六四年初，Burton Pasternak 與孔邁隆（Myron L.Cohen）分別在南臺灣的美濃等地點進行田野，臺灣家族相關問題更形深入英語研究社群的焦點。Pasternak 等一九六四年的元月起到次年的六月止在屏東的打鐵村客家聚落訪談，而他比較研究的閩南村落——臺南中社——則是一九六八年五月到次年六月進行田野。在他一九七二年的專書 Kinship and Community in Two Chinese Village 中，比較分析兩個生態人口相似，族群有別的村落，結論是兩村在社會組織上的差異，來自歷史及地理因素者，遠超過現代化、都市化和先天上族群因素。簡述之，打鐵村的客屬因處於自然與人文的不利狀態，因此較中社有較強的社區凝聚力，這種以區位和歷史的情境分析，相信使得日後的區域比較討論得到發揮的空間。

Cohen 於一九七六年出版的 House United,House Divided:The Chinese Family in Taiwan，則是以一九六四年起在美濃的煙寮之研究為主要論述依據。他以當地歷史學家對漢人家族大小的看法出發，發現在此佔主流的大家族並非如歷史學家所判斷的，擁有財富的縉紳之家。反之，他以經濟觀點透析其原因及動力，發覺該地由於煙草的種植主業，大量勞動力的投入及較穩定的收入，使得非上層的家族成員亦得以凝聚。Cohen 對日後臺灣家族研究重要啟示是，對於家族分化過程的階段指標的討論，這點恐怕也會給曾討論分爨、別居、異財等傳統指標的歷史學者若干靈感。

約略同時，還有 N.Diamond、D.Jordan 等分別於臺南鯤身、西港進行普通民族誌或宗教的田野，他們都不同程度的觸及家族問題，但是直到 Emily M. Ahern 以祖先崇拜為主題，一部從形上層次討論臺灣宗族關係的英文專書才出現。

E.M.Ahern 自一九六九年起，於臺北三峽的溪南進行田野，一九七

三年出版的專書是 The Cult of The Dead in a Chinese Village.。其問題核心是對於亡魂的祭禮祀所衍生的社會關係，包括牌位和財產繼承間的實質問題，及討論風水靈力與子孫禍福間的形而上層次的關係。Ahern 所引發的問題日後至少有陳祥水、陳敏慧及余光弘等幾位台灣人類學者對其著作發出積極的回應。

　　從一九五〇年代 Freedman 開始漢人的宗族研究，約二十年的時間內，英語世界的研究者在臺灣斷續的田野調查，涉及的家族研究領域，包括婚姻型態、家族類型、經濟生產及信仰等層面，其成果在在刺激了本地學人，以下我們即來回顧台灣人類學的回應及挑戰。

三、臺灣學者漢人社會研究的大興

　　在一九六五年，兩位日後臺灣人類學重要人物，李亦園與王嵩興分別前往他們位在晉江厝及龜山島的首途漢族田野調查。當此同時，陳紹馨也正在寫作一篇可視為本期學術研究方向的宣言：〈中國社會文化的實驗室——臺灣〉。從學術史來看，此年的台灣人類學界，宣言與行動雙管齊下，揭明漢人社會研究的再出發。

　　由於來自英語研究社群的刺激及本土反省性的宣言，以英國人類學在非洲取得的繼嗣理論（Descent Theory）為依歸；對於婚姻方式、家族結構、宗族組織、宗祧或子嗣繼承、財產繼承、祖先崇拜等等血緣關係的系列討論，就成為中外學者在六十年代中期到八十代中期，近二十年研究當時臺灣家族問題的重心。

　　前述王嵩興的龜山島田野，完成了一部不僅限於家族而是全面性的民族誌作品，即《龜山島——漢人漁村社會之研究》，李亦園在晉江厝帶領的研究，則有陳中民對該地祖先崇拜與氏族組織的文章。[17]稍後王人英以其一貫對人口現象的注意，一九六七年起對善化小新營展開研究，對該地的宗教發展與社會變遷，作出相當具有歷史意圖的描寫，有

---

[17] 陳中民，〈晉江厝的祖先崇拜與氏族組織〉，《民族學研究所集刊》，第二十三期（南港，中央研究院民族學研究所，民國五十六年），頁一六七～一九一。

別於其他著作同時性的功能研究。[18]許嘉明則詳細記錄雲林瓦磘庄的家族組織及分家等行為。[19]而莊英章則在竹山社寮的田野中,開始注意輪伙頭的「聯邦式家族」,認為是農村家族對現代化的適應。[20]

到了一九七二年,張光直帶領下的「濁大計畫」,其中民族學部門更在本題上具有跨步性的收穫,莊英章延續其竹山地區的研究,回應Freedman 對華南社會的若干看法,他提出該地宗族組織產生並非邊疆環境的刺激,而是移民再發展的結果。再者,共同族產雖然重要,但與系譜關係同是宗族發展的重要基礎。[21]陳祥水則以彰化埔心的田野,經由對異姓公媽牌的祭祀,實證祖先牌位與宗桃繼嗣、財產繼承之聯繫性,呼應 E.M.Ahern 在三峽溪南的研究。[22]關於「濁大計畫」執行後對臺灣人類學界主要成果與影響,在於臺灣漢人社會的研究,由完全依賴田野資料而走向配合歷史材料來研究。[23]所以日後我們就可以見到許多貫時性的人類學家族相關問題研究,有形無形中成為另類的家族史研究,故而若干人類學語彙也常為日後歷史學者所使用。

四、人類學的家族相關研究——漢語與英語作者的對話

雖然歷史學者與人類學者想了解的問題不完全一致,但是我們還是需要瀏覽這些中外學者對本期的家族討論的一些焦點。其理由是他們一方面,在地域上比對華南(臺灣的移民原鄉)的研究成果;另方面,在

---

[18] 王人英,〈宗族發展與社會變遷—台灣小新營李姓宗族的個案研究〉,《民族學研究所集刊》,第三十五期(南港,中央研究院民族學研究所,民國六十三年九月),頁八七～一一〇。

[19] 許嘉明,〈瓦磘庄之分家與繼承〉,《民族學研究所集刊》,第三十三期(南港,中央研究院民族學研究所,民國六十二年十二月),頁三四三～三六五。

[20] 莊英章,〈台灣農村家族對現代化的適應:一個田野調查實例的分析〉,《民族學研究所集刊》,第三十四期(南港,中央研究院民族學研究所,民國六十二年十二月),頁八五～九八。

[21] 莊英章,〈台灣漢人宗族發展的若干問題—寺廟宗祠與竹山的墾殖型態〉,《民族學研究所集刊》,第三十六期(南港,中央研究院民族學研究所,民國六十四年二月),頁一一三～一三八。

[22] 陳祥水,〈「公媽牌」的祭祀—承繼財富與祖先地位之確定〉,《民族學研究所集刊》,第三十六期(南港,中央研究院民族學研究所,民國六十四年二月),頁一四一～一六一。

[23] 黃應貴,〈光復後台灣地區人類學研究的發展〉,頁一二一。

時間上，又繼承並檢驗上一時期日本法學家、民俗學者的成績。而且由於研究所需掌握的時間深度日益漸長，歷史文獻的重要性亦有加增，故稱呼這些人類學者為臺灣家族史的先行者，殆不為過。基於筆者所習為歷史，且以下的論述，其實已經有很好的文獻回顧。[24]故本文多採其說，謹此說明。

　　首先我們要看的是家族結構或組織的問題。早在一九二五年，葛學浦（D.Kulp）就已將中國家族分成四種不同類型：自然家族、經濟家族、祭祀家族、傳統的或宗族家族，而孔邁隆（M.L.Cohen）則以其在高雄美濃的田野完成一系列之論文及一部專書，認為從家庭的分合來看，家的基本組合要素應包含家產（estate）、家人（group）、家計（economy）三者，其中以家人與家計可以各別分開（用傳統成語是「別居異炊」），但只要是未分家產，尤其是不動產、祖產，那仍是一家。孔氏強調的是財產在家族構成上的重要性。但是自莊英章在竹山的研究開始，就發現此原則的不夠周延，所以日後許多學者就按祖產之有無、男嗣婚配與否等條例補充，而謝繼昌更專注在現代化潮流下，傳統家族適應變遷而風行的「輪伙頭」的現象。

　　延續家族組織結構的問題就是「宗族結構」的討論，延續家庭人口的成長與分化，類似華南祖居地的具有共同祭祀、共同族產的大宗族或即產生。但是這種家庭形式的出現與否需與當地的區域發展等全面社會條件互動，對臺灣漢人家族研究影響最大的 Freedman 認為華南水稻種植、水利灌溉及邊疆社會三方面因素使然。英國學者在香港新界的研究大抵支持其說法。在臺灣進行研究的中、美學者，也都大贊同。但是此後其理論終為臺灣研究的結果不斷修整，甚至全面懷疑。

---

24 以下的論述主要引自莊英章，〈台灣漢人宗族發展的研究評述〉，《中華文化復興月刊》，第十一卷第六期（台北，民國六十七年六月），頁四九～五七；謝繼昌，〈中國家族研究的檢討〉，《社會及行為科學研究的中國化》（南港，中央研究院民族學研究所，專刊乙種之十號，民國七十一年四月），頁二五五～二八○；莊英章、陳其南，〈現階段中國社會結構研究的檢討：台灣研究的一些啟示〉，《社會及行為科學研究的中國化》，頁二八一～三○九；莊英章，〈台灣宗族組織的形成及其特性〉，《現代化與中國化論集》（台北，桂冠圖書公司，民國七十四年三月），頁九三～一二三。

Freedman 理論中最被重視的族產，雖早在前期已為日語世界的學者所描述，戴炎輝更將其在臺灣的類型分為鬮分字與合約字兩種。但本時期更以不同區域及歷史發展等因素連帶考慮，認為合約字族（祭）產成立較早，而鬮分字則表現在十九世紀後期的土著化社會中，原因在於移墾社會的過程。當然，Freedman 的理論也在臺灣的研究中不斷的遭受質疑及添補，這類的研究見於莊英章、陳其南，及美國學者 B.Pasternak 等。莊氏以其在竹北六家的研究，發現所謂的族長權威並不如傳統描述中的絕對。陳其南則從彰化社頭蕭氏宗族中發覺同一位祖先卻有許多重複的祭祀公業，這點是在分支理論的理解之外。而華南宗族中無共同財產就不會產生分支（房）的現象，也為 Pesternak 找到例外。

延續族產的討論就應提到財產繼承的來源依據，Ahern 在其一九七三年的專書中給予讀者一個印象，「沒有祖產就沒有祖先牌位？」（借余光弘的話說）。事實果真如此？雖然早期陳祥水在彰化埔心的研究是基本上贊同，惟其所要說的是，自牌位的祭拜中見出親緣關係，並藉此繼承祖產。但是在信仰層次上去推考，則陳敏慧及余光弘覺得她並未透析漢人祖先崇拜的正確理念，余氏甚至認為她誤解及誤用素材。[25]

接下來我們想看看對婚姻相關議題的研究。似乎本期最早為人類學者所感興趣的題目是「冥婚」，在一九五五年，新加坡華人的冥婚已為 M.Topley 所描述，而在臺灣，李亦園及阮昌銳是戰後較晚提出冥婚、過房議題及其社會意義的學者，[26]其他學者在日後的民族誌中婚姻的部份也往往加以記錄。

但是在這時期有關婚姻的研究，恐怕是壓倒性的集中於婚姻禮俗、

---

[25] 陳敏慧，〈一個中國人讀美國人類學的台灣民族誌─從回返的觀點論阿含的「死者祭禮」〉，《當代》，第八期（台北，當代雜誌社，一九八六年十二月），頁六〇～六九；余光弘，〈沒有祖產就沒有祖宗牌位？〉，《民族學研究所集刊》，第六十二期（南港，中央研究院民族學研究所，民國七十六年二月），頁一一五～一七七。

[26] 李亦園，"Ghost Marriage,Shamanism and Kiship Behavior in Rural Taiwan" in N. Matsumoto & T. Mabuchi eds., Folk Religion and the Worldview in the Southwestern Pacific (Tokyo,Kokusai Printing Co. Ltd., 1968)，pp.97－100；阮昌銳，〈台灣的冥婚與過房之原始意義〉，《民族學研究所集刊》，第三十三期（南港，中央研究院民族學研究所，民國六十二年四月），頁一五～三八。

儀式描寫，僅有少數作品深入社會文化的意義中，如 Su,Tina Han 於一九六六年在 Cornell Univ.的碩士論文 "A Thematic Study of Chinese Marriage Ritual and Symbolism" 及洪秀桂的〈臺灣閩南人岳婿雙方儀式行為之分析研究〉，同是自婚禮的儀式深入到象徵研究。而候怡泓的〈義民廟的社會功能：婚域的探討〉，則是以 Skinner 所導出的「婚姻圈」進行研究。

然而一九五七年起在臺北海山地區進行田野的美國學者武雅士（A.P.Wolf），卻從婚姻出發，思考一系列有關家庭結構、婦女地位乃至族群差異的問題，甚而增益人類學理論，所以，以下我們就來看看迄今此種影響的討論。

武氏從其一九六四年的博士論文以後，對臺灣的三種婚姻方式，武氏稱其為「大婚」—即一般聘娶婚、「小婚」—童養媳婚、與「招贅婚」，進行理論性的探究。本來這三種形式的婚姻，早為臺灣社會所習見周知。但是武氏卻將小婚—童養媳婚的問題深化，連結上二十世紀初以來人類婚姻中近親禁忌（incest taboo）的討論。即共同生活的家庭成員到底會產生性的吸引力或互相排斥？S.Freud 提出熟為人知的「戀母情結」，認為答案是前者。反之 E.Westmarck 則認為是後者。而武氏以童養媳婚的配偶較少的生育率及較不和睦的婚姻生活等，驗證 Westmarck 的看法。其相關的論著有一九六四年的 "Marriage and Adoption in a Hokkien Village."、一九六六年的 "Childhood Association,Sexual Attraction,and the Incest Taboo-A Chinese Case"、一九六八年的 "Adopt a Daughter-in-law,marry a sister—a Chinese Solution to the Problem of the Incest Taboo"、一九七〇年的 "Childhood Association,Sexual Attraction—a Further Test of the Westermarck Hypothesis"、一九七四年的 "Marriage and Adoption in Northern Taiwan"、一九八〇年的 Marriage and Adoption in China，一八四五～一九四五，以及一九八一年的 "Domestic Organization" 等。

民國七十四年中央研究院民族學研究所刊行 The Chinese Family and Its Rigual Behavior 論文集，是一部一九八二年研討會的成果，也是

本期研究的總括與檢討。其中廣泛的自家戶大小、結構，家庭發展，儀式與心理深層等，徹底討論近二十年來漢人家族研究，也預告日後的反省與比較的新潮流。

五、本期日本學界的研究

此時日本學者的漢人家族研究，首先該提的是戰前在華北及東北調查的結果，在本期繼續逐一梓行。最具代表性的該是，全六卷的《中國農村慣行調查》於一九五二年至一九五八年印製。而前期的實地調查也直接影響法學家，如一九五二年仁井田陞梓行《中國の農村家族》，即以一九四〇年至一九四二年在華北的調查資料為基礎，討論家產及其分割、主婦地位等問題。法學家方面另有滋賀秀三在一九六七年的《中國家族法の原理》可為代表作。

至於日本學者對族譜的研究亦延續前期發展，牧野巽的弟子多賀秋五郎在一九六〇年刊行其《宗譜の研究：資料篇》，對其多年蒐集之族譜資料進行通論說明。至於研究歸納出的宗譜發展歷史、香港九龍新界的宗族修譜現象及收藏目錄部分，則收納在遲至一九八一、一九八二年始出版上下兩巨冊的《中國宗譜の研究》。

相對於英語世界學者在臺灣及香港、南洋的成績，日本人類學者似乎並未投注太多。松園万龜雄的〈臺灣漢族の姓と祖先祭祀〉是本期最早可見人類學取向之研究作品。而真正的本題研究一直要到一九七〇年代中晚期才出現，該提到的學者是末成道男，末成氏有一系列關於臺灣中部的祖先崇拜的論文，如一九七七年的〈漢人の祖先祭祀—中部台灣の事例より〉、一九七八年的〈漢人の祖先祭祀—中部台灣の事例より（その二）〉、一九八〇年的〈漢人の祖先祭祀—中部台灣の事例より（資料篇）〉、一九八六年的〈客家と牌位の位置〉。另一位則是石田浩，但是石田氏更晚至一九七八年到一九八三年才在臺灣展開調查。他的專書是一九八五年出版的《臺灣漢人村落の社會經濟構造》，雖然這本專書是以全面性的民族誌考察臺灣漢族村落，但是其中有關宗祠，村落與祖

籍、同族等討論，卻也不可忽略。

　　很明顯的可以看出日本歷史學者在本期最多見的成果是，將戰前在中國的調查整理刊行，當然這些資料不僅全部關注在家族方面，而是全面性的社會調查。至於人類學上的成就，則相當後期才經由英語世界的刺激而發生，且也是深受前述的漢語、英語研究社群種種討論的影響。

第三節、一九八五年～一九九五年

　　面對難以截然分割的學術史，幾經考慮後，筆者選擇一九八五年作為臺灣家族相關研究第三期的開始。原因之一是這一年前後有若干影響甚大的著作出版；其二則是自本文截稿時間倒推，從這年算起剛好是最近的十年，而這十年間的研究進程或許較以前變化更為劇烈。由於一九七〇、八〇年代以來，臺灣學術環境逐漸趨向發展成熟，人類學研究在受到外來理論衝激之後，能漸次以臺灣本地的田野反省回應，他們對漢人家族在本時期最重要的研究取向可以用「反省」與「比較」兩個詞彙來作為主題。細節則可分為繼嗣群理論及其影響的徹底檢討，婚姻與繼嗣的繫聯思考與各個研究社群的合流。而歷史學界方面的進展是，一方面是對「譜牒」這種古老的史學體裁，或族譜學這門分科，有更進一步的投入、推廣及新的研究方法與取材。另方面，則是與人類學者合作多年後，紛紛出現真正出自史學工作者筆下的各類型家族史研究。故而本節就以上述四個重點嘗試發揮。

一、人類學界對繼嗣群理論的反省及深化

　　經過約二十年在臺灣田野及文獻兩方面的耕耘，漢語及英語研究社群不斷的試探及修訂，Freedman 華南宗族理論在臺灣的可能性及適用性，其實在一九八〇年代初期即遭根本上的懷疑。一九八五年前後出刊的兩種著作：陳其南在其 Yale 大學的博士論文 "Fang and Chia-tsu:The Chinese Kinship System in Rural China"，及陳奕麟的〈重新思考 Lineage

Theory 與中國社會〉，似乎恰好同時宣告中國家族，尤其以臺灣研究的所得，可以不再依附於 Freedman 得自非洲社會研究的理論，而自有其不同於 Lineage Theory 的特性。雖然早在一九七○年，M.Fried 即提醒他在臺灣的研究同行，顯示系譜關係的重要性，但是多年來的研究仍集中討論 Freedman 所重視的財產。而在一九七○年代初期開始受人類學教育的陳其南等學者，於社會科學本土化的思考後，將家族研究回歸到漢人對家族的自我詮釋。

　　陳氏以「房」這個詞彙為討論的關鍵基礎，重新強調系譜關係為漢人家族的基本運作原則，具備此種繼嗣範疇條件後，方可能產生宗族團體。而財產與祭祀等行為皆按照此基本原則而執行。同時，他也主張以「家族」取代英語的 family、lineage、clan 等語彙，因為其語意及指涉也頗有不同。基於此種認識，歷來中外學者對臺灣家族行為中有關宗祧、財產、婚姻、祭祀等諸問題，都可產生新的體驗。[27]陳氏的著作出版後，除了對中文研究社群有深遠的影響外，亦曾經多次刊出日文譯本。

　　陳奕麟則提醒研究者區分社會事實與象徵事實，除了對實際生活中運作的觀察、歸納外，更需要以土著即漢人本身的象徵觀點去理解家族和親屬關係的本質。所以此後陳氏有一系列對經典的閱讀及思考，以較長的時間深度去理解，對家族這個漢人社會文化中最重要主題歷來的詮釋，如一九八八年的 "Is There a Structure of Chinese Rural Society?"、一九八九年的 "Conceptions of Kinship and kinship in Classical chou China" 和一九九三年的〈由「土著觀點」探討傳統漢人親屬關係〉。

　　如果說陳奕麟是從理念上去回溯反省，那林美容是從歷史事實上去檢討自「濁大計畫」以來發展的成果。他以草屯為田野，自聚落觀點切入，發覺歷來臺灣社會先以地緣結合，其後再以血緣發展的說法並不符當地四大姓入墾以來的史實。祭祀公業並不等同宗族，而且鬮分字與合約字也不一定如竹山、頭份之例，可以十九世紀中作為區分點等等。[28]林

[27] 陳其南，《家族與社會—台灣和中國社會研究的基礎理念》（台北，聯經出版公司，民國七十九年三月），頁一二九～一三二。

[28] 林美容，〈草屯鎮之聚落發展與宗族發展〉，《第二屆國際漢學會議論文集・民俗文化組》

氏以不同區域歷史研究間的對話質疑，實予家族史研究的多元化啟示。

對宗族組織持續性進行田野與思考的莊英章，在一九八五年底的「臺灣地區人類學研究回顧與展望國際學術研討會」中發表論文，歸納陳其南、陳奕麟在理論上的推考，及眾多學者在臺灣的實際田野所得，表明臺灣宗族係一特定歷史條件下的產物，但基於理念的原則，亦會產生 Freedman 所謂的高層次宗族，華南、臺灣兩地的實例或兩種原則並不衝突。[29]

婚姻的研究在本期也有其精緻化與比較參對的趨勢。前期武雅士海山地區的資料深入人類學的古典理論。而在本期中他更與莊英章合作，試圖以完整戶籍資料的自動化，以更確實的數據顯示臺灣的族群、婚姻類型與婦女地位、生育率等錯綜複雜的社會行為差異及動力。[30]何翠萍則以象徵人類學的方法，分析臺灣婚禮中男女雙方饋贈禮物的深層義涵。[31]

另一種對整體親屬行為思考的進展是，石磊認為「房」與「宗」為兩種不同結構類型漢人繼嗣體系。石氏此前曾從事系列的中國古代親屬研究，再加上他自己華北（河南）的生活經驗，歸納出經典及二十世紀前期的華北漢人社會中，所強調者為「宗」，即強調的是兄弟間的橫向連帶關係。[32]至於前述陳其南在臺灣中部所得的「房」理論，則相對強調父子間縱的聯繫。即使在男嗣缺乏的情況下，也會以招贅婚行「押豬母稅」的方式加以挽救輔助。其結論是，「房」乃南遷漢人為應付華南

（台北，中央研究院，民國七十八年），頁三一九～三四八。

29 莊英章，〈台灣移墾社會的宗族組織〉，原以英文發表，後譯刊於《考古與歷史文化—慶祝高去尋先生八十大壽論文集》，下冊（台北，正中書局，民國八十年六月），頁二三七～二五一。

30 莊英章，〈女性：在家庭與生育率關係間被忽略的環節〉，刊於《陳奇祿院士七秩榮慶論文集》（台北，聯經出版公司，民國八十一年五月），頁一～六；莊英章、武雅士，〈台灣北部閩、客婦女地位與生育率：一個理論假設的建構〉，刊於《台灣與福建社會文化研究論文集》（南港，中央研究院民族學研究所，民國八十三年六月），頁九七～一一二。

31 何翠萍，〈導言—禮物、人情、債〉，牟斯(Marcel Mauss)著，汪珍宜、何翠萍譯，《禮物：舊社會中交換的形式與功能》（台北，遠流出版公司，一九八九年七月），頁一～二八。

32 石磊，〈房與宗：兩種不同結構類型的漢人繼嗣體系〉，刊於《陳奇祿院士七秩榮慶論文集》，頁三七七～三九一。

特殊環境而行之特殊制度。雖然，有關招贅婚且抽豬母稅的現象，早見於前期的研究，但並未深入理論與比較的層次。[33]由石氏的結論出發，更有學者詢問：這樣的變體是來自體系本身的自發，抑或南方非單系社會或母系社會之影響？不過這就牽涉更大範圍的比較研究了。

二、漢人家族研究社群的匯流

對繼嗣群理論的通盤檢討，可以說是臺灣家族相關研究深度化、本土化的成果。而另一個走向則是比較，即前述的三個區域（臺灣、香港、大陸）及三個語言（漢語、英語、日語）或更多的研究社群的合流。我們可以臺灣家族研究的輻射，來形容對日本及中國大陸兩個在第一期極盛，卻在第二期中衰的研究社群之影響情形。

前期的「濁大計畫」將歷史因素引入人類學的家族研究，而本期在一九八九年開始的「臺灣與福建基本民族誌調查研究計畫」（以下簡稱「閩臺計畫」），則正式將臺灣漢人社會研究形成的理論與假設，突破地域性限制，而得到較為寬廣的比較與驗證的可能。[34]對於尚未正式出版全部成果的「閩臺計畫」，我們將其之視為各個研究社群匯流的開始，倒不如將之視為交流的另一階段，因為此前的研究交流已經多方開展。以下且試簡述一九七〇年代末期，大陸學者及研究大陸的域外學人成績。

中國大陸的家族相關研究在戰前原有其豐富的收穫。但是在一九六〇年後的近二十年間卻遭受文革的打擊，直到一九七〇年代末期，我們開始可以見到不同區域內，對家族研究的關注，其中以皖南徽州地區及福建、廣東三地的成果最為耀眼。

安徽的研究可謂是中外並行，田野與文獻兼用。一九七九年

---

[33] 除《台灣私法》外，還有姉齒松平的〈招入婚姻に就いて〉，《台法月報》，第三十卷第十號（台北，昭和十一年十月），頁一七～四〇；戴炎輝，〈招婿婚について〉，《台法月報》，第三十二卷第三至六號（台北，昭和十三年三～六月），頁二一～二七、二二～三〇、三〇～三七、三六～四三。

[34] 李亦園，〈台灣與福建社會文化研究論文集序〉，《台灣與福建社會文化研究論文集》，頁一～二。

H.J.Beattie 即有專書 Land and Lineage in China-A Study of T'ung Ch'eng Country, Anhwei in the Ming & Ch'ing Dynasties 討論桐城，而宋漢理（H.Zurndorfer）則出自家族出發綜論地方歷史，曾以《新安大族志》為主要材料，著有 "The Hsin-an-ta-tsu chih and Development of Chinese Gentry Society,800-1600，"，以探討徽州士紳階層發展。除了兩位歐洲學者外，另一位對徽州深感興趣的是美籍華裔學者居密。大陸學界方面，葉顯恩的《明清徽州農村社會與佃僕制》，雖然非為專論家族而作，但其中相關章節足稱當時大陸區域家族史研究典範。其後唐力行的〈明清徽州的家庭與家族結構〉等系列文章，就完全以家族關係為核心探討徽州地區社會經濟歷史。

　　廣東這個或可戲稱一九六○年以後人類學研究家族的「策源地」，其家族史的研究更不可忽視。當年 Freedman 用繼嗣群理論，以文獻資料研究廣東之後，曾短期在香港新界進行田野查證。此後英國人類學家一直以新界為據點，繼踵其後者包括 H.D.R. Baker、B.E. Ward、J.L. Watson 等人，大體而言，並未突破繼嗣群理論。[35]但是日本的瀨川昌久則刻意以無大宗族支配的村落為調查對象，並再藉此反省陳其南的「房」理論，為我們展現華南漢人宗族更多貌的切面。[36]所以，我們或可期待，華南與臺灣之間的差異，來自地區的社會生態特性者，經由歷史學長時間的比較觀察，也許更能圓滿解答。

---

[35] 英國學人在香港新界的研究可舉數瑞代表：
　　Baker, Hugh D.R.,A Chinese Lineage Village:sheung Shui.(Stanford, Stan Ford Univ. Press，1968)
　　Potter, J.， "Land and Lineage in Traditional China，" in Maurice Freedman, ed.,Family and Kinship in Chinese Society. (Standford, Stanford Univ. Press，1970),pp.121～138.
　　Watson, J.L.， "Agnates and Qutsiders:Adoption in a Chinese Lineage，" Man(n.s.)10，1975，pp.293～306.
　　Emigration and Chinese Lineage.(Berkeley and Los Angeles,Univ. of Cali. Press，1975)
　　"Chinese Kinship Reconsidered:Anthropological Perspective on Historical Research，" The China Quarterly 92，1982，pp.589～622.
　　Watson, R.S.， "The Creation of a Chinese Lineage:The Teng of Ha Tsuen,1669～1751，" Modern Asian Studies 16(1)，1982，pp.69～100.

[36] 瀨川昌久，〈宗族研究と香港新界：中小宗族かうの展望〉，《文化人類學》，第五期（昭和六十三年二月），頁一一三～一二八；瀨川氏近年並著有專書《中國人の村落と宗族―香港新界農村の社會人類學的研究》（東京，弘文堂，一九九二年十一月）。

　　而大陸學者對珠江三角洲宗族及專業手工業等資源的關係，則多以社會控制的方向去理解，這是探討家族的政治性格的取向。作品多散見廣州出版的《學術研究》、《廣東社會科學》及廈門出版的《中國社會經濟史研究》等期刊。當然，前述的英、日學界對他們的影響也與日俱增。

　　福建地區的研究大抵是廈門大學的歷史系學者所從事，「閩臺計畫」進行之後，人類學者亦加入行列。其成果除了陳支平的《近五〇〇年來福建家族社會與文化》與下引的鄭振滿專書外，散篇多見於《廈門大學學報》及現今中國大陸最常見家族史研究的刊物《中國社會經濟史研究》。該地於日本歷史學者的影響，或可從傅衣陵所用的，強調宗族對內凝聚及對外支配地方事務的「鄉族」一詞，已然為日本明清史學界使用而窺見其端緒。[37]

　　一九九〇年後，我們更可以看到臺灣對中國大陸家族研究的影響。最明顯的例子當是廈門大學鄭振滿在一九九二年出版的《明清福建家族組織與社會變遷》，與上海社科院錢杭於一九九四年梓行之《中國宗族制度新探》兩書。後者除引用許多的臺灣家族研究成果外，更一反歷來中國大陸家族研究的一貫態度，不再以封建罪惡等字眼抨擊，反而給予家族、族譜等正面的評價。而前者在相當充分理解臺灣研究成果之餘，亦吸收了前節所敘之日本中國法學史傳統，故而將家族的研究推向更長的時間深度與更大的思考廣度。鄭氏復以〈中國家族史研究：歷史學與人類學不同的視野〉為題，比較中國、日本與臺灣三地區對本題的研究的異同。其結論是，在中國及日本都將家族的研究偏重於政治面的衝突、矛盾，而中外學者在臺灣的研究成果則表現傳統社會理性化的一面。其他如周翔鶴等人的著作亦有可觀。

　　其實，本小節掛一漏萬的敘述，實在難以摹繪出近年來各個語言與區域研究社群對家族研究的相互激盪。像 P.B. Ebrey 及 J.L. Watson 曾如此的期待，由於人類學者要求的時間深度愈來愈長，故而教會歷史學者

---

[37] 森正夫，〈關於「鄉族」問題〉，《中國社會經濟史研究》，總第十七期（廈門大學，一九八六年），頁一～八。

運用人類學詞彙，或許就比較能勝任此務。[38]這是出自人類學本位的說法，至於歷史學者的定位呢，以下我們不妨轉入具長遠傳統的族譜學範圍來看本題。

三、族譜研究的推廣與應用

在現代歷史學的家族史分科沒有真正出現以前，傳統中國史學的體裁中，最接近家族史的體例，應該就是所謂的「譜牒」，或是近世以下所俗稱的家譜、族譜或宗譜等類型。

一九二九年，潘光旦發表〈中國家譜學略史〉，可謂為現代譜學之始，潘氏日後的《明清兩代嘉興的望族》專著，資料多源自族譜，已於第一節提過，茲不贅述。另一位大量採用族譜資料的學者是羅香林，羅氏對中國學術中的客家學與族譜學具開基之功，兩部門可謂互為表裡；早在一九三○年代，他即以族譜資料為據，從事客家學與移民史研究，而到了晚年歸納其理論於民國六十年出版的《中國族譜研究》。羅氏在香港的門人，多有踵其後者。

至於臺灣本地的族譜收集與研究，雖然早始於一九二八年，但大規模全面性的收集，則應該算是美國猶他家譜學會於一九七四年開始。[39]但本地有意從事此家族史研究之基礎工作且在本期發揚光大者，當推陳捷先主其事的聯合報國學文獻館。國學文獻館自一九八三年以來舉行了七次國際族譜學術研討會，迄今已出版六集的《亞洲族譜學術研討會會議記錄》，其中有不少關於本題的探討，足資參對。而王世慶的貢獻更是有目共睹，曾先後撰有〈台灣地區族譜之調查研究〉和〈台灣地區族譜編纂史及其在史料上的地位〉，對台灣族譜的收集與研究，有完整的敘述與申論。

本時期對族譜或家譜研究的另一個特點是，這類專記家族歷史的古

---

[38] Ebery,P.B.& Watson,J.L., "Introduction", in Kinship Organization in Late Imperial China,1000-1940,(Berkeley, University of Cali., 1986),pp.1～15.

[39] 陳美桂，〈猶他家譜學會在台蒐集族譜報告〉，《台北文獻》，直字第八十一期（台北市文獻委員會，民國七十六年九月），頁二二九～二七○。

典歷史材料，有較前幾個時期更突破性及廣泛性的應用。其一是歷史人口學研究方法的加入，與前期史學家應用族譜取材不同的是，歷史人口學以其計量的特性，更精確的表達家族在一個地區內的社會經濟影響。這方面的研究，主要來自劉翠溶。劉氏以族譜為主要素材，對江南、河北及廣東等地家族之出生率等人口指標，做了精密的計量，並佐以其他史料凸顯各家族在該地區的活動與影響，典範的代表作品是《明清時期家族人口與社會變遷》。和劉氏同時進行這類方法者，尚有李中清以中國東北及清朝皇室族譜「玉牒」為資料的研究。在劉、李兩位的影響下，稍後則有賴惠敏以浙西及清代皇族為主題的研究。不過目前似乎尚無關於臺灣方面的類似成果出現。

　　另種對族譜資料的運用則是在移民史方面。有關清代大陸移民至臺灣的資料，可舉莊為璣、王連茂的《閩臺關係族譜資料選編》為例。當然還有許多由閩粵兩省各縣市「政協」主編的《□□文史》或《□□文史資料》，其中若干同類性質的單篇，亦可為參考，於茲略過不提。至於族譜資料運用於島內移民史的研究，可舉陳亦榮的作品為例。陳氏的《清代漢人在臺灣地區遷徙之研究》一書以族譜為主要資料，初步探討臺灣家族的島內遷移歷史。而蔡淵絜以族譜為主要資料所完成之《清代台灣的社會領導階層（一六八四～一八九五）》，甚具學術價值。當然族譜資料的應用研究並不僅限於上述人口歷史、遷移史、社會階層等三種。但是我們也可以窺出族譜這種上千年的歷史體裁，仍舊蒙學界青睞，自是有其存在之價值。

四、最近的家族史競寫熱潮

　　當然臺灣史研究前輩絕對不會忽略家族史這個漢族社會最明顯的主題，在前述幾種近年的族譜應用研究發展之前，幾位資深的臺灣史學者；如王詩琅[40]、黃典權[41]等皆曾以家譜為主要資料對若干家族的歷史

40　王詩琅，〈艋舺張德寶家譜〉，《台北文物》，第八卷第二期（台北市文獻委員會，民國四十八年六月），頁五一～五四；〈龍塘王氏家譜〉，《台北文物》，第八卷第三期（台北市文獻委員會，民國四十八年十月），頁八四～九四；〈艋舺李氏家譜〉，《台北文物》，

進行敘述，但或許仍囿於族譜為核心的討論，並未有真正從事家族史研究的意圖。而洪敏麟則是一個例外，他從自身家族的關懷出發，早在民國五十四年就完成一個中部家族的遷移發展經過，允為本題研究的先驅。[42]若先擱置以橫向切面的法律、社會、民俗研究不論，單就縱向的貫時性研究而言，傳統族譜學研究的根源，加上來自人類學逐漸加長時間深度的家族研究，逐漸匯流成為近年的家族史研究潮流。

民國七十二年，尹章義《張士箱家族移民發展史——清初閩南士族移民臺灣之一個案研究（一七〇二～一九八三）》，是一部此前少見，全面性探討一個來臺祖派下子孫的詳細專著，應該以視為臺灣家族史研究的一塊里程碑。因為相較於一九八〇年代之前，零星散見一些取材自個別族譜及口述的單篇作品，此後堪稱家族史研究競寫時期。

雖然一些自清代以來，對臺灣社會即有重大影響的家族，如歷清領、日治兩代皆稱臺灣第一家的板橋林家，其家族史自是早為人注意。雖然早在民國四十一年及民國五十四年即有吳守璞及陳漢光皆以〈林本源家小史〉為題分別發表。王國璠並於民國六十四年及民國七十四年兩度編纂《板橋林本源家傳》，但以板橋林家之影響力及資料而言，實失之過簡，且迄今未有較具份量的專著。因此，依許雪姬的評估，其影響力與研究篇章實不成比例。[43]

然而，對板橋林家的宅邸之建築學報告亦迭出付印，如漢寶德、洪文雄的《板橋林宅之研究與計畫》、臺灣大學土木研究所都市計畫室的《林本源及其邸園之研究》、漢寶德的《林本源庭園復舊工程記錄與研究工程報告書》等等。雖然這些報告在背景上有歷史學者參與，但終究僅是林家歷史的一片段耳。歷史對板橋林家的研究偏重於清代，而近年

第八卷第四期（台北市文獻委員會，民國四十九年二月），頁八九～九四。

[41] 黃典權，〈海澄大觀葉氏族譜研究〉，《台南文化》，第五卷第二期（台南市文獻委員會，民國四十五年七月），頁二十一～四八；〈霞漈陳氏家譜研究〉，《台灣文獻》，第八卷第一期（台灣省文獻委員會，民國四十六年三月），頁九～二〇。

[42] 洪敏麟，〈草屯茄荖洪姓移殖史〉，《台灣風物》，第十五卷第一期（台北，台灣風物雜誌社，民國五十四年四月），頁三～二二。

[43] 許雪姬，〈日據時期的板橋林家一一個家族與政治的關係〉，《近世家族與政治比較歷史論文集》（南港，中央研究院近代史研究所，民國八十一年六月），頁六六〇。

許雪姬兩篇關於日治時期的板橋林家研究,〈日治時期的板橋林家——一個家族與政治的關係〉和〈台灣總督府的「協力者」林熊徵——日治時期板橋林家研究之二〉,可謂為突破前述史料與研究焦點的創新之作。

反之,霧峰林家,則自一九七九年 J.M.Meskill 的專書 A Chinese Pioneer Family:The Lins of Wu-feng, Taiwan 開始,一系列包括歷史、建築乃至影像的論著一一出版,其原因乃由林家後人組成之素貞興慈會委託臺灣大學土木系與歷史系合作進行「霧峰林家歷史與宅園研究」,故能積極從事。現有成果為:黃富三的系列專著《霧峰林家的興起—從渡海拓荒到封疆大吏(一七二九~一八六四)》、《霧峰林家的中挫(一八六一~一八八五)》,堪稱內容詳博,見解精湛。而王鴻楷的《臺灣霧峰林家建築圖集(頂厝篇、下厝篇)》和賴志彰的《臺灣霧峰林家留真集:近現代史上的活動‧一八九七~一九四七》所示的圖集、照片、亦彌足珍貴。霧峰林家本身的合作甚至資助,使得各方面研究洋洋大觀,實為臺灣家族史研究的典範。

除了南北兩大林家的研究外,一九八〇年以後也可漸次見到一些各地重要家族的研究問世,如:溫振華之於臺北高氏,[44]莊英章、陳運棟之於頭份陳家、[45]北埔姜家、[46]竹北林家、[47]張炎憲、蔡淵絜之於新竹北郭園鄭家等,[48]楊玉姿之於清水蔡家,[49]陳慈玉之於基隆顏家[50]等等。這

---

[44] 溫振華,〈台北高姓——一個台灣宗族組織的形成之研究〉,《台灣風物》,第三十卷第四期(台北,台灣風物雜誌社,民國六十九年十二月),頁三五~五三。

[45] 莊英章、陳運棟,〈清代頭份的宗族與社會發展史〉,《第一屆歷史與中國社會變遷(中國社會史)研討會論文集》,下冊(南港,中央研究院三民主義研究所,民國七十一年八月),頁三三三~三七〇;〈清末台灣中港溪流域的糖廍經營與社會發展—頭份陳家的個案研究〉,《民族學研究所集刊》,第五十六期(南港,中央研究院民族學研究所,民國七十三年十二月),頁五九~一一〇;〈族譜與童養媳婚研究:頭份陳家的個案研究〉,《第三屆亞洲族譜學術研討會會議記錄》(台北,聯合報國學文獻館,民國七十六年九月)頁四五一~四七七。

[46] 莊英章、陳運棟,〈晚清台灣北部漢人拓墾型態的演變—以北埔姜家的墾闢事業為例〉,《台灣社會與文化變遷》,上冊(南港,中央研究院民族學研究所,專刊乙種第十六號,民國七十五年六月),頁一~四三。

[47] 莊英章,〈族譜與漢人宗族研究:以竹北林家為例〉,《第一屆亞洲族譜學術研討會會議記錄》(台北,聯合報國學文獻館,民國七十三年九月)頁一八五~二一〇。

[48] 張炎憲,〈台灣新竹鄭氏家族的發展〉,《中國海洋發展史論文集(二)》(南港,中央研

些作品都以清代各地區性的強宗大族為主題，描述其內部結構及對外的社會影響面，相信在一連串的這類研究繼續完成後，有助於深化清代至日治臺灣家族及社會經濟的研究。

　　但是在參考過這類單篇或發展中的系列論文後，民國七十九年許雪姬的專書《龍井林家的歷史》就顯得特別為人注目，許氏以大量的古文書及田野訪談，將一個家族的發展置於區域史脈絡中考察，讓我們知悉一個在臺灣某區域中的重要家族，從移民迄今的活動角色。姑且先不論前段所提過的，影響力遍及全臺甚至大陸、東南亞的重要家族。對某個區域的重要家族，偏重某段特定時間的內部及對外關係研究，依照筆者的看法或可謬稱為「點」的研究。而龍井林家這種地方墾拓中堅角色的研究，則是「線」的取向，那有無可能結合前述兩種模式，嘗試以一特定區域為範圍，進行全面性，甚至立體化的時空研究呢？

　　另一類型的研究則或許更接近本題，即以一鄉鎮為主的範圍內，各宗族為對象的探討。這類的研究，除前引林美容草屯的研究外，尚可提石萬壽對二行層溪流域[51]和湯熙勇對員林永靖陳氏、邱氏的研究[52]為例。

　　至於宜蘭地區漢人家族的相關研究，雖然無長編宏論，卻不乏士紳略傳與家族簡史之類的文章。如林萬榮於文獻課長任內，編著《宜蘭鄉

究院三民主義研究所，民國七十五年十二月），頁一九九～二一七；蔡淵洯，〈清代台灣的望族—新竹北郭園鄭家〉，《第三屆亞洲族譜學術研討會議記錄》，頁五四五～五五六。

[49] 楊玉姿，〈清代同發號家族在清水之開發〉，《高雄師院學報》，第十四期（高雄，高雄師範學院，民國七十五年六月），頁七一～八九；《清水同發號之研究》（高雄，復文圖書公司，民國七十七年）；〈清代同發號的成長〉，《中縣開拓史學術研討會論文集》（豐原，台中縣立文化中心，民國八十三年六月），頁六二～八四。

[50] 陳慈玉，〈日本殖民時代的基隆顏家與台灣礦業〉，《近世家族與政治比較歷史論文集》，頁六二一～六五六。

[51] 石萬壽，〈二層行溪上游的開發與系譜〉，《第三屆亞洲族譜學術研討會議記錄》，頁五〇九～五四四；〈羅漢內門里的漢移民與系譜〉，《第四屆亞洲族譜學術研討會議記錄》，頁三四五～三七二。

[52] 湯熙勇，〈員林永靖陳氏家族的渡台與發展〉，《史聯雜誌》，第九期（高雄，台灣史蹟研究中心，民國七十五年十二月），頁一〇〇～一〇六；〈彰化永靖邱氏宗族的遷台與大宗祠的建立〉，《台灣史研究暨史料發掘研討會論文集》（高雄，台灣史蹟研究中心，民國七十六年八月），頁六七～七八。

賢列傳》一書，簡記縣內科舉人物，一人一傳，共得二十三位，借此大致可了解宜蘭科舉士紳的生平與家世。陳長城在這方面同樣有很好的成績表現，如〈吳沙與楊士芳〉、〈前清發起奏建延平郡王祠的宜蘭籍進士楊士芳先生事略〉、〈清代宜蘭舉人以上科甲人物之調查〉及其他短論等；同時，他也費心個案家族的探討，如〈介紹前清宜蘭梅林陳氏〉、〈介紹宜蘭復興庄梅林陳氏〉、〈介紹宜蘭擺厘陳氏鑑湖堂聚落〉等，實開研究縣內個案家族發展之先河。雖然這兩位作者頗有文采，又曉史事，但可惜的是，其內容資料沒有註明出處，因而不免稍減其學術價值。白長川以退休之年，撰〈宜蘭先賢陳輝煌協台評傳〉和〈藍氏源流—以羅東藍氏望族為例〉，試屬難得。而吳秀玉的《開蘭始祖—吳沙之研究》一書，儘管非家族史的專著，但吳沙家族的形成，可說隱然若現。至於台北市宜蘭縣同鄉會發行的《蘭陽》雜誌，經常看到涉及士紳望族的文章，雖具參考價值，惟內容較短，不予贅述。

　　從以上的回顧，可見家族史的研究已普遍受到重視，成果也愈見豐碩燦然。筆者順應此一潮流走向，不避魯昧，在諸多前賢的導引下，選擇宜蘭做綜合性的嘗試，探討境內漢人家族的多面相意義。

第二章　清代宜蘭漢人的移動

第一節、前言

　　人口研究奠基在可靠的統計資料上，如人口普查與生命統計等。台灣直到二十世紀初，才有較完整翔實的人口資料，而成為台灣人口研究的分水嶺，以致絕大多數學者，均趨向研究日治時期以後的人口問題與發展，此完整的統計資料應是主要原因。相對地，在此之前的人口研究，因資料殘缺，數據不全，研究成果當難臻理想，因此，有關清代台灣人口的論述，尚不多見。

　　這種現象投射到宜蘭史更為明顯。以宜蘭人口作為探討的專著，重要的有呂美玉的《宜蘭市人口遷徙的地理研究》、王文良的《宜蘭市移入人口之空間決策行為》、溫振華的〈二十世紀上半葉宜蘭地區的人口流動〉等，雖見解精闢，然皆未論及光緒以前，使得清代噶瑪蘭的人口與家族問題，仍是待墾的研究園地。

　　談到宜蘭的人口研究，漢人移民是重要的課題，因清代宜蘭之發展，是由漢人遷徙為主軸所造成的。然而在遷移過程中，清末民初是關鍵性的轉變，從明治四十二年（一九○九）開始，宜蘭方具可靠的人口統計；此後宜蘭人口的移動，因淨遷徙率很低，而呈低人口流動的現象。尤有進者，已由過去的移入導向，變成人口外流，而且情況逐年嚴重。下表數據，就是很好的證明。[1]

年代	遷出		遷入		人口實數	淨遷徙率%
	人口實數	遷出率%	人口實數	遷入率%		
1909	1,186	9.23	1,326	10.32	140	1.09
1912	1,299	9.66	1,085	8.07	-214	-1.59

---

[1] 溫振華，〈二十世紀上半葉宜蘭地區的人口流動〉，《歷史學報》，第十四期（台北，台灣師範大學，民國七十五年六月），頁二四一。

| 1914 | 1,235 | 8.88 | 916 | 6.58 | -319 | -2.30 |
| 1915 | 2,009 | 14.27 | 1,193 | 8.50 | -810 | -5.77 |

　　無庸置疑地，日治初期的人口數據極凸顯宜蘭人口移動的轉變意義，問題是在這個年代之前的宜蘭人口資料，雖曾見諸文獻記載，但因簡略不全，很難窺得全貌，特別是關於祖籍原鄉及其移動的過程，更遑論精確的人口統計，解決之道，只有求諸族譜一途。[2]王世慶詮釋族譜的價值曰：「可為研究台灣移民之源流、祖籍、遷台、開拓、歷史文物、人物、人口、家族制度、家族結構、繼承、生命、婚姻、遺傳、宗教信仰關係、祖祠、祭祀公業的重要資料。」[3]譚其驤更就其中的人口移動發揮，認為移民史所需求於譜牒者，「在乎其族姓之何時自何地轉徙而來，時與地既不能損其族之令望，亦不能增其家之榮譽，故譜牒不可靠，然惟此種材料為可靠也。」[4]因此，本章節以譜牒資料為基礎，探討宜蘭地區的人口移動及其意義，進而為後續研究家族的前導。

第二節、從中原遷移到閩粵——早期原鄉

　　基本上，宜蘭地區漢人移動的過程可分四個階段，最早從中原或其他地區遷移到閩粵，其次是閩粵遷移到台灣，接著再從台灣遷徙到宜蘭，最後是在宜蘭境內的移動。

　　根據比較詳細的族譜所示，移居宜蘭的漢人之原住地，或稱原鄉，時間上尚能溯源到隋唐以前，移動的途徑亦可跡尋到中原地區，如再往前追查，就更系統不明，難以索繹，出於臆測的成分居多。

　　這些從早期原鄉，如中原及其他地區，千里迢迢向南遷移到閩粵，依宜蘭現有族譜的記載，可歸為數類：

[2]　劉翠溶，〈近二十幾年來歐美歷史人口學之發展〉，《史學方法論文選集》（台北，華世出版社，民國六十九年十月），頁六二九。

[3]　王世慶，〈台灣地區族譜之調查研究〉，《台灣人文》，創刊號（台北，民國六十六年十月），頁三一。

[4]　譚其驤，〈湖南人由來考〉，《長水集》，上冊（北京，人民出版社，一九八七年七月），頁三五六。

一、戰後避禍

中國北方常有亂事，尤其是易代之際，兵連禍結，民不聊生，遷移以避禍成為很好的應變之道。《游氏追遠堂族譜》曰：「溯我游氏，原乃瑯琊王氏，唐閩忠懿王之裔，閩亡，子孫避禍四散，遠祖徙長汀，數傳至思剛公又遷寧化，是為寧化東族，自此派下科甲聯登，人丁鼎盛。」[5]

《李氏族譜》曰：「又云李氏始族唐江王，而至宋康王時，忠定王字綱，始出仕為觀文殿大學士，後其時七十五世珠公，際宋被元兵之亂，自隴西來汀州府，自此生有五子，以金德、木德、水德、火德、土德為號，後兄弟分傳天下，而火德公即我下南之始祖也。」[6]

《江氏直系歷代族譜》亦記：「宋南渡後，有大柱國丞相益國公、文忠萬里公殉節，其後裔因避元逃難於寧化石壁村。」[7]《葉氏家譜》也說：「先人傳言，始祖正壽葉公於大元至正元年避亂入蘆（按即漳州之地），或云自嶺下來，又云自劉坂來此，蓋不可考矣。」[8]《陳氏源流族譜》曰：「當係渡黃河南向至河南省定居，而在悠久時日中，或因南北朝五代期間世亂逐漸南徙，經過不少年代，遷至湖北、安徽，最後到達福建省漳州府定居。」[9]

二、災難所迫

戰亂固然易致遷移，大的災難同樣逼得人不得不遠離他鄉，旱災則遍地乾枯，水患則盡成澤國，疫癘則死屍遍野，變故則禍從天降，均難以圖存，只得浪跡天涯，另謀生路。《黃姓家譜》曰：「峭公（宋）朝人，娶三妻生二十一子，遭臨大難，遣諸子散，而避之四方。瀕行賦詩一律，

---

5 游永德編輯，《游氏追遠堂族譜》（宜蘭壯圍，追遠堂管理委員會，民國六十九年十二月），頁一二。

6 李日清，〈李氏淵源考〉，《李氏族譜》（宜蘭冬山，民國五十六年九月），頁五。

7 江朝開編著，《江氏直系歷代族譜》（宜蘭冬山，民國六十四年），頁三。

8 《葉氏家譜》，手抄本。

9 陳朝洪，《陳氏源流族譜》（宜蘭壯圍，民國六十七年十二月），頁二。

授諸子，俾各以世傳習，故凡後世知此詩者，則知為峭公派下矣。余岳家黃氏，籍貫在閩之金溥浦，固峭公派也。」[10]

三、奉朝廷南渡

中原動亂鼎革之後，有的政權偏安江左，以盼來年故土重光，如東晉、南宋等。在朝廷遷都時，部分文武官員相隨跟進而向南移居。《蘭陽福成楊氏族譜》提到其先世亮節公，仕於南宋，追隨瑞宗，走避元人追擊而入閩，待宋祚告亡，遂埋名隱居漳浦之偉潭鎮。[11]《林啟公世系略譜》曰：「堅公世居河南，經周、秦、漢、晉等朝代，傳至祿公為六十四代，一千零三十年，祿公從晉元帝南渡入閩。……在晉朝入閩開基肇始。」[12]《蘇氏武功堂族譜》曰：「益公以嫡子嫡孫承繼官職當隰州刺史，唐昭宗時，有黃巢為亂，平定後數年，被封為先鋒將，鎮守福建。益之子光晦，年二十，稍通軍事，曾舉兵誅殺叛將黃紹頗有功勳，被封為漳州刺史及平海衛節度史。」[13]《宜蘭張氏族譜》亦曰：「虔誠公孫伯紀公，唐總章初，從唐侯陳元光戍閩為營將，佑唐侯開建漳屬州郡，駐節漳浦之雲霄，因家焉。」[14]

四、遭貶官入閩

在朝任官，意氣風發，甚是光彩，但稍有不慎，忤逆當道或遭人構陷，貶謫流放是常有的事，因而移居閩粵就數見不鮮了。《太傅派陳樸直公族譜》曰：「上祖忠公，原籍京兆府萬年縣洪故鄉冑桂里，其子邕公，唐神龍進士，官至太子太傅，與李林甫不協，開元二十四年被謫入閩，始居興化（蒲田），移泉州惠安縣社稷壇後，旋移漳之南驛路南廂

---

10 連碧榕，《黃姓家譜》（宜蘭，明治四十二年六月），手抄本，頁二。
11 唐羽纂修，《蘭陽福成楊氏族譜》（台北，信大水泥公司，民國七十二年十月），頁一六七～一六八。
12 林青松，《林啟公世系略譜》，油印本。
13 蘇溫禧整理，《蘇氏武功堂族譜》（宜蘭，民國七十一年，打字本），頁六。
14 張建邦主修，《宜蘭張氏族譜》（台北，民國七十年八月），頁五一。

山居住。」[15]

五、愛好山水

更有因慕山明水秀而移居者，《桃川賴氏六修族譜》曰：「公生平隱逸，好樂山水，襟懷曠達，卓犖不群，聞龍南玉石岩松子山天然勝景，有感來遊，見上蒙龜湖靈溪毓秀，四顧奇觀，徙居於此。」[16]

至於遷移的時間與相關內容，由於修譜者疏失，均乏明確資料，無法詳述。此外，有些家譜也記載其祖先從中原府縣遷到閩粵，然因過於簡略，未敘易動原因，真象未明；有的還更簡陋，閩粵以前竟無隻字，此或因年代久遠，查考無門所致，這些均無法提作例證。

第三節、從閩粵遷移到臺灣──後期原鄉

就此看來，宜蘭漢人的祖先，都是從我國北方經由不同的時間、地點、緣由、路線等，陸續南遷，定居閩、粵一帶，此乃宜蘭漢人的後期原鄉。清初以後，他們又開始向台灣遷移，造成台灣移民史上的大風潮。為說明此一遷移情形，茲根據現存宜蘭家譜，列表如後：

編號	原鄉	移出年代	移出原因	移出組合	移出過程	資料來源
1	漳州漳浦	乾隆38年（1773）			移居來臺寄住三貂社	吳氏家譜
2	漳州漳浦	康熙60年（1721）	因朱一貴之亂	胞兄弟六位	登陸竹南中港里	藍家族譜
3	漳州漳浦	清初			住淡水八芝蘭之石角	黃姓家譜
4	漳州	乾隆年間	聞東都好生	夫妻並二子	居苗栗郡中	擺厘陳氏族

---

[15] 陳永瑞編撰，《太傅派陳樸直公族譜》（宜蘭，民國七十三年五月），頁一五。

[16] 賴宣揚，《桃川賴氏六修族譜》，手抄本。

	漳浦		活，意欲渡臺		港，後遷臺北文山坪林	譜
5	漳州漳浦	乾隆40年（1775）		喜公率族人來臺	初居北部三貂嶺	宜蘭趙氏家譜
6	漳州漳浦		外甥總兵黃世環移鎮臺澎，乃來臺襄辦營務	林青公與諸弟前後來臺	初旅鯤南彰化，後分衍淡新	游氏大族譜
7	漳州漳浦	嘉慶元年（1796）	來臺墾荒	朴直公與弟正義公二人	初住桃園	陳樸直公族譜
8	漳州漳浦	乾隆33年（1768）	地土貧瘠謀生不易	榜公與長兄及第二世代共數人	定居淡水八里後遷居臺中，不得如願，又回八里	陳氏源流族譜
9	漳州漳浦	約乾隆初年	素抱遠志	初自身，後回籍娶妻渡臺	住居彰化	鄭氏家譜
10	漳州漳浦	嘉慶年間	地狹人稠思發展於海外	兄弟與雙親	自大甲登陸	宜蘭張氏族譜
11	漳州漳浦	家慶末年	漳邑人貧地瘠，營生困難	夫妻與諸子	三貂到福隆	蘭陽福成楊氏族譜
12	漳州詔安	乾隆24年（1759）		曾祖父母率四子	中港後再移居後壠底南勢坑	弘農楊氏族譜
13	漳州詔安	乾隆10年（1745）		隻身捧成祖宗靈牌渡臺	居苗栗郡苑裡庄	李氏族譜
14	漳州詔安	乾隆中葉	臺灣地肥富沃，拾穗之餘，猶多勝本地季收	士恨士怕兄弟，夥同叔姪	初拓平鎮鄉旋移往龜崙嶺	游氏追遠堂族譜
15	漳州詔安	道光3年（1823）	父親過世	兄弟偕母及三子	乘船來臺	西堡張家族譜

16	漳州南靖	約康熙 27 年（1688）		少壯時隻身渡臺	從滬尾上岸沿途南下至白石湖	黃純善公家系譜
17	漳州南靖	乾隆 38 年（1773）		兄弟四人	來臺暫居板橋其叔公家	林氏大族譜
18	漳州南靖	嘉慶 9 年（1804）		舉家	渡臺居住淡水擺接	隴西李氏族譜
19	漳州平和	約康熙 50 年（1711）	從事開墾		淡水五股再遷居水返腳	賴氏家譜
20	漳州平和		長男已娶，次女嫁後，夫婦相商結果	舉家共六名	移居三角湧	葉氏家譜
21	漳州平和	乾隆 13 年（1748）	時正值漢人相率入臺開發	兄弟共四人	擇定三重埔，後移家五股，又遷居金山	張氏家譜
22	漳州龍溪	嘉慶初年	慕漢人相率入臺開拓之名	或隻身，或兄弟三人	初居淡水金包里增仔寮	康氏家譜
23	泉州晉江	咸豐 10 年（1860）	福建謀生不易，遂向外發展	夫妻挑負二幼子共四人	初於臺南登陸，後逐漸北上	蘇氏武功族譜
24	汀洲永定			景雲、景淵與姪兒漢達共三人	初渡臺灣定居小基隆	江氏直系歷代族譜
25		乾隆中葉以前			在彰化起水，後多處遷移定居臺北景美	李仲信派下族譜

　　由於家譜簡略，內容貧乏，已如前述，致使表內各欄，部分空白，無法填寫。然就已有資料所示，下列數項問題，仍值得探討：

一、原鄉

清代宜蘭的開發，名為三籍合墾，但三籍人數比例極為懸殊，漳籍十居其九。為解釋此一現象，乃據前表「原鄉」的資料，編成另表如下：

原鄉	漳浦	詔安	南靖	平和	龍溪	晉江	永定	不確	合計
數量	11	4	3	3	1	1	1	1	25
比例	44%	16%	12%	12%	4%	4%	4%	4%	100%

漳浦、詔安、南靖、平和、龍溪均屬漳州府，合計比例高達百分之八八，與文獻所記載相符，足見漳州是宜蘭人的故鄉，其中又以漳浦為最，竟有百分之四四之多。翻閱臺灣史，全縣移民的原鄉如此集中於唐山的某一縣境，如宜蘭之於漳浦，該是罕見殊例。而粵籍的數量只有永定一件，比例雖是偏低，與歷史記載相較，尚屬合理。至於泉籍也只有一件，似乎頗有可議，事實上，另外較簡略而未列在表上的家譜，約有十多件，也沒有發現原籍泉州者，揆其原因，是泉州人入墾蘭地，為數不多，確是實情。本表的統計，以筆者所見的家譜為限，在取樣上、數量不夠周延，也是原因之一。儘管如此，這個數據用來顯示宜蘭漢人的原鄉，應具參考價值。

二、移出年代

移民入臺的年代分布為：

年代	康熙	雍正	乾隆	嘉慶	道光	咸豐	同治	光緒	不確	合計
數量	3	0	11	5	1	1	0	0	4	25
比例	12%	0	44%	20%	4%	4%	0	0	16%	100%

此表所示，移出時間大都在乾隆年間，其次是康熙和嘉慶朝，可見乾、嘉是移民的高潮。〈閩臺關係族譜資料分析〉一文的統計，也持同

樣的論點。[17]這與臺灣早期開發的情況，頗相符合。家譜的印證價值，不容忽視。

值得一提的是，表中編號第十六號的排印本《黃純善公家系譜》，推定其先祖黃純善公於康熙二十七年（一六八八年）來臺落居白石湖（今內湖）。[18]另一油印本《黃氏家系譜》亦謂：「清康熙初年，公（黃純善）少壯時候，居於淡水白石湖灣仔庄。」[19]又據宜蘭五結黃氏家廟純善堂的壁上誌文，提到純善公生於順治十六年（一六五九年），少壯時來台，擇居白石湖灣仔庄。[20]以上所述若然，則黃純善開墾台北平原，至遲應在康熙三十年（一六九一年）以前，此與現已知漢人入墾台北平原最早之文件——康熙四十八年陳賴章墾號請得諸羅縣之大佳臘墾荒告示，猶早約二十年，則漢人入墾台北之時間，或可往前推算若干年。[21]惟上面三說，可能同出一源，孤證難成定論，且修譜者常有年代誤置的現象，然附記於此，亦可聊備參考。

三、移出原因

閩、粵之人移墾台灣的原因很多，各方的著述已極詳備，現只有家譜所示，略作說明。大致來說，移民入台的原因，較之其先世由中原遷居閩粵要單純些。

如就上表的內容為限，宜蘭漢人祖先從閩粵渡台的原因為：

（一）、原籍謀生困難

---

17 莊為璣、王連茂，〈閩台關係族譜資料分析〉，《閩台關係族譜資料選編》（福州，人民出版社，一九八四年四月），頁九。

18 黃阿熱，〈黃純善公來台紀略〉，《黃純善公家系譜》（宜蘭，民國七十五年十月），頁四八。

19 祭祀公業管理委員會編，《黃氏家系譜》，油印本，頁九。

20 凌昌武、林焰瀧等編，《蘭陽史蹟文物圖鑑》（宜蘭縣立文化中心，民國七十五年十月），頁九九。

21 尹章義，〈台北平原拓墾史研究（一六九七～一七七二）〉，《台灣開發史研究》（台北，聯經出版公司，民國七十八年十二月），頁六二。另前台北市文獻會詹德隆組長於民國七十九年十月六日給筆者的信件，也曾提到這個問題。

由於「閩省漳泉諸府，負山環海，田少民多，出米不敷民食。」[22]以致謀食日艱，居民只得向外移出。《蘇氏武功堂族譜》曰：「有感於福建一地謀生不易，生活困難，遂向外發展。」[23]《陳氏源流族譜》亦曰：「因梅林地土貧瘠，謀生不易，毅然偕其兄及子諱貴公買舟橫渡台灣。」[24]《宜蘭張氏族譜》也說：「時漳浦丹山地狹土瘠，聚族既多，耕疇困隘。」[25]而《蘭陽福成楊氏族譜》也持同一看法，曰：「漳邑故土，人貧地瘠，所居位在瀕海，所耕又多磽确，營生維難。」[26]

（二）、台灣地肥富庶

相對於福建的糧食不足，顯得台灣生存容易，「播種之後，聽其自生，不事耕耘，而收穫倍蓰，餘糧棲畝，庶物蓄盈。」[27]因此，移民不顧海禁，仍絡繹於途。《陳氏族譜》曰：「聞其東都好生活，意欲渡台耕榮。」[28]《游氏追遠堂族譜》曰：「有傳海外台灣，地肥富沃，拾穗之餘猶勝本地季收，公等移台之志乃暗萌之。」[29]其他如「來台墾荒」、「正值漢人相率入台」及「素抱遠志，及壯來台」等，也是同樣理由。

（三）、發生家變

家庭發生變故或處理重大事件後，為求改變環境而移居他鄉，亦為人之常情。《葉氏家譜》曰：「長男名抄先亡，次女嫁在坂寮黃家，頃公及溫氏夫妻二人相商」，決定遷往台灣。[30]

（四）、隨任官親族而來

漳州人赴台當官的本就不多，親族願意追隨左右的，實不多見，惟在此可舉一例。《游氏大族譜》曰：「十二世林青公，因外甥總兵黃世

[22] 連橫，《台灣通史》（台北，幼獅文化公司，民國六十六年元月），頁四二三。
[23] 蘇溫禧整理，《蘇氏武功堂族譜》，頁二。
[24] 陳朝洪，《陳氏源流族譜》，頁二～三。
[25] 張建邦主修，《宜蘭張氏家譜》，頁一〇七。
[26] 唐羽纂修，《蘭陽福成楊氏族譜》，頁一七一。
[27] 連橫，《台灣通史》，頁五〇三。
[28] 陳喬岳，《擺厘陳氏族譜》（宜蘭，昭和十一年），手抄本，頁一八。
[29] 游永德編輯，《游氏追遠堂族譜》，頁一三。
[30] 《葉氏家譜》，手抄本。

環移鎮台澎，乃與諸弟前後來台襄辦營務，是則祖德東漸之始。」[31]

（五）、隨軍來台

《藍家族譜》有曰：「原樂居福建省漳州府漳浦縣長鬻石椅社，嗣因朱一貴之亂，移民台灣。」[32]朱一貴之亂發生在台灣，而原居漳浦的百姓怎會投身到亂世之地呢？可能是漳浦人藍廷珍跨海渡台平朱一貴之亂，其率領的部眾多漳泉子弟而隨軍來台所致。[33]

此外還有許多家譜對其祖先何以離開老家，未作任何交待，在此無法敘述。總之，從閩粵移向台灣的原因，當以前兩項居，一般論作亦多持相同看法。

四、移出組合

清代移民台灣是件艱困冒險的事，非迫不得已，不願離鄉背井，移向陌生環境，闢荒求生。因此，早期移民為求彼此照應便利墾荒，多以近親血緣關係的組合，如父子檔、兄弟檔、叔侄檔或相互搭配的家族式組合，連袂外移較為普遍。隻身渡台的不多，表列有二件，分別是在康熙二十七年（一六八八）和乾隆十年（一七四五），均屬清代初年，海禁嚴厲，移民盛行偷渡，結伴相隨備屬不便，單身闖關較容易成功。此後海禁逐漸鬆弛，當然樂與族親相行，一起奮鬥。

另一個現象是，鮮有婦女與小孩跟進來台，特別是未成年女子，年代較晚，情況才稍有改變。表上並無康熙年間女子與小孩渡台的記載，乾隆中葉以後才見數例。此或因移墾是冒險行為，年輕力壯的成年弟子擔負為宜，致使男女與老幼成年的比例懸殊。故可看出在十八世紀初期，台灣仍保有強烈移墾社會的形態，甚至遲至十九世紀末，內地移民台灣者，男女的比例仍充份反應此種特徵。[34]

[31] 游時中，〈東興堂廟誌〉，《游氏大族譜》（台中，創譯出版社，民國五十九年五月），前段。

[32] 藍德欽，《藍家族譜》（宜蘭羅東，民國五十五年二月），手抄本。

[33] 吳秀玉，《開蘭始祖——吳沙之研究》（台北，師大書苑公司，民國八十年六月），頁五八。

[34] 李國祁，〈清代台灣社會的轉型〉，《中國近代現代史論集——近代歷史上的台灣》（台北，商務印書館，民國七十五年九月），頁六五～六六。

　　有些移民以兩個步驟完成遷居歷程，因對於遷移沒有把握，想到外鄉謀生，又怕不能成功，不敢冒然全家出動，於是先由成年男子獨身或少數結伴出去，一旦在外闖出生路，再把家眷接來定居，遷徙才算進行完畢。[35]此外，從譜牒資料來看，幾乎每家都會留丁在原籍，以備發生意外時，仍可延續香火，如梅林陳家有兄弟四房，只有長兄、么弟二個及第二世代數人渡台，其他人仍居原籍。[36]平和張家的純樸公帶胞弟四人同來台灣，末弟其信公留在故鄉庵仔嶺。[37]永定江家的景雲公生子五人，然獨與弟景淵公、子漢達公共三人，進墾小基隆。[38]有的因父母年紀大，不忍離開。

五、移出過程

　　移民出外墾荒不僅孤獨寂寞，勞苦艱辛，而且漂泊不定，居無定所，往往「今年在此，明歲在彼，甚至一歲之中遷徙數處。」其所以如此，應是環境所迫，因為他們是開墾荒地，地利不一定好，需要一年半載的生產實踐來認識它，不好的地方當然只能放棄，再去尋找；再則，遇到洪水，可能沖塌農田，成為荒壤，不得不另覓棲身之處；復次，台灣堪稱三年一小亂，五年一大亂，械鬥與盜匪使人無法安寧。因此，移民遷徙無常，不是他們好動，實在是被自然環境和生產條件所逼迫。[39]

　　這種情形，屢見不鮮，如平和賴家初渡居於淡水五股觀音山，從事開墾，後來遷居水返腳。[40]游氏昆仲「初拓居南勢角今平鎮鄉，旋移往龜崙嶺南北。」[41]陳氏數人於台北八里分定居，暫時捕魚為業，生活清苦，為謀求發展，有遷居台中學田村，未得如願，又重回八里。[42]李氏

---

[35] 馮爾康、常建華，《清人社會生活》（天津，人民出版社，一九九○年七月），頁三三五。
[36] 陳朝洪，《陳氏源流族譜》，頁八。
[37] 張方鏗，《張氏家譜》（宜蘭，民國四十九年六月）。
[38] 江朝開，《江氏直系歷代族譜》，頁七九。
[39] 馮爾康、常建華，《清人社會生活》，頁三三七。
[40] 賴耀煌，《平和賴氏家譜》（宜蘭，民國五十五年），頁二七。
[41] 游永德編輯，《游氏追遠堂族譜》，頁一三。
[42] 陳朝洪，《陳氏源流族譜》，頁八～九。

家人則先渡台於彰化起水，經多次遷移後，在台北景美七張里定居。[43]

　　事實上，這種輾轉搬遷的情形，早期應該相當普遍，從家譜上可看出蛛絲馬跡，只是家譜缺乏詳細記載；或有記載，也是語焉不詳，或擇記住得較久的一、二地而已，略過其間曾短暫落腳的處所。這不僅是治移民史的一大缺憾，也使其後代子孫苦於尋根無門，追索無跡。

第四節、從各地遷移到宜蘭

　　清代渡臺之移民主要是農業移民，基本要件仍然附著在土地上，持續原先的生產方式和生活型態。就大多數移民而言，從一個農業區搬遷到另一個農業區，職業不變，只是做了空間的轉移，與土地重新結合。因此，部份入墾台灣的移民，又翻山越嶺地進行空間的轉移，拓展蘭陽平原。茲根據族譜，將移民入墾宜蘭的資料，列表如後：

編號	原鄉	入蘭年代	入蘭原因	入蘭組合	入蘭過程	資料來源
1	漳州漳浦	嘉慶元年（1796）	見蘭中一片荒蕪	招三籍流民千餘人	從三貂社進至烏石港南	吳氏家譜
2	漳州漳浦	約嘉慶初年後	避徙	胞兄弟三人	從竹南中港里徙羅東，遂家焉	藍家族譜
3	漳州漳浦	嘉慶初年	漳泉分黨作亂	族親一起	從淡水八芝蘭至宜蘭北門口	黃姓家譜
4	漳州漳浦	嘉慶初年	漳泉作亂	兄弟三人	從中港到員山庄，一支到外坪林，後再轉回員山	擺厘陳氏族譜
5	漳州	嘉慶初年	隨吳沙入蘭		從三貂到宜	宜蘭趙氏家

---

[43] 《李仲信派下族譜》，頁八。

	漳浦		開發		蘭	譜
6	漳州漳浦	約嘉慶 8 年（1803）		兄弟二人	從桃園改徙噶瑪蘭廳，終在員山庄	陳樸直公族譜
7	漳州漳浦	咸豐 4 年（1854）	遠望發展貧苦缺糧	加添公與子、妻、堂兄四人	從漳浦直到宜蘭	竹林陳家族譜
8	漳州漳浦	嘉慶 8 年（1803）	暫以捕魚為生，生活清苦，想求發展	榜公及寡婦孤子三人	從八里跋涉草嶺，遷居壯圍大福村	陳氏源流族譜
9	漳州漳浦	道光年間	生意失利為族親聘請入蘭，後堂兄弟亦因中落移家宜蘭	族內兄弟先後分房徙居宜蘭	從彰化赴宜蘭	鄭氏家譜
10	漳州漳浦	約道光初年	蘭邑初置官守，為立業之新天地	三生公攜子	從福隆越嶺，入居頭圍金面	蘭陽福成楊氏族譜
11	漳州漳浦	嘉慶年間	噶瑪蘭設廳伊始，為墾殖之資	兄弟二人和父母	越山而抵噶瑪蘭平原	宜蘭張氏族譜
12	漳州詔安	嘉慶 7 年至 19 年（1802~1814）		祖父雀率三子	從後壠來蘭先住居湯仔圍及三結仔街後移浮州至清水溝	弘農楊氏族譜
13	漳州詔安	乾隆 55 年（1790）	因父逝妹嫁，為謀發達	文福公攜慈母	由苗栗郡移居宜蘭羅東竹林、再遷居冬山南興村	李氏族譜
14	漳州詔安	嘉慶初年	械鬥民亂之首衝	家人大都同遷	從龜崙嶺卜墾番刈田與柴圍山下，	游氏追遠堂族譜

					因近山蕃擾，又至六結庄始定	
15	漳州詔安	道光3年以後		兩兄弟偕母及三子	來台後擇居宜蘭西堡鄉村	西堡張家族譜
16	漳州南靖	嘉慶初年	漳泉械鬥而不敵，恰吳沙招募墾民而跟進	第五房舉家移入，其餘族親也大都遷來	初居西勢員山，後部分再遷到東勢五結	黃純善公家系譜
17	漳州南靖	嘉慶初年	觀蘭地風景幽雅，土壤肥沃山明水秀	兄弟四人相隨	從板橋進入礁溪淇武蘭	林氏大族譜
18	漳州南靖	道光6年（1826）	閩粵械鬥	克茂公挈眷	從淡水遷往噶瑪蘭	隴西李氏族譜
19	漳州平和	約嘉慶10年後	父親水公卒後	天乞天來兄弟相率	從水返腳遷到東勢五結大灣	賴氏家譜
20	漳州平和		先世夫婦壽終姪子亦娶媳後	夫妻二人及兒子全家共九人	神夜公從三角湧來民壯城開耕，後家人經草嶺跟來	葉氏家譜
21	漳州平和	嘉慶17年（1812）	時金山非安居之地，廳府往丈東勢荒埔分授三籍開墾而前往	第四房良殿全家	由金山遷居羅東竹林	張氏家譜
22	漳州龍溪		金包里非安居樂業之理想環境	舉家	從金包里遷居公埔，後遭土匪放火遷居茄苳林	康氏家譜
23	泉州	咸豐10		夫婦挑負幼	逐漸北上轉	蘇氏武功堂

	晉江	年以後		子二人	至宜蘭定居	族譜
24	汀洲永定			晏秀公帶二子共三人	從小基隆移居宜蘭，再移羅東，再移冬山	江氏直系歷代族譜
25		嘉慶21年(1816)	先入蘭者染重病，兄弟跟進照顧	兄弟先後移居	從景美到四圍堡	李仲信派下族譜

前表的內容是宜蘭珍貴的移墾史料，在此試作整理與說明。

一、原鄉

宜蘭漢人原鄉的分布，與前節所述大致雷同，漳籍佔絕對優勢。以縣份來說，漳浦人獨多，其次是詔安、南靖、平和。楊廷理曰：「然吳沙係漳人，名為三籍合墾，其實漳人十居其九，泉粵不過合居其一。」[44]姚瑩亦曰：「沙所召多漳籍約千餘，泉人漸乃稍入，粵人則不過數十多鄉勇而已。」以至吳沙死，姪吳化代理其事，漸開地經二圍、湯圍至四圍，「是時漳人益眾」。[45]簡言之，隨著墾務的拓展，耕地日廣，漳人也越聚越多。

嘉慶十五年（一八一〇），方維甸上奏，提到噶瑪蘭「漳人四萬二千五百餘丁，泉人二百五十餘丁，粵人一百四十餘丁。」[46]方傳穟更曰：「進蘭頭圍西勢一帶，盡屬漳人。」[47]昭和元年（一九二六），臺灣總督府官方統計，宜蘭地區人口祖籍，漳人佔百分之九十二點五，泉人佔百分之三點二八，其餘分屬其他各地。由此可知，嘉慶十五年以降，漳人

---

[44] 楊廷理，〈議開台灣後山噶瑪蘭即蛤仔難節略〉，《噶瑪蘭廳志》（宜蘭縣文獻委員會，民國五十七年元月），頁五八〇。

[45] 姚瑩，〈噶瑪蘭原始〉，《噶瑪蘭廳志》，頁五九〇～五九一。

[46] 方維甸，〈奏請噶瑪蘭收入版圖狀〉，《噶瑪蘭廳志》，頁五一七。

[47] 姚瑩，〈籌議噶瑪蘭定制〉，《噶瑪蘭廳志》，頁五五一。

佔絕大多數的人口結構並無改變。[48]

　　筆者每年清明節掃墓時，都會順道察看墓埤上鐫刻的原籍，由於墳墓密密麻麻，難以計數，缺乏精確的數據，然放眼所及，漳州籍的比例極高，而且大都集中在上述四個縣，其他地名則較少見，其中隸籍漳浦的墓碑最是普遍。雖僅為觀察，也可供了解宜蘭原鄉的旁證。

　　何以漳浦縣籍佔移民人數的首位？或許吳沙是漳浦人，基於地緣聚集的影響，召眾入墾，紛湧而至是重要原因。如就漳浦原地加以探討，原因有三：

　　1.清代為杜絕群眾與鄭軍的關係，曾下令「遷界」，漳浦的梁山以南，舊鎮以東被劃為「棄土」，造成全縣二萬餘人逃亡，最大的出路就是臺灣。

　　2.漳浦常有大規模械鬥，「大宗欺衰宗，大戶吞小戶」，生產破壞，生命堪慮，財產不保，農民迫於生計，很多逃往台灣。

　　3.由於水源缺乏，容易乾旱成災，加上飛沙煙沒田園，土地瘦瘠，草木難生，農民生活困苦之餘，臺灣又正待開發，於是人民相率前往墾荒。

　　這些為數甚夥的移民入墾臺灣，噶瑪蘭後來成為重要的落腳地，宜蘭、羅東一帶有很多陳、吳二姓聚族而居的村莊，其祖先大都是赤湖來的移民。現今漳浦老人回憶其前輩所留傳的話，亦復如是。[49]

二、入蘭年代

　　家譜中提到其祖先初進噶瑪蘭的年代，可歸類成下表：

年代	乾隆	嘉慶	道光	咸豐	空缺	合計
數量	1	15	4	2	3	25

[48] 廖風德，《清代之噶瑪蘭——一個台灣史的區域研究》（台北，里仁書局，民國七十一年六月），頁三八。

[49] 陳萬年，〈吳沙祖籍初探——漳浦後江與台灣的血緣關係〉，《漳浦文史資料》，新第三輯（福建省漳浦縣委員會，一九八三年十月），頁二七。

比例	4%	60%	16%	8%	12%	100%

　　表上所示嘉慶期的比例高達百分之六〇，道光年間，墾民仍持續的移入，可見嘉道年間是移民的熱潮，咸豐以後則逐漸減少，這種現象與人口增長的情況表裏一致。茲以嘉慶元年（一七九六）至咸豐元年（一八五一）間，噶瑪蘭廳的人口數，列表於後：

年代	人口數			年增加率
	總人口數	原有人口數	增加人口數	
嘉慶元年 （1796）		1,200		
嘉慶 15 年 （1810）	42,904	1,200	41,704	29.1%
嘉慶 19 年 （1814）	62,242	42,906	19,339	9.7%
道光 2 年 （1822）	72,912	62,243	10,669	2.0%
道光 26 年 （1846）	99,105	72,912	26,193	1.3%
咸豐元年 （1851）	106,713	99,105	7,608	1.5%

　　根據上表，可知由於移墾的關係，噶瑪蘭廳人口的增長率是以嘉慶元年至十九年為最高，道光後期（道光二十六年至咸豐元年）雖已降低，但仍在百分之一點五左右，較嘉慶二十四年至咸豐七年間的福建平均年增長率千分之五點一，要高出約二倍，甚至較何炳棣所說，一七七九年至一八五〇年間，我國人口平均年增長率為千分之六點三，亦高出一倍半。由此高度的人口增長率，已可看出在這時期內噶瑪蘭地區仍是在急速的開發之中，有大量人口移入。[50]

---

[50] 李國祁，〈清代台灣社會的轉型〉，《中國近代現代史論集──近代歷史上的台灣》，頁六六～六七。

　　明治三十一年（一八九八），宜蘭廳人口十一萬四千零九十五人，與咸豐元年相較，四十七年間增加七千三百八十二人，[51]年增加率不到千分之一點五。如此低的長成率，正好說明咸豐以後移民已趨銳減，其人口的增加以自然成長為主，而非移民所致。因此，清代宜蘭人口增加的情形，與家譜顯示的移民資料，真是不謀而合。

　　表列提到入蘭時間，明確年代的有九件，其餘均無法確定，只說出籠統的時間，如「嘉慶初年」、「嘉慶年間」、「道光年間」等。其所以如此，是因早期移民識字有限，輕忽年代，且為拓荒而奔波，無暇注意及此，俟生活安定，懷念祖先，欲修家譜時，已記憶模糊，時間倒置，很難確認。何況家譜大都為後代子孫所修，甚至間隔數代，聽憑父老輩的傳言，稽考不易，情況更為嚴重，能提出大概時間已屬難得。誠如《蘇氏武功堂族譜》真實感言曰：「一、本錄中所記載事項，全由先代所遺舊籍轉載或由老者口傳所載之。二、本錄中所記載之年號及年齡部分，係揣測所得，恐不可言確，亦可供參考焉。」[52]

　　宜蘭漢人的大舉開發，始於嘉慶元年（一七九六）的吳沙入墾烏石港南，關於這一點，家譜也是有力的佐證。因表上的入蘭年代，最早也只提到嘉慶元年，唯一的例外是《李氏族譜》，有曰：「文福公諡剛正，生於公元一七七一年，乾隆三十六年，因父逝後，妹也出嫁，為謀發展，遂於公元一七九〇年間，攜慈母於苗栗郡移居宜蘭郡羅東竹林一帶。」[53]雖年代明晰，但一則可能記憶或傳抄錯誤；二則一七九〇年「由苗栗郡移居宜蘭郡」，應解為這一年離開苗栗，而非入蘭年代，途中或有停留他地延宕多年；三則根據現有文獻顯示，當時羅東竹林尚未開墾，無漢人居住；四則以十九歲之齡與母親二人，翻山越嶺，遠赴僻外之地的蘭邑，揆諸當時情況，似有困難。因此筆者認為這個年代應該有誤，如為嘉慶年間較合理。但儘管如此，也是罕見的資料，值得記述。

　　從以上入蘭年代的說明，可見清代宜蘭的開發，是密集式地一窩蜂

---

[51] 廖風德，《清代之噶瑪蘭》，頁三六。

[52] 蘇溫禧整理，《蘇氏武功堂族譜》，〈錄者言〉。

[53] 李秋茂，《李氏族譜》（宜蘭冬山，民國五十六年九月），頁六。

群集在嘉慶時期，此時溪北地區都已墾畢，溪南除近山地帶外，也大致完成。要言之，清代宜蘭的開發，是個典型的起步晚、進展快的新移墾區。

三、入蘭原因

雍正初年，山前中南部耕地已墾殆盡。乾隆年間，北部淡水廳墾務猛進，至末年也呈飽和，而且人口增加迅速，當耕地飽和，人口膨脹時，必求一渲洩出口，位於「襟帶」，良田沃野的蘭陽平原，自然於嘉慶以後，成為新移民的樂土。[54]論其入墾宜蘭的原因，依家譜內容，可歸類為：

（一）、追隨吳沙

《趙氏族譜》曰：「乾隆四十年間，率族人來台，初居北部三貂嶺，後隨同鄉吳沙於嘉慶年間開發蛤仔蘭（今宜蘭）。」[55]《黃純善公家系譜》曰：「是時恰遇漳人吳沙招募墾民到噶瑪蘭（今之宜蘭），第五房遂舉家遷到噶瑪蘭，其餘族親也大都遷來。」[56]

（二）、原地生活困苦

《康氏家譜》曰：「嗣後由於金包里（現台北縣金山鄉）非安居樂業之理想環境，舉家遷居公埔頭（現宜蘭縣礁溪鄉）置產立業。」[57]《陳氏源流族譜》曰：「與長兄二個及第二世代貴公數人，登陸台北縣八里分定居，暫以捕魚為生，其生活清苦，想謀求子孫發展。」[58]《胡公派竹林陳家族譜》曰：「進財公小時候，家境極貧苦，家內時常無食糧，故為謀求前途發展……隨其父加添祖，奉其育母惠貞祖媽……居住於噶瑪蘭廳。」[59]

---

[54] 徐雪霞，〈清代宜蘭的發展〉，《台北文獻》，直字第六十九期（台北市文獻會，民國七十三年九月），頁一三三～一三四。

[55] 趙鏡心，《宜蘭趙氏家譜》（宜蘭，民國六十七年），油印本，頁三～四。

[56] 黃阿熱，《黃純善公家系譜》，頁四九。

[57] 《康氏家譜》，頁一五。

[58] 陳朝洪，《陳氏源流族譜》，頁八。

[59] 陳呈禧，《胡公派竹林陳家族譜》，手抄本，頁三七八。

（三）、無後顧之憂

《李氏族譜》曰：「文福公諡剛正，生於公元一七七一年，乾隆三十六年，因父逝後妹也出嫁，為謀發展，遂於公元一七九〇年間，攜慈母由苗栗移居宜蘭郡。」[60]《葉氏家譜》曰：「移居在台灣三角湧，居住數年，頃公及溫氏夫婦壽終以後，再娶孫媳婦傳子及孫，稍積資財，建置田業在甲子蘭民壯城。」[61]《賴氏家譜》曰：「水公卒後，未幾由天乞、天來兄弟相率遷到蛤瑪蘭（或稱蛤仔蘭）。」[62]

（四）、漳泉械鬥的影響

《黃氏家譜》曰：「先世自清初由金浦遷徙台灣，家於淡水八芝蘭之石角，乾隆間遭漳泉黨亂，家罹害，僅遺祖妣劉氏一人，爰乃遷避蘭邑，螟子繼祧宗緒，於以不墜。」[63]《擺厘陳氏族譜》曰：「兄弟三人漸漸發展時，漳泉作亂，敬行公兄弟三人移居台北州宜蘭郡員山庄珍子滿力。」[64]《黃純善公家系譜》曰：「是時此地一帶多被泉州人先據佔住，漳州人較少，乾隆四十年前後，漳泉人為互爭地盤，起而分類械鬥，漳人少而不敵泉人，漳人大都他遷，吾族亦然。」[65]《游氏追遠堂族譜》曰：「公逝後，妣有感（桃園）龜崙地常為械鬥民亂之首衝，是非之處不可久居，乃留三房隆盛公於故居，料理田園坟塋外，另率八房子孫於嘉慶初年入墾甲子蘭。」[66]

（五）、蘭邑適合墾居

《吳氏家譜》曰：「先祖吳沙公開拓至四圍，觀其地帶，山明水秀，位置蘭陽之中，三面背山倚嶺，東部面臨波濤怒吼之太平洋，且有龜山相對，西南地帶則山勢傾斜，漸緩列開蘭陽平原……四季如春，農產頗豐，東有漁場連繫全岸，可謂魚米之鄉。」[67]《林氏大族譜》曰：「後兄

[60] 李秋茂，《李氏族譜》，頁六。

[61] 《葉氏家譜》，手抄本。

[62] 賴耀煌，《平和賴氏家譜》，頁二七。

[63] 連碧榕，《黃姓家譜》，頁三。

[64] 陳喬岳，《擺厘陳氏族譜》，頁一八。

[65] 黃阿熱，《黃純善公家系譜》，頁四八。

[66] 游永德編輯，《游氏追遠堂族譜》，頁一四。

[67] 《吳氏家譜》（宜蘭四城，民國四十七年），手抄本。

弟相隨進入蛤仔難，礁溪淇武蘭（今宜蘭縣礁溪鄉二龍村）位於蘭陽平
原之中，觀其四周山明水秀，土壤肥沃，地靈人傑，始居於此開墾經營。」
[68]《張氏家譜》亦載：「委辦知府楊廷理遣三籍頭人往丈東勢（溪南）荒
埔二千五百八十三甲，分授漳、泉、粵人開墾，是年良殿帶子三男四女，
由金山遷居羅東竹林。」[69]可見遷居的原因就是東勢適合入墾。

　　（六）、噶瑪蘭設廳的誘因

　　宜蘭沃野廣闊，可闢良田萬頃，固為吸引移民的拉力，但嘉慶十七
年（一八一二）噶瑪蘭廳的設置，更有推波助瀾的效果。《宜蘭張氏族
譜》曰：「適以臺灣噶瑪蘭設廳伊始，堪為墾殖之資，遂奉雙親暨季父
買舟東渡。」[70]《蘭陽福成楊氏族譜》亦曰：「時臺之後山噶瑪蘭初置官
守，荊棘始闢，延宗立業之新天地也，可為子孫圖久之計。」[71]

四、入蘭組合

　　清代漢人從境外移入宜蘭地區，較少獨身前來，而以攜伴相隨者為
多。此因個人勢單力薄，初到荒煙草萊未闢之地，恐遭水土不服，野獸
侵襲，蕃害出草等情事，而有喪命異鄉成孤魂野鬼之虞。反之，如多人
作伴，彼此照應，較為安全。兼以此時西部已充分開發，人口增加，耕
地不足，必須另闢天地，宜蘭與淡水廳緊鄰相隔，翻越山嶺即可到達，
使得家族結伴同行的意願，大為提高。至於入蘭人數的組合，依譜系資
料，可分為數種：

　　（一）、母子二人

　　《郭氏族譜》謂其十二世碧元公與其母張氏勸娘移居宜蘭。[72]《李
氏家譜》曰：「文福公……攜慈母，由苗栗郡移居宜蘭郡。」[73]《胡公派
竹林陳家族譜》曰：「輝公因自幼失怙，家亦貧苦……年二十四歲時，

---

[68] 林性派主編，《林氏大族譜》（宜蘭礁溪，民國六十五年十二月），頁丁6。
[69] 張方鏗，《張家族譜》。
[70] 張建邦主修，《宜蘭張氏家譜》，頁五一。
[71] 唐羽纂修，《蘭陽福成楊氏族譜》，頁一七一。
[72] 《郭氏族譜》，手抄本。
[73] 李秋茂，《李氏族譜》，頁六。

奉母莊媽渡海來台灣，深居住噶瑪蘭廳。」[74]

（二）、一人探路家人跟進

《葉氏家譜》曰：「神夜公先來，自開自耕，此田業係葉神夜戶名，求為眾房之公業，不敢分析。……神夜公先來，第二男送鄭家，此九人自三角湧步行，對三貂大嶺及草嶺直至甲子蘭。」[75]《李仲信派下族譜》曰：「呂娘生有四子，長子名曰此，字含英，移居宜蘭；次子名因攀，字桂元；三子名因靜，字璧光；四子名因從，字隨行，繼墾父業。嘉慶丙子年，曰此公染重病，因靜公移居宜蘭照顧，續營業地。」[76]

（三）、兄弟相隨

《平和賴氏家譜》曰：「水公娶妻吟娘，生下兩男，長曰天乞、次曰天來，公卒後，由於天乞、天來兄弟相率到蛤瑪蘭。」[77]《擺厘陳氏族譜》曰：「敬行公兄弟三人移居台北州宜蘭郡員山庄。」[78]《藍氏族譜》亦曰：「乃偕胞兄弟六位一起到台灣中港，現在竹南鎮中港里，承顯、承略、承令三位又獨徙羅東，待遂家焉。」[79]

（四）、父子同來

《弘農楊氏族譜》曰：「嘉慶十九年（一八一四）甲戌，祖父雀率三子，長名長敏，次名長垣，三名長有（士芳之父），移居宜蘭東勢清水溝柯仔林。」[80]《江氏直系歷代族譜》曰：「二十二世祖晏秀公，姚蘇氏，生三子，長曰接春，次曰永春字茂德，三不知名……惟晏秀公、接春公、永春公三人移居宜蘭縣。」[81]

（五）、舉家遷移

《康氏家譜》曰：「嗣後由於金包里非安居樂業之理想環境，舉家

[74] 陳呈禧，《胡公派竹林陳家族譜》，頁三八七。
[75] 《葉氏家譜》，手抄本。
[76] 《李仲信派下族譜》，頁八。
[77] 賴耀煌，《平和賴氏家譜》，頁二七。
[78] 陳喬岳，《擺厘陳氏族譜》，頁一八。
[79] 藍德欽，《藍家族譜》，手抄本。
[80] 《弘農楊氏族譜》（宜蘭，民國七十年十月），手抄本，頁三。
[81] 江朝開，《江氏直系歷代族譜》，頁八三。

遷居公埔頭（今宜蘭縣礁溪鄉白鵝村十一鄰）置產立業。」[82]《蘇氏武功堂族譜》曰：「圭字祖蘇樹琮，有感於福建一地謀生不易，生活困難，遂向外發展，於是帶領前妻王氏端，挑負幼子璧聯、璧璋二人渡海來台。初於台南登陸，後逐漸北上轉至宜蘭定居，沿途打拳賣藥走江湖，以維生計。」[83]雖為舉家，事實上人數並不多。

（六）、同族共遷

《黃純善公家系譜》曰：「第五房遂舉家遷到噶瑪蘭，其餘族親也大都遷來。」[84]《黃姓家譜》曰：「孑然一身，乃同族親遷避宜蘭，家於北門口，勸儉聊生，乞族親視為己子，撫育成人。」[85]《林啟公世系略譜》曰：「我先祖啟公、和公父子與江河公、積善公叔侄亦由祖籍福建省漳州府金浦縣田邊社，渡台參預，共墾荒蕪野地，日日夜夜與土匪、蕃人屢鬥屢墾，嘗盡萬苦，勤儉粒積，漸擴農地，依農為業，定居民壯圍堡。」[86]

上述的入蘭人數儘管有各種的組合，要之，大都根植於血緣的基礎，由於顯現出血緣在早期噶瑪蘭開發史上的作用，而非同家族的人一起入蘭開墾，除跟隨吳沙入蘭外，家譜中鮮有記載，因此，如以家譜文獻而論，地緣整合的影響並不明顯。

至於舉家遷移者中，兄弟全部入蘭的也很少，這情形與前節從閩粵移入台灣頗相類似，如《游氏追原堂族譜》曰：「乃留三子龍盛公於龜崙，復率子孫入墾甲子蘭，拓植六結庄，奠巨族之居，功垂千秋。」[87]其他例子甚多，茲不備舉。除非是避難，否則大都在原地仍留有男丁，預留後路，保住香火，這與傳宗習性應有密切關係。

此外尚有一問題值得探討，就是上列家譜均記進墾者皆結伴而行，筆者另見其他宜蘭家譜，也絕少提到單自獨往。但姚瑩在〈噶瑪蘭厲壇

---

82 《康氏家譜》，頁一五。
83 蘇溫禧整理，《蘇氏武功堂族譜》，頁二。
84 黃阿熱，《黃純善公家系譜》，頁四九。
85 連碧榕，《黃姓家譜》，頁一五。
86 林青松，《林啟公世系略譜》，手抄本。
87 游永德編輯，《游氏追遠堂族譜》，頁一〇五。

祭文〉中，認為隻身入蘭相當普遍，曰：「嗟爾！噶瑪蘭開闢之初，三籍流民，皆以孤身遠來異域，或負來營田，披荊斬棘，或橫戈保眾，賈勇爭先，探身鯨鱷之淵，射利虎豺之窟。」[88]二者頗顯矛盾，究竟問題出在何處？筆者認為孤身赴蘭，應集中在嘉慶初年，此時台北地區已開發完竣，人口迅速增加，經濟日益繁榮，在這種情況下，舉家移居陌生地墾荒，或許過於冒險，畏懼全家遭難而乏後，但單槍匹馬闖蕩之不宜已如前述，所以為數應該不多，此其一；這些入蘭的單身漢，基於各種原因而不幸喪命，那就一了百了，家人無法得知也不敢入蘭追尋，其入蘭一事只會記錄在其原住老家的譜牒上。因此，以宜蘭的家譜來計算獨身入蘭開墾的案例，就會縮水而隱藏真相，此其二；大致說來，祭文是為逝者安魂，文辭講求華麗，內容偏重揚善，計算或有誇大之嫌。試觀姚瑩此篇祭文亦不例外，如「三籍流民，皆以孤身遠來異域」之句，應有些許灌水膨脹史實，此其三。總之，單身入蘭開墾必有其事，但為數應不致太多，且大都在嘉慶初年，愈往後案例愈少。

五、入蘭過程

宜蘭漢人的祖先渡台落腳的大站，絕大多數散在台北地區，包括三角湧（三峽）、八芝蘭（士林）、白石湖（內湖）、金包里（金山）、板橋、小基隆、景美、三貂、五股等；雖有遠至桃園、苗栗、新竹、彰化、台南，但已是少數，再從上述地點遷居宜蘭。台北地區因位近宜蘭，且有山路古道可通，容易獲悉狀況，便利遷徙，二、三日即可入居蘭境。而中南部地區的移民，搭上台灣由南向北的移墾列車，到北部後，定居者有之，想另闢天地者亦有之，宜蘭就成為其嚮往的樂園，此乃前進式的移墾。如表列所提以外，《李仲信派下族譜》亦述及渡台在漳化起水，經多處遷移後，選居公在台北縣景美鎮七張里定居，開墾荒地，後再移居宜蘭。[89]

---

[88] 姚瑩，〈噶瑪蘭屬壇祭文〉，《噶瑪蘭廳志》，頁六一〇。
[89] 《李仲信派下族譜》，頁八。

從閩粵原鄉直接奔向噶瑪蘭，途經北台地區不曾停留的例子不算少，時間上也比較晚後，可能是蘭陽平原極適移墾已漸為唐山人知曉所致，如竹林陳家直接進墾宜蘭，已是咸豐年間的事。至於這些移民到底是循山路還是海路入蘭？少數家譜明確說是山路，如《葉氏家譜》曰：「自三角湧步行對三貂大嶺及草嶺直至甲子蘭（即宜蘭）民壯圍堡。」[90]其餘大都缺而不錄。儘管如此，從其北台地區的原住地及家譜內容來推測，早期移民應該是走三貂和草嶺古道。事實上，以宜蘭和台北兩地相距之近，翻過山即可到達，當然山路為宜。後來經濟貿易發達，往來船隻頻繁，可能有些移民從淡水或西部港口，甚至遠從唐山乘船進抵烏石港、加禮遠港或其他小港，登陸上岸。

經由遷移的過程，可知宜蘭人大都是台北周邊地帶的移民所開墾的，換言之，台北地區幾乎就是宜蘭人與原鄉間的中繼站。長期以來，宜蘭跟台北的區域發展息息相關。以移民來說，終清之世，台北墾民移向宜蘭開拓；日治以後，情況逐漸改變，宜蘭人回流台北謀求生活。

第五節、漢人在宜蘭境內的再遷移

嘉慶初年以後，漢人紛紛從北台地區移墾宜蘭，由於蘭陽平原從頭城向南逐漸延伸開展，使得移民無法群聚頭城，必須隨著地形，順勢南遷；甚至越過蘭陽溪，散居溪南地帶，加上時序推移及各種因素的交光互影，遷徙的現象更為普遍，清代宜蘭漢人的再遷移，於焉形成。茲依據宜蘭的家譜，列表如後：

編號	原鄉	遷移年代	遷移原因	遷移組合	遷移過程	資料來源
1	漳州漳浦	嘉慶 7 年（1802）	繼續開墾至諸地	吳氏家族和墾民	從頭圍經二圍、三圍至四圍	吳氏家譜
2	漳州	光緒 21	日寇統治祖	昆仲各自西		宜蘭趙氏家

---

[90] 《葉氏家譜》，手抄本。

	漳浦	年（1895）	業不振，改營小規模日用雜貨業	東，自謀他業		譜
3	漳州漳浦	同治年間		第三房全部	從員山庄再徙宜蘭民壯圍堡	陳樸直公族譜
4	漳州漳浦	嘉慶7年（1802）	參預吳沙餘眾共墾荒地	父子和叔姪	入蘭後，定居於民壯圍堡	林啟公世系略譜
5	漳州詔安	道光24年（1844）	家遭生番圍困襲擊	舉家移居	從清水溝移居宜蘭擺厘庄	弘農楊氏族譜
6	漳州詔安	道光5年（1825）	另謀發展分支發葉	長房春源	從竹林到南興村移居冬瓜山	李氏族譜
7	漳州詔安	光緒年間	子孫繁眾，加以潦淫為患，水利失修	各房紛徙於外	除三房外，大房到九房散居縣內各地	游氏追遠堂族譜
8	漳州平和	約在光緒20年	祖宅不敷居住，遂即分居	各房分居各地發展	各房分居利澤冬山茅仔寮五結	賴氏家譜
9	漳州平和	道光年間	蘭地米穀豐富，為便經營農商，以利出口	應是全家	從竹林再遷居頂五結近埤圳之地	張氏家譜
10	漳州南靖		家族繁茂		散居在礁溪各堡庄	林氏大族譜
11	漳州龍溪	光緒年間	大宗族家口眾多，生活感繁	各房分居	青龍公返公埔，允求青鳳公遷往大埔，青教公遷居清水	康氏家譜
12	汀洲永定				從宜蘭移居羅東再徙冬	江氏直系歷代族譜

					山	

　　照理說，時間愈晚，家譜的資料愈詳細完整，但筆者所見家譜，敘述宜蘭境內再遷移的現象，大都只提及從北台地區遷到宜蘭的某地而已，因而很難據此探討再遷移的諸項問題，造成這種情形的原因：

　　1.傳統社會均偏重家族內各房分支世系的人名，及其出生、死亡、埋葬分金的資料，往往是死者遷葬的時間和墳地，較活人的再遷移詳細完整。

　　2.移民入蘭以後，很快就找到適當的墾地，中間停留其他地方的時間不長，而為修譜者所忽略。

　　3.宜蘭縣境範圍不大，各地方都很熟悉，就算有遷移的情況，有時就因熟悉而不加登錄；有的遷移距離很近，都在同一鄉鎮內，缺而弗錄就更明顯。

　　4.部分家族在宜蘭確有再遷移，但沒有將此事口傳下來，或有口傳也是語焉不詳，後世子孫欲了解遷移過程，頗有難以下筆甚或查尋無門之苦。

　　5.一些家族從遷來之後，長期世代皆住居其地，未曾搬離，其家譜當然就沒有再遷移他處的資料。

　　6.更有修纂者草率懶惰，無心多方探尋追查，以至家譜僅寥寥數頁，其他有關資料均告闕知，結果是有遷移事實而無遷移記錄。

　　由於宜蘭的家譜存有上述現象，再遷移的資料缺陋不全，但仍有部分家譜尚稱完整，因此這個表上的數例雖然不算多，但所透露清代宜蘭移民的訊息，卻也彌足珍貴。

一、原鄉

　　表上的原鄉都是漳州府，其中漳浦五件、詔安三件、平和二件、龍溪一件，泉州與粵籍均掛零，這樣的分配與前二節原鄉比例，相去無多，尚屬合理。宜蘭史上，泉粵之人移居的過程極為艱辛，初期經械鬥，遭漳人侵擾，轉徙他地。特別是粵籍人數更少，但員山鄉和冬山鄉的沿山

地帶，客家鄉土神祇三山國王廟特別多，可能是他們為生活所迫，逐次遷移以尋求生活空間，「跑了和尚，跑不了廟」，三山國王廟就此被留下。換言之，從三山國王廟的遍布，推想客家人是經多次輾轉遷徙。可惜的是，粵籍家譜甚少，無法由家譜中，獲得客家人再移墾的證明。

二、遷移的年代

以年代來分，宜蘭漢人的再遷徙，可列表如下：

年代	嘉慶	道光	咸豐	同治	光緒	空缺	合計
數量	2	3	0	1	4	2	12
比例	17%	25%	0	8%	33%	17%	100%

嘉慶年間的有二件，都跟吳沙有關，一件是吳沙本家，另一件則是追隨吳沙所致。要之，同屬初期的事，可見此時移遷過程中，吳沙家族居主導地位，範圍也由頭圍、二圍擴及到三圍、四圍、五圍及民壯圍。

大致說來，噶瑪蘭開發晚進展快，嘉慶年間，墾務極為順利，溪北地區幾無荒地可言，因而須向溪南一帶延伸，所以表列道光年間的三件再遷移，都與溪南地區有密切關係，就是這個道理。

咸豐和同治時候只有一件，表示再遷移的現象較少，家譜數量不多，難以支持此一現象的正確性。但也不無道理，因為此時移民才剛散居整個蘭陽平原未久，正在積極拓墾中，家族人口增加有限，各房子孫尚未長大，若非特殊事故，自無須勞師動眾再行搬遷。

明顯的再遷移是發生在光緒時代，理由是嘉慶、道光年間定居墾民，經半世紀以上的歲月，已數代同堂，丁口繁衍，原有的屋舍已嫌擁擠，耕地不敷維生，各房遂分居遷移，士農工商各專其業，任憑發展。因此，清代宜蘭的再遷移盛行於光緒朝。

三、遷移原因

　　造成遷移的最大因素是族繁丁旺，須分居另謀出路。《平和賴氏家譜》曰：「此期間子孫日漸繁盛，據傳男女近百人云。至今乞、來兩公之子長大，在大彎之祖屋不敷居住，遂即分居各地發展，距今約在八十年左右（按此譜修於民國五十五年，今約近一百三十年）。現各房或居利澤、冬山茅仔寮、五結，多係在宜蘭縣境內。」[91]《康氏家譜》亦曰：「迨至光緒年間，鑑於大宗族家口眾多，生活感繁，遂有分居之議。」[92]《李氏族譜》也說：「而春源公即於一八二五年間移居冬山頂冬瓜山（今太和八寶一帶）另謀發展，分枝發葉。吾祖定居冬山鄉南興村。」[93]

　　遭逢事故而遷居為常有的事。《弘農楊氏族譜》提及某夜家遭凶蕃放火圍困襲擊，母重傷，數日後仙逝，父飽嚐股腐筋爛的鏢傷之苦，年底即移居擺厘莊。[94]《康氏家譜》曰：「共養育五子三女，享受五倫，家樂融融，不料於某一年因住屋遭受土匪放火燒燬，而擇地遷居茄冬林。」[95]《游氏追遠堂族譜》亦曰：「另率八房子孫於嘉慶初葉入墾甲子蘭，初擬卜居柴圍山下，又恐近山蕃擾，故又東走至六結庄始定焉。」[96]

　　姚瑩認為「蘭地惟產米穀，百貨皆仰於外，隔山離道，故賴小船出入，以濟百貨。」[97]可見長期以來，宜蘭極需與西部和內地進行商業貿易，因此，為獲取經濟利益而移居，乃合情入理的事。《張家族譜》曰：「蘭地自此人和，安居樂業，所墾之沃地農產年增，米穀待移出。如此情形，良殿公乃再遷居於五結鄉頂五結近埤圳之地，建設土礱間（碾米廠）製米；而利用船運往茅仔寮濁水溪出口。」[98]

　　宜蘭濱海地區都是海拔五公尺以下的低平原，兼又雨量充沛，經常苦於積水汪洋，妨礙耕作，只好別闢他地。《游氏追遠堂族譜》曰：「迨

---

[91] 賴耀煌，《平和賴氏家譜》，頁二七。

[92] 《康氏家譜》，頁一六。

[93] 李秋茂，《李氏族譜》，頁六。

[94] 《弘農楊氏族譜》，頁三～四。

[95] 《康氏家譜》，頁一五。

[96] 游永德編輯，《游氏追遠堂族譜》，頁一四。

[97] 姚瑩，〈台北道里記〉，《東槎紀略》（台北，台銀文獻叢刊第七種，民國四十六年七月），頁九二。

[98] 張方鏗，《張家族譜》。

光緒年間，子孫繁眾，加以蘭地潦淫為患，水利失修，自此各房始紛徙於外。」[99]

此外，日本據台的經營與變革，也會影響遷居。《宜蘭趙氏家譜》曰：「光緒二十一年，滿清割台，日冠統治下，祖業不振，遂改營小規模日用雜貨業，登祖昆仲亦各自東西，各謀他業。」[100]

至於開拓初期的遷移，大都逐耕地自居，特別是豪傑型人物，為安置自己家族及其追隨者。如吳沙族人從頭圍一路開墾至五圍，後定居四圍，隨其入墾者，亦因開蘭有功，受其酬勞，贈送土地，而移居到民壯圍等。

四、遷居組合

蘭陽平原上的再遷徙，在時間、安全、範圍和熟悉狀況等方面，均迥異從閩粵入台，或從北台入蘭者，所以遷移人數的組合也不盡相同，最通常的組合是家族和分房兩種：

（一）、舉家遷移

這種情形大都發生在拓墾初期，因危險性高且人力少耕地多，須家人照應及投注大量的勞力，如吳沙家族和林啟公家族即是。有利可圖的家族事業，當然是重要誘因，如張俶南家族開碾米廠，經營農商。楊士芳家族的搬遷，則因遭遇變故，家毀人亡而起。上述例子偏屬道光以前的事，所以舉家遷移，時間是主要的決定因素。

（二）、分房遷移

經過數十年甚至百年的定居，或數代之後的光緒年間，子孫枝繁葉茂，祖宅不敷居住，為求發展，出外建立基業，因而有分居興釁，自立門戶之舉動。《游氏追遠堂族譜》指出光緒年間，「自始各房始紛徙於外，今九房裔分布有見大房龍堪公散於礁溪、宜蘭，二房龍昭公散於三星、冬山，……四房龍福公散於宜蘭市，五房龍巨公散於壯圍，六房龍賓公

---

99 游永德編輯，《游氏追遠堂族譜》，頁一五。
100 趙鏡心，《宜蘭趙氏家譜》，頁四。

散於羅東鎮，七房龍讚公散於宜蘭、壯圍、三星，八房龍貴公散見宜蘭市，九房龍燦公散見壯圍鄉。」[101]《康氏家譜》也提及光緒年間的分居情形，「青龍公遷返公埔，允求公、青鳳公則運袂遷往大埔，⋯⋯青教公遷居清水。」[102]總之，分居時間盛行於光緒年間，分居人數以「房」為單位，顯現系譜上的連續性，也適合中國人以「房」為中心的意識。[103]

五、遷移過程

遷移過程可分三種：

（一）、沿線遷移

開發初期，自頭圍向南，右方為山地所建構之自然障壁，左方則為蕃社所形成之人文區域。此一走廊地帶，早先為平埔族與高山族間的緩衝帶，卻成為漢人沿線拓墾遷移，長驅直入的坦途。[104]吳沙家族就是範例，他於嘉慶元年（一七九六）進墾烏石南，從頭圍進墾二圍。次年，「鳩眾建造三城（三圍）來居斯地。」[105]至嘉慶三年，「沙已死，子吳光裔頂，由四圍更築到五圍。」[106]最後定居四圍，《吳氏家譜》曰：「以至四圍地方，觀其一帶風景幽雅，則可定居，後世之地，始遷於此。」[107]其跟隨開墾者亦是如此路線。

（二）、定點遷移

此乃開發中期常有的現象，移民初到某地之後，會因天災人禍的影響，別尋較好的生存空間，此時對附近環境已有相當了解，遷往何處，自有盤算，此乃定點遷移。如《太傅派陳樸直公族譜》曰：「致富公於

---

[101] 游永德編輯，《游氏追遠堂族譜》，頁一五。

[102] 《康氏家譜》，頁一六。

[103] 陳其南，〈中國人的「房」事情節〉，《婚姻家族與社會》（台北，允晨文化公司，民國七十五年二月），頁八三～八四。

[104] 張秋寶，〈蘭陽平原的開發與中地體系之發展過程〉，《台銀季刊》，第二十六卷第四期（台北，台灣銀行，民國七十四年三月），頁二三三。

[105] 陳淑均，《噶瑪蘭廳志》，卷之一，頁八七。

[106] 陳淑均，《噶瑪蘭廳志》，卷之七，頁五一三。

[107] 《吳氏家譜》。

同治年間，遷居民壯圍堡壯二庄二百七十五番地吉宅居住。」[108]《黃純善公家系譜》亦曰：「後不久四子即世祿、世乾、世傑，世歡奉母楊氏遷至噶瑪蘭，初居西勢員山後，部分再遷到東勢五結。」[109]又如江氏家族晏秀公初移居宜蘭，「再移羅東，然後再移冬山鄉松樹門，至瑞昌公時遷移冬山鄉員山村。」[110]

（三）、分散遷移

這種遷移就是某家族長時間的居住某地後，各房皆人丁繁茂，必須移往他處獨立成家，以解決生活擁擠之苦。時間約在同治以後，家族狀況須兄弟均已成家且育有子孫，遷移時以各房同時分居向外遷移為原則，如前面所舉的游氏家族和康氏家族，都是很好的例子，鬮書分產也可作這方面的證明。

第六節、宜蘭漢人移動的歷史意義

人口遷移包括移出和移入，其所顯示的意義是人在地域上的移動，可能是個人的行動，也可能是團體的行動，有時出於自願，有時卻是被迫的，結果造成長久性住處的改變。[111]因此，人口遷移對整個社會與歷史，具有普遍性、廣泛性及長遠性的影響。以此觀之，清代宜蘭漢人的移動，當然顯現深刻的移民史之意義，茲分從中國史、臺灣史、宜蘭史的立場，加以說明。

一、就中國史而言

從歷史上看，中國人口大量的遷移，其次數與人數恐怕比世界上任何其他一國多。[112]以內地向南移民來說，這些南渡的人民，在政治方面，

---

[108] 陳永瑞編撰，《太傅派陳樸直公族譜》，頁一七。

[109] 黃阿熱，《黃純善公家系譜》，頁四九。

[110] 江朝開，《江氏直系歷代族譜》，頁八三。

[111] 蔡宏進、廖正宏，《人口學》（台北，巨流圖書公司，民國七十六年八月），頁一九九。

[112] 龍冠海，《中國人口》（台北，中華文化出版委員會，民國四十四年四月），頁一八四。

支持東晉、南朝及各朝代的局面；在經濟方面，開發南方的產業，增進南方的生計，加速南方的繁榮，造成中國經濟重心逐漸南移；在民族方面，加強內地人民和南方部族的往來，敦促民族的融和與文化的交流，歸宗為中華民族。[113]凡此現象，從宜蘭族譜所載其祖先之流轉遷徙，可找到有力的佐證。

　　人口移動是中國歷史發展重要的一環，東北、西北、西南等地都是移民的好去處，但移民歷史最久，移出人數最多，移動頻率最高，開發效果最佳的，應屬向南遷移，而宜蘭漢人的移動就是此一中國移民潮流的一支，也是此一移民史的尾閭。如能透過家譜內容及相關文獻的記載，從源頭起始，輾轉流遷，以迄宜蘭，作更詳細的探討，除可明悉中原到邊陲的整個移民過程，建立一個具體的移民模式；進而以此具體標本，再行考察其他不同地區的移民狀況，並從事比較分析，以累積人口移動的各方知識，如此則可逐項了解中國移民史的基本面貌，亦可思索中國移民的理論基礎。

　　一般來說，社會整合的類型以血緣關係、地緣關係和業緣關係為主要準則，這三種準則各有其作用，已為社會研究的重要課題。由於移民是複雜的社會現象，在移民過程中，不同的人、不同的時間、不同的地區、不同的習性，其整合的情況亦因而有所區別。如能從宜蘭漢人的遷移中，發現其整合關係與意義，旁及其他各種現象，如人口結構、人口分布、生育與死亡、婚姻與家庭、政經發展等問題，對探尋中國移民社會當有一定的助益。換言之，宜蘭漢人移民史的過程，不僅是中國移民的一部分，也是研究中國移民史的參考指標。

　　宜蘭的族譜雖大都簡略，然內容詳細的也有多件，在遷移過程中，敘述各地區的風俗民情、生活狀況、經濟發展、文物史蹟及所見所聞，這些都是中國社會經濟史很好的資料，可備國史研究取材。如《姚川賴氏六修族譜》所載的〈龜湖觀瀾公清修山田山碑文〉是關於明代寺院經濟的文獻。[114]有些家譜也有其獲得功名的先世之傳記，這也是人物誌的

---

[113] 羅香林，《中國民族史》（台北，中華文化出版委員會，民國四十四年五月），頁一九。
[114] 賴宣揚，《桃川賴氏六修族譜》，手抄本。

好素材。類此相關的資料尚夥，茲不備舉。

移民史另一重要的意義，就是移民到達的地方，象徵國勢或版圖所及之處，邊陲地區尤為顯著。蓋清代漢人移居噶瑪蘭後，除加速土地與經濟的開發，也使噶瑪蘭在政治上跟內地緊密結合，進而置廳設官，收歸版圖。賽沖阿即上奏曰：「查蛤仔難（宜蘭）本係界外蕃地，今民人熟蕃越界私墾，本應驅逐治罪，惟是開墾有年，已成永業，一經驅逐，不惟沃土拋荒，而無業遊民盈千累萬，實亦擬難辦理，因思該處久已相安，且經為官出力，自應歸入版圖，以廣聲教。」[115]因此，清廷於嘉慶十七年（一八一二），正式設噶瑪蘭廳，納編疆域，加強統治，以廣國勢。

清代宜蘭與內地的關係，除政治的聯繫外，亦屬大陸東南沿海貿易經濟體系的環流。《宜蘭趙氏家譜》曰：「篆公主辦『自興號』採購進貨，往來頭圍（今頭城）福州間，商業益加興盛。」[116]為說明這一點，將噶瑪蘭與大陸的區間貿易，列表於後：[117]

貿易省分	貿易地點	貿易貨品
福建	惠安、崇武、莆田、湄州、平海、塩嶼（福清港）、關潼、五虎門、定海、大埕、黃岐、北交、羅湖、大金、三沙、松山港（福寧府）、南關、北關、南紀嶼、鳳凰嶼（瑞安縣）	輸入：乾菓 豆 麥 磁器 金楮
浙江	梅花嶼（溫圳港）、川碓（黃巖港口）、舟山、定海關、沈加門、寧波	輸出：米、白苧 輸入：絲羅綾緞 綢疋 羊皮
江蘇	吳淞、上海、乍浦、洋山	

---

[115] 〈戶部「為內閣抄出福州將軍賽沖阿奏」移會〉，《台案彙錄》，辛集（台北，台銀文獻叢刊第二〇五種，民國五十三年十二月），頁一七三～一七四。

[116] 趙鏡心，《宜蘭趙氏家譜》，頁四。

[117] 溫振華，〈清代台灣漢人的企業精神〉，《歷史學報》，第九期（台北，台灣師範大學，民國七十年五月），頁一三三。

	嶼	
廣東	澳門	輸出：樟腦 輸入：雜貨

　　總之，凡此均為清代至日治宜蘭移民在經濟上的表現，同時也豐富了大陸東南沿海的貿易活動。

二、就台灣史而言

　　整部台灣漢人史，就是整部台灣漢人移民史，因為清代台灣歷史，是以台灣漢人移民為主軸所產生出來的。[118]這些移民全由閩粵出海，渡過水域，航向台灣。至於登陸的港口，一般學者大都僅注意西部沿海各港，事實上，後期也有少數移民從閩粵直接放行宜蘭上岸，從上述清代宜蘭與大陸的區間貿易即可得知，因而擴大台灣移民史的視野與意義。

　　以台灣開發過程而言，宜蘭地區是西部和北部耕地墾畢、人口飽和後的新移墾區，時間上較為晚近。因此，嘉慶以後，各地移民賡續遷居宜蘭，可視為台灣的拓墾已接近完成的階段。再則，這些移民早先從西部上岸後，很快就覓妥良田落地生根的，但也有不少人因諸多緣故，由南而北逐漸遷移，致使西部北部地區成為移民流徙的過繼站。俟部分移民再從北部淡水廳入墾宜蘭後，就定居下來，不再搬離，即使有所遷移，也不離宜蘭平原內。終清之世，情況依然如此，其間雖有漢人再從宜蘭遷到後山花蓮，但為數並不多。所以，宜蘭是清代台灣漢人大規模移民的重要終點，在台灣移民史上占有一席之地。

　　據族譜資料顯示，從閩粵入台至移往宜蘭的情況而論，舉家遷移或兄弟全部同行者很少，此是幾乎每家遷移時，都會預留男丁在原住地，以備發生事故時，仍可延續香火；或因父母年老，不便漂洋渡台，翻嶺赴蘭，須留子嗣在家隨侍照顧。而且遷移都以男丁為主，鮮有婦女和小孩跟隨，尤以早期為甚。就因為如此，一個家族如經多次遷移，往往處

---

[118] 陳漢光，〈台灣移民史略〉，《台灣文化論集》，第一冊（台北，中華文化出版委員會，民國四十三年十月），頁四七。

處都有族親。筆者所見諸多家譜，均提到其祖先某世某房住在西部或北部地區；近年來，宜蘭部分家族到外縣市去認親探親或祭祖掃墓的，時有所聞。可見宜蘭的家族與各地的家族間，保有血緣的宗親關係，來自共同的祖先，這些都是台灣移民史的明確事實。

移民進墾蘭邑後，興修水利，開發資源，繁榮農業，使得經濟上，宜蘭與台灣其他地區互通有無，相互依存，即以米穀、樟腦等交換外地的日用品。如一八二二年與一八三二年，台灣西部兩次歉收時，宜蘭成為全台米倉，米價上揚兩倍。一九〇〇年日人統計宜蘭耕地占全台百分之三・五，但米產卻高達百分之八・二。[119]所以宜蘭的米產，有調節全省糧價與供應各縣不時之需的作用。這種密切關係，尤以跟北台地區更為明顯，幾乎勢成一體。此乃因宜蘭的移民，正如前面所述，大都從台北周邊地帶移居，少數由中南部遷來的，也須途經北部再輾轉入蘭。如謂清代宜蘭人就是台北人過來的，亦不為過。日治時期，宜蘭人口從移入變為移出的，最大的去處即為台北地區。要之，宜蘭、台北間長期以來的熱絡往來，難以割捨的情況，均是受人口移動的影響。

昭和元年（一九二六），台灣漢人的祖籍，泉州府占百分之四四・八，漳州府占百分之三五・二，粵籍占百分之十五・六，其他只占百分之三強。據學者研究，泉州人主要集中在海岸一帶，漳州人和客家人則主要集中於內陸地區。具體言之，三籍移民在台灣的空間分布，泉州人主要分布在西部沿海平原和台北盆地；漳州人主要集中於西部內陸平原、北部丘陵和蘭陽平原一帶。[120]以此立論探討宜蘭的移民，產生二個問題：一則台灣漢人泉籍較多，且聚居海岸一帶，同樣有海岸的蘭陽平原卻剛好相反，以漳籍為主；再則以空間分布而言，西部內陸平原的雲林、嘉義，其漳籍人數至多為百分之六十五，北部丘陵就更低於這個數字，但沖積三角平原的宜蘭，漳籍則高達百分之八十五以上。因此，宜蘭三籍移民的比例與空間分布，有其特殊的一面，異於西部地區，值得

119　徐雪霞，〈清代宜蘭的發展〉，頁一四八。
120　施添福，《清代在台漢人的祖籍分布和原鄉生活方式》（台北，台灣師範大學地理學系，民國七十六年），頁一三～三一。

探索，誠為台灣移民史上少有的現象。

三、就宜蘭史而言

　　宜蘭漢人的祖籍原鄉，不僅是福建和廣東，且可溯源到中原及其他地區，這說明宜蘭人和大陸人具有血肉相連的宗族淵源和歷史文化的傳承關係。尤有進者，因移民入蘭時間先後有別，落腳地點也不盡相同，造成有親屬關係的家族，形同陌路，無法認親。此時若比對不同家譜時，就發現部分同姓甚至異姓家族，彼此間有親族關係，如排行字輩昭穆能夠銜接，或記載同一特殊事件等，都可驗證不同家族是來自共同祖先，俾益認祖歸宗，一脈相承，所謂萬流歸宗，真是信而有徵。

　　從移民史的觀點看，確定移民遷入的時間非常重要，而時間的最佳見證，莫過於家譜。筆者所見的家譜，提到入蘭年代，幾乎都在嘉慶元年以後，因而也證明清代文獻論及宜蘭大規模開發的年代，始於嘉慶元年吳沙率三籍墾民入蘭是正確可信，藉此可奠定吳沙在開蘭史上的地位。所以用「真成拓土無雙士，正是開蘭第一人」[121]形容吳沙，亦是實至名歸，當之無愧。

　　西晉末年，王室傾覆，元帝南渡立國健康，中原人民相率避難江左。初猶僑寄思歸，終以中原長年不復，習久而安，乃不再有北風之想，而漸為南方之人。長江流域的開發，比較純粹華夏血統之南徙，由此而興起。[122]同樣道理，大量移民的入墾，使得榛莽未闢的宜蘭得到充分的開發，良田美園一塊塊的出現，稻作農產一天天的增加，宜蘭之有今日，飲水思源，乃拜早期移民奠下丕基之賜。

　　移民雖有多種，仍以農墾類型為主，其性質是他們仍然附著在土地上，維持既有的生產方式和生活樣態。宜蘭的移民就是屬於這種農業移民，前述家譜的資料，已有很好的說明。陳亦榮在〈從族譜看清代漢人在台灣地區遷徙之特質〉一文，共蒐錄十四件家譜，其中農墾性遷徙有

---

[121] 陳進東，《南湖吟草》（宜蘭羅東，民國七十三年），頁一九二。

[122] 譚其驤，〈晉永嘉喪亂後之民族遷移〉，《長水集》，上冊，頁一九九。

十二件，商業性和械鬥性遷徙各一件。宜蘭至今仍屬農業縣份，民風淳樸，保有最後淨土有雅譽，跟高比率的農墾性移民應有密切關係。[123]

基本上，遷移造成人口的再分配，在農業社會中，耕地充分開發地區的人口會移向荒地仍多的地區，因為一塊土地只要經過幾代的繁殖，人口就到了飽和點，過剩的人口自得宣洩出外，負起鋤頭去另闢新天地。[124]清代宜蘭人口的增加與移民互為表裡，就是很好的例子，如前所述，嘉慶年間持續較高的人口成長率，顯示移民由於台灣北部耕地飽和及人口膨脹的推力；加上肥沃的蘭陽平原之吸力，而為移民的樂園。因此，移民導致早期宜蘭人口的快速成長。同治、光緒之時，因外來移民銳減，人口的增加也十分緩慢。及至日治以後，宜蘭耕地已趨飽和，在缺乏吸力下，人口反有外流現象。總之，長期以來，宜蘭人口的一大特色，就是受到移民因素的牽制。

移民在遷移過程中，生活不同於定居時期，到了新的住地，與土著發生關係，異於故鄉舊有的狀況，造成雙方彼此生活方式的改變，很有特點。[125]當漢人移居宜蘭，開闢新天地，取得良好的生存空間，掌握豐富的生活資源；相對而言，先住民平埔族噶瑪蘭人卻在強勢漢人巧取豪奪的衝擊下，受到欺侮，飽嚐哀痛，土地不保，生命堪慮。而逐步退縮與漢化，甚至遷徙花蓮，流落他鄉，承受悲苦的命運。尚存的噶瑪蘭人變賣土地的契書，不正訴說了這一切嗎？[126]

論者皆謂早期拓墾的出身，如非貧苦困頓須出外謀生，或任俠犯科以藏匿異地，就是災難變故而被迫流徙，翻開台灣漢人移民史，這種觀點頗切實情，惟仍有少數例外，宜蘭就有一例。《游氏追遠堂族譜》曰：「另率八房子孫於嘉慶初葉入墾甲子蘭，……而後將家務轉付次子龍昭公全理。公字連從，乾隆監生也，頗有文風，奉母之命，即率領昆仲子侄，耕稼買賣於外，誦教詩禮於內，奔波不經五載，家業大業，田園千

---

[123] 陳亦榮，〈從族譜看清代漢人在台灣地區遷徙之特質〉，《第五屆亞洲族譜學術研討會會議記錄》（台北，聯合報國學文獻館，民國八十年九月），頁七三～一〇〇。

[124] 費孝通，《鄉土中國》（上海，觀察社，民國三十七年），頁三。

[125] 馮爾康、常建華，《清人社會生活》，頁三三四～三三五。

[126] 凌昌武、林焰瀧等編，《蘭陽史蹟文物圖鑑》，頁一七六～一七七。

頃，文盛西勢，官民厚視，儼為蘭地之殷戶大族也。」[127]可見嘉慶初年已有監生領率兄弟子侄入墾宜蘭，誠為宜蘭開發史上的一大盛事，更是珍貴史實。

第七節、結語

譚其驤曰：「要研究移民史，應該一個地區一個地區逐步搞，或一個時代一個時代逐步搞，而不應急於搞全面的史略、史要或簡史，搞清楚當前各地區人民的來歷，才是研究移民史的首要課題。」[128]秉持這樣的信念，因此先行探討清代宜蘭移民史，乃是饒有意義的事。

在人口學的研究領域中，人口遷移的意義最模糊、最不清楚、不像出生和死亡那樣具體明確。一個人一生中出生和死亡各只有一次，很好認定，數據準確；但一生中可能遷移多次，而且情況複雜，認定困難，沒有一致的看法，造成移民史研究上的困擾。[129]清代宜蘭更因缺乏詳細精實的人口統計，兼又事隔多年，文獻不足，更難獲悉人口移動的全貌，只能利用家譜，參以其他資料，加以排比分析，試著勾勒出個大要。

總結以上述說，清代宜蘭漢人的移動，在地域上，都由內地移入，沒有從域外來的，概屬境內遷移；在原籍上，以福建漳州府占絕大多數，其中又以漳浦、詔安、南靖、平和諸縣為主；在過程上，分成四個階段，先從各地遷到閩粵，後再移進台灣，接著轉居宜蘭，最後在縣內流徙定居；在時間上，入蘭時代以嘉慶年間比例最高，次為道光時期，同治以後則較少見；在開發上，與宜蘭史由溪北而溪南，而後及於近山一帶逐漸發展的情況，頗相吻合；在流向上，日治以前均為單方面從北台地區遷移入蘭，再向外移出花蓮的很少，回流北台的幾乎沒有；在組合上，普遍都是幾位族親結伴同行，單身入蘭並不多見，舉家遷移更是少之又少；在年齡上，青壯年居首，以其身強力壯，於利長途跋涉，開天闢地，

---

[127] 游永德編輯，《游氏追遠堂族譜》，頁一四。
[128] 譚其驤，〈自序〉，《長水集》，上冊，頁四。
[129] 蔡宏進、廖正宏，《人口學》，頁一九七。

而婦女與小孩，則時間愈後，出現頻率愈高；在理論上，推拉論頗為適用，北台地區因耕地墾畢及其他因素，推移過剩的人民外出覓地，宜蘭則荒地甚多，沃野千里，人口容量大，吸引大量移民。

　　人口移動是移墾社會最重要的社會現象，影響所及，幾乎涵蓋社會的各個領域，改變各個層面。因此，希望藉清代宜蘭漢人移動的研究，了解宜蘭移民的真象，作為研究宜蘭漢人家族的基礎，以呈現宜蘭漢人家族史的面貌。

第三章　宜蘭漢人家族的發展類型

第一節、前言

　　清代台灣社會是中國社會的延伸，也是移墾社會的表徵，其家族社會的基本內涵，當然就落實在台灣的漢人社會裏，亦即台灣家族的發展過程，在移民社會有更大的顯示意義，如要了解台灣的漢人社會，從家族研究著手，應是很好的切入點。換言之，透過家族移墾及其發展過程的研究，不僅可使吾人對台灣地方的開發與漢人社會的建立，有一貫時限的具體觀察，並可進一步探索社會變遷與社會發展的各項問題。[1]有關這方面的研究，國內外專家學者頗不乏人，成果也相當可觀。

　　比較遺憾的是，這些論著鮮少提到宜蘭家族的狀況，有鑑於此，謹以本章探討宜蘭家族的發展及其類型。

第二節、傳統漢人的家族結構

　　家雖是中國鄉土社會的基本社群，但在外延上，並沒有嚴格的團體界限，社群裏的分子，可以依照需要，遵循父系血緣，沿著親屬差序向外擴大，組成各種不同類型的家。儘管這些不同類型的家，都是從家庭的基礎推演出來，其基本性質與結構一致，但表現在數量、大小、親疏、遠近上就互有歧異。[2]基於上述的考量，本文將家分為家庭、家族、宗族、宗親四種類型，作分析討論的單位。因此，「家族」一詞在本文可有二義：廣義的說，其範圍包括四種類型；狹義的說，則僅只「家族」這個類型而已。至於何以捨「宗族」而就「家族」之名，乃因「宗族」意謂擴大與綿延，其發展在歷史短暫的宜蘭不如「家族」來得普遍，所以「家族」似乎較符合清代宜蘭鄉土社會的實情。

---

[1] 莊英章、周靈芝，〈唐山到臺灣：一個客家宗族移民的研究〉，《中國海洋發展史論文集》（南港，中央研究院三民主義研究所，民國七十三年十二月），頁二九八。

[2] 費孝通，《鄉土中國》（上海，觀察社，民國三十七年），頁四〇～四一。

一、家族類型的單位

幾乎所有研究中國家庭或宗族的學者，均認為其形成與發展非常複雜，組織與結構相當緊密，它不僅涵蓋傳統社會的現象，也是鄉土生活的真實呈現。以致於要給這個變化、複雜的家族，下一個簡單而明確的定義，確是十分困難。各方專家的釋義，各有所見，版本很多，歧異的地方也不少，難以取得共同性的說法。

造成這種情況的原因，可就國內與國外的處境，加以說明：

家族是我們生活的重要內涵，自然而親切地存在著，是大家耳熟能詳的。因而一些常識性的概念，不僅很少被當事人所意識到，也很容易被學者所忽略。民間既不需要也不自覺到有一系統化的家族理論之存在，使得在實際田野調查中，對於家族的概念或理論性的問題，受訪者的回答往往是片斷的、不完整的，甚至有時是粗略的、不一致的；很少當事人能夠系統化或通盤性地解說對家族的瞭解與看法。[3]少數研究者在習而不察，無意疏失的情況下，或執著於自己的家族定義，或以所觀察到的有限樣本，忽略其他變異形態及相關研究成果，就推出家族的理論，其粗糙不周延，自是意料中事。[4]

影響所及，使得國外學者無法正確地認識到漢人家族親屬制度的理念，在做研究時，偏重家族的某項內容，如探討財產關係、共同居處、祖先祭祀及其他歷史因素等，而摒除宗祧或系譜性觀念的深層意義。[5]正由於西方學者難以體會中國家族的基本特徵，忽略其真正運作原則，只在外圍兜圈子，沒有扣緊主題，加上語言文字、民情習俗等的隔閡，以及無法久居作長期而深入的觀察，因此，穿鑿附會，曲解誤說，在所難免；研究成果粗陋破綻，當然也不足為奇了。陳其南的大作《家族與社會》一書中，對他們有精彩的論證與辯駁，指出其錯誤所在。第二章有較詳細的回顧評介，可以參閱。

---

[3] 陳其南，《家族與社會—台灣和中國社會研究的基礎理念》（臺北，聯經出版公司，民國七十九年三月），頁一三〇。

[4] 陳其南，《家族與社會—台灣和中國社會研究的基礎理念》，頁一〇二～一〇三。

[5] 陳其南，《家族與社會—台灣和中國社會研究的基礎理念》，頁一八八～一八九。

　　根據以上的說法，研究漢人家族社會是極吃重的工作，如要對家族作適當分類，更是件困擾的事，因任何的分類彼此間都有名詞不能統一，內容互有出入，意義頗為含糊之憾。然而持平看來，國內學者所作的家族分類，較能切合家族綿延發展與實際生活的狀況，特別是用在台灣移民社會的解釋上。如陳其南以「房」為核心觀念，說明家族的內部關係和運作法則，標示小宗族、大宗族和同宗關係的三種類型，取代宗族或氏族這種缺乏明確定義的術語。[6]謝繼昌則將家族分成「家戶家族」和「家戶群家族」兩類。前者界定家族為一群有親屬的人所組成的經濟獨立且同住於一空間的團體，他們有繼嗣和傳承的義務和權利；而後者原為一個家戶的大家族，後來擴展為兩個以上的「雙親家族」，他們不同住而各自成為一個家戶。這些分散的家戶由於老一輩父母的關係聯繫，仍維持密切的、互助的、情感的、宗教的關係。[7]馮爾康的家族分類較為複雜，第一種人口較少的，由族人家庭直接組成宗族，其類別為：家庭——宗族；第二種在規模較大的宗族，血緣近親的家庭，成立家族組織，其類別為：家庭——家族——宗族；第三類規模龐大的宗族，人們輩分多，族人家庭間，有的血緣關係已疏遠，於是根據各自先人的情況，形成多層次的組織，這就是：家庭——家族——支族——宗族。[8]

　　三者各有所長，陳其南的見解最有開創性、啟發性的價值；謝繼昌的說法相當允當，合於現實情形；馮爾康的觀念雖稍嫌複雜，然極便於分析與解釋之用，都是很好的參考指標，有助於相關的研究。再者，中國「家」字的含意，可小至僅指一個人的家戶，又可大到所有同姓但不一定有系譜關係的人，伸縮性非常大。[9]為了網罩從少到多這麼大範圍的人群，筆者提出家庭、家族、宗族、宗親四種類型為分析單位。以家庭作基礎，家族是家庭的延伸，宗族是家族的延伸，宗親則範圍更廣泛，

[6] 陳其南，《家族與社會—台灣和中國社會研究的基礎理念》，頁一○七。
[7] 謝繼昌，〈中國家族研究的檢討〉，《社會及行為科學研究的中國化》（南港，中央研究院民族學研究所，專刊乙種之十，民國七十一年四月），頁二六一～二六二。
[8] 馮爾康，〈宗族制度對中國歷史的影響—兼論宗族制度與譜牒學之關係〉，《譜牒學研究》，第一輯（北京，書目文獻出版社，一九八九年十二月），頁二○～二一。
[9] 謝繼昌，〈中國家族研究的檢討〉，頁二六○。

四者組織依序擴大，人數逐次增加，關係漸趨疏遠。清代宜蘭家族的發展就在這樣的層級類型上展開詮釋。

二、家族類型的前提

這四種家族類型的區別，建立在如下幾個前提上：

（一）、認同「房」的原則

由於中國家族制度相當複雜，容易混淆模糊，透過「房」的觀念，是釐清的關鍵，因為「房」的含意與用法，較其他家族名詞更為穩定而明確。其基本原則依陳其南的論點是：

1.男系的原則：只有兒子才稱房，女子概構不成房。

2.世代的原則：只有兒子對父親才構成房的關係，孫子對祖父，或其他非緊鄰的世代者，皆不得稱為房。

3.兄弟分化的原則：每一個兒子只能單獨形成一房，須與其他兄弟分割出來。

4.從屬的原則：諸「房」絕對從屬於以其父親為主的家族，所以房永遠是家族的次級單位。

5.擴展的原則：房在系譜上的擴展性是連續的，「房」可以指一個兒子，也可以指包含屬於同一祖先之男性後代及其妻等所構成的父系團體。

6.分房的原則：每一父子團體在每一世代，均根據諸子均分的原則，在系譜上不斷分裂成房。[10]

以上原則，無非說明一家族內部關係時，「房」成為一個最適當的指稱單位。

（二）、根據系譜的基礎

系譜可分無形系譜和有形系譜兩種。前者，是根據「房」的原則而運作所構成的無形系譜性概念，它廣泛的深植於漢人社會，不需要文字的記載與契書的約束，就為族人了解並共同遵守的承諾，自然而然的支

---

[10] 陳其南，《家族與社會》，頁一二九～一三四。

配漢人的家族生活，絕無混亂脫序的事情發生。所以忽略無形的系譜知識，很難掌握中國家族社會的全貌。

至於有形系譜就是文字化的系譜，通稱家譜、族譜。其作用是顯示成員間的家族一體感，做為家族倫理的一種表徵，即所謂的「收宗敬族」。同列在一族譜必定表明各人的系譜關係，但主要用意，在強調各人之間的家族共同意識。族譜之修纂與出版的目的，不是為釐清家族事務的權利義務分配問題，而是說明「家族」的包容性。

簡言之，無形的系譜，強調家族內部的分化關係與家族生活的運作法則；有形的系譜，可有可無，有則更好，是家族認同的具體表徵。[11]

（三）、接受家族的彈性範圍

這有三種彈性：

1.人數彈性

中國「家」的人數因時因地因情境而彈性伸縮，常有改變，小至個人，大到數不清。親屬關係是根據生育和婚姻事實所發生的社會關係，其所結成的網絡，可以推出去包括無窮的人，過去的、現在的和未來的族人。此人際關係稱作「差序格局」，如同石子投入水中泛起的波紋一般，一圈圈推出去，愈推愈遠，也愈推愈薄，可見它不是一個固定的團體，而是一個範圍，範圍的大小依著自家的親屬勢力之厚薄而定。[12]

2.類型彈性

這四種家族類型的發展，並非固定不變，任何一種類型可以演變成其他類型，亦即各類型彼此可調適互換，如家庭擴大為家族，此家族對原家庭而言是家族，但就家族內而言，又是數個新家庭的起步；家族擴大為宗族，也是同樣情況。因此，家庭、家族、宗族和宗親間的變易是頗具彈性。

3.例外彈性

雖然家庭、家族、宗族逐次擴大，但人數跟著增加只是一般的常態，並非絕對如此。有時某一食指浩繁的家庭，反比其他人丁衰微的家族人

---

[11] 陳其南，《家族與社會》，頁一四〇～一四一。
[12] 費孝通，《鄉土中國》，頁二四～二六。

數要多，甚至還超過宗族，只是這種情況較為罕見。

另一種例外，是家族的發展具有時間上的循序性，就是從家庭而家族而宗族而宗親，但在移墾社會，基於現實的需要，宗親的形成，有時早於宗族、家族，甚至家庭。

（四）、顧及宜蘭的移墾狀況

清代宜蘭移墾社會有下列五種性質：

1.封閉性

宜蘭環山面海，交通不便，形勢隔絕，移民入墾容易安於居住，再向外回流的機會不多，如有遷移，也大都在蘭陽平原上流轉。

2.邊陲性

就中國歷史重心而言，台灣是邊陲地區；以台灣的開發來說，宜蘭亦屬邊陲。因此，宜蘭真是個邊陲的邊陲，進墾的移民大都有不得已的理由。

3.時間性

宜蘭大規模開發是在嘉慶元年（一七九六）以後，時間相當晚近，但因平疇沃野的吸引，移民人數的增加十分迅速，可謂開發慢，進展快的顯例。

4.地緣性

號稱三籍拓墾的宜蘭，事實上，以漳州人佔絕對多數，為數佔百分之八十以上，這是台灣少數漳州人密集地區之一，這種懸殊比例顯現很大的移墾意義。

5.農業性

清代宜蘭地區是標準的農業社會，雖有工商業，卻遠落在西部之後，日治中期以後，雖有改善，仍難脫以農為生的本質。

三、家族類型的界定

經過以上的敘述，除知悉家族發展之複雜，單位歸類之困難外，當可想見家族單位類型之界定，各有說詞，缺乏一致的認同。陳其南曾直

言「有關家族單位的界定，事實上有一些很難克服的問題。」[13]筆者在此對前所提出的家庭、家族、宗族、宗親四個家族類型，試加界定，以探討清代至日治宜蘭家族發展的基點。

（一）、家庭

家庭的界定是成員必須同居共財，在同一屋簷下經營共同的家居生活，過「一口灶」的日子，可有三種形式：

1.核心家庭（Nuclear Family）

一對夫婦即可形成一核心家庭，以後再加上未成年子女，可以有父母和子女兩個世代。

2.主幹家庭（Stem Family）

包括一對夫婦，一已婚兒子及其配偶和子女，以及這對夫婦的其他未婚子女，此時也只有兩個世代，俟子女再生育孩子後，即構成三個世代的家庭。

3.聯合家庭（Joint Family）

包括一對夫婦，兩個以上已婚兒子及其配偶與子女，以及這對夫婦其他未婚子女。原是主幹家庭，由於再一個女人的娶入，就形成聯合家庭。若無孫輩出生時，只有兩個世代，一旦出生則是三個世代的家庭。若年老父母過世後，兄弟仍同住共生在一起，亦屬之。[14]

因此，家庭除有親屬關係的前提外，還必須具備同居、共食、共產等功能，是相當具體、持續性很強、凝結力很高的社會實體。[15]

（二）、家族

這是家庭的擴大與繁衍，同一屋簷下難以維持多數人口的共同生活，儘管生活上非「一口灶」，但財產仍為共有尚未析分，也就是在祖先的共同財產之基礎上，各自獨立生活，以住所區別，可分兩種。但財產已分者，另立一種。

1.同居不共生

---

13 陳其南，《家族與社會》，頁一〇一。
14 謝繼昌，〈中國家族研究的檢討〉，頁二六四。
15 陳其南，《家族與社會》，頁二九九。

　　這是聯合家庭進一步發展的結果，有些富農、地主、豪商或官家，不願已婚諸子離家分居，希望數代同堂，興建合院式甚至多護龍的宅第院落，供家族人員共同居住，惟因族大人多，無法共用一灶；往往是以「房」為經濟單位，個別興爨分灶，以維家計。

　　2.聚居不共生

　　與前者的分別是族人不住在同一空間，亦即若干個同居家庭聚合於同一塊地域內，雖非同居，卻都住在鄰近。基本上，大都以祠堂公廳或老一輩父母為中心，所構成的「家戶群家族」，這些家戶可分為一個「本家」（公廳或父母所在之家）和數個分家，彼此雖都有獨立的家屋與各自的經濟，仍維持高度的向心力和內聚力。[16]

　　3.聚居不共財

　　這種情形較特殊的是，彼此間雖仍比鄰而居，但祖先的財產已闔分處理完畢，各房間的財產已無任何牽連，當然關係也不如前二者緊密。

　　（三）、宗族

　　財產是中國家族的重要內容，以之作為區分的標準，固無不可，就是未經析分祖先財產者還是家族，析分後的則稱宗族，但有些現象相當困擾，如：分產後仍聚居附近是宗族，而未分產卻分居遠地仍為家族，道理上似乎說不過去。其次，財產的意義與順位不及系譜概念和分房原則，其處理仍建立在後者的基礎上，這一點和家族分居、分支的情況是相同的。因此，依筆者的看法，家族與宗族的區別，與其以祖先財產的有無共有來分劃，不如以住居的遠近作區分，來得實際些，當然仍以同族為限。簡單的說，住在同個村落或地域的家戶，且有血緣關係的，是家族；相隔遠處的為宗族。如此似較合乎現實生活狀況。依此說來，宗族大別別二：

　　1.共產宗族

　　彼此分居異地，尚保留祖先遺留的共同財產之規屬關係，由於財產尚未闔分，關係仍屬密切。

---

[16] 謝繼昌，〈中國家族研究的檢討〉，頁二六二。

2.分產宗族

顧名思義，這種宗族已將祖先的財產鬮分處理，各房均已獲得其該有的持分，且遷居他處，除遇祭祀婚喪節慶外，各房平時少有聯絡。

（四）、宗親

以上三種家族類型主要的特徵，是有確實的父系祖先和系譜、分房、分支的概念；而宗親則僅為同宗，雖是同姓，成員間亦以自認的單系共同來源為親屬紐帶，但未必能追溯到一個共同明確的祖先，也未必可以找到彼此間明確的譜系關係。[17]換言之，前三者的分子，原都是同一遠祖傳下的子孫，後來分房別枝，徙居他處，但在族譜上還是有案可查的，算是屬於譜內的族人；至於宗親，只要同姓的資格即可，往往把不相干的同姓人認作「本家」，甚至彼此沒有親屬關係，透過連宗或冒用通譜的方式，也可攀成親人，一旦連宗，還要舉行儀式，有祠堂的要到祠堂燒香。[18]這種情形，在移民的初期非常普遍，以其少有大族之故。王必昌曰：「台鮮聚族，鳩舍建祠宇，凡同姓者皆與，不必同枝共派也。」[19]

這種宗親也有兩種形式：

1.聚居宗親

無清楚橫向及縱向血緣關係的一群同姓者，為求各種方便與需要，共同居住在附近，甚至形成同姓村落。一般研究移墾社會所提的地區血緣關係，大都指此而言。

2.異地宗親

此乃無明確血緣關係，且散住各處的同姓者，彼此間並無密切的往來走動，「宗親會」可能是共同的聯絡管道。

根據前面的敘述，加上其他因素的作用，筆者進一步將家庭、家族、宗族、宗親四種類型所應具備的條件之依存程度，以○、△、╱、╳符號表示強弱程度，編列成表，俾供進一步的了解。

---

[17] 朱鳳瀚，《商周家族形態研究》（天津，古籍出版社，一九九○年八月），頁二六。

[18] 金良年，《姓名與社會生活》（西安，人民出版社，一九八九年十二月），頁四一～四二。

[19] 王必昌，《臺灣縣志》（臺北，國防研究院，民國五十七年十月），頁四○二。

項目　　類型	家庭	家族	宗族	宗親
同　　　　姓	○	○	○	○
系 譜 概 念	○	○	○	／
文 字 譜 諜	△	△	△	／
分　　　　房	○	○	○	✕
神 主 牌 位	○	△	△	／
祭 祀 公 業	✕	／	△	／
共 同 居 住	○	△	／	✕
共 同 生 活	○	△	／	✕
共 同 財 產	○	△	／	✕
家 長 影 響	○	△	／	✕
時 間 長 短	／	△	○	／
親 密 關 係	○	○	△	／

　　有了以上的前提與界定，吾人可據以探討清代至日治宜蘭家族的發展。

第三節、宜蘭漢人的家庭

　　基本上，清代宜蘭的家族社會，應仍以家庭類型為多，家族和宗族還在發展之中。及至日治，後者漸告形成。

　　就台灣漢人移民史來看，清初管制閩粵人民渡台，深具影響，特別是禁止攜眷問題。乾隆二十五年（一七六〇）第三度開禁，但開禁僅准人民搬眷，並非准許人民自由往來。在台有業良民欲自內地攜眷時，或內地人民欲至台灣探親時，均須經過麻煩的領照手續；隻身無業之民，

在台無親屬可依者，都不准渡台。這種管制一直施行，道光年間尚數次重申前令，至光緒元年（一八七五）始廢。但是光緒二十一年（一八九五）台灣割讓日本，遷徙又受到限制，使得漢人遷台不可能有舉族而遷的情形發生。[20]清代宜蘭的移墾，也受到同樣制約，舉族遷台已屬罕見，入蘭自更是鮮渺，畢竟宜蘭僻處東北隅，環山面海，形勢阻絕，極不利攜家眷，扶老攜幼的長途跋涉。

　　清代宜蘭缺乏舉族同遷的情形，家譜是很好的佐證。依本書第二章第四節所示，清代移墾入蘭的人數，有許多不同的組合，如隻身獨來、母子二人、一人探路家人跟進、兄弟相隨、父子同行以及舉家遷移、同族共遷等。前五者情況非常普遍，至於後二者雖名為舉家同族，事實上人數不多，像蘇氏一家才四人；至於同族，並非全部族親都來，可能只是其中的數房而已，或某一房帶頭，他房有志者順道跟進，如《林啟公世系略譜》提到的「先祖啟公、和公父子與江河公、積善公叔侄」，也不過是四人。何況家譜的修纂在撰寫時，或因年代久遠無法查證；或遣詞用字不夠慎重，就輕易下筆，而造成困擾，如《黃純善公家系譜》的「其後族親也大都遷來」、《黃姓家譜》的「乃同族親遷避宜蘭」，其「族親」均未明示何人或幾人，然據筆者看法，人數也是不多。既然清代舉家移居宜蘭的絕少，相對而言，入蘭者除單身外，幾乎都是小家庭，少有大家庭，更不會有大家族。

　　造成清代宜蘭以家庭居多的另一理由，是受到家族繁衍的時間影響。因重新而純粹在台灣本土成長出來的家族、宗族組織，根據傳統家族發展原則所形成的典型家族，至少也要等到早期移民在台已經繁衍三、四代以後才有可能。移民初期，渡台所繁殖的後裔還不多，因此很少有小家族的出現。[21]陳紹馨曾直捷了當的說：「台灣歷史背景的特殊和台灣歷史的短暫，並不足以使台灣形成像福建、廣東一樣的強宗豪族。」

---

20 莊英章，〈臺灣漢人宗族發展的若干問題—寺廟宗祠與竹山的墾殖型態〉，《民族學研究所集刊》，第三十六期（南港，中央研究院民族學研究所，民國六十三年），頁一三〇。

21 莊英章、陳運棟，〈清代頭份的宗族與社會發展史〉，《歷史學報》，第十期（臺北，師範大學歷史研究所，民國七十一年六月），頁一六七。

[22]王崧興亦言:「在台灣漢人社會,以血緣為基礎的宗族群體,要等到土著社會時期才紛紛建立。」[23]這個理由最能解釋清代宜蘭的家庭狀況,因宜蘭的開發,遲至嘉慶元年(一七九六)的吳沙入蘭,始見大規模的移墾,筆者所見的家譜中,述及其祖先入蘭的年代,均無早過嘉慶初年者,簡言之,宜蘭漢人的正式開發,當在吳沙進墾頭圍以後。從嘉慶元年算起,至光緒二十一年(一八九五)台灣割讓止,共約百年光景;如再延到終清之時,也不過一百一十數年而已。這是以清代紀元最長時間的算法,雖然嘉慶年間是移民的熱潮期,但道光、咸豐、同治,也都陸續有移民入蘭,其在宜蘭居住的時間當更為短暫,如以道光三十年(一八五〇)為例,距馬關條約還不到四十五年,距清室既屋也只有六十年,下至日治末期亦僅百年光景。總之,移民入蘭的時間到清亡之前,大約在六十年到一百一十年之間,平均來說,約為八、九十年左右。在這個期限內,因時間不夠長,世代不夠多,要建立繁衍的家族、宗族,實在不是件容易的事。

以大陸情況相對照,張海珊曰:「今強宗大姓,所在多有。山東、江西左右及閩廣之間,其俗尤重聚居,多或萬餘家,少亦數百家。」這些子孫綿延至成千上萬的大族,其中自然有不少是源遠流長的世家,所謂「家多故舊,自唐以來數百年世系,比比皆是。」如無錫周氏「歷今(乾隆)十八傳,衣冠繁衍。」毗陵張氏自遷於常州城南,「復傳十有餘矣,支派繁衍。」[24]因此,以內地家族形成所需的時間為基準,開發較晚的清代宜蘭仍留置在家庭的成長過程,是相當合理的說法。

移墾的初期是冒險的行為,故前往移墾者多是年輕力壯的成年男子,女性甚少,致使男女人數不成比例,如康熙六十年(一七二一)後,諸羅縣大埔庄的男女比例竟達二五六比一,甚至遲至十九世紀末、二十

---

[22] 陳紹馨,《臺灣的人口變遷與社會變遷》(臺北,聯經出版公司,民國六十八年五月),頁四六二。

[23] 王崧興,〈論地緣與血緣〉,《中國的民族、社會與文化》(臺北,食貨出版社,民國七十年十月),頁二八。

[24] 王思治,〈宗族制度淺論〉,《清史論稿》(成都,巴蜀書社,一九八七年十二月),頁九～一〇。

世紀初，國人移入台灣者，男女的比例差異仍大。據日人於一九○五年的調查，一八九五年以後來台的國人情況是：男八六四四人，女四四二人，男為女的十九倍有餘。[25]此一數據反應在清代宜蘭的移墾社會，也是相去無多。嘉慶年間入蘭的男女比例應該極為懸殊，道光以後稍有改善，但情況依然嚴重，這種現象明顯的延緩清代宜蘭地區婚姻關係的建立，當然也會限制家庭的發展與擴大。

這種移民社會產生不少游民，就是「羅漢腳」。《噶瑪蘭廳志》曰：「台灣一種無田宅、無妻子、不士、不農、不工、不賈、不負載道路，俗稱謂羅漢腳。嫖賭摸竊，械鬥樹旗，靡所不為。曷言乎羅漢腳也？謂其單身遊食四方，隨處結黨，且衫褲不全，赤腳終生也。大市村不下數百人，小市村不下數十人。」[26]《海東日記》亦曰：「台灣更有一種無賴之人，出則持挺，行必佈刀，或藪巨莊，或潛深谷，招呼朋類，煽誘蚩愚，始而伏黨群倫繼而攔途橫奪，蓋梗化之尤者。初方目為羅漢腳，而治之不早，將有鴟張之勢。」[27]總之，其生活狀況，大體上是這樣的：他們沒有家屬，沒有固定的住處，或居住條件極差，「居無定處，出無定方」，「風餐露宿」，「夜宿廟觀」，或數十人「同搭屋寮，共居一處」，他們平時到處游蕩，相聚一起則賭博、竊娼、飲酒、鬥毆、搶劫。因此可以說，羅漢腳就是無業或無固定職業的單身漢，他們無法養活妻子兒女，沒有結婚的條件和機會，「無家無室」、「從無眷屬」，一般是沒有後代的。這就是說游民不經由本身進行繁殖的。[28]

至於台灣的游民有多少，約略估計如下：

年代	人口總數	遊民人數	估計遊民所占百分比

25　李國祁，《中國現代化的區域研究—閩浙臺地區（一八六○～一九一六）》（南港，中央研究院近代史研究所，民國七十四年五月），頁六九。

26　陳淑均，《噶瑪蘭廳志》（宜蘭縣文獻委員會，民國五十七年元月），頁一○一 ～一○二。

27　朱景英，《海東札記》（臺北，臺銀文獻叢刊第十九種，民國四十七年五月），頁二九～三○。

28　陳孔立，《清代臺灣移民社會研究》（廈門，廈門大學出版社，一九九○年十月），頁一○五～一○八。

乾隆 29 年（1764）	666,210	13-20 萬	20-30
乾隆 47 年（1782）	912,920	18-27 萬	20-30
嘉慶 16 年（1811）	1,944,737	38-57 萬	20-30
道光 20 年（1840）	2,500,000	25-50 萬	10-20

可見台灣游民人數很多，比率很高，惟不同時期所佔比重並不相同。在乾隆、嘉慶間，台灣人口增長率最高，估計這時期游民的比重也最大，道光中期以後，由於安頓游民和城市經濟的發展，游民的比重有所降低。[29]

這個表的游民比重也適用於宜蘭移民社會的狀況。惟須注意的是，宜蘭處在萬山之後，開發較晚，上述的年代，似應往後順移數年。道光十七年（一八三七）調署噶瑪蘭通判的李若琳有詠「羅漢腳」的詩作，曰：「盛世無夫布，仍多浪蕩身；欲知羅漢腳，半是擲金人；任肆崔苻虐，終罹法網新；熟操隨會法，俾爾盡逃秦。」[30]可見這個時候，宜蘭地區的羅漢腳相當普遍。筆者童年好玩，常在外遊蕩，時被先祖母以「羅漢腳」責罵。因此，終清之世，羅漢腳仍存在宜蘭社會，應是不爭的事實。

如果此項推論合理的話，這些「無室無家」、「從無眷屬」的羅漢腳，不僅減少社會上成家生子的機會，進而縮短家族傳續的世代，甚至中斷家族的綿延。對家族發展而言，深具不利的影響，家族既無法繁衍擴大，充其量，祇停留在人丁不旺的家族類型。

再說，中國社會娶妾的主要目的是為了繁衍後代，人丁興旺，致使顯貴仕紳之家，常有如夫人。但清代宜蘭的平民百姓，大都生活艱困，尤其是出賣勞力的農民、小手工業者、小販、奴僕等，其家庭結構較為簡單，雖然社會習俗和法律沒有約束平民娶妾，但由於財力不足，一般平民均娶不起妾，在生子有限的情形下，阻礙了大多數平民家庭人口的

---

[29] 陳孔立，《清代臺灣移民社會研究》，頁一一○～一一一。

[30] 盧世標纂修，《宜蘭縣志·藝文志文學篇》，合訂本第四冊（宜蘭縣文獻委員會，民國五十九年十二月），頁五○。

增加。[31]

　　移墾社會家庭人口之組合，因為自然災害、人為傷亡諸般影響，往往呈現多樣化的複雜情況，有父母一方死亡，或雙雙亡故；有家無男丁，只有寡婦孤兒；或者沒有主婦，只有鰥夫稚子；有貧困男子，無能娶親，孤身一人。這些家庭沒有一對共存的夫婦，所以是「殘缺家庭」，或稱為「不完整家庭」，至於其中的單身人則是「獨身家庭」，此類家庭就是鰥寡孤獨畸零戶，一言以蔽之，家庭人口稀少。[32]有的家庭雖夫妻雙全，但子女無多，男丁不旺，顯而易見，這種家庭亦繁衍遲緩。清代宜蘭的移墾社會雖缺乏明確的統計資料，但應該是常見的事。筆者舉一很好的案例，因其家無祖譜，根據公媽牌位的記載，以男系而言，列出其祖先於後：

　　顯考謚達揚陳公

　　顯考謚正寬陳公

　　景民公諱發　　　生於雍正元年（一七二三）
　　　　　　　　　　卒於乾隆五十年（一七八五），壽六十三歲

　　父名成諱朴直　　生於乾隆三十一年（一七六六）
　　　　　　　　　　卒於道光二十五年（一八四五），壽八十歲

　　諱三陳公　　　　生於乾隆六十年（一七九五）
　　　　　　　　　　卒於道光二十八年（一八四八），壽五十四歲

　　諱新記　　　　　生於道光十三年（一八三三）
　　　　　　　　　　卒於同治十年（一八七一），壽三十九歲

　　父名宗桂　　　　生於咸豐七年（一八五七）
　　　　　　　　　　卒於光緒二十六年（一九〇〇），壽四十四歲

　　故父名瑞池　　　生於咸豐十年（一八六〇）
　　　　　　　　　　卒於光緒十四年（一八八八），壽二十九歲

---

[31] 李曉東，《中國封建家禮》（西安，陝西人民出版社，一九八六年十二月），頁一三。

[32] 馮爾康、常建華，《清人社會生活》（天津，天津人民出版社，一九九〇年七月），頁一三七。

阿槌　　　　　生於光緒十三年（一八八七）

　　　　　　　卒於民國三十一年（一九四二），壽五十六歲

　　從這個資料看來，前兩位祖先無資料可查，景民公、朴直公、三陳公、新記公各自成一代，宗桂公和瑞池公為兄弟亦是一代，阿槌公又是一代。可見如從景民公算起，則超過六代，除有一代是兄弟二人外，其餘均為單傳，如有兄弟也是早年夭折，否則，牌位上應列其名（早逝者亦可名列牌位），事實上，宗桂公和瑞池公也不長壽。或可質疑之處，是各代兄弟已分房獨立，另造牌位，然據阿槌公之媳婦示悉，印象中，台灣並無男系親戚。因此，這個家族，開台以來，歷代均是人丁單薄。雖然這只是個案，不能解釋其他家族亦復如此，但至少傳達了某種訊息，就是一些沒有族譜的家族，在清代，甚至日治時期可能尚屬家庭類型。

　　原則上，中國古人平均壽命很低，加上歷來的核心家庭平均未超過五人，大家庭是鳳毛麟角。[33]但是人們卻有錯誤的印象，認為傳統都是大家庭的模式，這可能與舊史宣揚帝王獎勵大家庭、儒家強調大家庭風範、戲劇小說大肆渲染有關。使人們不自覺地將理想與現實混為一談，而產生的誤解。[34]內地既然仍是以家庭類型為主，宜蘭的情況更是普遍，應是持平之論。

第四節、宜蘭漢人的家族

　　前節雖認為清代宜蘭以家庭類型居多，但因時間的延續，世代的增加，人丁興旺的家族已在逐漸成長之中。這種家族的成員間有明確的血緣關係，有同居或聚居的生活現象。完全具備並超過家庭型的要素，不僅成員多，更重要的是家族內部構成複雜，成員間除親兄弟外，還有堂兄弟、從兄弟等關係。血親或血緣將其成員組合在一起，因此，稱之為

33　葛劍雄，《中國人口發展史》（福州，福建人民出版社，一九九一年六月），頁二。

34　林嘉書，《閩臺風俗》（西安，陝西人民出版社，一九九一年二月），頁七五。

「家族類型」的家族。[35]

　　家庭和家族的簡單區別是家庭成員為家屬關係，家族則為親屬關係。家屬除家長外，包括同居一家的祖父母、父母、夫妻、子女、兄弟姐妹、孫子女等，他們在一個家庭內共同生活，彼此負有扶養或贍養等義務；但異財或別居者視作親屬。可見親屬不都是家庭成員，而家庭成員一般都是親屬。[36]換言之，家族範圍大於家庭範圍，家屬關係親過親屬關係。

　　這種家族類型的出現，除時間與世代的承續外，尚須下述條件的配合：

一、土地的掌控

　　俗謂「有土斯有財」，農業社會最大的財富就是土地，誰的土地多，誰的財富就多，自然成為社會的領導階層，特別是在移墾社會的初期。反之，僅可溫飽的自耕農或向人承租的佃農，只能靠天吃飯，聽命於人，在社會上沒有發言與帶頭的份。再者，土地的耕種需要密集的勞力，進而養活眾多的丁口，造成土地與人丁的互為依存關係。致使人丁興旺的家族為掌控其土地的完整，一方面鼓勵多生男丁，以利開闢土地或招募佃墾；一方面盡量增加田園，以保障家人生活。造成家族的擴大，且仰賴土地維生，土地的累積建立在足夠的人力上。因此，為了土地的掌控與財富的增加，家族的形成是自然的結果。總之，土地財富的擴增是通過開墾與買賣土地的途徑，及人丁、土地間的密切結合。所以人丁越興旺，財富就越集中，越能在激烈的移墾社會中取得優勢地位。[37]

　　這種土地與家族結合的典例，就是四城吳沙大族。吳沙於嘉慶元年（一七九六）進墾頭圍後，以五甲為一張犁，每張犁取蓄銀一、二十元助御勇費，裨益招集群眾拓墾並行收租。越明年，吳沙過逝，其侄吳化代領其事，又有多人來附，繼續開墾，直到五圍（宜蘭市）為止。七年

---

[35] 馮爾康、常建華，《清人社會生活》，頁一三八。

[36] 林耀華主編，《民族學通論》（北京，中央民族學院出版社，一九九一年五月），頁三五二。

[37] 李曉東，《中國封建家禮》，頁一五。

之中，前期吳沙主導，多由吳氏家族出資，役使流民壯勇進行開墾，屬於資本家的獨立開墾；及至吳化領銜後，雖有其他新加入的強力鄉勇，如「九旗首」的三籍民間領袖，分別率領其部眾進墾，但基本上仍以吳氏家族為首。[38]就因嘉慶時期，吳氏家族先後積極經營墾務，在四城地區厚植基業，廣蓄田產，興建宅院。雖然清咸豐以後，吳氏家族已有鬮書析產的現象。但直到清末、日治，吳氏家族仍聚居一起，雖未中式或任官，仍為當地的首要望族。

嘉慶初年，游氏入墾宜蘭，初居柴圍山下，後東走至六結庄定居。龍昭公即率領昆仲子侄，耕稼買賣於外，誦教詩禮於內，奔波不經五載，家業大發，田園千頃，文盛西勢，官民厚視，儼為蘭地之殷戶大族。[39]

嘉慶中葉，陳氏移墾宜蘭員山金包里，此時宜蘭尚屬荒僻，於是宣石公、宣梓公兩昆仲招募壯丁拓墾珍仔滿力、擺厘之土地三百二十餘甲，道光、咸豐間舉族先後遷居擺厘，大興土木，起造屋舍，自成一姓一族之聚落。[40]開墾務農而為望族，奠定日後轉向科舉發展的基礎。使得清代陳家的開墾、聚居與中舉等美事，至今尚為人津津樂道。筆者也姓陳，亦住在宜蘭，但與他們無血緣關係，然常被詢及是否出身於彼，「擺厘陳家」的盛名，可見一斑。

壯圍大福陳姓亦相去無幾，第一代榜公於嘉慶八年（一八○三）移居大福，至第三代桂生、阿玖、傳旺、石養四房長大名門，傳下大福村梅林陳姓源流。其間，建造田產，振興農漁、勤儉治家，生財有道，富甲一縣，使兒孫勤讀勉學，第五代壽卿公，中式武舉，名振全台。[41]

礁溪公埔康家於道光十五年（一八三五），四海公別世，兄弟竭力合作，經營房地產業，左右逢源，龍、山、求、鳳、教五兄弟，身名俱

---

[38] 何懿玲，《日據前漢人在蘭陽地區的開發》（台北，臺灣大學歷史研究所碩士論文，民國六十九年），頁六八。

[39] 游永德編輯，《游氏追遠堂族譜》（宜蘭壯圍，追遠堂管理委員會，民國六十九年十二月），頁一四。

[40] 陳長城，〈陳氏宗祠鑑湖堂乙丑秋祭祀典簡介〉，《蘭陽》，第四十六期（台北，宜蘭縣同鄉會，蘭陽雜誌社，民國七十五年七月），頁三八。

[41] 陳朝洪，《陳氏源流族譜》，頁九～一四。

泰，家產厚富，光前裕後，建立康氏族人繁榮基業。尤以青龍公為人豪爽，急公好義，鋤強扶弱，善於排難解紛，造福鄉里，頌聲載道，民間讚譽為三龍之魁，允為地方豪傑。[42]

其他以拓墾土地而成人丁繁盛，並建有深宅大院的望族，亦所在多有，如員山林家、蜊仔埤周家、大湖呂家、五結黃家、十六結黃家、十六分張家、七張林家等。大致上，光緒甚至日治以前，他們仍共居或聚居在一起，其間雖有中舉者，亦復如是。日治以後，土地、田園、山場是最重要的生產資料，每個家族依仗自己的實力，占有一定數量的土地田產。因此，家族勢力在謀求生產資料和經濟利益所起的重大作用，自然是更進一步增強家族的團結；反過來說，家族的資財與團結，才能確保家族的優勢。[43]

二、社會領導階層的轉變

清代台灣的社會領導階層，係指當時地方上擁有較高地位或影響力的群人，此乃因其較一般人擁有更大分量的權力、聲望和財富等重要社會價值。如依法定特權或科舉功名的有無，社會領導階層可分為豪強型和紳士型兩大類別，前者大都在移墾社會的初期，以墾首、結首、隘首等為主，增闢土地為其最重要的工作；後者擁有科舉功名，可經由科考、捐納、軍功等方式取得，其出現須俟土地開發完竣，經濟漸趨繁榮，文教事業隨之興起以後的成果。[44]

這些後起之秀，由於法定特權、科舉功名的優勢，透過買賣土地，建造宅第，成為名利雙收的地方紳士，站上社會的領導階層。土地增加形成家族擴大的道理，已如前述。而宅第院落則佔地寬廣，可容住多人，而且兩邊的護龍與正廳後面可繼續延伸增建加蓋；或以原三合院為中

---

[42] 《康氏家譜》，頁一六。

[43] 陳支平，《近500年來福建的家族社會與文化》（上海，三聯書店，一九九一年五月），頁一一～一二。

[44] 蔡淵洯，〈清代臺灣社會領導階層性質之轉變〉，《史聯雜誌》，第三期（臺灣史蹟研究中心，民國七十二年六月），頁三四。

心，因應人口的增加，周遭分建宅第也是常有的情況。總之，在相當範圍內，紳士的院落足敷家族的居住需要，家族的聚居當為自然現象。

嘉慶、道光以後宜蘭地區的土地開墾和商業繁榮均具績效後，部分人士轉而注重文教事業，致使社會上移墾色彩日漸褪色，取而代之的是教育和文化等較高層次的文教活動，以科舉起家的家族正在發展當中。到咸豐、同治時期，宜蘭在清吏和地方士紳的推動下，聘請碩儒名師於書院講學，對教育的普及，文化的昌盛，產生積極的貢獻。而大部分的家庭為了獲取科舉功名，都非常重視子弟的教育，盡量讓子弟讀書，準備科舉考試，以求光耀門楣，使得科舉成為維繫家族擴大的最大因素。光緒時期，噶瑪蘭已完全開發，擁有財富的人士已無移墾社會的豪強本色，他們除了鼓勵子弟努力向學，考取功名之外，亦採取經由捐納軍功等異途出身方式，取得科舉功名，以維護其地位。[45]

鄉土社會中，科考上榜或任職官場後，即能榮耀鄉邑，極盡風采，鄰里稱羨，親屬沾光。處此情景，族人願意聚住一處，受其庇蔭，享受權勢，降低外遷的意願，從道光二十年（一八四〇），黃纘緒中式舉人後，產生激勵作用，影響所及，科甲聯登。這些題榜或任官者，返鄉後積極進行下列工作，以利家族的凝聚。

（一）、祭拜祖先

傳統家族除正規的家祭、墓祭和祠祭外，每逢族人有喜慶大事，如中舉、添丁、婚娶、建屋等，都要舉行祭祀活動，除向祖先報喜，以示不忘祖先的祐護，亦能達到家族團結凝聚的作用。[46]宜蘭家族的情況亦如此。

（二）、多蓄妻孥

宗法影響下的中國社會認可蓄妾，使得科舉功名的家族，多納妻妾是常有的事，人丁興旺也就跟隨而來。如黃纘緒曾娶四房，有子十三人，

---

[45] 廖風德，《清代之噶瑪蘭——一個臺灣史的區域研究》（臺北，里仁書局，民國七十一年六月），頁二二一～二二四。

[46] 陳支平，《近500年來福建的家族社會與文化》，頁一七八。

可謂子孫滿堂。[47]楊士芳則先後共有三妻。[48]經由此種方式，家族得以
興旺綿延。

（三）、廣置田產

置產是任何家族的期盼，中舉後更便利田產的購置，筆者所見清代
田產買賣的古文書中，大都屬科舉功名的家族所有，就是很好的說明。
其中最特別的是擁有三個舉人一個貢生的李春波家族，將購置的產業編
訂成冊，是為「東西勢田園圖冊」。[49]有這麼多的田產，養家活口自然就
不是問題了。

（四）、大興土木

科考順遂後，購置產業，經濟寬裕，當然也要大興土木，建造華屋，
如楊士芳於同治十三年（一八七四）在擺厘莊豎旗杆掛匾，光緒十一年
（一八八五）在聖王後街，營建深宅大院，是為「進士第」。[50]黃纘緒則
因子孫眾多，蓋三處合院建築。曾任知州李望洋則在宜蘭西門建「刺史
第」。陳輝煌協台則在阿里史築「將軍第」。其他仕紳家族也莫不大興宅
院，俾供族人安居。這些宅院以頭城林朝宗宅和盧宅、宜蘭黃纘緒宅和
葉宜興宅、員山林宅、羅東張宅保存較佳，進士第僅存正廳，擺厘陳家、
羅東陳家尚留部分外，其他均已拆毀頹圯，令人不勝唏噓。

顯而易見，這四項措施的結果，對家族的聚居有推波助瀾的效果。

三、嚮往義門

中國傳統文化強調義而恥言利，然又要顧及財利的追求，這種相對
的價值觀念，反映在社會上，則是提倡同居或聚居的家族制度。於是仕
紳們力圖把個體私有經濟的發展，局限在家族內，為家族營取財富，使
其成為一種符合傳統道德觀念，又順應個人表現的理想化之家族模式，

---

47 連碧榕，《黃姓家譜》，頁一七。
48 《弘農楊氏族譜》（宜蘭，民國七十年十月），手抄本，頁一一。
49 凌昌武、林焰瀧主編，《蘭陽史蹟文物圖鑑》（宜蘭縣立文化中心，民國七十五年十月），
　頁一八四。
50 盧世標編，〈楊進士士芳年表〉，《宜蘭文獻》，合訂本（宜蘭縣文獻委員會，民國六十一
　年八月），頁一五八。

而為義門典範，鄉里尊重的鄉族，朝廷也大加提倡並予頌揚。[51]

　　從漢朝起，幾代同居的家族不僅得到鄉鄰的讚美，也常受到政府的表彰，如「蔡邕與叔父從弟同居，三世不分，鄉黨高其義。」[52]南齊王朝除盛贊大家族外，並賜予蠲免租稅的特殊待遇。唐張公藝的九世同居，不僅得到「撫表其門」，甚至高宗皇帝都親自「幸臨」，更是佳話。宋代以後，數世同居的家族迭有增加，如江州德化人許祚八世同居，長幼七百餘口；信州李琳十五世同居等即是。毫無例外，他們都被朝廷旌為「義門」。[53]

　　傳統的義門家風，自為清代宜蘭的仕紳階層所瞭解。他們在經營產業與鼓勵子弟科考功名兩方面均卓然有成，進一步的希望家族興旺，嚮往義門的美名，以博取地方鄰閭與當地官府的尊重。因此，義門是仕紳階層的成就指標，為爭取這個榮耀，必要的條件，一方面以義門制約聚居，同時以聚居維護義門，兩者互為影響，使得家族聚居成為宜蘭仕紳家族發展的明顯現象。

　　要實現這個理想，宅院和共居是兩大前題。就筆者調查所知，直到日治宜蘭的仕紳望族，大都仍同居或聚居在一起。如武科世家的鑑湖堂陳氏，一直居住在擺厘自建的聚落內；進士楊士芳族人仍同住在擺厘原地，楊士芳則為便於任事，在聖王後街另建宅院；文舉黃纘緒因娶多房，在鄰近分置三館，以上屬聚居型家族。武舉周頂於員山蓋大院落，聽說內有戲台、銃櫃；秀才員山林朝英、秀才羅東張達猷、宜蘭李及西的宅第，均規模可觀，是為標準的同居型家族。

　　至於一般民眾，由於經濟能力不足，大都蓋土埆厝和茅草屋。當不敷人口日漸增添的居住需求時，又沒能力建多護龍式的合院宅第，且對義門的嚮往也較淡薄；但又希望藉著血緣關係，利於就近照顧互助，住在共同區域上的聚居式家族型態，就是最好的選擇。介於望族與平民之

---

[51] 陳支平，《近500年來福建的家族社會與文化》，頁一三〇～一三一。

[52] 趙翼，《陔餘叢考》（臺北，世界書局，民國六十七年四月），卷三十九，〈累世同居〉，頁一。

[53] 李曉東，《中國封建家禮》，頁一四～一五。

間的小康之家，在能力範圍內也很願意採共居式的家族生活。比較典型的例子，是礁溪三民村的黃氏家族，其祖先在清代經商為業，經濟漸次改善後，興建簡單磚造而無雕飾的三合院，後為適應子孫的陸續出世，遂在正身與兩邊護龍各向外擴展延伸，逐次加建至五、六進之多，是個標準的共居家族，日治時期，人數眾達五、六百人；更有意思的是，宅內某房間開一小雜貨店，專供族人購買什物，為宜蘭所僅見。其他如七張林家、大湖陳家及一些族人較多的小富農家族也有類似情況，只是共居的規模和人數均不及黃家而已。

依上所述，縣內家族共居的條件，必須是磚造的合院式建築，以其方便向外擴進，加蓋護龍房舍。財力富厚或科舉功名之家，可有雕樑畫棟；財力普通或殷實農商，則是樸素磚造，雜以土埆。如為土埆厝或茅屋，因為建材的限制，無法層層院落，屋屋相連，只能捨共居而就聚居一途。

四、配合地方事務

家族類型的家族是血緣關係和地緣關係的雙重結合，在地方上頗具聲勢與影響力，因而其存在和官府統治之間，有著複雜與微妙的關係。[54]具體言之，大家族在政治上雖無法和地方官府抗衡對立，但涉及地方事務的推動，大致保持與官府相協調與配合，共同肩負基層政治與社會的工作。然論其關係，官府握有絕對的主動權，迫使家族處於被動地位，且須維護君主權威與地方治安，所以族權是皇朝統治的基礎，也是政權的根基。[55]

這個互動的運作過程，一般是通過家族內的仕紳和知識分子來進行。因他們掌握家族內部事務，是家族共同利益的代言人；同時也是社會的領導階層，與官府時相往來，有溝通的渠道。使得這些仕紳在家族與官衙的交往中，一方面爭取進入中央和地方的統治階層，獲取官位；

---

[54] 陳支平，《近500年來福建的家族社會與文化》，頁九三。
[55] 馮爾康、常建華，《清人社會生活》，頁一三四。

另方面他們是家族的成員，其田產屋廬、經濟利益等與家族興衰緊密結合。在此情況下，仕紳希望擴大其所領導的家族勢力，以避免地方官府的侵擾，進而配合官府的施政事務，並參贊地方公共活動，以求合則兩利的結果。[56]因此，家族的壯大是保障自身利益的重要條件。茲舉數例：

進士楊士芳於同治八年（一八六九）與通判丁承禧，舉人李望洋、李春波，貢生黃佩卿、陳博九，武舉陳學庸等，捐俸倡建孔子廟。同治十三年（一八七四）首請興建延平郡王祠於台南，欽差大臣沈葆楨轉奏，奉勅照准。光緒以後，接任仰山書院山長，栽培蘭邑後進，獻替良深。[57]

黃纘緒深受台澎兵備道兼提督學政姚瑩器重，咸豐年間戴萬生作亂，直逼郡城，情勢緊急，纘緒公會同官軍出城衝殺解危。而且處事公正，三十六社諸蕃目皆托以社務，尊為先生，事無大小咸賴定奪。光緒十四年（一八八八），宜蘭清賦定則，公請免徵貧瘠多水患之地的田賦，官吏只得從公議。[58]

光緒十一年（一八八五），河州知州李望洋奏請開去知州實缺，劉銘傳具奏推荐，曰：「臣查宜蘭縣僻處後山，蕃民雜處，匪盜甚多，善後一切極須得力官紳會同舉辦。李望洋素有鄉望，情勢熟悉，以之辦理宜蘭縣團練，善後等事，實於地方有裨。」[59]史部覆奏依議，並照會時宜蘭縣知縣林鳳章。可見李望洋遠赴甘肅任官，功在國家，回籍仍須經營善後，建設鄉里，甚得官府的敬重禮遇。

同治十三年（一八七四），陳輝煌已是地方豪傑，時福建提督羅大春率兵，兼募土勇，開闢蘇澳至花蓮徒步道路，因悉陳輝煌兵強力壯又熟知蕃情，召為先鋒。工作進行順利，全程二百里剋期竣工，羅乃轉奏敘功，陳輝煌得欽賜紅頂，統領蘇澳南二營及叭哩沙台勇營。光緒十年

[56] 陳支平，《近 500 年來福建的家族社會與文化》，頁一○二～一○三。

[57] 陳長城，〈吳沙與楊士芳〉，《臺灣文獻》，第二十八卷第三期（臺灣省文獻委員會，民國六十六年九月），頁一三○。

[58] 連碧榕，《黃姓家譜》，頁二二～二三

[59] 鄭喜夫，〈李靜齋先生年譜初稿〉，《臺灣文獻》，第二十八卷第二期（臺灣省文獻委員會，民國六十六年六月），頁一○五。

（一八八四），法人侵台之役，陳輝煌鎮守蘇澳得民眾協助，擊退來犯之法艦有功，復奉提督曹志忠令，轉防基隆獅球嶺，以勞績擢登協台。[60]

　　清代科舉世家的擺厘陳家，共有武舉一人、貢生四人、廩生一人、武秀才七人，真是家族興旺　對官衙之事亦竭力配合，舉其大者而言，如咸豐年間吳瑳之亂，通判董正官殉職宜蘭，陳掄元以武秀才，率鄉勇平之，恩賜郎官，尊稱「老師」。及其後也，宜蘭設縣清丈田畝，廩生陳朝楨主其事，公正和平，鄰里傳頌。光緒年間，陳氏添壽公、掄元公率族內子弟投身軍旅，持干戈以衛社稷。又籌建文廟、蓋明倫堂、修考棚、增闢縣署，陳氏家族或董其事，或出巨資或倡首護理鄉閭。[61]

　　有些仕紳喜歡跟官員打交道，常有邀宴飲酒，作詩酬贈，也是文人風雅，美事一樁。李逢時的詩作就有多首，如〈贈珍如朱山長〉、〈庚申之春為珍如朱山長歸里賦〉、〈珍如朱山長命賦絕句留別〉、〈辛酉贈王小泉衢通判〉、〈贈海神王縣佐〉、〈社日邀飲王袖海〉、〈協安局感懷七首兼呈神海王縣佐〉、〈贈周巡檢恆甫〉、〈和周恆甫言懷〉、〈贈王縣丞袖海〉、〈與周巡檢恆甫乘醉尋梅〉、〈甲子人日與周九兄恆甫小飲詠懷〉、〈次韻李縣丞鏡湖留別〉、〈與用霖何山長、恆甫周巡檢、景崧葉茂才、儀桐蕭少君用前韻留別李鏡湖〉、〈恆甫周九兄來索琵琶即成短句附寄以助彈餘一噱〉、〈贈別何山長用霖雲龍之任仙遊縣儒學〉、〈賀周恆甫卸篆羅東巡檢〉、〈送周恆甫之艋舺〉、〈周恆甫作歌留別即用之韻以和〉、〈贈洪燮堂司馬熙恬即次原韻〉、〈蘭陽閒居即事用前韻呈洪判官〉、〈贈李巡檢東周〉、〈寄懷洪司馬燮堂〉、〈寄懷周巡檢恆甫〉等。[62]其他尚有多人詩作，茲不備舉。要之，仕紳與官員往來密切，誠正友誼，自不恃言，但對保護其家族免受外界或衙門侵擾，也不無助益。因此，家族得到保護的程度，與關係的近遠親疏應有正面的影響。

　　這些家族之能襄贊政務，參與縣事，進而結交官府，族內子弟得有

[60] 林萬榮，〈陳輝煌傳〉，《宜蘭文獻》，合訂本，頁三一八～三一九。
[61] 陳長城，〈陳氏宗祠鑑湖堂乙丑秋祀典簡介〉，頁三九。
[62] 李逢時，《李逢時先生遺稿》，散見各頁。

科舉功名，當為重要原因，但聚居形成的家族力量，也是不容忽視的支柱。相對而言，由於事功的表現，使得家族認識團結的可貴，更願意聚居在一起。終日治之世，類似上述家族，大致仍屬共居或聚居家族。

五、防衛需要

清代台灣移墾社會，孤懸海外「天高皇帝遠」，加上政治與社會組織不夠健全，以致治安不良，常有蕃漢戰鬥，政治叛亂，分類械鬥、盜匪搶竊等情事，為保障生命財產的安全，往往需同族聚居，因同族是一血緣群，為人類最基本最自然的團體，容易形成共同的防禦單位。[63]於是各地家族紛紛團結起來，武裝組織，修築碉堡，禦敵衛家。這種家族武裝的興起，無疑大大加強民間各家族的勢力，推動家族制度的進一步發展[64]

基於保護族人安全而發展的家族，從住宅上可從共居式和聚居式予以說明：

（一）、共居式

顧名思義，全族的人共同居住在同一個三合院內，若家族中人口增加，一個庭院不夠居住，必須增建時，如採橫向擴展，從兩邊護龍向外延伸，另建一列或多列相平行的護龍；如採縱向擴展，在正廳後面可建與之平行的院落。這種合院式建築，大都有院牆區隔內外，對內彼此互相開放連通，空間一體；對外宛若自成單位的建築體，與外界隔絕，可保安全無虞。如建於同治年間的宜蘭員山林朝英大宅，為一標準三合院，院牆高約二公尺厚是一尺，牆上有「槍眼」多處，便於從裡面向外射擊，此為第一道護衛。若院牆失守，經過庭院，近逼宅屋，看似危險，其實仍很安全，因門柱均甚牢固，旁邊亦遍置「槍眼」，加上合院式呈相互垂直的「ㄇ」字型，從內往外射擊時，構成交叉火網，使賊犯近逼不得，此為第二層防線。縣內清代的合院式建築，大都有此防衛的功能。

63 王人英，〈宗族發展與社會變遷—臺灣小新營李姓宗族的個案研究〉，《民族學研究所集刊》，第三十五期（南港，中央研究院民族學研究所，民國六十二年），頁九三～九四。

64 陳支平，《近500年來福建的家族社會與文化》，頁三二～三三。

　　如要更周全的顧慮，則在大宅院內另建「銃櫃」，此櫃用磚石修造，壁厚逾尺，十分堅固，備急難時，將族人群集在櫃內，牆上也有「槍眼」，俾便防守，令來犯者無法侵入，不耐久戰下，只好撤退。如員山周舉人大宅，因近山邊，為防蕃害，在宅內建有兩座獨立的二層銃櫃。周氏族譜曰：「擇獅子弄球之吉地建府，府宅面積壹點五公頃。四面圍牆，牆高丈餘，後靠高山，前有小河，兩邊築砲堡二座，安置大砲二門。前門樓有勇守衛，後築月眉，中落有宮殿式大廳。」[65]可惜一座遭河流淹沒，一座已殘破不堪。

　　（二）、聚居式

　　這種型式是全族的人以「房」為單位，環繞公廳或長輩的住所，分別興建數個小規模的三合院，共同組成聚落的建築群。四城的吳沙大宅是開蘭先祖吳沙公後裔的住家，多年前，據其族人告知，早期佔地遼闊，植竹林以為圍牆，現尚留有竹林遺跡，牆的內側與外側均有護城河，這種雙重護城河的做法，防衛效果甚佳，可能是全台少見。[66]

　　另一種聚居式家族往往以公廳或家廟為中心，各房親族各自興建獨立家屋，分住周邊附近，形成小規模的同族聚落，有事相互支援防衛。如清代晚朝大湖地區的陳家和簡家，均散居在公廳附近；員山游氏和宜蘭黃家則環繞家廟住居；不同的是，游家務農為生，黃家因在市區而經營商業。

　　由此可見，無論是共居式或聚居式，基於安全防衛的理由，約束族人群居一處，達到家族發展的目的，為清代宜蘭地區常有的現象。

　　總之，家族的維繫以至望族的形成，其重要的支柱，就是「代有偉人」，因為傳統社會給予科考出身者、從政仕宦者、等待派任者或官場退出者種種社會經濟利益與實在的特權。這些實利與特權，消極意義是保護財產，積極意義是擴大財產，以提高家族聲望。[67]宜蘭的望族幾乎

---

[65] 周烱榆，《霞山周氏族譜》，未註頁數。

[66] 陳進傳，〈宜蘭傳統建築的現況〉，《蘭陽青年》，第四十五期（宜蘭，蘭陽青年雜誌社，民國七十五年四月），頁四二。

[67] 許水濤，〈從桐城望族的興盛看明清時期的宗族制度〉，《譜牒學研究》，第一期，頁一一九～一二○。

都是循此軌跡而建立的。

第五節、宜蘭漢人的宗族

顧炎武曰：「宋孝建中，中軍府錄事參軍周殷啟曰，今士大夫父母在而兄弟異居，計十家而七，庶人父子殊產八家而五。其甚者乃危亡不相知，飢寒不相恤，忌疾讒害，其間不可稱數。……若劉安世劾章惇，父在別籍異財，絕滅義理，則史傳書之，以為正論。馬亮為御史中丞，上言父祖未葬，不得別居異財，乃今之江南猶多此俗。人家兒子娶婦輒求分異，而老成之士有謂二女同居，易生嫌競，式好之道，莫如分爨者，豈君子之言與？」[68]可見中國分居之風，由來已久。我國古時，貴族之家和平民之家，其組織不盡相同。大抵貴族之家行的是宗法制度，故易成家族；平民之家，不屬行宗法，故無法鞏固大家族。古人所謂五口或八口之家，即指普通平民之家。[69]所以，實際上的平民家族，分裂異居常占多數。

清代宜蘭家族的發展與此極相類似，前述的家族類型，重視家族共居與聚居的大族，率皆因地主，豪農、富商、仕紳等關係，而且有意呵護經營所形成的。至於一般家族，長期共居或聚居的情況很少，大都在住過一段時間，或成員增加到某種程度後，就行離居分住，這種從家族分裂分居成許多小家庭的現象，是宗族的擴散與發展由焉而生的原因。

因此，宗族是以血緣關係為紐帶，但不住在同一地域內的血親集團，他們以「房」為單位，分居出去，散處外地。由於彼此間是血緣親屬，部分或有財產的牽連，仍保有相當程度的往來頻率。簡言之，散居各地的血緣親屬就是宗族。至於聚居的家族何以變成散居的宗族，原因可有下列數端：

---

68 顧炎武，《原抄本日知錄》（臺北，明倫出版社，民國五十九年九月），頁四〇五～四〇六。

69 王人英，〈臺灣農村家庭之一斑〉，《臺北文獻》，第六期（臺北市文獻委員會，民國五十二年十二月），頁三三～三四。

一、耕地不足

家族的聚居，含括雙重意義：一是血緣的紐結，一是地域的占有。地域是靜止的，血緣關係是活動的。隨著時間的推移和家族的繁殖，血緣關係日益擴大，地域範圍依然照舊，致使家族的繁殖超出地域的容量，部分成員只好移居外地，另謀出路以尋求發展。所以，就自然發展而言，家族的外移和人口的流動是不可避免的事。[70]

當土地已高度開發，局限一隅的家族，在人口增加後，既有耕地不足糊口，則可向周邊人家購買，以便維持族人生活，這樣原地擴展，可免外遷他處之苦。如無法購置或開墾鄰近耕地，在謀生艱難的情況下，分房移居就是最好的取向。比較困擾的是，這種以往經常發生的家族移動為一般族譜所忽略而沒記載，就算有也語焉不詳，只能從字裡行間尋繹些蛛絲馬跡。茲以《林氏大族譜》為例，林氏先祖元旻、元火、元辨，元道等四兄弟相隨進入蛤仔難礁溪堡淇武蘭（今宜蘭縣礁溪鄉二龍村）開墾經營。元旻公有三子世報公、世球公、世喜公，世報公有四子克清公、克懷公、克灰公、克恂公；世球公有二子克瑋公、克都公；元辨公有二子世赫公和世天公，其下分別為克硯公、克岳公、克梭舒；元道公亦有後人，他們的後裔很可能因耕地的不足，各房在不同的時間，遷移到礁溪、四城、宜蘭各地的小地方開墾落居。[71]因此，清末之前，溪北地區這個林姓派下，形成勢力最大，族親最多的宗族。

造成耕地不足的現象，與財產的繼承有密切的關係。因中國家族，土地是平均分給所有的男子來繼承，當土地不夠分配，各家戶所有的土地愈來愈小，以致沒有足夠的土地，在同一時間供養大家族的所有人口時，可耕之地的限制，長輩過逝或兄弟婚後，各房便分戶出外各自謀生。[72]鬮書就是最好的明證，茲舉一例，以概其餘。「全立分管約字人長房溪中、烏歡、二房姪傳助、三房嬸楊氏、四房月宮，並傳二叔祖暨五大房

[70] 陳支平，《近500年來福建的家族社會與文化》，頁一五九。
[71] 林性派主編，《林氏大族譜》（宜蘭礁溪，民國六十四年九月），散見各頁。
[72] 王人英，〈宗族發展與社會變遷－臺灣小新營李姓宗族的個案研究〉，頁九八。

等……拈鬮為定，至于頭圍瓦店連地基二炊，並溪仔底厝地一所，亦按作五大房均分估價歸管。自此分管以後，務要各業各掌，不得爭長競短，致傷和氣，此係至公無私，喜悅甘願，各無抑勒，亦無反悔，仝立分管約字一樣四紙，各執存炤。」[73]祖上留有土地雖可供鬮分，但也禁不起數代的分析，如家族貧困者，耕地經分割後，難圖溫飽，情況就更嚴重，遷居自是最好的抉擇。

二、族眾感繁

原則上，家族總是盡量將族人覊縛在聚居地，但有時迫於族眾感繁，人口遞增的壓力，也可能鼓勵族人遠走他鄉，助長宗族的形成。《大清律》曰：「祖父母、父母在者，子孫不得分財異居，其父母許令分析者聽。」這是說法律不僅允許子孫於長輩在時就分財，並讓他們異居，唯一條件是得經祖父母、父母同意。大家族的分解，更顯得明確。[74]

這種現象所在多有，《康氏家譜》曰：「迨至光緒年間，鑒於大宗族家口眾多，生活感繁，遂有分居之議，兄弟各分得近百甲田地，青龍公遷返公埔（距原址公埔頭僅數百公尺）經營房地產業，允求公、青鳳公則聯袂遷往大埔（現宜蘭縣五結鄉協和村六鄰）經營房地產業外，採購運銷農產物兼營土礱間（碾米工廠）生意大展，兄弟同時盛名為殷實富有大商人，青教公遷居清水（現五結鄉季水村）經營房地產業兼捕魚，以富有仁慈聞望。」[75]

家族感繁的結果，人滿為患，屋宅不夠住，如不延伸擴建，只好步上離異散居之途。《賴氏家譜》曰：「天乞、天來兄弟相率遷到蛤瑪難之東勢五結大灣（今五結鄉中一結），距今約壹百陸拾年。定居大灣以後，從事農墾約有七、八十年之久。在大灣時天乞公生下三男，長曰光蔭、次曰挑、三曰三技；又天來公生下六男、曰細、曰艮居、曰查、曰免、曰江。在此期間，子孫日漸繁盛，據傳男女近百人云，至今乞、來兩人

---

[73] 莊英章、吳文星纂修，《頭城鎮志》（頭城鎮公所，民國七十四年十二月），頁六〇。
[74] 陶希聖，《婚姻與家族》（臺北，商務印書館，民國五十五年七月），頁九〇。
[75] 《康氏家譜》，頁一六。

之子長大，在大彎之祖宅不敷居住，遂即分居各地發展，距今約在八十年左右（按此譜修於民國五十五年，今已逾一百二十年，約當光緒二十年），現各房或居利澤、冬山、茅仔寮、五結，多係在宜蘭縣境內。」[76]

三、家族矛盾

隨著家族的綿延，輩分的增衍，親屬的擴增，大家族內部的問題一一浮現，矛盾與衝突，時有所聞，這些問題包括三種：

（一）、親屬爭執

家族內部人多嘴雜，意見南轅北轍，很難和睦相處，如兄弟間會因妯娌或小孩的糾紛而彼此不愉快，父母與兒子間也常為婆媳失和而傷感情，這些雖是細微瑣事，但日積月累，種下以後分家的伏筆。因此，古來的家規祖訓均強調「和為貴」是有道理的。

（二）、勞逸不均

在「大鍋飯」的家族制度下，造成部分成員的惰性，缺乏積極認真的態度，反正有飯同吃，有物共享，多做少做都差不多，勞逸不均的現象因而產生；加上少數族人特別計較，問題更為嚴重。這些矛盾在分家的過程中，起了一定的作用。[77]

（三）、利益失調

經濟利益的失調最能凸顯家族的矛盾。由於各人各房的理財與勤奮的觀念不同，拉大彼此間的貧富的差距，怨嘆與不滿由此而生。甚至有些不肖兄弟為圖利自己而霸佔或出賣家族公產，引來家族風波，最後的結果也是分居。[78]

如前者所述，在家醜不可外揚的前題下，這些事情只能在析分家產的鬮書中獲得訊息。如藍氏〈合管合約字〉曰：「仝立鬮書人藍春水、

---

[76] 賴耀煌編，《平和賴氏家譜》（宜蘭，民國五十五年），頁二七。

[77] 何光岳、聶鑫森，《中華姓氏通書‧陳姓》（湖南，三環出版社，一九九一年七月），頁六八。

[78] 徐曉望，〈試論古代亞細亞生產方式的化石─義門〉，《東南文化》，第三輯（上海，江蘇古籍出版社，一九八八年），頁一〇七。

木成、光耀、永章等，有承父遺下家業及自置祖業，因近年以來，家事浩繁，理當各開各爨，均分產業、各人掌管，以息禍端，以杜弊情。」[79]林氏家族《明族公鬮書》亦曰：「仝立鬮書字人，兄弟明答、明族、明睿等竊謂九世同居，此風足慕，但家事浩繁，難以合理，不得已為分爨之計耳，茲邀請家族長輩人等，繼承父併續置屋宇，田園器用財物牛隻等物，是日定分，以弭爭端時，即仝公議定。」[80]此「以息禍端，以杜弊情」、「家事浩繁，難以合理」、「以弭爭端」不正是矛盾所在。

四、天災人禍

意外災害，造成生命財產蒙受嚴重打擊，使原地不適耕作、不利居家或不忍再面對下去，有的舉家同遷，仍屬家族型態，此不在本節討論之列；有的則各自離散，分立家業，形成宗族。

就天然災害而言，農業經營周期長，規模小，禁不起各種自然災害的侵襲，當人們不能有效地防止天災時，就成為族人遠徙他鄉，另謀生路的理由。[81]蘭陽平原地勢低窪，雨量豐沛，每屆夏秋，飽嚐颱風之苦，水災就隨之而至，情況嚴重的被迫遷移。《游氏追遠堂族譜》曰：「迨光緒年間子孫繁眾，加以蘭地澇淫為患，水利失修，自此各房始紛徙於外，今九房裔分布有見大房龍堪公散於礁溪、宜蘭，二房龍昭公散於三星、冬山，三房龍盛公散於桃園龜山，四房龍福公散於宜蘭市，五房龍巨公散於壯圍、三星，六房龍賓公散於羅東鎮，七房龍讚公散於宜蘭、壯圍、三星，八房龍貴公散見宜蘭市，九房龍燦公散見壯圍鄉。昔日族群聚居之態今已渺矣。」[82]梅林陳氏家族情況亦然，在同治、光緒年間，復興庄遭洪水的浸毀，族親們紛紛遷徙到五結仔城內和崁仔下。[83]

就人為災害而言，天災無法避免，大家同苦，尚可承受，人禍則是

79　莊英章、吳文星纂修，《頭城鎮志》，頁五八。
80　林性派主編，《林氏大族譜》，頁甲七三。
81　許水濤，〈從桐城望族的興盛看明清時期的宗族制度〉，頁一一七。
82　游永德編輯，《游氏追遠堂族譜》，頁一五。
83　陳長城，〈介紹前清宜蘭梅林陳氏〉，《臺灣文獻》，第三十三卷第二期（臺灣省文獻委員會，民國七十一年六月），頁一二六。

禍從人來，慘遭橫逆之家，自個默默受難，如頭城林家移居礁溪柴圍，墾拓荒地，勤奮耕作，家財日富，聲望日隆，人口亦增，成為村內首富，於是「籌劃建築大宅，因房親不慎，得罪師傅，工程進行中被施法術，大宅完工後，族人不安，發生瘟疫，求神拜佛查出乃廳堂下三尺被置棺木片，致使家門大敗，因此各房搬出四散。」[84]在舊時農村社會，類似這種災難，時有所聞，而嚴重到「各房搬出四散」的地步，還不多見。

　　至於遭蓄害而遷居的情況，雖較普遍，然大都屬於人口不多的家族，因事發之後無力重建，又擔憂再次遇凶，良好對策就是舉家遷移，倒也方便，既可遠離傷心之地且可永除後患。反之，子孫繁眾的家族，本身具有防衛能力，則降低予人覬覦窺伺的機會，蓄害或民賊侵襲之事，較不易發生，各房離散現象就更鮮少了。

五、職業分化

　　在台灣社會經濟中，糧食生產自給有餘，而衣飾等日常生活必需品卻嚴重不足，所以小商品的經濟顯得特別活躍，佔有重要的經濟地位，與大陸形成社會經濟的分工與互補。[85]宜蘭的情況亦復如此，成書於道光年間的《噶瑪蘭志略》曰：「蘭中惟出稻穀，次則白苧，其餘食貨百物，多取於漳、泉。絲羅綾緞則取資於浙江。每春夏間南風盛發，兩晝夜舟可抵四明、鎮海、乍浦、松江，惟售番鏹，不裝回貨。至末幫近冬，北風將起，始到蘇州裝載綢疋、羊皮諸貨，率以為常。」又說：「台灣生意，以米郊為大戶，名曰『水客』。自淡艋至蘭，則店口必兼售彩帛，或乾果雜貨，甚有以店口為主，而郊行反為店口之稅戶，一切飲食供用、年有貼規者。揆厥所由，淡、蘭米不用行棧，蘇、浙、廣貨南北流通，故水客行口多兼營雜色生理。而蘭尤便於淡，以其舟常北行也。」[86]一八五〇年基隆、淡水開港前，台灣樟腦已輸出一萬擔，開港後，更多的

[84] 林才添，《達庵八三回憶錄》（宜蘭頭城，民國七十五年三月），頁一四三～一四四。

[85] 黃福才，〈試論清初臺灣封建經濟的特徵〉，《清代臺灣史研究》（廈門，廈門大學出版社，一九八六年四月），頁二三五。

[86] 柯培元，《噶瑪蘭志略》（宜蘭縣政府，民國七十年六月），頁一一六～一一七。

輸出量，亦為僻鄰的宜蘭帶來新的營利機會。宜蘭政治中心的五圍因米、樟腦貿易，成為兼具經濟功能的市鎮。[87]

這麼熱絡的商業貿易往來，利之所在，自然吸引很多人棄農從商，道光年間就已如此繁盛，咸豐以後，情況更為熱烈，自是意料中事。因此，人口眾多的家族於分房後，部分族人可能改行經營商業，從事貿易。相對而言，由於商業的發達與獲利的誘惑，對耕地不足、生活艱困的大族，有加速其分房遷徙的催化作用。

清代中葉以後，隨著經濟發展和商業繁榮以及需求的擴大，各行各業益趨完備，百工之人均告齊全。清末的職業，就有士農工商四大類以及吏書、兵役、肩挑，背負、巫、醫、僧、道、山、命、卜、相、娼、優、隸卒、婦人等類，其中各種工匠如銅匠、鐵匠、裁縫、繡補、瓦窰、鑄犁頭、銀店、牛磨、染房、修理玉器、織蕃錦、馬鞍店、做頭盔、草花店、釘稱、做藤、塑佛、煮洋藥（鴉片）、焙茶、做釣鉤等行業的「司阜」（師傅）竟有一○一種之多，這說明職業分工已相當複雜。[88]宜蘭的情況與此應相去無多。日治初期，日人對台灣一些較大市街的店舖作過調查，二十三個市街的店舖數量，宜蘭竟名列第八，僅次於大稻埕、台北城內及艋舺、台南、鹿港、新竹、嘉義、彰化，贏過葫蘆墩、鹽水港、台中、朴子腳、滬尾、基隆、鳳山、北港、東港、北斗、西螺、斗六、阿猴、安平、打狗等。[89]這些店舖應是分屬不同的行業，可見在馬關條約簽訂前後，宜蘭商業發達，職業分化，已是不爭的事實。這些工商業人員，毫無疑問地，都是從農業改行而來。先前的大家族不可能全部投身工商業，如此一來，家族中有的仍守農田，有的移居市街，轉任其他行業。總之，由於職業的分化，就業機會的增多，使很多人無法繼續生

---

[87] 徐雪霞，〈清代宜蘭的發展（一八一○～一八九五）〉，《臺北文獻》，直字第六十九期（臺北市文獻委員會，民國七十三年九月），頁一四八。

[88] 陳孔立，《清代臺灣移民社會研究》（廈門，廈門大學出版社，一九九○年十月），頁五○～五一。

[89] 溫振華，〈清代臺灣漢人的企業精神〉，《歷史學報》，第九期（台北，臺灣師範大學歷史研究所，民國七十年五月），頁一二五～一二六。

活在大家族裡，而必須遷離這一群體。[90]《趙氏家譜》曰：「光緒二十一年，滿清割台，日寇統治下，祖業不振，遂改營小規模日用雜貨業，登祖昆仲亦各自東西，自謀他業。」[91]

這些散居各地的宗族，由於有共同的血統，可從譜系中找到可證明的關係，加上如下因素與活動的配合，彼此仍經常往來，維持密切聯繫。

（一）、祭拜祖先

祭祖是構成宗族的第一要義，孫奇逢將其視為「人生第一吃緊事」。[92]蓋亡逝的祖先是宗族的神明，護衛宗族的安康福寧，維繫家族的凝聚和睦，每當祭祖或掃墓之時，兒孫們懷著無比誠懇與恭敬的心情參拜祖先的神主，好像祖先真的就站在自己面前，傾聽兒孫們的祝告，觀察兒孫們的舉止，在莊嚴肅穆的氣氛中，兒孫們似乎感受到祖先神靈的威力，內心平順安祥進而感受與祖先同在。[93]因此，凡逢族祭，族中成年男子必須參加，族人無論居住離祠堂、祖坟遠近，不管氣候如何，只要沒有疾病，皆趕往祠墓之地，虔誠肅穆地隨眾拜掃，不遲到早退，不喧嘩嬉。進而言之，族人參加祠祀是一種義務，不管願意與否都得參加，不到者即受處罰。[94]是時宗族團圓，重逢的族人熱情洋溢地寒暄敘舊，閒話家常，親切溫馨，其樂融融。

就因祭祀祖先有「敬宗收族」的意義，族大人眾者均建有祠堂家廟，故曰：「古者庶人無廟，祭則於寢，後世因之而聚族者，復共立祠堂，以奉開族之祖，所以展孝思而敦族誼也。」又曰：「今欲萃人心，莫大於敦本族，欲敦本族，莫急於建祠堂。」祭祀之外，執行家法，族人聚會，教育族內子弟，濟助族內貧困等，也是祠堂的重要功能。所以，家廟祠堂就是一族的象徵。[95]

筆者年輕時，常見有些家族祭祖或掃墓時，很多族人扶老攜幼從外

[90] 王人英，〈宗族發展與社會變遷—臺灣小新營李姓宗族的個案研究〉，頁九八。

[91] 趙鏡心，《宜蘭趙氏家譜》（宜蘭，民國六十七年），頁三。

[92] 孫奇逢，〈孝友堂家規〉，引自李曉東，《中國封建家禮》，頁四三。

[93] 李曉東，《中國封建家禮》，頁四九。

[94] 馮爾康、常建華，《清人社會生活》，頁一〇五。

[95] 王思治，〈宗族制度淺論〉，頁二七～二八。

地趕回，齊聚公廳或祠堂祭祖，或合族一起步行到墳地掃墓，儀式莊嚴隆重。

除祭拜祖先外，有的宗族崇奉渡台時所攜帶的神像，並以之作為宗族聚集的日子。《林氏大族譜》曰：「遂將三位恩公之貌相模樣雕刻神像，頌稱良崗王，供於靖邑梧宅社本嗣堂家廟永遠奉祀，並定於每年農曆二月十二日為千秋之日，祭祀演戲以為紀念。山神嗣後又曾助救出巡大官，於明初受皇恩加封聖王，現在礁溪鄉奉祀之神像，是元祖來台時帶過來的，事實不虛。」居住在宜蘭地區及台北縣的吾祖孔舉公派下子孫，每逢良崗聖王千秋之日，由爐主辦理祭典、演戲及筵席。[96]另有一宗，亦是如此，曰：「清光緒二十九年癸卯（一九〇三）吾祖為促進敦親睦族起見，號曰『林祝多』等三大房堂親協議，調粧關聖帝君神像一座，奉祀公埔林府崇堂，嗣後傳子孫年年堂親聚會，並決議自當年農曆正月十三日千秋日，為紀念成興社，年逢是日演唱觀音全檯、糖塔五獸二座、壽龜一座，並帶龜底金十二圓也，米香、糖龜及紅柑等物件，供眾弟子祈求還願保佑平安。」[97]

（二）、共同族產

族產與家產的關係極為密切，當家族分裂擴散成宗族時，以族產的立場觀之，可有三種現象：

其一，共產宗族：部分家族成員出外謀生，另組家庭，但因族中長輩健在或其他原因，兄弟間並沒有處理財產，仍共同保持祖先遺留的祖產；有的雖分析土地，卻未分祖厝。由於田產是利之所在，為人所希望獲得。因此，分居離異的兄弟各房自然就會懸念老家的田產問題，如什麼時候分產，要分成幾份，每份的數額多少等。所以，共同祖業是維繫宗族最具體的有形力量。這種事情十分平常，不必舉例。

其二，分產宗族：漢人的家族制度是建立在系譜的基礎上，而其土地與財產的處理則以「房」為單位，「房」就成為族產的主體，當一家族之財產轉移到所屬各房時，代表該家族之父親即不再對所屬各房之財

---

[96] 林性派主編，《林氏大族譜》，頁甲四三～甲四四。

[97] 林性派主編，《林氏大族譜》，頁甲七三。

產有任何處置之權力，也就是說各房不再構成一個財產共有單位，實際
上已不是一個所謂共有財產的「家族」。換言之，被分掉的是財產，而
不是系譜上的家族或房單位。[98]基於此一前題，從家族的兄弟各房分裂
為宗族後，兄弟各房之間的財產已各自獨立，沒有財產的瓜葛，但是血
緣的紐帶，依然緊緊的將他們扣住，彼此間仍無法脫離血緣的親屬輩份
之約束。由貧窮家族擴散分居為宗族時，雖無財產可分，但血緣的影響
所構成的宗族依然存在。

其三，保留部分族田：有的家族在分田產時，會留一份給父母，作
為養老之用，使得父母與遠在外地謀生的子女，保持親蜜的親屬關係，
逢年過節，宗族常有團聚的機會。待父母死亡後，其遺產仍為子嗣所共
有，如此一來，兄弟各房的血緣紐帶和共有田產的原因，大夥兒所建構
的宗族依然牢不可破。如光緒五年（一八七九）的〈合管合約字〉就是
很好的證明，曰：「計開家業物器各房各處生址分明開列於後：一、批
明公記公存父母親應份額，該分佛面銀十九元，又水牛四隻付與雙春
長，日後雙親百歲年老之資，是實存照。□□□三鬮永章應份額，該份
公銀十二元，茡屋在庄壹間，家器鐵俱物項各鬮各分掌管，批明再照。」
[99]

祭祖是宗族的分內大事，在鬮分財產時，往往是先行提撥以供祭
祀。光緒四年（一八七八）的〈合管合約字〉即曰：「議三貂水田連山
場三段，帶收磧地銀一百二十元，留存作公，按作五房輪流，一房應值
一年，掌管收租，將所得租粟以為祖先墳墓祭掃開用，並修理公廳以及
親戚應酬諸費以外，即將所伸租額按作五大房均分，各不得另生枝節，
批照。」[100]

比較正式一點的，則成立祭祀公業，《陳樸直公族譜》曰：「三年後
（按即道光十年，一八三〇），兄弟析產分家，從遺產中抽出二甲四分
土地，作為祭產，以其租穀六十一石，供日後各房（十五世）子孫祭祀

樸直公、正義公暨太祖媽林氏諱雙帶之用。……並將上項祭產定名為『祭祀公業陳楊合』。祈後世子孫能慎終追遠，毋忘祖先遺澤，光前裕後，垂馨千祀。此乃當年創設本祭祀公業之由來。」[101]由此可知，不論宗族如何的蔓延擴散，其發展與祖織仍十分穩固。

（三）、婚喪喜慶的牽連

除祭祖和族產的因素外，散居各地的各個家族之婚、喪、喜、慶等事件，對宗族的整合，也扮演積極性的功能。因早期社會較為單純，交往走動的對象，應以親屬為多，某一家庭有娶媳婦、嫁女兒等婚事，家中成員過世的喪事，生子、喬遷等喜事，或殺豬公謝神、廟會拜拜等慶祝活動，都需要通告周知親戚族人，或同申祝賀、共襄盛舉，或共同處理族內的問題。每個家庭所邀請的朋友可能不盡相同，但屬於血緣關係的親屬就大致相同。因此，只要一個家中有事，全族均會奔走相告，共同參與，互相幫忙。這種交互往來，見面機會很多，無形中，助長宗族內在的凝聚力。此一現象，目前尚留有遺風，早年就更可想而知。

總之，為顯示宗族的組織與力量，茲引論者一段話作說明，曰：「大抵一宗族之成員，常達數百，多至數千，有共同的祖廟，以祭其遠祖外，更有各家族分脈之低次祖先的廟宇。宗族中有富者和貧者，習慣上是以富者接濟貧者。又有全宗族共同的財產，其收入大概為辦理祖先之祭祀及修理墓地的費用。宗族即為一鉅大家族，故各員對於祖廟當然有同等權利與義務。其義務為遵奉宗族之習慣和德義，服從各種儀式，一朝由外族侵害同族中或者之權利時，加以援助；對宗族之長老，表示敬意，無道德上的過失而真陷於貧困者，予以金錢上的援助，關於宗族結社安危所繫，須挺身當之等等。平常須調整同族各員的行為，有犯族規者須制裁時，在祖廟內揭示此等行為之規定和各種義務，則依長老會議屬行之。」[102]

第六節、宜蘭漢人的宗親

---

[101] 陳永瑞編撰，《太傅派樸直公族譜》（宜蘭，民國七十三年，五月），頁五一。
[102] 高達觀，《中國家族社會之演變》，（台北，九思出版社，民國六十七年三月），頁七三。

　　家族發展中，範圍較大，關係較疏的是宗親，亦稱同宗或本家，顧名思義，只要同姓即可。舊時文人常在同族人的名字上冠以「吾家」，以「吾家某某」相呼，尤其是對於一些名人，爭相攀親，更是如此。楊修曾曰：「修家子雲（揚雄），老不曉事，彊著一書，悔其少作。」按揚雄是蜀郡成都人，雄以前「世世以農為業」；而楊修之家為弘農華陰人，出西漢赤泉候楊喜之後。所以他們只是同音之姓而非同族。迨及後世，這種現象更是普遍，盛行同姓間的「認宗」、「認本家」。古代的一些名人，如金日磾、馬援、諸葛亮、關羽、張飛、秦瓊、尉遲恭、魏徵、李白、杜甫、白居易、韓世忠、劉伯溫、徐達、常遇春之類的文臣武將，因而常被人「認」去作祖宗。[103]此乃不同世代的縱向認宗。

　　另有一種是同時期的橫向認宗。唐初皇帝愛搞賜姓聯宗，大臣倣尤，中書令李義府自稱趙郡李氏，朝中李氏相繼與之聯宗，稱其為叔、為兄。聯宗之風延續不斷，明顧炎武曰：「近日同姓譜最為濫雜，其實皆植黨營私，為蠹國害民之事。」清李兆洛亦謂當時風氣是「攀援華胄，合宗聯族，以為誇耀。」為一己一族私利，冒認同宗，實是弊風陋習，但不失為宗族生活的一項內容。[104]

　　過去中國大陸各省的許多同姓聚落，居民之間，其實未必全部都具有血緣關係，其最大共同點便是同姓，異姓很難落籍其間。可見同姓是中國人互相認同的型態之一，也是中國人聚居的重要因素。他們之所以願意聚居，是由於有同姓就是宗親的認同，也就有自己人的認同，歡迎「自己人」，排斥「外人」。若非住在同一村落，遇到同姓的，一概視為宗親，彷如同一血緣，顯得格外親切，相互聯絡提攜，所謂「五百年前是一家」，就是這個道理。[105]

　　台灣漢人移墾發展，為時不如大陸長久，缺乏形成豪宗大族的時間因素，有系譜與血緣關係的累世族人並不多，對同姓者就常廣加認宗接

---

[103] 金良年，《姓名與社會生活》，頁三七～四一。

[104] 馮爾康，〈宗族制度對中國歷史的影響——兼論宗族制度與譜牒學之關係〉，《譜牒學研究》，第一輯，頁三〇。

[105] 潘英編著，《同宗同鄉關係與臺灣人口之祖籍及姓氏分布的研究》（臺灣省文獻委員會，民國七十六年六月），頁二。

納。《恒春縣志》曰：「海外難逢家己郎，一經見面送檳榔，盍哉不重視親誼？族大才能冠一方。」[106]如遇有事，同姓者更是緊密結合，甚至如要建祠，同姓即可參與，不必是共同血脈。竹山的情況也提供很好的說明，「十二個宗族中有一半並非建立在純血統的基礎上，而是在同一地區的同姓墾民為了團結和抵抗外來侵略，共同建立祭祀公業。」此乃台灣漢人移民在缺乏血緣世系群基礎的情況下，透過「契約關係」組織族親而成的宗親團體。[107]可見其目的與前述歷史上為營私攀援而認宗，頗有差異。

　　這種情形映照在清代宜蘭地區同樣明顯。《噶瑪蘭廳志》曰：「蘭中鮮聚族，間有之，尚無家廟祠宇。故凡同姓者，呼之曰叔侄、曰親人，不必其同支而共派也。其中必推一齒高者為家長，遇內外事，辨是非，爭曲直，端取決於家長，而其人亦居之不疑，一若我言維服，勿以為笑也。」[108]導致將同姓稱「同的」，認同姓如族人，除前述理由外，早期的開墾方式亦有助長的作用。

　　宜蘭在拓墾之初，吳沙採用「三籍分墾」的方式進行，在分地方面，漳、泉各有其地，換句話說，就是採同鄉聚居型態。這種按祖籍分配土地的方式，直到宜蘭收入版圖後，依然不變，官府召民開墾，仍舊按漳、泉、粵三籍分地開墾。在這情形下，同地緣的人相聚在一起，立場一致，無形中限制了家族的發展。同時，宜蘭在初設廳之時，籌辦知府楊廷理力裁業戶，使宜蘭成為少有業戶的地區。由於業戶制的取消，使得墾戶無法繼續取得更廣大的土地，原先已略具宗族雛型的大家族不僅中止發展，且有逐漸萎縮的傾向。[109]既然大家族成長不易，宗族的成員不多，但要兼顧天生的族親意識，退而求其次，同姓的彼此結合，相互認親當為順理成章的事。

　　由於「家庭」、「家族」和「宗族」是建立在清楚指認的系譜關係上，

---

[106] 屠繼善，〈恒春竹枝詞〉，《恒春縣志》，引自戴炎輝，《清代臺灣之鄉治》，頁三三三。
[107] 陳孔立，《清代臺灣移民社會研究》，頁四三。
[108] 陳淑均，《噶瑪蘭廳志》，頁三五六。
[109] 廖風德，《清代之噶瑪蘭——一個臺灣史的區域研究》，頁二一八。

該繼嗣群的成員間有一明確的共同祖先；而「宗親」只要根據一般認定的共祖關係即可，成員間大都無法清楚地追溯其系譜關係，它只是基於同姓的基礎而已。所以家庭、家族與宗族成員的資格具有排他性，無法任意加以擴充；但宗親的資格只要同姓即可，可以為了達到某種社會功能儘量延伸其範圍。[110]換言之，這種宗親大都形成於十九世紀中葉以後，雖非建立在純血緣的基礎上，卻是來自同一祖籍的同姓者。使得移墾社會初期以地緣關係為主的組合，演變為具有地緣關係的宗族或宗親為主的組合。[111]特別是後者，其所能接納墾民的程度很大，較易吸引同姓、同宗者聚居。

「三字姓叛」的異姓械鬥也很能反映清代宜蘭同宗間的向心內聚與對抗外姓的現象。《宜蘭縣志》曰：「同治間，陳林李三姓發生爭鬥，緣羅東冬山李林兩姓，因賭博起糾紛，陳姓居間調解，林姓不允，遂致陳李兩姓聯合對抗林姓，於是林姓推林玉堂為首，而李姓推李進時為首，陳姓推陳章為首，各族糾眾，互相抗爭，暴徒游手，參雜其中，械鬥益形擴大，其禍不僅限於羅東一城，即蘭陽全境亦受影響，氣勢洶洶，靡有底止，當時政府不得已派兵鎮壓，拘捕要犯懲辦，後世所謂『三字姓叛』者，蓋指此事也。」[112]鄉賢李逢時有詩〈乙丑十二月二十日三姓械鬥避居大湖莊賦此志慨〉六首。[113]亂事之嚴重，可見一斑。

此外，字姓戲和同姓認捐，在移墾社會中，對內團結同族，加強向心，對外互別苗頭，一爭長短，頗有「輸人不輸陣」的意味；更重要的是，將暴力的械鬥，轉化為溫和的競爭，使社會愈趨穩定。[114]

用人口指數探討同姓、同宗在某地域內的聚居現象，也饒有意義。茲以縣、鄉、庄、區為地域範圍，分別敘述之。

---

[110] 陳其南，《家族與社會》，頁一〇六～一〇七。

[111] 陳孔立，《清代臺灣移民社會研究》，頁四三。

[112] 盧世標纂修，《宜蘭縣志・史略》，合訂本，第一冊（宜蘭縣文獻委員會，民國五十八年十二月），頁三三。

[113] 李逢時，《李逢時先生遺稿》，頁四六。

[114] 陳進傳，〈清代噶瑪蘭的拓墾社會〉，《台北文獻》，直字第九十二期（台北市文獻委員會，民國七十九年六月），頁一七。

一、就縣為範圍

　　宜蘭縣某姓人口在台灣地區的比例偏高，可顯示該姓宗親在縣境有聚居的現象。茲根據《同宗同鄉關係與台灣人口之祖籍及姓氏分布的研究》一書所示宜蘭縣人口所佔的比例，編製下表：[115]

姓氏	佔台灣地區該姓總人口比例	佔台灣地區該姓福佬總人口比例
諶	39.3	51.9
俞	24.3	43.9
游	22.8	25.5
藍	14.5	17.2
練	12.4	19.9
簡	9.8	10.0
官	9.4	16.7
商	8.6	11.8
豐	8.3	
雷	8.0	
梅	7.5	27.7
標	7.4	
應	7.1	
康	7.0	
石	6.7	
林	6.3	
塗	6.0	

　　由於清代缺乏可靠的人口統計，這份數據是以民國四十五年九月，

---

[115] 根據潘英，《同宗同鄉關係與臺灣人口之祖籍及姓氏分布的研究》之附錄二，〈臺灣各祖籍人口重要姓氏聚集地〉所編製。

台灣省人口普查口卡資料為準，如將時間往前追溯五十年加以推測，表列的數字可能還會提高，也就是人口聚居的情形會更明顯。其原因是：

1.清朝末年以後，宜蘭人口已呈低度移動，移入現象極為緩和，移出反有增加，因而在此之前，宜蘭地區各姓氏的人口數均已大致確定，表示諸姓佔有台灣該姓總人口的高比例，特別是諶、愈、游、藍及部分小姓等，其同宗聚居、宗親認同的現象，應是相當普遍的事。

2.根據同年的口卡資料，宜蘭縣人口祖籍福建佔百分之八八點五、廣東佔二點五、外省人佔六點八、山地同胞佔二點一。[116]這個說法，與清代文獻所言，漳泉合計比例相去無多，姚瑩曰：「蓋緣蘭民三籍，漳居十之七八，泉僅十分之二，粵人則不及十分之一。」[117]因此，再往上推到清代，蘭境外省人更少，幾全屬閩粵籍，且以漳籍獨多，則表上同姓者亦以同祖籍居多，以致在同地緣的基礎上，關係較密，其同姓相互間的認同必然加強，造成宗親的結合。

二、就鄉鎮為範圍

探討某鄉鎮的同姓聚居，可有三種方式，其一就是某姓的人口佔某鄉鎮總人口的百分之十五以上，這鄉鎮就存在某姓的同姓聚落或以某姓為主體的聚落。基於此一設定，宜蘭地區一姓人口佔較高比例的鄉鎮之統計為：[118]

比例 姓氏	15-20%	23-30%
林	宜蘭市、羅東鎮、蘇澳鎮、頭城鎮	礁溪鄉、壯圍鄉、五結鄉
陳	三星鄉、壯圍鄉	
吳	礁溪鄉	

---

[116] 潘英，《同宗同鄉關係與臺灣人口之祖籍及姓氏分布的研究》之附錄二，頁四六五。

[117] 姚瑩，《東槎紀略》（臺北，臺銀文獻叢刊第七種，民國四十六年七月），頁五七。

[118] 潘英，〈臺灣地區同籍聚落及同姓聚落探索〉，《台北文獻》，直字第八四期（臺北市文獻委員會，民國七十七年六月），頁二二～二四。

　　另一方式就是某姓在某鄉鎮人口佔所隸縣內同姓人口百分之三十以上，亦可斷定這一鄉鎮存在此姓的同姓聚落或以此姓為主體的聚落。根據這個設定，宜蘭市的許姓人口佔全縣許姓的百分之三十至四十，員山鄉的詹姓人口佔縣內詹姓人口達百分之七十至八十間。[119]

　　此外，許多人口較少的姓氏，由於更需要團結與認同，更造成同姓聚落的強烈動機。如蘇澳鎮的雷姓，冬山鄉、蘇澳鎮、頭城鎮的俞姓等即是。[120]

　　以上三種統計，均根據民國四十五年的九月的人口資料整理所得。此時，工商業已漸發達，交通日益便捷，人口的移動當然也跟著熱絡。相對而言，各種條件均較落後的清代，其重視同姓聚落或宗親認同，應該是趨勢使然。

　　這些同姓聚落的居民，不乏具有血緣紐帶，明確的系譜脈絡，但彼此只有同宗、同姓關係的，應更為普遍。此因他們當初入蘭時，很少舉家全族移墾，大都在原住地仍留有家人，只有數人前來，勢力單薄。處此景況，如時間不夠縣長，不易形成人丁旺盛的大族；此時，為求彼此照應，同姓間多了這一層緣分，容易呼朋引伴，群居一起，宗親的關係於焉確立。

三、就村里為範圍

　　昭和五年（一九三〇），日人所作調查統計，內容詳盡豐富，試將述及宜蘭大姓村落的數據，列表如下：

舊地名	新地名	戶數	姓數	各大姓戶對戶數的百分比%				
宜蘭街壯一	宜蘭市和睦里新興里	296	52	林 22.0	陳 8.4	高 8.4	李 7.8	楊 5.4
宜蘭街	宜蘭市	229	32	李 31.4	林 15.3	張 8.3	陳 7.4	黃 6.1

---

[119] 潘英，〈臺灣地區同籍聚落及同姓聚落探索〉，頁二五～二六。
[120] 潘英，〈臺灣地區同籍聚落及同姓聚落探索〉，頁三二～三九。

壯二	南津里							
宜蘭街壯三	宜蘭市東村里	170	25	林 56.5	黃 6.5	李 5.3	謝 5.3	陳 4.1
宜蘭街壯四	宜蘭市黎明里延平里	63	13	林 65.1	陳 6.3	王 6.3	李 4.8	張 3.2
宜蘭街壯五	壯圍鄉壯五村	138	21	陳 22.4	林 16.4	王 11.2	吳 9.7	李 7.5
宜蘭街壯六	壯圍鄉壯六村	60	20	游 35.0	賴 16.7	林 13.3	李 5.0	呂 3.3
宜蘭街壯七	宜蘭市延平里	117	22	林 32.5	李 7.7	賴 7.7	葉 6.8	莊 6.8
五結庄頂三結	五結鄉三結村	100	17	林 26	賴 24.0	沈 11.0	鍾 9.0	李 4.0
五結庄下三結	五結鄉三吉村	240	33	林 53.3	陳 7.5	黃 3.8	盧 3.8	賴 2.9
五結庄頂五結	五結鄉五結村	247	31	林 23.1	黃 17.4	陳 13.0	張 12.6	余 5.7
五結庄下五結	五結鄉國民村	121	17	陳 33.9	許 22.3	林 9.1	張 6.6	楊 6.6

可見宜蘭街壯一之林姓、壯二之李姓、壯三之林姓、壯四之林姓、壯五之陳姓、壯六之游姓、壯七之林姓；五結庄頂三結之林姓、賴姓、下三結、頂五結之林姓，下五結之陳姓與許姓，都是大姓的同族聚落，特別壯三的林姓佔全數的百分之五六點五，壯四之林姓佔百之六五點一，下三結佔百分之五三點三，均逾半數以上。[121]同姓聚居與宗親認同之強，表露無遺。當然其中有些居民彼此間具有明確系譜的宗族、家族甚至家庭關係，亦是無庸置疑之事。

宜蘭市慈東社區福德廟有太歲乙亥年（道光十九年，西元一八三九）所立之「開蘭鄉勇」牌位，供奉嘉慶初年吳沙、林明盞等開闢蘭地的先

---

[121] 陳進傳，〈清代噶瑪蘭的拓墾社會〉，頁一七～一九。

賢，分別舉出三結、四結、五結、六結、七結地區的開基名單。其中三結共列先賢十九位，林姓有十五位之多，佔百分之七十九，比例很高；黃姓有三位，幾佔百分之十六。可見三結的拓墾，林姓居功至偉，黃姓亦有可觀。而五結的先賢共列八位，陳姓有七位，比率竟高達百分八十七，誠然，五結是陳氏宗族聚居開闢的禁地。[122]前已言之，開墾初期，舉家同族一起遷移，太過冒險，有悖常理；再說，如牌位上同姓者若為一家人，似應不宜均列名其上；因此，這些同姓開墾者，當屬非系譜關係的宗親，而出於認同者居多。

四、就區域為範圍

前三者均以清楚的行政區劃為範圍，如縣、鄉鎮和村里，本節則以不確定的區域為範圍，討論同姓聚落與宗親認同。

以同姓聚落而言，埤圳契約書提供了很好的說明。光緒二年（一八七六）金漳成圳的股夥契約曰：「仝立合約字人陳棟哲、陳王坤、陳招賢、陳桂芳、陳年註、陳紅能、陳來馨、陳火旺、陳巃、陳往、陳性、陳溪、陳福等，緣洲仔庄素係瘠土，又兼乏水，所以界內均為埔園也，邇來經營稍變，勢可耕田，乃按作十一股，鳩集工本，從西方大洲溪築堤。……計共拾參股，當作拾參股均分。」[123]照常理推測，這些陳姓合夥成員按股「鳩集工本」，應非同一家族，而是同住洲仔庄，因土瘠水乏，有開設水圳灌溉的必要所致。既要合股，找同姓者加入，心態上較能接受，這就是宗親與同宗的取向。

又如，光緒四年（一八七八），金豐萬圳所灌溉的武荖坑和馬賽地區，共有合夥圳戶林青草、林春華、黃永清、林應元四人。其中林春華範圍內有二十三個佃戶，林青草有三十九個，黃永清有三十四個，林應元有二十一個，總計共得一百十七個佃戶，其中林姓有五十六個，幾佔

---

[122] 陳進傳，〈清代噶瑪蘭的拓墾社會〉，頁九～一〇。

[123] 《宜蘭廳管內埤圳調查書》，上冊（臨時臺灣土地調查局，明治三十八年三月），頁二一二。

半數。[124]陳姓十六個，還不到一成四，其他分屬各姓。可見，光緒年間，武荖坑和馬賽一帶，是林姓同宗的聚落。

　　成員多的家廟也是宗親發展的另一見證，林氏家廟追遠堂就是典型的模式。《林氏大族譜》曰：「嘉慶十五年庚午（一八一○）四月，我蘭開疆……其後，漳人入蘭者益眾，而我同宗壓倒諸姓。又二十有三年，我先知深感業樂居安，族繁派衍，報本之誠以興；聚土為山，集腋成裘，祀祖之堂以成，題其堂曰，追遠堂，蓋欲昭示：仰慕追祖南來亮節而東渡，深寓守望相助之義於敦睦也。祠堂之成，以文壽公、鳳棲公、文跳公之力為獨多。合七縣之心為一心，光大祖宗遺緒，以國翰公（又名玉堂家長）之德為獨盛。」又曰：「我追遠堂家廟，原係福建漳州府七邑林姓族家移住蘭地者，共酌家金，捐建而成，蓋即七縣林姓之家廟也。」落籍宜蘭的漳州七縣之林姓族人，不可能均有明顯的系譜關係。因此，維繫七縣林姓族人的公約數就是宗親、同宗關係，共同的活動場所為追遠堂家廟。尤有進者，更將宗親力量擴而大之，〈追遠堂沿革〉曰：「烏呼！如論開蘭事業，我漳籍七邑林姓之豐功偉績，堪稱獨步，猗歟盛哉！此開蘭史前之事，亦即我七邑林姓開蘭史之初葉也。」[125]因此，清代宜蘭宗親發展之盛，無逾林姓。

第七節、結語

　　傳統社會雖有設官分職的行政機構，但以血緣為基礎的家族制度，還是主宰鄉土社會運作的主要力量。每個人從出生開始，就落入家族的網絡裡，幾無逃脫的餘地，畢竟人們在生活中，關係最密依賴最多的就是血親及其所建立的家族。[126]

　　從血緣上來講，家族的基本核心就是「父—子」關係，以父子相替的直系血緣紐帶來維繫。此一橫式的上線和下界都可以無限量的向外向

---

[124] 《宜蘭廳管內埤圳調查書》，上冊，頁二○一～二○二。
[125] 林性派主編，《林氏大族譜》，頁甲一二七～甲一二八。
[126] 林嘉書，《閩臺風俗》，頁七三。

下接續延伸，演化成族人間複雜的親疏關係，成為鄉土社會人際關係的深層結構。[127]

從地緣上講，這個深層結構亦是「細胞分裂」的過程，一個繁殖中的血緣社群，當發展到某種程度或基於各種因素，難以聚居在同一區域內，迫使這個社群不能不在區位上分裂，析離出來的成員只好移居外地另找耕地，尋求生存空間。[128]

對於由血緣和地緣所交織的，從簡單到複雜的家族流變過程，筆者以家庭、家族、宗族和宗親四個類型作為探討清代宜蘭家族的單元，了解當時宗族發展的實況，梳理家族類型的形成過程及其相應的意義。

就家庭類型而言：此為分析清代宜蘭家族社會的最小單位，成員間為家屬關係，由此繼續擴大到家族、宗族和宗親等類型的親屬關係。宜蘭因屬新拓墾區，移民中不乏羅漢腳，而且開發較晚，累積的世代不夠，造成家庭類型的比例很高。

就家族類型而言：其基本前題要有明確的血緣關係及共居、聚居的現象，豪農、富商、科舉、官宦之家，大都屬之。其維繫之道，就是要從事土地房舍的購置，進行科舉功名的獲取，營求領導階層的掌握，嚮往義門望族的聲名，關注族人安全的護衛；此外，亦須配合地方政府，參與公眾事務。

就宗族類型而言：由於家族的繁衍，人丁的興旺，種種問題與矛盾，一一顯現，不得不走上離析外遷，形成以血緣為紐帶的宗族類型。這些問題包括：耕地不足，無法糊口；屋舍嫌狹，不敷居住；親人間的瑣事爭執與權益不均等，難以和睦相處；意外的天災人禍，生命財產受到嚴重打擊；職業的分化，各房親外出就業。儘管族人紛紛移居他處，但彼此間因透過宗族活動，仍保持密切的往來。

就宗親類型而言：這個類型只要同姓即可，血緣關係的有無並不重要，所以，成員間人數較多，關係較疏，論其發展不盡然在宗族之後。

---

[127] 程歗，《晚清鄉土意識》（北京，中國人民大學出版社，一九九〇年十二月），頁三〇～三一。

[128] 費孝通，《鄉土中國》，頁七八。

事實上，開蘭初期，即已有之，因當時家人不多，無法應付危難，以致同姓者願意緊密結合成宗親。甚至同姓間呼曰叔伯、親人。縣內某姓人數多的血緣村落，大都是宗親關係而已，其間應只是同姓，而非同支共派。

　經由這樣的探討，吾人深信應可釐清茫然無緒的宜蘭漢人家族。換言之，清代至日治宜蘭漢人家族，在家庭、家族、宗族、宗親四個類型的透視後，已浮出明晰的脈絡與發展。

第四章　宜蘭漢人家族的子嗣繼承

第一節、前言

　　家族是傳統社會的基礎，立嗣更是家族的核心，家族的運作以子嗣繼承為必要條件；反之，無子嗣就不成家，何以致此？

　　傳統社會，子嗣就是資源，家族靠早婚多育所造成勞動力的增殖，求得生存與發展，只有在「子子孫孫無窮盡焉」的前提下，才能永續家族生命的旺盛。尤有進者，子嗣更肩負宗祧繼承，所謂宗祧，就是尊崇祖先、祖廟，論其繼承，則是延續和發展祖宗傳續下來的枝蔓派衍。人的生命價值，在於完成先世到後輩的自然傳遞，而非追求自我的享受，所以，「祭祀祖先，繁衍子嗣」就是這個道理。否則絕嗣之後，祖先無所依托，父母不得供養，家承轉於他姓，表示血親紐帶的斷裂，此乃傳統家族最大的不幸。「不孝有三，無後為大」的意義即在於此。[1]

　　雖然世代綿延的子子孫孫是祭祀祖先與傳宗接代的最佳保障，實際上卻常出現子嗣不繼的現象，而危及家族發展和牌位供奉。無子嗣的發生原因，除夫妻不育外，尚有無男嗣、早夭、無偶等。針對這些困境，台灣民間盛行若干權宜方式，以解決子嗣斷絕的祖先奉祀問題，如過房、養子、招贅等，其最終目的仍是期望下一代能產生較多的男嗣，使得祖先崇拜的傳承能夠恢復男嗣繼承的正軌。[2]由此看來，漢人子嗣繼承的問題相當複雜，實有釐清與探討的必要。

第二節、傳統漢人家族的子嗣繼承

　　傳統的家族繼承，包括身分、財產、職業、牌位和子嗣等多種繼承，其中以子嗣繼承為核心，影響其他繼承的運作。換句話說，子嗣繼承確

---

[1] 程歊，《晚清鄉土意識》（北京，中國人民大學出版社，一九九○年十二月），頁三二。

[2] 余光弘，〈沒有祖產就沒有祖宗牌位？—E. Ahern 溪南資料的再分析〉，《民族學研究所集刊》，第六十二期（南港，中央研究院民族學研究所，民國七十五年），頁一三八。

定後，身分名位有所依據，財產鬮分方能進行，職業接棒就可明朗，神主牌位得有供奉。換言之，如無子嗣繼承，則家族發展受到滯礙，甚至亂了章法。

一、子嗣繼承的意義

在傳統家族中，子嗣繼承意謂父輩至少須有一位合適的男繼承者，以延續家族的傳遞。所謂合法的繼承者，包括自然親子和擬制親子；前者基於血親關係，而後者是法律擬制，二者均能達到繼嗣的目的。

以家族的發展與綿延而言，子嗣繼承表現如下三個意義：

（一）、家族繁衍

傳統社會與家族中，人丁的繁衍是最大的期盼。子女眾多的家族，社會關係就相對增多，男子或他鄉作官，或出外經商，或居家務農，由於諸子的努力經營，家族愈加顯赫。女子還可與其他家族結為姻親，加強本家族的勢力。反之，人丁稀少的家族，當然勢單力薄，不僅社會聯繫面窄，萬一遇到子女夭折，還會發生香煙無人接續、財產無人繼承的危機。此外，家族是一個經濟實體，人多可提供源源不斷的勞動力，擴大生產的規模，增加生產數量，多一個人，就是多一個財富的創造者，使得人丁繁眾與家族興旺幾乎是同義詞。所以，傳統家族特別重視生育，把生子當作家族的頭等大事。[3]如果婚後夫妻不生育，不僅本人心裡不安，父母親友也著急，到處求神問卜，期盼早得子女。在生育中，又特別希望生男孩，若真的添丁，則欣喜萬分，親友同賀。因有了男兒，就後繼有人，俟其長大成人，娶妻生子，可孝敬老人，祭拜祖先，使香煙不斷，這個家族就能世代相傳，繁衍興盛。[4]

在商業活動較為頻繁的地區，多養子經商或藉多子以為強房者亦所在多有。如福建的習俗，「即有子者，亦必抱養數子。長則令其販洋賺錢者，則多置妻妾以羈縻之，與親子無異；分析產業，雖胞侄不能爭、亦不能言。其父母既賣之後，即不相認。或藉多子以為強房，積習相沿，恬不為怪。」這種以眾多子嗣來壯大家族的風氣，不獨內地，台灣也很

[3] 李曉東，《中國封建家禮》（西安，陝西人民出版社，一九八六年十二月），頁五三。

[4] 馮爾康、常建華，《清人社會生活》（天津，人民出版社，一九九〇年七月），頁一五五。

盛行。[5]

　　有些族人，或因沒有嫁娶，或婚後無出，或子女早亡，就會造成絕嗣倒房，更遑論家族繁衍，這是傳統家族的最大悲哀。另有家族雖有生育，但全是女兒，在傳統重視男性的情況下，問題依然十分嚴重，子嗣繼承就是解決的不二法門。透過合法收養的子嗣繼承，進行移花接木，上述絕後的危機即告迎刃而解，可能第三代以後子孫滿堂，實現家族繁衍的理想。

　　（二）、祭拜祖先

　　論者認為「祭祀是中國家族的整合力量，祭祀在中國可稱為祖先崇拜，祖先崇拜是中國嗣系制度的基礎，嗣系制度是家族制度的根本，因此可說，若無祖先崇拜則無中國的家族制度。」[6]何以有如此強烈的觀念？在漢人心目中，祖先過世後，其靈魂就來到陰間，靈魂在陰間之所需，悉由其子孫供奉，所以，一個無人祭拜之靈魂就變成流離失所，漂泊不定的孤魂野鬼。使得每一個為人子者，不但應該在其父母生前克盡孝道，同時在父母去世後，須依照時令禮拜致祭。而且祖靈在其子嗣的想法，是冥冥之中的一股呵護與保護他們的力量。[7]

　　基於如上的說辭，祖先成為家族的象徵與認同的目標，亦即祖先乃世代血親和庇佑後嗣的本源，因此祭拜祖先為勢所必然的事。《元子公家範》曰：「祖宗，人之本也；族人，吾族一本之所分也。」《李氏家規》亦曰：「尊祖敬宗，所以報本。」這種「萬物本乎無，人本乎祖」的理念，進而為了「報本」，就產生根深蒂固的祖先崇拜之儀式。「報本」之外，還有「報恩」，認為後世子孫所享有的一切，都是祖先辛勤積累和盛德保佑的結果。如《劉氏家訓》曰：「人所以傳家守業，世澤綿長者，無不由祖宗積累所致，故為子孫者，不可一日忘祖。」《元子公家範》

---

[5] 尹章義，〈非『父系血親繼嗣』制度」初探〉，《第二屆亞洲族譜學術研討會會議記錄》（台北，聯合報國學文獻館，民國七十四年十二月），頁三三四～三三五。

[6] 謝繼昌，〈中國家族研究的檢討〉，《社會及行為科學的研究中國化》（南港，中央研究院民族學研究所，專刊乙種之十，民國七十一年四月），頁二七六。

[7] 陳中民，〈晉江祖厝的祖先崇拜與氏族組織〉，《民族學研究所集刊》，第二十三期（南港，中央研究院民族學研究所，民國五十六年），頁一七一。

亦曰：「世有顯親揚名稱賢子孫者，由其祖宗積德。」因此，對祖先的感恩戴德，自然形成祖先崇拜。」[8]

祭拜祖先的活動，大致可分為四類：

1.家祭：即以家庭為單位，在居室之內舉行祭拜活動，這是家族內最普及，也最基本的祭祖方式。其時間大都是春秋大祭日以及年節朔望日。

2.墓祭：顧名思義是到祖先塋墓上致祭，一般選在春祭、秋祭或清明節。各家族的墓祭，除悼念祖先，亦可加強血緣關係，更能反映其社會地位與聲望。

3.祠祭：就是在祠堂家廟內進行祭拜。此一祭祀比較講究繁文縟節，過程十分莊嚴隆重。祠祭結束後，都會舉行宴祭，招待族親，聯絡感情。

4.雜祭：上述三種較規範化的祭拜外還有許多非定則、定時的祭奉薦享，特別是每逢族人有喜慶大事，如婚娶、添丁、中舉、建屋等，均須祭祀，向祖先報喜。[9]

經由這樣的分析，可以確認的是，祭拜祖先幾乎等同於子嗣繼承。當雙親死亡後，子女與雙親仍維持相互依存的關係，死亡並沒有終止子女對父母的責任，但會改變責任的形式。陰界祖先的生活，須靠陽世子嗣的供奉，形成祖先崇拜。如果祖先崇拜停止，則祖先乏人照料其陰間的生活，陽界的子嗣也不能在祖先的蔭護下接續香火。一個人死後能否成為祖先，並非因其死亡，而是他有後嗣，至於後嗣的生存意義，即在延續祖先的慧命。所以祖先與後嗣，與其說是相對，不如說是共同體。簡言之，陽界的家族通過對陰界的祭祀，得以健全發展。[10]這種陰界祖先和陽界後嗣的永續與統一，就是子嗣繼承的真義所在。

---

[8] 王玉波，〈傳統的家族認同心理探析〉，《歷史研究》，總第一九四期（北京，中國社會科學出版社，一九八八年八月），頁一八～一九。

[9] 陳支平，《近500年來福建的家族社會與文化》（上海，三聯書店，一九九一年五月），頁一六八～一七八。

[10] 麻國慶，〈漢族傳統社會結構與家族〉，《社會科學戰線》，總第六十四期，（長春，社會科學戰線雜誌社，一九九三年七月），頁一四一。

（三）父子相續

　　漢人家族屬於父系家族，其親屬系統受父子關係所支配，具有連續
的屬性，因每一父親都曾為人子，而每個兒子也大都是（或將是）個父
親，造成每一個父子關係都是一連串父子關係中的小環節。[11]家族的「江
山」就是靠這種父子相續的直系血緣紐帶奠定基礎，一個父系家族通常
包括幾個兒子家庭共同組成。理論上講，結構模式的上線和下界都可以
無限地延續，左右則推展到兄弟以及伯叔子侄，而演化出極為複雜的親
族關係。[12]

　　父子關係建構後，自成一個基本經濟單位，其生產經驗、勞動技術
和賺取財物等，須仰仗父輩向子輩的言傳身教，使得家產的累積，靠「家
人相一，父子戮力」。換言之，父與子是維持家業，匯聚家產的主要力
量。從「農夫父子，暴露中野，不避寒暑，捽草耙土」來看是如此；從
「良治之子必學為裘，良弓之子必學為箕」的「家世傳業」來看，也是
如此；從傳統社會中貴族家族的政治、經濟特權，要靠子孫世襲，才得
以長期保持來看，更是如此。所以，不論貧賤富貴之家，父子關係是家
族的主軸。

　　至於父子關係的認同，因人出生以後，首先接觸的是母親和父親，
而產生對父母的認同。由於「父母是生身之本」，加上父親是家族中的
主要供養人，為父系祖先的現世代表。因此子對父的認同，是建立在家
族的人身依附關係之上的；相對而言，父對子也有深厚的認同心理和情
愛。這不僅是由於有子，家中就有新生的勞動力和有人養老，更重要的
是，父認為子是自己生命的延續，「父子一體」、「父子至親」良非虛言。
推而廣之，性質上，父子認同與祖先認同毫無二致，子不但是父自身生
命的延續，也是祖宗生命的延續。[13]

　　就因父子關係凸顯系譜上的連續特性，一代一代延續下去，形成所

---

[11] 許烺光著，張瑞德譯，《文化人類學新論》（台北，聯經出版公司，民國六十八年八月），
　　頁一三八。

[12] 程歘，《晚清鄉土意識》，頁三〇。

[13] 王玉波，〈傳統的家族認同心理探析〉，頁二〇～二一。

謂的房嗣或子嗣。這個連續線如果斷了，變成「絕房」，就是絕子絕孫，此為傳統家族的最大悲哀。由於傳統社會對系譜連續與子嗣繼承的強烈重視，將之比喻成抽象的「香火」或「香煙」概念。即宗祧不斷，子嗣綿長，因此，以父子關係為基點，祖先崇拜看似緬懷過去，實則是肯定未來子嗣的永續。缺乏後代的繼承，這一生的生命將變得沒有目標與意義，後代絕了，今世的努力也是枉然。[14]

二、子嗣繼承的表徵

子嗣繼承是上代根據血緣關係所決定的，子孫幾無轉圜的餘地，如屬自然血統的子嗣，出生是無可選擇，自不待言；但擬制血親的子嗣之過繼與收養，大都在幼年時，就由父母代為處置。因此，子嗣繼承的過程相當明確，客觀上顯現出一定形式與實質內涵。

（一）同姓

姓是家族有形的基本標幟，血緣群體的重要區隔，因而它較之作為個人符碼的人名更具影響作用。《說文》曰：「姓，人之所生也。」《白虎通義》曰：「人所以有姓者何？所以崇恩愛，厚親親，遠禽獸，別婚姻也。故紀世別類，使生相親，死相愛，同姓不得相娶者，皆為重人倫也。」正反映了同姓代表範圍內的同一家族，而有分割血緣，隔離家族的功能。[15]

由於同姓就是同家族，本著家族意識而有內外之別，對內認同本家族，外則排斥他家族。亦即一方面「同姓則同德，同德則同心，同心則同志」；另方面又認為「異姓則異德，異德則異類」，「非我族類，其心必異。」根據此種心理，有的家族規定不許立異姓繼後，如「雖甥舅之親亦不得擇立為嗣。」有的族約是「異姓投養，先人嘗有禁約，不許入塋。」有的族規曰：「若義子、贅婿承頂門戶，概不准入祠、入譜，族、房長嚴行查禁，免蹈異姓亂宗之弊。」甚至還有家範說：「異姓不可以

---

[14] 陳其南，《婚姻家族與社會—文化的軌跡（下冊）》（台北，允晨文化公司，民國七十五年二月），頁九〇。

[15] 金良年，《姓名與社會生活》（西安，陝西人民出版社，一九八九年十二月），頁四。

相承，猶馬之不可繼牛，桃之不接李。今人不明此理，而以女婿、外甥及他人子為後，自甘絕於祖宗，罪莫甚焉。」[16]

這種同姓家族，除凝聚族內的向心力，相對的排斥異姓。幾乎所有家族均要求其成員口徑對外，不但「族人與外姓爭訟」，須「為一臂之助」，而且「凡遇水火、盜賊、誣枉，一切患難，須協力相助。事過之後，在本宗計功獎諭。」「族中有外侮爭端，坐視不援助」，「通族公議，罰」。因而經常引發異姓家族間的血緣械鬥。《禮記・曲禮》把「父之讎，弗與共戴天」，「兄弟之仇，不反兵」，定為道德準則與家族規訓，甚至鼓吹「復百世之仇」。足見族姓之間的毆鬥，淵源有自，世代延續，而為家族的大事之一。[17]清代臺灣的血緣械鬥屢見不鮮，可藉此獲得理解。

有謂「大丈夫行不改名，坐不改姓」，改名是不得已的事，更姓則會辱及家門，絕不可行。但也有例外情形，茲舉帝王賜姓以概其餘，賜姓表示榮寵，像李唐王朝曾將徐世勣、邴元紘、安抱玉、杜伏威、胡大恩、弘播、郭子和等開國的文臣武將，賜以國姓；對歸附的少數民族首領亦賜姓以懷柔之。鄭成功原名森，南明的隆武帝賜其姓朱，名成功，因而閩臺一帶，稱其「國姓爺」。[18]

（二）系譜

傳統子嗣繼承的另一見證就是系譜概念，就是「房」和「家族」的意義，其從屬關係是一個父親所代表的「家族」單位，包括幾個兒子所構成的房，這父子兩代的家族和房是基本的系譜單位，理論上，此系譜為單位的世代是可以無限延展。

這個系譜概念包括某一共祖之所有男性後代及其女性配偶，而所有該共祖之女性後代均被排斥在外。加上漢人家族強調世代原則、輩分觀念和倫理秩序，屬同一世代的諸男性成員，通常有相同的輩名，前代或後代也十分明顯，任何人只要照「房」行事，當就清楚其在家族中的地

[16] 王玉波，〈傳統的家族認同心理探析〉，頁二四。
[17] 王玉波，〈傳統的家族認同心理探析〉，頁二八。
[18] 金良年，《姓名與社會生活》，頁五五～五六。

位及嗣系中的世代，不會混淆。[19]漢人家族早就熟悉並運作此一無形的系譜概念，長期以來，極為妥順，毫無障礙。因此，系譜概念在家族中的無限延展，正是子嗣繼承的實質內涵。無形系譜的編寫就是族譜，透過文字的表白，使族人知道其歸屬的家族，明白祖先根源及了解族內事務，避免人物模糊與年代錯置的現象；進而達到敦親睦族，認同團結的作用。

　　從上述說明，族譜最重血統，較律令尤為清晰，吾人甚至可以說，族譜原來就是為了辨析血統關係而存在的。[20]問題是入繼與出嗣成為族譜記錄的盲點，如以不列族譜而言，所謂「神不享非類，民不祀非族」，致使凡異姓及隨母來嗣者，「雖貴顯不書，恐紊宗支，難廟食也。」即使在襁褓時便入嗣，愛護至同親骨肉，日後又繁衍繼嗣，亦不能登譜。有些族譜更在繼父名下「直書無嗣，以斷後惑」。在此，血緣較傳嗣和成就（貴顯）的條件更為重要。但願意錄異姓入譜的，也有其考慮：1.承祀本支：異姓對本支負有「稍延一脈，保守塋墓」的重任，故「從權入譜」；2.黜則傷恩：繼父母為螟蛉安排「教育婚娶，幾費辛勤」，故不書實有乖前人撫育異姓之苦心與大德；3.隱則淆本：恐怕螟蛉久而冒宗，適成異姓亂宗之弊，故為防微杜漸，必須直書；4.基於道義：異姓承祀，「賢而能孝者更多於同姓者，若概置不書，辜人之忠，非義也。」5.同病相憐：本支就異姓繼嗣之後，對螟蛉「又何諱焉？書之俾世守其祀。」[21]雖然各族譜的寫法不盡相同，要之，不入譜者純依自然血統為準，而入譜者就涵蓋法律上的擬制血親。

　　（三）牌位

　　傳統觀念認為人死後，其靈魂就會到陰間去，陰間猶如陽世，亡魂還是有食、衣、住、行等生活需要，而且須由陽界子孫供應；又恐怕後代子孫會忘記奉養陰間的祖先，因而有祖先牌位的設置，其上書有死者

---

[19] 陳其南，《家族與社會》（台北，聯經出版公司，民國七十九年三月），頁一三九～一四〇。
[20] 尹章義，〈「非『父系血親繼嗣』制度」初探〉，頁三四九。
[21] 柳立言，〈論族譜選錄人物的標準〉，《第四屆亞洲族譜學術研討會會議記錄》（台北，聯合報國學文獻館，民國七十八年十二月），頁一九九～二〇〇。

的名諱、生辰、忌日等，使後代子孫在其忌日或逢年過節時供奉祭品。[22]因此，牌位設立與祭拜行為，將過去的祖先和現在的子孫做單系發展而連成一線，既可追溯過去祖先源流，復可延續未來裔孫，這整個單系一線的伸展，就是子嗣繼承的完整過程。

祖先牌位的形式可分三種：第一種是個人牌位，即一對祖先（祖與妣）單獨一個牌位，此乃傳統中國廳堂最典型的供奉型式，但這種牌位目前為數很少；第二種牌位是集體牌位，就是以前一塊較個人牌位為寬的木板所製成，正面寫上「某姓歷代祖先牌位」，背面則有一夾木板或貼上一張紅紙，記載歷代祖先的個別生辰忌日；第三種是神龕式牌位，就是以日本式的神龕為牌位，外面寫著「某姓歷代祖先牌位」，內側則有若干小木條可以寫上各別祖先的記事。我們現在所看到台灣鄉間的祖先牌位，大都以後二種型式為主。[23]

父系祖先祭祀牌位是理想型的祖先崇拜，但因現實環境的特殊，必須接受異姓牌位的祭拜。這種異姓牌位與招贅密切相關，「一個行特例房的家庭，除了由女兒將祖先牌位陪嫁以在別人家形成異姓祖先崇拜外，也可因招贅而使贅婿將其中本家的祖先『揹』過來而形成異姓公媽。」儘管理論上牌位祭拜與財產無涉，但實際上，「財產的贈與和祖先崇拜可以說是一種互惠的關係。」使得有些異姓牌位就因財產的贈與而設置。[24]至於異姓牌位的擺置有明顯的差別，家中主要姓系的牌位一定放置在神案右側主位（靠中間的位置），而次要姓系則置於左則（外側）。另有少數異姓牌位，居於護龍廳中，有的則更「悲慘地」放置於「閒間仔」的架子上。[25]這些異姓牌位的產生，無法動搖傳統牌位祭祀與子嗣繼承的關聯，反而以其位置上的安排，更突出父系子嗣繼承的優勢。

此外，論者曾提到台北三峽，有的只見香爐而無牌位，基於牌位是

---

22 陳祥水，〈「公媽牌」的祭祀—承繼財富與祖先地位之確定〉，《民族學研究所集刊》，第三十六期（南港，中央研究院民族學研究所，民國七十三年），頁一四四。

23 李亦園，《文化的圖像（上）—文化發展的人類學探討》，（允晨文化公司，民國八十一年一月），頁二一二～二一三。

24 李亦園，《文化的圖像（上）—文化發展的人類學探討》，頁一九六。

25 李亦園，《文化的圖像（上）—文化發展的人類學探討》，頁二四七。

祖先的表徵，這種有爐無牌的祭拜，似乎難以圓說。事實不然，此因其祖上沒讀過書，傳下時就已無牌位，既不識字，只要虔誠，香爐即可，又何必立牌位。所以有牌無牌對牌位祭祀並不重要，沒有牌位也不會錯拜自己的祖先。[26]

總之，牌位祭祀是家族之嗣系不可或缺的成份，除強化家族的認同外，亦能整合家族團結。

三、子嗣繼承的原則

為使子嗣繼承順利進行，族親都能接受，漢人家族建立幾項繼承原則，俾便共同遵守。

（一）男系原則

傳統舊制，婚姻之目的在於為家庭、為祖先、為傳嗣，其男女共處，反居次要地位。祖先之祭祀，乃為人後者的最大義務，祖先之能血食不絕，必須有子孫，但子孫中，能祭祖者，又限於男系男子孫，而女系子孫則無此資格。女子之任務，只要與男子相處而生子。[27]根據此男系父系原則，一個男子一出生便在其父親的家族中，具有「房」的地位，自動成為家族財產的擁有者之一，死後得受祀於該家族的祀堂或公廳。反之，女兒不論如何均無法在其家族中享有「房」的地位，她的系譜身分只有透過婚姻關係，附屬於其夫之家族和「房」。[28]

就此而論，祖先崇拜有二個要件：一是祖先須有子孫代代綿延的祭祀才不會中斷；一是祖先必要有男性的子嗣來奉拜，漢人重男輕女的觀念，於此或可得到部分答案。因僅限男孩子才能維續祖先香火於不墜，只有經由男孩子才能傳遞祖先牌位於永遠，故一個男人結婚先求生子，以便對父母有所交代；有了子嗣以後，接著抱孫心切，且要男孩，希望

---

[26] 謝繼昌，《仰之村的家族組織》（南港，中央研究院民族學研究所，專刊乙種之十二號，民國七十三年九月），頁一一七。

[27] 劉紹猷，〈親屬〉，《台灣民事習慣調查報告》（台北，法務通訊雜誌社，民國七十二年一月），頁五一。

[28] 陳其南，《婚姻家族與社會》，頁一二。

媳婦生男孩，俾能對得起列祖列宗。傳統的觀念裡，這是一個人一生最
大的責任，也是其生命中最重要的意義。[29]因此，論者謂：「參與祭祖儀
式是所有成年男子的義務與權利。」[30]

家族中到處充滿這種「重男輕女」的氣氛。如結婚時的頌詞，不乏
含有「早生貴子」、「多子多福」、「望子成龍」的內容；賀聯如「喜見紅
梅多結子，笑看綠竹又生孫」、「人間錦繡繞金屋，天生笙歌送玉麟」、「喜
今宵燈花結彩，看異日桂子飄香」、「昨夜交懷初入夢，明年舉子出為忠」
等，此結子、生孫、玉麟、桂子（貴子）、舉子等都是男嗣化名。[31]

親屬稱謂亦可顯示重男系的現象。漢人觀念裡面，對女子而言，夫
方的姻親關係是依賴血親關係而存在的，譬如說，你雖然是我丈夫的兄
長，但更重要的是你是我兒子的伯父，因此我以「伯」來稱呼你。丈夫
的兄長是姻親關係，但兒子的伯父表示的卻是血親關係，由此可見女子
出嫁以後在夫家小孩的重要性。但對男子而言，妻方的姻親關係，依舊
維持姻親的局面，譬如你是我太太的姐姐，我就稱呼你「姨姐」。所以
傳統社會的男尊女卑以及女子在夫家地位的低落，更可得到理解。[32]

至於其他日常諺語言談與行為舉止等各方面，亦無不流露對父系男
嗣的強烈偏好。故論者直截了當的說：「以承繼而言，父傳子，子傳孫，
孫傳曾孫，曾孫傳玄孫，萬世相承，都為父子。女子在承繼上，無論如
何是不能染指的，雖嫡子、庶子俱無，也沒有她的份。」[33]

（二）親疏原則

族人的親屬關係，因著家庭、家族、宗族、宗親等不同類型的血緣
組織，而有家族親疏的區分。這種親疏原則對子嗣繼承及其他繼承具決
定性的影響。

---

[29] 林美容，《人類學與台灣》（台北，稻鄉出版社，民國七十八年八月），頁二三一。

[30] Hui-chen Wang Liu, The Traditional Chinese Clan Rules (Assciation For Asian Studies
Monograph no.7,N.Y.,J.J. Augustin,Inc.,1959),p.119。

[31] 顏立水，〈閩南傳統婚俗中的"重男輕女"〉，《閩台婚俗》（福建，廈門大學出版社，一
九九一年八月），頁八二。

[32] 林美容，《漢語親屬稱謂的結構分析》（台北，稻鄉出版社，民國七十九年四月），頁四二。

[33] 瞿同祖，《中國封建社會》（商務印書館，民國二十六年），頁一六一。

稱謂的顯著理論為親疏原則的重要指標，所謂顯著理論是探討顯著的與非顯著之間的關係。據 Greenberg 的解釋：「一個顯著類的一般意義是指某一性質 A 的存在，而與其相對的非顯著類則不能指涉 A 的存在，但使用時並不完全排除 A 的不存在。」以稱謂來說，簡單的稱謂是非顯著類，原稱謂上附加成分而引起意義上的改變，即顯著類，以英語的 Mother-in-law 為例，mother 為前者，加上 in-law 的 mother-in-law 屬後者。[34]如以尊二輩以上相對於於尊二輩為顯著、卑二輩以下相對於卑二輩為顯著，旁系親屬相對於直系親屬為顯著，堂、表兄弟姐妹相對於同胞兄弟姐妹為顯著理論，可有二種親疏關係：

1.垂直親疏關係，表示距離己身有兩代的祖或孫，在表示距離三代時要加「曾」，而為曾祖父、曾孫；在表示距離第四代時要加「高」或「玄」，而為「高祖」或「玄孫」，此乃垂直的「遠親不如近親」。

2.水平親疏關係：表示父系的第一旁系時，稱謂中須有「堂」為詞頭，如「兄」成為「堂兄」；父系的第二旁系，稱謂中須有「族」為詞頭，而為「族兄」；同樣道理，表示父方第一支表時，稱謂中須有姑表為詞頭等，此為水平的「遠親不如近親」。[35]

喪服的輕重和喪期的久暫也是親疏關係的另一項指標。《禮記・喪服》有上殺、下殺、旁殺之文，上殺與下殺為直系親屬；而旁殺則是旁係親屬。詳細的說，「上殺者，據己上服為父祖而減殺，故服父三年，服祖減殺至期，以為減之，應曾祖大功，高祖小功。……下殺者，謂下於子孫而減殺。」而「旁殺者，世叔之屬，父是至尊，故以三年；若據祖期斷，則世叔宜九月，而世叔是父一體，故加至期也；從世叔既疏，加所不及，據期而殺，是以五月；族世叔又疏一等，故宜緦麻，此外無服，此是發父而旁漸至輕也。……又至親期斷兄弟至親一體，相為而期，同堂兄弟疏於一等，故九月；從祖兄弟，又疏一等，故小功；族之昆弟，又殺一等，故宜三月，此外無服，是發兄弟而旁殺也。」[36]

[34] 林美容，《漢語親屬稱謂的結構分析》，頁一一四。
[35] 林美容，《漢語親屬稱謂的結構分析》，頁一二六～一三三。
[36] 徐朝陽，《中國親屬法溯源》（台北，商務印書館，民國六十二年七月），頁一九～二二。

其他所有親屬亦可依此稱謂和喪服，得知其親屬的親疏關係，但基本道理，就是「愈親愈密，愈遠愈疏」。要之，愈親愈密者，愈接近子嗣繼承的核心主角。

（三）輩分原則

維持丁口眾繁的家族，強制規範與潛存約束是不可免的，家規即屬前者，而輩分就是後者。尤有進者，輩分更能看出傳統家族的世代傳承，任何人經由輩分原則可在其家族的無形系譜中找到定位，顯現上下左右的親屬關係。

輩分有尊輩和卑輩之別，在重視倫理道德的中國社會，講究卑輩對尊輩的孝敬恭順，從刑律罰則就可得到明證，如「凡子孫毆祖父母、父母及妻妾毆夫之祖父母、父母者，皆斬；殺者皆凌遲處死；過失殺者杖一百，流放三千里；傷者杖一百，徒三年。其子孫違犯殺令，而祖父母、父母非經毆殺者，杖一百，故殺者杖六十，徒一年。」又「凡同姓親屬相毆，雖五服已盡，而尊卑名分猶存者，尊長減凡鬥一等，卑幼加一等。」[37]族人間的毆鬥傷害，其相互的處罰都不一樣，說穿了，就是其上下輩分親屬的不同所致。

以姓名的昭穆字輩更能收到區別輩分的效果，因世代族人的取名，是照字輩排順來決定，同輩的兄弟姐妹，甚至包括堂、族兄弟姐妹，都有一個相同的子輩。其方式有二種：第一是以同偏旁之字命名，表示輩分，如《紅樓夢》中賈府的賈代化、賈代善（人字輩），賈敬、賈敦（文字輩），賈瑞、賈瓊（玉字輩），賈萍、賈芬（草字輩）等，其近支族人均循比例。還有一種是尊長為子孫後輩規定具體的祧字，通常是詩句或聯對，每代依次取用一字。如自元明以後，孔氏家族即按「希言公承彥，宏聞貞尚衍，興毓傳繼廣，昭憲慶繁祥，令德維垂佑，欽紹念顯揚」等字的行輩取名。這種固定的祧字只通行於載入同一譜牒的家族內部，如無族譜但有明確系譜概念的家族也可適用。[38]

這些觀點深切的影響子嗣繼承，蓋宗族有尊親和卑親屬之別，尊卑

---

[37] 薛允升，《唐明律合編》（台北，商務印書館，民國五十七年三月），頁五一四～五二一。
[38] 金良年，《姓名與社會生活》，頁三四。

有序，不可紊亂，若嗣子為法律擬制之子，立嗣行為發生後，父子之名遂定；反之，輩分不相當，如得為嗣，則親等變亂，名分乖違，而一切親族關係，悉混淆不知所極，故不許親族中輩分不相當之人過房為嗣子。[39]清律即規定養父子間昭穆相當為收養之要件，所謂「昭穆相當」，就是父輩者收養，須取子輩之人，即養父子應該是伯叔侄，同輩或孫輩則在摒除之列，若無子輩之人可收養，雖得取孫輩之人，惟此時不以之為養子，而是以養孫收養之。[40]

（四）變通原則

子嗣繼承最好是以自然而封閉的直系血親為基礎，此直系血親意謂其出生乃自然形成，即生育己身和自己所生育的上下各代親屬，不分父系、母系與男系、女系，均為直系親屬。如父母與子女，祖父母與孫子女等。自然血親外，另有擬制血親。在世代繼承中，通過法定程度使本無直系血緣關係的人之間發生直接血親關係，享有與自然血親同等地位的親屬應得到的權利和該盡的義務也是一樣，如過繼、收養、招贅等關係，此乃擬制血親的由來。[41]由於絕子絕孫是傳統家族最大的遺憾，擬制血親成為補救措施的不二法門，這種缺乏自然直系血親的嗣系，經過法定程序，即可視同子孫，就是變通原則的運用。

茲再加引論，因漢人社會特別注重家族的繼嗣關係，以致有「報丁」和「清系」之舉。《袁氏宗譜》曰：「議定遞年正月初一日報丁，當即查明，如有血抱螟蛉，不得載入丁簿。迨及五年清系時，若有缺丁乏嗣者，合族早為擇立繼嗣，倘有應繼不繼者，族長不得徇情容隱。」在這裡，「報丁」和「清系」的目的，都是為了確認族人的子嗣繼承。儘管一般對「擇立繼嗣」都有嚴格的限制，如云：「繼嗣補天地之缺憾，廣祖宗之慈愛，當以期功兄弟順序為繼，期功無繼再及族人。……若螟蛉他姓，名為亂宗，義在必斥。」[42]但有些情況下，非得收養異姓子嗣不可，如

---

[39] 徐朝陽，《中國親屬法溯源》，頁一五〇。

[40] 劉紹猷，〈親屬〉，《台灣民事習慣調查報告》，頁一五八。

[41] 林耀華主編，《民族學通論》（北京，中央民族學院出版社，一九九〇年二月），頁三五三。

[42] 鄭振滿，《明清福建家族組織與社會變遷》（長沙，湖南教育出版社，一九九二年六月），頁六五～六六。

己身無出，又無旁系姪輩可供過繼等，此時，族譜仍會加以登錄。

　　有些族譜不僅記載入繼者，甚至還記錄出嗣的族人。即「與異姓為繼者，或以姪為姑之子，或以甥為舅之子，或隨母而冒義父之姓，幼孤而作他姓之兒，概直書之。」揆其原因一方面是由於「祖宗骨肉，不忍棄置」；另方面也為了防止「世遠根忘，彼此誤婚」。有些族譜還聲明，「出繼他姓，雖遠代亦必註明，偶志一本不忘也」。書法不外兩種，一是在世系表裡「列圖詳其事跡」，包括出繼與某處某人，頂某姓派，現在贅居何地等。二是在父名下註明，依班行列名。無論怎樣寫，總是希望出繼者有一日歸宗，到時照支續上其人生卒和子孫等，當然不書出繼者也是普遍的事。[43]

四、子嗣繼承的類型

　　在重視子孫繁衍、祖先崇拜的傳統家族裡，男系、直系和嫡系血親是子嗣繼承的正字標記，事實上，很多家族很脫離這個繼嗣常軌。基於「福莫大於昌熾，禍莫大於無嗣」，家族不能沒有後嗣，而有變通原則，以資補救。甚至為了得子，有人強迫自己的妻子與人通奸，如「胡譚娶周碧為妻，譚陰陽不屬，令碧與李方、張少奸通，冀得其子。」還有兄盜弟子者，如「穎川有富室，兄弟同居，兩婦數月皆懷妊，長婦胎傷，因閉匿之。產期至，同至乳母舍，弟婦生男，夜因盜取之，爭訟三年，州郡不能決。」[44]類似之事，不一而足，使得子嗣繼承顯得多樣化、複雜化的情況。在此將各種不同的繼嗣現象，歸納為家庭類型、家族類型、宗親類型和異姓類型等四種子嗣繼承，俾助釐清家族的問題，理解繼嗣的內容。

　　（一）家庭類型的子嗣繼承

　　前曾提及，婚姻的目的上以承先祖、供祭祀，下以繼後世、得子嗣。同時重視自然血統與己身所出，致使生男孩是必要的責任。若不幸結婚

---

[43] 柳立言，〈論族譜選錄人物的標準〉，頁二○二～二○三。

[44] 王玉波，〈傳統的家族認同心理探析〉，頁二六。

多年，仍無麟兒，姑不論其原因出自男子或女子，總不得不設法解決。除離婚再娶外，只有多妻或蓄妾之一途，為妻者亦只得怨嘆命薄而已。至於女子常有因無子而請求丈夫納妾者，以其看重子嗣外，還有自衛的動機在，蓋女子若無後而被丈夫擯棄，在女子經濟不能獨立，牌位無所安置的社會裡，生活問題與祭祀問題將難以解決。因此，多妻蓄妾是繼嗣觀念下的產物，當然多妻的形成，還有其他因素，在此不予討論。[45]

　　這種以丈夫為主體，以其妻子所生的親子，可分為嫡子、庶子、私生子和婢生子。由於他們都具備同父系的自然血統，因而統歸為家庭類型的子嗣繼承。

　　1.嫡子：《增韻》云：「正室曰嫡，正室所生之子曰嫡子。」所以嫡子是正妻所生的兒子，其長子稱嫡長子，次子為嫡次子，嫡長子的嫡長子為嫡長孫，以次類推，在各種繼承上，嫡子，特別是嫡長子，享有優勢的地位。

　　2.庶子：有曰：「庶子，妾子也」及「木之正出為本，旁出為枝。子之正出為嫡，旁出為庶。」故庶子即妾所生之子，含有輕視的意思。

　　3.私生子：凡非夫妻或夫妾關係所生之子（除婢生子）均屬之，律例上私生子不許繼承宗祧，家產亦只能分到嫡庶子應得額的半數，且難登入族譜。

　　4.婢生子：家長與婢所生之子稱為婢生子，又稱「查某嫻仔子」。台灣的慣例，與家長生子的婢女大都取得妾身分，其子亦取得庶子身分。[46]

　　這四種實親子，看似明確，但其身分地位與繼嗣關係隨著家族狀況的改變而有所不同，尤以其後二者為甚。大致上，決定其地位與繼承的因素是：

　　1.生母身分：因父親同一，所以兒子的地位由出生母親的身分為斷，如母親是正妻，即為嫡子，妾為庶子，非婚生為私生子，婢女為婢

[45] 王政，《社會問題的連環性》（台北，正中書局，民國五十三年十一月），頁八六。

[46] 陳金田譯，《台灣私法》，第二卷（南投，台灣省文獻委員會，民國八十二年二月），頁六一四～六一六。

生子。如後來母親的身分改變，其兒子的地位亦將更易。

2.出生順序：同胞兄弟的排序也很重要，年長者佔高位，如嫡子之長者為嫡長子，就肩負家族的祭祀、掌管、分產等的優勢。

3.父親的認領：私生子常傷及家風，生父不敢承認，有時歸屬生母，如父親願意認領，就可發生實質的父子關係，而享有該得的權益。

4.正妻認領：有時正妻無出，為求自保，從庶子、私生子或婢生子中擇一抱養，視為己出；沒有生育的妾亦比照認養，雖造成子身分的改變，但仍屬丈夫的血統，無礙親子關係。

這些都是影響家族繼承的因素，有的家族比較單純，運作十分平順；另有家族可能會遇到困擾，甚至還有「家醜不可外揚」的事，在某些意義上「家家有本難唸的經」即指此而言。

（二）家族類型的子嗣繼承

在子嗣觀念的影響下，家族內部對血緣關係的延續，希望每一族人都有後裔奉祀香火，同時也有義務讓每一個族人都能香火不斷，後繼有人。於是當族人中出現繼嗣中斷時，家族便可經由過房的形式，產生過房子或過繼子，使孤寡的族人得到香火延續，一方面維護家族血緣關係的純潔，另方面家族財產不致外流出去，如《張氏族親》曰：「無子者許立本宗應繼之人，先繼同父、同祖所出，次及大功、小功、總麻，如俱無可繼，擇之遠房為嗣。」[47]

出嗣為過房子，有如下資格的限制：

1.男子：目的在繼承宗祧，所以限定男子。

2.非獨生子：律例禁止獨生子出繼，以呼應一房一嗣的繼承原則，然經生父及同族人同意時，繼承亡故伯叔父之房，則不在此限。

3.與養（嗣）父同家族：過房意即過繼到別房，既屬不同房系，當是同一家族，因此，過房總在系譜範圍內的家族進行。

4.重視輩份昭穆：違反昭穆之序的過房無效，即過房子只得為養父的子輩，如姪、從姪、如為同輩（諸兄弟）及尊輩（伯叔父）皆不可立

---

[47] 陳支平，《近 500 年來福建的家族社會與文化》，頁一三七～一三八。

為繼嗣。[48]

　　至於過房的原因，就子嗣繼承而言，可有數端：

　　1.男子婚後因生理原因而不能生育者，由兄弟或從兄弟家過房，以繼承香火。

　　2.男子年長沒有結婚而無嗣者，由其兄弟或堂兄弟處過繼。

　　3.男子婚後無嗣而死亡，或死後子亦死而無嗣者，由其兄弟或堂兄弟過繼。

　　4.男孩從小夭折，致無子嗣傳承其香火，由其兄弟或堂兄弟過房，為其傳宗接代。[49]

　　值得一提的是，獨子雖不宜過房，卻允許兼祧，此因乏嗣者多，如兄弟二人或二人以上而卑親屬又只有一子，在兄弟都認可的場合，即以一子兼祧二房或數房，於是有所謂「一門有子九門不絕」的說法。不過一般而言，兼祧子仍以兼祧兩房為原則。[50]獨生子兼祧承是暫時的權宜，兼承者將來生產兩子以上時，以嫡長子以外的一子繼承次房以下，恢復一房一嗣的原則。

　　至於過房的時機，下列情況較為常見：

　　1.幼年過房：男子婚後無子或年長不婚，已知有生之年，難有子嗣，為免後顧之憂，及早安排，向兄弟商取幼年姪輩，作為過房子，且大都與養父生活在一起。

　　2.生前遺命：這也是與婚後無子、年長不婚有關，但沒有進行過房，或許還有所期待。等到大限將至，遺命要求過房子。

　　3.分產立嗣：家族鬮分財產時，難以處理絕嗣房系之應得財產，只好指定其姪輩為過房子，並繼承分內財產。

　　4.家族追立：有些男子早死，沒有子嗣，為彌補此一缺憾，往往由父祖輩或兄弟間共同商量，代為選立過房子 惟此過房子仍住父家。

---

48 陳金田譯，《台灣私法》，第二卷，頁六二六。

49 阮昌銳，〈台灣的冥婚與過房之原始意義及其社會功能〉，《民族學研究所集刊》，第三十三期（南港，中央研究院民族學研究所，民國六十一年），頁二六～二七。

50 尹章義，〈「非『父系血親繼嗣』制度」初探〉，頁三四一～三四二。

（三）宗族類型的子嗣繼承

　　眾所皆知，家族的相關名詞，界定不很精確，在此設定宗親範圍包括同宗和同姓。所謂同宗，相當於宗族。《禮記》曰：「親親以三為五，以五為九，上殺、下殺、旁殺而親畢矣。」即「三」除父、己、子之外，包括兄弟，屬家庭。「九」則上至高祖、下及玄孫，共九世，旁擴及曾伯叔祖父、從伯叔祖父、再從伯叔父、三從兄弟，再從姪、從姪孫、曾姪孫等，在此範圍內概屬家庭；超過九族以外，就是宗族。[51]另從喪服出發，亦得到相同的解釋，謂「家庭」的成員主要是父己子三代，最廣可以推到同出於祖父的人口；大功以外至緦服共曾高之祖而不同財，算作「家族」；至於五服以外的同姓雖共遠祖，疏遠無服，只能稱為「宗族」。[52]簡言之，同宗就是九族之外的親族；至於同姓，則世系不清，非同一宗脈，關係更疏遠，其姓氏為最大公約數。

　　由於繼承強調血緣，以直系血親為尚，如連旁系血親都不可得，而又排斥異姓入繼，只有求之於宗親，故曰：「神不歆非類，民不祀非族，誠以血不相屬，則氣不相通，則祭由無格，雖曰迷信，然立嗣之精義，實基於此。……朝為路人，暮為骨肉，揆之情理，不無可議。我國古代異姓之子不得為嗣，故立嗣必取同宗。」[53]

　　前曾提及，有些族譜非常重血統，對異姓承祧不予登載，尹章義綜合一百十二種譜例，指出斷然拒斥異姓入譜有四十六種，佔百分之四十二強；註記「無」字者，表示譜例中避而不論，共有十一種，佔百分之十弱。而確定載入者五十九種，佔百分之四十八強。[54]總之，異姓入譜還不到半數，使得有繼嗣事實，卻譜上無名，實在說不過去，如從關係淡薄的同宗或毫無血緣的同姓中找到嗣子，即同宗者無適當繼嗣入選，則取自同姓，至少以同姓入譜，就可解決這個難題。《台灣私法》就說：「姓在法制上是收養養子的要件，律例雖許無後之人收養同宗或同姓之

[51] 陳金田譯，《台灣私法》，第二卷，頁三七三～三八二。
[52] 杜正勝，〈傳統家族試論（上）〉，《大陸雜誌》，第六十五卷第二期（台北，大陸雜誌社，民國七十一年八月），頁九。
[53] 徐朝陽，《中國親屬法溯源》，頁一四九～一五〇。
[54] 尹章義，〈「非『父系血親繼嗣』制度」初探〉，頁三五九。

子為繼嗣，但禁止收養異姓之子為繼嗣從養家之姓。」實際上，雖無如此嚴苛，唯大致仍為一般所信守。[55]

宗親類型的子嗣繼承於焉形成。

（四）異姓類型的子嗣繼承

就律例而言，唐律訂定若干基於「父系血親繼嗣原則」之條例，且有相當重的罰則以排除非父子血親之繼承權。明律也有相類似規定，惟科罰已較為減輕，這顯示雖欲維持父系血親之繼嗣，但不得不承認社會已「實際上普遍存在」非父系血親繼嗣的事實。大清律例同樣明訂招贅養老者，仍須立同宗應繼之一人，承奉祭祀，家產均分。儘管如此，亦無法限制社會上普遍存在之異姓子嗣繼嗣現象。[56]

清代這種「非父系血親繼嗣」現象，普遍到什麼程度，還真難以查考，惟周翔鶴的田野數據，提供有力的佐證。他實地調查南海縣奎洋鄉莊姓家族、和溪鄉林姓家族、書洋鄉蕭姓家族的收養和招贅情形，發現三姓吸引異姓男子比例分別是百分之二十八強、三十三弱、三十六弱。總的看來，三族六十歲以上的男子中約有三分之一是被抱養和招贅的，比例之高，令人驚訝。[57]傳統家族的異姓繼承之普遍，可見一斑，逼使許多家族要接受養子、贅婿等在家族繼嗣上的合法性。

1.養子：養子又稱「螟蛉子」。對於無有子嗣的家族，為了避免亂宗，原則上，要求抱養本宗同輩分人的兒子為子嗣，或以該男孩兼祧，這種做法的缺點是該男孩易受本生父母的影響與支配，為去除困擾，就傾向於抱養外姓男孩。[58]當然，同宗人丁柞薄無適當姪輩的無嗣者，幾無考慮的只好收養異姓子嗣。

此外，在相互爭鬥、對抗的鄉族社會裡，家族的男丁興旺與否，直接影響家族勢力的強弱，家族的男丁眾多，意謂在社會上有舉足輕重的聲望。因此，各家族為壯大勢力，不僅不以借妻生子為嫌，甚至還盛行

[55] 陳金田譯，《台灣私法》，第二卷，頁二四三。

[56] 尹章義，〈「非『父系血親繼嗣』制度」初探〉，頁三二六～三二七。

[57] 周翔鶴，〈南靖縣和溪、奎洋等地單姓區域形成的探討〉（南港，中央研究院民族學研究所，閩台社會文化比較研究工作研討會，一九九四年五月），頁七～一○。

[58] 周翔鶴，〈南靖縣和溪、奎洋等地單姓區域形成的探討〉，頁七。

各種養子、螟蛉子的習俗。《廈門志》云：「閩人多養子，即有子者亦必抱養數子。……或藉多子以為強房。積習相沿，恬不為怪。」[59]因此，收養異子，有助於「蕃衍宗支，生輝門楣。」[60]

有的地方立嗣，傾向母系血緣。即「選承嗣子先以姐妹之子為之或妻姐妹之子亦可。如無姐妹之子及妻姐妹子者，始以同宗子相繼。以故承繼者，姐妹子居十分之四，妻姐妹之子居十分之五，同宗子居十分之一。」立姐妹之子為嗣是甥繼舅，立妻兄弟之子為嗣為姪繼姑，立妻姐妹之子為嗣稱中表繼。[61]儘管關係密切，且都「視以親生子無異」，但姻親、外戚終是外人，仍屬異姓繼承之列。

凡此情形，造成「習慣恆有以異姓之子為子者。……同族中多認為合法繼承，並不加干預。」甚於「全邑境內均行此習慣，鄉間更十戶而三四焉，鄉人靡不遵從，尟有以其異姓亂宗出而爭議。」[62]

養子入繼養家，即是法定的養家成員，享有繼祀香火和財產的權利，也負有贍養父母的義務，一般不許非理遣還。如果養家後又生子，養子的去留有兩種可能性：一是養子脫離養家，重返本生之家；一是仍留養家，與親子並存，大致以後者較為常見。[63]

另有義子者，有時與養子混用，嚴格說來，二者頗有差別。養子與本生父母幾乎斷絕關係，改為養家之姓且與之同住，並為其嗣子，還姓歸宗的機會很低；而義子與義父母或有撫育之情，但不用改姓，有時稱做乾兒子，與繼承無關。[64]如義子成為義父母之嗣子，應以養子看待。

2.招贅：女不出嫁而招婿入贅者，謂之招贅，其形式「有因女方種種困難，乏人照料，故招婿以服役者，此其一。有因女不忍離開父母，求侶有心，故招婿以入贅者，此其二。有因女家境況窮困，家口又單，

[59] 陳支平，《近500年來福建的家族社會與文化》，頁一五四。

[60] 鄭振滿，〈明清福建的里甲戶籍與家族組織〉，《中國社會經濟史研究》，總第二十九期（福建，廈門大學，一九八九年五月），頁四一。

[61] 尹章義，〈「非『父系血親繼嗣』制度」初探〉，頁三四三。

[62] 尹章義，〈「非『父系血親繼嗣』制度」初探〉，頁三二七～三二八。

[63] 黃金山，〈漢代家庭成員的地位和義務〉，《歷史研究》，總第一九二期（北京，中國社會科學出版社，一九八八年四月），頁四二。

[64] 尹章義，〈「非『父系血親繼嗣』制度」初探〉，頁三四四～三四五。

故招婿以防窮養老者，此有其三。有因人家有女無子，恐世代自此絕，故招婿以接嗣傳代者，此其四。有因兄弟眾多，或隨其所欲，或無力婚娶，故願就婚於女家者，此其五。」這五種可簡化為基於招贅求養的心理要求而成婚的招養婚，和招贅求嗣的動機而成婚的招嗣婚，事實上兩者是一而二，二而一，都是跟父系繼嗣息息相關。[65]

招贅婚在婚姻的層次上可分為兩種，一稱招入婚，另的則稱招入娶出，前者永久居於妻家，後者則在一段時間後，贅婿即攜妻返回本家。從世系上言，招入者分保有原姓及改從妻姓之別。至於婚後子女的「姓」，更是招贅婚的關鍵問題，因男女雙方均有延續繼承的意願。一般事先已作約定，無論是招入或娶出婚，子女都可按約定比例隨母姓或隨父姓或複姓，惟招入者常有全部跟母姓者。[66]

招贅以女子的婚姻次數可分招婿和招夫。女子首次結婚不是外嫁而是男子入贅即為招婿。如以結合子嗣繼承與女子身分而論，招贅包括二種：

其一，生女招婿：當一個人只生女兒而未生子時，如果把女兒嫁出，他就沒有後嗣延續其香火，因此，變通的辦法是招一個女婿到家裡來，所生的孩子傳統上雖叫外孫，卻可以承續一脈下來祖先的姓，在傳統的父權控制下，這種婚姻的型式可輕而易舉由他的支配而決定。對做為女兒的人來講，由於沒有兄弟來繼承父系的嗣系，招一個丈夫來為父親延續血脈，生養兒女來供奉父方的祖先，這也是理所當然的事。[67]

其二，養女招婿：夫婦未生育子女，無法傳宗接代，只好抱養別家女子為養女，再以此養女進行招贅，延續子嗣。茲舉一例，曰：「同立招婚永遠合約字人陳寨、胞姐治涼等，因寨夫婦自小抱養張家女兒為媳，名喚九良，於今年登拾五歲，自己無子配合，至今尚未配偶，爰是寨夫婦相議，卻將此媳別覓招婿。」[68]

[65] 何聯奎，《中國禮俗研究》（台北，中華書局，民國六十二年一月），頁七九～八〇。

[66] 李亦園，《文化的圖像（上）—文化發展的人類學探討》，頁二四九。

[67] 林美容，《人類學與台灣》，頁二三〇。

[68] 《台灣私法人事篇》，第三冊（台北，台銀文獻叢刊第一一七種，民國五十年七月），頁四七四。

3.招夫：招夫是寡婦為了傳衍後嗣或扶養翁姑子女，極需男人協助家計，而招男為後夫，所以招夫與招婿似同而實異。差別之處是：第一，女子在本家迎夫者為招婿，寡婦在夫家迎後夫者為招夫；第二，招婿之女當事人都是未出嫁的閨女或養媳，而招夫之女當事人皆為已婚者；第三，招婿入女家得冠妻子的姓，招夫則是後夫改從前夫之姓。[69]

傳統社會受到禮教的束縛，所謂「餓死事小，失節事大」，「忠臣無二主，烈女無二夫」，有的寡婦甚至以死「明志」，因此，終身守節的婦女，深得家族的尊重與社會的表彰。但如果寡婦無子或有子早逝，此時守節與繼嗣相衝突，在無法兼顧的情形下，家族不得不寬容寡婦再婚，招進異姓男子，俾有育產，使得寡婦成為子嗣繼承的工具。

招夫的情況也有多種：

其一，子死媳招：前夫婚後未及生子即告亡逝，或雖有生子卻不長命，其父母尚存，以長輩立場，要求媳婦招夫生子，以繼承子嗣。

其二，夫死婦招，同是前夫早逝無子，其父母或已亡歿或不表意見，這個寡婦為替前夫立嗣，自行招夫生子。

其三，招夫養子：前夫雖有子嗣，但棄世後，子幼家貧，謀生困難，孀婦就招夫以扶育前夫遺子。

第三節、宜蘭漢人家庭類型的子嗣繼承

家庭類型的子嗣繼承是完全以丈夫的自然血統為基礎所構成的親子關係，因丈夫只有一個，配偶可以不只一位，配偶所生的所有男丁都是丈夫的實親兒子，但這些兒子的名位隨其生母的地位而有不同的際遇。茲從宜蘭族譜所示配偶的身分，觀察丈夫的實親子之排行情形，以了解各兒子在繼承上的意義。

一、嫡子

---

[69] 廖風德，〈清代台灣婚約中反映之婚制〉，《歷史學報》，第五期（台北，政治大學，民國七十六年五月），頁八〇。

正妻所生之子為嫡子，殆無疑義，但以丈夫的婚姻來說，在家庭內可有下列三種情況：

（一）、只娶一妻

丈夫終身只娶一位配偶，沒有此配偶外的其他女子。這種正常又單純的關係，兒子的排行就遵守出生的先後順序，最早出生的稱做長男或長子，依次類推，最後出生的可稱屘仔。由於關係單純，不需要「嫡」標明，唯表示排序的數字則不可免。爰舉數例，以供參證。《李姓族譜》曰：「十四世祖茂平，號寧靜，姚游氏大娘名淑莊，生九子二女，長家吉、次家璇、三家修、四家玿、五家拱、六家艾、七娘泰、八家弼、九家東。」[70]楊成家娶妻施氏，誕育九男三女，「長男新枝、次男木生、三男水露、四男灶昇、五男德英、六男六旺、七男七政、八男八篆、九男九全。」[71]又《洪源簡氏世族譜》曰：「拾五世祖乳名廣居謚敦義公字永章姚江氏孺人，生六子，長丙丁、次茂祥、三德美、四萬山、五萬水、六碧江。」[72]有的族譜只寫女兒數量，但名字從缺，上述就是顯例。宜蘭類此記載的家譜還有很多，略過不贅。

（二）、續絃

妻子娶進門後，壽命較丈夫短是常有的事，此後丈夫未曾結娶，即屬前項；如再娶親，是謂續絃，而有前後妻之別。如以前妻之生子否，又分二種現象：

1.前妻無出：如前妻為童養媳，或兩家友好從小訂親，未長就已早死，或婚後無出前即已告死亡，事後，丈夫續絃，此時，後妻取代前妻之位而為正室，其所生之子，當亦為嫡子。

童養媳和兩家從小訂親，如女子未婚先死，族譜又無明說，二者很難辨認，然揆之早期宜蘭社會，似以前者為多。《李氏族譜》提到其十五世祖李木生大公之「祖姚魏氏諱李媽，生於公元一八三二年道光十二年，卒於公元一八三七年道光十七年，享壽六歲。」「繼姚陳氏諱密李

---

[70] 《李姓族譜》（宜蘭，手抄本），頁六〇。
[71] 陳永瑞編撰，《太傅派陳樸直公族譜》（宜蘭，民國七十三年五月），頁五四。
[72] 《洪源簡氏世族譜》（宜蘭五結，手抄本），頁一四。

媽，生於公元一八二九年道光九年，卒年公元一九〇〇年光緒二十六年，享壽七十二歲。」共生下長子達川、次子雁川、參子濬川、肆子浴川、伍子奠川、陸子幼亡、柒子涉川。[73]此諸子當盡是繼妣陳氏所出。

還有一種情形是，前妻雖有子卻早死，後妻之子得為嫡子。如李家十七世祖謀坤之「祖妣」陳氏免享年二十三歲，生一男，幼年去世；「繼妣」林氏生有長子應鴻、次子應鵠、參子應鶯、四子應門、伍子應聲、陸子應春、柒子應存。[74]

2.前妻有子：前妻死前已有生子，後妻的可能性是無子或有子兩種。先言無子：既然後妻沒有育產，則前妻的兒子就是嫡子，如陳家十七世祖國樹有前妻張合和後妻洪氏拼，並育二子，長男治鏞、次男興隆，其下均括註「前母生」，而生年亦都在前母過世之前。[75]後妻無出，更不致影響前妻子的地位。如郭家十五世秋闈先娶陳氏衍娘，產長子名汝洲，次子名汝鹹、三子名汝欽；後娶妻朱氏根娘，沒生兒子，只出一女。[76]次言前妻有子，續絃也有生兒；因為二任妻子先後斷開，使得所有的兒子也都先來後到，沒有交錯的機會，為避免困擾，大都以丈夫為主軸，將全部兒子按出生時間先後排序，序號在前的是前妻生的，反之，則為後妻所出。如《太傅派陳樸直公族譜》提到十六世陳光燦公有前妻邱氏和繼室林氏，共生長男國添、次男國銓、三男國澤、四男國銳、五男國藩、六男耀林、七男國崧、八男國柱、九男沿九、十男國鑑、十一男泮濬。其中長、次和三男的名下均註有前母生，自四男以下雖無加註，然其出生年均在前妻邱氏死亡之後，可見從四男到十一男都是繼室所生。[77]

有的續絃兩次，如開蘭進士楊士芳於道光二十九年（一八四九）娶妻戴氏，咸豐元年（一八五一）生長男承耀，同治四年（一八六五）戴氏病故。翌年冬續絃吳氏，同治九年（一八七〇）生次男承漢，越明年

---

73 李秋茂，《李氏族譜—君寵公族系》（宜蘭冬山，民國五十六年九月），頁一八。
74 李秋茂，《李氏族譜—君寵公族系》，頁二二。
75 陳永瑞編撰，《太傅派陳樸直公族譜》，頁八三。
76 《郭氏族譜》（宜蘭，手抄本），未註頁數。
77 陳永瑞編撰，《太傅派陳樸直公族譜》，頁六八～六九。

斷絃，吳氏病逝。年臘再續絃曾氏，同治十三年（一八七四）生三男承汝。[78]可見楊氏先後娶親三次，且其續妻是因前妻亡逝所致。更有結婚四次，初婚祖妣關氏名待娘，壽十八歲，無出，立嗣子再中；次婚林氏名香娘，壽二十四歲，生下一子為長男蒼淵；三婚林氏鑾娘，壽二十七歲，生下一子為次男金毛；四婚陳氏馥娘，生下二子為三男金薯和四男旺流。[79]如初婚所立嗣子不計，後面三位續絃之子就依序標示出生別。因此，夫人雖各有育子，然均照出生排序，以嫡看待，誠屬合理。

總結上述情況，所有兒子或同父同母或同父異母，都視同嫡子。

（三）、蓄妾

宜蘭漢人家族不乏蓄妾者，其原因以丈夫享齊人之福居多，也有正妻以子嗣繼承著眼，因結婚多年膝下猶虛為憾，支持丈夫蓄妾。如妾入門後，問題接踵而至，不僅女人的爭寵糾結很難擺平，其兒子間的繼承關係也出現多種變化，如以具丈夫自然血統的嫡子而言，須合乎下列條件之一：

1.妻有出，妾無子：這種最無討論餘地，因正妻所出當即嫡子，妾有無生子，均不足動搖其資格，更何況妾還無子，自身都難保，遑論其他。如李家十五世祖道元有「藍妣諡淑慎生六子三女，繼妣陳氏諡慈淑，再繼妣林氏、沈氏」[80]共娶四次，依生卒年代推算，間有妻妾並存的時候，惟藍妣外，其他並無生男，正室的六子自然就是李家十六世嫡子。

2.妻無出，妾有子：正妻無出或僅弄瓦，而妾有子，亦見其例。如李家十六世祖正妣游氏生於道光十九年（一八三九），卒於光緒六年（一八八〇），次妣林氏生於道光二十年，二氏出生僅差一年，且游氏亦享中壽，故當互為妻妾。而游氏生一女，林氏生三子，「長石來，次詩佐、三詩佑」。[81]因此，妾之三子，就進升到嫡子的地位。另一李家十六世祖傳扶之大妣許氏享年六十歲，無出；二妣享年三十八歲，「生二子，

[78] 《弘農楊氏族譜》（宜蘭，民國七十年十月），手抄本，頁四。

[79] 黃姓建和祠堂管理委員會編，《黃榮輝公派下族譜》（宜蘭，黃姓建和祠堂管理委員會，民國六十五年十月），油印本，頁三五～三七。

[80] 《李姓族譜》，頁五六。

[81] 《李姓族譜》，頁五七。

長子石墻，次子詩濱。」[82]二婦同住屋簷下，所以二姒之子當視同嫡子。

3.妻有出，妾有子：這種家庭兒子多，美其名為多子多孫多福壽，但伴隨而來的棘手家務事，子嗣繼承為其重要一項。一般家庭大都捨「嫡」字不用，而以「男」或「子」稱之而不稱「庶」。依族譜所示，有的家庭是妻妾之子分開標明，有的則合併一起排序。前者如《黃榮輝公派下族譜》提到十七世考燉衍娶妻李氏名棗娘，「產下二男三女，長男名延星、次男名銘星」，另有「妾，阿卻，產下一男一女，男瑞星」。[83]很明顯的看出，妻和妾之子各自分立，依生母身分，不相統屬。

至於妻妾所生的諸子共同排序而無嫡庶之分的情形也不少。宜蘭舉人李望洋原配徐氏謚隱懷，繼配林氏謚容和生三子、妾張氏名春花生一子。此四子是長名雙喜謚若谷、次名先甲學名登第、三名先河號登雲、四名先麟學名登科。[84]鄭家第六世榮春「娶賴氏閨名綢娘，……續娶繼室張氏閨名惜娘，……又娶側室陳氏閨名鹽娘。」有子四人，「廷祥，賴氏出；廷裕，陳氏出；廷順，張氏出，廷輝，陳氏出。」[85]《黃氏家譜》記其第五世斌堂共娶王氏懿惠（享年二十六歲）、林氏邁（享壽八十七歲）、羅氏密（享壽七十五歲）、曾氏惠敏（享壽二十八歲），依年代得知她們是妻妾關係，所生諸子按出生先後排序，長子式穀，王氏出；次子式平，林氏出；三子式謨，羅氏出；四子式年，曾氏出；五子式庸，林氏出。[86]這種交錯的排序，因都是同一父親，著重父親的自然血統，較不考慮生母的身分。

儘管部分家譜指稱妾所生的兒子，一如妻之子，並無文字歧異，但家庭內及族親間的言談往來，仍不時流露出妻、妾所生的不同，如說「細姨生的」、「小仔生的」等。

二、庶子

庶子是旁出之子，為妾所生，照理來講，妾之子，應都是庶子，所

82 李訓樸，《李氏族譜》（宜蘭，民國七十一年），頁一〇。
83 黃姓建和祠堂管理委員會編，《黃榮輝公派下族譜》，頁一〇二～一〇三。
84 李望洋，《隴西李氏族譜》（宜蘭，光緒十六年），手抄本，頁三〇～三二。
85 鄭榮春，《滎陽鄭氏家譜》（宜蘭，光緒二十七年正月），手抄本，未註頁數。
86 黃為，《黃氏循直公直系族譜》（宜蘭，民國七十年），手抄本，未註頁數。

以前述凡妾所生的亦應盡為庶子，然在特殊情況下，得為嫡子。由於本章之作以族譜為主，遷就譜內資料，只要家譜未將妾之子註明「庶子」，即排除在「庶子」之外，此已於前節討論。是故，此處所提的庶子，以宜蘭所見的族譜或其他史料有明示者為限。

《隴西李氏族譜》記述「第三世宜蘭始祖振庚公謚篤信」，有「祖妣鄭氏諱淑娘謚貞儉，生二子」，「續妣羅氏謚懿錦，生三子」，接著開列各子的名字，並提示嫡、庶之別，即「嫡長男梧松公字克茂」、「嫡子武公字克文」、「庶三亮山公字克宣」、「庶四四井公字克泉」、「庶五船良公克興」。[87]

兄弟分產時，鬮書大都不會特別標出庶子，然亦有少許例外。如潘家鬮分「仝立囑約字人兄弟振坤、三才、四季、七賢、仝庶弟八埏、九河，仝長房姪丁亮、登戴、生泉、丁魁，五房姪世禎、世洽，六房姪登榜等」，[88]就是嫡、庶、姪共同並列。

宜蘭族譜所見的庶子中，有的並非妾所生，而是婢生，如《弘農楊氏族譜》記述十四世祖楊振芳有四子，「長男庭柳學名春華、次男永進、三男永和又名老尚、庶子男庭獻」，另在十五世祖名廷獻楊公加註：「振芳公之庶子，生母賴氏蓮花乃是女婢。」[89]可見廷獻公是婢生子，但以庶子視之。開蘭舉人黃纘緒在福建任官期間，欲娶員外郎之女，員外郎捨不得女兒渡台，恐其受苦，代之以教過他的婢女，此乃黃家的福州媽。後又續娶張氏，生四子，即作霖、作墉、作楨、作照。[90]據其族人表示，張氏原為婢女，後列為第五位太太，故此四子或有婢生子之實，然無其名，甚至也不稱庶子。

更有的庶子可能亦非婢所生。楊家「十五世祖名淮浦學名承汝字匯九楊三公，妣林夜好、游氏圓、陳儉」，生五男，「長男娘養、次男金鏞、三男石球、庶子男石火、石坤」，後又說明金鏞是「承汝公次男生

[87] 李望洋，《隴西李氏族譜》，頁一三～一四。
[88] 咸豐四年十一月，潘家〈仝立囑約字〉。
[89] 《弘農楊氏族譜》，頁一一～一三。
[90] 連碧榕，《黃姓家譜》（宜蘭，明治四十二年六月），手抄本，頁一七。

母游氏圓」、石球是「承汝公三男生母游氏圓」、石火是「承汝公庶子男生母林氏秋香」、石坤是「承汝公庶子男生母林氏秋香。」依族譜所示，對照諸妣和各子的生卒年，庶子生母林秋香決非林夜好，而林秋香又在承汝公之諸妣榜上無名，只在十六世中註明為石火和石坤的生母。[91]因此，在楊氏家庭中，林秋香的身分應該不高。故就承汝公而言，以庶子之稱區別其諸兒是可以理解的事。

事實上，許多家族都有婢生子和私生子，只是基於種種的顧慮而家譜不願記載，但骨肉親情，必須歸宗，一般循下列途徑加以解決：

1.將婢生子或私生子當作庶子，甚至以嫡子視之，特別是家中男丁不足時，更可便宜行事。

2.後來將婢女或外面女人，提升為側室或帶進家門，因身分的不同，使其兒子的遭遇跟著改變。

3.私生子的生母大都年輕貌美，容易得寵，丈夫也比較袒護此私生子，為其在家族中爭取權益。

4.丈夫在外另築家庭，與私生子住在一起，此時，純就新家庭而言，已無私生子可言，只要不涉及原來家庭即可。

5.有的婢生子和私生子如不被家族承認，因而喪失入譜的機會，族譜就沒有記載。

6.有的妻或妾本身無出，為求自我護衛，將婢生子或私生子當作己出的親生子或予收養領回。

凡此現象使得宜蘭的家譜較少看到「婢生子」一詞，而「私生子」更是尚未得見。但筆者在田野調查中，確實聽到一些相關報導，基於其私權與名譽，除既有的家譜資料外，不另作敘述。

第四節、宜蘭漢人家族類型的子嗣繼承

如前所述，傳統社會家庭，男子無後是一件很嚴重的事情。因而，

---

[91] 《弘農楊氏族譜》，頁一五～二〇。

基於血統要求與親疏原則，以收胞兄弟、堂兄弟或從兄弟之子過繼為己子，也就是將胞姪、堂姪成為過房子，當中又以胞姪獨多，達到傳後的目的，家族類型的子嗣繼承即告形成。

一、過房

這種家族類型的子嗣繼承需要雙方面的配合，即過房與出嗣，茲先討論過房的內容：

（一）、過房的重要

筆者見過的宜蘭家譜，都有過房的登錄，可見早期宜蘭過房現象非常普遍，也深受家族的重視。茲舉郭家為例，據其族譜統計如下：[92]

世別	男丁數	過房子	早逝子	過房百分比
13	4	0	3	0
14	6	3	2	50
15	11	3	8	27
16	6	1	3	17
17	4	3	0	75
合計	31	10	16	33.2

從上表看來，十三世因三個早逝，且其十二世之父親尚有一子，故不需過房；十四世有子六人，三人分別過房給十三世早逝的伯叔；十五世共有子十一人，其中八人早逝，三人過房給上代二個早逝者，一人兼祧；十六世有子六人，過房者雖僅一人，此因早逝者三人所致；十七世有子四人，無早逝者，而過房子三人，比例高達百分之七十五。

就小家族的過房繼承而言，郭家的高過房率是個典型的代表。茲另舉黃氏家族為例：[93]

---

[92] 《郭氏族譜》，散見各頁。
[93] 黃姓建和祠堂管理委員會，《黃輝榮公派下族譜》，散見各頁。

世別	男丁數	過房子	過房百分比
13	9	3	33.3
14	17	4	23.5
15	24	3	12.3
16	55	6	10.9
合計	105	16	15.2

　　此表顯示，黃氏家族過房的比率有逐代下降的趨勢，惟要說明的是，這本《黃榮輝公派下族譜》的內容，愈後愈簡略，因而或有漏記少數過房資料。

　　還有一個黃氏大家族，其《黃氏家系族譜》的房系相當完整，將其在宜蘭的派衍之過房情形量化如下：[94]

世別	男丁數	過房子	過房百分比
16	20	5	25
17	32	4	12.5
18	44	10	22.7
19	41	17	41.4
合計	137	36	26.2

　　此黃氏大家族的過房比率與前黃氏家族相較反有攀升的現象，這說明各家族的過房比率在不同世代都不盡相同，但重視過房繼承，應無二致。因此，三個不同規模家族均強調過房在子嗣繼承的意義。

　　（二）、過房的原因

　　需要過房是因絕房或人丁單薄所致，一般說來，有下列幾種情形。

　　1.未娶而逝：過去因醫藥不發達，幼兒死亡率偏高，男子經常未及結婚，即告亡逝，甚至早夭。楊家十四世祖楊文根，享年二十歲，「未

---

[94] 黃純善公祭祀公業管理委員會，《黃氏家系族譜》，散見各頁。

有娶室，過房子新福（係是二弟挺芳之長男），過房子廷獻（係是三弟振芳之庶子）。」[95]黃家十三世祖東振，「壽九歲，早已別世，尚未婚配，於是仕郎（長兄之長男）、仕津（四弟之長男）二人共傳為嗣。」[96]還有更幼就亡的，李家十七世祖詩果，生於光緒乙未年（1895），卒於丙申年（1896），僅一歲而已，亦立三兄詩通之五子德塗為嗣。[97]

2.年長不婚：少數男子雖已年長，卻始終未娶，當然無後，就由子姪輩中，擇一為嗣，如曾家十八世老二木村　壽五十六歲，認兄長次子火焜作過嗣男；老三善一，壽四十歲，同樣狀況，亦從長兄過繼第三子辛丑為嗣子。[98]李家十七世祖詩先，壽三十歲，以其二兄之次子訓章、三兄之次子訓榜過繼入嗣；同是十七世的另一房，享年四十一歲，亦未結婚，其嗣男就是二弟之長子訓栽。[99]

少數雖有娶妻，尚未生子，就已離婚，後不再續娶，只好向兄弟要求過房。如黃家十六世旺松，壽六十歲，曾娶妻阿貴，離婚後，獨自一身「無娶妻嗣子，義榮、澤樹（堂弟）之三男過來為嗣。」[100]此外，妻死無子，未有繼室，亦需過房子。

3.婚後無出：有些人結婚多年，因生理關係，不能生育，雖求神問卜，訪問名醫，仍然無效，極感困擾，過房就勢在必行。高齡者如簡家十六世祖丙丁，享壽八十三歲；妣吳氏孺人享壽八十九歲，過繼一子名青松。[101]林家十五世祖第四房考林定國，妣林媽梅，「因第四房無法生育，對第一房來林阿獅為子。」[102]低齡者如楊家十五世祖呈祥得年二十九歲，妣林氏薇「無生育，過房子順雲，其兄新登之三男立來為過房子。」[103]曾家十七世祖存壽十七歲，妻林氏成，壽十五歲，立其四弟阿北之次

---

[95] 《弘農楊氏族譜》，頁一一。
[96] 黃姓建和祠堂管理委員會，《黃輝榮公派下族譜》，頁二○。
[97] 李訓樸，《李氏族譜》，頁一五。
[98] 《曾姓族譜》（宜蘭員山，民國七十五年），頁一五。
[99] 李訓樸，《李氏族譜》，頁一五～一六。
[100] 黃姓建和祠堂管理委員會，《黃輝榮公派下族譜》，頁七二。
[101] 《洪源簡氏世族譜》，頁一四～一五。
[102] 林義川，《林家族譜沿源》（宜蘭蘇澳，一九八八年八月），頁一一。
[103] 《弘農楊氏族譜》，頁一五。

子阿陳為嗣男。[104]甚至不乏妻妾都不產者,如江家二十四祖「民昌公妣張氏婦、范氏招,再娶簡氏俱無生,簡氏立瑞昌公之次子連枝為嗣子。」[105]

4.有生無子:夫婦雖有育產,結果是有生無子,其原因有二:其一,生女不生男;其二,生子夭折。就前者而言,女子不得繼承子嗣,所以只生女仍以無子看待,須別尋過房子。如李家十六世祖李二公傳益妣林氏大娘,「生一女名順,立來二子,長詩講、次天聽」;李三公傳來妣江氏大娘,「生一女名邊,立來二子,長作舟、次合成。」十七世詩賴妣陳氏大娘,「生一女名香,立來二子,長訓波,次訓子。」因父親只生女而過房的十七世祖天聽,本身遭遇相似,「妣陳氏大娘,生一女,立來一子訓鍊。」[106]同一家族二代間就有數例,可見此乃普遍現象。

至於生子夭折,如尚有女子,與前者雷同;如亦無女子,則幾近無出,黃家十五世祖石養妣陳吳氏名紅桃,「長男名樹木,三歲早亡;嗣男名再春,石蛋之第四男過來為嗣。」[107]而十六世祖的再壽步其父後塵,娶妻林氏名香娘,生下一男名景柏,「壽二歲,嗣男名景燃,金薯三男過來為嗣。」[108]

5.男丁祚薄:傳統社會強調多子多福,使得部分只生一子的房支,相當抱憾,如兄弟多子,就從其過繼子嗣。如李家十五世祖金聲妣林氏,「生一子傳港,立傳燈、連枝繼嗣。」[109]黃家十四祖仕慶,壽四十二歲,妣李氏「長男名石養、嗣男名金牛,仕進第三子過來為嗣。」[110]最能凸顯過房意義的是,兒子出嗣他房為嗣後 發現自己男丁單薄,要求別房過來為嗣。如黃家十二世祖和順生長子東茂、次子東寧、三男東興,「但東寧過繼與三房富有公為嗣,再來承二叔公第三男名東興繼接為第三

104 《曾姓族譜》,頁七～八。

105 江朝開,《江氏直系歷代族譜》(宜蘭冬山,民國六十四年),頁八五。

106 《李姓族譜》,頁四七～五〇。

107 黃姓建和祠堂管理委員會,《黃輝榮公派下族譜》,頁四一～四二。

108 黃姓建和祠堂管理委員會,《黃輝榮公派下族譜》,頁六一。

109 李訓樸,《李氏族譜》,頁八。

110 黃姓建和祠堂管理委員會,《黃輝榮公派下族譜》,頁二六。

子。」[111]類似情況出現在十五世祖廷光，其「長男名存仁，出嗣於大伯雙喜為子，次男名添盛，嗣男名再烺，廷勳之三男過來為嗣。」[112]

（三）、過房的人數

過房人數依家族情況，從一子到數子不等，茲分述如下：

1.一子：各房支的過房子大都是一個，此因需要過房者的兄弟很少，提供過房子的機會相對也少；其次，雖有兄弟數人，但不全都生兒子，自然降低過房子的來源；再次，兄弟雖有多子，但不願出嗣者，亦大有人在；復次，兄弟中有二人以上乏嗣，需過房子，如其姪輩又不多，分配就有困難，凡此都是造成過房子限於一個的主要理由。

2.二子：有二個過房子的情況也還普遍，就此二子的來源，可分二類。其一，二子二房：這二個過房子各從不同兄弟過來，即一房出一子給此絕後之兄弟，如李家十八世祖訓辭夫婦亡故，無後，立二子，長子後澤，長兄立來；次子後極，三兄立來。[113]黃家十二世祖富有過房二子，「長男名東振，係是二房第二子過來為嗣；次男名東寧，係是大房第二子過來為嗣。」[114]

其二，二子同房：此乃二個過房子是同一來源，如曾家十五世祖枝全的嗣男承助和承照，為其二兄王癸的次男和四男所過繼的。[115]羅東陳家水塘有四子，過房給長兄在田的是次子呈瑞和四子茂火。[116]

3.多子：有的男子身後無出，從兄弟中抽立三子為嗣男，如李家十五世祖德海，「三弟立與一子名傳誠，四弟立與一子傳康，五弟立與一子名傳漢。」[117]游家十三世祖攀建，「無生，立嗣子，永交、永全、永堂。」[118]

---

[111] 黃姓建和祠堂管理委員會，《黃輝榮公派下族譜》，頁一三～一四。

[112] 黃姓建和祠堂管理委員會，《黃輝榮公派下族譜》，頁三八～三九。

[113] 《李氏族譜》，頁六七。

[114] 黃姓建和祠堂管理委員會，《黃輝榮公派下族譜》，頁一六。

[115] 《曾姓族譜》，頁四～五。

[116] 陳呈禧編輯，《胡公派竹林陳家族譜》（宜蘭羅東，民國五十四年，手抄本），頁四二二。

[117] 《李氏族譜》，頁五一。

[118] 游永德編輯，《游氏追遠堂族譜》（宜蘭壯圍，追遠堂管理委員會，民國六十九年十二月），頁一二八。

立四個過房子的例子就較為少見，游家十四祖永交，享年五十八歲，「無生，繼四男：長男垂生、次男垂立、三男垂可、四男麒麟。」[119]

甚至還有超過四子者，如開蘭文舉黃纘緒的第十子作霖，幼殤，共立八子，長煥文，七兄作琮子入繼；次曉淞，九兄作璜子入繼；三子曉楠，十一弟作塘子入繼；四子曉焞，十二弟作槙子入繼；五子曉燡，十三弟作照子入繼；六子守經，姪賜慶入繼；七子文琬，婿連碧榕子入繼；八子俊潘，婿石煥長子入繼。[120]此為筆者所見宜蘭最多的過房子之案例。

過房子的共同現象，均非相同的生父生母，而是來自各兄弟的分別出嗣，因此兄弟多生子也多，就成為必要的條件。

（四）、過房的時機

如僅就過房本身而言，過房的時機受到普遍性的約束：其一，過房是家族內部的重要事務，配合家族房系繁衍與發展的需要；其二，實際的過房行為由長輩決定，幾乎不必徵詢過房子本人的意願；其三，過房的年齡大都偏低，約在十歲以內，有的甚至未出生前就已定案；其四，成年後才過房的情形也有，以家族發生重大事故居多，過房子本人大概只有接受的份。根據這個前題，過房的時機如下：

1.幼年過房：家譜雖無說明某嗣子幾歲過房，但從田野耆老的訪問，與家譜上常出現的「自幼過繼」、「出嗣早亡」之類的字語，可以確定的一是般的過房子在其幼年時即已進行。如文舉李望洋之祖父梧松公謚瓊林，「自幼過繼與三房德福公為嗣男。」[121]而長兄朝波亦「自幼過繼與胞伯良朋為嗣男，承接上三房梧松公為長孫。」[122]李家十八世訓鍊之三男後職，註曰：「早亡，出嗣二兄為子。」[123]黃家老三作樑之次子淵源出嗣老四作楹為嗣子，在作楹房下則寫「作樑次子，嗣夭」。[124]

---

[119] 游永德編輯，《游氏追遠堂族譜》，頁一二九。

[120] 連碧榕，《黃姓家譜》，頁九。

[121] 李望洋，《隴西李氏族譜》，頁一三。

[122] 李望洋，《隴西李氏族譜》，頁一六。

[123] 《李姓族譜》，頁六七。

[124] 連碧榕，《黃姓家譜》，頁八。

筆者曾見宜蘭另一黃氏大族的「過房書」，明確記載過房的年齡是一歲。[125]因此，大多數是幼年過房乃不爭的事實。

2.族人代立：有些男子或幼年夭折，或年長無子而亡，族人就須代為立嗣。這種立嗣的時機，可分遺囑過房和父兄代立兩種：所謂遺囑過房就是某房沒有後代，早期亦未立幼年嗣子，使其長輩懸念在心，俟長輩將亡逝時，遺命替此無後之房安排過繼。如《太傅派陳樸直公族譜》曰：「正義公終生未娶，依照太祖媽遺囑，由第三大房致富公一支，傳其香嗣。」[126]簡言之，立嗣的時機是在長輩死後，而入繼的嗣子可能已是成人。父兄代立的情形比較常見，當某房死後無子，生前又未有過繼，此時父兄家人不忍見其絕後而為他立嗣。因此，代立的時機是在該房絕嗣之後。

3.鬮分立嗣：析產鬮分是家族的大事，許多潛在問題借此紛紛浮現，立嗣就是其中之一。有的房支雖無後嗣，族人亦不以為意，等到析產時基於兄弟均分；此時，無後之房財產可以撤除，平均分配給其他各房；但最好是為其立嗣子，以便繼承香火與產業。如莊家兄弟鬮分時，六房早死，仍未立嗣，因而對其產業的處置是「四圍自墾水田一般，四至界地帶在丈單內　與長房立約，應分得中節，田段明白，其六房早幼早逝，現今二、五房欲螟蛉接嗣，宗支應將此段田業歸付掌管收租納課，永為六房之業，不得混爭。」[127]這種分產立嗣在也蔡家翻版，其鬮書曰：「長房故逝，應得民壯圍田壹一小份，逐年租谷壹拾捌石並厝壹間、某園壹坵，俱在北畔，又帶欠銀項捌拾大元，概付四房生執掌，而別房不得爭執。」同樣情形，次房亦故逝，產業「概付五房賜執掌，而別房不得爭執。」[128]既然第四、第五房各得長、次房的產業，當亦需為子嗣，繼承香祀。

由此看來，立嗣分產的時機相一致。

---

[125] 昭和十八年十一月，黃家〈過房書〉。

[126] 陳永瑞，〈太傅派陳樸直公族譜〉，頁五一。

[127] 道光三十年十月，莊家〈立約付與兒子字〉。

[128] 光緒十四年十月，蔡家〈仝立鬮書字〉。

（五）、隔代過房

如絕房者的兄弟很少，姪輩也不多的情況之下，就難有出嗣為過房子的機會；或當時有的家族蹉跎歲月，沒為絕房者立嗣，這些都可能延後過房時機，造成隔代過房，產生嗣孫。嗣孫有隔一代和隔二代之別，前者如游家十三世祖泮然公，存活九歲，「捨一代，立嗣孫男清河。」泮玉公同樣「捨一代，立嗣孫男垂籠。」[129]江家二十三世祖永春公，無子立一孫名曰順發，為嗣孫。[130]至於隔二代的，如郭家十四世豐美公出嗣承接貳房孝恭之後，及長娶妻素香，「傳長子名承養，早亡；立大房之四子名清選過房，早亡；又立四房之長子名天池過房，早亡；傳長女，早亡。」再娶李面官之次女伴娘，傳長子嬌松、次子丁卯、三子祖鑑，亦均早亡。[131]真是到了無以為繼的地步，後間隔二代，及至第十七世汝洲公之次子贊廷才傳頂貳房豐美為嗣曾孫。黃家十五世祖永六、永仲、永萬的嗣曾孫普別是石經、大目和老母，也都是隔二代的範例。[132]

二、出嗣

過房的相對就是出嗣，過房固然有其需求背景，但出嗣也受到供給上的限制，茲述於後：

（一）、獨生不嗣

獨生子是生家唯一的兒子，負傳承責任，無可替換，因而不能出嗣。原則上，繼承宗祧是一宗一嗣，兄如無子而弟有二子以上時，兄得以收養弟之一子為過房子，弟如只有一子過繼時會變成無子嗣，所以無生家斷根而成全別房香火的道理。故曰：「獨子而出嗣，自獨子言之，是不忍於人之父母，而忍於己之父母，不孝之尤也。自所嗣父母言之，是奪人之子以為子，不忍於己之不祀，而忍為人之不祀，非仁也。」[133]宜蘭

[129] 游永德編輯，《游氏追遠堂族譜》，頁一○七。
[130] 江朝開，《江氏直系歷代族譜》，頁八四。
[131] 《郭氏族譜》。
[132] 黃純善公祭祀公業管理委員會，《黃氏家系譜》，頁一三～一四。
[133] 徐朝陽，《中國親屬法溯源》，頁一四九。

鄭家第六世榮春見其族親絕嗣，而本身又是獨子，記曰：「查此祖雖屬堂親，但彼無後，其忌辰春秋自應配享，至今香祀係春承當，奈乃是孤枝，未便出嗣，後之子孫宜立一人，以專該房香祀為要。」[134]因此，筆者所寓目的宜蘭家譜鮮有獨子出嗣為過房子之例。

（二）、兼祧兩房

兼祧就是一子兼祧兩房的繼嗣。基於血緣關係與親疏原則，一般不願收養從兄弟以外的嗣子，因此，在不得已的情況下，家族特別通融獨生子出嗣他房，兼承兩祧，以解決獨子不能出嗣和某房乏子絕嗣的困境。如李家第十六世大公傳良早逝，次男傳璉生一子名詩門，後出嗣與長兄，因而傳良「與傳璉共得一子名詩門。」[135]詩門就是獨生子出而兼承長次兩房的實例，此不違獨子不嗣的原則。

還有一種兼祧是某房的數子全部出嗣各房，但其中必有一子以上兼承本生房和過繼房；否則數子全部出嗣，本生房豈不絕後，這是不可行的事。如李家十七世祖詩容二子，長子訓栽，出嗣未娶室的長兄詩結為嗣男；次子訓燦出嗣堂弟詩極。[136]其中詩栽即為兼承兩祧。類似事件也發生在黃家，其十五世祖廷勳生下四男，「長男名蒼梧，出嗣於大伯雙喜為長男；次男名再中，出嗣於二伯二德為長男；三男名再燵，出嗣於叔石古為長男；四男名再壽，出嗣於仕慶之子石養為長男。」其中雙喜僅生一女，石養「其嗣已絕」。[137]

另一種兼祧乃非獨子或長子同時繼承絕嗣的別房。如鄭家第八世廷祥次子規璧，「兼傳叔父廷貴，廷貴被匪徒捉拿去山內，及回病死。」[138]這種兼祧的例子較為常見。

此外，宜蘭家譜上偶會出現「半嗣」的字眼，如李家第七世李先甲「一半過繼胞伯朝波為嗣子」，後來先甲生四子，「長伯仁；次仲義，半嗣三房先河；三淑禮，半嗣長房雙喜；四季智，半嗣長房雙喜。」經

---

[134]　鄭榮春，《滎陽鄭氏家譜》。
[135]　《李氏族譜》，頁五三。
[136]　李訓樸，《李氏族譜》，頁一六。
[137]　黃姓建和祠堂管理委員會，《黃輝榮公派下族譜》，頁三五～四一。
[138]　鄭榮春，《滎陽鄭氏家譜》。

資料所示，朝波無子，僅養一苗媳；而先河與雙喜均早亡。[139]又郭家十七世汝鹹公之長子丕謨「半嗣於頂六房炳坤公之子錦昌為嗣孫，傳接炳坤公之裔。」按錦昌也是早夭。[140]因此，「半嗣」就是一半繼承本家，一半出嗣絕房家，與「兼祧」可謂名異實同，惟用辭較通俗，適合鄉民社會。

總之，兼祧乃兩房互為繼承危機時兩全其美的權宜措施，更是理解子嗣繼承的重要概念。

（三）、出嗣各房

前曾提及，超過一個以上的過房子大都分向各房要求供應，相對來說，出嗣時，某房的數子不只過繼給另一家，而是以分享給諸房為原則，這樣各房均可受惠承嗣，避免某房無後之憾，俾保家族安寧。如李家十七世祖詩琳李二公，生四子，其中長子訓池嗣李大公、次子訓章出嗣李四公；又詩通李三公生五子，長子訓儀出嗣李大公、次子訓榜出嗣李四公、五子德塗出嗣李六公。[141]曾家亦然，其十七世祖阿北生四子，其中長男天賜出嗣長兄江柳、次子阿東出嗣二兄存養、三男茂盛出嗣五弟。[142]當然出嗣二子給某房的也有，如鍾家十四世祖媽興公，姚謝氏，生六子，其中「義考公、義盛公過繼與媽深公為嗣。」[143]至於出嗣三子以上給某房者，尚未見到。

第五節、宜蘭漢人宗親類型的子嗣繼承

傳統家族對族人的認同，必然有親疏遠近之分，愈親愈密，愈遠愈疏。從一些家訓中「敬祖宗、孝父母、友兄弟、正夫婦、睦宗族」或「敬祖宗第一，入孝出悌第二，敦本睦鄰第三」的條目順序，可以看出其結

---

[139] 李望洋，《隴西李氏族譜》，頁三〇～三二。

[140] 《郭氏族譜》。

[141] 李訓樸，《李氏族譜》，頁一五。

[142] 《曾姓族譜》，頁八。

[143] 鍾茂樹，《鍾氏族譜—月朗公派下家譜》（宜蘭，一九九一年十一月），頁二七。

構層次，逐漸疏遠。[144]正應合費孝通「差序格局」的理論。宗親類型的子嗣繼承就是此家族親疏論的具體表現。《台灣私法》提到親族共同組成一家，禁止他人混雜其家，但「家無男子時，繼承宗祧的順序由近親及於遠親，九族之中如無可過繼的姪或姪孫時，得以收養其餘的同宗或同姓繼承。」[145]簡言之，收養應以同宗、同姓為寬限。

一、宗親繼承

漢人家族依親疏關係所認同的子嗣繼承原則是以親生子至上，依序是胞姪、堂姪和從姪，除此之外，就是同宗、同姓，異姓儘量不予考慮。此一原則，不僅為宜蘭漢人奉為圭臬，慎重的還有寫在家訓，載入族譜。《松源蕭氏族譜》曰：「凡無子者，則立親兄弟之子為後，不許乞養異姓以紊亂族屬，有則宗族人攻之止書之曰紀，蓋所以嚴立後人之戒，使異姓不得以亂吾宗。如無親兄弟之子可繼，則以服內之親者繼之，其田產家業嗣子承受，生為飲食，死為殯葬，嗣子不得變賣損壞。」[146]擺厘陳家在其〈立家禮儀輯要〉亦曰：「宗支中有無嗣者、廢墜者，當擇親近之子而立繼之，不可令別姓紊亂宗支。」[147]可見同宗、同姓還是很好的繼嗣人選。

明確指出屬於宗親繼承的家譜或相關文獻資料，還真不亦尋獲。以同宗繼承而言，黃家十四世祖文和，娶劉氏，生子女未詳，「後螟蛉族姓一子曰猛，……劉氏祖妣居八芝蘭，乾隆間家遭泉人之難孑然一身，乃同族親遷避宜蘭，家於北門口，勤儉聊生，乞族親為己子，撫育成人，孫枝挺秀，宗祀賴以有傳。」[148]黃家因漳、泉械鬥而逃難宜蘭，族親應是多人結伴同行以利照顧，但其間沒有密切的血緣關係，因此，從家譜所示的「族姓」、「族親」等較疏遠的用辭來推測，這個螟蛉子猛，屬

[144] 王玉波，〈傳統的家族認同心理探析〉，頁二三～二四。
[145] 陳金田譯，《台灣私法》，第二卷，頁三八二。
[146] 蕭金合等編，《松源蕭氏族譜》，頁一一。
[147] 陳喬岳編，《擺厘陳氏族譜》（宜蘭，昭和十一年），手抄本，頁四四。
[148] 連碧榕，《黃姓家譜》。

同宗繼承的成分居多。

　　至於同姓繼承，茲以盧纘祥為例。其「先世自福建龍溪來台，民國前十年出生於台北縣之烏山，家境清寒，六歲隨父盧春發公遷居宜蘭三星，八歲再遷頭城武營遂定居焉。纘祥，昆仲有三居長，自幼聰敏逾人，習知禮義。春發公為家庭生計，依親族盧嬰公所營商號為店員，忠勤信實，深受器重。嬰公以嫡子上元膝下無兒，求孫接嗣心切，乃與夫人陳氏定娘磋商，在春發公諸兒中挑選一人，陳氏屬意纘祥，以渠眉清眼秀才氣迥異常兒，乞為螟蛉孫。春發公為圖報東家深情厚意，遂割愛俯允。」[149]此雖亦曰「族親」，事實上又曰「東家」，可能只是同姓而已，因春發公入蘭時，嬰公早就經商致富；再者，聽者老說，兩家並無可證明的親戚關係。所以盧纘祥是同姓繼承，大致可信。

二、舉證困難

　　行文至此，有一問題值得推敲，就是宗親繼承並不普遍，其道理何在？可能的原因是：

　　1.文獻不足：宜蘭的家譜大都十分簡略，除條列式的交待世系祖別外，很少敘述生平事蹟，即使有也是一語帶過，令人無從獲悉其子嗣是否為同宗或同姓繼承；相關的資料也因事涉別人的家務隱私，有所避嫌，而極少記載；普通民家就算有宗親繼承的情形，也不致引起注意，更難留存文字資料供後人研究。

　　2.難以確認：家譜內容儘管簡略，但均體認子嗣的重要，一般都會記上生子，或過房子的人名，這些過房子如確為胞姪、堂姪、從姪過房，則是家族類的繼承，但有的過房子並未明示是以兄弟、堂兄弟或從兄弟之子過繼的，應不乏非家族過繼，而是屬宗親繼嗣。所以，在難以判定到底是家族還是宗親繼承的情況下，只好存而不論，此乃潛藏性的宗親繼承。

---

[149] 林萬榮，〈盧纘祥傳〉，《宜蘭文獻》，合訂本（宜蘭縣文獻委員會，民國六十一年八月），頁二五四。

3.視如子姪：另一種潛藏性的宗親繼承是將同姓視如親族叔姪，《噶瑪蘭廳志》曰：「蘭中鮮聚族，間有之，尚無家廟祠宇。故凡同姓者，呼之曰叔姪，曰親人，不必其同支而共派也。」[150]這種拉近距離的稱謂，很容易流露在言語上，但後代修譜者或習而不察，過房時，以叔姪關係寫入族譜，錯把同姓當親族，致使同宗繼承成為家族繼承。

4.收歸己出：傳統女性最大的成就是成為兒子的母親，如婚後無出是很大的悲哀，為確立其在家族的地位，需要想辦法獲得兒子。過去一些無出的婦女就利用戶籍不上軌道的情形，向貧困而多子的同宗或同姓，買個男嬰，當作自己親生，雙方互蒙其利，問題也就順利解決。這情形從家譜上看，雖乏跡可尋，但無形中，掩沒宗親繼承的真相。

第六節、宜蘭漢人異姓類型的子嗣繼承

盡管祖訓與族規再三告誡，異姓不得入嗣以免亂族。然實際上，歷代以來，社會仍通行異姓繼承。范寧曰：「稱無子而養人子者，自謂同族之親，豈施於異姓，今世行之甚眾，是謂逆人倫昭穆之序，違經紹繼之義也。」[151]福建南安的《鄉田尤氏族譜》曰：「螟蛉異姓，舊譜所戒。然近鄉巨室，所在多有，即以吾尤而論，亦相習成風，而生長子孫者實繁有徒。」[152]由於宜蘭是新移民拓墾區，移民客居蘭邑，不乏隻身而來，與原鄉的親屬多已失去聯絡。因此，立嗣難以顧全血統，使得異姓入嗣宗祧就視為當然。[153]以下分養子、招婿、招夫三項，討論宜蘭漢人的異姓繼承。

一、養子

異姓養子的來源較前諸類型子嗣寬廣得多，只要非同族、同宗、同

---

[150] 陳淑均，《噶瑪蘭廳志》（宜蘭縣文獻委員會，民國五十七年元月），頁三五六～三五七。
[151] 引自徐朝陽，《中國親屬法溯源》，頁一五五。
[152] 引自鄭振滿，〈明清福建的里甲戶籍與家族組織〉，頁四一。
[153] 尹章義，〈「非『父系血親繼嗣』制度」初探〉，頁三三五。

姓者均包括在內。由於傳統社會重視親戚關係，因而可將異姓養子分為
親戚型異姓養子和一般異姓養子。

（一）、親戚型異姓養子

家族是社會的基礎，挑選子嗣的範圍愈窄，表示血統成分愈高，家
族的異姓親戚，前者固然是很好的子嗣人選，已如前述；但後者也不失
為選嗣對象，有時甚至還有勝過前者之處。此因親戚還是非選擇性的，
構成親戚關係受到條件限制，而有窄化的趨向，愈是近親，人數愈少，
關係愈密，彼此的接納與依存也愈高，愈能信得過。因此無親戚關係的
同姓人數必然遠較有親戚關係的異姓為多，致使有的重視親戚而輕忽同
姓，認為與其找陌生的同姓，不如找親密的異姓為嗣子來得可靠。

尤有進者，親戚有血緣關係，血緣是構成傳統家族的紐帶，有血緣
關係的群體，容易培養互為一體，利害與共的感覺，此在同姓血緣，即
父系親屬更能緊密結合，如伯叔兄弟等；而異姓血緣，即母系親屬，則
就疏鬆得多，如舅、姑、姨等。儘管舅、姑、姨等在繼承上都是異姓外
人，但與己身同流相當成分的血統，而且時相往來，親切自然。所以，
必要時從事過繼行為，建立繼承關係，這種從異姓親戚到家族親屬，可
謂「親上加親」，為子嗣繼承中常有的現象。

開蘭文舉黃纘緒的第十子作霖幼殤，除姪子過房外，另立二個嗣
子，「文琬，碧榕子入繼；俊潘，煥長子入繼」，按連碧榕和石煥長均
是黃纘緒的女婿。[154]因此，文琬和俊潘是以外甥入繼為作霖的嗣子。陳
家十八世治杓的長男永裕、次男永全、三男永水，均早年亡故，無男嗣，
四女阿葉之子昌仁由次女收養姓陳入嗣。[155]以上是從入繼立場所舉的親
戚型異姓養子之案例。相對而言，就出嗣角度，也反應同樣的意義。如
郭家十八世祖丕謨公之三男名振鏞「出嗣母舅陳枝財名為連壽為嗣子。」
[156]李家十七世祖「詩贈李二公出嗣於母舅。」[157]陳家大房祖父陳茶，生

---

[154]　連碧榕，《黃姓家譜》，頁九。

[155]　陳永瑞編撰，《太傅派陳樸直公族譜》，頁五八～五九。

[156]　《郭氏族譜》。

[157]　李訓樸，《李氏族譜》，頁一六。

下六男，其中「五男新枝自幼為姑母收養，即冠姓為林」，是為林新枝。[158]由於母舅、姑母和本生父母是具親戚關係的兩個不同家族，故其出嗣即為親戚型的異姓繼承。

（二）、一般型異姓繼承

除開以上各種子嗣繼承，均可視為一般型異姓養子。換言之，就是兩個不同姓氏又無親戚關係的家族間所從事的出嗣、入繼行為，這種現象頗不乏例，在此略過。但面臨的困擾是家譜上常出現「養子」、「螟蛉子」，「出嗣某姓」等簡單語辭，此雖可顯示子嗣繼承的意義，卻很難裁定到底是那一類型的繼承。揆其原因，修譜者或程度不齊，或認知頗有距離，或敘述語焉不詳，或下筆太過簡陋，使人難以掌握明確的訊息，甚至同一本家譜也會有前後不同的用法。如《李氏族譜》的十七世永財出嗣林姓、繼周出嗣林姓、阿泉出嗣游姓、十八世的炎燦出嗣游氏、添益出嗣羅氏、阿祿出嗣游姓。[159]又《游氏追遠堂族譜》的十五世垂籠，生六男，其中長男阿呆出嗣蘇姓、次男阿泉出嗣阮姓、五男貽士出嗣有春。[160]只知道他們是異姓繼承，彼此間有無親戚關係，則不得而知；其他如「養子」、「螟蛉子」的涵義，各家譜也是含混不清，除非有更進一步的說明，對這治家族史，特別是繼承問題，不能不說是一項缺憾。

二、招婿

女子在家娶夫是招贅，初婚為招婿，夫死再婚為招夫。以女子的身分而言，招婿可有生女招婿和養女招婿，茲述如下：

（一）、生女招婿

無後的家族如有生女，以此女招婿，獲得男嗣，繼承問題就迎刃而解。楊家十六世祖慶田，「招婿林火樹」；同世的德隆亦「招婿林朝松」。[161]因《楊氏家譜》只載男姓，不記女兒，所以這兩房應該都是生女不生

---

[158] 陳玉崑，《陳氏族譜》（宜蘭，民國六十九年八月），頁一。

[159] 李秋茂，《李氏族譜—君寵公族系》，頁一一～一三。

[160] 游永德編輯，《游氏追遠堂族譜》，頁一○八。

[161] 《弘農楊氏族譜》，頁一九。

男，既然女子招婿，男婿就以繼承名義登錄家譜上。李家十七世祖淵泉，「養子木成另名訓盛，招贅振芳」[162]；十八世祖水旺，「入贅繼嗣火根，養子基銘」[163]。這情形與楊家類似，惟李家除女兒招婿外，均多收一個養子，對家族的發展與傳承更有助益。

　　有的家族雖有男丁，但不幸早逝，招婿就成為救援對策。陳氏家十八世祖新接有子宣仁、宣義、顯揚，然皆「早年亡故，無男，四女美圓招夫陳李金保，產下基興、基萬、李發、天生，姓陳入嗣。」[164]李氏十七世祖詩奕生一子訓烽，幼亡，「李陳樹入贅繼嗣、李吳申土入贅繼嗣」，[165]看來此祖至少有兩個女兒。林家十六世祖林定生有一男二女，「男名林木火，因早亡故，長女林阿招、次女林阿香。長女林阿招贅婿張耀，契定招入娶出，年限壹拾年，婚後生有林兩接亡故；次男林兩全被抽為傳宗接代，孫為後嗣；次女林阿香招與簡阿明為夫婿。」[166]此外，也有養子過世而招婿之例，冬山李家十七世祖謀宗生十一女，收一養子，後養子幼年去世，將第捌女桂月，招夫賴金水傳嗣。」[167]此「招夫」乃招婿之意。

　　（二）、養女招婿

　　婚後沒生育男女，或有子女皆亡，如無過房或養子，為求傳嗣，從小收個養女，以備將來招贅，也不失為可行的辦法。如文舉李家第六世祖波姒黃氏，「無生，養一苗媳名珠涼，招贅吳深松為婿，生一子名丙戌。」[168]可見林家此房之能維繫，養女招贅功不可沒。陳家十七世祖國銳妻潘氏，「無男嗣，大養女陳朱牡丹招夫生永鑫；二養女陳蔡阿嬌招夫生永穗、永鑑、永杰，姓陳入嗣。」[169]此「招夫」當亦是招婿之意。《林家族譜沿源》亦曰：「林清江者養有一女林陳阿得，第一房第十七

[162] 李訓樸，《李氏族譜》，頁一七。
[163] 李訓樸，《李氏族譜》，頁二〇～二一。
[164] 陳永瑞編撰，《太傅派陳樸直公族譜》，頁八四。
[165] 李訓樸，《李氏族譜》，頁一四。
[166] 林義川，《林氏家譜沿源》，頁一四。
[167] 李秋茂，《李氏族譜—君寵公族系》，頁二三。
[168] 李望洋，《隴西李氏族譜》，頁一六。
[169] 陳永瑞編撰，《太傅派陳樸直公族譜》，頁七〇。

世祖林阿趬入贅與林陳阿得為夫婦，生育一男名曰林大怂，因孤子嬌生慣養，流浪外出不歸，絕跡。幸林阿趬有養女林張氏菜長大招與林兩全為夫成家。」[170]

此外，亦見他人代行養女招贅之例，即先世絕嗣，別房之後代，以養女招贅方式為其傳嗣。鄭家第六代祖旺枝，「當日另有養下一媳，閨名香娘，蓋因第三世之祖母林氏，其外家無後，念親親之誼，不忍見其絕嗣，故養此女以承煙祀焉。」[171]女子承祀，須經由招贅方為有效。同樣情形，《鄭氏家譜》曰：「叔父有土，宗祧乏承，春抱養一婦張氏，閨名金枣，贅與鄭傑為室，該規樟繼承有土為曾孫，以傳專房之嗣。」[172]

三、招夫

為了繼嗣，夫死再嫁就是招夫，有下列幾種形式：

（一）、子死媳招

男子婚後死亡，沒有男嗣，其父母要求媳婦招夫，俾可傳宗。大福陳家到壯圍的第一代是榜公，當第二代貴公故世後，「榜公著想陳家乏嗣，而應繁衍陳家強盛，開拓大福原野，弘揚祖德之心願，囑令金娘媽再招夫入贅，君榮公為接陳家宗嗣，然而第三世代桂生公之次弟玖公、闔弟　公、四弟石養公等，第三世代四大房就長大名門，傳下大福村梅林陳姓源流。」[173]

（二）、夫死婦招

丈夫死後，寡婦見夫家仍無子嗣，就自行招夫或約定，為原夫立嗣，避免絕後。林家第十七世祖妣林李阿允，因「原配親夫早亡，招贅林少蘿為繼夫，生林粗皮等兒女。」[174]另陳家十八世治平有子「永桎、溪松

---

[170] 林義川，《林氏家譜沿源》，頁一四。

[171] 鄭榮春，《滎陽鄭氏家譜》。

[172] 鄭榮春，《滎陽鄭氏家譜》。

[173] 陳朝洪，《陳氏源流族譜》（宜蘭壯圍，民國六十七年十二月），頁九。

[174] 林義川，《林氏家譜沿源》，頁一三。

早年亡故，無男嗣。其妻陳林儉招夫陳金塗產下永萬、永港入嗣。」[175]
黃家十六世祖存仁享年二十九歲，生二女但無子，其妻於「產下二女後，
招夫李阿遲再生三男」，所以十七世的欽黃為「招夫李阿遲生下傳過來
為嗣」。[176]楊家也一樣抽一子為嗣男，《太傅派陳樸直公族譜》曰：「樸
直公育有四子，長子顯耀公、次子成家公、三子致富公、四子宏云公，
其中次子成家公出嗣楊家。緣因先太祖媽林氏諱雙帶，初適員山庄金包
里古楊家，夫死乏嗣，於改適樸直公時，曾有約議，生次男傳楊家宗祧。」
[177]

（三）、招夫養子

前項招夫是原夫家無嗣，但也有夫死子幼，境遇困厄，維生艱難，
為安頓夫家生計，妻子在家招贅，是為「招夫養子」。如鍾氏木公，壽
四十一歲，「生子名清港、清全、清海、清政。木公逝世後妣李氏招贅
廖姓名聖母為夫。」[178]黃家十三世祖東安享年三十二歲，「死後乃蘇貢
入贅，未幾產下一男一女，前東安亦生一男一女，以先後而合算是二男
二女是也。」[179]

有的寡婦並非招夫而是改嫁，但養育前夫之子且維持其原姓，達到
傳嗣的目的則是相同。如鄭家第八世規樹有子天成，死後其妻林氏改嫁
張能通為妻，「言約撫養天成長大交還鄭家成家致富。」[180]

招贅婚不論從男方或女方來說，都是為了貫徹父系繼嗣，然而招贅
婚的男女方都有延續嗣系的想法，在男方這是傳統的責任，在女方成為
必要的條件。故子女的姓氏之分配，從父或從母相當混亂，沒有一致的
做法。[181]有的全從母姓，有的長子從母姓、次子從父姓，餘類推；有的
是老大從父姓、老二從母姓的間隔安排；有的只抽某一子或二子從父姓

---

[175]　陳永瑞編撰，《太傅派陳樸直公族譜》，頁六六。

[176]　黃姓建和祠堂管理委員會，《黃輝榮公派下族譜》，頁六二～六三。

[177]　陳永瑞編撰，《太傅派陳樸直公族譜》，頁五一。

[178]　鍾茂樹，《鍾氏族譜─月朗公派下族譜》，頁二九。

[179]　黃姓建和祠堂管理委員會，《黃輝榮公派下族譜》，頁二三。

[180]　鄭榮春，《滎陽鄭氏家譜》。

[181]　林美容，《人類學與台灣》，頁二三二。

或從母姓；有的複姓，但複姓也有父姓在前和母姓在前的區別，凡此甚至還影響到第三代及其以後子嗣的姓別。為避免到時雙方對冠姓的爭議，各家族的情形容有不同，但大致上，事先都已經過協議。筆者所見的宜蘭族譜與田野資料，上述諸現象均有實例，如一一列舉，過於繁瑣，且非必要，在此從略。

第七節、結語

綜前所論，傳統漢人家族裡，子嗣繼承是維繫血緣紐帶、確立香火傳嗣、保障祖先祭祀、梳理世代脈絡、推行家務運作、護持家族產業、強化家族認同、促進家族團結、擴大家族勢力的基本支柱。因此，如謂家族發展奠定在子嗣繼承的磐石上，殆不為過。

宜蘭漢人家族當然不能置外於這樣的信念與內涵，更積極地以新移墾區的處境，與因應各家族的不同狀況，交相流轉於家庭、家族、宗親和異姓等四個繼承類型中，從事子嗣繼承。職是之故，宜蘭漢人家族得以一代一代的接續傳承，一族一族的派衍枝蔓。簡言之，宜蘭家族在子嗣中求綿延，繼承中求發展，進而成為維護地方，安定社會的重要力量。

雖然子嗣的倫序與定位相當明確，論其繼承也有一套規範，各房親都很清楚，不可逾越違背。但必須承認的是繼承問題頗為複雜，涉及層面很廣，尤其是財產權益的問題，少數家族難免會啟爭端，造成鬩牆，此乃「倫常倒置」，不可垂訓。[182]事後經族親的協調疏通，終能隨之釋然淡化。所以家族紛爭或許會影響子嗣繼承的類型與內容，但無法改變繼承的本質，也不致動搖家族的綿續。

儘管從清代至日治，宜蘭漢人家族偶爾出現繼承及其家務上的困擾，但秉持子嗣至上，傳承優先的前題，堅守「不孝有三，無後為大」的明訓，相對而言，這些困擾都不足掛意。因此，子嗣繼承是宜蘭漢人家族所遵奉的核心理念。

---

[182] 連碧榕，《黃姓家譜》，頁一九～二〇。

第五章　宜蘭漢人家族的婚姻網絡

第一節、前言

　　《易經》曰：「天地絪蘊，萬物化醇；男女構精，萬物化生。人承天地，施陰陽，故設嫁娶之禮者，重人倫，廣繼嗣也。」《孟子》更曰：「不孝有三，無後為大，舜不告而娶，為無後也，君子以為猶告也。」此「廣繼嗣」、「無後為大」，在在唯婚姻是賴，婚姻之重要，不言而諭。[1]

　　構成家族的要件是血緣與姻緣，二者關係極為密切，難以畫分，但先得有姻緣，才有血緣，然而翻開有關家族史的作品，大都只重視血緣，且僅是父系一面的血緣，彷彿血緣的形成與母系似不相干，誠為治家族史的一大缺失。[2]筆者對婚姻圈的重視，因而得到啟發。

　　家族發展受到許多因素的影響，且各個因素彼此互相牽連，如能從各個因素分頭研究，當可正確了解全貌，其間婚姻關係就是重要的門徑。因此，婚姻圈不只是家族，也是社會、更是政治問題，影響的層面既深且廣。[3]以這個角度檢視宜蘭的發展，亦當饒富研究價值。

　　清嘉慶後的宜蘭史，大致上是一部漢人移民史，也是一部漢人家族史，因早期移民入墾後，紛紛組織家庭，繁衍子孫，其中不乏成為強宗大族者。這些大族在社會上素負聲望，經濟上產業豐富，家族上人丁興盛，儼然為地方的領導階層；尤有進者，他們為維護權益，擴展勢力，彼此間需要結托攀引，照顧提攜，最好的方法就是婚姻的繫屬。本文之作，就是探討望族間的婚姻關係及其所構成的婚姻圈，以顯現宜蘭史的家族風貌與社會意義。

---

[1]　引自王政編著，《社會問題的連環性》（台北，正中書局，民國五十三年十一月），頁八五。

[2]　潘光旦，《明清兩代嘉興的望族》（上海，新華書店，一九九一年十二月），頁五。

[3]　毛漢光，〈中古大族著房婚姻之研究〉，《歷史語言研究所集刊》，第五十六本第四分（南港，中央研究院歷史語言研究所，民國七十四年十二月），頁六二〇。

第二節、婚姻對象的選擇

　　漢人家族社會，只有一個父系嗣系群不能構成一個親屬體系，甚至該嗣系群也無法延續下去，除非允許族內婚或亂倫。因此，為了維持父系嗣系群的傳衍，須行外婚制，即與別的嗣系群發生關係。這種聯姻包括娶入和嫁出兩種，前者乃己之父系嗣系群從之娶得女人的嗣系群，而嫁出者乃己之父系嗣系群的女人嫁出所至的嗣系群。簡言之，兩個嗣系群的關係是靠婚姻的連繫，隨著娶嫁的頻繁，無限的父系嗣系群彼此可有婚姻關係。基本上，漢人婚姻並非制定婚，充其量，只有消極性的禁止或不贊成，而無積極性的規定應該跟那一個特殊的親屬關係結婚。[4]

　　然而婚姻為家族的重要柱礎，在傳統社會，婚姻的要義是為了傳宗接代，是家族的行為。基於家族的整體發展與共同利益，習俗上婚姻的對象仍受相當程度的約束與選擇，茲分述於後：

一、同姓不婚

　　同姓不婚是一項長久的婚姻禁忌，約始自周代，其原因為：

　　1、生理上：同姓結婚，血統相同，不能蕃殖，影響繼嗣，故禁之。《左傳》曰：「男女同姓，其生不蕃。」《國語》曰：「同姓不婚，惡不殖也。」

　　2、宗法上：同宗族屬，繫之以姓，小宗雖別為庶姓，而大宗百世不遷，推之百世之上，仍為同姓同宗同族，相隔雖遠，仍不得婚。子曰：「同姓為宗，有合族之義，故繫之以姓而弗別，綴之以食而弗殊，雖百世，婚姻不得通，周道然也。」

　　3、人倫上：以倫常觀念定名分、別男女、防淫佚。《白虎通》曰：「故禮別異類，使生相愛，死相哀，同姓不得相娶，皆為重人倫也。」又曰：「不娶同姓者何？重人倫，防淫佚，恥與禽獸同也。」

4　林美容，《漢語親屬稱謂的結構分析》（台北，稻鄉出版社，國七十九年四月），頁二九六～二九七。

4、迷信上：認為同姓結婚，易招致災禍。《國語》曰：「異姓則異德，異德則異類，異類雖近，男女相及，以生民也。同姓則同德，同德則同心，同心則同志，同志雖遠，男女不相及，畏黷敬也。黷則生怨，怨亂毓災，毓災滅姓，故娶妻避其同姓，畏亂災也。」

5、政治上：此說謂武王克商，大封同姓，以蕃王室。異姓之邦，則聯以婚姻，使化為甥舅之國，故禁同姓為婚，即所以繫異姓諸侯。周代制度大異於商者，一曰立子立嫡，二曰廟數之制，三曰同姓不婚之制。[5]

此後，歷代皆奉行這條「同姓不婚」的禁忌，法律甚至訂有明文，犯者予以議處。《唐律》規定「諸同姓為婚者徒二年，緦麻以上以姦論。」並在疏議明記不得娶同姓為妾。《明律》亦曰：「凡同姓為婚者，各杖六十，離異。」《大清律例》則曰：「凡同姓為婚者，主婚與男女各杖六十，離異（婦女歸宗財禮入官）。」[6]

有些家族就將此規定載入家族，以為條範。如江西進賢《劉氏重修族譜》曰：「婚姻者，上以承宗祀，下以啟後世也，同姓不可為也。」江南寧國府太平縣《館田李氏宗譜》亦曰：「同姓為婚者，削不入譜。」江西《黃氏大成宗譜》對子孫犯同姓婚者，以「必非吾族，定行除姓，決不少貸。」視之。江蘇淮陽《曹氏宗譜》「同姓聯姻」者，不僅除姓，而且永遠「出族」，懲罰更嚴厲。[7]

由於同姓並不代表同血緣，使得這種同姓不婚的限制，漸趨寬容。雖然如此，台灣的慣例，同姓互不通婚，認為同姓即親族，而不問同宗與否，儘管法上有所分別，猶如宗教上的信念，墨守古訓，視冒犯者為最大罪惡。[8]宜蘭地區，形勢隔絕，民情還更保守，直到日治時期，對此規定，當仍遵循不逾。筆者從小聆聽長輩告誡，不准同姓結親，印象十分深刻。從田野調查與文獻資料中，尚未發現日治前，宜蘭有過同姓

5　陳鵬，《中國婚姻史稿》（北京，中華書局，一九九〇年八月），頁三九二～三九五。
6　陳金田譯，《台灣私法》，第二卷（台灣省文獻委員會，民國八十二年二月），頁五〇八。
7　歐陽宗書，〈合二姓之好傳祖宗血脈—從家譜透視中國古代宗族婚姻〉，載《中國民間文化》，第七集（上海，學林出版社，一九九二年九月），頁四八。
8　陳金田譯，《台灣私法》，第二卷，頁五〇八。

聯婚的事件，就是很好的證明。

二、異姓不婚

既然同姓不婚，只得端賴異姓通婚，否則家族無以為繼，但台灣部分特定異姓間因許多理由而禁止結親，這可區別為同源與異源兩種，茲述如下：

（一）、同源異姓不婚

本來同姓，後來發生事故，分為異姓時不通婚。如張廖簡三姓，廖姓為張伯紀之後裔，原為張姓之骨肉，在生為廖姓，死後歸祖為張姓。簡姓為簡伯之後裔，至春秋時代始姓簡，與張姓始祖張揮公，同是黃帝之苗裔，黃帝姬姓，賜揮公張姓在先，簡姓在後，在生為簡，死後歸張姓。[9]又如陳姓為虞舜之後，舜有天下，號曰虞，子商均封於虞，因以虞為氏。而虞姓生於姚墟，子孫以姚為氏。胡公封陳之後，其子孫以諡為氏（滿公卒諡胡公，子孫以胡為氏）。陳公子名完字敬仲，奔齊為工正，食邑於田，以田為姓。所以姚、虞、陳、胡、田五姓，至今被視為同宗。[10]

還有一種同源異姓，就是骨皮關係，也不通婚。如蔡姓收養的陳姓者以陳姓為骨，蔡姓為皮，其子孫不與陳姓成親。另據宜蘭員山武舉族裔，現年八十四歲的周木全老先生說道：其周家原本姓黃，後易姓周，而為黃骨周皮，故其周姓至今仍不與黃姓合婚。異姓養子也是範例，從養家姓比比皆是，此等跟養家同姓者，與生家的同姓亦不通婚，但世代久遠，忘記本姓時，難免與同姓結婚。[11]

此外，數姓聯宗的情況亦相去無多，如王游、沈、尤即是顯例。王游聯宗是二世祖先益公，為王念八之嫡子，後為游七十七公之嗣子，雖易王姓入游籍，仍亦曰王游氏，承兩姓之香火。今平石子孫，猶視王姓為親同，不與婚。另「清游」者，則與此無涉。沈尤聯宗乃唐代王審知

[9]　張方鏗編著，《張氏族譜》（華日公祭祀公業委員會，民國六十九年五月），頁一二九。

[10]　陳永瑞編撰，《太傅派陳樸直公族譜》（宜蘭，民國七十三年五月），頁七。

[11]　陳金田譯，《台灣私法》，第二卷，頁五〇九。

入閩，後受封為閩王，八公沈姓人士，避其諱，乃去水為尤，故沈尤聯宗本就同源。至於游尤聯宗，據傳有龍巖游族人往逢源祭祖時，與當地叔侄不睦，返後含恨易游為尤。又有傳建陽游氏族人，因不滿房親處分產業之事，遂將其兩子易姓，長從岳家沈姓，次合游沈兩字音形為尤姓。[12]

這些全台共有的同源異姓不婚的例子，均出現在宜蘭的家譜上。宜蘭家譜也同時記載其他的骨皮、嗣子關係，只是未特別提及不婚，根據上述道理，他們彼此間不通婚應屬合理。然而更多不修家譜的家族，其同源異姓不婚的情形，僅能口傳信守，雖無文字為憑，但確有實例，筆者的田野查訪，就有許多個案。

（二）、異源異姓不婚

異源異姓不婚的原因，主要是毆鬥結怨所致。《陳氏族譜》曰：「祖先的原籍是福建省漳州府金浦縣赤湖庄錦湖庄，為人安分守己，家境小康。曾有一位高齡的祖先，某年的冬天被莊姓土匪綁去，莊姓土匪聲言要族人交出巨款為放回條件。經族人籌借這筆索款，雖然把款送去，然莊匪竟不履行釋放祖先之諾言，而在當年冬節前後氣候嚴寒之時用冷水把祖先活活淋灌至死，屍體草草棄埋溪邊，嗣後經族人尋獲改葬。為此深仇大恨，族人立下誓言：囑後代子女絕不可與莊姓聯婚。」[13]《林氏大族譜》亦曰：「希遜公之四子，名乳旺，後來被賴八娘招贅，所生兒子，俱是籍入賴氏為裔，因林賴兩姓泯睦，竟發鄰社鬥爭。於我林姓顧敗于賴氏，斯時，我祖孔舉公，欲討回林氏銳氣，毅然為社捐軀，督導族眾，竭力轟攻，勢如破竹，震驚得賴氏族眾，適孔旺公子等，認識督導者，正是親胞伯父孔舉，遂兩方罷鬥，才知是姻社，各收凱族眾。後，而我祖孔舉公，訓示遺囑，後來子孫莫婚娶賴氏為妻，恐娶親骨肉之姑妹是也。」可見林、賴不配親，雖是姑表婚姻，卻起因於毆鬥。[14]

---

12 游永德編輯，《游氏追遠堂族譜》（宜蘭壯圍，游姓廟追遠堂管理委員會，民國六十九年十二月），頁十八。

13 陳玉崑，《陳氏族譜》（宜蘭，民國六十九年八月），頁一。

14 林性派主編，《林氏大族譜》（宜蘭礁溪，林氏大族譜編輯委員會，民國六十五年十二月），頁丁五。

　　有的是對簿公堂而不婚。如《鍾氏族譜—月朗公派下家譜》提到吞
公娶妻黃氏，善待岳家，並為其岳父厚葬，當「道師誦經作法超度，至
化靈焚位，後因黃氏族人登門，見黃氏已化靈焚位，而一狀告至衙門，
黃氏必留好處于鍾家，否則自不必好心相予厚葬。訴訟相論公堂，結果
鍾門敗訴，為此先祖再付五十兩于黃氏，先妣亦因而遠離家門。自此，
吞公自誓：後世子孫萬代不可與黃姓結婚誓盟，此即與黃氏不對親之
由。」[15]

三、門當戶對

　　傳統社會，階級有別，身分懸異，各依其門第，互相嫁娶，不同階
級間的通婚常為社會所不贊許，因而形成階級的內婚制。從經傳上天子
娶后嫁女於諸侯，諸侯互為婚姻，卿大夫互為婚姻的例子，以及勾踐使
大夫文種求盟於吳所說：「請勾踐女女於王，大夫女女於士。」[16]的說辭
中，即可知其梗概。若士族與庶民通婚，則當為士族所不齒，為清議所
不容。法律亦加明定，《唐律疏義》曰：「人各有耦，色類須同，良賤既
殊，何宜配合。」[17]延至清代，這情況並無多大變易。如《浙江通志》
提及杭州府的婚禮是「士大夫以門第相尚」，寧波府的「士大夫家締婚，
多尚門第。」金華府則「嫁女婚男，先擇門第。」《餘姚縣志》亦曰：「家
矜譜系，推門第，品次甲乙，非大族類，即高貴不婚姻。」此所謂門第，
仍不外官宦世族，兩家門戶各相當者，換言之，即士庶之別。[18]
　　比較慎重的，還記入家譜，以為告誡。如《湖南匡氏讀修族譜》曰：
「族內子女婚配，必擇門戶相當之家，如以女利而嫁蒼頭之子為妻，既
玷祖宗，且辱同宗，照律杖一百，將子女逐出外境，田產編入宗祠。」
《臨淦窗前黃氏重修族譜》規定：「子女配合，無論遠近，必門第相當

15　鍾茂樹，《鍾氏族譜—月朗公派下家譜》（宜蘭，一九九一年十一月），頁五。
16　林義川，《林家族譜沿源》（宜蘭蘇澳，一九八八年八月），頁一。
17　瞿同祖，《中國法律與中國社會》（台北，里仁書局，民國七十一年十二月），頁二一七
　　～二二一。
18　陳鵬，《中國婚姻史稿》，頁六八。

乃可。……其有貪圖厚奩重聘，不予門第戶為念者，共為斥之。」[19]

宜蘭的家譜雖乏明文規定婚嫁須重門第，但此觀念已為蘭人普遍接受，〈馨香萬古〉一文論到擺厘陳家就是很好的範例，曰：「清季以來，陳氏鑑湖堂一族在宜蘭縣的婚嫁對象，已到了門當戶對的局面，其嫁出、娶進者均為宜蘭閥閱之家，以前宜蘭人形容與鑑湖陳氏『攀成親戚』叫做『擺厘鑑湖陳氏的親戚做得到，（『到』字用台語念『趙』音），勝過珍珠買一石』，由此諺我們就可以了解其家世的鼎盛關係。」[20]從下一章所提宜蘭各望族間的婚姻配對，就可看出門戶觀念的深切影響。

四、家風教養

家風乃家族婚姻對象選擇的另一項指標，所謂家風，就是以禮教道德為基礎，注重家庭的文化背景與家庭教養。如《宜春劉氏族譜》曰：「女與婿尚在幼年安知其賢淑與否，須看其家風何如。家風若好，賢淑可卜，將來為吾媳婦必能敬翁姑，內助吾兒，子孫亦必賢肖。為吾女婿必能靜好無間，自然興家立業，吾女終身有靠，稍不慎于始，必貽患于后。」浙江《慈南乾溪章氏宗譜》亦曰：「擇婿不論貧富，必其先世積德有素而子弟純粹者，乃可立宗。求媳不論艷美，必其閨門防閑既正而女德夙優者，方可宜家。」[21]因此，良好的家風可以幾代同堂，和樂融洽；反之，則易起勃谿，甚至分裂。

此一傳統習尚，宜蘭地區也是照章行事。《鍾氏族譜—月朗公派下族譜》曰：「念吾家祖宗，原是汀州府黃門侍郎宦族之後，嫁娶之事必擇故喬之輩，仁德禮義之家方可相對，此嫁娶不可不慎。」[22]由於家族失和，出自父子或兄弟者少，但因婦姑或妯娌者夥，使得克守婦道，制女姓，成為重要家風。《松源蕭氏族譜》的〈蕭閨門〉曰：「凡閨門不可

19　歐陽宗書，〈合兩姓之好傳祖宗血脈—從家譜透視中國古代宗族婚姻〉，頁四九。

20　〈馨香萬古〉，載陳文隆編纂，《鑑湖陳氏源流》（宜蘭，一九九三年七月），頁一一九～一二○。

21　歐陽宗書，〈合兩姓之好傳祖宗血脈—從家譜透視中國古代宗族婚姻〉，頁五十。

22　鍾茂樹，《鍾氏族譜—月朗公派下家譜》，頁十。

不慎，婦人鮮知禮儀，為其夫者，必于平居之時先以正導之，如事姑舅，則先示之以敬；待姒娌，則先示之以和；御婢妾，則先示之以慈；鞠兒女，則先示之以愛；待骨肉，則先示之以勿薄；聞妖邪之說，則先示之以勿惑；遇外來之事，則先示之于尤；必嚴其內外，謹其出入；有不善者，小則小斥之，大則大斥之，而皆待之以恕，使其得以改之；其或甚焉而有害於大倫，則必割愛以全之，斯亦不以為過。」[23]

五、聘財資裝

傳統世家大族，一則受到儒家重義輕利的影響，經濟觀念淡薄，口不言錢；再則因其活在官僚世族之家，無論怎樣不以錢財為，但財源仍滾滾而來，致使聯婚時不刻慕求財富。[24]儘管如此，資財作為婚姻成立的要件，古已有之。《儀禮》以納徵為締婚之確定階段；《禮記婚義疏》曰：「納徵，納聘財也。」即春秋之時稱納幣，中世以降，遂改聘財，即議婚之際，男家聘財之厚薄，女家妝奩之豐儉，均為兩家考慮結親的因素。[25]

歷代以來的婚姻，捨門第與家風於不問，而特別重視財富也是常有的事。宋朝蔡襄曰：「娶婦何謂，欲以傳嗣，豈為財也。觀今之俗，娶其妻不顧門戶，直求資財。」司馬光更指出：「今俗之貪鄙者，將娶婦先問資妝之厚薄；將嫁女，先問聘財之多少。」[26]清初夏之蓉敘述當時合婚情形：「將擇婦，必問資裝之厚薄，苟厚矣，婦雖不德，亦安以就之；將嫁女，必問聘財之豐嗇，苟豐矣，婿雖不肖，亦利共所有，而不恤其他。」邵其衡曾作題為「財婚」的詩曰：「古人重佳耦，今人重財婚」、「既須計財帛，亦復矜高門。」這反映清人給子女選婚，首先論對方的財產，其次才看對方的政治地位。[27]事實上，財富與門第，二者關

[23] 蕭金合等編，《松源蕭氏族譜》（台北，民國四十八年十月），頁十二～十三。

[24] 達良，《中華姓氏通書─王姓》（海南出版社，一九九三年二月），頁二五二。

[25] 陳鵬，《中國婚姻史稿》，頁一二九。

[26] 方建新，〈宋代婚姻論財〉，《歷史研究》，總第一八一期（北京，中國社會科學出版社，一九八六年），頁一七八～一七九。

[27] 馮爾康、常建華，《清人社會生活》（天津，人民出版社，一九九〇年七月），頁二一九

係密切，很難劃分。

　　清代台灣漢人婚姻很強調財富。《台灣府志》曰：「女鮮擇婿而婚姻論財。」[28]謝金鑾亦曰：「婚姻沿俗，禮以貧富為豐歉，悉類內地。」[29]這種以財產多寡或家境貧富為先決條件的婚姻行為，及為講究繁文縟節的排場，不惜大量浪費金錢的婚姻禮儀，實為社會重視財富的觀念和習俗趨向奢侈所使然。至於社會風氣重視財富，則是移民社會生計艱難，生活較為貧苦的緣故。事實上，若進一步的探討，可以發現婚姻論財和收受聘金陋俗的形成，兩性比例不均衡係其最核心的原因。由於移墾的人女性稀少，「物以為貴」原則的支配下，女性的價值大大提高，財貨就成為婚娶重要的標準。[30]

　　婚姻重財畢竟不是件體面的事，能做不能說，更不宜訴諸文字；因此，筆者所見的宜蘭家譜，均無類似的記載。但預料的是，隨著商品經濟的發展，貨幣流通的加快，兼以土地買賣比之前代更加盛行發展，金錢、土地、資產也就成了世人朝思暮想所追求獲取的東西，而通過婚姻達到這一目的，則是方便快捷。或以妻陪嫁奩物、田地解危救困，或靠出貸妻財得以度日，或以妻之嫁資留置田地。至於「榜下捉婿」更是一條輕易獲取金銀財物，聚物天下的捷徑。[31]尤其是日治時代，富農、豪商紛紛興起，成為望族婚姻圈的重要主角。筆者幼時，每遇有人婚嫁時，輒與家人親友群聚路旁觀看女方所送的嫁妝，並加論說一番，外人尚且如此關心，何況當事者，資財之誘惑，可見一斑。

六、人品德行

～二二○。

28　高拱乾，《台灣府志‧風土志》（台北，國防研究院，台灣叢書第一輯第一冊，民國五十七年十月），頁一八二。

29　謝金鑾，《續修台灣縣志‧地志》（台北，國防研究院，台灣叢書第一輯第四冊，民國五十七年十月），頁五十。

30　廖風德，〈清代台灣婚約中反映之婚制〉，《歷史學報》，第五期（台北，政治大學歷史研究所，民國七十六年五月），頁六三～六四。

31　方建新，〈宋代婚姻論財〉，頁一八九。

有些家族在擇偶時，更注重的是人品，此人品包括風采與品德。前者如東晉南朝人物特重風采、容止、玄談，故婚媾必受這些價值觀念影響，甚至孤陋的中下層，只要本人儀表風範符合社會趨向，也可婚媾高門。[32]

司馬光則強調後者，認為婚姻應首先察看女婿或兒媳的德性與行為，不要貪圖對方的富貴。只要男方有賢德，怎知以後他不富貴？若無賢德，即使眼前盛富，誰能擔保將來不落入貧賤。故曰：「婦者，家之所由盛衰也，苟慕一時之富貴而娶之，彼挾其富貴，鮮有不輕其夫而傲其舅姑，養成驕妒之性，異日為患，庸有極乎？因婦財以致富，依婦勢以取貴，苟有丈夫之志氣者，能無愧乎？」[33]

持這種看法的宜蘭地區也有。擺厘陳家的《立家禮儀輯要》即曰：「婚姻不可論財，當先察其婿與婦之性行及家法如何，苟非其人，雖有高才，亦不可議親。」[34]

第三節、望族間的婚姻配對

經由上面的探討，擇偶條件要顧慮同姓不婚、異姓不婚、門當戶對、家風教養、聘財資妝、人品德行等諸多問題，導致合適的婚姻對象大為縮減，尤其是望族更缺乏選擇的空間，大都在世家大族或具特殊身分者之間擺盪。因此，這種望族階級的內婚制，使他們自成一個狹窄的婚姻圈，顯現關係密切的世婚之家。

一、宜蘭望族的類型

問題是望族的條件為何？社會公認的尺度是什麼？各有說法，還真難有定論。筆者參用何啟民的觀點，略作補充，標出家族地位，決定於

---

[32] 葉妙娜，〈東晉南朝僑姓世族之婚媾〉，《歷史研究》，總第一八一期（北京，中國社會科學出版社，一九八六年），頁一六一。

[33] 李曉東，《中國封建家禮》（西安，人民出版社，一九八六年十二月），頁一四〇。

[34] 陳喬岳編纂，《擺厘陳家族譜》（宜蘭，昭和十一年元月），頁四四。

如下要素：[35]

　　1、人—人口多寡

　　2、時—世代久暫

　　3、位—祿位高低

　　4、財—財產富貧

　　5、名—名譽大小

　　不可能每個望族都能具備這五個條件，雖符合的比例愈高，愈能滿足望族的要求，事實上，有時僅具備某項條件，亦不失為望族。此叔原則檢視宜蘭望族，大致可分幾種類型：

　　1、富農：蘭陽平原土地肥沃，極適耕作，清代號稱米倉。早期移民，只要勤奮耐勞，努力開墾，進而招佃收租，闢地漸廣，假以時日，田園逾數十甲甚至數百甲，並非難事。這些家族雖無人名列科榜，但田園財富非常可觀，也是望族婚姻圈的重要一環，如頭城吳家、四城吳沙家族、七張林家、七結張家、大洲楊家、員山陳家、大湖呂家和俞家、結頭份的曾家等，其他各地的富農，為數更多。傳統社會耕讀傳家，因此，上述科舉望族在未中式前，大都屬於富農層級。

　　2、科舉：科舉之旨，意在取士，為國掄才。中舉之後，無論身分、地位、升遷、財富等，均扶搖直上，令人艷羨。因此，文人莫不皓首窮經，企盼登榜，父兄則積極鼓勵子弟，刻苦向學，家規與對聯亦以此為訓，殷殷告誡。林氏家廟追遠堂屋頂的正脊，以剪黏手法，顯示「科甲聯登」四個字，由此可見清代宜蘭是如何的重視科舉。許多科舉望族就此先後興起，如進士楊士芳、開蘭舉人黃纘緒、三舉一貢的李春波家、文舉李望洋、文舉林廷儀、五貢七秀才的黃學海家族、世代武科的擺厘陳家、員山武舉的周振東等，均是享譽蘭陽的科舉大族，其他因貢生、秀才而躋進望族之林的，不再盡列。

　　3、豪商：清代宜蘭的食物百貨，多取於漳、泉，絲羅綾緞則資於

35　何啟民，〈鼎食之家—世家大族〉，載杜正勝編，《吾土與吾民》（台北，聯經出版公司，中國文化新論社會篇，民國七十一年十一月），頁四二。

江浙，各貨南北流通，郊商大戶舟行經營。[36]這種重商觀念，貿易發達的情況，豪商擁財自重，脫穎而出，成為新興望族。及至日治時期，情形更是明顯，加上所有清廷官員及部分讀書人到大陸去，雖留有少數文士及擔任日本政府的下級官吏，然已較乏士的階級，且以商業隨交通發達日益發展，商人地位大為提高，而為眾所矚目的商業望族，其經營範圍，除行郊外，更兼及各行各業。[37]其代表人物，參看日治出版的列紳傳之類專著，即可知悉宜蘭的商人望族還真不少。

4、儒士：所謂儒士，大都家境富有，飽讀群書，擅長詩文兼工書畫，然或因考運不濟而落第，或因台灣割據而隱居，遂以設帳講學為業，弘揚教化為志，深具君子風範，望重鄉里。這種儒士家族雖非功名豪富，卻蘊含文化氣質與家庭教育，常為望族婚嫁爭取的對象。

5、醫生：行醫就是要濟世救人，自古以來頗得社會的尊敬，而有「不為良相，當為良醫」的說法。就漢醫而言，習岐黃之術，概屬文人儒士出身，如合著《冤童哂》和《醫方大成》二書的名醫林拱辰和林以時，一是廩生，一是秀才。[38]又羅東陳謙遜乃羅東杏林世家，清代曾賞受五品軍功。就西醫而言，醫生的身分地位更高，對望族的形成，更有推波助瀾的功效，如五結林木溪、宜蘭陳金波、擺厘陳喬岳、羅東陳進東等即是。

以下所述婚姻圈的對象以這類型人物及其家族為主體，至於資料來源不外家譜記載和實地查訪。就前者而言，傳統社會重男輕女，其結果是一方面忽略本族女子，甚至完全不提，即間或提到其婚姻去路，也只說嫁某姓而不書及名字；另方面對娶入之婦，也是同樣簡略，僅寫娶某氏，若婦家特別貴顯，才稍加註明某官某職之女、孫女或胞姐、胞妹，其他均無從深究。[39]就因家譜大都缺乏婚姻內容，使得實地查訪成為必要過程。遺憾的是，訪問各望族後裔的結果，很多長者對家族的婚配關

36　柯培元，《噶瑪蘭志略》（宜蘭縣政府，民國七十年六月），頁一一六～一一七。

37　陳金田譯，《台灣私法》，第三卷（台灣省文獻委員會，民國八十二年六月），頁一二五。

38　林桂川，〈林拱辰先生詩文集序〉，載《林拱辰先生詩文集》（台北，玉豐出版社，民國六十六年八月），頁二一。

39　潘光旦，《明清兩代嘉興的望族》，頁五。

係，印象相當模糊，別房的婚嫁情形幾乎無法明確說出。揆其原因，或許當時尚未發跡，或許家道已趨沒落，或許與平民家族結親，或許年代久遠不復記憶。而且，有些望族子女未及婚嫁即告亡逝，更有少數人終身未娶。凡此婚姻對象不明確及無婚姻事實者，均不在討論之列。換言之，各家族的婚姻嫁娶資料以信而可徵者為限，致使後面所開列的各家族婚姻對數受到相當限制，較實有人數與結婚數縮減很多。

二、宜蘭望族的婚姻關係

以下舉出幾個宜蘭望族為例，並顯現其婚姻關係，箭頭表示嫁娶方向。

1、宜蘭楊士芳家族：楊士芳家世以農為業，年及冠勵精勤奮，童試考取入泮，同治七年進士，欽點浙江省即用知縣，欽加同知五品銜，因丁父憂，不能赴任。光緒八年任宜蘭縣掌教，仰山書院祭酒，栽培後進，成就非凡。乙未鼎革時，添列救民局員，參與防備，旋登宜蘭廳參事，家門繁榮，富達四萬圓。[40]其家族的婚姻關係為：

楊士芳之妹楊氏→羅東望族協台陳輝煌
楊振芳之子楊庭柳→壯圍苓林陳劉氏
楊士芳之子楊承漢←宜蘭望族韓氏香
楊庭柳長子楊添蒲←宜蘭擺厘富農陳氏味
楊庭柳次子楊添盛←宜蘭碾米業李氏紅蟳
　　　　　　　　↖五結秀才陳萬來之女
　　　　　　　　↖宜蘭北門雜貨業鄭氏阿緞
楊庭柳三子楊清江←員山大湖富農陳氏蔥
楊添蒲之子楊坤西←五結經營生意廖阿質
楊添蒲之子楊坤錫←五結經營生意盧阿梾
楊添蒲之子楊坤木←宜蘭西門經營生意李枝梅
楊添盛之子楊天琮←宜蘭七張富農劉氏金

40　鷹取田一郎，《台灣列紳傳》（台灣總督府，大正五年四月），頁八十。

楊添盛之子楊天喜←五結富農羅氏草

楊添盛之子楊天厚←五結富農保正之女林玉葉

楊添盛之子楊天祥←壯圍壯五富農王氏甘

楊添盛之子楊天在←壯圍茄苳林富農李碧霞

楊添盛之子楊天泉←礁溪盧美子

楊添盛之子楊天泳←宜蘭東門經營生意王氏雪

楊添盛之子楊天信←南投草屯富家簡氏幸

楊添盛之子楊天賜←蘇澳郭美玲

楊添盛之女楊氏→南投草屯富家簡氏

楊清江之子楊錫殿←宜蘭東門漢醫劉淑杏

楊清江之子楊燦堤←宜蘭擺厘富農王阿屘

楊承耀之子楊隆興←宜蘭貢生李紹宗之女李幼

楊承耀之子楊隆泉←宜蘭中北街望族石碧霞

楊隆興之子楊天賜←早年赴大娶傅氏

楊隆興之子楊天祥←土圍富農保正之女游美

2、李及西家族：李及西秉性剛毅，明敏果斷，謀事無不立辦。自幼讀書，頗通理義。同治十年委辦義倉事務，十二年賑濟山西饑荒，因功議敘加同知銜，補用直隸知州，光緒四年賞給三代正五品封典。日治後，登任宜蘭廳參事，獻策地方利弊，邑民無不讚其功。資產約十餘萬圓，堪稱宜蘭首富。[41]其家族婚姻關係為：

李添壽之子李文章←宜蘭通譯楊再溪之妹

李捷元之子李啟綸←宜蘭進士楊士芳之五女楊紅棗

李捷元之子李香國←宜蘭望族例貢黃斌堂孫女黃阿葉

李捷元之子李有三←外員山大族游氏

李捷元之子李有成←外員山吳秀才之女

李賢宗之子李時禮←宜蘭富商黃阿西之女

李啟綸長子李本烈←宜蘭七結富農郭氏

41　鷹取田一郎，《台灣列紳傳》，頁八六。

李啟綸次子李本廉←宜蘭楊進士之姪女楊笋

李啟綸四子李本鏞←宜蘭南門富商游洽德之女

李啟綸五子李本璧←宜蘭富商鍾壽養之女鍾瑞蘭

李啟綸之女李雙淑→礁溪四城大竹圍吳子生

李啟綸之女李氏→宜蘭商號老元香黃氏

李啟綸之女李氏→礁溪四城大竹圍吳氏

李朝安之子李錫坤＿＿宜蘭商人林氏之女

李朝安之子李錫隆←羅東望族藍家

李朝安之子李錫樓←羅東望族藍家

李有三之子李坤木←外員山大族游氏

李有成之子李阿明←宜蘭賴氏

李有成之女李阿瑤→礁溪林秀才之後

3、鍾朝宗家族：鍾家於嘉慶年間移墾宜蘭，以農維生，至朝宗始受雇於米穀商，在輾米廠工作時，凡事皆勤，而後精於經營之道，老闆疼愛有加，並許配女兒為妻，朝宗並不因而奢浮，更勤於裡外，財富大增，致成宜蘭富豪，日治時代位列台灣名人榜上。[42]其婚姻關係為：

鍾娘養長子鍾朝宗←五間林氏紅柑

　　　　　　　　　↖二城沈氏阿桂

　　　　　　　　　↖冬山莊氏阿惜

鍾娘養次子鍾壽養←宜蘭三鬮吳氏阿金

鍾娘養之女鍾阿梅→宜蘭富家林本鑫

鍾朝宗之子鍾阿在←羅東望族張新掌之女張阿英

鍾朝宗之子鍾旺輝←壯富大福望族陳氏阿罔

鍾朝宗之子鍾清池←冬山江氏阿梅

鍾朝宗之子鍾阿泉←冬山林氏翠娥

鍾朝宗之子鍾阿標←冬山李氏文里

鍾朝宗之女鍾阿菊→宜蘭擺厘望族陳錫圻

42　鍾茂樹，《鍾氏族譜—月朗公派下家譜》，頁七。

鍾朝宗之女鍾阿珠→宜蘭東門林氏

鍾壽養之子鍾阿鴻←礁溪龍潭吳氏阿笑

鍾壽養之子鍾阿堃←宜蘭慶和街富家王氏

鍾壽養之女鍾氏→宜蘭中北街殷商林氏

鍾壽養之女鍾氏→三星大洲富農楊氏

鍾壽養之女鍾瑞蘭→宜蘭首富望族之後李本璧

4、陳金波家族：陳金波家境富有，父為漢醫，少時讀四書五經，以秉性聰慧，進步神速，大正二年畢業於總督府醫學校，曾服務宜蘭醫院，後東渡日本，進東京大學醫學部研究，返台後在宜蘭北門設太平醫院，懸壺濟世。陳氏熱心公益，曾任台灣文化協會理事，仰山吟社社長。[43]其長子陳熙春克紹箕裘，繼續接長醫院，真是醫師世家。其婚姻關係為：

陳興國之子陳步登←五間中農黃氏

陳步登之子陳鳳鳴←宜蘭北門望族江氏

陳步登之女陳氏→宜蘭慈安里中農

陳鳳鳴之子陳俊清←宜蘭望族廖燦堂之姑

陳鳳鳴之子陳金波←宜蘭望族韓火土之姑

　　　　　　　　↖員山臻巷村中農曾氏

陳鳳鳴之女陳書→員山武舉姪孫周時英

陳鳳鳴之女陳氏→礁溪四結中農王氏

陳鳳鳴之女陳氏→宜蘭一結中農莊氏

陳俊清之子陳廷章←宜蘭北門謝氏望族

陳金波長子陳熙春←屏東曾氏

陳金波次子陳楸春←留學日本娶日本人

陳金波三子陳浴春←宜蘭鄰居吳氏

陳金波長女陳氏→桃園楊梅古醫師

陳金波次女陳氏→宜蘭北門望族石家

43　余兆波等編著，《宜蘭新治》（宜蘭，聯合版宜蘭分社，民國四十一年七月），頁三〇七。

陳金波三女陳氏→羅東望族洪阿梎之子洪醫師
陳金波四女陳氏→宜蘭簡氏厝姑之子
陳金波六女陳氏→宜蘭望族廖燦堂之媳
陳金波七女陳氏→台北林氏

5、陳進財家族：陳進財羅東竹林豪農，父加添任清代清水溝總理，嗣子亦曾長清水溝區庄長。進財天性正直，幼少讀書，能通大義，十六歲廢學歸農，雲樵月耕，惟以勤儉敦本。凡公益諸事，並義所存，喜捨千金而不惜，日治初期，推任保正，家產稱十一萬圓。[44]其婚姻關係為：

陳加添之子陳進財←紅水溝冬山庄楊萬全長女楊笨
陳進財長子陳在田←壯圍美福康紹卿長女康專
進財次子陳水塘←宜蘭巽門游守度長女游絲
　　　　　　　　↖紅水溝補城地魏金生長女魏文
陳進財三子陳在濱←清水溝歪仔歪吳永祿四女吳教
陳進財五子陳東山←二結堡下三結盧石養次女盧幼
陳在田之子陳茂火←羅東望族藍溫淇之女藍金
陳水塘長子陳呈祥←宜蘭北門望族石煥堂五女石滿
陳水塘次子陳呈禧←五結望族醫師林木溪次女林惜

6、陳輝煌家族：清代中葉，溪南地區治安不佳，陳輝煌倡議富民養勇以自衛，乃募集二百餘戶，效屯田之策，拓墾三星面積達八百餘甲。同治十三年闢建蘇花古道，陳輝煌自請開路先鋒，功績卓著，敘功論賞。光緒十年，法人侵台，輝煌鎮守蘇澳，轉防基隆，以勞績擢為協台。陳氏發展企業，獲利甚豐，家道榮盛。[45]其婚姻關係為：

陳復生之子陳輝煌←原住民酋長潘那目之女潘氏
　　　　　　　　↖宜蘭進士楊士芳之妹楊氏
　　　　　　　　↖羅東承德郎劉振勳之女劉氏
　　　　　　　　↖基隆名花林榮輝之女林氏

---

[44] 鷹取田一郎，《台灣列紳傳》，頁七三～七四。

[45] 林萬榮，〈陳輝煌傳〉，載《宜蘭文獻》，重刊合訂本（宜蘭縣文獻委員會，民國六十一年八月），頁三一七～三二一。

陳輝煌長子陳振田←冬山武舉李濬川之姪女李氏

陳輝煌次子陳振業←羅東地主李氏

陳輝煌三子陳振光←宜蘭秀才游會東三女游氏

陳振田之子陳亞養←下三結大族西皮頭之女林氏

陳振田之子陳真烽←五結富農藍氏菊

陳振田之子陳氏←冬山武淵林氏

陳振業長子陳泗滄←五結大族黃氏番婆

陳振業次子陳逸松←基隆礦業巨子顏雲年之女顏氏

陳振業養女陳阿素→羅東李氏

陳振光長子陳進東←羅東名醫林捷龍之女林桂靜

陳振光次子陳進富←羅東鄰居江彩雲

陳振光三子陳長庚←羅東大族吳木枝之女陳悠女

陳振光長女陳阿桂→羅東望族藍堉呈

陳振光次女陳碧霞→彰化二林大族謝報

陳振光三女陳碧嬌→羅東富家吳煌錡

第四節、宜蘭望族婚姻圈的探討

從上面的婚姻網絡中，可以反映出當時的婚姻現象與家族社會。

一、門戶成見仍深

傳統門當戶對的觀念，仍為早期宜蘭婚姻擇偶所信守，雖然不至於每次娶進和嫁出，都要相匹配，但也都夠得上地方仕紳。如李及西的對手親家有楊再溪家、進士楊士芳家、五貢生七秀才的黃家、大族游家、秀才吳家、富商黃阿西家、富農郭家、富商游家、富商鍾家、望族藍家等。其他的望族婚姻亦大率如是，但如屬普通民家，則以身家清日，住在邇近，口碑良好為尚。反之，彼此差距懸殊，就難以配對，倘或有之，當有緣故，如羅東某望族之女，因較懶散，不討人喜，其長輩沒刻意找

對象，就隨意將其婚配。

　　為何人人羨慕地主、富商、科舉？從婚姻圈或可得到答案。這些在未功成名就前，仍是清苦之家，其擇偶當非顯赫家族，而是一般民家。宜蘭鍾家發跡於十五世的娘養公，致富於十六世鍾朝宗，雖然朝宗先後娶親四次，然這些夫人都來自普通家族，良養公及其先世的妻室就更不足多論。及至十七世時，鍾家已富甲一方，躋身名流，故其婚姻對象均大有來頭。再舉宜蘭北門陳家為例，其十六世陳步登業地理師，中年以後，收入頗富，善積財產，唯他成親之時，還在起步之中，因此，其岳家和舅家僅為一般農民而已。但到子輩和孫輩時，已望重鄉閭，嫁娶的對象則須慎重選擇。宜蘭其他仕紳大族的情形亦復如此，即發跡先後的婚姻選擇出現明顯的差異。

　　另外還有一個差異性，就是同族內，各房分居，努力奮鬥，經過一段時間後，有的房成就斐然，有的房則乏善可陳，處此情景，對手親家也就截然有別。據員山武舉周家第二十世周木全老先生說，大房善於經商，開設錢莊，後來家道中落，盛況不再，房親紛紛出外謀生，其婚姻對象如屬中等之家，已是幸運。

二、親疏有別

　　親疏觀念是理解傳統家族的重要依據，當然用在婚姻圈也十分貼切。一個家族中，不可能每房的表現都很優秀得意，此時，傑出房頭的子孫當然容易跟望族結親，距此傑出房頭的血緣關係愈近，受到其餘蔭的機會就愈大；反之，離此房頭愈遠，關係就愈疏，在婚配的選擇上，就愈派不上用場。

　　茲以楊進士家族為例，楊家原本清苦，後楊士芳獲得科舉功名，譽滿蘭陽，兄弟也跟著沾光，但不能否認的是，這些兄弟的聲望地位無法與楊士芳比擬。就婚嫁對象而言，與楊士芳直系子孫結親的有望族的韓家、三舉一貢李家李幼、中北街望族石家等。而楊士芳三兄振芳的子孫雖也跟著富家婚配，然大都限於富農、地主、殷商，其能如此，乃託楊

進士之福所致，所以振芳的親家之聲望，就稍遜於士芳的親家。至於楊士芳的堂兄弟等，因關係更為疏遠，結婚對象就不必刻意選擇。又如宜蘭北門陳家極為秀異，三代業醫，其父鳳鳴是漢醫，金波與子熙春學西醫，這一房系的婚姻圈有武舉周家、宜蘭望族江氏、韓氏、謝氏、石氏，羅東望族洪氏。其他房支則屬旁系，跟望族結親的機會就相對減少。

　　傳統家族以男性為主體，如族中某房男子早逝，留下孤兒寡婦，可能會受到族親的忽視與輕侮，表現在其子女的婚姻上，無論費用與對象都較為簡略，因無父祖作主，只好由其他族親代理。基於親疏觀念，姪子不如兒子來得親，因此族親難以慎重其事的替姪子慎選對象，造成大家族內，有男系長輩的房支之婚事，得到較多的照顧。反之，孤兒寡婦之房支要找望族為嫁娶對象，就很困難，原因很簡單，除本家族親的理由外，親家也有些顧慮，怕女兒嫁過去後，無男系長輩坐鎮，容易被別房欺侮。同樣道理，如屬對等的家族，娶媳婦時，也盡量避開無父親房支的女子，縣內某些望族，就有此現象，為免困擾，不舉例說明。

　　以上是自然親疏關係所影響的婚姻配對，還有一種人為的親疏關係，就是當家裡人丁興旺，原有家屋不敷居住時，抒解之道，一方面在合院或住宅向兩邊或後延伸增建護龍或進落；一方面則在原合院住宅的週邊另建房舍，這兩種情形都是圍繞公廳牌位而居，彼此關係密切。但另有其他房支遷徙外地，因來往費時，與原族親的關係逐漸疏遠，造成仍住舊宅的家族依然維持望族的遺緒，而移居他處的房支，因人單勢弱，雖還是望族的親屬，但已益趨淡薄，此一現象表現在婚姻的配對上，很顯的，前者的家世要優於後者。換言之，住舊宅的族親，續承受原有的光環，容易與望族結親；相對而言，出外族親遠離核心，其婚配的家世就不很顯赫。如清代宜蘭首富李及西的三子固守原有大宅院，長子和次子稍後遷出，使得跟李家第三房結親的有進士楊士芳家、五貢生七秀才的黃家、秀才吳家、富商游家、豪戶鍾家，至於和長房、次房婚配的家世雖也不差，如楊再溪家，然較諸三房，難免遜色些。

　　此外，族內掌權者對後輩的偏愛，也會影響婚姻的選擇。大致說來，族內所喜歡的子女，就會考慮其未來幸福，而圈定良好的對象；反之，

得不到族長歡心的後輩，想結親名門，可就不容易。大家族中，這種情形應屢見不鮮，只是缺乏文字資料，田野調查時，雖聽過耆老提及，但因涉及私密，就不便記述。

上述婚姻配對的狀況，均可視為親疏原則的具體表現。

三、婚姻區域

婚姻是兩家的事，這兩家或許近在咫尺，也可能相隔很遠，甚至一方住在縣外，此婚姻的區域分布，背後隱藏著深刻的社會意義。

宜蘭早在清代就有西勢、東勢之說，後演變為溪北、溪南，原先只是形勢上的自然分界，結果造成人為上的種種區劃，直到今日，仍是各項建設的爭端話題。因此，蘭陽溪可說是宜蘭人難以跨越的心理與生活的鴻溝，時代愈早，愈是如此。如以溪北和溪南各自形成地理上的婚姻圈，加以探討也很合乎宜蘭發展的實情。茲將溪北、溪南和縣外的婚姻對數列表，以作說明。

家族別	溪 北	溪 南	縣 外	省 外	總 計
楊士芳	十七	七	二	一	二七
李及西	十七	二	○	○	十九
鍾朝宗	十二	六	○	○	十八
陳金波	十五	一	三	一	二十
陳進財	三	六	○	○	九
陳輝煌	二	十四	三	○	十九

（一）、鄉鎮市內

宜蘭自設廳以來，建置區劃屢有變更，使得婚姻區域很難界定，目前鄉鎮市行政區域的範圍與過去頗為雷同，因此，以之作為婚姻圈的分析依據，應屬恰當。

事實上，婚姻的雙方不僅住在同區域內，有的還是鄰居。如宜蘭陳鳳鳴與北門望族江氏、陳廷章與北門望族謝氏、陳浴春娶附近吳氏、陳金波次女嫁北門望族石家，又如鍾壽養之女嫁中北街富商林氏、鍾朝宗

之女嫁東門林氏等,這種情形大都因相互認識,時有往來,彼此了解,不必託人探聽家世。由於結婚耗錢費事,一般中下階層的家庭,籌措不易,為圖節省,只要遴近有合適的對象,雙方家長贊成,就可完成終身大事,以鄰居結親的案例,普通家庭可能較望族來得多些。

鄰居結親固然理想,但範圍狹窄,滿意的對象也少,門當戶對的望族就更難得,如將婚姻範圍擴大到以鄉鎮市為單位,機會就增加很多,此為蘭陽地區最普遍的婚姻圈。如林煥基家族十五對嫁娶中,雙方都在宜蘭市的有八對;鍾朝宗家族是十八對中有八對;陳金波家族是二十對中的十一對;羅東的陳輝煌是十九對中的八對;這種機率應算很高,其他家族亦相去無多。比較例外的是羅東陳進財家族,因陳家致富於日治時代,已屬偏晚,約略的說,婚姻範圍的擴大與時間的晚後成正比,造成陳家的婚姻圈超過羅東外,為數較多;再者,陳家的婚配只有九對,數目不多,因而較難顯示比例的區隔意義。

(二)、溪北溪南

溪北地區包括宜蘭市、員山鄉、壯圍鄉、礁溪鄉、頭城鎮,原則上,望族大都住在宜蘭市,彼此互通婚姻的機會較多,如在市內沒有適當的對象,就擴及遴近鄉鎮的大戶人家,如林本源娶民壯圍王氏、林本泉娶員山大湖富農呂氏、林煥基之女分別嫁到員山,使得林家的十五件婚嫁,溪北就多達十二件。陳金波家族的姻親也大都在溪北境內。宜蘭首富李及西的後裔繁多,但與溪南通婚的卻寥寥數件而已。鍾家的姻親限於溪北的比例雖低於前述各家族,然亦達三分之二之數,即佔十八件中的十二件。

羅東、五結、冬山、三星、蘇澳、南澳、大同等鄉鎮統稱溪南,其家族的婚姻圈也是盡量的在此範圍內。如羅東陳輝煌家族的親家大都在溪南地區。而竹林富農陳家九件婚事中的六件,不脫羅東、五結和冬山。其他望族如藍家、十六份張家、五結廩生張家、冬山江家的情況亦相去無多。

從溪北和溪南各婚姻圈的形成,可見蘭陽溪還真扮演楚河漢界的作用,宜蘭人的地域觀念由此得到更確切的證明。

（三）、縣境之內

就蘭陽平原而言，蘭陽溪是天然的分界，但以大環境來看，整個宜蘭地區對外阻絕隔離，自成完整地域；而且宜蘭的開發自北而南，嘉慶年間，溪北墾地闢盡後，就已越過蘭陽溪，進至溪南繼續拓展。隨著時序的推移，人口的增加，道路的便捷，南來北往逐漸頻繁，兼以溪南也不乏出色的望族、富商等仕紳階層，尤以清末以後為甚，無形中，擴大婚姻選擇的機會，儘管溪北和溪南各婚姻圈仍很堅實，但打破藩籬，接受南北一家親的觀念，也在形成之中。

基於這樣的理由，加上某些特殊因素，宜蘭婚姻圈就以縣為範圍。如宜蘭鍾家溪南的媳婦有六位，其中冬山就四位，較其他家族為多，經詢其族中耆老得知，鍾朝宗之妻莊氏是冬山人，莊氏曾帶養三個幼女，後來莊氏將此三女分別給朝宗之子清池、阿泉、阿標，如無此緣故，鍾家或許會少與冬山人結親的機會。又如楊進士之兄楊振芳家跟溪南五結婚配就有五件之多，據當年八十二歲的楊天喜老先生之說辭，一是楊氏以富農、經商為主，而五結是溪南地區海路的門戶，生意人居多，同質性高；另一理由是早期進門的五結媳婦，認真勤勞，深獲好評，此後家中有人結婚，以五結人為優先考慮對象。宜蘭李氏家族李朝安有兩個兒子，各娶羅東望族藍家之女，可能也是類似的情形。

值得一提的是，羅東陳輝煌為結交望族仕紳，提高社會地位，娶宜蘭楊進士的胞妹楊氏為妻，[46]乃清代溪南和溪北望族聯姻的典例。其他如宜蘭李及西、陳金波、李春波、林煥基等，羅東的陳進財、張達猷、藍新等南北互相適婚，亦有其例，但已非清代的事。因此，宜蘭婚姻圈區的擴大，是在日治時期。

（四）、縣境之外

宜蘭地形封閉，聯外困難，終清治台之世，宜蘭人很少跟外界接觸。但光緒二十一年（一八九五），馬關條約訂後，日本統領台灣，進行各種建設，大開國人眼界，大正十三年（一九二四），宜蘭到台北的鐵路

46　白長川，〈宜蘭先賢陳輝煌協台評傳〉，《台灣文獻》，第四十二卷第三、四期（台灣省文獻委員會，民國八十年十二月），頁二二二。

通車，極利宜蘭人出外遠行，加上新思潮的影響，傳統婚姻的束縛逐漸鬆綁，少數望族子弟的婚姻對象不再局限縣內，他們藉旅行之便，認識外縣的異性，進而結成連理，無意間，延展宜蘭婚姻圈的範圍。

到外地求學是擇偶最佳的方式。如宜蘭陳金波長女赴基隆讀高女，經老師的介紹，與同樣離家唸書的桃園楊梅古氏交往，後成為古醫師之夫人。羅東陳振光之次女陳碧霞在負笈日本時，認識彰化二林大族謝氏，返台後完婚。此外，林煥基、李及西、陳金波、楊振芳、陳輝煌等家族也另見跟外縣市聯姻的情形，其中不乏遠至屏、南投者。還有深入大陸求學而娶內地女子，如楊士芳之曾孫娶大陸人傅氏為妻，而陳梾春留學日本，當了日本人的女婿，則是少見的例子。

雖然日治時期宜蘭人與外地聯姻數見不鮮，但清代已有人開其先例，就是黃纘緒和陳輝煌兩人。黃氏在福建任官期間，曾小住濟助過他的員外處，員外有女貌美，黃氏欲娶之，員外捨不得女兒渡台，恐其受苦，代之以救過他的婢女，此為黃氏家譜中的福州媽。[47] 而陳輝煌曾於中法戰爭時，駐守基隆，後以基隆名花林榮輝之女為側室。[48] 兩個特例是利用任官之便，就地找個填房，而非德配正室。

第五節、宜蘭職業婚姻圈的形成——以醫生為例

嘉慶十七年（一八一二）噶瑪蘭廳設置之初，開蘭知府楊廷理深感文教的重要，同時成立仰山書院，學規是「敦實行、看書理、正文體、崇詩學」和「讀書以立品為重，讀書以成務為急」，入學書生須嚴格遵守。道光三年（一八二三），獲准於漢學中別立蘭字號之科考員額，其後迭有增額，使噶瑪蘭學風大興，文風鼎盛，誠乎沈葆楨譽曰：「淡蘭文風為全台之冠」，而有「海濱鄒魯」之美稱。自道光以至光緒，科甲

---

[47] 安易，〈開蘭舉人—黃纘緒〉，《蘭陽青年》，第九十期（宜蘭，宜蘭青年雜誌社，民國八十一年三月），頁十八。

[48] 白長川，〈宜蘭先賢陳輝煌協台評傳〉，頁二二二。

上榜者計進士一人、文舉十三人，貢生以次更是不勝枚舉。[49]雖然清代宜蘭文人輩出，但出外仕途的猶如鳳毛麟角，僅文舉李望洋在甘肅先後任知縣、知州十年，進士楊士芳欽點即用知縣，甫赴紹興縣，即丁父憂返籍，遂不復出；文舉黃纘緒曾見用於姚瑩數年，武舉胡捷登曾追隨左宗棠征戰，後回鄉養傷。除李望洋外，均為官甚短，其他科舉人物則無意宦場，因此，宜蘭地區中式者固多，卻無法形成世代官家世族。

在農墾經濟方面，楊廷理不願業戶坐大，指其積弊，予以廢除。柯培元曰：「台中獨蘭無業戶，……台之所謂業戶也。今蘭中散佃各支丈單，既有開墾，辦有成案，亦未便使業戶坐享其利。」[50]就因設廳伊始，力裁業戶，使開蘭家族的經濟力量無法繼續擴張，導致噶瑪蘭地區始終沒有出現過超級的豪門大族。[51]相對而言，土地和財產就較平均分配，據大正年間《台灣列紳傳》的記載，日治初期，宜蘭地區資產逾十萬圓的只有李及西和陳進財家族，但積財數萬圓的家族倒是很多。[52]

由此看來，宜蘭地區缺乏強而有力的政治世家和經濟豪族，加上宜蘭開發較晚，時間不夠綿長，土地不夠寬廣，資源不夠豐裕，只以一種出身經歷，難登社會高層，所以單一型態的或士或農或商的望族相當少見。換言之，大都望族兼具科舉、地主、富商的多重角色，而且彼此地位與財勢大致在伯仲之間，難有顯赫的特例。這種情形表現在配偶上，看不出單純而明顯的婚姻圈。以科舉而言，宜蘭比較有名的科舉家族，如三舉人一貢生的李家、五貢生七秀才的黃家、中式武科十餘人的擺厘陳家，其成員的對手親家，很多均非科舉出身。以資產而言，跟堪稱首富的李及西子孫聯婚的家族，亦未必盡是富厚之家。此外，因為宜蘭的望族後來大都進行多方面經營，由科舉而經營土地和水利的，如李春波家；由從政而購置田產的，如李望洋家；由拓墾而走上仕途的，如陳輝煌；由經商致富而捐官的，如李及西等。及至日治以後，許多望族則發

49　廖風德，《清代之噶瑪蘭——一個台灣史的區域研究》（台北，里仁書局，七十一年六月），頁一五五～一五九。

50　柯培元，《噶瑪蘭志略》，頁二○三。

51　廖風德，《清代之噶瑪蘭》，頁一七六。

52　鷹取田一郎，《台灣列紳傳》，頁六五～九一。

展企業，其他各家族亦循此轉化的模式，以延續其望族的生。因此，很難將其歸為那一類的望族，這也是無法建立單純而明顯的婚姻圈的另一因素。

　　在望族的職業轉化中，一個新興的特殊行業漸受重視，就是醫生。甲午戰後，日本統治台灣，其殖民政策的特色就是差別待遇，在教育上採行愚民手段，只開放少數具有實用性質的學校給台灣人就讀，使得醫生成為趨之若鶩的職業。[53]總府醫學校是當時台灣最高學府，畢業生無論在公立醫院就職，或自己懸壺開業，均受社會人士的尊重，成就非凡，積聚相當的財富，或被推選為信用組合長，或被選為市街協議會議員，甚或被遴選為總督府評議委員，而為台灣人的政治領導階層。[54]

　　論及醫學校學生的出身應皆望族或富家子弟，否則一般家庭維生尚且不易，怎有餘力供其求學。尤有進者，在婚姻方面，醫生也呈現典型的中產階級以上的特色，因其收入豐厚，地位崇高，且屬自由業，造成婚姻上的優厚條件，在「門當戶對」的要求下，「新科舉」出身的醫生即可光耀門楣，與望族通婚。[55]同時，這些閃亮的社會菁英，彼此自我認同，成為新的族群。茲舉數例於後：

1、林拱辰家族

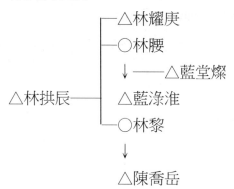

（1）林拱辰：宜蘭望族，清代廩生，研習漢醫，著「醫方大成」。

53　陳君愷，《日治時期台灣醫生社會地位之研究》（台北，台灣師範大學歷史研究所碩士論文，民國八十年六月），頁二。

54　吳文星，《日據時期台灣社會領道階層之研究》（台北，正中書局，民國八十一年七月），頁一〇三。

55　陳君愷，《日治時期台灣醫生社會地位之研究》，頁六九。

（2）林耀庚：林拱辰長子，攻讀漢學，總督府醫學校畢業。

（3）藍堂燦：林拱辰外孫，羅東望族藍淥淮之子，日本京城齒科醫專畢業。

（4）陳喬岳：林拱辰外孫，宜蘭擺厘陳家，出身日本大學齒科部。

2、陳金波家族

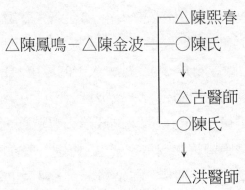

（1）陳鳳鳴：清代漢醫

（2）陳金波：陳鳳鳴之子，少時研讀經書，總督府醫學校畢業，後赴日本東京大學醫學部深造。

（3）陳熙春：陳金波之子，台灣大學醫學院畢業，接掌其父所設之太平醫院。

（4）古醫師：陳金波女婿，桃園人，業醫。

（5）洪醫師：陳金波女婿，羅東士紳洪阿梃之子，台灣大學醫學院畢業。

3、林木溪家族

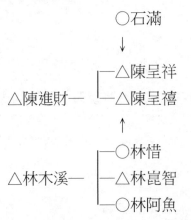

↓

△楊錦銓

（1）林木溪：五結望族，總督府醫學校畢業，開設利生醫院。

（2）林崑智：林木溪長子，韓國平壤醫學專門學校畢業。

（3）楊錦銓：林木溪女婿，台北人，業醫。

（4）陳呈祥：羅東望族陳進財長子，日本愛知醫科大學畢業，與林家熟稔，介紹其弟呈禧與林家結親。

（5）石滿：出身宜蘭望族石家，日本京都女子醫專畢業。

從以上三個實例，吾人可稍加引述：

其一，望族出身：案例中所涉及世居宜蘭境內的八個家族都是有名的望族。就日治時期而言，陳進財家產稱十一萬圓，擺厘陳家亦近十萬圓，林拱辰富凡二萬圓，藍新資產約十二萬圓，均是富甲一方的豪門。[56]其他林木溪家族、石滿家族、陳金波家族和洪阿椪家族亦不遑多讓，他們的事蹟至今仍為宜蘭人津津樂道。

其二，父子相續：為維醫生此一優良職業，並以之作指標，各家族無不鼓勵子弟克紹箕裘，繼承世業；因此，大都父子相續。由於晚清至日治，年限不長，只提及二、三代而已。事實上，戰後，其子孫習醫者亦是普遍，如羅東望族陳謙遜前後共五代習醫，藍淥淮、林木溪和洪阿椪、陳進東等也是數代都有醫生。

其三，擴大聯姻：戰後，醫生更是人人羨慕的行業，醫學系為學子們的第一志願，使得父子相續的延伸，在父母的期待，彼此的自我肯定、保持優良的品種與維護既有的財產等的情境，擴大醫生聯姻，形成醫生世家。這種在自己團體內尋找配偶，即所謂「階級的內群婚配」。[57]如將學醫的兒子、媳婦、女、女婿及堂兄弟及其子輩合併計算，有些家族足可開設頗具規模的綜合醫院。像羅東望族陳進東就是很好的顯例，其他如藍家、洪家等亦有此實力。為省篇幅，不作討論，僅記於此，聊備參考。

---

[56] 散見鷹取田一郎，《台灣列紳傳》各頁。

[57] 潘光旦，《中國伶人血緣之研究》（上海，商務印書館，一九八七年二月），頁七。

第六節、結語

　　傳統有言，物以類聚，人以群分，近代生物學家也告訴我們物類相聚的道理，優生學也強調這種類聚匹配的原則。在婚姻上，《左傳》的「齊大非偶」之言，就足以證明此經驗的存在。後世家族制度日益發達，門第觀念逐漸牢不可破，望族聯姻十分普遍，更加深此一經驗的可靠性。[58]宜蘭望族婚姻圈的形成，亦可為此作很好的註腳。

　　吾人深知，儘管地方史的區域有所局限，但含括的事物包羅萬象，「麻雀雖小，五臟俱全」就是這個道理。面對如此龐雜豐富的內容，真有教人不知從何著手的困境。解決之道，從家族切入是很好的主意，因幾乎任何地方事務直接或間接都離不開家族的關係。易言之，了解家族，地方更可窺知其半，而望族又是家族中的顯赫者，其彼此間的互動往來，足可影響地方的動向，而最能顯現其互動關係，莫過於婚姻圈的形成。因此，本文之作，不僅探討宜蘭望族間的聯姻關係，進而對宜蘭地方史的了解，當有一定程度的作用。

58　潘光旦，《明清兩代嘉興的望族》，頁一二〇。

第六章　宜蘭漢人家族的譜牒修撰

第一節、前言

　　家族是傳統社會的基本單位，擔負多重的角色功能，穩定社會的主要支柱，因而實為一複雜的綜合體。唯其如此，長期以來，家族之能依循軌道，建立機制，以維持正常運作，背後當有共同遵守的核心理念與潛在軸線，亦即整個家族活動是以此為基礎，所發展出來的結果。換言之，有「一隻看不見的手」在主導家族的運作與活動，這隻「手」就是純粹的系譜概念。

　　基於純粹系譜概念的核心原則，重視男系的家族的階序關係，世代連續與輩份觀念，每一個人藉此得以清楚其在家族中的地位，身份與職責跟著明確，家族活動就能順利展開，不致造成混亂。因此，漢人的親屬關係自然形成純粹的系譜概念與系譜網絡，不需要靠具體的文字族譜來記述其系譜關係。亦即在沒有族譜的家族中，純粹系譜關係即可發揮重要功能使家族能夠照常運作。[1] 換句話說，純粹系譜概念下的輩份關係非常明確，並用固定的親屬稱謂加以表示，形成家族內部井然有序的層級關係。

　　由此得知系譜可分為純粹或無形系譜，具體或文字系譜，後者就是前者的具體呈現與文字說明，即通稱為族譜。其主要用意並非為了釐清家族事務的權利義務分配關係，而是強調各人之間的家族共同意識。透過族譜的文字敘述，顯露豐富的家族內涵，以收家族的整合功能與學術研究的價值。就此而論，宜蘭的族譜是瞭解宜蘭家族社會，探討地方發展與鄉土事務的重要資料。本文之作，就是討論宜蘭族譜的蒐藏概況與修撰情形及其區域意義，進而為研究宜蘭所需的譜牒史料，提供基本的認識與深入的門徑。

---

[1]　陳其南，《家族與社會—台灣和中國社會研究的基礎理念》（台北，聯經出版公司，民國七十三年三月），頁一四〇～一四一。

第二節、宜蘭漢人族譜的類別

提到譜牒名稱真多，如家譜、家乘、族譜、分譜、房譜、支譜、宗譜、祠譜、世系譜、世譜、氏譜、通譜、會譜，聯譜、總譜、統譜等。此外，宜蘭尚可看到其他名稱，如詳細簿、長生簿、庚生簿、族簿、宗族神座、系統、系統表、分系系統圖、祖譜、總編、祭祖會簿、家族寶鑑、列祖表、族志、源流、生忌辰、全譜、尊祖錄、某氏之根、史記、祖記、思維錄、公家系譜、祖列、譜誌等，真是琳瑯滿目。從字面上看來，望文生義，雖能認識，但仍感模糊，因此，試加歸類，略予說明，不僅可收釐清的效果，進而作為瞭解漢人家族的門徑。

筆者前曾提及，家雖是傳統鄉土社會的基本社群，但在外延上，並沒有嚴格的團體界限，社群裡的分子，可以依照需要，遵循父系血緣，沿著親屬差序向外擴大，組成各種不同類型的家。儘管這些不同類型的家，都是從家庭的基礎推演出來，其基本性質與結構相一致，但表現在數量、大小、親疏、遠近上就有歧異。基於上述的考量，將家區別家庭、家族、宗族、宗親四個類型，作分析單位，探討宜蘭漢人的家族結構。[2] 順此理念，相互呼應，運用在譜牒上，以系譜概念與記載內容為原則，分成家譜、族譜、宗譜、氏譜四種類型，並說明宜蘭譜牒的概況。因此，「族譜」一詞在本文有兩個涵義，就是泛指譜牒與類型上的族譜類。

一、家譜

所謂家譜，原則上是直系親屬的生命記錄，如或有旁系親屬，則較少見，然終清之世，宜蘭因開發較晚，時間不長，造成綿延有限，家人不多，而且系譜概念十分清楚，無須特別撰述家譜。何況一般百姓，大都文盲，生活艱困，更無暇顧及家譜的問題。所以清代宜蘭家譜僅一件而已，即舉人李望洋所纂的《隴西李氏族譜》。日治後，上述情況，頗有改善，家譜陸續修出，大致分為三種：

---

[2]　陳進傳，《宜蘭傳統漢人家族之研究》（宜蘭縣立文化中心，民國八十四年五月），頁八四。

　　1、名錄：宜蘭漢人住宅的正間為神明廳，分別安置神明與祖宗牌位，為家庭的祭祀所在。歷代祖先的姓名與生卒時辰就寫在牌位後面的木片或紙條上。這個名單僅限直系親屬，有時世系不夠完整，資料也常缺漏，但幾乎家家戶戶均是如此，雖可視作家譜的雛型，然實不具譜牒的形制。惟部份家庭因缺乏資料或人丁不多，可口耳相傳，致使其神主牌位沒有祖先名錄。

　　2、家譜：宜蘭開發到相當程度後，早期移民已有數代傳承，待生活安定後，油然興起修譜的念頭。這種家譜是後代子孫自行修撰，仍以直系親屬為主，如有特殊情況，也會納進旁系親屬，宜蘭的譜牒以此類居多。可分簡單型和追溯型。前者撰述時，無需參考其他文獻，也不必探詢相關資料，只根據長輩的記憶，從開蘭或開台祖寫起，有的多少會提到艱辛的過程與事蹟，有的則只是歷代祖先的生卒時辰與分金墳地，有的甚至連這些都是殘缺不全，當然有的會列出歷代世系表。至於追溯型家譜，內容較為豐富，一者不限開台祖，而是往上直線溯源，甚至追到宋代以前；再者抄錄數篇同姓前輩的譜序，以示淵源流長。除增益家譜的內容外，亦能光耀門楣。

　　3、房譜或支譜：房是族的分支，即某一姓氏始祖在某地開基後，繁衍成家後，始祖以下的同胞兄弟開始分支，形成「房」的概念，房譜或支譜便是記載這一房支世系及相關事務的譜牒。[3] 換言之，由於房是家族的一支，成為家族分支下的家庭，所以房譜是相對於族譜而言。就房譜本身來說，即單獨構成家譜，因只注重本房或本支的直系親屬，別房親屬則缺而不錄。如《員山大湖呂氏家譜》、《蔡抉公派下家譜》、《李阿乞公派下家譜》、《蔡阿力公派下家譜》等。這種家譜大都是手抄，內容不多，約十來頁。部份家譜則沒有名稱，惟僅留存家用，不致造成困擾。

二、族譜

3　陳支平，《福建族譜》（福州，福建人民出版社，一九九六年八月），頁十七。

　　族譜是相應漢人家族結構中的「家族類型」，宜蘭自日治以後，因時間的延續，世代的增加，人丁興旺的家族已在逐漸成長之中。這種家族的成員有明確的血緣關係，有同居或聚居的生活現象。完全具備並超過家庭型的要素，不僅成員多，更重要的是家族內部構成複雜，成員間除親兄弟外，還有堂兄弟、從兄弟等關係。血親或血緣將其成員組合在一起，稱之為「家族類型」的家族。[4]因此，族譜的記載比較詳細，整個家族的世系均排列進去，遇有遷徙等重大事件亦會寫入，如某一世祖先移居某地，自成房支世系的經過與發展。至於源流、祖訓、昭穆等，亦在篇幅之內。原則上以開台或開蘭為分界，此後世系完整，房支清楚的譜牒，即可歸屬為族譜。

　　宜蘭地區的一般家族所修的譜牒以此類為多，但在編修時，參考資料有限，對先世源流雖有敘述，大都照既有譜牒抄錄，交代不清，愈到後代就愈清楚，如《太傳派陳樸直公族譜》從黃帝、帝舜以次至開蘭始祖，代代相傳，入閩以後，就列出世系簡表，而渡台後的世系表，不僅非常明確，且有簡單的生命資料。換言之，族譜是開台或開蘭後世系明確的家族，至於前此的先祖可不置問。

三、宗譜

　　宗族是家族的往前溯源與向後擴散，因時間拉長後，各派下房親經多次分家遷移，住處散居各地，彼此間雖能尋繹系譜血緣的關係，但隨著世代的增加，族眾的繁衍，已愈來愈疏遠。以宜蘭地區來說，記載此類親族的譜牒即為宗譜。因此，宗譜的撰述，須具多項條件，大都是世家大族方能具備。

　　宜蘭的宗譜亦分兩種：其一、開台前的世系，從某個時期或世代起，就已有明確的系統，且有必要的生命資料，如《李氏族譜》由明代永樂年間的始祖仲儀，開始記載，清代以後，從大陸、台灣到宜蘭，每一世代均有稽可查。《黃榮輝公派下族譜》從明弘治起算，就有代代相傳的

譜系資料，儘管黃氏家族人多勢眾，遍及各地，但譜牒內容足資證明其血脈牽連。其二，有些家族移民台灣後，親族間因環境所迫，分居異地，久而久之，關係漸趨疏離，少有往來，後來修譜時，經詳查探索，雖將各族親網羅排列，編成譜牒，雖內容不是很多，亦宜當作宗譜，因除了足資證明的血緣關係外，彼此間實在缺乏家族的互動。

四、氏譜

宗譜與氏譜的差異，正如宗族與氏族的區別，都是建立在父系繼嗣群成員之間的系譜關係是否清楚。亦即宗族的形成基於可證明的關係，繼嗣群間的系譜脈絡是可以追溯出來的；而氏族則是立足在契約關係，繼嗣群成員間僅是同姓而已。[5]這個差異投射在譜牒上，宗譜不管人數多浩繁，均為同一遠祖傳下的子孫；而氏譜則收錄分佈在各地的同姓的族人宗支，合編在一起，他們之間不必有共同的祖先，又可稱為通譜、聯譜、總譜。

宜蘭的氏譜也有兩種，即縣內氏譜和境外氏譜。前者的成員偏重居住在宜蘭地區，甚至主要修譜者也是宜蘭人，如《林氏大族譜》所編錄的林氏包括許多派下族支，範圍遍及全台，但宜蘭所佔的比例最高，編輯群大都宜蘭籍。而境外氏譜屬於宜蘭的部分並不顯著，只是其中的少數房支而已。如《楊氏譜彙》、《吳氏大宗譜》、《葉氏之根》等，這種氏譜篇幅繁多，有的甚至厚達千頁。

第三節、宜蘭漢人族譜的蒐藏

眾所公認，族譜具有很高的學術價值，提供豐富的文化史料，深得學術機構、文獻單位、民間團體的徵集典藏，甚至少數個人也加入蒐購的行列，就宜蘭的情況，分述如次。

---

[5] 麻國慶，〈漢族的家族與村落〉，載《人類學理論的新格局》（北京，社會科學文獻出版社，二〇〇一年一月），頁一八九～一九〇。

一、宜蘭縣史館

宜蘭縣史館籌備之初，就以蒐藏宜蘭的文獻與史料為要務，當然族譜更不會放過，多方的「動手動腳找東西」。截至民國 2000 年 6 月，計收有六十二姓氏，四百三十九件的各種譜系，其來源有四類：[6]

1、宜蘭縣文獻委員會移交及文獻小組收集：此批譜系是由宜蘭縣文獻委員會移交至宜蘭縣政府禮俗文獻課，再移交給文獻小組，以及宜蘭文獻小組所採集的。

2、宜蘭縣立文化中心博物組移交宜蘭縣史館籌備處：這是宜蘭縣立復興國中於 1982 年 20 週年校慶時，舉辦「歷史科譜系特展」活動，由宜蘭縣立文化中心博物組收集影印，再於 1992 年 3 月移交至宜蘭縣史館籌備處。

3、「宜蘭人家譜特展」時收集：1993 年 10 月 16 日，宜蘭縣史館正式成立，為讓民眾有機會更廣泛的參與、利用此館，特於開館時舉辦「宜蘭人家譜特展」活動。開館前先透過工讀生於台北中央圖書館台灣分館影印有關宜蘭的譜系，加以整理，以充實展覽與館藏。

4、各方面陸續捐贈：各方陸續捐贈的譜系，是透過各種機會和管道來收集，尤其藉「宜蘭人家譜特展」活動的宣傳，事後也收集了不少家譜。目前還在收集，以民眾零星借印、捐贈為主。

這些族譜可作幾項歸納，加以說明。

1、族譜名稱：有的譜只有寥寥數頁，祖先又為家人熟知，所以沒有譜名是一百二十九件，佔總數的 29.38%，有譜名的為 310 件，佔 70.62%，其中可分為四類，數量如下：

（1）冠以姓氏為譜名者，181 件（58.39%）。例如，《尤氏宗譜》、《田家氏譜》等。

（2）冠以地名為譜名者，62 件（20.00%）。例如，《漳浦官塘山吳氏族譜》、《宜蘭吳氏宗族寶鑑》等。

[6] 廖正雄，〈宜蘭縣史館館藏譜系簡介－兼談如何製作家譜〉，《宜蘭文獻雜誌》，第四七期（宜蘭縣文化局，民國八十九年九月），頁二九～三四。

（3）冠以人名為譜名者，49件（15.81%）。例如，《黃純善公家系譜》、《林信義祖子孫系統族譜》等。

（4）冠以郡望或堂號者，16件（5.16%）。例如，《弘農楊氏族譜》、《隴西李氏家譜》等。

2、姓氏：縣史館家譜的前十名姓氏，依序是林姓65件，佔總數的14.8%；陳姓35件，佔7.97%；李姓34件，佔7.74%；黃姓33件，佔7.51%；游姓32件，佔7.28%；張姓23件，佔5.23%；邱姓18件，佔4.1%；吳姓18件，佔4.1%；楊姓18件，佔4.1%；賴姓12件，佔2.73%；如將十大姓家譜比例與人口數百分比相對照，似有成正比的趨勢。

3、版別：一般家譜的版別分為手抄、木刻、石印、油印、排版等數種。目前館藏以手抄影印本居多，計有278件，佔總數的63.33%，次為排版影印本，為102件，佔23.23%，第三是排版正本，有54件，佔12.3%。上述現象，如再與出版年代做一比較，則可看出家譜有從傳統毛筆抄寫形式過渡到科技排版的走向。

4、祖籍：祖籍是族譜的標誌符號，同時也是親族的原鄉，館藏內有祖籍記載的為314件，佔71.53%，其中福建省有297件，佔各省籍的94.59%。以府來說，漳州府有250件，佔各府的84.18%；次為泉州府有24件，佔8.08%；再次為汀州府15件，佔5.05%。就縣而言，以漳浦縣居多，次為詔安、南靖及平和等縣，而以上諸縣又都分布於漳州府，也再次印證了當初移民宜蘭地區多為漳州人的說法。

二、猶他家譜學會

人類常因天災人禍的影響，使多年辛苦處理的記錄化成灰燼，令人十分痛心。因此如何將世上的重要記錄、原稿、歷史、傳記、家譜等，及相關的人文記錄等，予以妥善保護，而不至被大自然的災害所毀損，受時間所侵蝕，和遭世人所破壞，不但有其必要，且為刻不容緩的事。美國猶他家譜學會有鑑於此，自西元一八九四年（光緒20年）創立起，即以蒐集和保存家譜資料為宗旨，百年來不斷努力經營，終於使它成為

全世界規模最大，效率最高的家譜學組織。

猶他家譜學會是一個私立而不以營利為目標的機構，是耶穌基督末世聖徒教會所屬的一個部門，該學會總辦事處設在美國猶他州鹽湖城，負責整理編纂所蒐集到的資料，提供研究家譜者之用。為了能永久保存這些得來不易的珍貴資料，除貯藏於北美洲西部落磯山脈的花崗山記錄庫外，並拷貝分送各國重要學術團體，免費供人使用。

民國六十三年十二月，猶他家譜學會開始在台灣區做族譜蒐集可行性之初步調查，次年五月初，正式開始著手田野調查工作。民國七十年起，工作方針由點而面，深入全省各鄉鎮市，作全面性的調查，以挨家挨戶敲門拜訪當地居民的方法，進行地毯式的田野實際採訪作業。次年，由王素斐、侯秀娃、李喬雲、陳玉瑛完成宜蘭縣資料蒐集工作，合計共得族譜四百九十八件，數量殊是驚人，分別是頭城十六件、礁溪五十五件、壯圍二十四件、員山十五件、羅東一百四十五件、三星七件、大同十一件、五結十一件、冬山五件、蘇澳十五件、南澳一件、宜蘭市一百九十三件。[7]

由於這些族譜的複製品放在台北，且開放也有規定，對宜蘭人的使用略有不便。縣史館在蒐集族譜時，亦曾赴台北的存放處參訪，並影印部分譜牒，以充實館藏。因此，猶他家譜學會與宜蘭縣史館所藏的資料，均係四百餘件，內容大都重複，只是縣史館的蒐集還在繼續，並未停止。

三、個人興趣

社會上值得收藏的東西很多，其中最具意義且非以利益為目的，而為家族所共同重視的就是族譜，如神主牌位內的祖先姓名也算是譜牒的話，則情況更是普遍。此外，有些人基於自己的興趣，編輯譜系時的參考與學術研究的需要，亦可能蒐集譜牒。

以興趣來說，陳永瑞 36 歲時，於民國六十七年，就已纂修《太傅

---

[7] 陳美桂，〈猶他家譜學會在台蒐集族譜報告〉，《台北文獻》，直字第八十一期（台北市文獻委員會，民國七十六年九月），頁二二九～二三五。

派陳樸直公族譜》，希望「上以嗣先祖遺訓，下以傳家族宗支」，進而期使陳氏子孫，綿延不絕，後又於民國七十三年重加修訂。以此壯年兩度修譜，用心至深，令人感佩。更可貴的是，經由這個機會，使他對譜牒更加關注，並產生蒐藏的興趣。因此，二十年來，陳永瑞透過交換、購買、受贈、影印等途徑，收藏族譜二十餘載，近千件之夥，以個人能力有此成果，極為可觀。[8]由於其蒐藏是為了興趣，且不以宜蘭為限，外地亦在添置之列，因而大都是宗譜與氏譜為多。

以參考來說，受託幫人修纂家譜，因非屬本家，不夠熟悉，就需要借助其他資料或譜牒，以資參考。所以專事修譜者，手邊應該備有相關譜牒，使得蒐譜的工作不致中斷。宜蘭人唐羽，出身大族，通曉北台史事，以修譜為職志，《蘭陽福成楊氏族譜》、《宜蘭張氏族譜》、《蓮溪葉氏族譜》、《彭格陳氏大湖支譜》等為其傑作。白長川亦為好手，曾修過《林氏族譜》，《羅東許氏族譜》等。

以研究來說：譜牒記載家族的發展，反應社會的面貌，是上等的歷史資料，絕佳的學術素材，因此，研究工作者離不開其文獻價值；特別是近年來，學術風氣的轉變，譜牒更受到重視。唐羽不僅是修譜專家，且有深入研究，當然了解譜牒的效用，因而增強譜牒的蒐集。白長川的情況，大致如是。筆者對此亦頗有體會，從事研究時多所援引，所以也略加收存，惟均以縣內為主，且與縣史館所藏頗多重複。

第四節、宜蘭漢人族譜的體例

一、完整的族譜體例

族譜的體例經歷代逐漸增益，及至清代已大致完備，許多學者均有所討論，然內容相去無多，廖正雄綜合諸家說法，頗能兼顧各種形式，

8　陳文隆，〈後記〉，《陳氏世系源流簡介》（宜蘭縣陳姓宗親會，一九九五年四月），頁四十五。

筆者接納之餘，稍作添補，簡列族譜體例如次：[9]

1、譜名：譜名可看姓氏派下，祖籍或住地，記載歷史與譜牒類型，如《永定江氏直系歷代族譜》。

2、譜序：敘述家譜的修撰緣起、過去歷史、內容大要及修訂年月等，以宣揚本譜主旨。

3、題辭：歷代王公貴族或名人的題辭，以炫耀家世。

4、恩榮：記載歷代皇帝對本家族或某些成員的褒獎，目的是通過君恩來彰明祖德。

5、凡例：介紹本譜的編寫體例、收錄範圍、著錄規則、結構特點等。

6、譜論：部分家譜中登載譜論、譜說等篇章，對修譜的歷史、意義、原則和方法多所闡發。

7、圖：概為祖廟、祖塋、祠堂、水源及住宅四至圖等。

8、節孝：很多家譜在首卷都有此章。

9、像贊：將家族先人中顯達者，畫出其儀容，並加文字頌揚，以達光大望族、薰陶後人的目的。

10、姓考：對姓氏來源、遷徙經過和原因、部份世系、仕籍、先人科名以及祠廟、祖塋等進行考證。

11、世系：是以圖表形式呈現家族成員的血緣關係，為家譜的主要內容。

12、世系錄：是對世系表的解釋，即記錄一個人的生、老、病、死、葬的簡歷，內容包括父名、排行、名、字、號、生卒年月日時、享年、官職、功名、德行、葬地、葬向、妻妾生卒年月日時等，特別重生死、血統。

13、派語：記載族人的排行字語，即通稱的字輩或昭穆。

14、任官記：記錄族中歷代科舉及第與官宦政績，又稱荐辟錄、科第錄、科名志等。

---

[9] 廖正雄，〈宜蘭縣史館館藏譜系簡介—兼談如何製作家譜〉，頁三六～三八。

15、傳記：為家族中有特殊事蹟、豐功偉業、名可傳世的成員入傳。

16、宗規家訓：相當於家族法規，基本上為修身、齊家、忠君、敬祖、互助、守法等。

17、祠堂、祠產：記錄家族祠堂的歷史與現狀、規制、神位、世次、祠產、義莊、義田的管理。

18、墳墓：祖塋及各房支墓地的形勝、分佈、坐向和祭祀方式等。

19、先世考辨：主要為敘述家族歷史，如得姓始末、始祖、支派、遷徙、分布狀況等。

20、志：為家族中其他專門資料的匯集，如節孝、宗行、宗壽、宗才、封贈、歷代祖屋、祖塋、祖產分布等。

21、雜記：其他類不收或遺漏的均在此處敘述，如男女高年、爭訟及其他特殊資料等。

22、文獻：收藏本家族先人的著述及相關的各種詩文。

23、修譜姓氏：一般包括領銜、編纂人姓名，以及捐獻經費人姓名，均列在譜末。

24、五服圖：目的在藉由服喪，使族人重視禮儀規制，以及了解遠近親疏的關係。

25、餘慶錄：家譜修成，末尾照例留幾頁空白紙，上書「餘慶錄」，意為子孫綿延，留有餘慶。

26、領譜字號：為了防止家譜外傳，一般在家譜後都有順序號，然後登記在冊，某人領某號，定期抽查。

二、宜蘭族譜體例的質疑

上述體例，在世家大族的詳細譜牒，才能如數呈現，一般族譜大都只取較普遍的十餘項而已。宜蘭族譜中體例較佳者，實在不多，即或有之，概屬氏譜；有的雖具內容，但未照嚴謹格式，其原因大致如次：

1、篇幅太少：百分之四十的宜蘭族譜，篇幅在二十頁以內，部分手抄本，字體較大，一頁只數行而已，超過百頁以上的亦只五十件而已。

這樣的篇幅，當然不須體例，將歷代直系祖先列出姓氏、出生、墓地或子女數，簡單譜系即告完成。這樣大概就已超過二十頁，已無篇幅收納其他的家族內容。

2、世代短暫：宜蘭漢人的開發逾二百年，最早入墾者大都男性，成家亦須一、二十年之後，這批人的家族至今充其量不過九代，然因家族數量有限，且不見得每個家族都能枝茂葉繁，後來移入者時間更晚，家族世代相對減少。因此，宜蘭地區，除少數幾個家族外，勢難形成世家大族，累積的時間不夠，綿延的世代有限，當無充分的家族事蹟，以應族譜修撰的需要。

3、資料不足：這個問題除時間因素外，還有其他理由，即初期墾民，大都不識之無，而且率皆從事耕種，生活艱苦，經歷不足。數代以後，經濟情況漸告穩定，想要修譜時，缺乏文字資料，只剩牌位名錄和長輩口述而已。這些資料一者過於單薄，再者概屬傳聞，內容的質與量均感貧乏，真是難以成篇。世家大族可能好些，所以族譜與家族的興旺有相互依存的關係。

4、文獻缺乏：一部好的族譜，外在的參考文獻也很重要，因能提供背景環境的說明，牽涉事件的補充與構思撰述的指針。但宜蘭環山面海，僻在偏區，交通不便，資料文獻取得困難，加上纂修者也不願遠赴各處請教專家、查詢資料，尋找文物，購買書籍，大都因陋就簡，以現成的資料，加以鋪排，只要世系正確，族人接受，就算完稿。

5、體例不明：由於修譜者非專業人士，以致沒有遵循體例的形式，造成三種現象：其一，目錄過多：照說主題下還有子題，即結構上以章統攝節，但有的族譜將各個子題單獨成章，造成體例過多，疏忽章節的安排。如《胡公派竹林陳家族譜》缺乏前述的體例形式，而將所有內容都編成齊一性目錄。《太傅派陳樸直公族譜》的目錄共有五十八章，其中部分雖甚合體例名稱，但結構似應有隸屬關係。其二，體例太少：如前所言，篇幅簡短，不須體例，但部分百頁以上，也缺乏體例，就值得斟酌。如《黃榮輝公派下族譜》共一百五十二頁，卻無體例要項，只見世系內容，以致不易瞭解家族概況；而且又因沒有目錄，造成翻閱的困

難。厚達一百二十頁的《徐氏族譜》雖有內容，同樣缺乏體例，亦須改
善。其三，體例混亂：每個體例均有其意義與範圍，不能混亂，有的譜
牒儘管內容豐富，但體例不當，雖不妨害閱讀，但也是小瑕疵。如史料
價值很高的《林氏大族譜》，其前七十頁的各篇詩文就犯了沒有體例的
缺點。接著依序是〈淵源沿革志〉、〈摘錄志〉、〈宜蘭林姓追遠堂誌要〉、
〈祖像・黃帝世系表〉、〈勤勞公世系分派系統全圖〉、〈勤勞公世系派
譜〉，這樣的體例似有不妥。

三、宜蘭族譜體例的調適

　　宜蘭地區處於邊陲，表現在族譜纂述與大陸望族的譜牒比較，難免
會有些落差；但相對而言，宜蘭是新移墾區，有其區域性、時間性與局
限性，為適應這個狀況，體例與內容，就會隨之調整。

　　1、求有就好：傳統社會認為譜牒具有崇仰孝道、敦親睦鄰、端正
教化的功能。宜蘭的移民家族，群起仿傚，在艱困的發展過程中，仍願
意修譜，已屬難得。惟受制於文獻資料的不足，無法詳述內容，甚至只
有世系的單薄數頁，這種不避淺隘，先求有就好，以示追本思源，收宗
睦族，真是用心可感。

　　2、取捨有別：宜蘭族譜因客觀條件較差，無法依照前述體例，加
以發揮，必須遷就既成事實，以各家族的狀況，有內容的就多敘述，如
大家族在一般家產外，別置「祭祀公業」，以祭拜祖先，《霞山周氏族譜》
專立〈祭祀公業周振記沿革〉一章，《游氏追遠堂族譜》則對五個祭祀
公業提出說明。此外，族親通訊錄常是宜蘭族譜的內容，因宜蘭人口外
流嚴重，見面不易，藉此提供連繫的訊息，如《林氏族志》的〈林氏人
事錄檢索表〉，《鍾氏族譜－月朗公派下宗譜》的〈宗親通訊〉等，茲不
贅舉。

　　3、彰顯區域：宜蘭許多族譜為彰顯區域的特性，除在內容敘述當
時宜蘭的狀況，更收錄宜蘭早期相關的歷史文獻，其作用多重：其一，
強調宜蘭的區域意義，認同宜蘭的歷史發展，接受宜蘭的生存環境，以

示本土化的認同；其二，可增加篇幅，因成冊的族譜如份量過少，予人力有不逮之譏；其三，這些歷史文獻可充作其祖先開發宜蘭的背景說明，增進族親對早期宜蘭的了解；其四，早期移墾，篳路藍縷，透過文獻，使其後裔體認祖先的艱苦。茲舉數例，如《林氏大族譜》有〈噶瑪蘭廳設置通判〉、〈清噶瑪蘭廳蘭陽有八景〉、〈宜蘭縣大事記〉，《太傅派陳樸直公族譜》錄六篇專文和地圖，《胡公派竹林陳家族譜》則登八篇文章，其他各譜就此略過。

第五節、宜蘭漢人族譜的編纂

撰修族譜是將族內的全部人口，血緣關係編製成書，列出世系，並述內容，以建構家族意識，消極上，避免血緣關係的混亂，阻止家族離散的發生；積極上，達到確認族人的定位，團聚族親的目的。就因譜牒之作，所以敬宗收族，游貽竹曰：「譜牒之作，旨於昭信紀實，重本篤親，繫世系源流，誌宗功祖德，為傳家之寶鑑，為祭祀之憑據也。」[10]《李氏族譜君寵公族系》曰：「大凡譜之所作，親親之道也，親親故尊祖，尊祖故敬宗，敬宗故敦族，此禮之所重，人道之大經，今日之譜實為本，如他日之子孫眾多，族屬繁衍，繼此而書，將源源而來有不勝記載者矣。人倫之厚，恩義之篤，自有其然而然也。」[11] 因此，修譜成為家族的重大要務。至於何人執筆，各譜不盡相同，茲以宜蘭的族譜為例，試加分類。

一、族親組織主導

宜蘭部分家族經數代後，子孫繁眾，為凝聚向心、聯絡感情，而有祭祀公業、家廟管理委員會或宗親會等的設置，這些組織除具祭拜祖

---

[10] 游貽竹，〈游氏追遠堂族譜序〉，載游永德編輯，《游氏追遠堂族譜》（宜蘭壯圍，游姓祠廟追遠堂管理委員會，民國六十九年十二月），頁一。

[11] 李應門，〈譜序〉，載李秋茂編，《李氏族譜君寵公族系》（宜蘭冬山，民國六十五年）頁一。

先、敦親睦族、經營田產、處理事務等功能外，有時也會主導或支持譜
牒的修纂。以《游氏追遠堂族譜》為例，「游姓祠廟追遠堂管理委員會」
即序曰：「本堂委員貽竹宗親，熱忱祭祀，尤對氏族譜牒，系統源流等
鑽研頗有心得。經本堂全體派下員大會議決聘為本堂族譜修纂編輯。自
此，多方搜集本堂游十一世祖子孫及旁系宗親資料暨有關文獻，經歷數
載，今竟以大成。」[12] 就宗親組織的支持而言，宜蘭陳氏宗親會理事長
陳趾斯精研族譜多年，瞭解譜系頗深，常在開會或交談中，提起編纂族
譜的心願，陳文隆受其感召，並承其鼓勵與助印，特參考《陳氏大宗祠
德星堂壹百參拾週年特刊》及陳氏各家族譜及身邊既有的資料，加以整
理，介紹台灣陳氏源流，此即《陳氏世系源流簡介》一書的由來。事後
語重心長的提到宜蘭陳姓祖先因多文盲，「家譜也都沒有抄記而僅記得
自己的祖籍在祖宗牌位或墓碑上冠上，用以紀念而已，也因此對後代修
譜工作增添不少困難。有思及此，透過宗親會的功能，廣徵資料，集合
各角落宗賢，共同合編宜蘭縣陳氏大族譜，實有必要。」[13] 可見對宗親
會寄以深厚的期待。再者，成立族譜編輯委員會也是很好的做法，李氏
家族為了修譜，特組織「李氏大族譜編輯委員會」以編纂《李氏大族譜》，
由李秋茂膺任資料組主任，得諸委員不辭勞頓，搜集資料，更承各地宗
親協力聲援，遂告完成。[14] 而《林氏大族譜》之能如期問世，也是先成
立編輯委員會，再行決議，交付裔孫林性派主編。[15]

二、族人自撰

　　篇幅不大的族譜，由知曉文墨且勤勞認真的族人，就能勝任完稿。
這些族人願意修譜，可有不同的機緣。

　　1、宗系不明：江朝開為何撰述《永定江氏直系歷代族譜》？乃「以

---

[12] 游本盛、游炎坤，〈前序〉，載《游氏追遠堂族譜》。

[13] 陳文隆，〈前言〉，載《陳氏世系源流簡介》，頁三～四。

[14] 李秋茂編，《李氏族譜君寵公族系》，頁九。

[15] 林性派主編，《林氏大族譜》（宜蘭礁溪，林氏大族譜編輯委員會，民國六十四年九月）頁
　　甲四。

迭遭世變，史乘煙沒，祖德失揚，昭穆不分，親親之宗，早成陌客，今已如此，不謀補救，幾世而後，寧堪設想。」有鑑於此，遂研編族誌，期能明本知源，釐清宗系，以收敦睦之效。[16] 陳永瑞的修譜也是同樣的感慨，曰：「因慮年代久遠，世系煙沒，或親者視為疏，或遠者視為近，俱忘世代，形同路人，乃修族譜，源源本本，詳其支派，兼及考訂，闕其疑漏焉。」[17]

2、前譜激發：秀才張鏡光因罹患眼疾，所修家譜較為簡略，及過逝後，以子孫忙碌，且無資料，數十年間族譜乏人聞問，直至裔孫張國楨無意中得到鏡光公遺留手稿族譜，如獲至寶，遂複印存篋，然既感家族史乘之重要，復緬懷祖父重視族譜之用心，為免子孫湮忘祖德，乃以抄本族譜為基礎，決議重新整理，加上多方查證，《西堡張家族譜》始告完成。[18] 民國八十二年，員山餘慶堂拆除重建，其裔孫游德二感慨之餘，又因「幼時好機緣，看過守亮叔公及禎陽兄手寫族譜，於是興起重修族譜的念頭。」[19]

3、承命修撰：長輩雖無力修譜，卻可指示子姪實踐，鍾茂樹就是承「父親之命修家譜」，從連絡通知、收集資料、整理記錄、查證舊譜、年代換算、核對確認、至完稿落筆止，共費一年半的光景。總之《鍾氏族譜－月朗公派下家譜》即為父命難違的傑作。[20] 陳朝洪纂述《陳氏源流族譜》也是同樣情形，曰：「民國五十八年間，吾奉家父之指示，與第九世代長孫燄照君，主編大福陳氏世系。」[21]

除承命外，因鼓勵而修譜，亦不乏其例。陳呈禧之擴大編纂《胡公派竹林陳家族譜》，其堂兄弟的敦促不為無功。陳曰：「所編族譜之目的，是在探索祖先之遠源，記載其史蹟，而只為自己之存念，及給予子孫保

16　江朝開，〈編者序〉《永定江氏直系歷代族譜》（宜蘭三星，民國六十三年），頁一。

17　陳永瑞，〈陳氏族譜序〉，《太傅派陳模真公族譜》（宜蘭，民國七十三年五月），頁五。

18　張國楨，〈西堡張家族譜序〉，《西堡張家族譜》（宜蘭，民國七十一年九月），打字本。

19　游德二，〈序言〉，《游氏餘慶堂族譜》（宜蘭員山，祭祀公業游榮都游有珍，民國八十四年十二月），頁一。

20　鍾茂樹，〈修譜序〉，《鍾氏族譜－月朗公派下家譜》（宜蘭，一九九一年十一月），頁一。

21　陳朝洪，〈編輯感言〉，《陳氏源流族譜》（宜蘭壯圍，民國六十七年十二月），頁六。

存，鼓勵其奮發努力，無違背祖先之期待，要有自信心之意如已。後來
有堂兄弟要求之下，編輯以為書本。」[22]向來關注族譜的陳文隆，得道
多助，頗受肯定與鼓勵。曾在《鑑湖陳氏源流》的〈編後語〉提到，「承
蒙宗親前輩的鼓勵，對繼續充實族譜資料，從不敢忘懷。去年春末與東
和宗長遊唐山故里回來，東和宗長即囑余再廣為收集宗親世系資料，以
便增修版面出刊，藉以聯繫宗族感情。」[23]

4、處理公產：早期先民拓墾時，可能購買田產，其後派下子孫為
敬拜祖先，以此田產或另行添置，成立祭祀公業或管理委員會。然近年
來，因經濟發展，社會變遷，這些田產面臨諸多問題，難以解決，致使
釐清派下親屬成為首要的步驟，藉此修譜，一舉兩得，互蒙其利。白長
川曰：「今宜蘭林四龍祭祀公業代表林清盛先生為整理祭祀公產，必須
編修族譜，藉明開台世系，派下宗人之來龍去脈，亦為下代子孫留下尋
根探源之寶鑑。」[24]

5、託夢撰譜：有趣的是修譜與做夢產生聯結，游永德想到舊譜殘
缺不全，筆誤音訛，雜亂脫序，內心相當難過，曾自行蒐集資料。後在
某年冬祭時，承宗親提供唯一抄本，引為資證。「是夜得紅袍高祖授冊，
扉頁游龍昭字樣，殷囑戮力重修譜牒。醒後思先祖夢境有示，自此視修
譜為己任。」後來就擔任《游氏追遠堂族譜》的總編輯。[25]說來還真有
些神奇。

6、舅家執筆：以上所述，都是自家族人所撰述，可謂本家修譜，
還有一種為外戚修譜，就是作者非男系宗族，而是母舅，《黃氏家譜》
即為案例。開蘭舉人黃纘緒的女婿連碧榕，受到內弟（岳丈兒子）黃作
璜兄弟的請託，負責修葺家譜。連氏同意之餘，曰：「噫！我台人紛遷
雜處，忘源逐流，譜學之不講也比以矣。今子等獨有志乎是，其亦有念

22　陳呈禧，〈關於筆者所編之《胡公派陳世家族譜》後記〉，《胡公派竹林陳家族譜》（民
　　國七十四年十月），頁四五四。

23　陳文隆，〈編後語〉，《鑑湖陳氏源流》（宜蘭，一九九三年七月），頁一四〇。

24　白長川主修，〈修族譜序〉，《宜蘭林四龍家系林氏族譜》（宜蘭五結，宜蘭林四龍祭祀
　　公業，民國八十三年三月），頁四。

25　游永德，〈跋－修譜始末〉，《游氏追遠堂族譜》，頁三七四。

乎敬宗睦族之義耶，不禁欣然喜諾其所請。」[26]

三、家族委託

有些功成名就，事業興盛的家族，因十分繁忙，無暇修譜，族內也無合適人選，但又熱心譜牒，為顧及兩端，最好的辦法就是委請專家修譜。由於他們學養較佳，嫻熟譜學，當能提升修譜的水準。這些專業性之族譜編纂者，分佈於基隆、臺北、中壢、臺中、彰化、嘉義及臺南等地，其所撰內容大都涉及全台灣，有的並且包含中國大陸各省同姓宗親，故內容似覺籠統且不甚完整。後來情況有所改善，專為代替某一地區，某姓宗族同宗派之大宗小宗編印族譜，如已編印出版西霞蔡氏、玉井蔡氏、克昌堂劉氏、明公派下蔡氏、蘗谷永坑黃氏等族譜，此乃進步的方法。[27]

專業當中，具史學訓練的，更應受到重用，論者謂：「從前農業時代，聚族而居，安土重遷。現在到了工業時代，因就業的需要，人民流動性大，但飲水思源的敬祖觀念，出於人性的自然，仍應繼續發揚。故譜系學之重要性，較往昔尤有過之。當此工業時代，史學家當負起為眾姓修譜之任務。」[28]宜蘭合乎此項條件的專業就屬唐羽一人。唐氏學出華岡，治史多年，績效良佳，對譜牒修撰尤具心得。由於修譜認真負責，委託家族均感滿意。曾受楊塘海之託付纂修族譜，曰：「塘海氏者是族明智士也，多年以來，其獻身於事業之餘，復基於睦宗族，揚祖德以為己任，而有志於譜之纂脩，虞代遠而失統緒焉。壬戌之冬，遂以譜局，委之於羽，是羽感其人之明，世之不可多得士也。乃不自揣陋，出主全局，局之開，始於癸亥端月，旋擬體例為八門十卷、外首尾各一，都十二卷。歷八閱月，初告藏事。」[29]白長川亦曰：「八十一年秋，承宜蘭

26 連碧榕，〈修葺黃氏族譜序〉，《黃姓家譜》（宜蘭，民國六十六年四月），頁二。

27 王世慶，〈台灣地區族譜編纂史及其在史料上的地位〉，《台北文獻》，直字第五十一、五十二期合刊（台北文獻委員會，民國六十九年六月），頁二一三。。

28 張其昀，〈譜系學之新開展〉，《張其昀先生文集》，第十冊（台北，國史館，民國七十七年十月），頁四八五六。

29 唐羽，〈序〉，《蘭陽福成楊氏族譜》（台北，信大水泥公司，民國七二年十月），頁四。

國中陳永瑞主任之推荐，宜蘭林四龍祭祀公業管理代表林清盛和陳志誠
代書，同來舍下，委託主編林氏族譜。……在此之前，編者已接受羅東
許家望族以及陳家望族之託，代修族譜。」[30]

四、出版社編輯

政府播遷台灣以後，一方面因政府致力經濟建設，社會繁榮安定；
另一方面倡導宗親之團結，成立各姓宗親會；再方面彌補日治後期，因
戰爭造成譜牒失修，所以從一九五〇年代起，台灣民間各族姓又陸續盛
行修譜。除前述各種修譜方式外，專業性的族譜出版社也應時而起，投
進纂修的行列，但因要出版須有足夠的篇幅，故偏重宗譜或氏譜。這種
出版社多在台中地區，起步最早，規模最大，其中首推台中市江廷遠創
辦之新遠東出版社。該社於民國四十六年編印出版第一部族譜《林氏族
譜》，至民國六十五年之間先後出版王、李、張、張廖、簡、柯、蔡、
黃、鄭、陳、劉、楊、謝、郭、莊氏譜等二十餘種。類此專業性之族譜
出版社還有基隆市成光出版社、台中市正義出版社、創譯出版社、金算
盤出版社、台光文化出版社、彰化新生出版社、員林商工文化出版社等。[31]

這種成員遍及全台宗親的宗譜或氏譜，宜蘭的篇幅不多，大致以派
下房支為限。但有兩本譜牒，宜蘭資料比例最多，其一，由於楊士芳系
進士出身，地位隆崇，在《楊氏譜彙》中，除世系表外，亦刊登其照片、
軼聞、傳略、大事記、用示尊敬。[32] 以此內容加上其他支派世系和所附
的人事資料，可以看出宜蘭楊姓氏族的發展。其二《林氏族志》敘述範
圍遍及全台與唐山，時間上還推溯遠古，卻有近五分之一的分量討論宜
蘭，無怪乎唯一的序言就由宜蘭縣的縣長林才添主筆，曰：「光復後，

---

[30] 白長川主修，〈編後話〉，《宜蘭林四龍家系林氏族譜》（宜蘭五結，宜蘭林四龍祭祀公
業，民國八十三年三月），頁七九～八〇。

[31] 王世慶，〈台灣地區族譜編纂史及其在史料上的地位〉，頁二一二～二一三。

[32] 莊吳玉圖主編，《楊氏譜彙》（台中，台灣省各姓歷史淵源發展研究學會，民國七十三年
五月），頁二二七～二四八及其他各頁。

台省各地林姓宗人，遵奉總統敦親睦族之昭示，紛紛成立宗親會，用敘彝倫。比年台中市林氏族志編輯會有纂修《林氏族志》之舉，執事諸君不辭勞苦，蒐集資料，遍及全台，間嘗展讀譜稿，視《林氏族譜》範圍更廣，且多前所未見之寶貴史實，其宏願熱忱，至堪感佩，行見書成發刊，必能使族眾鑑古知今，興奮團結。」[33]

第六節、宜蘭族譜修撰的事項

撰述族譜是件辛苦的任務，譜牒內容又相當豐富精彩，因此，修撰之時，面對許多問題，值得探討，茲舉數項於後。

一、修纂時間

修譜是家族關注的大事，沒有族譜的要新撰，已有的則須續修。每隔一段時間，家族中總會降臨孩子，娶進媳婦，嫁出女子，家人過逝，增減人口，新造墳墓；興旺的家族還會購置公產，破敗的家族不免偷賣族產，而且隨著時間的流轉，家族內的各種狀況產生改變，這些都須反應在家譜上。因此，續修族譜成為必要的工作，後代子孫若不纂著，就被認為不孝，嚴重的還要依家法論處。至於多久定期續修，有十年一修者、或二十年、三十年一修者。[34]大致說來，以三十年為宜，可以把家族中的兩代人銜接起來，乘老一輩還健在，新一代又已成長的時候，將族內新增人口、血緣關係、婚配嫁娶、族人喪葬等事情，正確的記錄下來。如間隔年代過長，則造成「支系難稽，生終葬所均難查考，甚至子孫不知」的現象，可能引起血緣關係的混亂。[35]以此原則，回看宜蘭的族譜，分為四類：

其一，缺乏舊譜資料：早期宜蘭的墾民，幾全是文盲，不會動筆，

[33] 林才添，〈序〉，載江萬哲主編，《林氏族志》（台中，新遠東出版社，民國四十七年三月），頁一。

[34] 徐揚杰，《宋明家族制度史論》（北京，中華書局，一九九五年十一月），頁二四～二五。

[35] 徐揚杰，《宋明家族制度史論》，頁四四一。

僅憑記憶，住二、三代後，過去的事蹟就追索無門。所以大部分的族譜
因資料不足，都很簡單。宜蘭《平和賴氏家譜》的編輯，就可道盡實情，
曰：「因我祖上渡台迄今，各房未有發覺家譜資料，致無從研究查考親
族系統。因此，對此項編輯資料來源，悉依據長輩口述及各房奉祀祖先
神位內容，祖先墓墳散在地點，推測判斷渡台時期及墾拓地方為編輯之
資料。」[36] 這類族譜後來續修的也不多，蓋以前的史實無法重現，沒有
增加；何況非世家大族，事件不多，附記於原譜之後即可。因此，筆者
沒有發現人口少的家族有續修族譜的情形。

其二，參酌舊譜資料：以上是家族類型的族譜，如有宗譜或氏譜，
情況不盡相同，其所參考的譜牒就是各房支的族譜，各房支家族雖獲得
新修的宗譜，但仍會保存各自的家譜，因資料詳細所致。如《游氏追遠
堂族譜》之編修，就抄譜校錄而言，「蒐得本堂派下家譜廿五本，另其
他房派家譜四七本，計得七十二本。」[37] 這麼多族譜在新修大譜結束後，
將歸還各原主，各房支勢必妥善留存。

其三，盡收舊譜資料：部分族譜在修撰時，曾參考先前較簡單的譜
系，但修成後，原有族譜的資料已完全被新譜收納，或舊本破損嚴重，
而無留存或不示外人。如張國楨撰述《西堡張家族譜》的依據是其祖父
的族譜抄本，但此抄本紙質粗劣，保管不良，已破損蟲蠹，模糊不清，
難以保存。[38] 連碧榕纂修黃姓族譜，亦大致如此。曰：「今內弟所存家
譜，原係先岳丈啟堂公，手自草錄，雖生卒葬埋，略有載記，然皆紛紜
錯綜，宗支世系茫不可知，余乃極力考其舊本，訪其遺軼，蒐集久之，
始乃得其大要。」[39] 筆者多次拜訪黃家，從未聽到有此舊本。

其四，嚴格說來，前三種族譜均不合乎上述修纂時間的原則，其一
沒有續修，其二應屬新修，其三似乎不算續修。事實上，以宜蘭修譜的
條件與環境，真要做到續修，確有困難。但也不乏例外，只是須大家族

[36] 賴耀煌，《平和賴氏家譜》（宜蘭五結，民國五十五年）。
[37] 游永德，〈跋－修譜始末〉，《游氏追遠堂族譜》，頁三七五。
[38] 張國楨，〈西堡張家族譜〉，《西堡張家族譜》。
[39] 連碧榕，〈修茸黃氏族譜序〉，《黃姓家譜》（宜蘭，民國六十六年四月），頁三。

才辦得到。如五結廩生張俶南之孫張方鏗，於民國四十九年編造《張氏族志》一冊，經過二十年後，「族親多傳一世代，新進賢能齊齊無數，為加強睦親團結連繫，經『華日公祭祀公業管理委員會』之決議，重新編造《張氏族譜》一冊，以資度用參考。」[40] 同一作者在二十年後，續修族譜，其奉獻精神，令人動容。同樣情況，科舉家族黃氏七世裔孫黃為於民國七十年左右編纂《黃循直公派下族譜》手抄本，十六年後的民國八十五年以八十高齡，完成續修，雖增加的資料不是很多，但重新製版，印贈族親，真是難能可貴。[41]

宜蘭另有主張五十年較為合理，張國禎曰：「家譜之整理，必須以五十年為期，蓋五十年，照正常已傳二世，事蹟記略清楚正確，久遠則難免發生推測或口傳之誤。……若年代久遠，家族龐大，素少往來，搜集資料實有困難，故希後之子孫，以五十年為一期，整修譜牒。」[42] 還有一例就是，民國八十六年興德會管理組織改革後，鑑於現存之《林氏族志》編纂迄今已近五十載，實有重編的必要[43]

二、收錄原則

家族的運作非常複雜，牽連的問題相當廣泛，有些事情不能浮出曝光，部分事件不適合族譜登載，同時又顧慮族譜的內容過於龐雜。因此，族譜在修撰之初，就須訂出收錄的原則或記譜的筆法。明確規範何者可以入譜，何者要排除在外。對此收錄原則，宜蘭的族譜有三種處理方式：

1、未敘收錄原則：大多數的宜蘭譜牒都十分簡單，甚至連序跋與目錄也沒有，更遑論標示收錄原則的凡例與譜例。儘管這些族譜缺乏收錄原則的說明，但編修者從事工作前，由於受到傳統家族的薰陶，再參考其他譜牒的做法，已能掌握修譜共同性的收錄原則，因此，沒有收錄

[40]　張方鏗，〈編者序言〉，《張氏族譜》（宜蘭五結，民國六十九年五月），頁二。

[41]　黃為，〈序〉，《黃循直公派下族譜》（宜蘭，八十五年八月），頁一。

[42]　張國禎，〈跋〉，《宜蘭張氏家譜》（宜蘭，二〇〇二年五月），頁三。

[43]　林子超，〈序〉，載林渭水主編，《林氏族志》（宜蘭，蘭陽林姓興德會，民國九十年九月），頁二三。

原則，並不妨礙修譜的進行。簡言之，修譜者對前述各項體例及成員的登譜之年代、派系、子嗣、螟蛉養子、私生子、生女、幼殤、妻妾、改嫁、招贅、出家僧道、褒貶等各方面，如何落筆，怎麼取捨，該記要刪，內心早就樹立無形而明確的準則。[44]

2、引用收錄原則：宜蘭有些族譜為增加篇幅，將唐山譜牒的序文、源流、世系、人物、事蹟、祠堂、祖墳、墓誌等內容加以移置，其中極少數也沒放過譜例或譜規，亦即收錄原則一併照登。如陳喬岳編修的《擺厘陳氏族譜》爰引明永樂進士陳隆所定的〈立家禮儀輯要〉，其內容的前段就是昭告修譜的收錄原則，以此做為現譜修撰的依據。茲附第一條，以概其餘，曰立譜之法，「今大略斟酌古今之宜而參用之，其遠而無稽者不敢妄附，以誣先誑後，故定其所可知者為一世祖，以次派別為支派名，圖以繫世而疏其行次，有官則書其銜，有功於上下先後者，亦書其跡，遷居則書其所之。」[45]

值得質疑的是，收錄原則並非一體適用，常隨各族譜而不儘相同，也因時代的演變而有調整。上述明代所立的收錄原則不見得完全適用在五百多年後擺厘陳家的狀況，惟編修者只是照抄，未做任何補註或說明。

3、提示必要做法：宜蘭的譜牒以《游氏追遠堂族譜》的體例比較完整，提到收錄原則有二處，其一在〈跋——修譜始末〉曰：「本譜編輯以易熙吾修譜六忌為原則，衡本族現況而立篇章。」[46] 只是未將六忌內容列出。

編者除有消極性「修譜六忌」的排除原則外，還揭示積極性的遵守依據。即所謂的〈凡例〉，規條如下：[47]

一、譜牒修作，旨繫一脈親誼，以世為經，以人為緯，縱橫全齊，展卷可瞭己身本源。

一、譜分三集，各有所範圍，新立篇節，抄譜本無。此者可利於

44　王世慶，〈台灣地區族譜編纂史及其在史料上的地位〉，頁二二七～二三一。

45　陳喬岳修撰，《擺厘陳家族譜》（宜蘭，昭和十一年端月），頁四二。

46　游永德，《游氏追遠堂族譜》，頁三七四。

47　游永德，《游氏追遠堂族譜》，頁二。

閱覽，故採行之。

一、譜之蒐修，源有三，或為抄本舊有，或為查訪資料，或為史冊所載。故偶有族親世跡，杳無可覓，憾從略之。

一、昔唐山先祖立規，相沿則有四；一為書游必才游；一為無子嗣者，須以養女招贅入嗣；一為忌與王姓婚嫁；一為母豬不豢。今譜從之。

一、譜上集文獻，列我族五百年來活動之有關事跡，或先代遺作，或今人撰書；昔抄本偏廢，今特以為首重。

一、譜中集世錄，自始祖至今代，世序分明。另廣平、瑯琊遠祖世錄，今已靡得，從略之。

一、譜下集系統表；一為遠祖系統；一為平石三大房系統；一為龍潭各房系統；一為本堂各房系統。含蓋廣闊，別派後裔亦可沿溯之。

一、系統表名諱下，記「出」者為出嗣，記「入」者為入嗣，記「X」者為絕嗣，記「女」者為養女招夫入嗣。

一、修譜之際，若有逾各集範圍而不錄者，唯其求之不易，不敢輕棄，特另抄冊存之名曰「漳州府詔安縣平石樓游氏盛衍堂族譜」，以待來日別派有志者共研用之。

《林氏大族譜》亦有〈允言〉四款和《譜例》七款，性質相同卻分開標示收錄原則。[48]《游氏追遠堂族譜》也有〈凡例〉作為修譜的準則。[49]這些內容大致吻合修譜要義，然有些修譜原則並未列舉，好在修譜之初，已建立修譜的準則，無礙工作的進行。總之，編纂者處於邊陲地區，能關照到凡例的修譜原則，並檢具條文，雖不夠齊備，但已十分可貴，殊足嘉許。

三、經費來源

修譜是件耗費錢財的事，如族親查訪、影印資料、文獻購置、差旅郵費、稿酬筆潤、印刷出版等，均須經濟作為後盾。當然基於收宗睦族

---

48 林性派主編，《林氏大族譜》，頁甲四～五、甲三九。
49 游德二主編，《游氏餘慶堂族譜》，頁二。

的情懷，有些修撰者不求報償，義務投入，但相關費用仍須開銷，就宜蘭族譜來說，經費的籌集，如下數種方式：

1、未示經費：簡略說來，宜蘭族譜大都內容單薄，分量有限，如屬手抄本，是要謄稿書寫，經費大概可免；就算印刷出版，也是開支很少，用不著親族分攤，撰譜者或家族就能負擔。何況族譜簡單，房支不多，關係密切，出一點錢也無須計較。因此，估計百分之八十以上的宜蘭族譜都沒有經費的記錄，均由修撰者自行處理。

2、出資助印：自己雖非實際修譜者，但認同譜牒意義，鼓勵修譜工作，樂見完稿，慷慨解囊分送房親。如陳文隆於編纂《鑑湖陳氏源流》後提到「本書承蒙東和宗長出資助印，謹表謝忱。」[50] 可見這本族譜的撰修者為陳文隆，助印者是陳東和。壯圍大福《陳氏源流族譜》的印製，其族人陳思達敘述經過，曰：「得第九代孫焰照之助，重編完成者……。此族譜由朝洪等兄弟捐資付印，尤堪嘉許。」[51]

3、出錢出力：另有族親更是投入，既積極修譜又出錢付梓。如年逾八十高齡的黃為於修畢《黃循直公派下族譜》時，序曰：「為緬懷先祖渡台開基之艱難，以及吾族人不因立業四處而疏落，費時數年編此族譜，印贈族人以為留存尋根。」[52] 陳永瑞亦復如此，族譜告成後，跋曰：「擴大蒐集，整理有關族譜資料，重新印製此書，分贈閩台二地宗親。願我宗人士繼美增華，考校填績，使人人都有一本確實之家譜，這是我等重印此書之微意與拭待也。」[53] 在此之前，他就曾編撰《馬坪陳氏家譜》，並印製壹佰伍十本，贈送族親。[54]

4、兩路籌措：宗親團體有的因財產並不充裕，有的受限開會的決議，無法負擔全部的費用。《林氏大族譜》的做法是預付和補助雙管齊下，同時籌款，估計「每冊成本費四百五十元，定金每冊先付二百元，欲加印宗親玉照二吋以內，另收銅版代製費五十元。但礁溪之良崗聖王

[50] 陳文隆，〈編後語〉，《鑑湖陳氏源流》，頁一四〇。
[51] 陳思遠，〈重修金浦梅林堡陳姓遷台後之族譜感言〉，載《陳氏源流族譜》，頁五。
[52] 黃為主編，《黃循直公派下族譜》，頁一。
[53] 陳永瑞，〈跋〉，《台灣陳氏宗譜》（宜蘭，一九九二年六月）。
[54] 陳永瑞，〈附記〉，《馬坪陳氏家譜》（宜蘭，民國八十年三月），頁六七。

會員派下，族譜每冊補助四百元，預印三百冊，由良崗聖王的公款補助新台幣陸萬四仟元。」[55]

5、業主付款：少數人功成名就，感念祖先，請專家代修族譜，以顯祖風宗德。由於彼此非屬族親，專家應享酬勞，業主須支付稿費，極為合理，縣內的修譜就有數例。

四、資料蒐集

譜牒是史料的一種，強調的是真實，不容虛假，故其修撰，建立在可靠而廣泛的參考資料上，包括文字、口述與實物三種：

1、文字資料：透過文字所表現的家族資料。

（1）前代遺留的家譜：昔時多以毛筆寫於紅格簿或手指簿上，內容或許簡略，但通常有世別、名諱、生卒年，甚或葬地等記錄，可為製作族譜的基礎資料。

（2）公媽牌的記載：供奉堂上某姓歷代祖考妣的神位，昔時祖籍、世別、名諱、生卒年及享歲等資料多寫於「大牌」正面，顯而易見；今除祖籍、姓氏外多藏於內面，但如匯集各房親的牌位資料，即可建構家族最簡要的譜系。

（3）墓碑上的資料：除可提供祖籍、名諱及死亡年代等資料外，亦可由墳墓的分佈地點、重修時間，略推家族的遷徙、分房等情況。

（4）日治時期至目前的戶籍資料：一般人皆可由日人所建立的戶籍資料，至現今的戶口名簿，得知祖先的居住地點、婚嫁關係等資料。

（5）古契文書：如分家所立的鬮書、子嗣繼承的過房書、契約證書、遺書，甚或信件等均屬之。

2、口述資料：藉由口述訪談，以彌補、印證個人或家族的事蹟，其口述對象，主要有三類。

（1）血緣資料：各房親長輩有關家族事蹟的口述資料。

（2）人緣資料：往來親密朋友的訪談資料。

---

[55] 林安鑾，〈啟事〉，載《林氏大族譜》，頁丁二一九。

（3）地緣資料：地方居住鄰居或地方耆老的訪談資料。經此時人、時地的訪查，有時也有意想不到的收穫。[56]

3、實物資料：個人或家族所遺留下來的實物，為其生活的一部分，可見證家族的變遷過程。

（1）器具：個人往常始使用的道具，有助對其習慣與偏好的了解；家族的生活用具，反映其實際的生活狀況。

（2）建物：建築的材料、格局、裝修等，是瞭解家族變遷，人口發展與經濟狀況的最佳信物。

（3）舊照片等：老畫像、舊照片等，不僅明確留下先人的身影，亦容易引發子孫的追思情懷。

以上所述均為完整族譜不可或缺的重要線索，只是宜蘭的族譜沒有一本是全面追查，如數做到。比較令人滿意的做法是《游氏追遠堂族譜》，甚至還有問卷調查，其工作進行分三方面：一為抄譜校錄：蒐得堂內派下家譜二十五本，另其他房派家譜四十七本，計得七十二本。一為問卷調查及訪問，寄系統調查表一三五件，回覆有八十八件，其中完全答覆者廿九件，另面訪七十三戶。一為文獻書刊之研考，即覽閱近五百年來有關氏族之遷徙居處的相關叢書，及其他姓氏譜牒的編輯形態。[57] 宜蘭《林氏大族譜》也參考大量的資料，如二十五史、台灣姓氏源流、中西對照歷代紀年圖表，遠自台中、台北、三貂、礁溪、羅東、花蓮，又宜蘭林氏家廟等各處珍藏的家譜，大陸運台手抄祕本等八十餘種。同時，還特別強調其中「房派系統，由於各譜諸說紛紜，世代錯亂有所難免，冀待日後繼續考訂增編。」[58]

至於氏譜，因世系複雜，內容繁多，須依賴有經驗者主持修譜，帶領工作團隊，方能剋期完成。《游氏大族譜》主編游有財在〈編後記〉曰：「事先追隨修譜專家，苦心研究一段時間，曾擔任副主編，養成一班外務專員，經編修邱、曾、何、賴、簡氏等譜，歷有十多年間，學尚

---

[56] 廖正雄，〈宜蘭縣史館館藏譜系簡介─兼談如何製作家譜〉，頁三八～三九。

[57] 游永德編輯，《游氏追遠堂族譜》，頁三七四～三七五。

[58] 林性派主編，〈編後記〉《林氏大族譜》，頁丁二二〇。

未精之際，不覺花甲之秋，惟感西山不遠，豈敢留戀歲月，遂於民國五十七年春季，開始發動本班專員數名，遍訪全省各地，蒐集有關資料，迄今脫稿順利發刊。」[59]

第七節、結語

綜上所述，宜蘭譜牒的數量雖然很多，但從修纂者來看，以年長者老居多，世家大族、宗親團體、事業有成，以及少數熱心宗族事務的族親，比較關心，其他人則鮮加聞問，可見工商業社會的衝擊下，家族生態的改變，族譜也逐漸不受重視。

大致說來，這些譜牒，內容簡單，品質不算很好，其所以如此，因移墾社會下的宜蘭，早期大都是農人，教育水準偏低，識字尚且困難，如何能編好族譜，造成宜蘭族譜的內容相當貧乏。再者間隔數代，事蹟來源中斷，又難以追查，相關文獻也不夠，以至缺乏資料可寫。儘管如此，仍有幾個頁數很多的譜牒，惟部分稍疏考證，頗為可惜，部分抄錄唐山族譜而略顯虛胖。

族譜的修纂要有體例，若第四章所示，雖然任何譜牒的體例均無法如此完善，但嚴整的族譜也不宜缺漏過多。宜蘭族譜的修纂，最重視世系的說明，甚至很多族譜從頭到尾只登錄世系，其他體例一概闕如。好一點的就選幾項體例，敘述相關內容。真能達到水準的，實不多見。就此而言，以後宜蘭如有修譜，應多加留意。

就史料價而言，譜牒仍有重要地位，尤其涉及家族社會與庶民生活，更非靠譜牒莫辦。宜蘭地區留存的史料誠屬有限，好在近年來，鄉土意識的抬頭，地方史料漸受重視，因而縣史館及熱心人士頗能認同族譜的史料價值。雖然宜蘭族譜的內容有所不足，但終究是文獻資料，可以添增史料的缺乏，彌補史料的空窗，只要運用得宜，對宜蘭史的研究，效益良深。

---

[59] 游有財主編，〈編後記〉，《游氏大族譜》（台中，創譯出版社，民國五十九年五月）。

　　儘管宜蘭族譜的修纂未臻完善，但有此數量，已屬難能可貴，且縣史館與部分專家學者費心蒐藏，亦值得嘉許，因此，希望在現有基礎上，更多家族關心譜牒，進而投入修撰，為宜蘭的譜學貢獻心力。

第七章　宜蘭漢人家族的財產鬮分

第一節、前言

　　家族的發展固然有其深層的核心概念、基本結構與倫理家法等，但也不能缺乏物質條件，此物質條件就是家族財產。蓋物質是生活必需，沒有物質，無法維生，擴而言之，沒有財產，家族難以興盛。使得族產化作收親睦族的經濟手段，成為漢人家族社會的普遍現象。進而想要提高家族在地方上的聲望與地位，亦須在經濟上取得更大的優勢，這就是族產何以受到重視的原因。

　　漢人在宜蘭大規模的開發，始於嘉慶以後，由於時間較短，世代不多，但家族發展也是不爭的事實，本章旨在以家族財產為範圍，探討其來源、營運和鬮分，俾能浮現宜蘭傳統漢人家族的族產面貌。

第二節、宜蘭漢人族產的來源

　　宜蘭家族的生財積產之道，可有多端，但最重要的是崇尚勤儉。從族譜所顯示，均再三告誡務必勤儉持家。《鍾氏族譜》的「祖訓」〈勤儉當為〉條曰：「勤乃立身之本，儉乃處世之方。蓋勤，則能變其質；儉，能足其財。古云：男務於耕，女務於織，量其所入，酌其所出，此勤儉所當為也。」[1]

　　公廳宅第的對聯亦常以勤儉訓示子孫，宜蘭楊進士宅聯曰：「念祖宗克勤克儉創丕基以遺後裔，願子孫善繼善述守成業毋墜先謀。」同樣的佳句也出現在宜蘭另一楊家和羅東羅莊里張宅的廳堂上。四城吳沙故居聯曰：「克勤克儉千古業，能忍能和一家春。」五結成興張宅聯曰：「忍而和齊家上策，勤與儉創業良圖。」頭城吳家公廳之聯為：「長孝繼述惟忠惟孝，興後啟承克儉克勤。」凡此皆足以說明勤儉是每個家族

---

[1] 鍾茂樹，《鍾氏族譜—月朗公派下族譜》（宜蘭，一九九一年十一月），頁九。

致富的公分母。

　　宜蘭首任民選縣長盧纘祥之祖父盧廷翰，亦勤儉成家，置有田地千餘公頃，房屋百餘幢（原十三行店舖），眾曰：「有盧家富無盧家厝，有盧家厝無盧家富。」因而富甲頭城，至今猶盛，為人艷羨。[2]

　　至於各家族因勤儉而致富，家譜亦有記載，《陳氏源流族譜》曰：「第四世代長房兄弟四房，傳公、三其公、轉嗣公、家成公等思念先祖克難為子孫之德業，勤儉善居，日以繼夜，墾荒原野，為陳家子孫之幸福，其資產富稱，揚聞蘭陽之始源。」[3]

　　以下根據族譜和田野的實際狀況，茲分數項敘述宜蘭族產的來源。

一、墾荒拓地

　　早期入蘭移民，為圖溫飽，必須開墾拓地，多積田產，因而致富者大有人在。

　　獲官方允許且大規模開墾的應推吳沙家族，連雅堂曰：「初，沙將入墾，苦無資，淡水柯有成、何績、趙隆盛聞其事，皆助之。沙所募多漳籍，約千人，泉人漸乃稍入，而粵人則為鄉勇，已而漳人蕭竹來游，沙禮之，為之畫策。二年（嘉慶二年，一七九七年）沙赴淡水廳請給照，許之，與以吳春郁義首之戳，疏節闊目，一切聽從其便，沙乃召佃農，立鄉約，徵租穀，刊木築道，沿山各隘，分設隘藔十一所，曰民壯藔，募丁壯以守，每隘十餘人，或五六十人，畫夜擊柝，行旅無害，故來者皆有闢田廬長子孫之志，而沙亦歲入愈豐，以其餘力拓至二圍。三年，沙死了，子光裔無能，姪化代領其事，已而吳眷、劉胎，蔡添福來附，拓地至湯圍，蕃慮其逼，復時有戰鬥，互殺傷，化乃與蕃和，約不相侵擾，蕃喜，進至四圍。」[4]可見吳沙家族的雄厚資產，大都源於拓墾所致。

[2] 林萬榮，〈盧纘祥傳〉，《宜蘭文獻》合訂本（宜蘭縣文獻委員會，民國六十一年八月），頁二五四。

[3] 陳朝洪，《陳氏源流族譜》（宜蘭壯圍，民國六十七年十二月），頁一一。

[4] 連雅堂，《台灣通史》（台北，幼獅文化公司，民國六十六年元月），頁六五六。

　　嘉慶十七年（一八一二年）噶瑪蘭設廳後，吳沙這種開墾模式不獲推廣，柯培元曰：「台中獨蘭無業戶，爾等嘖有煩言，當開墾時，誠恐經費不足，故以田六園四之租穀盡歸諸公，除應完正供而外，所餘者名為餘租，凡地方一切公費，皆取辦於此。爾等不推原其故，動以業戶為請，不特柯趙何三姓求允已難也。自開徵已數載矣，章程既定，自且凜遵，乃劉碧玉、王有福等冒昧瀆求，試思利既歸公，權以官重，官為爾等削去力役之徵，芻儀之供，並非侵蝕肥己，如再於田六園四而外加額以置業戶，在各農佃力既有所不堪，如就田六園四之中加設業戶，則官有胥設尚不能使民按期完納，又安能憑一二業戶而總匯全蘭之糧儲乎？且出工本以開透荒埔者，臺之所謂業戶也。今蘭中散佃各支丈單。既有開墾，辦有成案，亦未便使業戶坐享其利，公私既有不便，情形亦所不能。」[5]因此，由業戶、墾首領導的請照、資助、聚眾、策畫型的開發受到限制，代之而起的是墾戶自行拓墾。

　　自行拓墾的結果，雖乏大財主，一般地主卻不少。林家平泰公「入蘭之後，奠基建宅於壯圍公館，由淡水廳隨從隘男三十多名入蘭，嘉慶、道光年間，先後開闢柒佰餘甲三千五百多石租田。」[6]擺厘陳家於「嘉慶中葉，敬得公兄弟率子宣石、宣梓又徙宜蘭員山鄉金包里古，惟斯時之宜蘭尚屬荒僻，於是宣石公、宣梓公兩昆仲招募壯丁，墾拓珍仔滿力社，擺厘社之土地三百二十餘甲。」[7]《西堡張家族譜》則提及其祖先擇居宜蘭西堡鄉村，「其間歷代祖先皆誠實務農，勤勉墾殖，篳路藍縷。」[8]

　　溪南地區闢地最多的是陳輝煌。當墾民開拓至張公圍、瓦磘、大埔等地，以迫近山地感受威脅，所以「眾推陳輝煌為業主，凡墾地每甲貸銀三十兩，墾成後三年清償，所開土地，業佃平分，各戶出壯丁為勇自

[5] 柯培元，《噶瑪蘭志略》（宜蘭縣政府，民國六十年元月），頁二〇三。

[6] 林桂川，〈林拱辰先生詩文集序〉，《林拱辰先生詩文集》（台北，玉豐出版社，民國六十六年八月），頁一八。

[7] 宣梓公派下八大房裔孫述，〈宜蘭市陳氏家廟鑑湖堂簡介〉，《台灣陳氏宗譜》（宜蘭，一九九二年六月），頁三八五。

[8] 張國楨，《西堡張家族譜》（宜蘭，民國七十年九月），未註頁數。

衛，悉由輝煌指揮，效屯田之策，有事則兵，無事則農，另給衣食餉銀厚待之，進而再墾內外抵瑤埤，頂下破布烏，紅柴林，二萬五等地，正議開叭哩沙時，值招墾制度頒布乃止。至同治十三年墾地報科者，面積已達八百餘甲。」[9]

嘉慶十五年（一八一〇）李茂殿攜眷來蘭，先居三結街，後遷溪南安居，仍貯豐年之谷，粒積成家，迨至歸終之日，置有田業三千稻租。[10]其堂兄弟亦於嘉慶十九年（一八一四）「挈眷來蘭，暫居林彪城東西埒，及後鏞、平、孟分爨，年孟又亡故，後擇居東勢珍珠里簡，公務農，積谷生活，創置家產有千餘租，終歸之日，子孫以十陽送葬，裔孫昌盛。」[11]

開墾之餘，從事狩獵，亦可致富。周頂遷居噶瑪蘭後，在大三鬮拓墾荒地。當時大三鬮至粗坑一帶，廣大平地，柯木成林，蘆葦密佈，水鹿成群。因他在唐山曾學設陷阱獵獸之經驗，遂兼營獵鹿。因當時鹿茸貴，田地賤，獵鹿買地，至晚年成巨富，擁有良田七佰多公頃。[12]

另有些家族亦因開拓而富有，但未記田園多少，茲舉陳朴直公為例，以概其餘。譜曰：「相攜漂浮來台，卜居宜蘭員山鄉中和村拓殖墾荒，肇其家業，未數年蔚為殷實，族亦繁焉。」[13]

二、購買田產

有些家族開墾後，薄有積蓄，經濟寬裕，會將多餘的錢購買土地，擴充田產，如此良性循環，漸成富家。如員山鄉枕山村大族曾家十五世祖王癸「買張丁結首份水田，四房全置；又買張祥茅埔烟，四房全置。」[14]宜蘭李氏「同族各支派祖先，共資在宜蘭壯二庄、員山大湖庄徵購土

---

[9] 林萬榮，〈陳輝煌傳〉，《宜蘭文獻》合訂本（宜蘭縣文獻委員會，民國六十一年八月），頁三一七～三一八。

[10] 《李姓族譜》（宜蘭，手抄本），頁四四。

[11] 《李姓族譜》（宜蘭，手抄本），頁五四。

[12] 周烱榆，《霞山周氏族譜》（宜蘭，民國八十年），未註頁數。

[13] 陳永瑞編撰，《太傅派陳樸直公族譜》（宜蘭，民國七十三年五月），頁五〇。

[14] 《曾姓族譜》（宜蘭員山，民國七十五年），頁四。

地。」¹⁵游氏則「散居落葉之餘，每思祖先在唐山，遠隔重洋，莫不興懷不置者矣，於是邀集派下等鳩資生放，陸續置田業計有參佰貳拾餘甲。」¹⁶

　　這種置產方式可從買賣契約得到證明，以購置水田為例，曰：「本年（光緒十四年）六月十八日，據本城人民石復興等呈稱：伊於光緒五年十一月間，備出價銀二百八十元，憑中李建明承買李昌旺田一段，坐落西勢茗蔚莊，經丈四分九釐零。其田東至李天泰田，西至水溝，南至朱春合田，北至土圍水溝各為界。寫立杜賣一紙，並帶丈單暨手上契共五紙。」¹⁷再舉購買水圳為例，同治八年（一八六九年）的〈杜賣圳契字〉曰：「開築水圳，延長千一百五十四丈五尺二寸，寬二丈四尺零，引水至三十九結莊，灌溉官番田業四十三份，拼帶公埔莊兩邊埤地，東至吳天喜田併塚埔二十七丈零三尺，北至康隆田八十四丈零八尺各為界明白，併帶鬮門一坐，以備旱潦欄水消洩之用。茲因家窮乏力管理此圳，欲銀別創，願將此圳出賣，先盡問房親叔兄弟姪人等不欲承受，外托中引賣與黃纘緒掌管，收租為業。即日同中議定時價銀一百四十元正交收足訖。」¹⁸此黃纘緒即開蘭首位舉人。

　　官拜甘肅河州知州的另一宜蘭舉人李望洋，亦價購水圳，光緒三年（一八七七年）的〈杜賣盡根圳底水租契字〉曰：「東勢榕樹門龍目井順安莊水圳一道，連溪頭、埔地、泉湢及陡門、圳道等一應在內，年收旱、晚季水租穀二百石左右。茲因乏銀別創，兄弟相商，願將該圳及水租、陡門、餘埔、曠地等件盡行出賣，先盡問房親人等俱不承受，外托中引就與李望洋老爺出首承買，同中三面議定依時值盡根圳價銀七百五十大元正。」¹⁹

¹⁵ 李訓樸，《李氏族譜》（宜蘭，民國七十一年九月），頁四。

¹⁶ 游永德編輯，《游氏追遠堂族譜》（宜蘭壯圍，追遠堂管理委員會，民國六十九年十二月），頁三三。

¹⁷ 《台灣私法物權編》，第一冊（台北，台銀文獻叢刊第一五〇種，民國五十二年一月），頁一五九。

¹⁸ 《台灣私法物權編》，第一冊，頁一二四五～一二四六。

¹⁹ 《台灣私法物權編》，第一冊，頁一二四〇。

從黃纘緒和李望洋的情況，可見購置田產是仕紳財源的重要管道。

購買田產中，以科舉稱道的李家最多，據其《東西勢田園圖冊》的記載，曾向陳光成買田園四筆、地基一筆，向李娘俊買店地一坎，向林坤山等人買店地二坎，向揚三貴等人買店地三坎，向陳家和買店地一坎，向蕭翰買園一筆，向李買亨買田一筆，向邱振坤置田三筆，向李衍實等買田二筆，向李光國買田一筆，向姚蒲春買田二筆，向王天德買田一筆，向林主儀買園二筆，向吳水連買園二筆，向劉長全買園一筆，向蕭藝等買園一筆，向楊福等買園三筆，向游永佃買園一筆，向林秀盆買田二筆，向陳松麟等買田三筆、園二筆，餘不再舉。[20]購置之多，殊是驚人。

三、承受祖產

傳統社會族產的鬮分，採諸子均分制，各房所得的族產大致等值。因此，財力富厚者經析分後，獨立門戶的家庭，即有一筆現成的財產，如能在此基礎上，繼續經營，努力置產，財富的累積十分可觀，新的族產就此建立。宜蘭《康氏家譜》曰：「迨至光緒年間，鑒於大宗族家口眾多，生活感繁，遂有分居之議，兄弟各分得近百甲田地。」[21]

古文書就是登錄承受族產的最佳證物，如杜賣契書，雖為田產買賣及各項約定的成交徵信，但契書上都會記載賣方田產的由來，以示清白可靠，其間承受族產就佔相當的比例，茲舉宜蘭數例，如〈永遠杜送地基契字〉曰：「立永遠杜送地基契字的人永佃，有承先祖遺下佃鬮分應得水田一處，址在東勢歪莊，東西四至俱載單契明白。」[22]〈找洗字〉曰：「立找洗字人吳光寶，緣去年十一月冬間，有承祖父遺下沙園一段，址在武營埔，東西南北四至界址，載在丈單買契字內詳明。」[23]又〈合約字〉曰：「同立合約字人張四合，顏宗輝等，緣輝有承先父遺下鬮分

[20] 詳見李家《東西勢田園圖冊》，手抄本。
[21] 《康氏家譜》，頁一六。
[22] 《台灣私法物權編》，第一冊，頁一三五。
[23] 《台灣私法物權編》，第一冊，頁一七五。

應得水田二段，分為兩處，址在頭圍堡白石腳莊；其一段在東畔，東至林初田，西至小港，南至呂家田，北至石永記田，四至明白，經丈七分五釐。其一段在西畔，東至林初田，西至小港，南至石永記田，北至石永記田，四至明白。」[24] 又〈胎借銀字〉曰：「立胎借銀字人蕭順生，緣有承祖父鬮分應得田園五段，址在頭圍堡外澳莊，其東西四至界址以及甲數分數，俱載在丈單內詳明。」[25]

至於鬮書，據宜蘭林氏〈明族公鬮書〉所示，兄弟三人承受祖業，「截長補短，按作三份均分，各拈鬮為定，寫立鬮書開載明白。……第一鬮，明族應得卅九結水田貳段，帶厝是茅屋，載明批照。第二鬮，明答應得卅九結水田壹段，湯圍水田壹段，奇立丹水田壹段，載明批照。第三鬮，明睿應得六結仔水田壹段，番社後水田壹段，載明批照。」[26]因此，分產乃族產重新分配的來源，兄弟各房就可得一筆財產，而鬮書就是文字見證。

承受祖產，有時沒有完全鬮分，仍保留共業的情形，這種共業，有下列幾種：

（一）家人共業

同居一起的家庭，其財產並未析分，而為全家共同享有，集中管理，統籌運用，一般家庭大都屬之。

（二）族人共業

當家族經數代繁衍，有分家之舉，部分旁支甚至遷居他處，但財產沒有分割或不完全分割，還維持原有田產，此一現象常為保守家族所採行。此外，部分族人合夥出資認股，共建產業，而為合約式共業族產，享有財產的族人，以出資者及其子孫為限，這是另一種族人共業。

（三）宗親共業

同姓諸人，基於同宗緣故，共同分攤出資，或購置田產，或創辦事業，或興建家廟等，形成宗親共業。其與族人共業的區隔是親疏有別，

---

24 《台灣私法物權編》，第一冊，頁一八五～一八六。
25 《台灣私法物權編》，第五冊，頁八五四。
26 林性派主編，《林氏大族譜》（宜蘭，民國六十五年十二月），頁甲七三～甲七四。

一是血緣基礎，一是同姓關係。

四、開鑿埤圳

農業生產與水的關係至為密切，精耕農作對水利埤圳的要求更高，缺乏良好的水利，則難望有好的收成，因此，自秦李冰的都江堰以次，歷代均極重視農田水利建設。台灣位居熱帶、亞熱帶地區，適合栽種水稻，致使渡台之所有移民，抵台後即以民間自己之力量，一面拓墾荒埔成為旱園，一面投入工本開鑿埤圳灌溉良田，增加經濟效益。[27]

蘭陽地區的水利資源得天獨厚，就自然環境而言，主要是水源充沛；就氣候條件而言，雨量豐足，年雨量高達二千六百至三千六百公厘，為沖積扇提供相當充分的水源，而蓄積成含水豐富的湧泉帶。湧泉區地下水位極高，便於開埤築圳，所以奠定清代蘭陽平原水利設施，躍居全台之冠的基礎。[28]除水源豐沛外，清代宜蘭的佃戶、圳戶及士紳、富商等，獨資或合夥積極投入埤圳的開鑿，也是水利發達的重要原因。

根據《宜蘭廳管內埤圳調查書》所示，清代宜蘭獨資的埤圳有埤頭陡門圳、八仙佃圳、金合順圳、林和源圳、鼎橄社圳、金長安埤圳、金源和圳、番仔圳、抵美簡、四圍軟埤圳、三十九結圳。而合夥的有紅柴林及十九結圳、阿里史庄佃圳、金復興圳、金瑞安佃圳、打那岸陡門圳、金榮發埤圳、金豐萬圳、金漳成圳，萬長春圳、八寶圳、林寶香圳、火燒圍圳、沙仔港陡門圳、金大安埤圳、鼻仔頭圳、金大成圳、太山口圳、金結安圳、金新安圳、金長源圳、林源春圳、李寶興圳、金同春圳、充公圳、金慶安圳。比較特殊的是，辛永安圳為社番所共同開發。開發較晚　面積不大的蘭陽平原有這麼多埤圳，水利之發達，可見一斑。

如眾佃人公議鳩集築圳道，以通流灌溉，八寶圳便是一例，其嘉慶十九年（一八一四）十一月的合約人有劉連俊、管華鳳、溫友鳳、魏盛

---

27 王世慶，〈談清代台灣蘭陽地區之農田水利開發史料〉，《清代台灣社會經濟》（台北，聯經出版公司，民國八十三年八月），頁二一七。

28 黃雯娟，《清代蘭陽平原的水利開發與聚落發展》（台北，師範大學地理研究所碩士論文，民國七十九年六月），頁二九。

來、李華漢、黃聯喜、陳永錄、徐喜發、練可進、馮聖科、阮蘭、林阿龍、馬安、徐春富、江瑞兆、練友基、胡始梅、游增養、徐燕伯、魏仲照、徐路四、蔡坤芳、徐九立。[29]

　　獨資者如光緒初年，舉人李春波鑒於蘭陽沙礫地區水田，雖經漳、泉、粵人民墾耕，阡陌縱橫頗具規模，奈無水源灌溉，常困旱魃之災，年年歉收疊告糧荒，遂於羅東興建大水圳可灌沃一百八十餘甲農田，名曰「鴻澤」水圳附設閘門，並鼓勵佃農擴大耕種，卒以不毛磽地改為良田。[30]

　　然而這些獨資或合夥開鑿之企業性埤圳，因蘭陽地區颱風暴雨多，常被濁水溪之洪流沖壞，不堪負擔其修築費用，後來也多一再轉讓他人，最後多讓售與蘭陽當地之總理（如陳奠邦、楊德昭、鄭山）、舉人（如李望洋、楊士芳、黃纘緒、李春波）、生員（如林瑞圭）等地方頭人領導階層人士掌管經營，或出瞨他人管理經營，或入板橋林家之手。[31]茲舉李春波掌控萬長春圳的情形為例：[32]

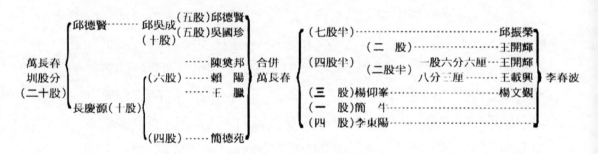

　　何以圳戶和士紳等地方領導階層願意投資開圳，轉購圳股，無非就是坐收水租，厚利可圖，因此，其資產有些即來自埤圳的獲益。

五、建造房舍

[29] 臨時台灣土地調查局，《宜蘭廳管內埤圳調查書》，上卷（台灣日日新報，明治三十八年三月），頁二八九。

[30] 林萬榮，《宜蘭鄉賢列傳》（宜蘭縣政府，民國六十五年五月），頁一三。

[31] 王世慶，〈談清代台灣蘭陽地區之農田水利開發史料〉，頁二四二。

[32] 臨時台灣土地調查局，《宜蘭廳管內埤圳調查書》，上卷，頁二二九。

農業社會，財富的最大象徵是土地，即所謂的「有土斯有財」，此外，宅院街屋也是很好的衡量。所以科舉與富庶在增置田園之餘，也大興土木，建造房館，除供居住外，亦可誇示財富。

以科舉人物為例，楊士芳於同治七年（一八六八）榜列進士，欽點即用知縣，分發浙江，因丁父憂，在家守制，不克赴任，後無意仕途，遂於同治十三年（一八七四）將擺厘庄舊第重修，佔地寬廣，並豎旗杆、掛宅匾。後接掌仰山書院，於光緒十一年（一八八五）在縣署後之聖王後街，新建「進士第」，屬合院式深宅，豪華細緻，現僅存大廳。[33]開蘭舉人黃纘緒中式後，先後蓋三處大厝，第一處在孝廉里，遭回祿之災後，乃遷至聖後街，俗稱青仔地，是二廳三進的院落，門前有戲台，雕工極為考究。因族眾繁多，在東門新民路另建大厝，典雅精緻。[34]前者因馬路拓寬，已拆除殆盡；新民路的宅第則成為參觀古蹟的必看之處。

以富庶人家為例，咸豐年間，陳氏宣梓公雄於貲產，對宣石公合力拓墾土地，為巨富，舉族先後遷居擺厘，興建宅院，前厝為宣石公大宅，後座為宣梓公府第，宣梓公又於家宅南側別建「登瀛書院」。[35]林氏敦厚於闢地有成後，曾協助修築淡蘭古道，並於宜蘭聖後街興蓋三間五落宅院。[36]開闢蘇花古道，參加抗法戰爭有功的陳輝煌，於保舉為五品軍功後，於三星阿里史興建大宅，又因已居仕紳階層，特在羅東十六份建置「義和公館」，作安居之所。此館尚存右廂房，從其精美的刻飾，不難想像其完整的格局與細膩的刻布飾。類此宅第還有多處。

這些宅第院落的建造，代表財富、信譽與尊崇，對經營事業頗有正面意義，如能善加運作，也是招財的工具；再者，隨時間的延長，房價又能提高，有增值作用。復次　就後代子孫而言，經由繼承的方式，更是其獲得資產的直接來源。

六、發展企業

33 《弘農楊氏族譜》（宜蘭，民國七十年十月），頁四。

34 安易，〈開蘭舉人—黃纘緒〉，《蘭陽青年》（宜蘭，民國八十一年三月），頁一九。

35 陳文隆編纂，《鑑湖陳氏源流》（宜蘭，一九九三年七月），頁一〇八。

36 林桂川，〈林拱辰先生詩文集序〉，頁一九。

　　宜蘭處在萬山之後，形勢阻絕，土地拓墾與各項開發，是件相當冒險的行為，因需要投注資本與勞力，以克服新環境的障礙，這種艱苦墾荒的深層意涵，背後有股濃厚的謀利精神與市場取向在驅策著。[37]就因冒險、功利、市場的激勵，加上土地將近闢盡之際，墾民別尋出路，從事其他工商行業。由於工商業獲利較多，只要經營得法，財源滾滾，成為富商大賈並非難事。

　　清代宜蘭開發雖晚，進展卻很快，與內地的貿易相當繁密，道光六年（一八二六）烏石港奉為正口與五虎門對渡，就是明證，其他如加禮遠港和蘇澳港也是重要的口岸。這種貿易航線的開闢，除反映農墾的不斷發展外，也顯示商業的擴大與成長。其結果作為商業中心的市街和具備商業功能的城市隨之興起；同時，城市商人也日漸增加，商業活動漸趨複雜，商品種類亦見龐雜。[38]至於實際情形，「貿易於漳，則載絲線、漳紗、剪絨、紙料、煙、布、蓆草、甌瓦、小杉料、鼎鐺、雨傘、柑柚、青果、橘餅、柿餅。泉則載磁器、紙張。興化則載杉板、甌瓦；福州則載大小杉料、乾筍、香菰。廈門諸海口或載糖、靛、魚翅、海參。至上海小艇撥運姑蘇行市，船回則載布疋，紗緞、枲綿、涼暖帽子，至浙江則載綾羅、綿綢、縐紗、湖帕、絨帽、紹酒、蘭腿。寧波則載棉花、草蓆。大抵內地每三四月南風盛發，則大小各船入蘭，販米爭至各港，至北風漸起，則皆內渡。因此，商旅輻輳，則蘭雖彈丸，而器物流通，實有資於北艇也。」[39]

　　這麼熱鬧的商業活動，當然成全不少商賈。如趙氏古祖次九公輔佐父業，初創內陸商航，至光祖天成公擴大規模，經營糧食煙油、山產海鮮、南北百貨，商號「自興」，店舖連綿十餘家，並供應噶瑪蘭廳官府百餘兵食宿，眾稱趙總爺。後其子永篆接辦，採購進貨，往來頭圍、福

[37] 溫振華，〈清代台灣漢人的企業精神〉，《歷史學報》，第九期（台北，台灣師範大學歷史研究所，民國七十年五月），頁一一一。

[38] 蔡淵洯，〈清代台灣行郊的發展與地方權力結構之變遷〉，《歷史學報》，第七期（台中，東海大學歷史研究所，民國七十四年十二月），頁一九二。

[39] 陳淑均，《噶瑪蘭廳志》（宜蘭縣文獻委員會，民國五十七年元月），頁五〇八～五〇九。

州間，商業益加興隆。[40]

房地產業也是重要財源，道光年間，康家兄弟合作協力，經營房地產業，左右逢源，龍、山、求、鳳、教五兄弟，身名俱泰，家產繼富。到了光緒時期，兄弟分居，青龍公遷居公埔，經營房地產業，允求公、青鳳公則連袂遷往大埔，經營房地產業外，採購運銷農產物兼營土礱間（碾米廠），生意大展，兄弟間同時成為殷實富有的大商人。[41]

農業社會的另一致富途徑，就是開設土礱間，從事米穀生意。所謂土礱間，除供作稻穀倉庫外，亦可兼營碾米工廠，甚至保有相當資金，對農民存放稻穀與資金，而為農村的金融機構。加上台灣米已有商品貿易化的特質，大量銷往日本，因此土礱間大都由工商業者和農村地主所經營。[42]上述康家兄弟便是一例。鍾家朝宗公和壽養公就因為經營米穀商，而成為宜蘭富豪，不僅購置田產，興建祠堂，朝宗公且列名日治時代台灣名人榜上，佩綬紳章。[43]其他因碾米廠生意興隆而致富者，亦大有人在。

時間愈晚後，靠從事企業而稱富者，愈趨明顯。茲據大正年間出版的《人文薈萃》一書，提到宜蘭地區佩帶紳章的士紳資料，總人數共八十六名，只記人名而無說明者三十八名，有經歷資料者四十八名；其中的二十九名，即百分之六十的士紳均從事商業貿易，經營生意；又據資料所示：這些士紳都有豐富的資產，主要是經營各項企業所致。[44]

第三節、宜蘭漢人族產的營運

原則上，傳統家族是同財，為一家族共產團體，所謂族產，即屬於共產體家族之共有財產。家族成員所取得之財物，均應歸諸家族之共

---

[40] 趙鏡心，《趙氏家譜》（宜蘭，民國六十七年），頁三。

[41] 《康氏家譜》，頁一六。

[42] 根岸勉治，〈日據時代台之農產企業與米糖相剋關係〉，《台灣經濟史》，第七集（台北，台銀台灣研究叢刊第六八種，民國四十八年二月），頁六六～六七。

[43] 鍾茂樹，《鍾氏族譜—月朗公派下族譜》，頁三四。

[44] 參見遠藤寫真館主，《人文薈萃》（台北，大正十年四月），各頁資料。

有，各成員不得將其做為私產而加以保有。是以私產雖仍存在，無法免除，但中國家族似乎只重族產而輕忽私產。[45]司馬光早就說過：「凡為子者，毋得蓄私產，俸祿及田產所入，盡歸之父母。當用則請而用之，不敢假，不敢私與。」[46]因此，如何運用龐大的族產，成為家族的一件大事。

一、族產的經營

創業固然惟艱，守成也不容易，稍有疏失，可能破產，使得維護既有財產，進而繼續累積，就要靠適當的經營手法。

（一）、招租

經營祖產的最直接方式，就是招租。當拓墾有成的地主，掌握一些土地後，除保留部分自家耕種外，多餘的就出租給佃農，收取租費，以增加收入，然後匯集這些錢，再購置田地，如此錢滾錢的良性循環，累積財富，成為大地主。據吳沙裔孫耆老吳阿港回憶說：「以前，阮都是做地主，把田地租給別人做。」[47]

招租須依契約行事，茲舉光緒十七年（一八九一）李及西的〈招贌耕約字〉，曰：「同立招贌耕約字業主李及西、佃人張懊蕉等，緣西有自置水田一段，址在茅埔莊三十九結尾，配食圳水通流灌足，並田寮茅屋四間、水車一張、竹圍稻埕一應在內。茲因乏力耕作，托中引向佃人張懊蕉自備牛工、種子前來承耕。即日當場三面議定，佃人備出無利磧地銀六十大元，同中交西親收足訖，隨即將田踏明四至界址，交付佃人張懊蕉前去耕作。議明該田全年小租穀一百二十石。」[48]

水田外，果園也在招租之列，光緒十九年（一八九三）曾青松的〈招贌耕合約字〉曰：「仝立招贌耕合約字人銀主曾青松、佃人陳娘旺等，

[45] 清水盛光著，宋念慈譯，《中國族產制度考》（台北，中華文化出版事業委員會，民國四十五年九月），頁一。

[46] 引自王政，《社會問題的連環性》（台北，正中書局，民國五十三年十一月），頁八三。

[47] 張惠媛等，〈尋找台灣的漳州人—蘭陽平原〉，《漢聲》，第二十二期（台北，漢聲雜誌社，民國七十八年八月），頁七七。

[48] 《台灣私法物權編》，第四冊，頁六五七～六五八。

緣松有起耕過李榮火、李業圳叔侄等熟園貳段毗連，址在枕頭庄，其園內本有栽種竹木、菓子、青芋頭，又帶牆壁茅屋陸間，一應在內。今因乏力耕作，托中保人招得佃人陳娘旺承耕，當日三面議定，佃人旺自備工本，又備出無利磧地銀參拾大員正，即日全中保人交松親收足訖，隨即踏明四至界址，交佃人旺前去耕作。原約逐年佃人該納小租銀參拾五大員正，按作兩季納租，旱季定於四月終交納租銀洽柒大員正，晚季定於八月終交納租銀拾捌大員正，務宜屆期交納清楚，不得少欠分文。」[49]

　　另一種招租是佃人無田，自行立約向業主租地納銀，吳溪忠等的田地就是依此出租，光緒十一年（一八八五）的〈贌耕字〉曰：「立贌耕字人吳文章，今因乏田耕作，託保認耕人向宗親月宮、溪忠、清江、烏蕃等，贌出水田一段，坐址在丹裡內蓁庄，東西南北四至界址面踏明白，帶埤圳水通流灌足，當日三面言定，逐年小租谷拾四石正，又帶無利磧地銀伍拾大員正，其無利磧地銀即日交溪等親收足訖，隨即將此水田踏明四至界址，交文章自備牛工、種子前來耕作，逐年番租佃人自納，其逐年小租各按作兩季交納，早七晚三。而文章又贌外段笙竹林及風圍竹木園埔曠地，均是一半備出無利磧地銀拾大元正，交溪等收入，逐年應納小租谷四石，亦作二季交納。」[50]

　　雖無契書，卻有招租事實者，應亦為數不鮮。如光緒年間，李紹宗為厚植人才，吸收民眾，遂置身畎畝之中，雇工開發員山庄大湖埤農田一百八十餘甲，招佃承耕。佃農感其德，在大湖邊大帛王廟左殿，立其長生祿位。[51]

　　上述招租者李及西是宜蘭富商，捐官至五品；曾青松是枕山豪農，家有銃櫃；吳溪忠等人是吳沙後裔，四圍望族；李紹宗是科舉世家，頂貢生頭銜。可以想見，其他富庶之家也慣用這種招租的理財方式。

　　（二）、多角化

[49] 曾家〈贌耕合約字〉，光緒十九年十一月。
[50] 吳家〈贌耕字〉，光緒十一年十一月。
[51] 林萬榮，《宜蘭鄉賢列傳》，頁二九。

　　招租雖然是很好的致富之道，但租額固定，調漲有限；加上水災、旱災的侵害，有時收成很差，使得財富的累積比較緩慢，難以滿足具旺盛企圖心的族人。隨著貿易經濟的發達，就業機會的增加。相對而言，耕作的收益逐漸偏低，於是許多人轉向經營商業，謀取更大的財利。同治以後，宜蘭土地開發完竣，純粹以田地而稱富者，已不多見；反之，有錢的多因經商，前面已有論及。此一現象的發展，有些家族是多角化的經營，進行多方面投資，兼顧不同行業，如果經營得法，自是財源滾滾。

　　壯圍陳家第二世代君榮公營珠寶業，生財有道。第三代傳旺公興築補天宮，建造田產，振興農漁。第五代壽卿公拜師習武，勤奮好學，金榜武舉人。又騫公投資糖業，發展漁業，意欲畜牧等。整個家族前後數代各專一業，多角化的經營各種事業，誠屬難得，其能「富甲縣下」，還真淵源有自。[52]

　　日治時期，這種多角化經營益為普遍，李長清頗曉時勢，從事土地開墾、養豬、雜貨等，業務蒸蒸日上，後又經營製油及米穀、豆類、苧麻、碾米廠、煉瓦製造業，致富頗鉅。[53]頭圍庄的蕭維翰則熱心實業，舉凡開墾、造林、製糖、造酒、製灰等，莫不參與，且掌管信用購買販賣專賣組合，均卓然有成。[54]宜蘭聞人黃再壽也是出名的企業家，積極經營製糖、開墾、造林、製酒、米穀等。大正七年（一九一八）組織變更宜蘭振拓株式會，翌年又創立蘭陽製酒株式會社，營運地區遠及新竹。[55]

（三）、科舉保產

　　耕讀傳家是傳統家族社會的指標，父兄寧願縮衣節食的鼓勵子弟讀書，參加考舉，獲取功名，求得官職。其基本的誘因是傳統社會中，給予做官的人，或準備做官的人，乃至從官場退出的人，很多社會經濟的

---

[52] 陳朝洪，《陳氏源流族譜》，頁一一～一四。

[53] 遠藤寫真館主，〈李長清君〉，《人文薈萃》。

[54] 遠藤寫真館主，〈蕭維翰君〉，《人文薈萃》。

[55] 遠藤寫真館主，〈黃再壽君〉，《人文薈萃》。

利益，或種種雖無明文規定，卻是十分實在的特權。這些好處或優勢，不僅可保護資產，甚至增加財富。易言之，應舉的重要理由，就是保住財寶。[56]

林平泰入蘭後，廣闢田產，興建宅院，復延聘名師為西席督課子孫，不數年，科名聯登，先是林維城於咸豐年間入庠，並為國子監太學生，繼則林朝楨中式武生員，林拱辰先後拜秀才陳瑞林、舉人林以佃、秀才張鏡光為師，因而學業大進，光緒年間中式廩生，使得家族與財產皆望重蘭邑。[57]

開蘭第一貢生黃學海，閥閱世家，有府宅三處，一在瑪璘社（礁溪鄉玉光村），二在宜蘭艮門，三在衙門（現省立宜蘭醫院）前。其能如此，與科舉相互依託極有關係。蓋黃氏一族擁有五貢生七秀才之美譽，黃學海是道光年間貢生；三子黃元炘，光緒壬午科中式恩貢元；胞姪鏘，道光庚戌科中式歲貢生；姪大邦，道光二十七年恩賞例貢生；姪孫居廉，同治甲子科例貢生；長子元棻，咸豐丁巳科生員；次子元清，咸豐三年生員；四子元琛，同治甲子歲考生員，乙丑補廩生；孫秋華，光緒壬午年縣學補增生；孫啟華，光緒癸己年生員；姪孫宗岱，光緒丙戌年生員；姪孫挺華，縣學生員，例贈太學生等，可謂貢樹分香，喬梓齊榮。[58]員山周仕魁成巨富後，其長子振猷，善於營商，在宜蘭三結街、十六坎，經營周振記錢莊和玉振染房。然四子振東則投身科考，中式武舉。[59]

張家十四世良殿公於嘉慶十九年（一八一四）參加入蘭開墾行列，道光年間又遷至五結鄉頂五結，開設米廠，利用船運，由濁水溪出口貿易至基隆等地，農商兼營，家產富裕，轉向科舉發展，十七世張俶南於光緒六年（一八八○）中式廩生，後熱心教育善舉，更得人望，丁口興旺，成為地方聞名之大族。[60]

---

[56] 吳仁安，〈上海地區明清時期的望族〉，《歷史研究》，總第二一五期（北京，中國社會科學出版社，一九九二年），頁一三四。

[57] 林桂川，〈林拱辰先生詩文集序〉，頁一九～二○。

[58] 林萬榮，《宜蘭鄉賢列傳》，頁四七～四九。

[59] 周烱榆，《霞山周氏族譜》。

[60] 張方鏗，《張氏族譜》（宜蘭羅東，民國六十九年），頁三四。

宜蘭大舉開發，至今已逾二百年，但子孫世系至今鮮有超過九代以上者，雖說陳姓在宜蘭是大姓，卻少有大族，然而擺厘陳家卻是例外，其派下人丁繁衍興旺，更可貴的是陳氏家族早年從事墾殖，至光緒年間所開闢的土地報丈陞科已有三百多甲，宜蘭有一句俗諺說：「擺厘陳氏子孫田埂都吃不完，用不著吃田裡」。而陳氏鑑湖堂一族興旺的主要原因，鑑湖堂陳氏一族在清代有一人中式武舉人，四人中式入選貢生，一人中式廩生，六人中式秀才，其餘捐監在學，承覃恩誥封郎官，夫人者二十餘人，像這種昌盛的功名，在台灣尚屬少有，宜蘭流行一句話說：「擺厘鑑湖陳氏一族的涼傘，多於人家的雨傘」。涼傘是秀才以上逢盛典時攜行的一種功名象徵。[61]如此豐沛的科舉人脈，族產焉有不盛的道理。

此外，各家族為汲汲營求科舉，設有私家書館，聘請教師，課讀子弟。有的興建家廟者，如林氏追遠堂，以其空間寬敞，環境清幽，為良好的讀書場所；有的宅院內廳房很多，別闢一間，甚至單獨興建做書齋，賦予齋號；如擺厘陳家的登瀛書院，蓋取唐人十八學士登瀛洲句之義。朝楨公并以學士冠首，親撰門聯曰：「學豈在窮通，砥行者貴；士何分顯晦，無品則污。」用以勉訓，一時規模軒敞，遠邇人士，翕然向風，械樸菁莪，蒸然蔚起，書院更延名儒掌教，分文武兩科，月給膏火，季考月課，掄元公、朝楨公、朝鏘公親自指授，頓時人文鵲起，甲第蟬聯，有清一代，因書院之陶冶，而掇巍科，登顯仕者，幾三十人以上，此皆書院樂育之功也。[62]由於家家重視科舉，鼓勵向學，瑯瑯書聲，傳播蘭邑，無怪乎，沈葆楨有「淡蘭文風冠全台」之雅譽。

二、族產的管理

族產經過多年的經營，已十分富厚，名義上，雖是全家人共有的財產，如要買賣情事，須家人共同商量，但實際上，擁有支配權與管理權

[61] 陳文隆編纂，《鑑湖陳氏源流》，頁一一九。
[62] 陳文隆編纂，《鑑湖陳氏源流》，頁一二一。

的是族長。《禮記》曰：「父母在，不敢有其身，不敢私其財。」「子婦無私貨，無私蓄，無私器，不敢私假，不敢私與。」所以，凡為家長，總治一家之務，「其下有事，事無大小必先稟，無得先行。」以此言之，族產就歸族長管理。[63]

由於族長的產生方式，不盡相同，致使族產的管理可有數種：

（一）、長者管理

傳統社會的特徵之一就是權威性格，輩分高又年長老者代表經驗、尊敬、權威、穩重，家族財務問題自然就會徵求其意見，或請其定奪。《擺厘陳氏族譜》曰：「凡家長之責，家事之大小輕重悉賴主之，家務巨細，子弟當領命而分任之，尊者以正而御下，卑者必以禮而奉尊。」[64]如從寬解釋，這段話可視為長者管理財務的寫照，因「家務巨細」應包括田產，而「尊者」當是家裏的長老。

（二）、長房管理

有的家族深受宗法觀念的影響，認為「宗子所以主祭祀而統族人，務在立嫡不立庶也，宗子死，宗子之子立，無子則立宗子之弟，無弟者則次房之嫡子立。」[65]可見長房是財產的優先管理者，跟年齡無必然關係。壯圍陳家即為一例，其「第五代長房鶱公，年青時代即擔負長房大責，抱負偉大志願，再開拓新荒地，創設赤糖事業，籌建女媧娘娘廟，發展沿岸漁業，購置龜山島，計劃天然放養山羊等業績，至今其農田產業及龜山島之所有權，尚存子孫之權福。」[66]

（三）、賢能管理

當家族內長者及長房，不具備才幹與領導能力，或年老體衰不堪任事，而無法仰賴其管理時，就要借重族內科舉功名的士紳和精明幹練青壯者，以提高家族組織效率，便利管理各種家族事務。李和獅有二子，

[63] 蕭國亮，《皇權與中國社會經濟》（北京，新華出版社，一九九一年十二月），頁三八～三九。

[64] 陳喬岳編輯，《擺厘陳氏族譜》（宜蘭，昭和十一年元月），頁四三。

[65] 陳支平，《近500年來福建的家族社會與文化》（上海，三聯書店，一九九一年五月），頁七六。

[66] 陳朝洪，《陳氏源流族譜》，頁一一。

長名李藏，生子名潭；次名李秋，生子名溪海。李溪海雖是二房，卻總
掌管收李家之家業、財產、田畑、甚至祖先坟墓，其原因是李溪海擔任
保正，有聲望之故。[67]

（四）、輪流管理

族產由各房輪流管理，周而復始，也是通行的方式，值年之人，至
期將圖記，租簿、正供單、社租單、交過下值年之人收照。輪值者的管
理往往是以承包者的身分自居，所有應酬、捐緣、納稅諸費，均歸值公
之人負責，不得拖累別房。[68]這種輪流管理，一方面體現家族制度對族
產的管理和分配有能力進行調整，使之完整；另一方面，各房普遍參與
財務的管理和使用，家族事務更加公開化和透明化，族產的貸用與分配
亦日趨合理化。[69]宜蘭地區或有其例，只是未見族譜記載。一般說法是，
宜蘭因移墾時間較短，沒有形成人多勢眾的大家族，財務上用不著各房
輪流管理。

（五）、選任管理

族人繁多的大家族，因散居各處，聯絡不易，很難找到合適的人員
時，選舉是很好的辦法。祭祀公業大都經此方式產生，昭和四年（民國
十八年，一九二九），宜蘭李火德公祖祀會管理人的選任，是先說明管
理人選舉法是以記名式蓋印投票為憑，經眾人贊成後，「將投票用紙分
給與眾會員各自謄名選舉，選舉票親族李珪璋君代為蒐集，當眾公開發
表各受得票者之會員及票數，結局以李琮璜、李麟祥、李阿奢、李訓正
最多數，共選其為本祀會之管理人，各無異議可決。」[70]

由於資產是大家共有，比較不知愛惜，加以利之所在，營私舞弊，
致使族產管理不善屢見不鮮，執事人員輕者怠忽職責，重者侵吞貪污。
前者如不祭掃、不完糧、不管理田產收租、不支應家族公支等。日治時
期，《李火德公祖祭祀會》管理人，藉口政府禁止集會為由，連續六年，

---

[67] 黃茂德，《黃姓家族譜故事錄》（宜蘭，昭和二年），頁一七。

[68] 鄭振滿，〈清代台灣鄉族組織的共有經濟〉，《清代區域社會經濟研究》，上冊（北京，中
華書局，一九九二年八月），頁四六六。

[69] 陳支平，《近500年來福建的家族社會與文化》，頁七四。

[70] 祭祀公業李火德公祖祀會編，《沿革》（宜蘭，李氏敦本堂，民國七十年九月），頁八〇。

全無辦理度支結算，且「私自以管理人身份，分別向佃戶收租，私自入帳。」[71]

　　另有情節重大者，如《李氏族譜》日：「更有追思始祖念七公，昔日祖先合資在冬山庄珍珠港地方，承購土地並建祀，公產被不肖執事人員以種種手段，霸佔變賣私飽無隻跡，宗祠已俱廢，今人感嘆矣。」[72]游氏家族「邀集派下等鳩資生放，陸續置田業計有參百貳拾餘石，當時每欲建築祖祀，祇因派下有詭奸之輩，希圖漁利，遂致興訟破產，以致延擱未築。」[73]

　　經年管理失當，時相衝突抗爭的是林氏祖業。其「祀業公租，前係文跳、文壽、國翰、鳳樓（諸公），遞相承辦。後經文富辦理，及文富故後，交以國綸接辦。」族中因起互控，嗣經公親調處，會「同闔族紳耆等，妥議稟舉林豫章，一人承接辦理」，並族「公堂妥議，設立條款」，申明「管理之人，務要公平，逐年祖祀應開諸費，照依（新訂立）條款而行，不得濫為開發。即族紳書租，拜禮等款，亦仍照條分領，不得翻異」。此係光緒十七年之事。所惜總條規訂立以後，行之未久，林豫章亡故，其子林毓麟承辦。行見滄桑，林大北佔辦約六七年，嗣後仍歸毓麟管理。又十餘年，公推元弼、以時二人共同接辦，直到昭和六年。「其間，諸人均視總條規為一紙空文，未加處理，依然吾行吾素。惟迄於民國初元，猶賡續舉行祀祖典禮，此後不堪聞問矣。」[74]

三、族產的分享

　　儘管前述家族內不私有財產，但各房仍保留自行掌握的「私房錢」，這就涉及族產的分享，特別是族產富厚的家族，其有關的收益，除應族內公共開支外，剩餘的分配給族內房親，供其私自運用。如何分配是件困擾的事，族人間、房支間甚至同一房支的各家庭間，常因而發生糾紛，

71　祭祀公業李火德公祖祀會編，《沿革》，頁一○一。
72　李訓樸，《李氏族譜》，頁四。
73　游永德編輯，《游氏追遠堂族譜》，頁三三。
74　林性派主編，《林氏大族譜》，頁甲一三○～甲一三一。

為求合理，分享之道，不外按房數平均分配和各房輪流收值二種。[75]

　　以平均分享而言：將田產年度收入供共同開銷後仍有剩餘，按房數平均配享，如潘氏〈囑約字〉曰：「四鬮二有買過王家田寮地貳份，難以分析，公議該配在捌分半田段為公厝地，所收利息應就大小份均分。」[76]

　　以輪流收值而言：輪值管理族產的房支，享有付清所有公費後的餘額，陳盛韻曰：「建陽士民皆有輪祭租，大宗派下或五、六年一輪，小宗派下有五、六十年始輪一次者。輪祭之年，完額糧、修祀宇、春秋供祭品、分胙肉，餘即為輪值者承收。」[77]這個方法，既可集中營運有關產業，又便於平均分配有關權益，因而成為優先選用的方案。[78]

　　張氏家族在羅東竹林置水田，每年收租，為使家族間維持代代之親密，分為一、二房一組，三、四房一組，五、六房一組，輪流收租掃墓拜祭，經費各組各收自理，意謂節餘的各組自行留存。[79]林氏〈鬮書約字〉曰：「我六房鬮分以外，有存下八結四百名庄水田貳拾陸甲零，竹圍、菜園、厝地一應在內，逐年輪流收租。」[80]

第四節、宜蘭漢人族產鬮分的原因

　　宜蘭漢人家族早期是同居共財，即家產為家屬的共有財產，後來常有分析情況，由於家產是家屬公同共有，雖管理權總攝於父祖，加上父祖對其子孫之教令權甚強，但並非父祖之專有物，論其分析自不全因父祖之死亡而開始繼承。子孫如不分析家產，縱有家長之交替，仍長久保留家產之原狀。父祖尚在，仍能析產，只是較少發生。因此，家產的析

[75] 田仲一成著，錢杭、任餘白譯，《中國的宗族與戲劇》（上海，古籍出版社，一九九二年八月），頁七六。

[76] 潘家〈囑約字〉，咸豐四年十一月。

[77] 引自鄭振滿，〈明清福建家族組織與社會變遷〉（長沙，湖南教育出版社，一九九二年六月），頁六九。

[78] 鄭振滿，〈清代台灣鄉族組織的共有經濟〉，頁四六七。

[79] 張方鏗，《張氏族譜》，頁三五。

[80] 林家〈鬮書約字〉，道光二十八年六月。

分，表示係共有財產之分割，與遺產繼承有別，即繼承須在父祖死後，而析產可在父祖生前處理，以財產的分割而言，「鬮分」較「繼承」來得合乎實情。[81]再者，筆者所見宜蘭的四十件析產契書，以「鬮」字開頭的有二十六件，如「鬮書」、「鬮分」、「鬮分書」、「鬮書合約」等，所以採「鬮分」一詞，亦收正名之效。

　　所謂鬮分，就是「家財分配的一種方式，是由抽籤確定分配。昔在台灣家財分配，先決定繼承人的分配率，後經財產的評價，將各人取得額，予以平均分配，最後由抽籤確定分配。」[82]至於鬮分所立的契約書通稱「鬮書」。茲將多年來蒐錄的鬮書，表列如次，以利說明：

編號	名稱	原因	年代	公業	瞻養	長孫額	婚嫁費	香嗣費	稅值
1	鬮書	恐人心不古難效大被同眠	道光 3 年	V	V	V	V	V	
2	鬮書合約	圖為久遠之計	道光 4 年						
3	鬮書公業合約	遵先嚴在世命先立	道光 17 年	V	V			V	V
4	鬮書	家事浩繁難以合理	道光 20 年	V	V	V			
5	鬮書	生齒日多	道光 28 年	V					
6	立約付與兒子字	恐人心不古反生嫌隙	道光 30 年	V	V	V	V	V	V
7	囑約字	生齒日繁難以總理合食	咸豐 4 年						
8	鬮書	生齒日繁家事難以總理	同治 3 年	V	V	V	V		
9	鬮書合約	生齒日繁事多異同免日後口舌	同治 4 年						
10	鬮分	恐言長語短以失手	同治 8 年		V	V		V	V

[81] 陳瑞堂，〈繼承〉，《台灣民事習慣調查報告》（台北，法務通訊雜誌社，民國七十二年一月），頁三〇五～三〇六。

[82] 朱鋒，〈台灣的鬮書〉，《台灣文物論集》（台北，華岡書局，民國七十三年六月），頁二三九。

		足之誼							
11	鬮分	恐言長語短以失手足之誼	同治 8 年		V	V		V	V
12	再分合約		同治 11 年	V					
13	分管約字		光緒 4 年	V				V	
14	鬮書	生齒日繁難以合理	光緒 4 年		V				
15	鬮書	家事浩繁以息禍端	光緒 5 年		V				
16	分管合約	瞨佃維艱	光緒 6 年						
17	鬮分定界各管合約圖說		光緒 9 年						
18	鬮分定界各管合約圖說		光緒 9 年						
19	鬮書	難以總理恐生嫌疑	光緒 10 年	V	V	V			
20	鬮書	生齒日盛生計日促	光緒 11 年	V	V	V			V
21	分管合約		光緒 12 年						
22	分管合約		光緒 12 年						
23	分管合約		光緒 12 年						
24	合約	到內地艱難	光緒 13 年	V				V	V
25	合約	到內地艱難	光緒 13 年	V				V	V
26	鬮書	與其合釁生隙何如分居相親	光緒 14 年	V	V		V	V	V
27	鬮書	與其合釁生隙何如分居相親	光緒 14 年	V	V		V	V	V
28	鬮書	與其合釁生隙何如分居相親	光緒 14 年	V	V		V	V	V
29	鬮書	與其合釁生隙何如分居相親	光緒 14 年	V	V		V	V	V
30	鬮書約字	恐互生嫌隙	光緒 16 年	V	V		V	V	V
31	鬮書	念水長分流樹大分枝	光緒 16 年	V	V		V	V	V
32	鬮分公業合約	遵先嚴在世命先立鬮書囑約	光緒 17 年			V		V	

33	分管合約		光緒 17 年						
34	分管字據合約		光緒 30 年	V		V	V	V	
35	拈鬮約簿	生長日繁事多異同	明治 30 年	V		V	V	V	
36	鬮書合約	樹大枝繁源遠派分	明治 33 年	V				V	V
37	分鬮各管合約	家事浩繁	明治 38 年	V		V			V
38	鬮書合約	杜後世之爭論	明治 43 年	V					
39	鬮分契約證	生齒日繁人心不一	昭和 9 年	V		V		V	
40	鬮書	將來亦難免分鬮	民國 39 年	V	V	V		V	V

　　中國傳統家族的財產是父祖與其家屬之公同共有，而為尊長、父祖所統攝，並對其子孫有教令權，對家產有處分權，當父祖處分時，在道德的範圍內，無須徵得子孫的同意。[83]家族的另一件大事，就是發生分裂離析的現象，從家族裂變成幾個小家庭，其分家過程中，財產的鬮分，往往為關鍵所在而且影響深遠，因此敘述族產鬮分的原因是有其必要的。

　　造成家產的鬮分，僅就財產而言，有下列情況：

　　其一，勞役不均：兄弟中有人雖好吃懶做，但分家時，土地財產卻須均分，不會因而少得財產，屆時，其他兄弟不能說因為自己的勤奮勞動，要求多得財產，處此情形，勤奮的兄弟避免吃虧，便想儘早分產。

　　其二，收入有別：家族諸兄弟中，士、農、工、商，職業各異，收入就不相同。但基於「同居無異財」，家產為全體成員共同，所得須全部交給父祖掌管的原則，收入高的難免心裡不平，而萌生鬮分的打算。

　　其三，私蓄錢財：雖然大家族強調「子婦無私貨，無私蓄，無私器。」但私產絕無法禁絕，妻子的嫁粧、個人養牲畜、做小工的錢，從事家族的額外節餘等均屬之。這種「私房錢」的蓄積，將與家產共有的原則發生衝突，導致家產制度的崩潰。[84]

83　戴炎輝，〈清代台灣之家制及家產〉，《台灣文獻》，第十四卷第三期（台灣省文獻委員會，民國五十二年九月），頁九。

84　直江廣治著，王建朗等譯，《中國的民俗文化》（上海，古籍出版社，一九九一年二月），頁一二〇～一二一。

其四，強取公產：兄弟中有人私心較重，貪多務得，佔人便宜，或年長者欺凌幼弱，強取公共財產，私設帳本，亂支濫用，其他兄弟大為不滿，引起爭端，輕則怒罵鬥毆，重則反目成仇，擴大財產糾紛。

其五，盜藏家財：兄弟同居時，有人預料日後總有分財異居的時候，於是事先將家裡最貴重細軟盜藏起來，甚至寄放親戚朋友家中。這種盜藏家財，一旦被其他兄弟察覺，勢必不甘罷休，要求提早分產。[85]

以上是就財產的角度，通論造成鬮分的一般狀況。接著以表列鬮書為基礎，探討宜蘭地區家族鬮分的理由。

一、自然分枝

很多家族利用自然界的現象，如「樹大分枝」是植物成長的現象，「水遠分流」是河川流向的特徵，以合久必分的道理，比喻家族亦須鬮分。張氏〈鬮書〉曰：「竊思樹大枝分，水遠流別，理所有然，我兄弟則效公藝之風，將來亦難免分爨，爰是同堂妥議，不如自此分家。」〈鬮分合約字〉曰：「竊謂植本培元，冀繁昌於萬世，連枝同氣，宜萃處於一堂，此九世同居者，所以流芳千古也，第禾苗以分播而繁興，花木以分枝而彌盛，占萃渙之有數，順闔闢之自然。」許氏〈分爨各管合約字〉曰：「樹大分枝，水遠派別，理固然也。是以文兄弟相商，請族親到家妥議。」陳氏〈鬮分字〉曰：「夫木大必分枝，水盛必分派，理則然也。」林氏〈鬮書〉亦曰：「因思樹茂分枝，源大分流，及早設法，以免後日口舌，爰是邀請族長等人到家。」藍氏〈鬮書〉則曰：「譬如木有本，水有源，木長分枝，水流分派，至於人也亦然。」從自然分枝來看，族產鬮分不僅是自然，也是常態。

二、族眾感繁

家族經過二、三代後，丁口增加，事務繁忙，關係複雜，難以周全，

---

[85] 李曉東，《中國封建家禮》（西安，陝西人民出版社，一九八六年十二月），頁九二。

解決的方法，就是分家析產。張氏〈拈鬮約簿字〉曰：「欲效張公藝之遺風，無如生長日繁，事多異同，難以聚首，爰是兄弟侄相商，邀請族親人等到家，當場妥議。」李氏〈鬮書約字〉曰：「竊謂九世同居，八百共食，此乃前哲之遺風，實奕世之宏謨。我兄弟雖不能媲美於古人，豈忍一旦而分居，第是生齒日眾，家事日繁，一人難以總理一家之事務，欲強一家而聚處，恐生嫌疑，不若自此而分爨。」陳氏〈鬮書〉曰：「竹圍、菜園、厝地一應在內，逐年輪流收租，尚未均分，今因生齒日多，叔侄相商，各欲所居。」蘇氏〈鬮書〉亦曰：「竊念九世同居，盛事聿傳於萬古，千人共爨休風凝萃乎一門。泰等兄弟興思及此，能不翹然景慕。第因生齒日繁，家事難以統理，則有合而有分，亦理之所必然。爰請族長視全公議。」林氏〈鬮書〉也表示同樣理由，曰：「竊請九世同居，此風足慕，但家事浩繁，難以合理，不得以（已）為分爨之計耳，茲邀請家族長輩人等。」

三、家族失和

族人增加後，往來頻繁，彼此間的矛盾隱然潛伏，衝突時會發生，爭執在所難免，包括父子失和、兄弟失和、婆媳失和、姑嫂失和、妯娌失和，有時更為小孩間的吵架而反目。這些失和現象是日積月累，其來有自，鬮書上的文字無法記述過程，大都一筆帶過。

為躲避猜忌失和，就有鬮分之舉。吳氏〈鬮分契約證〉曰：「縱使勉強同居，難免致生猜嫌，爰是叔侄相商，同邀請族親公人到家。」〈鬮分字〉曰：「雖欲勉強同居，誠恐言長語短，以失手足之誼，是以延請族親公人到家議處。」嚴重的則以此為禍源，藍氏〈鬮書〉曰：「因近年以來家事浩繁，理當各開各爨，均分產業，各人掌管，以息禍端，以杜弊情。」

有的以「人心不古」為理由，含蓄的表示家庭失和，〈鬮分書〉曰：「本要效往哲遺風，卻不欲一旦析分，第恐人心不古，難效大被同眠。」莊氏〈立約付與兒子字〉曰：「欲其綿綿奕奕遺風，可則一家聚順，今

譽久彰，第覺生齒日繁，誠恐人心不古，猶復反生歡（嫌）隙。」

四、父母之命

原則上，父母在世，不分產家，如經其同意者，不在此限。潘氏〈囑約字〉曰：「嘗聞父生母育，乾坤之德難量，兄友弟恭，晨昏聚首之永懷，雖未得述張公藝九世之同居，亦當效田氏感荊復茂之尤隆，況八九庶弟尚未娶，豈忍一旦而分離，今因雙親計及坤兄弟等生齒日繁，難以總理合食，囑令坤兄弟等當就伊眼前立鬮分鬮，爰是邀請公正族親尊長到家。」這是父母命令諸子當其面分產。另〈鬮書〉曰：「爰請族長房親全堂公議，將父所置隆坑頭內林庄之業，先抽出水田壹段併山場地壹所，為父母養贍之資。」既為父母養贍，可見父母尚存，並得其認可而鬮分。李氏〈合約字〉曰：「緣我祖父筠軒公在日由唐赤身渡台，勤儉粒積，所有建置多少產業銀項，當日祖父在日邀請房親族長，議定將建置產業併銀項按作六大房均分。」此顯示分家是由當時在世的祖父作主決定。

實際上，鬮分大都在父親過世後舉行，如林氏〈鬮書〉曰：「竊謂花萼聯輝，千秋佳話，荊樹挺秀，百世芳聲有兄弟，唯不仰慕，念盛三兄弟父親已故，老母在堂，本擬世世同居，協力經營，成一家局面，繼唐紹田之芳，無如……，爰是邀請族長人等到家。」吳氏〈鬮書〉曰：「竊謂張公九世同居，千古盛世，董氏昆季共被，百世流芳，念他兄弟姪等幸承祖父遺下，頗有產業，迨先父去世之後，……爰是兄弟姪相商，析爨分居，邀請族長房親，到家同堂妥議。」

有的鬮書特別提到是奉母親之命才分產，這間接表示鬮分亦在父祖死亡之後，同時須徵求母親的同意。李氏〈鬮書約字〉曰：「爰是凜遵母親之命，當堂妥議，邀集家耆尊長酌議。」陳氏〈鬮分約字〉曰：「爰是兄弟相商，邀請房親到家懇求，情原分鬮。」林氏〈鬮書〉曰：「於是兄弟相商，爰尊（遵）母命，邀請親戚公人到家秉正。」黃氏〈鬮書〉亦曰：「忝讀父書，奚忍分門，因念水長分流，樹大分枝，是以邀集叔

姪弟兄，共遵母命，相商分居異爨。」其他鬮書雖未明示奉母之命，但述及母親的贍養費。因此，其分家過程中，母親仍有一定的影響力。

另有一種情形，就是父母先立遺囑，俟後諸子據此進行分產。潘氏〈鬮分公業合約字〉曰：「遵先嚴在日治命先立鬮書，囑約分爨各理條款，詳載字內，恪守勿替。」

五、家道興榮

傳統家族最重視的是後嗣繁衍和產業興榮，除多子多孫外，就是希望廣置田產，振興家道。因此，有些家族認為族人聚居，勞役不均，造成部分房親疏懶依賴，不治生產，如能分家，獨立發展，反而有助家道興榮。一來，每一分支家庭分別住在不同的地方，因著日常經濟與生計的獨立經營，使分支家庭的成員有表現才能與抱負的機會，事業經營較易發展，所得利潤在某一程度之內又可以自由支配，從而願意付出較大的努力去工作，事業也就易於成功；再者，同一家族的分支家庭分別投資或從事不同的事業，可以保證免於統統失敗的機會，即使有部分事業不順利，也可以得到其他部分的支持，甚至在景氣不佳時，很多事業也許暫時停頓了，但含有共同財產的老家，卻可以成為休養將息以圖恢復的避風港，免致完全失敗。[86]黃氏〈鬮書〉以此為附帶理由，曰：「是以邀集叔姪弟兄，共遵母命，相商分居異爨，以振家聲，爰請族正，並邀紳耆。」陳氏〈鬮書約字〉曰：「今因生齒日多，叔姪相商，各欲析居，經營大業，丕振家聲。爰是邀請族人等恭議將此田業抽出二十四甲，作六大房均分。」

有時兄弟以招租困難，不願照顧公產，乾脆各自興業鬮分了事。藍氏〈分管合約字〉曰：「該業各界未定，四至未定，竊思贌佃維艱，茲邀請公親及族親到家參議，就將地段肥瘠，配搭公平，拈鬮為定。」

---

[86] 李亦園，《文化的圖像（上）—文化發展的人類學探討》（台北，允晨文化公司，民國八十一年一月），頁二一九～二二〇。

六、未敘明理由

另有幾個案例，並未說明分家的原因，於標示房產後，就相商鬮分。如吳氏〈分管合約字〉曰：「緣有承祖父遺下兩坎瓦店連地基在內，址在頭圍街，坐東向西，又帶溪仔底地基一所，留存出稅歷年已久，蟾昌叔姪相商分管，爰是邀請族親同堂妥議。」李氏〈分管合約字〉曰：「緣山兄弟叔姪等有承祖父建置，遺下西勢抵美簡塭頂拾甲水田梁字第四段壹甲，又梁字第四段下拾甲水田壹甲，共貳甲，按作參大房均分，當日該田定界分管。」

族內公業田產再鬮分時，亦會略去緣故。吳氏〈分管合約字〉曰：「繼鬮書內有存瑪璘社公田一段，又有贖回為胎，頭圍瓦店連地基二坎，並溪仔底厝地一所，又贖回三貂水田連山場三段，此數處祖業係留存作田，按房輪流，未經分管。茲因邀請族戚親朋紳士頭人，到家同堂妥議。」李氏〈再分管約字〉曰：「緣爐兄弟姪六大房當日鬮分，有留存公業五段，以為按房輪流公費之需。茲爐兄弟姪相商，邀請族長房親，到堂公同妥議。」

潘氏六兄弟早年分產時，第二和第六房的田產合併，後這兩房相互再析產時，就沒有重述理由。如潘氏〈鬮分定界各管合約圖說字〉曰：「原為對半均分，逐年各自收租納保，歷掌無異，抵（祇）因未有分界各管，是以伯姪相商，欲分定四至，界址分明，各管將此四鬮二水田壹份，年按為四段配搭均平，定界丈明，爰邀房親拈鬮為定。」

第五節、宜蘭漢人族產鬮分的年代

族產鬮分的年代與家族發展有密切關係，茲將這些鬮書依年代列表於下：

朝代	道光	咸豐	同治	光緒	日治時期	光復時期	合計
數量	6	1	5	22	5	1	40

比例	15%	2.5%	12.5%	55%	12.5%	2.5%	100%

　　宜蘭漢人的大舉開發，是嘉慶元年（一七九六）吳沙入墾以後的事，早先移居者大多身強力壯，很少攜家帶眷，起初儘量要求家人聚居，因家族尚待建立之時，還談不上分產，嘉慶年間何以未見鬮書的原因，即在於此。

一、道光咸豐時期

　　道光和咸豐時期的鬮書有七件，顯得偏低些，其道理不難理解。從嘉慶初到咸豐約五、六十年光景，如早年入蘭是父子同行或已有家室，數十年後，就有可能分產。茲舉道光二十年（一八四○）林氏〈鬮書〉為例，其世系如下：

$$\text{林元旻—世喜—克恂}\begin{cases}\text{明答}\\\text{明族}\\\text{明睿}\end{cases}$$

　　林元旻是渡台始祖，世喜為其第三子。世喜十九歲在淇武蘭遇原住民出草而亡，胞兄之子克恂出嗣繼其香嗣。克恂於嘉慶從淇武蘭遷到四圍，當他五十六歲過世時，其子明答、明族、明睿即行分產，這一年就是道光二十年，可見他們入蘭時間相當早，且有兩代的開墾經營。[87]

　　陳氏〈鬮書約字〉、莊氏〈立約付與兒子〉、潘氏〈囑約字〉的鬮分年代，分別是道光二十八年（一八四八）、道光三十年（一八五○）和咸豐四年（一八五四），時間更為晚後，分產的條件比較成熟。至於道光三年（一八二三）的吳氏〈鬮分書〉和道光四年（一八二四）的陳氏〈鬮書合約〉，顯示尚是道光初期就已分產，僅一代的開墾，所以案例較少。

　　此外，雖然鬮書的格式大致相同，但這時期與同治以後相較，仍有些差異。

---

[87] 林性派主編，《林氏大族譜》，頁甲七四。

1.文詞：道光年間鬮書的行文用詞不若後期來得流暢優美。而且鬮書的名稱，一般都採用「鬮書」或「分管合約」等專有名詞，惟莊氏則以「立約付與兒子」，潘氏則以「囑約字」為題，意義完全相同，只是名詞更為淺顯易懂，這應與當時仍處移墾階段，讀書風氣未盛，文化教育低落有關。

2.形式：道光三年吳氏〈鬮分書〉曰：「立鬮分書字人母親陳氏自氏過吳門，產下三子，長曰士葵、次曰士養、三曰士賜，當日氏夫在時，氏與夫議將次子士養與啟明大伯過繼為後，及士養生兒又將士養長男光彩過繼與氏為親孫。」按分產與過繼有密切的關係，這段話雖應敘明，卻不宜放在開頭；更特別的是母親陳氏是鬮書的立約人，有違常理，因大部分鬮書的立約者均為財產的「基本有份人」而非「酌給有份人」，母親屬後者，可任在場知見人。[88]這分鬮書是道光三年所立，當時年代尚早，相關形式尚未確定，各行其是，或為比較合理的解釋。

3.知見人：鬮書的知見人均是親屬，且以父系族親為主，很少是姻親鄰居。唯一的例外是道光四年（一八二四）陳氏〈鬮書合約〉的見證者，僅「知見鄉鄰姻戚人李時花」一人，這可能是家族尚未繁衍，無族人可為見證，只好以一位「鄉鄰」兼「姻戚」代理。而道光三年吳氏〈鬮分書〉是「知見人族姪子產，代筆人郭振江」，只增加一位代筆人，知見人的身分改成「族姪」而已，情況亦相去無多。如此簡略，應是時間因素所致。

二、同治光緒時期

同治和光緒兩期的鬮書共二十七件，逾總數的三分之二，比例甚高。此因宜蘭經嘉、道年間的拓荒與械鬥後，步入全面發展，及至同治，各項建設欣欣向榮。政治方面，光緒元年（一八七五），宜蘭改廳設縣，整頓吏治，刷新蘭政，設立儒學；進而開山撫蕃，開闢聯外道路。社會方面，人口繼續增加，並向瘠地伸展與都市集中；同時文風鼎盛，科甲

88　陳瑞堂，〈繼承〉，《台灣民事習慣調查報告》，頁三三二。

聯登，仕紳階層興起，家族已隱然成形。在經濟方面，實行結首制的農墾組織，墾民財富較為均勻且容易累積，加上外來富商的積極投資、水利灌溉的完善和區間貿易的往來，均促進經濟的繁榮。[89]這些都是家族發展與財富增加的有力條件，卻也不免走上分產的道路。

就時間來看，同治至甲午戰前約三十年，就家族的繁衍上，至少多一代的機會。就嘉慶中葉至同治末約六十餘年，如至光緒中葉則有七、八十年，這樣的時間，應有三、四代的傳遞。雖尚難建立家族，但對想要鬮分的家族而言，三、四代已足以相應配合。此即何以宜蘭家族分產集中在同、光年間的另一重要背景。

鬮分是發生在同一世代的各房兄弟間，原則上，鬮分一次，財產的處理即可告成；實際上，同房兄弟不乏二度鬮分的情形。其所以如此，大都是將前次鬮分留存的祭業、贍養或贖田的公產，再予析分另作分配，因非屬不同世代，有時兩次鬮分時間相當接近。吳氏〈分管約字〉曰：「長房溪中、烏歡、二房姪傳助，三房嬸楊氏，四房月宮，並傳二叔祖暨五大房等，繼鬮書內有存瑪璘社公田一段，又有贖回為胎頭圍瓦店連地基二坎，並溪仔底厝地一所，又贖回三貂水田連山場三段，此數處祖業俱係留存作公，按房輪流，未經分管。茲因邀請族戚親朋紳士頭人到家同堂妥議，將三貂水田連山留存作公，其瑪璘社水田一段按作五大房均分。」[90]光緒十七年（一八九一）潘氏〈鬮分公業合約〉曰：「爰是濤等兄弟姪齊集相商，邀請族正房親人等，妥為公議，將前鬮書（光緒十三年立）原存公業租谷內，先抽出八仙庄水田租谷拾玖石永為香禮，輪流值辦，又抽出田租谷壹石五斗，貼與清池完納課租番租，餘貳仔田肆拾石按作陸房均分。」

李氏的鬮書則明確標出再分的意義，曰：「仝立再分合約家人李火爐、天送、長永佺、元盛、東陽、水昌等，為公業再分各拈各管事，緣爐兄弟佺六大房當日鬮分，有留存公業五段，以為按房輪流公費之需。

[89] 徐雪霞，〈清代宜蘭的發展〉，《台北文獻》，直字第六十九期（台北市文獻會，民國七十三年九月），頁一四四～一四八。

[90] 莊英章、吳文星纂修，《頭城鎮志》（頭城鎮公所，民國七十四年十二月），頁六〇。

茲爐兄弟侄相商，邀請族長房親到場公同妥議。」

三、日治時期

　　日本治台五十年，鬮書只五件，似乎過少，日治時期較光緒還要晚後，依家族發展，五十年足可支應兩代，分家析產的機會更多，留存的鬮書，應超過前期，結果正好反，實在有違常理。可能是在日人殖民統治下，法令與政策皆不盡相同，感到惶恐不安，為求防衛自保，族人團結意識提高，因而降低分產離居的機會。再者，以前鬮分概屬家族內的事務，很少驚動到官衙裁定，但日治時，屬行司法，嚴格管制，宜蘭早在明治二十八年（一八九五）就成立總督府法院宜蘭支部，後改為宜蘭地方法院，綜理民刑訴訟案件。[91]部分家族問題，包括財產糾紛就移到司法院尋求解決，使得一般民間鬮書相對減少。筆者雖未見到宜蘭地區家族析產的判決書，卻看過林氏家廟追遠堂族產的糾紛的判決。法務部的出版《台灣民事習慣調查報告》之第二編，陳瑞堂撰的〈繼承〉一文中，附有族產判決書的要旨與字號，為數甚夥。[92]雖無法斷定這些判決書出自何所法院，至少可推測，宜蘭當有此類判決。凡此，均可作為日治宜蘭地區鬮書減少的旁證。

　　至於五件鬮書中，明治時期就佔四件，比重極高，其司法制度與社會習俗就提供很好的答案。日本於治台次年，即明治二十九年（一八九六），制定法律第六十三號，原則上，日本本國之法律，不適用台灣，對一般社會生活採取放任主義，舊風習俗慣不加約束，因而社會與法律的習慣與清代並無多大變。此為前期，後期是大正八年（一九一九），日本認為其在台灣之統治基礎已臻安定，地方治安可靠無虞，加上台灣人對世界潮流及經濟、社會、法律，均具體認，乃積極推動「同化政策」，採行「內地延長主義」，本國內法律大都適用於台灣，繼承部分雖仍依

---

91 李汝和主修，《台灣省通志‧政事志‧司法編》（台灣省文獻委員會，民國六十一年十二月），
　　頁一四八
92 陳瑞堂，〈繼承〉，《台灣民事習慣調查報告》，頁三八五～四九六。

用習慣，但已造成相當影響。[93]因此前期還生活在傳統習慣裡，民間鬮分一如清代，故有鬮書四件，不足為奇。後期就各方面皆有明顯變遷，繼承原則雖仍沿繼制，但方式已是不同，所以僅只一件。

這種變遷隨時間的推移而加快腳步，台灣光復後，傳統的鬮書已不合時宜，為人棄用，漸成歷史名詞，致使光復後的鬮書亦只民國三十九年一件而已。

第六節、宜蘭漢人族產鬮分的原則

約略來說，鬮分的原則為：

一、均分原則

財產問題是導致兄弟反目的主要原因，要消除這種糾紛，僅靠維護長幼之序，提倡兄友弟恭是不夠的，於是出現兄弟之間財產均分的規定。[94]即對父祖的財產繼承，沒有長幼、嫡庶的區別，都是同等看待，因嫡庶名分觀念的淡薄，實際上是妻的地位下降，家中唯尊父親一人，不管是何種名分的妻子所生之子，關鍵不在母親，而在他是父親的血胤，他就應享父親財產的繼承權。[95]潘氏〈囑約字〉曰：「兄弟振坤、三才、四季、七賢、全庶弟八埏、九河、全長房姪丁亮、生泉、登戴、丁魁，五房姪世禎、世洽，六房姪登榜等，……盡行配平，按作九大房，編為荊、梁、雍、豫、徐、揚、青、兗、冀九份均分。」同父異母的庶弟都可與嫡兄均分財產，同胞兄弟更不在話下，不必多舉例。

這種均分制法依然適用於年度祭掃剩餘、贌租所得，或再鬮分公產、遺留的贍養費等。如林氏〈拈鬮約簿字〉曰：「胎借於民壯圍保下渡頭庄林擔水田壹段帶銀項陸佰伍拾元，因此銀為公項，其日後收回之時，應將三房均分。」陳氏〈鬮分約字〉曰：「以為逐年輪流發揮之需，

93 戴炎輝，〈台灣民事習慣調查報告前言〉，《台灣民事習慣調查報告》，頁五～六。
94 李曉東，《中國封建家禮》，頁九二。
95 馮爾康、常建華，《清人社會生活》（天津，人民出版社，一九九○年七月），頁一六○。

尚剩小租穀捌拾捌石，作兩房均分。」又曰：「概交母親逐年應酬之費，併擺厘滿力庄陳宣山字據壹宗交母親收序，百年後仍作兩房均分。」

不僅繼承財產要平均分配，有時負擔稅賦、債務和其他公共支出亦須均攤。納稅如黃氏〈鬮書〉曰：「竹圍、樹木概厝地前段及什物議作四大房公業，不得私行典借變賣，其單契字據交長房有常收序，如有要用，取出公照，其課租作四大房攤出完納，各房不得刁難推諉。」欠債亦然，蔡氏〈鬮書〉曰：「兄弟仝借銀項共肆佰大元，按作五房均還，至於前收杆仔腳磧地銀伍拾大元，又民壯圍磧地銀捌拾大元，日約起佃，仍作五房均攤。」

二、配搭原則

鬮分的家產包括現款、房厝、寮舍、水田、山林、果園、菜地、璞借和牛、水車等器具，這些財務有的很難折價，不易均分，特別是牛等耕器，根本無法分割，因此，採行統合估算，截長補短的配搭原則。吳氏〈鬮書〉曰：「其餘所有田業、園地、厝宅、牛隻、家器、什物，按件七房均分配搭勻平。」李氏〈鬮書約字〉亦曰：「凡有建置田園、厝宅、銀行財寶、各色物件，配搭均平。」

有時配搭不盡滿意時，以現銀補償，如莊氏〈立約付與兒子〉曰：「四圍一結自墾田一段契字內界址明白，其田租額有長應貼出佛銀壹拾伍元，此段田業係是長房凜拈得應分之業，宜歸掌管，逐年收租納課，永為己業，不得混爭。」同樣情形，對「二房補貼佛銀貳拾元、三房補貼陸拾參元、四房補貼壹拾伍元、五房補貼貳佰貳拾伍元。」以補貼的方式，達到配搭合理的目的。

三、接受原則

鬮分確定後，各房必須欣然接受其應得之產業，不可反悔滋事。張氏〈鬮分合約字〉曰：「立鬮以後，各拈各掌各課各完，各不得爭長競短，翻異生端，致傷和氣，庶幾慶溢門楣，瓜綿再詠，光增族黨，椒衍

堪廣焉。此係各房喜悅，各無反悔。」李氏〈鬮約字〉曰：「寫立鬮書帳簿，登載明白，各業各掌，不得恃強而凌弱，亦不得爭長而競短。雖然今日分房，猶是同居之人，各房務要鬮管業，至於後日，不得異言而反悔，以及子子孫孫亦不得生端而滋事，但願各房富而有日新，倉廂滿盈、麟趾呈祥，甲第頻賡，此係各自甘願，口恐無憑，全立鬮約字。」

　　儘管鬮分之初，各房都能接受，但日後發展，成敗不同，高下有別，還是惹出家族爭端。反過來說，因預期後來仍有糾紛，所以事先確立共同接受原則，先見之明，防患未然。

四、見證原則

　　為使分產和睦順利，各房均無異言，且避免日後爭議，族親見證成為必要原則。這種見證可分事先主持處理和事後裁定證明。前者是於正式鬮分時，邀請公親人以第三者到家裡共同商量妥議，甚至負責核算分配。上節已有引述，不再贅言。

　　至於事後見證，乃鬮書的成立，須有代筆人、公親人、知見人等的簽押，以資憑證。代筆人或代書人大都是族親，外人亦可，他們概屬仕紳或辦文墨者。公見人或公親人以族親中有身份地位者為之。知見人、知場人則為分產者的至親；有的另立在場人，母親如不列為知見人，就是在場人。茲舉數例，對照說明：劉氏〈分管字據合約字〉曰：「代筆劉北樞，公見族正劉慶星、生員黃梅池，場見胞弟登贊。」李氏〈鬮書約字〉曰：「代筆人黃其英、公親堂兄深水、胞伯慶德、母舅游重傳，知見母親游氏。」又陳氏〈鬮分約字〉曰：「代書母舅呂桂芬，公見母舅呂鴻章，知見堂叔掄元，在場母親呂氏。」

　　公親知見人非族親的也有，此因年代較早，缺乏族親所致，如上節的說明。

第七節、宜蘭漢人族產鬮分的過程

在此參考戴炎輝的觀點，略加調整，其過程如次：

一、召開鬮分會議

分產家族大事，雖家人先前曾作協商，取得共識，但其由來必經長期醞釀，蓄意多年，已至不得不分的地步。為求慎重、公正、平順與見證，都要徵得父母同意，並邀請族長、公親到場，共同參議仲裁，以利分產進行。筆者所見的宜蘭鬮書，均如此記載，無一例外。

二、財產之預先抽存

從家產中抽存若干財產，有三種效用：

1.為優先存留財產，避免因分財而廢公。即尊屬之養贍料，在室之姑姐妹之日用及婚費及公業之抽存。

2.為收公平分配之效，兄弟叔姪雖以均分原則；但對家產之增殖，功勞顯著者，應特給以功勞額；未婚男子應另給以婚費，以期公平，長孫額有時亦具有酬勞長房之意。

3.為鬮分技術上之需要，在鬮分技術上，因此等抽存財產，不在各房均分之限，應先予抽存。且有時為供作清還家債之用，而抽存若干財產。若不先抽存此等財產，則不能就剩餘財產，憑鬮以公平方法，確定各房應得之財產。分配子孫之財產與抽存財產之比例，並不一定。[96]

雖然各家族大都會先抽存財產，但上述狀況不盡相同，視實際需要而定。如黃氏〈鬮書〉曰：「即日全堂先抽出母親養贍及長孫、公廳並油香，以致伍房阿生傳嗣陳家香祀祖。」然一般來說，以留供祭祀公業之用，最為普遍。

三、確定分產的房數

「房」是中國家族分化的基本單位，同輩的每個兒子及其後代構成

---

[96] 戴炎輝，〈清代台灣之家制及家產〉，頁一六。

一房，由此確定分產的房數，作為分割時份數的根據。分產的房數有幾
種情形：

1.兄弟均存：兄弟都存活，兄弟幾人就有幾房，財產當然也就分成
幾份。宜蘭的鬮分並無違背此一準則。

2.兄弟出嗣：某一男子如出嗣他家，或為別人的養子，則失去繼承
本家的產業，在鬮分時，取消其房份資格。黃氏〈鬮書〉曰：「第伍房
胞弟阿生繼嗣母舅陳竹茂宗支之資，與別房無干。」此即第伍房不在本
生家分產，所以兄弟雖五房，卻只有四房分產。

3.兄弟過世而有後：任何兄弟生子以後死亡，其名下之房仍存在，
其兒子代表該房，與上一代共同分產，這就是兄弟叔侄分家。如黃氏〈鬮
書〉曰：「全立鬮書字人兄弟有常、寬裕全胞姪九疇、宗遠等。」從內
容得知，兄弟是長、次房、姪為三、房，於是「叔姪弟兄共遵母命，相
商分居。」

4.兄弟早亡乏後：兄弟中有人早逝又無子，因絕嗣而由各房共同祭
拜，分產時，該房份除掉，財產當是各房共得。如林氏〈拈鬮約簿字〉
曰：「追思雙親產我兄弟四人，長兄早逝，其香祀各房傳接永遠奉祀。」
雖是「兄弟四人」，但參與分產只有三房份。

5.兄弟早亡立有嗣子：凡男子無親生子，又生前無養子而死者，於
其死後，為使香煙傳續起見，家人為其立繼，繼子即可承襲其房份財產。
[97]如〈鬮分字〉提及「第伍房錦雲又與四叔祖過繼為嗣」，所以「該第
伍房錦雲應的四叔祖之田業。」四叔祖立有繼子，其財產就由繼子錦雲
繼承。另一種嗣子可得兩份財產，蔡氏鬮分共分五房份，但長房和次房
均早逝，就將長房田產「概付四房生執掌」，次房田產「概付五房賜執
掌。」三人得五份田產，乃因第四、第五各承兩房的祭祀。

經由如上的認知，鬮分的房數即告確定。此外，所有鬮書都是以「房」
的名下，記載其得產額，此乃筆者用「分產的房數」取代「基本有份人
之份數」的理由所在。

---

[97] 陳瑞堂，〈繼承〉，《台灣民事習慣調查報告》，頁三三九。

四、家產的評價

評估財產頗為困難，要由與會者共同協議，一般評價的標準是：

1.田園依租穀，無租穀則作適當的估價。

2.房屋依構造及地點定時價，店舖分為前進及後進定時價。

3.承典的田園或家產，他日出典人贖回時要收回原典價，所以先由現在的租穀或金額扣除贖回時的損費定價值。

4.債權亦考慮他日收回時的損費，減少若干金額。

5.債務的處理也作明確的決定，負責清償。[98]

大致而言，先將各產業折算為租穀或銀員，比較容易鬮分，如尤氏的〈鬮書合約字〉內，各房分得的財產，都於水田、園地、山場、厝地後，標出多少租穀或銀價，以示公開，減少爭議。

五、拈鬮

擇定吉日，各繼承人在族親或族長會同下向祖先報告分配家產，然後在財產目錄註明符號，另將符號寫在紅紙捻成籤條，放入斗內供在祖牌前，並令繼承人宣誓無私心後，由各繼承人挾起籤條，所挾起的籤條符號即其得份。[99]就所見宜蘭鬮書，註明的符號，二份的是富、貴，三份的是福、祿、壽，四份是福、祿、壽、全，或視、聽、言、動，或仁、義、禮、智，六份是修、其、孝、悌、忠、信，九份是荊、梁、雍、豫、徐、揚、青、袞、冀。每組字號均顯示明確的意義。

六、寫立鬮書

拈鬮已畢，即謄寫鬮書，其主要記載事項通常包括：

1.立字人

2.全體繼承人之名。

---

[98] 陳金田譯，《台灣私法》，第二卷（南投，台灣省文獻委員會，民國八十二年二月），頁六九八。

[99] 陳金田譯，《台灣私法》，第二卷，頁六九九。

3.公親、族長、主要親族及其他各知見人的姓名。

4.抽出公業、養贍財產、長孫額、功勞額、子女婚費時，其事項。

5.繼承人分得的財產，負有債務時，其負擔額。

6.指定典買財產上手契的保管人時，其事項。

7.所立鬮書份數。

8.立鬮書年月日。[100]

日治時期，事後由代書人書寫有關過戶文件連同鬮書，呈報地方法院登記所辦理過戶手續。[101]

第八節、宜蘭漢人族產鬮分的分配

家產的分享者，以鬮分時在家為要件，可以接受家產的包括抽存享有者、基本有份人、酌給有份人三種。茲述於後：

一、提留享有者

財產鬮分時，優先抽存提留一定數額的田產，供家族分享使用，以宜蘭鬮書為例，其用途如下：

（一）、公業

抽存財產設置祭祀公業的目的是祭拜祖先、整建墳墓、修繕公廳等。如林氏〈拈鬮約簿字〉曰：「批明買通下埔庄田連園壹段—其園壹甲九厘零，存為現居住公厝地，其田壹甲壹分參厘零帶磧地銀捌元，逐年按贌租谷五十石，存為公業 以為各房次序輪流祭掃祖坟之資。」吳氏〈分管約字〉曰：「議將三貂水田連山場三段，帶收磧地銀一百二十元，留存作公，按作五房輪流，一房應值一年，掌管收租，將所得租粟以為祖先墳墓祭掃開用，並修理公廳以及親戚應酬諸費以外，即將所伸租額按作五大房均分，各不得另生枝節。」[102]大戶人家抽存的田產極為

---

[100] 陳金田譯，《台灣私法》，第二卷，頁六九九。

[101] 朱鋒，〈台灣的鬮書〉，頁二四二。

[102] 莊英章、吳文星纂修，《頭城鎮志》，頁六〇。

可觀,如頭城吳家提留十二筆土地充作祭祀公業。

事實上,祭祀公業也可當救濟族親、獎勵向學、繳納稅賦等公共之用,只是鬮書上沒有明確示悉。

(二)、贍養

百善孝為先,扶養祖父母、父母是子孫的責任,因此,分產時先提留產業供其應酬贍養和喪葬的費用,以盡人子之道。唯鬮分時機大都在父、祖亡逝以後,致使贍養費僅歸母親所有;如祖父母、父母均無存活,則無設置之必要。

贍養費的設定,有租穀、厝稅、銀員等,可舉二例,陳氏〈鬮分約字〉曰:「留存永廣庄廊地年納小租壹石伍斗,又永廣庄小租陸石捌斗捌升,又永廣庄屋地稅連小租,概交母親逐年應酬之費,併擺厘滿力庄陳宣山字據壹宗交母親收存。」蔡氏〈鬮書〉曰:「厝稅及園稅並出借銀員,不論討加討減須自交還母親,至於出借母銀,仍付母親收存,以供日後喪費。」

待母親亡故,其贍養費除喪葬開銷外,尚有節餘的處分方式有二種,其一是各房均分,如「俟後日母親百歲之期,不論需費多少,務要照參大房均攤,仍將養贍田園亦照參大房均分。」其二是撥交公業,如「逐年生放,以為母親林氏百歲之費,伍年以外,仍存為公。」

(三)、長孫額

傳統社會在分產時,並無律例規定長孫享有田產,然長孫以其係長房之長子,眾孫中最年長者,負主持家廟祭祀、家中事務之責與嫡長相承、嫡孫承重之意,甚至謂「大孫頂尾子」、「大孫出尾子」。因此,習俗上提留一分產業給長孫,只是數額不超過一房分的價值。[103]

吳氏〈鬮書〉就有長孫額的資料,曰:「批明長孫戊土,應分得堂兄宗詠地基稅銀貳元,又帶圳邊廁池一口、園一邸,東至寶全田,西至宗詠店後進,南至溪,北至圳,此三處抽出與戊土,以為長孫之業。」莊氏〈立約付與兒子字〉曰:「買過四圍吳惠山田一段,四至界址帶在

---

103 戴炎輝,〈清代台灣之家制及家產〉,頁一三。

合約內明白，原訂小租谷貳拾陸石，此段田業踏付與長孫才掌管，任其收租納課，永為長孫之業，各不混爭。」有的家產鬮分為求省事，當場實發銀員。如李氏〈鬮書約字〉曰：「又得現銀貳拾元，以為火土嫡孫之額收執。」另一〈鬮分字〉曰：「再批明長孫達應得現銀貳拾大員與正。」

部分鬮書沒有提到長孫額，似乎有違常理。然以表列鬮書所示，解釋如下：其一，將先前留存的公業或事後收回的田產再行鬮分，即同房兄弟第二次分產時；其二，兄弟數人分產，但長房已逝且絕後嗣；其三，長房尚存，仍無長孫額，可能還未添丁，此種現象，無法顯現在鬮書上。要之，長孫額的問題相當複雜，特案與變例所在都有，在此不擬深究。

（四）、婚費

家產分配時亦可抽出一部分充作子女婚費。以女子來說：被繼承人的女子（繼承人的姊妹）在分配家產前出嫁時，得以抽出一部分家產充為婚費或嫁資，分配後則由兄弟給與若干而已。因而富家在分配家產時，被繼承人如有女子未出嫁，則抽取一部分作為此女的婚費。另一種是被繼承人的長子及次子如在分配家產前取得婚費嫁出其女，當時三子之女未出嫁，而在家產分配後出嫁時，由父負擔婚費則不公平，因而富家大多為未婚孫女抽出婚費。[104]還有一種是為早逝女子保留以後冥婚的費用。張氏〈鬮書〉提到由公產抽出金額以為次房石定之女素汝和參房爐章之女素珠幼亡，「後日香煙嫁出之費用」。

以男子來說：分產前，兄已獲得婚費娶妻而弟尚未結親時，為求公平，經協議得先提留款項，備為弟之婚費。如蔡氏〈鬮書〉曰：「抽出黃祥會銀壹佰元，以為第五房賜日後完婚之費。」林氏〈拈鬮約簿字〉曰：「抽出佛銀壹佰零肆元，以為次房悅如娶妻之費。」莊氏〈立約付與兒子字〉亦曰：「分發開貼五房天成完婚銀壹佰貳拾元，又貼七房紅九聘禮銀壹佰伍拾元。」

（五）、功勞額

---

[104] 陳金田譯，《台灣私法》，第二卷，頁六九六～六九七。

功勞額是在分配家產時，付給對增加家產或助益家道之人的財產，鬮書通常載為「踏為酬勞」、「少伸酌酬」或「以酌功勳永為己業」。功勞額亦依被繼承人之意或由繼承人協議而設定，其給予對象不限同房兄弟，可擴及其他親族。[105]如張氏〈鬮書〉曰：「由公踏出新台幣壹仟元正給與次房石定，以為慰勞報酬金。」

二、基本有份人

台灣慣例家產由被繼承人的直系卑屬繼承，同列親、尊親及旁系卑屬均無此權利，姪及姪孫由被繼承人收養時，始得繼承。繼承人有二人以上時，由此等人平均分配，若無親生男子時，收養過繼子繼承。[106]總之，須是男子孫，此為基本有份人，茲分親生子、養子和嗣子，加以敘述。

（一）、親生子

父親的親生子不論嫡子、庶子，皆有繼承家產的權利，親生子只有一人時，由此子繼承全部的財產，若有二人以上要平均分配。這個原則完全適用在過去的宜蘭家族，幾無例外。至於私生子分產減半，事涉污點，不願落跡筆墨，鬮書上難見真象。筆者的田野訪談，報告人或因年代久遠，分產數額，不復記憶；或因蓄意掩飾，欲語還休。因此，一則不必舉例，一則無法舉例。

另雖有「嫡全、庶半」之俗語，即庶子亦繼承嫡子的半額，實際上，庶子、婢生子大都與嫡子鬮分等值的家產。[107]潘氏〈囑約字〉的立契人是「兄弟振坤、丁魁，五房姪世禎、世洽，六房姪登榜等。」雖有八、九房庶弟，但仍「盡行配平，按作九大房……九份均分。」田產配置，長房和五房、八房合為一組，二房、六房一組，三房、四房一組，七房、九房一組。舉其之一曰：「七房全九房共拈得珍珠里簡水田壹所帶田簝什物等項配納番租谷伍石九斗正；又拈得四鬮二水田貳份，在加冬林東

---

[105] 陳金田譯，《台灣私法》，第二卷，頁六九七。
[106] 陳金田譯，《台灣私法》，第二卷，頁六八七。
[107] 陳金田譯，《台灣私法》，第二卷，頁六八八。

四圳壹份配溪邊東二圳壹份，帶圍內田藔地貳份，配納大租銀拾肆員零；又拱得底美簡塭田藔前水田伍甲柒分零；又帶乾中圓北畔水田四分零；又帶乾一水田肆甲捌分零，帶塭內公田藔什物等項，配納番租谷捌石壹斗正。」

　　（二）、養子

　　父祖生前收養的男子是為養子，養子有同於親生子的家產繼承權，若被繼承人在收養養子後，生育男子或有私生子時，養子要與此等人平均繼承家產。男子入他家為養子後，無與本生家之兄弟共同繼承父親遺產的習慣；如與養父母終止收養關係而復籍者，得回復其對本生家之繼承權，但解釋上第三人已取得之權利，應不受到影響。養子雖然對其本生家無財產繼承權，但本生家鬮分財產時，有時對出養人酌給財產，此為鬮分者間基於情誼協議所為之贈與，非屬繼承權。[108]

　　基於家產與宗祧的需要，這些養子的家產繼承原則，同樣通行於宜蘭，鬮書上的分產者，應不乏養子繼承，但因宜蘭俗諺「養的大過生的」，意即養父家重於本家，使得養子處處須以養家為念，養父也要待養子為己出，此種養父子如同親父子的情況，就無記錄在鬮書的必要。因此，直到日治時期，儘管養子風氣相當普遍，財產繼承一如親生子，然其事實僅是口耳相傳或載之族譜，鬮書上很少留下痕跡。

　　（三）、嗣子

　　嗣子亦是立繼、接倒房，係為繼承宗祧之收養。凡男子無親生子，又生前無養子而死者，於其死後，為使其祭祀繼續（傳香煙）起見，寡妻、直系尊屬或族長，為其立嗣。清律附例規定：「婦人夫亡，無子守志者，合承夫分，須憑族長，擇昭穆相當之人繼嗣。其改嫁者，夫家財產及原有粧奩，並聽憑前夫之家為主。」所謂憑族長，係以族長為憑證，以昭大公之謂。在台灣，子無後嗣而死者，稱為倒房，亦為其立繼，由繼子承亡者之祭祀，且襲其家產基本人有份之地位。

　　這種嗣子分產可有各房均傳與專房承傳二種，前者是某房斷嗣，其

宗祧和財產由各房共同負責。如吳氏〈鬮書合約字〉曰：「邀且公親到家酌議，緣三房早逝，其嗣依然兩房均傳，永遠奉祀。」傳嗣財產也兩房均分，即「買過黃步瀛田一段，址在抵美簡庄，逐年租谷二十石；又買過余載文田二段，址在抵美簡庄，逐年租谷二十二石，計共租谷四十二石，以為二房傳嗣之資。此兩條租谷，大租完清，亦是兩房均分；先傳接應得租谷二十石，後傳接應者得租谷二十二石。」[109]

另一種則指定某人為絕後者的嗣子，既承香煙，又得財產。如吳氏〈分管約字〉曰：「議前鬮書內生叔公香祀，逐年就公租抽出粟五石，交溪中以傳香祀，茲五大房共備出佛銀五十元交溪中收入，立嗣傳接香祀。」[110]蔡氏因四叔及長房、次房均早亡無子，特以三房和四房、五房各傳其嗣。其〈鬮書〉曰：「三房泰應得四叔傳嗣之業，址在抵美簡，逐年租谷係是參拾五石。」又「長房故逝，應得民壯圍田壹份，逐年租谷壹拾捌石，并厝壹間，菜圃壹坵，俱在北畔，又帶欠銀項捌拾大元，概付四房生執掌，而別房不得爭執。」同樣情形，次房亦故逝，其田產則「概付五房賜執管。」這種嗣子就是過房子，繼承兩房，意即一子雙祧，其目的在於祭祀，而不是出嗣，故不與本生房脫離關係，對本生房仍有財產繼承權。[111]

三、酌給有份人

鬮分時，酌給有份人，並非財產的必然繼承者，而是視協議結果，酌情分享，意在可有可無之間，女兒，贅婿、義子等屬之。

（一）、女子

女子原則上無權繼承家產，雖有以嫁資名義繼承之例，但要當作贈與，不得視為繼承家產，以其非家產的基本有份人。若亡父無寡妻及男子孫時，得以暫時繼承財產，但要為亡父立嗣子傳祀並承受財產。此因養子不論有無繼承宗祧，均具如同親生子的繼承權，女子僅在家無親生

---

[109] 莊英章、吳文星纂修，《頭城鎮志》，頁五六。

[110] 莊英章、吳文星纂修，《頭城鎮志》，頁六〇。

[111] 陳瑞堂，〈繼承〉，《台灣民事習慣調查報告》，頁三七八。

男子或養子時，方可代為繼承財產。實際上，亦有異姓的養子比親生女
更受重視，因而只有親生女時，大都收養養子繼承財產，並將親生女出
嫁。部分家族亦有為女子招婿，並以所生之子繼承田產，但係傳給養孫
而非傳給女子及招婿。[112]就此看來，女子不是財產繼承人，而是酌給有
份人，最具體的表現是，出嫁時陪贈粧奩或未嫁即先行預留些許田產備
為嫁粧。依宜蘭過去習俗，嫁女兒多少會給點飾物，只是事實俱在，但
詳細飾物則文獻無徵。

　　（二）、贅婿

　　招婿在家產上之地位，應區別其在本家與招家兩種情形。其一就本
家而言，雖尚保持同宗及親屬關係，但本家分財時，仍留在招家，則招
婿不能參與分配，因家產基本有份人，以其家屬身分為要件。若被招人
於本家析分前，因離婚或出舍（伴妻出妻家）而歸還本家，則回復其家
產有份人之資格。其二就招家而言，招婿非妻家之嗣子，故不能為招家
財產之基本有份人，僅能酌給財產而已。如招入後增加財產，事前又有
約定，則招婿可與招家共同分產。至於招夫在本家與招家財產之地位，
大致與招婿類似。唯其所生之子，冠前夫姓而為前夫嗣子，當是共財產
有份人；若只一子，即兼承雙祧（前夫與招夫）。[113]過去宜蘭招婚相當
普遍，現在也還有，筆者親戚中就有數案招贅婚，其分產情形，就是如
此。雖曾做口頭實訪，不擬敘途。

第九節、結語

　　嚴格說來，以族產為基礎的家族共有經濟，容易在豪農、富商、科
舉等地主階層形成與發展。而貧苦農民的家族，比較不可能為後人留下
田產。不僅如此，即使是地主階層的後代，貧富的分化與變易也是在所
難免的，未必能長期保有族田以坐食租利，或及至鬮分時仍留存財產以

---

[112]　陳金田譯，《台灣私法》，第二卷，頁六九〇。
[113]　戴炎輝，〈清代台灣之家制及家產〉，頁一五。

供分配。[114]因此，財產的建置與維持是鬮分的重要前題。無怪乎，各家族無不汲汲營求財產的增鬮與累積。

基本上，宜蘭傳統家族很嚮往共居合食，景慕同堂義門，不願離居分爨，無意鬮分析產。但基於樹大枝異，水遠分流的自然現象，加上族眾盛繁，勞役不均，收入有別，族親失和，以及奉父母之命，考慮各房自立創業等家族因素，析產分居也是很好的抉擇。

以清代宜蘭人口而論，嘉慶十五年（一八一〇）和十九年（一八一四）的年增長率，分別達百分之二十九和百分之九點七，道光後期雖已降低，但仍在百分之一點五左右，由此高度的人口增長率，可看出嘉慶道光年間的宜蘭處在急速開發之中，有大量的人口移入。[115]從鬮書的年代也可反映這樣的事實，就是嘉慶時期未見鬮書。道光、咸豐朝的案例也不多，然至同治、光緒年間，因移民已繁衍三、四代，也積存相當的田產，因此，鬮分的機會就顯著的增加了。

根據子嗣繼承的原則，最有資格繼承財產的是基本有份人，如親生子、養子和嗣子，他們均屬被繼承人的直系男性卑親屬。此外，提留享有人和酌給有份人亦可分享，前者是鬮分時，優先提存部分田產，供家族使用，包括設置祭祀公業、父母贍養費、長孫額、子女婚費和功勞額。而後者是經協議結果，酌情分享，可有可無，如女兒、贅婿、和義子等屬之。

家族的構成、運作與發展相當複雜，很難盡窺堂奧，由於財產非常重要，深具影響，從其建置與鬮分切入，對鬮書加以解讀，不僅獲悉宜蘭家族財產的狀況，進而亦可揭露宜蘭家族的各個面相，財產鬮分的研究意義，即在於此。

---

[114] 鄭振滿，〈明清福建家族組織與社會變遷〉，頁二六九。

[115] 李國祁，〈清代台灣社會的轉型〉，《中國近代現代史論集—近代歷史上的台灣》（台北，商務印書館，民國七十五年九月），頁六六～六七。

第八章　宜蘭漢人家族的家廟祠堂

第一節、前言

　　家廟、祠堂乃同族同宗的人合祀祖先之所在，它可滿足人類追本溯源的本能，在廣漠無垠的歷史時空中，獲得心靈的歸宿。自古以來，已為傳統家族的重要表徵。換言之，在家族主義的影響下，祭拜祖先是經常且必要的工作，故曰：「自天子下迄庶人，貴賤不同，而其尊祖之義一也。」然祭祖須有牌位，牌位須有供奉之處，家廟、宗祠於焉而生。因此，「凡士農工賈，莫不俾之各建宗祠，以祀其祖先。」以致「聚族而居，族皆有祠。」[1]

　　這種現象到了清代更是普遍，甚至到「營室先營宗廟，蓋其俗然也。」的地步。[2]一個家庭在建造房子時，應先建祠堂，然後再建其他屋舍，以符「立祠第一，所以奉先世神主」之說。《朱子家禮》開宗明義第一章就是〈祠堂〉，用意至為明顯。[3]

　　儘管祠堂、家廟如此重要，但國內這方面的論著尚不多見，大都在探討家族及其相關問題時，附帶提及。唯一的專書是陸炳文著的《台灣各姓祠堂巡禮》，此書概略介紹全省五十二處祠堂的姓氏源流、創建年代、重修經過、祠堂地點、播遷過程、匾額楹聯及祭祀情形等，輔以照片，可謂圖文並茂，唯學術氣息略嫌不足。比較遺憾的是，五十二處祠堂無一在宜蘭境內，有鑑於此，為彌補鄉土史的空窗，從事宜蘭地區家廟的調查與研究，實有積極的意義。

第二節、宜蘭漢人家廟的類別

---

[1] 王思治，〈宗族制度淺論〉，《清史論稿》（成都，巴蜀書社，一九八七年十二月），頁九～一一。

[2] 馮爾康、常建華，《清人社會生活》（天津，天津人民出版社，一九九〇年七月），頁九九。

[3] 李曉東，《中國封建家禮》（西安，陝西人民出版社，一九八六年十二月），頁四三。

　　中國家廟淵遠流長，周代已開其端緒，然此時的家廟除顯示祭祀意義外，更是社會各階層地位的指標，使得家廟的類別因身份的不同而有所差異。《禮記・王制》說：「天子七廟：三昭三穆，與大祖之廟而七。諸侯五廟：二昭二穆，與大祖之廟而五。大夫三廟：一昭一穆，與大祖之廟而三。士一廟。」[4]

　　此一情形，到唐代亦無多大改變，《冊府元龜》：「王制垂範作程，亦既觀德，訓人孝敬。故天子七廟，諸侯五廟，大夫三廟，士一廟。有……今三品以上，乃許立廟，永言廣敬，載感於懷。其京官正員四品，清望官及四品、五品清官並許立私廟。」[5]

　　由於家廟是貴族的專利，若後代子孫達不到立廟標準時，是沒有資格入廟受祀，僅能遵循祔廟規定。即三品以上官人死後，祔三品以上的家廟；四、五品官人死後，祔四、五品的家廟；六品以下官人死後，只是祔祭於寢內。假設某官人因三品立三廟，其後代只有六品官，則喪失入廟作主的資格。再者，家廟的維持，需要經濟能力，負擔相當沈重，實屬不易，舉行一次家廟祭儀，耗費的人力、物力和財力也非同小可。致使唐初部分功臣名相的家廟，後來多已不存，甚至廢祀，如李靖家廟在天寶年間，淪為馬廄；虞世南家廟亦告沒落等即是。[6]

　　可見直到唐代，家廟仍依附在政權上，王公貴族依品級的不同，其設立的家廟也就有所差別。

　　這種家廟制度，到宋代卻窒礙難行。《宋史》曰：「仍別議襲爵之制，既以有廟者之子孫，或官微不可以承祭，而朝廷又難盡推襲爵之恩，事竟不行。」[7]加上祭祖之風深植人心，宗廟遂成為一種與人群社會組合息息相關的制度，涵蓋整個社會結構與人群關係，而為每個人都須參與活動。[8]汪師韓所言甚是：「周制曰宗廟，唐宋曰先廟，宋儒所定者

---

[4] 引自謝維揚，《周代家庭形態》（北京，中國社會科學出版社，一九九〇年六月），頁一九。

[5] 引自甘懷真，《唐代家廟禮制研究》（台北，商務印書館，民國八十年十一月），頁四〇。

[6] 甘懷真，《唐代家廟禮制研究》，頁八八～九二。

[7] 脫脫等，《宋史》，卷一〇九，〈禮志〉（台北，藝文印書館），頁一三〇〇。

[8] 冀鵬程，〈宗廟制度論略〉，《思想與文化》（台北，業強出版社，一九八六年四月），頁一二六。

曰祠堂。祠堂則左制庶人祭於寢，唐宋品官不得立廟者祭於寢之義也。」
[9]因此，中國家族祠堂的建造始於宋代，當為可信。明清時期，更是掀
起熱潮。[10]

　　既知宋代之後，祠堂家廟已普遍存在傳統家族社會，有一問題即浮
現眼前，就是家廟類別如何區分？宋以前以身份官位為斷，倒也明確，
其後則頗難取捨。陳支平認為一般家族不但有全族合祀的族祠、宗祠、
或稱總祠，而且族內的各房、各支房，也往往各有支祠、房祠，以奉祀
各自直系的祖先。詔安縣則有祖祠、宗祠、支祠之分；莆田縣亦有大宗
祠、小宗祠之別。[11]馮爾康較簡要的指出，祠堂有宗祠、支祠、分祠的
不同等級，其建立與宗族結構相一致。[12]以上各種分法，雖然可行，但
指涉的範圍並不明確，也缺乏何以如此區分的說辭。

　　如就家廟的第一要義是祭祀考量，以祭祀祖先的型式作為家廟區分
的原則，應較合實情。簡言之，家廟的類別，建立在奉祀祖先的基礎上。
而祖先的象徵就是「牌位」或「神主牌」。因此，本文以祖先牌位的世
系與陽世子孫的關係，將家廟分為宅廳、公廳、祠堂、宗祠四類，探討
宜蘭地區家廟的發展，然主要重點在後兩類。

一、宜蘭地區的宅廳

　　宅廳，顧名思義是家庭內的神明廳，這種家庭可稱「直系家庭」包
括核心家庭、主幹家庭和聯合家庭，其建築大都是三開間或五開間的一
條龍式，或簡單合院式屋宅及少數較具規模的院落式房舍。但不論是何
種家庭或建築，基本前題必須是同居、共財、共同祭拜同一較早的直系
祖先牌位。如其間有旁系祖先，則有二種情況：一是直系與旁系的後代
子孫仍過「一口灶」的生活，唯這情況並不多見；另一則是其旁系祖先

---

[9] 引自龔鵬程，〈宗廟制度論略〉，頁一六一。

[10] 陳支平，《近 500 年來福建的家族社會與文化》（上海，三聯書店，一九九一年五月），頁
　　三五〜三六。

[11] 陳支平，《近 500 年來福建的家族社會與文化》，頁三七〜三八。

[12] 馮爾康、常建華，《清人社會生活》，頁一〇〇。

沒有後嗣供奉，只好依附在近親的牌位上。

清代宜蘭一般平民家族，大致維持相當程度的家庭型態，其原因為：

1.宜蘭處在萬山之後，交通阻絕，天然障礙不利攜家帶眷的翻越跋涉。

2.早期入蘭移墾的人數組合，以隻身獨來、母子二人、一人探路家人跟進、兄弟相隨、父子同行等情形為多，其特點是成員少，且偏男性。

3.宜蘭開發較晚，年代的短暫，不足以支應數代家庭的繁衍，以致世代少，家人不多的現象相當普遍。

4.初期移民社會出現一些羅漢腳，他們居無定所，出無定向，風餐露宿，無室無家，其中大都不經由本身進行繁殖，故沒有後代，使得家庭無法綿延擴大。

5.移民家庭常因自然災害與人為傷亡等諸般影響，造成父母一方或雙方死亡的殘缺家庭，這種鰥寡孤獨的畸零戶，家庭人口相對就會減少。[13]

上述諸現象，顯示清代宜蘭的家庭仍是世代有限，家人不多，而且概為直系的近親。這種家庭的祭祖方式，就是將屋宅的中央正間稱神明廳，又稱正廳、客廳、大廳或廳堂，廳上正面掛主神像與擺置供桌長形案桌，方形八仙桌，左邊較小位置則供奉祖先牌位，供全家人祭拜，絕大多數都是面積較大「集體牌位」，正面寫上「某姓歷代祖先牌位」（各家牌位字句不盡相同）；少數則是「個人牌位」，將一對祖先（祖與妣）單獨立一個牌位，供桌上就「牌」滿為患。[14]

為說明一般家庭只在同一家屋內的宅廳進行祭祖儀式，成書於道光十七年（一八三七）的《噶瑪蘭廳志略》曰：「祭祀之禮，蘭無族祠，多祭於家。忌辰、生辰之外，元宵有祭，清明有祭，或祭於墓，中元祭，除夕祭。端午則薦角黍，冬至則薦米圓。泉人日中而祭，漳人質明而祭。

---

13 參見本書第三章第三節。
14 李亦園，〈近代中國家庭的變遷──一個人類學的探討〉，《文化的圖像（上）──文化發展的人類學探討》（台北，允晨文化公司，民國八十一年一月），頁二一二。

泉祭以品饈，漳潮之人則有用三牲者。」[15]

　　等到晚清及日治時期以後，由於時間的延續，世代的增加，職業的分化，族人的繁衍，以至耕地不足養活，屋舍不敷居住，族內產生矛盾或其他天災人禍，鼎革易代等因素，造成分家分房，大家族各房紛紛向外遷徙，遠居他處。經過分家以後，每個外出的各房，形成一個個獨立的小家庭。

　　傳統家族社會的分家過程非常複雜，分食、分居、分產等均為重要內容，但如僅止於這些內容，在祭祀上尚未自成祭祀單位，逢年過節必須回到原來祭祀的地方。因此，分家後所組織的小家庭，為減少往返困擾，或另有約定及其他因素下，往往也會在其共祀的祖先牌位中，將其直系世代祖先分靈出去，另成祭祀單位，奉祀在自家的宅廳內，方便祭拜。此一現象，就是宜蘭地區後期發展中，最常見的祭祀行為。

　　綜合上述的討論，宜蘭地區在道光以前，純屬移墾初期的原生宅廳；晚清以後，則普遍有經家族分家分牌位所形成的次生宅廳。

二、宜蘭地區的公廳

　　相對於宅廳，公廳就是幾個家庭共同祭拜其直系和旁系世代血統祖先牌位的場所。

　　部分早期移居入蘭的墾民，經過逾五、六十年，二、三代的傳衍，成員遞增，加上墾務順利，經濟發達，慢慢的由家庭擴大為家族。為供應繼續添加的族人，往往興建合院式房舍；如還不夠居住，可向兩邊或向後延伸，增建護龍與院落，成為格局宏闊的合院建築，在建築體正身中央較寬敞的房間，設有公廳，除垂掛神像外，也放置其祖先牌位，供族人祭祖，這是合院式的公廳。

　　另有一種分離式公廳，就是族人繼續擴增，在感繁之餘，以房為單位的家人，搬離原來住處，散居在合院附近，甚至遠住他鄉，但其直系

---

[15] 柯培元，《噶瑪蘭志略》，卷十一，〈風俗志〉（宜蘭縣政府，民國七十年六月），頁一一一～一一二。

祖先的牌位仍留在公廳上，並未隨之分出。換言之，在其新的居所不立祖先牌位，致使逢年過節，婚喪喜慶須祭祖，遷出的族人要回原合院公廳祭拜。

據筆者田野訪查，由於傳統合院建築禁不起年久失修，兼以族人紛紛外遷，使得完整的合院式公廳幾已不存；而分離式公廳的祭祀範圍，也只限於住在公廳周邊的族人，取其就近方便，如搬遷遠處，幾乎都分牌位，自成新的次生宅廳。

至於公廳與宅廳的分別，在於後者人丁較少，住在同一屋簷下，且他們之間沒有分爨，仍過「一口灶」的生活。而公廳則因族人繁多，雖同住院落內，但已有分爨情形。總之，是否共食為二者的差別，如還同居共食，在祭祀上就是宅廳；雖同居但不共食，則屬公廳。此外，更重要的分野是從牌位與儀式來斷定。

（一）、牌位的區別

如廳上牌位的亡者是祭拜者的直系世代血親祖先（沒有子嗣者不在此限），就是宅廳；如牌位的祖先與參拜者有旁系世代關係，亦即每一房要拜所有的祖先，就是公廳。

（二）、儀式的區別

宅廳是從屬原則，諸子絕對從屬於以其父親為主的「家」，這個家的長輩涵括其子輩，甚至孫輩，統合成一個祭祀單位，所以在祭祀祖先時，全家只須祭拜一次即可，在一次的祭拜中，全家人都完成儀式。而公廳則採分房原則，每一房分支自成一個家庭，造成一個家庭內有數個小家庭，在祭祖時，每房所形成的家庭各自獨立為一祭祀單位，有幾個小家庭，就有幾個祭祀單位，各個祭祀單位各自準備祭品，同時排滿供桌一齊祭拜，或依序輪流祭拜亦可。簡言之，宅廳是全家共組一個祭祀單位，準備一份祭品，一次拜完；而公廳則是數個祭祀單位，各自準備祭品，同時或輪流祭拜。

分出牌位的次生宅廳雖從公廳分出，但與原公廳仍有一定關係，譬如宅廳的家人，遇有年節或婚喪喜慶時，除在自家宅廳祭祖外，也應到公廳祭拜。例外的是，從公廳分出去的牌位，不能重新歸隊，回到公廳

牌位上。

三、宜蘭地區的祠堂

　　祠堂是分離式公廳的進一步發展。當家族人口繁殖，原先的居住地點容納不下族人們日益增長的生產和生活需求，於是出現分支現象，各房遷移外地，以尋求新的生存空間。這樣，同一祖先而不同住處的族人，可能合資興建獨立的祠堂，以奉祀共的祖先。[16]因此，就祖先牌位而言，祠堂所奉祀的牌位，可清楚看出世系輩份的關係，有共同的開基始祖，原則上只限於開台或開蘭者，但亦有溯自唐山始祖。牌位上所有各世代祖先，均共同分享其後代各房子孫的祭拜。所以，某房後代子孫祭拜的對象，不以其直系祖先為限，而是包括牌位上全部的列祖列宗。此外，族祠派下的成員，在各自家中都另供奉其直系世代祖先，如同宅廳，非直系者則排除在供奉之外。

　　而就祭拜成員而言，祠堂純粹依照血緣關係所形成的單系繼嗣群，亦即由一位渡台始祖所繁衍下來的一群，這個團體在發展的過程中，為追念他們共同的祖先，甚至因為某一位獲得功名或經商發跡等而興建祠堂，基於共同祭祀祖先的機會，彼此當然更易加強團結。[17]

　　在此，有一問題須作說明，就是祠堂與公廳的區別何在？

　　其一，公廳的分布相當廣泛，任何家族經三、四代繁殖後即可形成；但祠堂限於人力、財力、物力，興建不易。

　　其二，公廳的祭祀範圍，涵括的家庭為數不多，且同在合院式建築內，有些則可能建在公廳附近；而隸屬於祠堂的家庭數頗眾多，有的甚至遠徙他鄉。

　　其三，祭拜公廳神主牌位的子孫，在其家中少有另供牌位者；祠堂成員在其家中，則須設置宅廳。

---

[16] 陳支平，《近500年來福建的家族社會與文化》，頁三九。

[17] 莊英章，〈台灣漢人家族發展的若干問題—寺廟宗祠與竹山的墾殖型態〉，《民族學研究所集刊》，第三十六期（南港，中央研究院民族學研究所，民國六十三年），頁一二一～一二二。

其四，公廳不管是在一條龍式或合院式的建築內，左右兩邊都與住所相連；祠堂則是獨立的建築物，與住所並不連通。

據田野調查所悉，宜蘭地區祠堂型家廟包括游氏家廟餘慶堂、游氏家廟東興堂、游姓祠廟追遠堂、黃姓建和祠堂、黃氏祠堂純善堂、鄭氏家廟廣孝堂、陳氏宗祠鑑湖堂、蔡氏祠堂洽合堂、賴氏祠堂潁川堂、鍾何祠堂瑞蘭堂、吳氏祠堂。

四、宜蘭地區的宗祠

宗祠派下的族人除同姓外，未必盡是單系繼嗣群，彼此間無須有明確的世代系譜線索。因此，其所奉祀的牌位祖先淵源流長，可追溯到遠古的太始祖與閩粵的開基祖，以供同姓的不同支派裔孫共同祭拜。基本上，這個不同支派是由當初倡議興建祠堂的發起人或合夥人的後代所組成。如非當初合夥人等的嗣孫，雖是同姓，亦不能參加其例行性的祭祖活動。簡言之，入列宗祠牌位的祖先，限於既有的繼嗣群為原則，當然也受這些繼嗣群後代子孫的祭拜。

據此說來，宗祠是本著血緣與地緣的基礎所組成的宗親團體，也就是移民時期一些來自同一地區的同姓者所組成的團體，透過祭祀遠古的共同祖先而團結起來。[18]詳細地說，即當初移居入蘭的同族墾民人很少，在人單力薄的情況下，為求各項開發順利，彼此有團結合作的必要，同姓同宗當然列為優先對象。及至科舉功名或或經濟發達後，為了慎終追遠，報本思源，敦親睦族，乃醵資合建宗祠，供奉遠古太始祖以次的牌位，方能涵蓋不同派系宗親的祭祖。

宜蘭地區，這種宗祠型家廟有游氏家廟立雪堂、游姓祠廟盛蘭堂、李氏宗祠敦本堂、林氏家廟追遠堂。

第三節、宜蘭漢人家廟的興修

---

[18] 莊英章，〈台灣漢人家族發展的若干問題─寺廟宗祠與竹山的墾殖型態〉，頁一二二。

有血緣關係的人，相互之間雖是族人，但他們是否成為一個社會群體，以其是否有組織為斷，這個組織就是體現於祭祀祖先的家廟祠堂。因此，不僅官家士族，連庶民百姓皆願建置家廟，在一村鎮中，幾乎所有農民都被納入一個族姓的祠堂或家廟。[19]《廣東新語》談到嶺南一帶，特別是廣州，「其大小宗祖禰皆有祠，代為堂構，以壯麗相高。每千人之族，祠數十所，小姓單家，族人不滿百者，亦有祠數所。其曰大宗祠者，始祖之廟也。庶人而有始祖之廟，追遠也，收族也。」[20]有的家族甚至建有家廟多所，如連城新泉的張氏家族，除總祠之外，另有支祠二十四座；惠安山腰的莊氏家族，大小祠堂約有百餘座；福州郊區林氏家族的祠堂，不下五十座。延壽徐氏家族亦數達三十二座。[21]家廟之盛，可見一斑。

宜蘭地區的情況，亦相去無多，探究其興建，極有意義。惟宅廳、公廳與住家建在一起，規模較小，此處不予討論。原則上，以獨立成屋的家廟為限，而這種家廟的興建，得來不易，需要一定條件的配合。

一、家廟的興建

家廟的興建，顯現如下意義：

（一）、勢力的擴展

家廟往往是當地最雄偉的建築物，具有象徵作用，更是家族勢力的展現，此種勢力的支撐，就是族眾與田產。

隨著家族人口的繁殖，原先的居住地點不足容納日益增長的族人之生產與生活需求，於是許多族人出現分支遷居外地的現象，尋求新的生存空間。致使同一遠祖而又不居住在同一地方的族人，合建超地域性的宗祠，以奉祀共同的祖先。[22]

---

[19] 馮爾康，〈清代宗族制度的特點〉，《社會科學戰線》，總第五十一期（長春，社會科學戰線雜誌社，一九九〇年七月），頁一七五。

[20] 屈大均，《廣東新語》，卷十七，〈祖祠〉（北京，中華書局，一九八五年四月），頁四六四。

[21] 陳支平，《近 500 年來福建的家族社會與文化》，頁三八。

[22] 陳支平，《近 500 年來福建的家族社會與文化》，頁三九。

以黃氏純善堂而言，黃祖純善隻身來台後，子孫繁衍十世，遍居全台，為感念始祖及歷代祖先奮鬥努力，勞苦功高，於昭和十一年（一九三六），六大房裔孫等共同興建祠堂，是為「純善堂」。[23]

以游氏東興堂而言，十二世林青公與諸弟前後來台，旅寓鯤南彰化，及後子孫益分衍於淡新各屬，終流駐於蘭陽。延至十四世道維公興宗族，子孫日見繁衍，族眾甚盛，於是首倡廟祀之議。意即「東渡以來，子孫既云衍慶，廟制不聞何以報本源而昭宗主乎？乃草創於羅東堡九份庄，起廟號曰東興堂。」[24]

以游氏追遠堂而言，士怕公有九子，留三子於龜崙嶺，料理田園坵埌，另率八房子孫於嘉慶初葉入墾甲子蘭（今宜蘭），後諸昆仲子侄，耕稼貿賈於外，誦教詩禮於內，子孫繁眾又家業大發，田園千頃，文盛西勢，官民厚視，儼為蘭地之殷戶大族。時員山庄有塘霞房游厚日，兩游相照，故童謠唱道：「水頭游厚日，水尾游龍昭」，奠定「追遠堂」祭祀之基。[25]

有的家廟並非一系派下所奉祀，而是不同地區、不同派系的同姓子孫，為加強團結，壯大聲勢，共同集資所建，如林氏追遠堂即是。《林氏大族譜》曰：「嘉慶十五年（一八一〇）四月，我蘭開疆……其後，漳人入蘭者益眾，而我同宗壓倒諸姓。又二十有三年，我先知深感業樂居安，族繁派衍，報本之誠以興，聚土為山，集腋成裘，祀祖之堂以成，題其堂曰追遠堂。」此「同宗」意即非具血緣關係的林氏宗親，因此，追遠堂係福建漳州府七縣林姓族眾移往蘭地者，共酌家金捐建而成。[26]

李氏敦本堂亦是如此，據其《會底名簿》的契書曰：「全立辦理祀祖合約字人首事先聲、華國、聲文、名川暨眾祀友等，追思太祖火德公派衍隴西支連華夏春秋二祭，盡肅衣冠，俎豆千秋，用昭蘋藻，誠宗門

23 黃阿熱等編，《黃純善公家系譜附家誌》（宜蘭五結，民國七十五年），頁四七。

24 游時中，〈東興堂廟誌（前段）〉，載游有財主編，《游氏大族譜》（台中，創譯出版社，民國五十九年五月），無頁數。

25 游永德編輯，《游氏追遠堂族譜》（宜蘭壯圍，游姓祠廟追遠堂管理委員會，民國六十九年十二月），頁一四～一五。

26 林性派主編，《林氏大族譜》（宜蘭礁溪，民國六十四年九月），頁甲一二七～甲一二八。

之光耀也。茲我門族紳耆士庶人等，不忘源本，共思功德，捐資生息，置祀業以禮祖宗，建祠堂以耀楣，永薦先人，甚是厚望。[27]文中多處顯示，堂下的祀友族人，僅只同姓，不具近親的血緣紐帶。

（二）、需聚居一段時間

人口的繁殖需要時間過程，有足夠的世代，才能繁衍眾多的族人，祠堂的設立自然也要經過很長時間。乾嘉時期的名學者錢大昕家族，先世從常熟遷嘉定，經歷三百年時間。「生齒日繁，昭穆漸遠」，到乾隆二十六年（一七六一）方建宗祠。安徽懷寧，清初幾乎沒有祠堂，乾隆時少數望族才有宗祠，及至道光普遍建立。[28]

宜蘭大規模的開發，始於嘉慶元年（一七九六）的吳沙率眾入墾，此後漢人賡續移進。簡言之，漢人遷到宜蘭必然是嘉慶元年以後的事。就以此年起算，對照家廟的興建年代，距最早的林氏追遠堂之道光十五年（一八三五），僅只四十年。距最晚的黃氏純善堂之昭和十一年（一九三六），也不過一百四十年。其他各家廟的興建時間，介於此二者之間，大致上以約百年者居多。如與錢大昕家族與安徽懷寧地區的家廟發展時間相較，宜蘭地區對家廟的重視尤有過之，十分難能可貴，同時也可反映宜蘭家族的內聚力與向心力。

如再往前推算，雖然這些建家廟的家族，入蘭時期均在嘉慶以後，但在此之前他們就已遷到台灣，住過一段時間，有利家廟的興建。如黃氏純善堂的開台祖純善公，約早在西元一六七〇年前後渡台。[29]李氏敦本堂的效坤公，於康熙年代率子紹邦公、經邦公、慶邦公等登陸淡水，後移屯桃園，再徙居台北和宜蘭。[30]黃氏建和祠堂的十世祖泮黃公五郎和泉黃公六郎即已渡台。[31]陳氏鑑湖堂的開台祖計淑公於乾隆年間，率

---

27 編輯委員會，《祭祀公業李火德祖公祀會沿革》（宜蘭，李氏敦本堂，民國七十年八月），頁四九。

28 馮爾康、常建華，《清人社會生活》，頁一〇〇。

29 黃阿熱等編，《黃純善公家系譜附家誌》，頁四七。

30 李訓樸，〈宜蘭二房宗祠族譜序〉，《李氏族譜》，頁四。

31 管理委員會編，《黃榮輝公派下族譜》（宜蘭，黃姓建和祠堂，民國六十五年十月），頁八～九。

其妻並二子敬潘和敬得渡台，始居苗栗中港。[32]

（三）、需要足夠的經費

　　家廟佔地寬廣，所費不貲，如缺乏雄厚的錢財，家廟無法興建。至於經費的由來，有勸捐集資、公業租收、各房攤派和家族支付等四種。

　　先談勸捐集資，此為大家族尚未形成前，同姓宗親欲共建宗祠的辦法。林氏追遠堂就是典例，道光十五年（一八三五），「林登公、鳳棲公、文跳公，念木本水源，首倡同族鳩集公金，買置頭圍下埔田地，於五圍本城內，建築祠堂。」[33]因年代久遠，未記其認捐錢數額。迨同治八年（一八六九）重建時，就有明確的金額，當國翰公（俗稱七縣家長）舉手高呼，七邑響應，當時捐款情形，約略如次：淡水（板橋）本源家捐銀三百員，本城（宜蘭市）文跳公捐銀六百員，莊堡以次則：安家公捐銀二百員，悅如公捐銀百六十員，明時公捐銀百四十員，福壽公捐銀百二十員，鳳棲公捐銀百員，四城公埔步陞公（名連三）捐銀百員，賜福公捐銀百員；此外酌捐數十員至一員者甚夥。計一千一百二十九人，共捐銀七千四百餘員。[34]李氏敦本堂也是認捐集資合建，《李氏族譜》曰：「茲有宜蘭同族各支派祖先共資在宜蘭壯二庄、員山大湖庄徵購土地併立祠於壯二庄，追思太祖火德公。邇後將當時捐資祖先合祠於宜蘭市凱旋里李氏敦本堂祖厝。」[35]

　　次言公業租收，就是從原置的田產支應家廟的建築。如游氏族人遷居淡水宜蘭等處，散居就業之餘，邀集派下等鳩資生放，陸續置田業，計有三百二十餘石，收租存款，逐年結帳會算，「至癸丑年，共積剩餘金四千餘圓，即擇於宜蘭街土名艮門七十五番地卜築祖廟。」是為盛蘭堂。[36]游氏東興堂亦是如此，於明治三十五年（一九〇二）重修時，「但求永固，不事繁華，準由祀內各蒸會調撥經費，作為正開銷」，經二十

---

[32] 陳喬岳，〈台灣宜蘭郡員山庄珍子滿力土名擺厘陳之略記〉，《擺厘陳氏族譜》，頁一八。

[33] 林元弼、林以時，〈重修林氏家廟碑記〉，《林氏大族譜》，頁甲一二二。

[34] 林性派主編，《林氏大族譜》，頁甲一二九。

[35] 李訓樸，〈宜蘭二房宗祠族譜序〉，《李氏族譜》，頁四。

[36] 游聯甲，〈建「游氏盛蘭堂序」〉，《游氏追遠堂族譜》，頁三三。

餘月，終告落成，總共費四千餘金。[37]大正十三年（一九二四），林氏
家廟改築，共耗日金二萬元，龐大的開銷，均未向族親勸捐，因就祠業
租收即可支應。[38]

　　復言各房攤派，意即大家族內的各房共同分攤興建的經費。如游氏
追遠堂的十一世祖寬義公派下九大房子孫分析產業時，「合議各抽應得
產業若干，為萬年蒸嘗思源之基，創祖厝於噶瑪蘭廳民壯圍堡六結庄祖
居地。」[39]黃氏「六大房裔孫等共同興建祠堂，於是選擇在羅東通往五
結之縣路北側，靠近公路邊，建地約零點一公頃，建坪約六十二坪。」
此乃純善堂。[40]觀其文義，此堂應屬六大房共同分派所立。

　　再次是家族支付，此為同居共食尚未分產的大家族，長輩仍掌握經
濟大權時，要興建同族派下的家廟，各房手頭有限，當然由負責財務收
支的長輩，完全統籌全部建築費用。基本上，這情形應以有系譜關係的
家族為限，家廟的規模也較小，如蔡氏洽合堂、陳氏鑑湖堂、鍾何瑞蘭
堂。

　　（四）、要有熱心族人的倡議

　　家廟建設費時耗錢，有的甚至須經多年的營造才完成，如明末做過
督學御史的莊恒籌建宗祠，未成功，其孫莊維嵩承其志，捐出莊恒的遺
產，又提供城內的房子兩進作祠祀室，乾隆十三年（一七四八），族人
又捐銀，擴建祠堂。[41]可見家廟的創建，熱心族人倡議規畫，是必要的
過程。

　　宜蘭家廟之興造，亦靠帶頭族人倡建，林氏追遠堂之成，「以文壽
公、鳳棲公、文跳公之力獨多。合七縣之心為一心，光大祖宗遺緒，以
國翰公之德為獨盛。嗣後辦理人如：文富公、國翰公、豫章公及毓麟公
等，遞相承辦，而能維持祖業於不墜。」[42]李氏敦本堂之由來，是「首

[37] 游時中，〈東興堂廟誌（前段）〉，《游氏大族譜》，無頁數。

[38] 林性派主編，《林氏大族譜》，頁甲一二九。

[39] 游永德編輯，《游氏追遠堂族譜》，頁三四。

[40] 黃阿熱等編，《黃純善公家系譜附家誌》，頁四七。

[41] 馮爾康、常建華，《清人社會生活》，頁一○○～一○一。

[42] 林性派主編，《林氏大族譜》，頁甲一二七～甲一二八。

事華國……等四人對外聯繫，對內分鬮辦理，專心致意，促進本祀會蒸蒸日上，貢獻之功績莫大，繼而卜在宜蘭凱旋里內籌建祖廟。」[43]

游氏東興堂之建，也是有倡議者，「夫入蘭之際，初尚稀微相處，盛衰迥殊，延至十四世道維公興宗族，子孫日見蕃衍，我族之盛，於斯為最，於是首倡廟祀之謀。」[44]游氏追遠堂於大正十二年（一九二三）重修時，「由十六世貽廷、火旺、木清三人為總辦，鳩工新築，建磚造祠堂。」[45]

二、家廟的重修

家廟興建時，固然美輪美煥，嚴整壯麗，但經時序推移，日久就會破漏毀壞，必得重修，以復舊觀，甚或擴建其制。因此，許多家族即確定維護制度，如江蘇吳縣任氏族約規定，祠堂三年一小修，七年一大修。[46]

宜蘭的家廟都曾重修過，只是每座重修的理由不盡相同，約可歸納如下：

（一）、颱風侵襲

宜蘭每屆夏秋之際，飽受颱風肆虐，輕者屋瓦不存，重則房屋倒塌，災後的重建屋舍，常是過去宜蘭的生活寫照。就算較為堅厚強固的家廟，遇到大颱風，也難逃這個命運。《游氏追遠堂族譜》曰：「祠竣迄今數十載，蘭地多颱風霆雨，遭損即補，力挽堂彩不褪。」[47]游氏東興堂則不幸於昭和十七年（一九四二）七月，「遭空前激烈颱風，吹毀倒塌，神牌唯存，真是福禍莫測，誠為我族之一大憾事。」[48]

李氏敦本堂，廟貌堂煌雲壯，後「遭屢次狂風暴雨摧殘，規模暫為縮小，……以致年久失修，畫棟漆屏，漏雨蓋苔，先祖牌位淅痕點遍，

---

[43] 〈略述本祀會與祖廟之由來〉，載「李氏宗祠敦本堂」之壁上。

[44] 游時中，〈東興堂廟誌（前段）〉，《游氏大族譜》，無頁數。

[45] 游永德編輯，《游氏追遠堂族譜》，頁三四。

[46] 馮爾康、常建華，《清人社會生活》，頁一〇一。

[47] 游永德編輯，《游氏追遠堂族譜》，頁三四。

[48] 游祥碧，〈東興堂廟誌（後段）〉，《游氏大族譜》，無頁數。

吾等後裔若謁祀堂者無不潸然淚下之感。」而於民國三十六年（一九四七）有重修之舉。[49]黃氏純善堂亦曰：「可見地基堅固，但房屋高度過高，且屋頂為尖峰式，每遇颱風，屢遭破損。」[50]

（二）、火災損毀

傳統建築都是茅舍或木結構，遇到祝融之災，就化成灰燼，只得徹底翻修，甚至重新改建。游氏追遠堂就是如此，「創祖厝於噶瑪蘭廳民壯圍堡六結庄祖居地，時田寮乙座也。至光緒年初為火所焚，蕩然無存，族人乃易木造祖厝。」[51]

（三）、戰爭影響

戰爭是可怕的災難，不僅人員傷亡，房舍亦受波及，或遭轟炸或遇兵火，結果也是重修。游氏〈東興堂廟誌〉曰：「豈知禍生不測，災降自天，竟於甲午之年，中東啟釁，台澎改隸，全島鼎沸，舉目惶惶，兵戟所指，玉石不餘。適夫十一月十九日大軍過境，致被兵燹，轉瞬間，祝融稅駕，瓦礫唯留……乃著手新建。」[52]游氏盛蘭堂也遭同樣命運，於「光復前夕，蘭陽普遭戰火，祠堂亦遭盟機炸毀，族人再四處募款，予以重建。」[53]陳氏鑑湖堂亦「因受天災及第二次世界大戰空襲，破壞不堪，族人為追念祖先」，重修正廳「鑑湖堂」，用祭忌上祖。[54]

林氏追遠堂則呈現另一種戰爭後遺症，因痛心甲午一戰，台澎失色，「時勢已殊，人事廢弛，祖廟幾至荒落，時因公款告乏。」乃於明治四十二年（一九〇九），「略為修葺。」[55]

三、家廟的建築

清代對祠堂的格局，依其官品均作規定，但總的說來，必須是「祠

---

[49] 〈略述本祀會與祖廟之由來〉，載「李氏宗祠敦本堂」之壁上。

[50] 黃阿熱等編，《黃純善公家系譜附家誌》，頁四七。

[51] 游永德編輯，《游氏追遠堂族譜》，頁三四。

[52] 游時中，〈東興堂廟誌（前段）〉，《游氏大族譜》，無頁數。

[53] 游永德編輯，《游氏追遠堂族譜》，頁三〇。

[54] 陳永瑞、陳文隆編，《台灣陳氏族譜》（宜蘭，一九九二年六月），頁三八七。

[55] 林性派主編，《林氏大族譜》，頁甲一二九。

堂禮尊而貌嚴。」其基本形式「上建龕堂，所以安神主序昭穆也；中樹廳事，所以齊子孫而肅跪拜也；前列回樓，所以接賓朋而講聖旨也；左右兩廡，所以進子弟而習詩書也。」巨室大宗的祠堂，規制宏大，富麗堂皇，耗費鉅大，他們「建立祠堂，炫耀鄉鄰，以示貴異。」[56]

　　宜蘭因開發較晚，財力不夠富厚，家廟建築與大陸豪族的祠堂相較，似有所不逮，然亦頗有可觀。游氏立雪堂坐北朝南，最初格局十分廣闊完整，後疏於管理經營，土地陸續變賣，加上道路拓寬的影響，面積因而縮減，然無損原有的氣勢，仍保有山門、前庭、前殿、迴廊和正殿；而且雕樑畫棟，刻工精美。可惜原址於民國七十四年改建商業大樓，立雪堂遭致拆除，曾是蘭陽地區最完善宏偉的家廟建築，遽爾消失於平地上，令人不勝惋惜。

　　林氏追遠堂，建於清道光十五年（一八三五），歷經數度整修，大正十二年再度改築今貌，民國七十四年底曾抽換楹樑，修補屋脊。追遠堂大門外有旗竿座四座，進了大門就是前庭，兩側蒔花植草，左邊立有「重修林氏家廟碑記」一座，通過庭院即為前殿，再往內就是天井與迴廊，正殿神龕供奉林氏祖先牌位，廂房左右分置，後面為大片空地，散植林木，幽靜清涼。綜觀林氏家廟，縱向之深長，配置之完整，保存之良佳，是宜蘭現存家廟的典範。

　　鄭氏廣孝堂為大三開間的傳統建築，其平面格局無法與追遠堂相提並論，但構築極為講究，雕工十分精緻，燕尾造型飄逸優美，顯得莊嚴肅穆，古樸典雅，足堪細細玩味。唯近來乏人照顧，看來頗為老舊遲暮，實在可惜。但已拆卸，後置於傳統藝術中心園區內。

　　宜蘭擺厘陳家鑑湖堂的建築本身無甚可觀，唯其旁有一傳統三合院，清雅脫俗，別有風味。尤其難得的是周圍面積很大，路徑房舍錯落其間，池塘、流水、柳樹及其他花木佈置合宜，如能善加規畫營建，可望成為園林，供作吟風弄月、怡情養性之所。

　　李氏宗祠重建後，雖藝術價值不高，倒也富麗堂皇，因維護甚佳，

---

56 王思治，〈宗族制度淺論〉，《清史論稿》，頁三〇。

窗明案潔，一塵不染。庭園花木扶疏，修裁整齊，遠望青山，近看綠水，相映成趣，構成清幽寧靜的畫面，令人徘迴忘返。

第四節、宜蘭漢人家廟的規制

一、家廟組織

中國家族的親屬結構嚴密井然，各種稱謂周詳完備，使得全部家族成員都能統整化的聯結起來，任何人在家族內的身分關係十分明確。換言之，中國家族就是一個有機體，規律的正常運作。因此，家族是自然形成的構造，本身即可說明親屬關係，其他附加形式的組織，應是多餘的。

然而，家族的活動不僅限於彼此的身份關係，還有許多諸如共同祭祀、與官府打交道、與鄉鄰共處及家族內部的行政、經濟、爭執等管理上的實質問題，都須要一個強有力的領導組織來解決。另一方面，家族內部輩份高、年齡長的族人，並不一定是富有才幹、善於組織的精英人物。當家族遇到各種實質性事務時，家族內部的領導階層，除輩份高、年齡長外，更須依賴家族內部的仕紳、知識份子及精明能幹者。[57]所以，為使大家族順利發展，有形的家族組織似乎是必要的。

有形的家族組織，以祠堂家廟最具代表，有的祠堂組織完備，類似政府機構，如江蘇宜興任氏宗祠設有八種職務：一是「立宗子，以主祼獻。」即宗子主管祀，是宗族代表，一族之長。二是「立宗長，以定名分。」即管理全族事務，維持族內秩序，其實際職權相當於族長。三是「宗正，以秉權衡」，或曰「以總綱維」。即協助宗長處理一族事務，是副族長的角色。四是「宗相，以挨禮義。」即以封建倫理、宗族規範衡量和約束族人，掌管教育事務。五是「宗直，以資風義。」即處理族人內部糾紛，是執法的職務。六是「宗史，以掌版籍。」即負責記錄宗族歷史，諸如修家譜之事。七是「宗課，以管錢谷。」即掌管宗族集體

---

[57] 陳支平，《近 500 年來福建的家族社會與文化》，頁七八。

經濟。八是「宗幹，以充幹辦。」即管理勤雜事務，是宗長的助手。可見任氏祠堂組織嚴密。[58]

由於宜蘭的家廟初建於清道光年間以後，草創之初，較為簡陋，由今各家廟均無留存其早期的組織概況，即可想見。但後來家族不斷擴大，家廟事務隨之繁多，家廟組織當亦日漸嚴密，可惜的是，各家廟的組織資料亦告缺乏。昭和五年（一九三○）的林氏「追遠堂革新期成同盟會」是筆者所見宜蘭最早的家廟組織文書。其成立宗旨為：「溯自我追遠堂之建置也，……茲我同宗齊心協力，同意贊襄以期革故鼎新，從此著手進行，務宜敏捷，一應需用費金連帶負責，各宜秉公從事，克達先人之遺志，勿違美舉盡善，爰立宗旨書，並會則連署存炤。」同時，列出會則十條與附則，做為行事的依準。進而加以組織，推選執事；分擔工作，人選是：委員長林以士，副委員長林屋，委員兼務林楚生、林本泉、林火樹、林木燦、林來發、林碧水，委員兼財務林再立、林阿訓。[59]這個組織稍嫌簡略，或許是革新時期，屬過渡性質所致。

其他各家廟的組織章程都是光復以後訂的，茲舉〈游姓祠廟追遠堂章程〉為例，以推想早期的組織概況。這個章程共分七章五十條，其中論到組織的是第三章〈組織與職權〉，抄錄如左：[60]

第八條：本堂以派下員大會為最高權力機構。

第九條：派下員大會以之職權如左：

一、聽取理監事會之會務報告及建議事項。

二、通過或修改本堂章程事項。

三、行使選舉或罷免事項。

四、聽取正副事長（管理人）會務報告及會務進行方針暨主辦出納會計人員關於年度決算報告及質詢事項。

五、決議或承認本堂收支決算及其他議決本堂重要興革事項。

第十條：本堂置管理人貳名，共同主持會務，其選任或罷免應經全

58　馮爾康、常建華，《清人社會生活》，頁一○二。

59　林以士等，〈追遠堂革新期成同盟會宗旨書〉（宜蘭，昭和五年二月），手抄本，頁一～八。

60　游永德，《游氏追遠堂族譜》，頁四一～四四。

體派下員三分之二以上同意并另行作成選任或罷免議決書,由派下員認章管理人之選任或罷免案,如經派下員大會出席派下員全體(除管理人當事人)之同意者,雖未達全體派下員三分之二以上,亦應認為具有前項同等效力,至未出席大會之派下員嗣後,表示同意而追認蓋章者,其效力視為已出席行使者同。原管理人連任者,其選任議決書得省略之。

第十一條:本堂置理事十三名組織理事會,除管理人為當然正副理事長及主辦會計為當然理事外,其餘十名即由各房派下員中自行推選一名或二名,但各該房中理事名額不得少於一名。如無人推選者即由主席在各該房中提名並經派下員大會出席派下員過半數以上之同意後選任,其出缺者仍照其原房派下員中推選遞補之。

第十二條:本堂置監事三名組織監事會,由派下員大會出席派下員過半數以上之同意,就派下員中得多數者,依次選任,並由當選監事當場互選常務監事壹名主持監事會。

第十三條:本堂置主辦會計壹名承正副理事長(管理人)之指揮專責辦理出納收租以及記帳等事項,並為當然理事,由派下員大會出席派下員過半數以上之同意,在派下員中選任之。

第十四條:本堂理監事及主辦會計之罷免,應經出席派下員三分之二以上同意者,方可有效。

行使罷免前得由當事人陳述答辯之機會。

第十五條:理事會之職權規定如左:

一、督促管理人(正副理事長)執行派下員大會及理監事會之議決事項。

二、計劃實施本章程所定重要事務暨調解本堂有關派下權糾紛事項。

三、議決本堂祭祀費用及各項經費開支之標準事項。

四、議決本堂有關土地建築之保存管理暨不動產之出租收租結價以及剩餘金之分配等事項。

五、其他屬於本堂應辦事務或正副理事長(管理人)提請議定之有關事項。

第十六條：本堂正副理事長（管理人）輪流擔任派下員大會主席及理事會正副理事長共同綜合處理有關本堂事務，對外代表本堂並執行有關議決事項，正副理事長對於本堂事務之處理等，如有意見相左不能協調時，應提交理事會議決之。

第十七條：正副理事長（管理人）請辭或因故均不能視事時，在派下員大會尚未舉行，補選管理人以前，得經理事會之議決及監事會之同意，就其理事中推舉一名代行其職務。

第十八條：監事會之職權如左：

一、監查本堂財產及孳息之收入情形。

二、稽核本堂祭祀費用及各項經費之開支以及依法糾舉舞弊或瀆職等情事。

三、查核本堂有關帳簿憑證及審核年度收支決算等事項。

四、其他屬於監事職權範圍而應予行使或同意事項。

第十九條：本堂理監事除正副理事長（管理人）及主辦會計酌給補貼費外，均為榮譽職，不另給報酬，但理監事因公出席會議或因辦理本堂事務而出差者，酌給與車馬川旅等費。

派下員因公經正副理事長之請求，參與該項事務者，其出差之旅費得準用之。

第廿條：本堂管理人、理事、監事及主辦會計之任期，均定為五年，連選得連任，但因故補缺者，其任期以補足前任期為止。

第廿一條：本堂得視財政情形另設辦事人員，及廟堂管理各壹名，秉承正副理事長（管理人）之命，辦理本堂廟務，由理事會任免之。

二、家廟管理

祠堂的建立都是為了宗族的祭祀活動，很難說是具有統治族眾的作用，然而，隨著家族的擴大，與地方關係日益密切，祠堂的政治作用也不斷增強，逐漸變成家族的統治工具。因此，有的認為建祠的目的，與

其說是為了奉祀祖先，不如說是為了控制族眾，具有政治性目的。[61]

　　基於這個想法，祠堂的管理可說非常重要。其主管人員的選舉，大體按兩個原則進行，一是依宗法，由長房支擔任；一是分尊與德能的結合，即除長房尊輩外，其他道德高尚、能力出眾的人也可任職，而後者較有利於宗祠的發展。如由科舉官紳出任管理更積極有效，如宜興任氏祠堂的宗正，先後由知府任允惇、舉人任繩隗、通永道任烜擔當。[62]有的管理人員甚至經過官府的認定，江西巡撫陳宏謀，鑑於「江省地方，聚族而居，族各有祠」，正式諭令所屬州縣司道，將境內祠堂族長的姓名，造冊上報，由官府給予「官牌」，並列入族規中族長房長所有的權力，其道理是「以族房之長，奉有官法，以糾察族內子弟，名分既有一定，休戚自相關，比之異姓之鄉約保甲，自然便於覺察，易於約束。」[63]

　　宜蘭林氏家廟追遠堂歷任辦理人或管理人，率皆族正、科舉、仕紳人物出身，茲列表如下：[64]

職稱	姓名	年代	出身
辦理人	林文跳	道光 15 年承辦	例授承德郎
辦理人	林登	道光年間承辦	族正
辦理人	林國翰	咸豐年間承辦	七邑族正，恩賞藍翎候補知府、誥授朝議大夫
辦理人	林鳳棲	同治年間承辦	誥授奉政大夫
辦理人	林文富	光緒初年承辦	
辦理人	林國綸	光緒年間承辦	
管理人	林豫章	光緒 17 年承辦	家長
管理人	林毓麟	繼林豫章後承辦	武秀才、艋舺守府

[61] 鄭振滿，《明清福建家族組織與社會變遷》（長沙，湖南教育出版社，一九九二年六月），頁一六五。

[62] 馮爾康、常建華，《清人社會生活》，頁一○三。

[63] 王思治，〈宗族制度淺論〉，《清史論稿》，頁三三～三四。

[64] 林性派主編，《林氏大族譜》，頁甲一三二～甲一三六。

管理人	林大北	明治 31 年接辦	抗日鉅子、茅仔寮保區長
管理人	林毓麟	明治 37 年承辦	武秀才、艋舺守府
管理人	林元弼	明治 42 年承辦	
管理人	林以對	昭和 6 年承辦	秀才
代表管理人	林以士	昭和 6 年接辦	
代表管理人	林人和	昭和 8 年接辦	
專務管理人	林以士	昭和 17 年接辦	
代表管理人	林木溪	昭和 17 年選出	業醫、五結庄協議會員
專務管理人	林以士		

　　李氏宗祠敦本堂雖無明確的歷代管理人員名單，但其規條會邀請望
重地方的族親共同擬定，如光緒二年（一八七六）十二月立的〈春圖約
定日賬簿〉，有曰：「批明公議，每年祠堂燒點香燭並年節祭祀，公貼
銀拾貳元，此照。批明約內所立規條，經眾祀友邀請族親舉人春波、歲
貢光輝、職員及西、族正光昭等公全妥議，以垂久遠而昭祀事，各宜遵
約而行，以後不得挾私背違，合此，批照。」值得記述的是，有一辦理
宗務的李文來，極得族親的贊賞，曰：「批明文來悉心辦理火德公始祖
參拾餘載，並無收領酬勞，公眾義舉在祠堂題陞其祿位牌，以昭踴躍而
彰後效。此照。」[65]

三、家廟糾紛

　　由於家廟有完整的組織，明確的職責，加上良好的管理人員，其管
理與運作，理應相當順利，發揮既有的功能。但事實上，家廟的管理過
程中，受到諸多因素影響，造成各種困擾，甚至於對簿興訟，真是家廟
的不幸。

　　這些困擾中，有的因貪圖錢財而延誤家廟的興築，如游氏盛蘭堂就
是範例。游永捷曰：「於是邀集派下等鳩資生放，陸續置田業計有參百

---

[65] 編輯委員會，《祭祀公業李火德祖公祀會沿革》，頁六一～六二。

貳拾餘石,當時每欲建築祖祠,祇因派下有詭奸之輩,希圖漁利,遂致興訟破產,以致延擱未築。」[66]

嚴重的還將家廟變賣私飽,如《李氏族譜》曰:「更有追思始祖念七公,昔日祖先合資在冬山庄珍珠地方承購土地並建祠,公產被不肖執事人員以種種手段霸佔變賣私飽無隻跡,宗祠已俱廢,令人感嘆矣。」[67]後來又有類似情況,管理人「藉祖廟改築名義,開去八千餘元尚不得成功,故於戊辰年九月中,李琮璜氏外數名發起提倡管理人改選。」[68]

有的是房派失和,族親支離,如游氏追遠堂「惜遞演之過程,常因內部各房派本位過重,相互排斥,外部又因時局制度演變,或徵收或抗租之事,使百年祀業,先人垂望,陷於暗淡,危將崩潰。我族各公業成立後亦難避此等風浪,其支離破碎之狀,實令有識之輩嘆息。」[69]

管理不善引起糾紛,最後訴諸廳署、公親處理及判決的是林氏追遠堂。其重大事故有兩次,一在清代,一在日治時期。關於前者,光緒十七年(一八九一)的契書有清楚的交代,曰:「追遠堂祖祠迄咸豐年間買置祠業數十餘甲,毗連壹處坐落頭圍堡下埔等庄。祀業公租前係林文跳、林文壽、林國翰、林鳳棲等遞相承辦,後經林文富辦理,及林文富故後,交林國綸接辦,有生員林維新、職生林振英與國綸之弟林富歲、貢生林秀青等互控追遠堂祠租一節,業經蒙沈前憲諭著在外廳憑公親楊士芳、李及西等會算處理,甘願了事,具結完案。茲楊士芳、李及西同閤族紳耆等妥議,稟舉林豫章一人承接辦理,將前歷辦諸人經理事務,從此一概截止,毫無轇轕。」[70]

日治時期,追遠堂爆發更大糾紛,根據明治二十九年(一八九六)所揭露的證據是:「緣我追遠堂家廟建置祀祖以來,辦理之人議舉殷實之家所有開用諸費悉依條約而行,如有濫開侵漁、越規偽造、藉公濟私等弊,一經族紳查出,坐額補足公罰。迨辛卯年,林毓麟父子接辦迄今

---

[66] 游永捷,〈建「游氏盛蘭堂」序〉,《游氏追遠堂族譜》,頁三三。
[67] 李訓樸,〈宜蘭二房宗祠族譜序〉,《李氏族譜》,頁四。
[68] 編輯委員會,《祭祀公業李火德祖公祀會沿革》,頁八四。
[69] 游永德編輯,《游氏追遠堂族譜》,頁三九。
[70] 邱南撰,〈甲第壹號證寫〉,載《林氏追遠堂管理訴訟案相關資料》,手抄本,頁一六二。

首尾六載，帳目未行會算，實因林毓麟恃官延遲所致也。幸蒙大人明普月檢出其賬簿六本，交謙在外觀閱細查，謙遂查核賬條，其間抄簿、日清簿、草簿，遇有條目實有不相符合，越規妄開，偽造圖改、補插增多、藉公濟私等弊，逐一簽明詳閱自悉。謹將林毓麟不應開條目錄冊附後進呈，簽請大人因准還照律究辦，以便修理家廟，而儆狼貪，闔族均沾大德矣。」[71]於是告訴興訟。最後明治三十六年（一九〇三）仝立和議書，曰：「兩造在宜蘭地方法院及台北覆審法院互控之案，各要仝具和息取銷。」[72]明治三十八年，法院據以判決結案。昭和時代，追遠堂又發生成員與管理人間的民事刑事訴訟，後亦經和解了事。

第五節、宜蘭漢人家廟的功能

　　家廟是祖先崇拜乃至家族觀念及其一系列家族事務的集大成之物化具現。家廟及其周邊的聚居生活、倫常規範與文化習俗，一方面強化族人們觀念中的家族意識，加深族人間的向心力與內聚力；另方面使支離破碎、頹敗沒落的家族不至消亡，猶存牽繫。要之，家廟發揮積極的功用。[73]因此，依何棟如之論，家廟「闢作祠堂以奉先祖；有廳事以合宴會，有書屋以教子孫，有群房以居眾族，有庖湢倉庫以供祭祀，歲時合吾族於斯，以修其誠敬，通其情誼，教之，誨之，董而治之。嗚呼！我祖實式憑之，聚而無散，理而無亂，後有賢者，推余此意，雖百世因之，可也。」[74]

　　由此看來，家廟實具多重功能，茲分項敘述於後：

一、祭祀祖先

---

[71] 〈甲第壹號證丿四證據寫〉，載《追遠堂管理解除時承認請求事件判決》，頁三。

[72] 吳兆禧，〈甲第五號證證據物寫〉，載《林氏追遠堂管理訴訟案相關資料》，手抄本，頁二一九。

[73] 潘宏立，〈港墘的祖厝與宗族〉，載喬健、陳國強、周立方主編，《惠安人研究》（福建教育出版社，一九九二年二月），頁一四一。

[74] 何棟如，〈祠堂記〉，《何太樸集》（台北，考正出版社，民國六十年元月），金陵叢書丙集之十四，卷五，頁一五二七二。

　　中國家族是著重祖先崇拜的，家族的綿延，團結一切家族的倫理，都圍繞祖先崇拜而行，甚至可以說，家族的存在，無非為了祖先崇拜。[75]蓋祖先是血緣之本，故曰：「祖宗，人之本也，族人，吾族一本所分也。」又說：「尊祖敬宗，所以報本。」為了「報本」，在心理上產生了根深蒂固的祖先崇拜。這個認同祖宗的心理，擴而大之，相信後世之孫享有的一切，都是祖先辛勤積累和盛德保佑的結果。故曰：「人所以傳家守業，世澤綿長者，無不由祖宗積累所致，故為子孫者，不可一日忘祖。」於是造成在祖先的認同上，把祖宗神聖化了，從而表現對祖先的感恩戴德與無限崇敬。因此，崇拜祖先是我國傳統文化的重大特徵。[76]

　　一般百姓願意接受族正的領導、家族的統治、族親的約束等，通過祭祀活動是重要原因。由此族人與其祖先建立起所謂「陽世」和「陰世」的直接聯繫，從而滿足族人追本溯源、懷祖敬宗的精神要求，進而使族人將持續家廟香火，展延先祖血脈之任務，超乎自身的現實生活，亦即家廟公益重於自身的私益。因此，族人參與家族祭祀，不僅是權利，也是義務，族內同姓子孫已行冠禮者，皆獲得正式參加祭祀的資格。而入族承祧的異姓，出族繼嗣的同姓，不得進本家祠堂，生前不許入祠參與祭祀，死後不得列入祠內神主牌位。相對而言，剝奪祭祀權，就是一種處罰，族人依所犯罪情之輕重，給予適當的限制祭祀權。無故不參加祭祀，亦不被容許，所以參加祭祀成為族人一項強制性義務。[77]

　　秉持這個傳統，宜蘭的家廟每年例行祭祖，只是各家廟祭期不盡相同。如林氏追遠堂最大祭典是冬至節祭祖，恭行三獻典禮，甚為隆重。其餘小祭、常儀。祭期則是元月初二日神福，元月初四日接神，元月十五日上元，二月清明節，三月二十三日聖母千秋，四月初四日比干公忌辰，五月初五日端午節，七月十五日中元，八月十五日中秋節，九月初

[75] 瞿同祖，《中國法律與中國社會》（台北，里仁書局，民國七十一年十二月），頁七。

[76] 王玉波，〈傳統的家族認同心理探析〉，《歷史研究》，總第一九四期（北京，中國社會科學出版社，一九八八年八月），頁一八～一九。

[77] 朱勇，〈清代族規初探〉，《清史論叢》，第八輯（北京，中華書局，一九九一年六月），頁二○五～二○六。

九日重陽節，十一月冬至節大祭，十二月十六的尾牙祭，十二月二十四日送神，十二月三十日除夕祭。[78]游氏追遠堂的定期大祭是每年農曆三月初三日舉行，並同時召開派下員大會，「各派下員須於同上上午九時以前，自動齊集本堂所在地，參加上香祭祖。」[79]黃氏純善堂分春秋兩祭，春祭訂為農曆元月二十七日（純善公忌辰），秋祭訂為農曆十一月一日。[80]李氏敦本堂祭典，則「分為春、夏、秋、冬四季。春祭定於春分日（與祖墳現地同齊舉祭），夏祭定於農曆四月十五日，秋祭定於農曆八月十八日（忌日），冬祭定於農曆十一月八日（生日）舉行。」[81]有的祭期特別選在某一祖先的忌辰或是日專為某一祖先而祭，除前述例子外，游氏追遠堂更曰：「本堂於每年農曆二月十五日、五月二十二日、六月十九日舉行游第十一世祖等忌辰祭祀，及農曆十一月冬至日舉開游第六、七世祖祭祀，均依照以往慣例辦理祭祀。」[82]

至於費用，大都由家廟田產允支。如李氏敦本堂「祭典費用之稻谷定於祭典前五日內由管理人，總幹事會同值辦人售兌交與值辦人辦理之，值辦人應將辦理收支情形祭典當日標示於會場，其榜示單應由管理人主席累訂保管之，如有殘額之祭費應收回歸公之。」[83]游氏追遠堂則「由理事會議定標準數額，分次撥交值年各房派下員自行推定之代表領款，會同該房有關派下員等辦祭祀事宜。前項值年派下員代表，應將支款情形實記載於收支簿，俟祭祀一段落時，隨將有關帳簿連同剩餘現款撥交主辦出納會計人員存款記帳。」[84]

而且幾乎每個家廟在祭典完成後，都會舉辦酒席，宴請族人，難得相聚，暢飲敘舊，以示親睦。

二、仲裁執法

[78] 林性派主編，《林氏大族譜》，頁甲一三〇。
[79] 游永德編輯，《游氏追遠堂族譜》，頁四五。
[80] 黃阿熱等編，《黃純善公家系譜附家誌》，頁五八。
[81] 編輯委員會編，《祭祀公業李火德祖公祀會沿革》，頁四二四～四二五。
[82] 游永德編輯，《游氏追遠堂族譜》，頁四五。
[83] 編輯委員會編，《祭祀公業李火德祖公祀會沿革》，頁四二五。
[84] 游永德編輯，《游氏追遠堂族譜》，頁四六。

傳統百姓不喜歡到衙門告狀興訟，家族內遇有爭端，常息事寧人，嚴重一點的，請族正依循家法仲裁排解，必要時逕予處罰，這些事務的執行地點，就在家廟。

說得具體些，當「族人相爭，大干法紀，自難解免。倘屬田土口爭，一切家庭細故，族人可為調處者，不得遽行興訟。先以情詞具稟宗祠，聽族長、分長暨族之秉公持正者傳集兩造，在祖宗神位前論曲直、剖是非，其理屈與不肖者，當即隨事懲罰，甚則繩以祖宗家法，令其改過自新。若再頑梗不靈，輕則鳴鼓共攻，解官求治，重則祠中斥革，譜內削名，斷勿狗縱。」[85]

經由家廟的仲裁執法後，按程度不同，可有各種處罰方式：[86]

1.體罰：打板子、罰跪，這是祠堂最常用的懲治方法，也是較輕的體罰。

2.罰錢：是經濟制裁的一種，內容是罰交銀兩，罰擺筵席也是其中一種形式。

3.記過：記下過失，做為警告，是一種精神懲治辦法。

4.捆綁：綁在祠堂門口示眾，是一種人身侮辱。

5.開除出宗：不許入祠，不許上譜，逐出宗族，這是宗祠的最嚴屬懲罪。

6.送官究治：對開除尚不足以蔽其辜的人，以祠堂的名義送到官府治罪，判刑因此而將加重。

傳統家族社會大都報喜不報憂，有辱家門與懲戒族人等事件，甚於家醜不可外揚的前提，外界很難得知，家譜也很少記載。

三、合族收宗

家廟的第一要義是祭祀祖先，其次是合族收宗，即所謂「家廟之設，上以對越祖考，下以聯屬宗族，一舉而孝悌慈之道備焉。」任榮守曰：

---

[85] 常建華，〈試論中國族譜的社會史資料價值〉，《譜牒學研究》，第一輯（北京，書目文獻出版社，一九八九年十二月），頁一三。

[86] 馮爾康、常建華，《清人社會生活》，頁一一四。

「古者庶人無廟，祭則於寢，後世因之而聚族者，復共立祠堂以奉開族之祖，所以展孝思而敦族誼也。」[87]因此，有家廟的維繫，族人就不會變成路人，全祖望曰：「宗祠之禮，則所以維四世之服之窮，五世之姓之殺，六世之屬之竭，昭穆雖遠，猶不至視若路人者，宗祠之力也。」[88]

家廟之能達到合族收宗的目的，除成員都是同族或同宗的血緣關係外，下列方式也有積極的助因：

1.族人共同認捐：興建家廟須要龐大資金，除既有田產收租外，眾多族人的小額分攤捐款，更發揮集腋成裘的功能。如游氏祠廟盛蘭堂在二戰後期，遭盟機炸毀後，「族人再四處募款予以重建，其中六結庄游六、七世祖捐二〇〇元，寬義公捐一八〇元，東興堂捐三〇〇元，石下房捐二二〇元，瑞南公捐一〇〇元，餘為族人私捐；總得一萬八千二百零二元。」[89]可見私捐均屬小額，人數必然很多，這些族人十分關心其捐獻的作用與目的，無形中，家廟成為他們認同與向心的對象。

2.慶祝家廟落成：家廟格局開闊，建築嚴整，成為當地的標的，當其落成之時，族人咸表興奮榮耀，扶老攜幼地盡可能參加盛會，家族的敦親睦族與凝聚團結由此顯現出來。如游氏〈東興堂廟誌〉曰：「落成之日，集親疏序長幼齋醮入祀牲牢告祖，穆穆雍雍極一時之盛事。……誠足以壯觀瞻而昭欽仰，庶幾乎謀獻鞏固俎豆，常陳子孫興隆萬世之象也。而今而後，雲蔚霞蒸，佑我後人，俾熾俾昌，凡有賴焉。」[90]有的甚至演戲敬祖，如游氏祠廟追遠堂曰：「落成之日，族人偕至，演戲酬祖，傳宴會親，熱鬧非凡。」[91]

3.舉行各項活動：祭拜祖先固然會激發家族的團結，治喪送葬也能反應此一目的，特別是祖輩的喪葬時，為表示對其孝敬，向亡靈告別之

---

87 王思治，〈宗族制度淺論〉，《清史論稿》，頁二八。
88 全祖望，〈桓谿全氏祠堂碑文〉，《鮚埼亭集》（台北，商務印書館，民國五十七年十二月），頁八四九。
89 游永德編輯，《游氏追遠堂族譜》，頁三〇。
90 游時中，〈東興堂廟誌（前段）〉，《游氏大族譜》，無頁數。
91 游永德編輯，《游氏追遠堂族譜》，頁三四。

際，家族成員聚集一堂，表達哀思，在這種淒淒哀哀中，家族成員強化認同，增進共同情感，此時也最容易證明同一宗族的血緣連帶關係。因此，喪葬儀式既是為了悼念死者，也是為了激發家族情感。其他家族活動因族人有機會團聚，當有合族收宗的積極效果。[92]故曰：「立祭田以為先廟、先塋、蒸嘗、忌日之需，三房以次遞以供祀事，歲時節序，骨肉團樂，滿堂宴笑，則分明而情不狃，恩濃而怨不生，先業庶乎可保，而諸子亦庶克樹立矣。」[93]宜蘭家廟亦例行舉辦這些活動，以加強族人團結，達到聚族目的，自是不言可喻。

四、議事聚會

家廟由於空間寬敞，又位處家族聚落中心，成為族人會集議事的場所，因而又稱「公堂」，「凡有族中公務，族長傳集子姓於家廟，務期公正和平，當酌妥協。」[94]因此，族中公共事務，大都是在家廟裡開會決定的。

宜蘭境內各大家族的族務會議，大都在其家廟內舉行，應毋庸置疑，只是家譜與相關文獻均乏記載。比較詳細的是「祭祀公業李火德祖公祀會」編印的《沿革》，敘述其歷次會議的內容，根據資料所示，李氏祖祀會與李氏宗族的會議地點，除在祖廟敦本堂外，也曾數次在游氏家廟立雪堂召開。如昭和四年（一九二九）正月二十四日（農曆十二月十四日）在宜蘭街游氏家廟內，開催臨時會員總會。又「昭和四年二月十七日己巳端月初八，午前十一時於宜蘭街艮門二番地游氏家廟，開催第一回役員會。」游氏立雪堂充作李氏家族的會議場所，是件罕有的事例。附帶一提的是，李氏家族會議除在本家敦本堂和游氏立雪堂舉行外，也於昭和七年和十一年以宜蘭街碧霞宮和五谷廟為場所。此外，亦

曾數次在李金土的家宅內召開會議。[95]

　　林氏家廟追遠堂作為會議地點的記錄是，追遠堂臨時派下員總會，於昭和六年（一九三一）二月八日午前十一時在追遠堂內召集。[96]然因追遠堂內部發生糾紛，甚至對簿遞狀，使得「追遠堂革新期成同盟會」的開會場地，不在堂內而選在林姓族人家中。據其〈決議錄〉曰：「昭和五年二月十六日午後一時，在宜蘭街林屋商店樓上，開催追遠堂革新期成同盟會，創立總會。」[97]

　　從上面的敘述，家族的事務會務雖曾在別姓家廟、一般廟宇及族人中舉行，但絕大多數仍是在自家的家廟內，只是相關記載很少而已。

五、興辦學堂

　　家廟一般設有學堂，以培養族中子弟。「學堂設在家廟偏房，以便蒙師奉祀祖先香燈。」蒙師請族內「品學兼優」者擔任，束脩由「義田」收租支付，「凡族中子弟，不另具脩金供膳等費，外姓不得與入。」鼓勵子弟就學，是培養科舉人才，以備入仕做官，這不僅可光宗耀祖，提高社會地位，而且也是為了將來報本，捐資購置族田，興旺家族。[98]

　　鑑湖堂是宜蘭家廟中唯一現存有書院者。約當咸豐年間，擺厘陳氏鑑湖堂建雙進護龍大宅，其旁闢建登瀛書院，教育子弟族人，人才輩出，文武科第相望，計有清一代共一人中式武舉人，四人入選中式貢生，一人中式稟生，七人中式武秀才，而掄元公以武秀才平定吳磋之亂，被尊稱「老師」而不名。[99]陳家中式人數之多，為開蘭僅見，也足以傲視全台；要之，登瀛書院之絃聲不輟，發揮了積極作用。

　　林氏家廟追遠堂雖未別設書院，然於光緒十七年（一八九一）在堂

---

[95] 編輯委員會編，《祭祀公業李火德祖公祀會沿革》，頁七八、八二、八四、九〇、一一七、一二一、一二九。

[96] 〈甲第三號證ノ四〉，《追遠堂管理解除時承認請求事件判決》，頁一。

[97] 林以士等，〈追遠堂革新期成同盟會宗旨書〉，頁五。

[98] 王思治，〈宗族制度淺論〉，《清史論稿》，頁二九。

[99] 陳進東，〈宜蘭市擺厘陳氏家廟鑑湖堂秋祭祀典簡介〉，《蘭陽》，第四十期（台北，宜蘭縣同鄉會，民國七十三年十二月），頁三四。

內開設義塾，聘林時英主持。[100]另經田野訪查的結果，其他各家廟亦大都設置學堂，教育派下族人，只是缺乏文獻上的佐證。

此外，一些大家族雖未建獨立家廟，卻也非常重視教育，在合院式公廳旁建有書院，如《陳氏源流族譜》曰：「第三代傳旺公，字闌，為人古道，和睦鄰里，專於家族首領，興建書香院，使兒孫勤讀孔孟，滿門書香。」[101]慎重其事的，且賦予雅稱，如陳其華於經史子集、科甲制藝，無不窮研成誦，未冠即補國子監太學生。惟見科場多舞弊賄賂，以詩譏諷，從此絕意仕進，專心戮力於教育工作，乃建「問心齋書院」，蓋取聖人之言：「士君子立身行事、庶幾問心無愧」之意。[102]

六、教化揚善

中國家廟建築因重平面的開展，有時不只一殿，而兼有前後殿與山門，再以廊廡相通，或以庭園繞之，佔地頗廣。使來瞻仰者，除可徘徊其間，引致其心靈趨於通達開朗；且此人造之建築，虛實相映，與自然之空間、地上之林木，相依而無隔者。故悠遊其間，油然興發向上崇敬之心，進而對自然與人世產生瞻顧與安撫之情；同時，還歸向一般家族和社會文化的發展，及日常生活情調的培養。尤有進者，家廟中常有碑碣、對聯、匾額和題跋等，這些東西，乃所以表示人對其所崇敬之祖宗人物的一番紀念、景仰、讚美、感恩、懷想等情意，使瞻仰者顯現精神感應。此精神感應，一方面表示對祖先神靈之直接崇敬與彼此相交織滲透；再方面透過匾額文字的道德意識，提昇自己向善的本能。再說，家廟的祖先神主可一直溯至遠祖，其世系中必有許多具豐功偉業與品德高超的人物，足為後世子孫楷模，引起效法仰慕的心，凡此均能達到教化揚善的作用。[103]

---

[100] 江萬哲主編，《林氏族志》（台中，新遠東出版社，民國四十七年三月），頁三九。

[101] 陳朝洪，《陳氏源流族譜》（宜蘭壯圍，民國六十七年），頁一四。

[102] 陳長城，〈前清碩儒陳其華先生事略〉，《蘭陽》，第十九期（台北，宜蘭縣同鄉會，民國六十八年九月），頁一〇八。

[103] 唐君毅，《中華人文與當今世界》，下冊（台北，學生書局，民國六十九年四月），頁五八八～五九三。

　　這種教化揚善，證之宜蘭家廟，亦完全合適。以家廟建築言，林氏追遠堂和早期的游氏立雪堂，平面開闊，格局完整；陳氏鑑湖堂、李氏敦本堂，環境清幽，庭院秀麗；游氏東興堂和追遠堂，則視野遼闊，安祥寧靜，其他家廟亦大抵如是。佇足於此，仔細觀覽，崇敬之餘，心境自能舒坦開朗。

　　以家廟文字言，每個家廟均有對聯和匾額，而碑碣和題跋則較少見。茲以林氏追遠堂為例，碑文有大正十三年（一九二四）的「重修林氏家廟碑記」，匾額有兩個「進士」、三個「文魁」及「思元」、「經元」、「公正和平」、「水源木本」、「彤管揚休」、「荻訓貽徽」、「渥受恩光」、「新修長薦」、「革故鼎新」、「祖蔭裕後」、「祖德重光」等。[104]至於對聯則有廳堂聯：「追美錫龍光荇莒宜蘭馨澤遠，遠謀貽燕翼謨文紹武祖蹤追」；石柱聯：「忠孝傳家九龍衍派源流遠，勳名報國雙桂留芳世德長」；大門聯：「忠孝有聲天地老，古今無數子孫賢」；右儀門聯：「派出西河淵源自廣，學宗東晉根柢皆深」；左儀門聯：「酒晉南山春秋俎豆，恩承北闕世代簪纓」；觀德堂龕聯：「追修祖廟光先烈，遠紹宗功裕後昆」；革新會龕聯：「革習務清源擔勞任怨披肝膽，新章資發軔報德宗功賴股肱」。[105]這些文字的內容，基本上都能符合溯源、祖德、尊親、睦族、紀念、崇敬、讚美、感恩、懷想的情意，達到教化揚善的目的。

七、活動場所

　　傳統社會的夫婦，一早起即各人忙各人的事，沒有工夫說閒話，婦人料理家務，男人下田或出外工作，在家裡彼此配合順利，一切如常，只是缺乏濃蜜而浪漫的情調，此乃異性結合的家庭生活。但男人做完工後，喜歡外出，茶館、煙舖，甚至街頭巷口，就是他們找尋感情安慰的消遣場所。因此，同性結合的家族活動，自然成為很好的基本社群，同

---

[104] 江萬哲主編，《林氏族志》，頁三～四。
[105] 林性派主編，《林氏大族譜》，頁甲一三六。

一家族內的男子經常共同探討族內的各項活動；簡言之，家庭是夫婦異性結合，家族是男子同性的組合。[106]在這情境下，既有空間又為女性不宜停留之地的家廟，自然成為族內男性聊天談話，商量事務的理想場所，特別是一些年齡較長或關心族務或喜歡閒談者，更經常出入於此。

　　除年節祭族外，族中遇有重大事情，如生子、中舉、遠行、婚嫁、喪事、慶壽、建屋等活動，均須到家廟祭拜祖先。以婚姻來說，它是上以事宗廟，下以繼後世，遵循祖先崇拜，而與家族宗教有關，一切儀式都在家廟中舉行，以示要獲得祖先的同意。一般人家在媒婆告知女家允婚之後，在納采之前，家長要在祠堂焚香祝告，在問名之後，一定要歸卜於廟，吉，才告女家行納徵禮。婚禮後還要廟見，向家族的祖先行拜見的宗教儀式，才算完成。[107]數年前，筆者進行田野時，曾巧遇新婚者在家人的引導下，到家廟拜祀祖先，可見此一習尚早已行之有年，普獲信守。

　　家廟也是老者喪事的置辦地，出葬的起點和葬畢歸來的終點。老人在臨終前，應從家中移到祖厝，過世後，在廳中布置靈堂，後即移屍入棺，選個吉日舉行告別式。死後每逢七日，請僧侶或道士讀經祭拜，這種超渡亡靈的「做功德」儀式也在祖厝中進行，因此，家廟也是喪葬儀式活動的場所。[108]筆者曾多次聽擺厘陳家的老輩陳老夫人提及，以前鑑湖堂四合院還完好時，有族人在斷氣前，就移到前院的房間，準備辦理後事，一切的儀式與過程都在廳院中進行。類似這種在家廟裡舉行喪葬儀式的情形，大都限於有明確系譜關係的家族，且聚居附近，各房尚未分神主牌位，仍共同祭拜同一祖先的公廳。清代和日治時期，宜蘭分家分神主牌位的情形還不普遍，家族的公廳就能提供人喪葬儀式的活動。但同宗的宗祠，因成員間缺乏必然血緣關係，淵源也不盡相同，各家族有各自神主牌位，喪事則在自家舉行，致使家廟空間功能相當有限，充其量，只是簡單的祭告而已。

---

[106] 費孝通，《鄉土中國》，頁四九。

[107] 瞿同祖，《中國法律與中國社會》，頁一二九～一三〇。

[108] 潘宏立，〈港墘的祖厝與宗族〉，《惠安人研究》，頁一三九～一四〇。

　　以上只舉家廟作為族內男性的排遣場所和族人結婚、治喪的活動空間，當然亦能含括其他活動，可見家廟在空間上能滿足各項家族行為的基本需要。

八、本土化表徵

　　初期台灣漢人移民社會為中國大陸傳統社會的延續或延伸，其性質就是原傳統社會移殖或重建的過程。但移民社會在經過一段時間後，經由本土化過程走向本土化社會，其特徵則表現在移民本身對台灣本土的認同感，不再一味地以大陸祖籍為指涉標準，使得意識上，從「唐山人」、「漳州人」等概念轉變為「台灣人」、「宜蘭人」。在血緣意識及祖先崇拜的儀式上，不再想「落葉歸根」，或釀資回唐山祭祖、掃墓等。反之，認定台灣這地方才是自己的根據地，終老於斯，而有「久居他鄉即故鄉」的心態。就家族而言，這種土著社會的具體現象，就是在新移墾地建立新的家廟或祭祀組織。[109]簡言之，家廟就是本土化社會的象徵。

　　家廟所祭奉的祖先如限於開台列祖列宗，而非大陸的唐山祖，則這種土著化的現象更為明確。黃氏純善堂就是祭拜開始祖純善公，〈建祠記〉提到其祖黃純善公隻身來台後，子孫繁衍，六大房裔孫等於宜蘭縣內羅東通往五結之縣路北側，共同興建祠堂，「奉祀十二世祖黃純善公同妣黎氏，配祀為純善公父母及叔嬸，從祀為傳下十三世六大房祖先。」[110]

　　從家廟堂號也可看出其建廟之初，即富有強烈本土化之趨向。如游氏東興堂就是一例，蓋「東渡以來，子孫既云衍慶，廟制不聞，何以報本源之昭宗主乎？夫乃草創於羅東堡九份庄，起廟號曰東興堂，不外東渡興隆之旨也。」[111]東渡以後如能興隆，即可落地生根，就是土著化的意涵。而游氏盛蘭堂派下子孫，「時有感與唐山族親往來不便，祭祀費

109　陳其南，《台灣的傳統中國社會》（台北，允晨文化公司，民國七十六年三月），頁一五八。

110　黃阿熱等編，《黃純善公家系譜附家誌》，頁四七。

111　游時中，〈東興堂廟誌（前段）〉，《游氏大族譜》，無頁數。

時，不如另設蒸嘗，可仰祖德，可固血親。」始整建新祠，堂號盛蘭堂，意謂盛衍淡蘭。[112]另鍾何祠堂號曰瑞蘭堂，欲其後代祥瑞發達於蘭陽，足證別出唐山，立足蘭陽，已是家族們共同的願望，因而加速本土化社會的實現。

第六節、宜蘭漢人家廟的分布

單純的一處家廟，即已涵括多重家族功能，如匯集所有家廟，抽繹其共同性質，說明其共同現象，將可顯現更深層的意義。基於這個概念，本節就進一步的探討宜蘭地區家廟的分布及其意義。

一、時間分布

歷史事件非常重視時間觀念，特別是最初發生的年代，因此，首先表列宜蘭家廟的創建年代於下：

編號	家廟名稱	創建年代
1	林氏道遠堂	道光 15 年（1835）
2	游氏立雪堂	道光年間
3	游氏東興堂	道光年間
4	李氏敦本堂	道光年間
5	游氏追遠堂	道光末年
6	陳氏鑑湖堂	咸豐年間
7	游氏餘慶堂	光緒年間
8	鄭氏廣孝堂	光緒年間
9	蔡氏洽合堂	明治 40 年（1907）
10	游氏盛蘭堂	大正 2 年（1913）

---

[112] 游永德編輯，《游氏追遠堂族譜》，頁三〇。

11	鍾何瑞蘭堂	大正 10 年（1921）
12	黃氏建和堂	大正 10 年（1921）
13	黃氏純善堂	昭和 11 年（1936）
14	賴氏穎川堂	缺
15	吳氏祠堂	缺

　　此表所示，宜蘭家廟的興建時間約可分成兩個段落，即道光咸豐年間和日治初期。前者包括林氏追遠堂、游氏東興堂、游氏追遠堂、游氏立雪堂、李氏敦本堂和陳氏鑑湖堂等。這些家廟以興建背景來看，可分兩類：

　　1.宗祠型：道光、咸豐年間，宜蘭開發未久，因此受到時間不足、族人不多，經濟不裕的限制，任何家族均難有力量建立單獨家廟，都是在宅廳或公廳內，進行祭祀。之後，經由熱心的宗親奔走倡議，許多同姓同宗族共同捐資，興建家廟，這種宗祠型的家廟格局較大，成員必須為同姓，血緣與系譜關就非必要條件。如林氏追遠堂之成，「以文壽公、鳳棲公、文跳公之力獨多，合七縣之心為一心，光大祖宗遺緒，以國翰公之德為獨盛。」[113]可見林氏追遠堂是移居宜蘭的漳州府七個縣之林姓同宗，共同出錢出力的成果，彼此間缺乏血緣的繫屬。游氏立雪堂和李氏敦本堂興建的模式，亦大致如是。

　　2.祠堂型：在新移墾區，時間上無法支應數代的繁衍，要建以血緣為紐帶祠堂型家廟，除產業富厚外，因世代少，每一代都須子孫滿堂，方易有成。如游氏追遠堂就是典型的例子，嘉慶三年（一七九八）十一世實義公過世後，溫勤太媽率同其八房子孫（第三房仍留在桃園）遷居宜蘭壯圍，繼續從事農墾，墾務順利，家聲輝宏，誠為宜蘭首屈一指的大豪族。至道光末年，「派下九房子孫分析產業，時有感先人自唐山而台灣，渡海墾荒，拓置田園，貽福後世，其一生滄桑奮鬥精神，宜傳亘

―――――――――

[113] 林性派主編，《林氏大族譜》，頁甲一二七～甲一二八。

古，乃合議各抽應得產業若干，為萬年蒸嘗思源之基，創祖厝於噶瑪蘭廳民壯圍堡六結庄祖居地。[114]

　　清嘉慶年間，陳家從台北雙溪遷徙宜蘭員山，招佃募工開墾。咸豐初年，擺厘鑑湖陳氏已拓殖土地三百二十餘甲，並建有雙進護龍大宅、鑑湖堂家祠、登瀛書院、武館等，傍以八房大厝，環有一姓一族之聚落，人丁旺盛，財富雄厚，科甲聯登。[115]因此，短短的五、六十年後，祠堂型的鑑湖堂就能興建，誠屬難得。

　　東興堂亦然，其族人在入蘭之際，初尚稀微雜處，盛衰迥殊，延至十四世道維公興宗族，子孫日見蕃衍，我族之盛於斯為最，於是首倡廟祀之謀，時間大致在道光年間。

　　其他家廟均約入蘭百年後，各方面條件均已臻成熟時建立的，亦同樣區分為兩類：

　　1.宗祠型：宗祠型家廟必須同姓，經宗親倡議，共同集資，方可興建，適合早期開發的需要，及至後來，同宗眾多，意見紛繁，難以糾集，以致被祠堂型家廟取代。唯一的例外是遲至日治初期才興建的游氏盛蘭堂。盛蘭堂文曰：「我氏渡台諸宗祖，乃相邀隨入蘭，至設廳分十二堡，均可見游氏族居……各捐致銀置產蒸嘗，唯入會原房派繁眾，議以溯立二世祖先益公為主祀。……會員佈至北台，人丁數千，後雖會籍有所增減，管理各有異制，唯祭祀仍賡續之，至癸丑年（大正二年，一九一三），始整建新祠，堂號盛蘭堂。」[116]

　　2.祠堂型：這類家廟是有系譜關係的單一繼嗣群，如黃氏子孫繁衍已十世，為感念始祖及歷代祖先奮鬥努力，勞苦功高，於昭和十一年（一九三六），六大房裔孫等共同建祠堂，是為純善堂。[117]鍾何祠堂則是十六世廟宗公，本農家子弟，受業於米穀商，凡事勤奮，力學而後精於經營之道，財富俱增，致成宜蘭首富之一，於大正年間，建祠堂於宜蘭市

---

[114] 游永德編輯，《游氏追遠堂族譜》，頁三四。

[115] 陳長城，〈陳氏宗祠鑑湖堂乙丑秋祭祀典簡介〉，《蘭陽》，第四十六期（台北，宜蘭縣同鄉會，民國七十五年九月），頁三八。

[116] 游永德編輯，《游氏追遠堂族譜》，頁三〇。

[117] 黃阿熱等編，《黃純善公家系譜附家誌》，頁四七。

舊城北路。[118]比較特別的是鍾何雙姓乃因十五世娘養公之岳家何氏無後，於是合祀鍾家，雖曰鍾何祠堂，實為單一繼嗣群。

二、地理分布

家廟是莊嚴神聖的場所，地點的選擇必經多方評估，慎重其事。因此，探討這些家廟的地理分布，對了解地方史甚有裨益。茲列表目前各行政區域內的家廟數如下：

區域	宜蘭	礁溪	壯圍	員山	五結	冬山	合計
數量	10	1	1	1	1	1	15
比例	66.6%	6.7%	6.7%	6.7%	6.7%	6.7%	100%

先就區域條件而言，宜蘭市是幾近三角形的蘭陽平原之中心，亦是首善之區。從頭圍、礁溪順勢南下拓墾至宜蘭，溪北地區於焉完成；進而東進壯圍，西至員山，南過濁水溪就是羅東，局面宏開，水陸交通便利，產業發達，聚落密佈，人煙稠密，而為廳署所在，是宜蘭地區政治、社會、經濟、軍事、文教的重地[119]，大多數家廟都建於此，是明智的決定。

相對而言，其他區域雖沒有宜蘭重要，但礁溪是早期開發的中繼站，壯圍是向東拓殖的平原區，員山是宜蘭拓墾的延展，五結是溪南的通道與門戶，冬山是早期移民的尾閭，各地均有其特性，也匯集相當的人口，如配合相關條件，也是理想的家廟建地，所以這些鄉鎮都有一處家廟。

其他鄉鎮，除羅東外，都屬外圍地區，頭城位於蘭陽平原的頂端，為入蘭第一站，雖開發最早，但墾民由此南移，流動性大，同族聚落不易形成，家廟也就難以興建。蘇澳和三星則分佔三角狀底邊的兩端，地

---

[118] 鍾茂樹，《鍾氏族譜—月朗公派下家譜》（宜蘭，一九九一年十一月），頁七。
[119] 陳進傳，《清代噶瑪蘭古碑之研究》（鹿港，左羊出版社，民國七十八年六月），頁二七八。

近山區，開墾較慢，世代較少，人口較疏，故缺乏家廟生存的條件。大同、南澳更是偏遠且多山巒，就不用多說。至於羅東依開發過程而言，則是進墾溪南的前哨站，由此地再向周邊移墾，而成必經通道，為溪南平原的地點，這種路過而非安住的情形，人口難以集結，早期頗似溪北的頭城。[120]因此，在考量家廟地點時，羅東往往沒受到青睞，再說羅東的繁榮要到太平山林場大量開發以後，已是昭和時代的事。

興建家廟時，家族已有相當聲勢，部分房親或已外遷他地，但基於血緣的連索，逢年過節、婚喪喜慶與親屬的念舊懷思，家廟是必到之處。所以，交通方便，族人密集的地方，就是家廟興建的所在，如鄭氏廣孝堂、蔡氏洽合堂、游氏盛蘭堂、賴氏穎川堂、鍾何瑞蘭堂等都建在宜蘭。至於游氏立雪堂、林氏追遠堂和李氏敦本堂因其成員僅是同宗，沒有明確的血緣關係，成員分散各處，交通方便的重要性更是顯著，當然也是選首善之區的宜蘭。

農業社會為了彼此照應，鄉親大都聚居一起，家廟地點自然選在聚居區內。以家廟為核心，各房親屬住家則環繞家廟依次建築，從而形成以家廟為中心的村落布局。[121]此時，交通的便利就不是主要的考量，如員山的游氏餘慶堂、壯圍的游氏追遠堂、冬山的游氏東興堂、五結的黃氏純善堂等，它們大都遠離街市中心，東興堂更是建在靠山邊。上述交通和聚居二個因素，並非對立，事實上往往結合一起，宜蘭許多家廟的興建，就是如此。道理非常簡單，早期移往蘭陽平原時，大都選交通便利的精華區，待族人增加，就向周邊發展，逐漸形成一個家族聚落。這個家族要建家廟，當然不會捨近求遠，因此，其家廟地點兼顧交通的方便與族人聚居的因素，如陳氏鑑湖堂、黃氏建和堂及前述「交通方便」項下所提到的家廟等都是。

附帶一提的是，興建地點的風水與興工吉日也是大問題，為了保障家運族運的久遠，各個家族都十分重視家廟的風水氣派，家廟選址，講究山川地勢，藏風得水，前案後水，背陰向陽，以圖吉利興旺。有的家

---

[120] 陳進傳，《清代噶瑪蘭古碑之研究》，頁二八七～二八八。
[121] 陳支平，《近500年來福建的家族社會與文化》，頁二三八。

廟甚至經過更改修茸，以符風水之勝。[122]如游氏盛蘭堂「坐丑兼癸丁丑，金山運丙辰，穿音乙丑山命卯，是年三月二十七甲申日丑時，興工平基，四月初二戊子日己時做樑，四月十四日庚子日己時下石砆，七月初十甲子日卯時扶柱，申時進樑，八月初四戊子丑時安大門，十二月初三甲申日子時下四刻，進主入廟。」[123]

游氏東興堂是「乃於癸卯仲春六日，著手新建，依前分金生艮兼丑辛丑，分金生斗八度，向井十四度，山運遁己未火，穿音遁乙丑，金山祿命平垣，以堪輿師，磐石房宗親游旭元主之始終。」[124]又游氏追遠堂「祠座癸向丁兼子午分金丙子，穿山分金壬子，透地分金乙丑。」[125]

三、姓氏分布

家廟成員都是同姓，以其姓氏別、家廟數，與該地區的姓氏分布相比較，也是很有意義的事。茲將宜蘭家廟的姓氏、廟數及該姓的排順列表如下：

姓氏別	家廟數	該姓在宜蘭的排序	該姓在台灣的排序
林氏	1	1	2
陳氏	1	2	1
李氏	1	3	5
黃氏	2	4	3
吳氏	1	5	6
游氏	5	7	35
賴氏	1	11	19
蔡氏	1	16	9

---

[122] 陳支平，《近500年來福建的家族社會與文化》，頁二三九～二四○。

[123] 游永捷，〈建「游氏盛蘭堂一序」〉，載《游氏追遠堂族譜》，頁三三。

[124] 游時中，〈東興堂廟誌（前段）〉，《游氏大族譜》，無頁數。

[125] 游永德編輯，《游氏追遠堂族譜》，頁三四。

鄭氏	1		19	12
鍾何氏	1	鍾	96	37
		何	25	27

　　照此表看來，宜地區的前七大姓，除張姓外，林、陳、李、黃、吳、游均有家廟，可見家廟的建立與該姓人數的眾多，關係密切；賴、蔡、鄭的人數排序亦在前二十名內，也很合理。而排名第九十六名和第二十五的鍾何兩姓，合建祠堂的原因是鍾何結親，但何氏無後，約定子嗣須合祀兩氏；加上財力雄厚，遂建祠堂，便於祭祀。一般家廟是單獨興建，但鍾何祠堂是現存縣內唯一跟三合院住家一體成形者，雖然有家廟之名，僅具公廳之實，惟廳堂較寬敞而已。因此，無論是宜蘭還是台灣，人口多的家族，建家廟的機會就大些。

　　上述情況的例外就是游氏，其人口數不算很多，在台灣排序第三十五名，在宜蘭卻躍居第七位，更特殊的是，宜蘭縣的游氏人口佔全縣總人口的百分之四點三。[126]但家廟有五處，佔全縣家廟總數的三分之一，可見宜蘭是游氏族人與家廟的大本營。

　　先說族人，清代游氏族人渡海來台者，其子嗣頗多移居宜蘭。如康熙中葉，游東王入墾今鳳山，後裔移墾宜蘭。雍正年間，游東夷入墾今台灣南部；嘉慶年間，其後裔厚雉、厚恒、厚懷、厚靜入墾宜蘭縣。游東明入墾今台北板橋，嘉慶年間，後裔厚炳、厚熹、厚杰、厚鳳、厚奇、厚桂、厚雁等移墾宜蘭縣。游東轅入墾今台南市，嘉慶年間，後裔道維等多人入墾宜蘭縣。乾隆初葉，游厚枕入墾今台中豐原，游升平入墾今桃園龜山。嘉慶年間，後裔厚悅、厚賢、厚稍、厚壽等入墾宜蘭縣。雍正年間，游群仰入墾今台北市，其孫瑞南移墾宜蘭市。嘉慶年間，游世且入墾今宜蘭市，游德智入墾今宜蘭礁溪，游文徹入墾今宜蘭員山，游宗亮入墾今宜蘭三星。[127]《游氏追遠堂族譜》亦提及嘉慶中葉，宜蘭初

[126] 潘英，《台灣人的祖籍與姓氏分布》（台北，臺原出版社，一九九一年八月），頁一三一。
[127] 楊緒賢，《台灣區姓氏堂號考》（台灣省文獻委員會，民國六十八年六月），頁二八二～二八三。

關，族人紛自淡水廳湧入，散墾各地，有士根墾大礁溪；媽送墾四鬮二，世且、世喝、德智、潭養等墾番刈田，媽財、光耀、新養、祖養、墾林尾；德富、德知、帝和墾柴圍。龍昭等兄弟墾六結庄，龍晚墾瑪璘社。聖帶、世叟墾員山。嘉慶末年，海生墾礁溪，曲搖、國錫墾補城地。道光年間，公印、成祖、世均、世記、世心、現林、德濟等合墾內山太和；典近、民河墾柴圍。[128]可見清代游氏族人已廣泛的分布在蘭陽平原上。

　　次言家廟，設籍台中的游氏大族譜編輯部所編著的《游氏大族譜》，共有七處游氏家廟的照片，其中四處在宜蘭，台北中和一處，台中潭子一處。[129]從數量上看，宜蘭占逾半數；從建築上看，中和的游氏祖祠格局完整，但潭子的二處宗祠則頗簡陋，遠不如宜蘭。事實上，宜蘭游氏家廟共有五處，因此，宜蘭的五處游氏宗廟，應該超過別縣市的游氏及其他同一姓的家廟數。換言之，台灣的任何縣市一姓的家廟數，鮮有達到五處以上者。

　　至於宜蘭游氏家廟多達五處的原因，可能是：

　　1.游氏人口佔宜蘭縣的第七位，數量上頗為適當，避免大姓和小姓的缺失，大姓人數太多，意見紛歧，難凝共識；小姓人數太少，過於離散，力量不足。因此，游氏便於推動各種家族活動。

　　2.游氏包括出自姬姓的「游」和王氏改姓的「游」，二者並非同源。家廟亦然，前者有立雪堂、東興堂、餘慶堂；而追遠堂和盛蘭堂則屬後者。同姓不同源的子嗣，入蘭後各自發展，頗有互別苗頭，輸人不輸陣的心理，以建家廟誇示宗族勢力。

　　3.游氏後裔既是以血源派下為單位，散居蘭陽平原，極利土地拓墾和家族發展，形成不同地區的游氏聚落。各聚落間距離很遠，關係也愈漸疏淡，彼此往來也少，在家族祭祀不可廢的原則下，大的聚落就集資興建家廟，致有五處之多，這就是宜蘭家廟在型態上，除建立最早的立雪堂，屬宗祠型外，其他四處均為祠堂型。且二處在宜蘭，其他三處則分散壯圍、員山和冬山。

---

[128] 游永德編輯，《游氏追遠堂族譜》，頁一七～一八。

[129] 游有財主編，《游氏大族譜》所附之照片，無頁數。

第七節、結語

　　論者曰：「一人之身，歷數百年，子姓數千，漫不知所從來，殆於妄矣，然而有不妄者，則祠之功也。」因此，家廟可使「歷代先靈妥於斯，合族後裔聚於斯，代宣國法於斯。」致使「報本追遠之意於是乎善，敬宗收族之禮於是乎成。」[130]可見祠堂家廟實為傳統社會生活不可或缺的一環，不僅對家族秩序的維持，甚至對地方治安和官府統治都有正面的貢獻。

　　宜蘭地區發展較慢，還保持相當濃厚的傳統氣息，原有的家廟依然留存，平時都有人管理清掃，早晚上香，遇有重大祭祀，甚至席開數十桌，宴請族親，歡聚一堂，共敘族事。但比較遺憾的是，近年來，少數家廟擋不住地價的飛漲，經濟的誘因，將家廟拆除，改建商業大樓，雖然提高土地的利用價值，但家廟的意義與功能相對式微。其結果象徵家族的沒落，亦表示傳統社會的解體，面臨這個趨勢，如何在家廟維護與經濟發展間取得平衡妥協，進而將過去家廟功能與現在生活結合在一起，是件亟待深思的課題。

---

[130] 許水濤，〈從桐城望族的興盛看明清時期的宗族制度〉，《譜牒學研究》，第一輯，頁一〇八。

第九章　宜蘭漢人家族的家法族規

第一節、前言

家族繁衍到相當程度後，親屬增加，族人眾多，勢力擴大，關係複雜，財貨豐富，矛盾易於滋生，衝突在所難免，為維繫家族和諧及規範族人行為，需要制定家法族規，供族人共同遵守。

族規要有效力，須具法律的強制性與家族的權威性。故曰：「王者以一人治天下，則有紀綱；君子以一身教家人，則有家訓。綱紀不立，天下不平；家訓不設，家人不齊矣。夫家中之有長幼內外之殊，公私親疏之別，賢愚頑秀不同，苟非有訓以示之，而欲一其性情，遵模範，絕無乖戾差忒之虞，雖聖人不能強也。」簡言之，「族宜有範，猶國之不能無法制也。」就是要以族規「輔國家法制之所不及也。」[1]

有些家族甚至家規重於國法，處理族內事務時，首先根據家族規約，其次才顧及地方和國家的法律，族規認為族人遇有爭論，訴之族中，不能理而後鳴之官，「如有逕赴呈詞者，即為目無尊長，先予議處，而後評其是非。」另有族規亦曰：「族內或有產業相爭等項，俱要先鳴私房處服，如仍未睦，方許經六房公論，倘不聞族而逕到官者，定以家法重懲，更有恃強行凶聚眾鬥毆者，攻其罪具結鳴官重究。」[2]族規之重要，概可想見。

宜蘭地區雖因開發較晚，世代不夠綿長，難以孕育豪門巨族，但亦不乏仕紳望族、大家族。這些家族為保持正常運作，解決紛爭，進而安居樂業，族規是必不可免。因此，探討宜蘭地區的家族規約，實有正面的意義。

---

[1] 王思治，〈家族制度淺論〉，《清史論稿》（成都，巴蜀書社，一九八七年十二月），頁一九。

[2] 陳支平，《近500年來福建的家族社會與文化》（上海，三聯書店，一九九一年五月），頁八七。

第二節、傳統漢人族規的形成

　　族規是家族發展的規範，族人行事的準則，有規範才能各安其位，無規範則難以統眾。因此，每個家族都有家規，只是形式不同而已，或條文明列，或口傳叮嚀，或家風傳承等，不一而足。然而這些家規的發展，可謂淵源有自，脈絡可尋。

　　據說在先秦時期，已有《太公家教》傳世；秦漢以後，又有東漢馬援的《誡兄子嚴教書》、三國諸葛亮的《誡子書》、西晉杜預的《家誡》等著作，都是為訓誡子孫後代而作的，雖然內容比較簡略，篇幅也較短小，但可視為家訓書的濫觴。到北齊時，顏之推撰寫了《顏氏家訓》一書，全面而周詳地闡述如何立身處世、立志成才和處理家庭關係以及人際關係的一系列準則，而被公認為家訓族規之祖，開啟後來此類作品的大量湧現。兩宋時期的族規就十分豐富，北宋司馬光編寫的《司馬溫公家範》十卷，匯集了儒家經典關於處理家庭關係的各項準則和歷代符合儒家道德標準的模範事例，對後世影響很大。南宋名臣趙鼎和陸游也有專門的家訓傳世。袁采的《袁氏世範》、元鄭文融的《鄭氏規範》，都有多條的訓示傳世。明清兩代，撰寫家訓的風氣更甚，其中較完整且著名的有龐尚鵬的《龐氏家訓》、姚舜牧的《藥言》、楊繼盛的《楊忠愍公遺筆》、朱伯廬的《治家格言》、張英的《恒產瑣言》、《聰訓齋語》等。[3]以王室家法來講，清朝最為重視，後人論曰：「有清一代，家法最嚴，……列朝訓論，諄諄告誡，惟恐失之，為歷代所未逮。」康熙屢稱自己是「凜遵祖宗之家法」。乾隆說：「我國家萬年箕裘，家法相傳。」嘉慶時的禮親王昭槤贊譽：「本朝列聖，家法相傳。」[4]

　　族規雖有悠久的發展過程，但其形成的基本要素，有如下數項：

一、國法

---

[3] 翁福清、周新華編著，《中國古代家訓集成》（北京，中國國際廣播出版社，一九九一年八月），頁一。

[4] 杜家驥，〈清朝皇族家法及其對清代政治的影響〉，《南開史學》，第二期（天津，南開大學，一九八九年），頁一三五。

族規的第一個來源是國法，從國法借鏡之處甚多，舉其要者有：

1.罪名相同：國法通行全國，內容詳細完備，罪項豐富繁多，各地族規者參考國法上的條文，訂立與其相同的罪名，如不孝、不敬、竊盜、鬥毆、賭博、姦淫、延課等。

2.處罰類似：國法與族規的處罰對象是國人與族人，部分罪狀十分類似，以國法入於族規，使得族規對於各種罪行的處罰，亦參照國法，結合家族實際情形，給予新的罰則。

3.目的重合：維護家族秩序和地方治安，是族規與國法在目的上的重合處，只有根據國法的要求，規範家族內部各種社會關係，家族組織才能獲得官府的支持，而有自身存在的理由。

4.利益一致：國家統治者和家族統治者根本利益的一致性，決定了他們需要把社會秩序保持在同一限度內，國法所禁止的行為，往往也有損家族運作與程序，因而亦為族規所不允許。[5]

《大清律》律文共四百三十六條，百分之九十的條文均是對一般社會成員犯罪與刑罰的規定，有關維護倫理秩序的條文有四十條左右，包括涉及婚姻、尊卑關係、親屬之間罵毆殺等方面。因此，國家法律就是通過維持親屬之間特殊的關係，保護尊長在家族中的特權地位，達到維持有血緣連帶關係的社會成員間秩序之目的。[6]國法既是保護家族，家族的規範除顧及實際狀況外，則須仰之國法，來之國法，就此而言，可以說族規是具體而微的國法，國法則落實在族規上。

二、禮教

中國是個禮教道德的社會，其核心概念就是孝與仁。

首言孝，百善孝為先，孝是最重要的根本，子曰：「夫孝，德之本也。」孝不但要「謹身節用，以養父母」，還須「立身行道，揚名於後世，以顯父母。」前者是遵循禮教，克盡孝道；後者乃入仕做官，光宗

---

[5] 朱勇，〈清代族規初探〉，《清史論叢》，第八輯（北京，中華書局，一九九一年六月），頁二一二。

[6] 朱勇，〈清代族規初探〉，頁二一五。

耀祖，是為「大孝」。簡言之，既要孝父母、敬尊長，又要「移孝作忠」
成為帝王的順民，故曰：「求忠臣於孝子之門」。反之，如果子孫不孝敬
父母，凌辱尊長，必為禮教所不許，道德所難容，天下無不是的父母，
就是這個道理。[7]因此，孝是上下的差等，以父子關係的基礎，擴大到
整個家族，然萬變不離其宗，仍尊定在血緣的網絡上。

次言仁，家族不能自絕於社會之外，家族與社會是互動的，由孝延
伸到仁，雖然仁是社會中人與人間的關係，但其原始起點仍是植根於血
緣關係。《論語》曰：「弟子入則孝，出則悌，謹而信，泛愛眾，而親仁。」
《孟子》亦曰：「親親，仁也。」「仁之實，實親也。」因此，「仁」的
社會功效，出於「仁」的血緣功效，進一層追溯，就是從「孝」的血緣
發皇而來。而且仁兼涵諸德，如忠、恕、禮、恭、敬、勇等，這些概念
均可找到其家族文化的活水源頭。[8]換言之，家族的運作，就須依循上
述的德目，成為族規的基本內涵。

《松源蕭氏族譜》的，〈重禮教〉條，認為禮教為人生的根本，曰：
「凡冠婚喪祭之禮，人生始終之事畢矣，世人不悟，至於喪祭每每酷用
浮屠，而禮教為之大壞。哀哉！吾曹氏名琚，始向學時，即去浮屠不事
久矣，其以禮義節文雖為能悉，而於先哲遺範亦不敢違，今後凡遇吉凶
之事，要當一一遵用。文公家禮厚其宗族，凡遇宗族有吉凶之事，要各
行弔慶之理，或有困乏罹於患難者，族之賢而尊者，宜倡義率眾隨家厚
薄各出所有以周濟之；惟務實用，不惑於世俗以事齋醮，致令費出無經，
何益之有？其或族人被人非禮陷害，則必協力以救之；救之則必退遜而
避之，避之不得而後赴訴於官，聽其常法處之。乃若自己為非招人凌辱，
則當先自痛責，然後從容婉曲為之求解。慎勿持勇相鬥，無日彼未先施
也，我有宿怨也，卒之坐待其斃，悔無及矣。」[9]

宅第和家廟的廳堂對聯，也深受禮教德行的影響。宅第如開蘭吳沙

[7] 王思治，〈家族制度淺論〉，頁二○～二一。

[8] 王滬寧，《當代中國村落家族文化——對中國社會現代化的一項探索》（上海，人民出版社，
一九九一年十二月），頁四六。

[9] 蕭金合等編，《松源蕭氏族譜》，頁一四～一五。

宅的廳聯是「天地間詩書最貴，家庭內孝友為先」、「力行道義家宅有慶，
溫恭為基孝友為德」。三星陳氏公廳則是「錦繡高堂自是父慈子孝，榮
華滿座循然兄友弟恭」、「東魯雅言惟在書詩報禮、西京明教重行孝悌親
仁」。家廟如鄭氏家廟廣孝堂聯曰：「慶德惟馨貽謀遠大，孝思不匱世澤
綿長」、「廣德植綱常高山仰止，孝心存孺慕源水流長」。游氏家廟東興
堂亦聯曰：「入則孝出則悌守先王之道，恭以敬慈以禮遵祖德遺風」、「孝
莫辛勞轉眼為人父母，善無望報回頭看爾子孫」等。[10]

　　從上引證，在家規中，「孝」居於至高無上的指導地位，為「百行
之源，天經地義」的品德，由此確認尊長的權威地位，成了人人必遵的
行為準則。此外亦極言其他仁、義、禮、智、言、廉、恥等德目的重要。
因此，家規都以儒家和理學家的道德原則為指導，貫徹儒家親親尊尊、
父慈子孝、夫唱婦隨的基本精神。可以說，家規是儒學倫理規範的具體
表現，滲透理學的人生觀和處世哲學。[11]易言之，家規實乃禮教的化身。

三、習俗

　　族人聚族而居，長期的共同生活，逐漸產生為族人共同遵守的群體
習慣，使得制定族規時，精選出習慣中對維護國家法治和家族秩序有積
極意義的部分，作為族規的內容。這些習慣內容涉及家族生活的各個層
面，如元宵張燈結綵、端午龍舟競賽、婚壽喜慶的酒席、嬰兒的取名方
式、祭祀之衣著、築屋之格式，事無鉅細，皆有規定，違者視情節輕重
予以不同處理。故曰：「大都從人情世故中，酌法為戒，納於軌物之中
也。」家族習慣的規範化、條文化的程度參差不齊，深者的條文，已粗
具法律要件，淺者則是習慣照錄，有的家族則未制定規範，仍停留在口
耳相傳表達習慣，以維持家族秩序。[12]

　　宜蘭地區的族規，原就不及大陸世家大族的規範來得詳細嚴密，但
仍保有濃厚的習俗意涵，這些習俗一方面發揚傳統社會的優良美德，一

---

[10] 家廟和宅第的對聯為筆者田野實查所抄錄，後面的對聯亦是如此，不再註明。

[11] 李曉東，《中國封建宗禮》（西安，陝西人民出版社，一九八六年十二月），頁二九。

[12] 朱勇，〈清代族規初探〉，頁二一三。

方面承襲傳統既有的習性，並且接受各家族祖先遺留的特別規定。只是大都表現在族人的言行間，很少記述在家譜中。

　　早期入墾宜蘭，千辛萬苦，足為後世警惕效法，也是家規的無形來源。《黃姓家譜》曰：「劉氏祖妣居八芝蘭，乾隆間，家遭泉人之難，孑然一身。乃同族親遷避宜蘭，家於北門口，勤儉聊生，乞族親為己子，撫育成人。孫枝挺秀，宗祀賴以有傳，皆祖妣一人之力也。夫圓山遭戮，全家俱亡，當是時，我臺灣之德義公派固已絕矣，而能以煢惸之一女流，跋涉關山，營造家室，繼絕嗣於離亂之中。嗚呼！凡為之子孫者，每當掃墓忌辰時，可不倍加敬慕以報此莫大之功於萬一哉。」[13]

　　康氏家族因捕魚的經驗，傳下族規，《宜蘭康氏家譜》提到其祖先四海公渡海來臺，初居金包里增仔寮（現臺北縣金山鄉），捕魚為業，兼營墾耕。傳說於某年農曆除夕夜，四海仍然勤勉，率同傭工數名，出海捕魚，結果屢次滿載而歸，其數量之多，盈千累萬，指不勝屈，於瞬夜間，得來財富，使小康家道扶搖富裕，四海公異常喜悅，遂於翌日元旦早餐時，將素食沿習改革，以魚佐餐，大事慶祝祥瑞，同時以「勤儉務正業」勵嗣相傳至今，「凡我族親，每逢農曆元旦早餐時，仍遵宗規，以餐魚紀念為榮，特予附敘共勉之。」[14]

　　婚姻是件大事，規矩很多，族規難以條列，但家族的習慣每為族人所依循，不敢違背，如不能與某姓結親，就是一例。《林氏大族譜》提到林姓和賴姓不配親，曰：「希遜公之四子，名孔旺。後來被賴八娘招贅，所生兒子，俱是籍入賴為裔。後因林、賴兩姓泯睦，竟發鄰社鬥爭，於我林姓顧敗於賴氏。斯時，我祖孔舉公，欲討回林氏銳氣，毅然為社捐軀，督導族眾，竭力轟攻，勢如破竹，震驚得賴氏族眾。適孔旺公子等，認識督導者，正是親胞伯父孔舉，遂兩方罷鬥，才知是姻社，各收凱族眾。後，而我祖孔舉公，訓示遺囑，後來子孫莫娶賴氏為妻，恐娶親骨肉之姑妹是也。」[15]《鍾氏族譜——月朗公派下家譜》亦曰：「妣黃

氏溫惠，生子名蓬欽、國珍、文軒、喜周。後因與黃氏訴訟相論公堂，並誓與黃姓不可結婚、誓盟。」[16]《林家族譜沿源》亦囑曰：「我和邑林姓永遠與羅、黃兩姓絕不聯姻，願吾後代子孫遵行。」[17]《陳氏族譜》則記述更詳，曰：「曾有一位高齡的祖先，某年的冬天被莊姓土匪綁去，莊姓土匪聲言要族人交出鉅款為放回條件。經族人籌借這筆索款，雖然把款送去，然莊匪竟不履行釋放祖先之諾言，而在當年冬節前後氣候嚴寒之時，用冷水把祖先活活淋灌至死，屍體草草棄埋在溪邊，嗣後經族人尋獲改葬。為此深依大恨，族人立下誓言：囑後代子女絕不可與莊姓聯婚。」[18]

鄭氏家族沉迷於賭博，後以之為鑑，其《鄭氏家譜》曰：「夫婦儉勤家有餘積，囊橐充裕，久為惡輩所垂涎，設下圈套誘邀我始祖入局擲骰賭財。為利所蔽，財魔縈繫，迷途莫返，愈墜愈深，不特現成者歸於烏有，將宿積者罄無晷餘。及祖妣偵知，善言諫勸，醒悟收韁，於是始祖自怨自艾，埋頭不出，奈諸惡輩慾壑難填，婪貪未已，又復到家窺伺，托故有由，被祖妣正言諷刺，惡徒不服，哄稱欲行搬搶。祖妣不為所屈，矢志堅持手握白刃，誓與同歸。惡徒知事機已洩，勢難挽回，且自問理虧一場，沒趣而歸，幸得保全財物。若非室有內助，魚肉幾被侵噬矣。從茲我始祖病陳前非，不近賭場，而能成家立業，終為純樸完人，皆賢祖妣匡佐之功也。今當修譜之初，特將往事據實直陳，辭勿慊於俚俗，文之工拙所不計也，蓋欲後世知所觀感而與，並可作前車之鑑云爾。」[19]

第三節、宜蘭漢人族規的類別

家族規約的類別有多種，有些只是著名的引文、皇帝的訓諭、刑法

[16] 鍾茂樹，《鍾氏族譜——月朗公派下家譜》，頁二四。

[17] 林義川編輯，《林家族譜沿源》（宜蘭，一九八八年八月），頁一。

[18] 陳玉崑編，《陳氏族譜》（宜蘭，民國六十九年八月），頁一。

[19] 鄭榮春，《榮陽鄭氏家譜》（宜蘭，光緒二十七年正月）。

的節錄，以及宗族的祖先成員之格言。其他從事於實體的事物，如祀堂的管理，共同財產的調整，及共同的宗族活動。[20]此處為求簡化，分為祖訓、家法、家風和訓言、對聯五種，茲列述如下：

一、祖訓

世家大族經長期的繁衍，勢力的擴大，祖先留下訓言，編在家譜前頁，代代相傳，奉為圭臬。如歷代以來，凡缺乏科舉功名或書香門第的家族，則少有祖訓的樹立，因此，祖訓成為衡量家族的重要指標。

宜蘭漢人遲至嘉慶年間才開發，故家族的發展不過數代而已，移墾初期也無特殊的功業或成就，致使宜蘭家族較少見到祖訓，如有，亦非遷居宜蘭的祖先所立，而是援引其大陸遠祖的現成祖訓。簡言之，宜蘭家族的祖訓，新創建立的少，承襲照抄的多，最明顯的範例是，宜蘭許多陳姓的族譜，無祖訓則已，但提到祖訓都是同一根源，如《太傅派陳樸直公族譜》和《陳氏源流族譜》的祖訓均為：「明明我祖，漢史流芳，訓子及孫，悉本義方，仰繹斯旨，更加推詳，曰諸裔孫，聽我訓章，讀書為重，次即農桑，取之有道，工賈何妨，克勤克儉，毋怠毋荒，孝友睦嫺，六行皆臧，禮義廉恥，四維畢張，處於家也，可表可坊，仕於朝也，為忠為良，神則佑汝，汝福綿長，倘背祖訓，暴棄疏狂，輕違禮法，乖舛倫常，貽羞宗祖，得罪彼蒼，神則殃汝，汝必不昌，最可憎者，分類相戕，不念同氣，偏論異鄉，手足干戈，我心憂傷，願我族姓，怡怡雁行，通以血脈，泯厥界疆，汝歸和睦，神亦安康，引而親之，歲歲登堂，同底於善，勉哉勿忘。」[21]

另一陳家的祖訓為：「治家之法必要良規，錢糧徵賦完約毋遲，諸惡莫作見善勇為，受職忠心存心愛國，事凜四非身懷三省，不干己事守分安居，財從義取酒勿貪色，儉讓謙恭能揚姓民，問舍求田原非志大，姦淫賭盜必敗門楣，掀天揭地方是財奇，禾穀盈倉賑貧濟急，睦族合鄉

---

[20] 劉王惠箴，〈中國族規的分析：儒家理論的實行〉，載尼微遜等著，孫隆基譯，《儒家思想的實踐》（臺北，商務印書館，民國六十九年），頁七一。

[21] 陳永瑞編撰，《太傅派陳樸直公族譜》（宜蘭，民國七十三年五月），頁三。

愛親敬長，資財滿篋恤因扶危，恭兄友弟重道尊師，下氣和顏周施悉中，益友良門須當親切，量收準出施與咸宜，賭流蕩子必要遠離，受惠莫忘施恩勿念，器具清明庭除潔淨，雨風莫罵天地勿欺，家門謹閉灶府維持，漁讀耕樵當循制度，半瑴半絲須當保惜，士農工賈必守箴規，一毫一粒亦要拾遺，草木果花妄摧安忍，孫子嚴雕祖宗迫遠，飛潛動植濫殺堪悲，夫妻隨唱父子孝慈，嫁擇賢郎娶求淑女，賢讀愚耕各成其器，毋貪重聘勿討多儀，男婚女嫁勿奮其時，不入公門得安汝業，婦女妻妾宜除艷治，欲登彼岸勿孝吾疾，婢奴童僕切戒豐姿，積德修身免求人見，猖狂惡少不能被累，虧心肆毒自有天知，樸實老成即可相隨，以此治家方能妥當，三姑六婆絕交可早，從中教子自可無危。」[22]

　　鍾家祖訓亦來自大陸，抄錄自明洪武四年（一三七一）的〈鍾氏源流圖記〉，曰：「山有龍來水有源，後代兒孫憑祖先；若然不認當要打，象賢瓜瓞福綿綿。」又云：「南嶺窀穸好風流，做得牛欄勝過州；祝願子孫代代旺，流傳萬載及千秋。」[23]另有抄錄現成詩句和格言作為祖訓，如《江氏直系歷代祖譜》的〈勸睦詩〉、〈處世格言〉、〈李九我先生格言〉和〈文蜀帝君百字銘〉即是，其〈勸睦詩〉曰：「兄弟同根同幹生，事無大小莫傷情；一回相見一回老，來世再難作兄弟。」[24]

　　筆者所見，宜蘭家族自創祖訓的有西堡張家，其家譜記載祖訓是「家和萬事成」，為十七世祖秀才張鏡光所立。[25]雖僅五字，實已道盡家族的意旨。而《張氏族譜》則是「文行忠信」、「承先業恪遵天經地義，啟後人時念祖德宗功」、「忠厚留有餘地步，和平養無限天機。」[26]

　　另外，跟祖訓有同樣作用的是昭穆和歌訣。昭穆就是字輩，即輩份的代表字，用來標誌同族人世系次第的分別和族內等級身分的高低。這些昭穆都是一個個字輩的有序組合，更是一首含義豐富的詩，其內容反映強烈的血親觀念與祖先的頂禮膜拜，推崇誠實忠厚的人品與和平的心

---

22 陳玉崑編，《陳氏族譜》，頁六。
23 鍾茂樹，《鍾氏族譜——月朗公派下家譜》，頁八。
24 江朝開編著，《江氏直系歷代族譜》（宜蘭，民國六十四年），頁二。
25 張國楨，《西堡張家族譜》（宜蘭，民國七十年九月），無頁數。
26 張方鏗編，《張氏族譜》（宜蘭，民國六十九年五月），頁一二八。

理，重視孔孟思想與倫理道德，對後代子孫充滿願望與期待。[27]如黃氏家族的續昭穆次序第二十七世起是「廣紀祖蔭德，誠修智勇仁，寬恕溫柔守，或亨益正倫。」[28]《太傅派陳樸直公族譜》昭穆，在福建漳浦的輩份字號是「旺發邦漳敦，仕體君弘立；興經廣成齊，家國治永昌。」遷居臺灣後，續編的輩份字號，則為「瑞兆世上進，秉志克振作；以德祖榮光，長建全宜福。」[29]擺厘陳家的昭穆排行次序，前代是「清伯則尚敦，朝懋景子永；邦元志汝計，教宣廣威靈。」入墾宜蘭後，於道光八年（一八二八）再立昭穆字輩，「定有英賢起，才高日共升；振宗修大業，世濟美長承。」[30]

又一陳家的昭穆則分前後，前昭穆曰：「錦水榮光曾瑞世，丹山虞萬震文明。」後昭穆則曰：「崇德象賢文若武雲龍變躍，尊祖孝先通而遐汗馬輝煌。」[31]《周氏族譜》亦記其昭穆為「良能熙繼忠，文仕振家庭；時思存可守，百德秉天行。」[32]《呂氏家譜》的字輩則是「金華發祥，藩衍潮漳；傳芳理學，紹美文章；英俊蔚起，甲第鷹揚；百千萬世，永際其昌。」[33]

這些昭穆字輩除供世系排序的功能外，從文句的理解上，與祖訓的作用毫無二致，進而彌補祖訓之不足。

「歌訣」其名，「祖訓」其實，最明確的是黃氏家族。其先祖峭公娶三妻生二十一子，官至尚書之榮，遭同僚嫉妒，造謠譖之於皇帝，峭公遭此大難，遂遣諸子四散逃生，臨行賦詩一首，以為相認並作祖訓，曰：「駿馬匆匆出外鄉，任從隨地立綱常；年深外境猶吾境，日久他鄉即故鄉；朝夕莫忘親命語，晨昏須薦祖宗香；惟願蒼天垂庇佑，三七男

[27] 歐陽宗書，〈從字輩譜透視中國傳統文化的內涵〉，《譜牒學研究》，第一輯（北京，書目文獻出版社，一九八九年十二月），頁三九～四三。
[28] 黃阿熱編，《黃純善公家系譜》（宜蘭，民國七十五年十月），頁五一。
[29] 陳永瑞編撰，《太傅派陳樸直公族譜》，頁一九。
[30] 陳文隆編纂，《鑑湖陳氏源流》（宜蘭，一九九三年七月），頁二三。
[31] 陳玉崑編，《陳氏族譜》，頁九。
[32] 周烱榆，《霞山周氏族譜》（宜蘭，民國八十年），無頁數。
[33] 陳兆麟、呂博文編撰，《呂氏家譜》（宜蘭，民國七十五年），頁三。

兒永熾昌。」[34]筆者所見數種宜蘭黃氏家譜，均載有此事與詩句，只是事蹟詳略不同，詩句略有差異而已，同時，亦可證明這些黃氏家族早期都來自共同的祖先。

二、家法

祖訓之外，還有家法，二者很難區分。大致來說，祖訓的內容比較空泛，只作原則性的醒示，缺乏具體條文或明確規定，重在倫常教化與訓誨期勉。如涉及戒律規條或罰則懲處，則不得不依賴家法。因此，家法較諸祖訓具實際的約束力與制裁力。

然家譜中祖訓者多，家法者少。蓋祖訓的字句簡單，甚至僅寥寥幾字，且都屬警句性質；家法則不然，須條列規章敘述內容，甚為費事，故非世家望族，大皆闕如，事實上，也難得派上用場。職是之故，有家法的家族，亦不多見。

宜蘭梅林的陳氏，除「祖訓」外，尚有類似家法的「勸條」，內容相當完備，不愧為自成同姓聚落者。

1.勸子孫，為士者，安心經史，著意磋磨，以圖遠大，上者登科第，顯祖榮宗，次者遊黌序，保一身無慮，不則亦為名儒貴介，未有不欽者。

2.勸子孫，為農者，安分耕鋤，用力畎畝，以圖代食，多者積倉廂，寡者盈庚釜，不則亦儲擔石，未有不給者。

3.勸子孫，為工者，志在得食，當利器以展吾之長，善事以逢人之用，今日之匠人，後來之班倫也。

4.勸子孫，為商者，因本索利，當勸以開財之源，儉以節財之流，今日之貨殖，後日之陶白也。

5.勸子孫，四民之中，當居其一，不為子孫計長久，亦宜為一生計衣食，遊子好閑，虛歲月，無益也。

6.勸子孫，家頗殷富，堪以待師者，則擇館所，隆師友，教養子弟，

34　黃阿熱編，《黃純善公家系譜》，頁四二。

成就異時遠大，勿棄子侄放不肖也。[35]

　　《宜蘭張氏族譜》則標示四種遺規：1.治家遺規：家族以合居為美，舉鄧禹、樊生、范稚春、楊播、博陵李氏、郭儔、劉君良、張公藝諸家為證。2.處世遺規：強調張九齡忠規亮節，天下景仰。3.治學遺規：以張載自立團學，志氣不群的美德，並錄其語錄，足可垂訓後世。4.從政遺規：敘述張居正屬行覈名實、理財政、敦教化，而戡亂救時，國遂大治，實為從政者效法。[36]有的家法較為簡單，如《游氏追遠堂族譜》曰：「昔唐山先族之規，相沿則有四：一為書游必才游；一為無子嗣者，須以養女招贅入嗣；一為忌與王姓婚嫁；一為母豬不豢。」[37]

三、家風

　　傳統家族的特點，就是重視家族的綿續性，祖孫父子，世代相承，永無間斷。因而在家族中間，便逐漸發展成一種特殊的生活方式，象徵家族精神，我們稱為家風。家族間各個分子的相互關係與態度，財產與職位繼承，以及家庭間各種方式，均要爰此精神支配。有些具有善良家風的所謂世家子弟，其一舉一動，一顰一笑，無不循規蹈矩，就是這個道理。至於家法就是保障此種精神的成文或不成文的規律。[38]

　　江州義門陳姓家族之所以生生不息，發展十九代聚族而居，人口達三千七百餘的世界奇蹟，優良醇厚的家風是很大的維繫力量。全族深受家風的吹拂薰陶。因此，這裡沒有游手好閒的人，沒有玩物喪志的人，沒有不利世道人心的奇談怪論，沒有營私舞弊的邪念，「室無私財，廚無異饌，大小知教，內外如一。」即使是用餐，也是一種高度統一而又謙和的行動，「每會食群坐廳堂，未成童者別為一席。」這種風氣連餵養的百餘條狗，也受到感染，它們共居一舍，吃食時，如果有一條狗沒

---

[35] 陳永瑞、陳文隆編，《臺灣陳氏宗譜》（宜蘭，一九九二年六月），頁三七一。

[36] 張建邦主修，《宜蘭張氏族譜》，第三冊（臺北，民國七十年八月），卷六，頁一八五～一八九。

[37] 游永德編輯，《游氏追遠堂族譜》（宜蘭壯圍，游姓祠廟追遠堂管理委員會，民國六十九年十二月），頁二。

[38] 李樹青，《蛻變中的中國社會》（臺北，三人行出版社，民國六十三年七月），頁一三二。

有準時到達，其它的狗決不搶先而食。[39]

　　有關宜蘭的家風之記載，雖不若江州陳家詳盡，但善良純樸的本質，毫無軒輊，茲分項敘述如下：

　　1.不忘本：開蘭文舉黃纘緒貧困出身，六歲怙恃俱失，見撫於大嫂，中舉後，又極得臺澎兵備道姚瑩器重賞識，遂養成其寬厚濟家與回饋報恩的美德。《黃姓家譜》曰：「公（黃纘緒）以嫂慈恩重，請旌節孝贈安人，又置田產贍其後，報其功也。」當「水災饉歲，每午飯有逃頓至者，公輒督家人接納如恐不周。又常念石甫姚公大德，歲時伏獵必詣祠致祭，且戒子孫輩勿，亦不忘意也。」這種優良的家風，使「公得天獨厚，而福澤亦過人矣。」[40]

　　2.盡孝道：孝道是持家的基礎，幾乎是每個家族都以孝道相承，以立家風，垂訓子孫。《康氏家譜》曰：「青龍公於道光年間，曾一度返回祖籍福建龍溪，探視暨祭修祖墓，因祖墓均靠溪邊，當青龍公臨返臺灣時，購船一隻，贈與某渡船伕，囑其經常幫當地族親顧墓，其敬宗孝道，足堪為後代之典範。」[41]

　　3.重勤儉：周頂遷居員山大三鬮開墾荒地，克勤克儉，至晚年成巨富。此時雖「富甲蘭陽，但平素身穿舊衫破裘，常被佃人誤認為乞丐，但他毫不在乎，所以被譽為周頂不知富，其勤儉致富，堪為我們後代子孫之楷模也。」周家就因此勤儉家風，終致擁有良田七百多公頃，年收租一萬五千多石租。[42]

　　4.好讀書：沈葆楨曾有淡蘭文風冠全臺之贊，清代宜蘭讀書風氣之盛，由此可見一斑。貧困家庭勉力讓子弟讀書是常有的事，如進士楊士芳幼時要求讀書，其父曰：「家貧少一人耕作，半耕半讀可乎？」終遂其請，這真是古來耕讀傳家的鮮明寫照。[43]頭城林宅之廳聯即曰：「華堂

---

[39] 何光岳、矗鑫森，《中華姓氏通書——陳姓》（湖南，三環出版社，一九九一年七月），頁六六。

[40] 連碧榕，《黃姓家譜》，頁二一～二四。

[41] 《康氏族譜》，頁一六。

[42] 周炯榆，《霞山周氏族譜》，無頁數。

[43] 《弘農楊氏族譜》（宜蘭，民國七十年十月），頁三。

瑞靄宏開富有舊家風，治家無別策課兒惟讀數行書。」

　　家族讀書風氣的最佳檢證就是科舉。如自成聚落的擺厘陳家，「祖上於務農之餘，非常重視子弟教育，禮聘名師於登瀛書院教授子弟讀書習武，有清一代，我族人有一人中武舉人、四人入選中式貢生、一人中式稟生、七人中式武秀才，其餘承覃恩、授郎官、封夫人者二十餘人。日治時期，族親更不餘遺力護送子弟反回祖國大陸求學，若嵐峰公早年即至上海讀書，後任黃埔軍校教官，官至陸軍中將，監察委員。」[44]黃氏家族則是五貢七秀才，黃學海道光丁酉科拔貢生，「三子元炘光緒壬午科恩貢元，胞姪鏹道光庚戌科中式歲貢生，姪大邦道光二十七年恩賞例貢生，姪孫居廉同治甲子科例貢生，長子元萊咸豐丁酉科生員，次子元清咸豐三年生員，四子元琛同治甲子歲考生員，乙丑補稟生，孫秋華光緒壬午年縣學補增生，孫啟華光緒癸巳年生員，姪孫宗岱光緒丙戌年生員，姪孫挺華縣學生員，例贈太學生等，可謂貢樹分香喬梓齊榮也。」[45]又如陳階平秀才設塾授徒，其子陳濟川幼承蒙學，博覽強記，凡經史百家無不窮極其奧旨。年二十四歲，初應試，擢取府學入泮，無意名利，家居助父教授。其孫陳授時亦成名入泮，三世文學生員，門第增光。[46]至於李家更為顯赫，李春波是咸豐九年（一八五九）舉人，李春瀾是光緒二年（一八七六）舉人，李春潮於光緒六年（一八八〇）中舉，春波子紹宗是光緒十五年（一八八九）的貢生。

　　這一種門俊彥，科甲聯登，非書香世家，勢不能致。簡言之，良好的讀書家風，才是科舉的溫床，上行下效，對後代子孫的行為，自有一定的示範作用。

四、訓言

　　明龐尚鵬曰：「予作家訓成，或謂予言：『有治人，無治法，子孫賢，惡用是哉？如其不肖，雖耳提面命，且奈何？』予應之曰：『家有賢子

---

[44] 陳永瑞、陳文隆編，《臺灣陳氏宗譜》，頁三八五。

[45] 林萬榮編著，《宜蘭鄉賢列傳》（宜蘭縣政府民政局，民國六十五年五月），頁四七。

[46] 鷹取田一郎，《臺灣列紳傳》（臺灣總督府，大正五年四月），頁八二。

孫，因吾言而益思樹立，何嫌於費辭。如其不賢，即吾成法具存，父兄因而督責之，使勉就繩束，猶可冀其改圖。』」[47]此父兄督責就是訓言，可補條文之不足，亦是家規的一種。

族人犯錯，長輩隨時可糾正告誡，規矩較嚴的家族，更常定時精神訓話。如《擺厘陳氏族譜》曰：「每月朔望教訓子弟立於祠堂，喝道云凡為人子者必孝其親，為親者必愛其子孫，為妻者必敬其夫，為兄者必愛其弟，為弟者必恭其兄；毋循私以廢大義，毋怠惰以荒厥事，毋縱奢以干天刑，毋聽婦言以間和氣，毋為橫非以擾門庭，毋耽麴蘗以亂厥性。有一於此，既殞爾德又殞爾身，戒之！戒之！實係格言，爾宜服膺。」[48]

陳祿公派下的陳佘公，一生樂觀，性好唱歌、講古事，工作勤勉認真，常對下輩說，做人要誠實、勤勉，不得怠惰，常比喻說「物品如果由天上降下來，也要出去撿拾，在屋內坐是無法撿得」等語教導子孫。且凡事以身作則，每天工作，如遇頭痛、感冒等小病，即舉起鋤頭到田園，口中呻吟，手底工作，滿身大汗，常此不藥而癒。[49]

呂家的情況也是如此，十五世呂阿德口述：「從孩童時代到老，都是勞心勞力，值得高興的是我一生當中為人正直，不做虧心事，雖也沒讀書，一字都不會，最重要教你們的是第一『吃、賭、迌，打算為第一』，第二『人長交，帳短結』。使我的下一代，每一個人堂堂正正的做人做事，你們每一個兒子對我都很孝順，兄弟姊妹之間互敬互愛，這就是我最大的安慰。」家譜上特將此一有意義的訓言，記曰：「這段陳年舊事，實為後代的表率。」[50]

蘇氏美字祖美猷雖非直接以言語勸戒子弟，而是用文字表達，意義相同，曰：「回憶曾祖父（圭字祖）為子子孫孫乏代連綿，翻山越嶺，遭到過慘痛的史實，我下一代個個都要記得，希望將來的子孫和現在同

---

[47] 引自翁福清、周新華編著，《中國古代家訓集成》，頁二六五。

[48] 陳喬岳編撰，《擺厘陳氏族譜》（宜蘭，昭和十一年二月），頁四四～四五。

[49] 陳萬生編撰，《陳祿公派下族譜》（宜蘭，民國七十八年十月），頁三。

[50] 陳兆麟、呂博文編撰，《呂氏家譜》，頁二二～二三。

樣享受，再望子女成龍成鳳，做大官、賺大錢，這是人人的希望。」[51]

　　許多訓言是經驗的體認，《陳氏族譜》曰：「祖母為了一段負債之累而經過悲痛無情的一次過年夜之體驗，頗了解窮人的苦境，即當天發願、叮嚀後代切記、欲向人催討債款應於尾牙日截止，尾牙過後除自願送來償款者外，切不可去催討。又命家父赴大陸祖籍各寺廟做善事，家父完成母命回臺之後，隨即發起籌建慶安堂奉祀恩主，以答神恩。並每年冬令舉辦施米二千臺斤，救濟貧民，或捐資修路造橋，以利商旅之便，每年耗費為數不少。以及鄉民遇有困難即慷慨解囊濟困，從不後人。這些「祖先樂善好施的美德，以及遺訓金言，亦應效法與恪守是盼。」[52]《平和賴氏族譜》則訓示務農，曰：「我族先渡臺矢志從農，故遺下子孫各遵祖訓，間有發展工商，但多為從事農耕為本業。」[53]

　　較正式的以文字直接告誡的是舉人李春波，他中舉後，不樂仕進，長住鄉邑，廣施恩澤，賑濟貧民，遠近皆感欽其盛德，迨及年邁，告誡諸兒曰：「余一生安貧守矩，略修陰騭，乃有今日，願爾曹記而勉之。」殷殷勸示，情深意摯。[54]

　　有的家譜雖乏祖先訓誡的話，卻敘述其奮鬥打拼的情形，足為後輩學習，這種以身作則的表現，更是具體落實的訓言。《林家族譜沿源》記載其始祖遷住宜蘭，「覺悟在先以自勉自勵，開拓墾耕，不分晝夜，風雨交加，千辛萬苦，耐勞尤常，矢勤克儉，如此經年累月數秋，墾成良田數畝，暫增生產。……所向者無不克之慨，其志不撓而不掘，能耐能柔，其修性涵養過人，使後人入欽敬，而習之不止。」[55]

五、聯對

　　聯對即貼或刻在柱子上的聯語，其興盛與我國文字的特性，詩文的

---

[51] 蘇溫禧整理，《蘇氏武功堂族譜》（宜蘭，民國七十一年），頁三。

[52] 陳玉崑編，《陳氏族譜》，頁三～五。

[53] 賴耀煌編，《平和賴氏家譜》（宜蘭，民國五十五年），頁二八。

[54] 林萬榮編，《宜蘭鄉賢列傳》，頁三。

[55] 林義川編輯，《林氏族譜沿源》，頁七～八。

內涵，有很大的關係，鎔文學、書法、圖案、雕刻、禮教於一爐，片辭數語，著墨無多，或記事抒情，或嘉言警句，表現於尺寸之間，千錘百鍊，莊嚴絕美，教化宏深。所以傳統建築中，不論宮殿廟宇、樓閣廳堂、亭臺舞榭等，無不普遍採用，蔚為大觀。跟家族有關的家廟、公廳、宅廳亦常見到，其內容寓含家規的垂訓功能。

宜蘭地區的家廟有林氏追遠堂、李氏敦本堂、游氏立雪堂、游氏東興堂、游氏慶餘堂、游氏追遠堂、游氏盛蘭堂、黃氏純善堂、黃氏建和堂，鄭氏廣孝堂、陳氏鑑湖堂、蔡氏洽合堂、鍾何瑞蘭堂、賴氏潁川堂等，雖然各家廟的規模格局不盡相同，但柱子上均有聯對。茲以黃氏建和堂為例，共有七對，「建業垂繼緒江夏是宗，和衷奉祀蘭孫咸仰」、「建樹宗功繩祖武，和綿世德翼孫謀」、「建祠歡吟采藻句，和聲朗誦綿瓜詩」、「江夏源流遠，宗支派澤長」、「建業垂基克蒙先澤，和衷濟美還賴後昆」、「建國合封啟姓支別嬴氏系，和宗聚馬遷地籍平坪回鄉」、「建立丕基裕後昆堂乃首構，和合舉族承先志弓必為箕。」

公廳的規模不及家廟，但也是家族祭祀和活動的場所，亦備有對聯。如頭城吳氏公廳的聯對為「竹報三多千古文章傳正道，梅開五福一堂孝友樂天倫」、「靜中含動桃符新換春來，貞下起元梅萼先得信至」、「歲序更新三朔同臨首祚，風光勝舊一門獨得先春」、「德門集慶門拱紫宸春富貴，仁策迎祥天開黃道日光華」、「椒盤獻歲家欣再樂堯天，新曆迎年人賀重光舜日」、「四序韶光甘露和風旭日，一庭景色碧桃翠柳梅花」。宜蘭葉宜興宅更表明傳承家訓，聯曰：「和衷共濟仰先人曾傳懿訓，睦族群推願及商克振家聲。」楊氏廳聯亦曰：「守東平懿言為善最樂，遵司馬公家訓積德優先。」

宅廳同樣有對聯，只是一、二對而已，且每年換新，不似前者請名師撰句並描金書寫來得慎重，故不抄列。要之，這些對聯常為長輩細說源頭，講解內涵，告誡子孫的最佳題材，後人感念記誦之餘，油然興起向善修德之念，從而達成家規的意義。

除了對聯，匾額也有教化作用，如林氏追遠堂高懸「荻訓貽徽」，取法歐母因家貧以荻草代筆畫地教子之意，頌揚其教子成功，貽下光

輝。這是同治三年孟夏的匾，用以表彰林步瀛舉人之母馮太儒人早年守節撫孤，教子成名的事蹟。除馮氏外，尚有一方欽旌節婦林門李氏的「彤管揚休」匾，按：彤管，赤管之事也，古女史掌執赤筆以記宮中政令及后妃之事者；休，芬也，此處用「女人賢能執赤筆，以揚功勳」來形容李氏的守節及教育子孫成器，以激勵社會風氣，就當時的社會環境而言，是一種很好的社教方式。[56]其他還有「公正和平」、「水源木本」、「新修長薦」、「祖蔭裕後」、「祖德重光」、「渥受恩光」、「革故鼎新」等匾。李氏敦本堂的匾為「永懷祖澤」、「長綿世澤」、「謀烈遠貽」、「敦睦為本」、「宗德宗功」。

　　此外，有的家廟將其祖先源流，入蘭開墾，建置發展等事蹟寫在壁上，以感恩祖先遠澤，宣示勤儉致成，進而警惕後生晚輩要效法學習。如游氏餘慶堂、陳氏鑑湖堂、李氏敦本堂、蔡氏洽合堂等；而林氏追遠堂更立碑記事，益顯效果。[57]

第四節、宜蘭漢人族規的內容

一、追溯源流

　　追源溯流是人類的天性，修譜時常明示其要旨。陳錦瀾曰：「凡厥庶民皆念所生，則尊宗敬祖之義，無貴賤一也。顧世代遞傳，族類繁多，苟世系不考，群昭群穆未免失其倫焉。」反之，追溯源頭，梳理支脈，則可「正其序次，清其源流，庶四百八十載以前之本支彰彰可考，千億萬年以後昭穆昭昭易見，而支分派別者亦有條不紊焉。」[58]

　　一般家族源流都以世系表或分代個別敘述，但也有採用歌訣者，如《江氏族譜》的「十三世歌」，就以詩句形成，道盡江氏前十三世祖先的源流，以便於記誦，曰：「江姓源來郡濟陽，一二三世溯上杭。始祖

[56] 林淑妙，《宜蘭地區寺廟文學初探》（臺北，業強出版社，民國七十七年十月），頁一八二。
[57] 林性派主編，《林氏大族譜》，頁甲一二二。
[58] 陳永瑞、陳文隆編，《臺灣陳氏宗譜》，頁三七三。

八郎為一世，繼氏姓劉元配張。十二郎妣錢劉氏，十八郎公邱妣詳。高頭開基百八郎，塔下合葬周二娘。五世千十難追補，觀音坐蓮劉墓亡。到弔精箕念六郎，廖妣豎碑僅姓詳。七世海螺五十八，妣葬南溪姓氏黃。八世成海林婆太，蓮葉蓋龜竹仔塘。九世塔下添洧公，鄔婆安葬林墩傍。十世深公難追溯，銀牌合葬崁下洋。十一蕉頭宏寶公，妣李乾山崠上藏。北山開基鑾公太，吳老安人葬蛟塘。十三祖考鯉公太，配妣林楊五大房。」[59]

　　家廟的對聯也會透露其姓氏由來，源出何處與前人功績。李氏敦本堂聯曰：「敦化玄孫一系儒家來隴邑，本追高祖百年帝王出唐朝。」黃氏建和堂聯曰：「江夏源流遠，宗支派澤長。」又曰：「譽流江夏無雙孝友古完人，化達穎以第一循良名為士。」鄭氏廣孝堂聯曰：「系出滎陽堂構重新更爽氣，支分臺島蒸嘗勿替永馨香。」游氏立雪堂聯曰：「立食育生民功垂社稷長不朽，雪冰恃天命績著青史以昭然。」又曰：「立哲待聖門文學與商嵩峰頂，雪昭闡儒教道傳尼山稱聖徒。」

二、祭祀祖先

　　祭祀是傳統家族的首要大事。歷代均以孝為德行之本，所以由敬愛父母，上推到敬愛父母的父母，直到遠代的祖宗。於是，祭祀祖先成了高尚的道德行為。論其作用在於強化本族子孫的血緣觀念，產生家族的認同意識，使家族成員和睦友善，精誠團結，興旺繁衍。[60]因此，《鍾氏族譜》曰：「墳堂者，祖安魂之所也，無論忌辰、清明，春秋二祭與供歲事者，盡其根本追遠之誠，不然人無祖宗，自何而來？且豺狼尚知哺本，況於人乎？」[61]

　　《擺厘陳氏族譜》的〈立家禮儀輯要〉有概括性的規定，茲抄錄於下：

[59] 江貴章編，《江氏族譜》（明治三十八年），頁三～四。

[60] 羅文華、聶鑫森撰，《中華姓氏通書——羅姓》（湖南，三環出版社，一九九一年十一月），頁七五。

[61] 鍾茂樹，《鍾氏族譜——月朗公派下家譜》，頁九。

一立祠堂於正寢之東，以奉先世之神，出入必敬，朔望必參謁，薦祭用仲月，禮儀悉依家禮。

一祠堂奉先當晨昏香火不斷，嚴謹灑掃，務使潔淨，以安神靈。子孫入祠堂必正其衣冠，儼然如祖考在上，毋得笑語喧嘩。

一事死之禮當厚於奉生者時，祭節則祀之。凡忌旦迎神主於正寢，厚其儀物，率家屬致祭。

一祭祀所以報本，當竭其誠敬。前一日齋戒，不得飲酒茹葷以致慢。

一撥常稔之田四十畝，以供祭祀之費。其田畝勒石置於祀堂之中，使歷世子孫永遠皆知，世宗毋得侵奪貪鬻。

一祖先墳墓歲祭掃，遇有頹壞此即時修理，預未祭之時先治之，若候祭畢，則因循易過，至於愈甚而為工猶多矣。樹木不可剪傷，蓋至親之體藏於此，則愛之寶之，不以山家地理拘忌夫災禍為言。[62]

　　李氏敦本堂的對聯亦言後嗣須祭祀祖先，曰：「敦蔭門庭蘭桂椿萱涵世澤，李崇煙祀春秋俎豆薦生靈。」又曰：「堂勢尊嚴昭奕代祖功宗德，孫支蕃衍承萬年春祀秋嘗。」鄭氏廣孝堂聯曰：「系出滎陽堂構重新更爽氣，支分臺島蒸嘗勿替永馨香。」

三、澤被子孫

　　此意謂子孫的成就是靠祖德庇蔭的結果，把祖宗與子孫連繫在一起，現今個人的功成名就，係靠祖宗的福佑，故亦當積德以遺子孫。[63]《陳氏源流族譜》曰：「第四代長房兄弟四房，傳公、三其公、轉嗣公、家成公等思念先祖克難為子孫之德業，勤儉善居，日以繼夜，墾荒原野，為陳家子孫之幸福，其資產富稱，揚聞蘭陽之始源。」[64]其後代子孫，曾撰墓聯，記此盛事，其一曰：「扁舟渡海隅開基大福，漁耕勤稼業造

[62] 陳喬岳編撰，《擺厘陳氏族譜》，頁四二～四三。

[63] 宋光宇，〈試論明清家訓所蘊含的成就評價與經濟倫理〉，《漢學研究》，第七卷第一期（臺北，漢學研究中心，民國七十八年六月），頁二〇三～二〇四。

[64] 陳朝洪編輯，《陳氏源流族譜》（宜蘭壯圍，民國六十七年），頁一一。

福子孫。」其二曰：「壯志南渡開物成務燕翼貽謀，篳路藍縷肇基蘭陽百世傳芳。」[65]

《李氏族譜》也有相同的情形，曰：「然吾十七世謀坤，謀善公等，即秉承遺志，並承季叔涉川祖之命協力重建家園，克家善繼，善述厥後，子孫蕃衍。李氏後裔無論從事學術、教育、交通、農林、工業、商業，有所成就者，比比皆是，這一切是蒙祖先的福蔭，有以致之。」[66]

林氏家族祖先恂公，嘉慶間，觀四圍堡、公埔一帶山明水秀，位置適中，遂遷其地，「雖有蘭陽之雨，西南靠著濁水及宜蘭二溪，北有得仔口溪，地勢利水久雨不患，四季如春，農產頗豐，東有魚場連繫，全岸可謂魚村之鄉，先祖擇居真有先見之明，德被子孫，安居樂業，萬世傳芳，誠為吾族之幸也。」[67]

為保佑後代安享太平，現世行善好德是必要的，所謂「積善之家必有餘慶」就是這個意思。祠堂家廟宅廳就有許多相關的對聯，如蔡氏洽和堂聯曰：「洽力同心長繩祖武，和興雅範永翼孫謀。」另聯曰：「洽志尊宗萬代祠堂興俎豆，和衷睦族百年世業紹箕裘。」陳氏鑑湖堂之聯曰：「念我懿訓良規垂後裔，願爾曹建功立業振家聲。」又曰：「我輩承先啟後修在己乎，前人創業垂統為可繼也。」林氏追遠堂亦有聯：「追修祖廟光先烈，遠紹宗功裕後昆。」自身的努力與裕後的心理，交織成家規的主要內涵。

四、明德修身

傳統社會強調個人品德的重要，此一理念的推動，家規肩負積極任務，因此，提到明德修身的內容很多。如《擺厘陳家族譜》曰：「尊長當以禮義訓御子孫，不可挾尊長過為非義以凌子孫，其子孫亦當遵求不得倨侮尊長。」[68]《鍾氏族譜》的祖訓指出勤儉、無諂、無驕三項美德，

---

[65] 陳朝洪編輯，《陳氏源流族譜》，頁四。

[66] 李秋茂，《李氏族譜》（宜蘭冬山，民國五十六年），頁九。

[67] 林性派主編，《林氏大族譜》，頁丁八。

[68] 陳喬岳編撰，《擺厘陳氏族譜》，頁四四。

勤儉則「勤乃立身之本，儉乃處世之方。蓋勤，則能變其質；儉，能足
其財。古云：男務於耕，女務於織，量其所入，酌其所出，此勤儉所當
為也。」無謅則「凡子孫承祖宗基業，時勢命運不濟，或艱難窮苦，久
暮不顧，猶當固守本分，毋得呼天罵地，妄作非為，反致災害愈加，須
忍耐甘心，順時聽天可也。」無驕則「凡子孫或有受天眷祐，或承祖上
庇蔭，雖享萬鍾，貴至三公，亦當視有若無，視人如己，不可傲慢內外
之人，貧賤之人，當念祖宗一脈可也。」[69]

　　《松源蕭氏族譜》亦提出「崇愛敬」為明德之道，曰：「凡為子孫
弟姪者，事父母必怡顏悅色，事兄長及伯叔必謙卑遜順，隅坐隨行時而
侍側，不問則勿言，不命則勿坐。凡稱兄弟伯叔子姪嫂嬸姊妹以及親戚
必以行輩，有呼而對則以應，授之以誠則克勤克慎，命之以事則奉行不
違，有所訓誡則聽受而服膺之，或有非理之責，則勿較其是非。如遇父
母有過則微諫，或有不聽，則託諸母及得意族人而達其情，毋忌諱以陷
親於不義，毋妄言以激親之怒而自取悖逆之罪，至於父母伯叔姑姪姊
妹，無不皆然。乃若撫之以恩，與之以均，接之以禮貌，則居長者所當
然也。」[70]同時又立「肅閨門」，以示特別強調婦德，曰：「凡閨門不可
不慎，婦人鮮知禮義，為夫者必於平居之時，先以正導之。如事舅姑，
則先示之以敬；待妯娌，則先示之以和；御婢妾，則先示之以慈，鞠兒
女，則先示之以愛；待骨肉，則先示之以勿薄；聞妖邪之說，則先示之
以勿惑；遇外來之事，則先示之於尤。必嚴其內外，謹其出入，有不善
者，小則小斥之，大則大斥之，而皆待之以恕，使其得以改之。其或甚
焉而有害於大倫，則必割愛以全之，斯亦不以為過。」[71]

五、敦親睦族

　　家規的重要任務之一，就是敦親睦族。明清兩代，各地大陸生齒日
多，族人繁多，如嘉慶時安徽旌德「大族人丁近有萬餘，其次不下數千，

---

[69] 鍾茂樹，《鍾氏族譜——月朗公派下家譜》，頁九。
[70] 蕭金合等編，《松源蕭氏族譜》，頁一二。
[71] 蕭金合等編，《松源蕭氏族譜》，頁一二～一三。

即最少亦三、二百人。」如何維持五常運作，頗令人費心。兼又族內貧富不均，官民有別，口角難免，為緩和這些矛盾，消彌此種衝突，族規是一帖敦親睦族、維持安定的良劑。歷來統治者都很重視家族成員的和睦相處，家安則國安。康熙要求「篤宗族以昭雍睦」，曉喻全國，令務必遵守。[72]

　　宜蘭的家族也十分重視族內的情誼。筆者進行田野訪談時，常聽到年長者提及其族親關係，並贊賞時相往來的族人，稱其「很有親」、「很有情」，直到現在，敦親睦族還根深蒂固在宜蘭的家族中。家規也有這方面的記載，《鍾氏族譜》的祖訓之一「遠祖宜親：吾氏根於福建，葉飛廣東，皆是祖宗一脈也，凡有異縣遠方之叔侄人等來往，不相識不可別為親疏而簡慢之，必須相為敬愛，辨其尊卑，序其長幼可也。」另一曰：「族誼當盡：凡為子孫者，見今族大人繁，不能無賢愚不肖之殊，念祖宗一脈，以賢養愚，以才濟不肖，不因爭鬥以傷大義，不可因小事以興訴訟，而被外恥笑，或事大情有原，理有可恕，當合以待之，忍以處之，此於誼當盡也。」[73]

　　陳氏〈立家禮儀輯要〉曰：「族人疏遠者，以祠堂視之，則均是子孫，固無親疏矣。其有失所者，當周給之，不能婚姻喪祭者，亦當周給之，不可視為路人，使之顛連。」[74]其敦親睦族之情懷，溢於言表。有的更擴大到鄉黨，《松源蕭氏族譜》曰：「凡處鄉黨當以古法，出入相友，守望相助，疾病相扶持。乃若以強凌弱，以眾暴寡，以富吞貧，橫暴者以欺其良善，此後世之弊，最為可戒。若有非禮以加我者，則避遜之而勿較，其或不得已不得避，則國有常憲，不必私與之爭，孟子所謂行有不得者，反求諸己而已矣。」[75]如族中有孤獨無依者，應予資助，又曰：「凡孤兒寡婦，世之大不幸也，君子之所憫也，吾宗族不幸有如是之人，必仁而撫之，禮以遇之，視其缺乏以周濟之，至於當時之財產則勿侵，

[72] 朱勇，〈清代族規初探〉，頁二○一。
[73] 鍾茂樹，《鍾氏族譜——月朗公派下家譜》，頁九～一○。
[74] 陳喬岳編撰，《擺厘陳氏族譜》，頁四四。
[75] 蕭金合等撰，《松源蕭氏族譜》，頁一六。

倘來之苛派則勿擾。其或為之孤者，父母俱亡，年紀尚幼，須鞠養之如己所出；寡而無子者，志堅守節尤當加敬，為之求嗣其後可也。」[76]

六、課讀科考

連雅堂曰：「朝廷之所以取士者，唯科舉爾。夫科舉非能得人才也，而人才不得不由科舉。」致使「四民之子，凡年七、八歲皆入書房，蒙師坐而教之。」以備將來應試，光耀門楣。因此，「父詔其子，兄勉其弟，莫不以考試為一生大業，克苦勵志，爭先而恐後焉。」[77]

何以如此積極向學？基本誘因是傳統社會給予做官的人，乃至從官場退出的人，以很多社會經濟的實利，或種種雖無明文規定，卻十分實在的特權。這些實利或特權，不僅可保護資產，甚至擴大財富。於是，許多宗族家訓鞭策族人通過科舉考試，躋身官場，既可提高家族的聲望，又可迅速積累財產。[78]誠如《鍾氏族譜》曰：「耕讀當勤：常為子孫計，不耕則讀，不讀則耕，此二者，人道之大要，蓋勤耕可以食身，勤讀可以榮身，耕讀猶子孫所當勤為也。」[79]讀書年齡亦有規定，《擺厘陳氏族譜》曰：「子孫八歲以上，嚴督讀書。」又說：「子弟年十六以上通孝經、論語，教知禮儀之方。」[80]《松源蕭氏族譜》亦曰：「凡子孫而能言能行之時，即教之以安詳恭敬，至七歲以上，使之出就明師讀文公小學務要講解明白，使其知孝弟忠信、禮義廉恥等事。其稟性聰明者，加讀四書五經，古文左史無不習讀，此志遠大者所當然也。否則一書用之不盡，要必得之於心，體之於身，無為句誦詞章之學可也。」[81]

家宅祠堂的對聯，亦常以課讀科考為題材，頂埔林宅聯曰：「華堂

[76] 蕭金合等撰，《松源蕭氏族譜》，頁一五。

[77] 連雅堂，《臺灣通史‧教育志》（臺北，幼獅文化公司，民國六十六年元月），頁二一三～二一四。

[78] 吳仁安，〈上海地區明清時期的望族〉，《歷史研究》，總第二一五期（北京，中國社會科學出版社，一九九二年二月），頁一三四。

[79] 鍾茂樹，《鍾氏族譜——月朗公派下家譜》，頁九。

[80] 陳喬岳編撰，《擺厘陳氏族譜》，頁四三～四四。

[81] 蕭金合等編，《松源蕭氏族譜》，頁一一。

瑞藹宏開富有舊家風，治家無別策課兒惟讀數行書。」陳氏鑑湖堂有陳
家廩生朝楨撰題的「念祖先克勤克儉，為子孫宜讀宜耕。」游氏立雪堂
聯曰：「立志攻書榜上題名目，雪門問孝庠前忍凍時。」望族宅廳的門
聯亦是如此。如羅東羅莊里張達猶秀才宅的門聯為：「東魯雅言詩書執
禮，西京明紹孝第力田。」橫披是「文章堪救國」。員山林秀才宅側門
的聯曰：「書有未曾經我讀，事無不可對人言。」開蘭舉人黃纘緒宅院
的正門兩邊有四個鏤彫，分別是「琴、棋、書、畫」，蓋寓意文人雅緻，
書香世家。最特別的是，林氏家廟追遠堂前廳的正脊嵌有「科甲聯登」
四個大字，可謂用心良苦。

七、維護家業

在一個社會地位上下流動性大的社會結構中，取得功名快，通過科
舉考試即可，敗家也相對的快，只要揮霍無度就可傾家蕩產。如何維持
既得的產業，成為明清縉紳階層共同關心的課題，解決之道，不外「開
源」與「節流」。就前者而言，就是從事行業，清焦循曰：「子弟必使之
有業，士農工商四者皆可為。若不為，則閒民矣，閒民而後無收入；無
收入，則饑餓，則無所不為。四民之中，執業一業，歲必有所入，有所
入而量以為出，可不饑矣。」[82]《松源蕭氏族譜》落實此一理念，曰：「凡
生業不可少廢，子弟至十五以上，擇其聰明者，責之儒業而貲其費，俾
得專業，又必擇賢師益友以正其從違。庸下者，則令其或務乎農，或精
乎工，或經營於商賈，各占一業，務其成效。婦人則專紡績以供衣服，
其或飽食終日無所用心，以至老死牖下，終無一為成名，豈不惜哉！凡
其所圖生計，又要一一循乎天理，否則，今日難得，異日必失之，可不
慎歟！」[83]

至於「節流」，更具有道德意義，家規大都明示「勤儉」乃維護家
道不衰，謹守祖先家業的重要手段，把「勤儉」看作是「治家之本」。[84]

---

[82] 引自楊杰主編，《家範・家訓》（海口，海南出版社，一九九二年六月），頁二七。
[83] 蕭金合等編，《松源蕭氏族譜》，頁一三～一四。
[84] 宋光宇，〈試論明清家訓所蘊含的成就評價與經濟倫理〉，頁二〇八。

宜蘭家族向來就很了解個中道理，《呂氏家譜》的家訓也特別提及，曰：
「孝親悌友，崇尚孝道，勤儉持家，忠直為人。」[85]《松源蕭氏族譜》
的〈守儉約〉曰：「凡儉約最為可久，今日世俗多靡，耗一小物即失數
釐，如衣服必以布帛為重，子弟當弱冠以前，毋令衣羅紗綾緞錦繡色衣，
既冠而賢，則量給一二，以為吉禮出入之用；不賢則勿給。然雖賢德子
弟，其於平居無事亦不許衣也。至於日用飲食以蔬菜為重，故不得私以
酒食自娛，必有故而設，然常事饌不過四、五品，酒不過六、七巡或十
巡而止；賓重則饌用倍之，而酒必如數；或有不常之會，則設饌亦必斟
酌，豐約適宜而已，決無染習世態，以至杯盤狼藉，費出無經。乃若奉
養父母，則竭力於其當為，又不在禁也，輕重其慎擇之。」[86]

　　宜蘭門聯於此亦有許多著墨，鑑湖陳氏家族廳聯曰：「願子孫是訓
是行遠紹家風，念祖先克勤克儉創立家業。」楊氏進士第的廳聯亦曰：
「念祖宗克勤克儉創丕基以遺後裔，願子孫善繼善述守成業毋墜先謀。」
陳望曾亦撰聯曰：「富貴顯然必忠孝節廉自任幾端方可無慚宗祖，詩書
美矣但士農工商各專一業便非不肖子孫。」

八、配合統治

　　族權與政權相輔相成，相得益彰。政權總是儘量賦予家族處置的特
權，如清政府規定：「同族之中，果有兇悍不法，偷竊奸宄之人，倘事
起一時，合族公憤，不及鳴官，以致家法致法⋯⋯減等免抵。」就是一
例。家族頭人亦了解「國運與家運相消息」的道理，忠臣、孝子、順孫、
良民都是做人的準則，也是聖世的條件。這些都反映國家統治與家族利
益的一致，因此，家族須適應政府決策。[87]更具體的說，這些家族頭人
大都是士大夫，也是族親的編纂者，他們服侍兩個主子，在一方面，身
為在政府中工作的官吏，他們看出讓宗族組織促進道德教育，並照顧其

85　陳兆麟、呂博文編撰，《呂氏家譜》，頁五。
86　蕭金合等編，《松源蕭氏族譜》，頁一三～一四。
87　許水濤，〈從桐城望族的興盛看明清時期的家族制度〉，《譜牒學研究》，第一輯，頁一一
　　二。

自身成員，而不用麻煩政府的可欲性。在另一方面，作為宗族首腦並為宗族的安全著想，他們希望避免與政府發生瓜葛，不論是在訴訟的情況下，抑或是政府監督宗族活動的方式內。因為這個緣故，族規的編纂者遂在保持宗族組織如其現狀者的方針上，樂意地與政府保持一致。[88]

徵稅是國家財政的第一件大事，沒有稅收，政府無法維繫，家族亦明曉其嚴重性，將納稅當作金科玉律如期繳納。《松源蕭氏族譜》的族規有「供賦役」條，曰：「凡民之供乎上者，賦與役也。每歲該辦錢糧必須及時納，苟遷延怠緩，致里胥往來催償，甚則必取官府鞭笞之辱。至於差役之來，度其果相應也，則依期趨附，或重大而家力之不堪，即當順其情而控訴之，苟或怠玩，則文書已行，事更難改，亦或期限已過，則必誤事，而法自不容，提鎖囚繫之憂，勢所必至，豈不益取辱哉！乃若在官，錢糧慎物兜攬，萬一有失，必至鬻產賠償，所損多矣。」[89]

最能顯現國家與家族的德行關係就是「忠」、「孝」觀念，所謂「移孝作忠」、「求忠臣於孝子之門」是眾所周知的名訓。族規對此亦多所著墨，游氏家廟立雪堂未改建前，廳堂左右倆儀門上各書「忠」、「孝」大字，十分醒目。林氏家廟追遠堂的石柱聯為「忠孝傳家九龍衍派源流長，勳名報國雙柱留芳世德長」、大門聯是「忠孝有聲天地老，古今無數子孫賢」。

第五節、宜蘭漢人族規的執行

一、族規的遵守

家規確定後，族人就應共同遵守。《鍾氏族譜》強調「家規當法」，曰：「一家有一家之規模，凡為子孫者，事親當盡其孝，事長當盡其悌，推之一族之人莫不皆然，能如此，則尊卑之分盡矣，天倫之敘明矣，為父兄者如此，為子弟者亦如此，務必上行下傚，此家規所當盡法也。」

---

[88] 劉王惠箴，〈中國族規的分析：儒家理論的實行〉，《儒家思想的實踐》，頁八六～八七。
[89] 蕭金合等編，《松源蕭氏族譜》，頁一七。

進而又說「家規當守」，曰：「凡為子孫者，當守本分，各務生業，宜戒嫖賭、戒爭訟、戒逸樂、戒奢侈、戒怠惰，此五者所當格戒，毋以富欺貧，毋以強欺弱，毋以貴害賤，毋以貧害貴，此家規所當守也。」[90]宜蘭「李火德公祖祀會」曰：「約內所立規約，經眾祀友邀請族舉人春波、職員及西、歲貢光輝、族正光昭等同妥議，以垂久遠而昭祀事，各宜遵約而行，以後不得挾私背違。」[91]

　　儘管面臨誰來管理與執行的問題，傳統社會，父或家長為一家之主權，他的意思即命令，全家人皆在其絕對的統治之下。宜蘭擺厘陳家〈立家禮儀輯要〉曰：「凡家長之責，家事之大小輕重，悉賴主之，家務巨細，子弟當領命而分任之，尊者以正而御下，卑者必以禮而奉尊。」[92]擴而大之，族是家的綜合體，族居的大家族自更需要一人來統治全族人口，此即族長、族正或管理人。清《咸豐戶部則例》曰：「凡聚族而居，丁口眾多者，准擇族中有品望者一人立為族正，該族良莠，責令察舉。」[93]

　　縱使族人不聚一起，族只代表親屬關係時，族長仍是需要的，一則許多屬於家族間的事務，需他處理，例如：族業、祖墓、族產的管理等；再則，每個家已有家長負責統治，但家際間共同法律的實現，最高主權的行使，彼此衝突的仲裁，族居成員的凝結等，沒有族長的統治，難有具體的成效。所以，族長權利在族內的行使，可說是父權在家內的延伸。[94]族長也因而取得家族統治權與家規執行權的法源基礎。

二、族長的條件

　　族長的產生有兩個管道，就是照輩序出任和族人公推的產生。前者是族中的嫡長子或行輩最高而又年長有「德行」者為之。至於公舉，實

---

[90] 鍾茂樹，《鍾氏族譜——月朗公派下家譜》，頁八～九。

[91] 編輯委員會，《祭祀公業李火德祖公祀會沿革》（宜蘭，李氏敦本堂，民國七十年九月），頁七二。

[92] 陳喬岳編撰，《擺厘陳氏族譜》，頁四三。

[93] 張研，《清代族田與基層社會結構》（北京，中國人民大學，一九九一年九月），頁二〇九。

[94] 瞿同祖，《中國法律與中國社會》（臺北，里仁書局，民國七十一年十二月），頁一八。

際上被舉之人皆官僚、科名、地主、富豪為多，有的則特別注重品德與才能。[95]因此，當族長者須「謹守禮法，不得妄為，至公無私，不得偏向。又須以至誠待下，常存平恕。」遇到事情應察明來龍去脈，使善惡昭明，不要敷衍了事，或有意遮掩，以至善惡不分。對家族成員「好惡必當，體恤必固」，不能偏心。簡言之，族長必明禮義，識時勢，諳事體，通人情，乃才主持家業。[96]

宜蘭家族的族長或執事的產生，亦遵循此一模式。林氏「祀業公租，首係文跳、文壽，國翰、鳳樓，遞相承辦。後經文富辦理，及文富故後，交以國綸接辦。」族中因起互控，嗣經公親調處，會「同闔族紳耆等，妥議稟舉林豫章，一人承接辦理」，並族「公堂妥議，設立條款」，申明「管理之人，務要公平，逐年祖祠應開諸費，照依條款而行，不得濫為開發。即族紳書租，拜禮等款，亦仍照條分領，不得翻異。」但總條規訂立以後，行之未久，林豫章亡故，其子林毓麟承辦。行見滄桑，林大北佔辦約六七年，嗣後仍歸毓麟管理。又十餘年，公推元弼、以時二人共同接辦。」其中以族正國翰公（又名玉堂家長、七縣家長）之德為獨盛，極得族人擁戴。[97]

其他家族的管理者，不僅掌握家族大權，在地方上也素孚眾望，獻替良多，如黃氏家族永在公獨掌家務，從事農耕，並出租田地，以增租收，致使家業日興。及至中年，致力社會公共慈善育英事業，尤對神祀信仰極深，創設羅東文宗社（文人墨客所崇拜之孔子及丘文昌祀），創設五結福德祠、聖母會、三官祀各購置田地為每年祭祀用之基本財產，一生所創設之公益事業不勝枚舉。[98]

反之，如人品不佳者，應在排除之列。「李火德公祖祀會」的族產，因於日治時期險遭執事人計畫霸佔，而達成共識，曰：「選任管監人員時，應有認清該人之素質，是否正經信用、勤勉能幹，不自私袒護驕傲

---

[95] 王思治，〈宗族制度淺論〉，頁一七。

[96] 李曉東，《中國封建家禮》，頁二○。

[97] 林性派主編，《林氏大族譜》，頁甲一二七～甲一三一。

[98] 黃阿熱編，《黃純善公家系譜》，頁五一。

等，應慎為檢討方可選之，如管理人、主席人選，比較重要人格、資格、人望，且有便於看護祖廟與連絡佃戶，方便選任；否則，若選錯人，定致破產，影響祀會前途至極，希望派下員代表各位，為顧全繼承祖產，應予慎重，勿以輕易輕忽草草選任，是所至盼。」[99]

三、族規的執行

由於族長擁有掌握家族事務的權力，就家法而言，他充當族人糾紛以及戶婚、田土等刑事案件的法管和裁判，對於觸犯家族法規的族人，有權決定各種不同程度的處罰和懲治，甚至死刑，這個權力的運用與執行，必須有個準繩，就是家法家規。[100]

雖然各家族所處環境有別，兼之各自不同的傳統習慣，其族規所設立的處罰也不盡相同，但以清代常見的罰則，由輕而重，有下列十種：

1.訓斥：由族長於祠堂內對犯者當眾訓誡斥責，令其悔過。

2.罰跪：令犯者跪於祠堂內祖宗牌位前，向祖宗請罪，罰跪時間以燃香計算，一柱香至三柱香不等。

3.題名祠牆：題犯者之名及過錯於祠內照壁之上，知曉族眾。

4.鎖禁：令犯者，居祠內專設之黑屋，時間由兩個時辰至六個時辰不等。

5.罰銀：犯者交銀充公，以贖其罪，數額從五錢至三兩不等，無力出銀者，乃以勞役，修理祠堂或祖墳。

6.革胙：剝奪犯者領取祭品的資格，一年起算，高至十年、終身，嚴重者永遠革胙。

7.鳴官：由族眾扭送官府，族長族望出面，既作為家長要求官府辦罪，又作為證人提供證言。

8.不許入祠：犯者生前不許入祠，死後不准入祖宗之神主牌位。

9.削丁除名：對犯者於譜上除名，族內削籍，不准同姓，不准居住

---

[99] 編輯委員會，《祭祀公業李火德祖公祀會沿革》，頁一○三。

[100] 陳支平，《近五○○年來福建的家族社會與文化》，頁八二。

族屬土地。

　　10.處死：有些族規規定，對亂倫奸淫、不孝忤逆等，直接處以活埋、勒死、令自盡等極刑。[101]

　　以上罰責雖錄自大陸，但在宜蘭地區亦具普遍性與實用性的價值，各家族執行族規時，亦不出這些內容，惟在程度上有所取捨而已。不過宜蘭家族的綿延不如唐山，部分家族雖有族規，但關於懲處問題並無如此詳細明確；至於較小的家族，更沒有罰則規條，但憑族長斟酌的量刑。因此，宜蘭家族涉及族規的執行事件應該很多，然而見諸族譜記載者，則不多見。

　　如要舉出類似處罰的族規，有宜蘭梅林陳氏的「戒規七首」，內容為：

　　1.示子孫，在家庭內，父母如天地，兄弟本同氣，尊親之義當講，有如虧禮辱親，小忿鬩牆者，便為戮民。

　　2.示子孫，在宗族中，伯叔還為伯叔，兄弟還為兄弟，長幼之分當明，有以語言動相戲耍者，便是名分倒置。

　　3.示子孫，在鄉里中，長十年者，以父事，長五年者，以兄事，大小之序當遵，有以口舌手足相戲謔者，恐積忿成仇。

　　4.示子孫，毋淫賭，蓋姦致殺，賭致盜，二字居一，則破家亡身，害及眾人，辱及祖宗，罪莫大焉，殊當切責之。

　　5.示子孫，毋濫用，蓋財濫則竭，今日之富，後日之貧，究而壞禮廢事，鶉衣裸體，辱人賤行之事靡所不為，能不恥笑於人乎。

　　6.示子孫，毋恃財逞勢，蓋財勢迫人必招人怨，小而怨毒及身，大而怨毒及家，其究也，財勢亦歸無用，胡益歟。

　　7.示子孫，審臧否之路，毋悖勸之條，間有不從者，鳴於先人之前，令悔過自新，甚至不悛又宜重責，斷勿寬縱，致使後日釀成大禍也。[102]

　　《松源蕭氏族譜》亦曰：「凡家訓蓋將用之以復古人敦睦之風，期吾族人世守而行之。或有不悟而違之者，則當以時祭既畢之餘讀家訓

101　朱勇，〈清代族規初探〉，頁二一八。
102　陳永瑞、陳文隆編，《臺灣陳氏宗譜》，頁三七二。

時，家長舉而責之，如改，則恕；不改，則玷家聲，就於族譜內削去名字，卻於譜傳之中略記其削之故，庶其知所警云。」[103]這是罰讀家訓和削名除籍的族規。

削名的族規，同樣見之擺厘陳家的〈立家禮儀輯要〉，曰：「子孫有仕者，當竭忠國家，清慎仁愛，不得苛虐貪婪，如有贓墨，以辱厥祖，則削其名，祠堂不得與祭。」[104]

此外，另有遭祖先譴責的罪名，《陳樸直公族譜》曰：「日後樸直公、正義公暨太祖媽之墳墓整修或重建，本祭祀公業各房（十五世）派下員必須同心協力，共襄盛舉。按各房的持分比例，分攤費用，任何人不得藉故推諉或逃避，否則便為不肖子孫，必遭祖譴。」[105]

當族人間的糾紛衝突大到族規無法約束時，只有移送法辦，這大都與族產有關。清代李火德公祖祀會的財產保存得很完整，至日治時期，執事人員意圖霸佔，難以解決，延宕至民國三十六年，族親為族產打起官司，訴訟半年，總算圓滿收場。[106]

清代林氏追遠堂的爭執互控，靠公親鄉紳的排解。光緒十七年（一八九一）正月，追遠堂辦理人林文富故後，交與林國綸接辦時，「有生員林維新，職生林振英等，與林國綸之弟林富，歲貢生林秀青等，互控追遠堂祠祖一節」，涉訟經年，轇轕未解。當經「公親進士楊士芳，鄉紳李及西等，在外會算處理，雙方甘願了事，且結完案。」並經會「同閣族紳耆等，妥議稟舉林豫章一人承接辦理。將前歷辦緒人經理事務，從此一概截止，毫無轇轕，倘有賬目不明，與林豫章一人無干，並不得累及承辦之人」，且於「公堂妥議，設立條款」，條款既立，有所遵循，爭訟始告平息。[107]

日治時期，林氏追遠堂又經數次衝突糾紛，聚訟不斷，莫衷一是，懸案未解，歲月徒延，族人咸感不耐，直到昭和十三年（一九三八），

---

103 蕭金合等編，《松源蕭氏族譜》，頁一七。

104 陳喬岳編撰，《擺厘陳氏族譜》，頁四四。

105 陳永瑞編撰，《太傅派陳樸直公族譜》，頁五一。

106 編輯委員會，《祭祀公業李火德祖公祀會沿革》，頁一○三。

107 江萬哲主編，《林氏族志》（臺中，新遠東出版社，民國四十七年三月），頁一七。

宜蘭市長以事變爆發,戰事方殷,不宜長年繫訟,經久不結,殊有影響民心,貽患地方之虞,自任和事老,出而排解調停。「以追遠堂為主體,而行尊祖敬宗,敦本睦祖之義,二而一,一而二,不宜再有爭執,於是化干戈為玉帛,釋杯酒於前嫌,成立無條件和解契約。烏乎!七年不解之訟,曠古未有之爭,至此結案,亦云幸矣。」[108]

四、無形族規的約束

如將大陸族譜與宜蘭族譜相比較,就族規的執行而言,明顯看出前者內容頗稱詳細,如族長產生的過程,族長具備的條件,執行族規的程序與方式,族規的處罰原則與犯規項目,甚至執行的實際情形及其效應等,多少都有記載。反之,宜蘭的族譜就十分簡略,大都未提及族規問題,探討其原因,有下列幾點:

1.如前所述,從清代到日治,宜蘭漢人家族最多僅限六、七代,第一、二代初入蘭時,人丁單薄,孕育族人繁眾的機會不大,因此,族人不多,族規的需要相對降低。

2.部分家族繁衍較為迅速,支脈迭有增加,當房親間產生糾紛時,加上其他因素,常會以房為單位分家離居,以致減少口角的困擾。

3.沈葆楨認為宜蘭文風鼎盛,但此乃咸豐以後的事,書香家族畢竟少數,絕大多數家族無法在幾代內培養文士,而族規的制定又非文士莫辦,其缺乏自不足為怪。

4.早期入蘭移民,拓地墾殖,生活艱苦,無暇顧及家譜,到了後代,境遇好轉,想要修譜,父祖已逝,追索困難,茫然無緒,只得因陋就簡的編纂了事,在這情況下,族規的制定,當遭忽略。而沒修家譜者,更遑論族規。

儘管如此,部分家族仍訂有族規,積極發揮族內敦睦的功能。大多數家族除神明廳一對門聯外,不再有明確條文的族規,卻依然使家族事務照常進行,運作順暢,其所以如此,就是家族裏潛存無形的規範,俾

---

[108] 江萬哲主編,《林氏族志》,頁一九～二〇。

族人遵循，即無族規之名而有族規之實。這套無形族規，能約束族人行為，並為族人共同接受，背後自有一番道理。

1.儒家倫理思想與道德實踐，已深入民間，紮根基層，而與家族生活密切結合。任何族人的一言一行，均籠罩在儒家的網絡裏，其行事之前，自然而然的會考慮到是否違反倫常道德。這個影響，使族人無形中建立自我約束的行為準則。

2.傳統社會具有權威性格的趨向，權威代表統治，意謂領導。就家族而言，族長和長老屬權威人物，享有管理家族的權利，而為族人所敬畏尊重。在日常生活中，族長的教誨與訓斥，就是大家共同依循的標竿，這些經常發生且具規範效用的事件，族規上罕有記載。

3.以前家族缺乏娛樂，長輩利用農閒或乘涼時，講民間傳說或開蘭祖先事蹟給小孩聽，孩子在聆聽之餘，善惡是非的觀念與效法前賢的決心油然而生。因此，雖為茶餘飯後的談興，卻蘊含積極的教育意義。

4.家族以血緣為基礎，族人容易培養我族意識，感受唇亡齒寒的關係，對內加強向心與團結，對外造成族群區隔。所以族人多少願意犧牲自己權益，表現忍讓工夫，以維護家族的整體利益。家族的無形族規，存在每個族人的心中。

只要是傳統漢人家族社會，普遍均有這些現象，因此，缺乏有形族規，無礙於家族的照常運作。宜蘭的漢人家族亦不例外，雖然族規的制定，遠不及大陸家族來得完備，但無形族規的效果，並不影響宜蘭家族的發展。

第六節、結語

族規就是基於血緣倫理，因應國法需要，接受禮治教化，順應社會習俗，謀求家族發展所形成的規範。

至於族規的類別，以祖訓、家法、家風、對聯、訓言等不同形式呈現。論其內容，在提醒族人追本溯源，務要祭祀祖先，以求澤被子孫，重視明德修身，達到敦親睦族，注重課讀科考，維護家族產業，進而與

政府措施相配合，實現從國家到家族一條鞭式的統治。

在執行方面，考慮輩份、德行、能力、功名等因素，選擇適當的族長，領導全族，俾能公正合理的執行族規，使族人心悅誠服地接納，進行對族人的社會控制。原則上，族內問題族內解決，不要到公堂訴訟，以免家醜外揚，但萬不得已，也只好公堂判決。

很多家族沒有家譜，亦無明確的族規，但由於儒家思想的根深蒂固，於是長輩的教誨訓示，祖先事蹟的啟發激勵，以及族人意識的認同覺悟，遂構成無形的族規，同樣發揮約束的效用。

宜蘭族規就在這樣的模式與過程中順利運作，族人間的糾紛，得以消弭，房親間的干戈，化為玉帛，最嚴重的林氏控訴，也是圓滿收場。總之，「家和萬事興」為族親之終極目標，更是宜蘭的家族發展的基本信念。

第十章　宜蘭漢人家族的家族文學

第一節、前言

　　歷史討論文學的著述，不可勝數，但遺憾的是，未特別標示或重視家族文學，充其量只是將家族文學的某些部份，歸屬在其他類別裡。事實上，家族文學自有其形成的條件，豐富的內涵，廣泛的材料，創作的目的等，應為文學的寶庫之一。

　　晚近台灣文學的偏見，發揮針砭反正的作用。誠然，台灣是有文學，不僅有文學，而且相當精彩，問題是焦點聚在日治時期以來的新文學上，而將前此的古典文學摒除門外，這也是另一種偏見。所謂「台灣文學」，就是發生在台灣、關心台灣子民的文學作品均屬之。就此而論，台灣古典文學，就合乎這個要件，當然即屬台灣文學，只是表現上不僅相同而已。

　　談及台灣古典文學，最容易想到的是台灣文人雅士的詩文集。相對於文人的精緻文學，還有流行基層的民間文學。約略說來，能包容這兩類文學，又能自成單元的，家族文學就是個中代表。因此，家族文學是文學的一環，台灣文學不能偏廢古典文學與民間文學，當然就須涵蓋家族文學。

第二節、宜蘭漢人家族文學的來源

　　家族是社會的基本群體，也是核心組織，具備多重角色，肩負傳承功能，以維繫社會的運作與發展。如此重要的家族社會，當有其相呼應的文學作品，已呈顯家族的意涵，傳送家族的訊息。是以，由家族的文字記載與口傳俗諺形成的家族文學，當然產生於家族背景，依附在家族環境，而家族文學的作者也率都出自家族成員，與家族命脈息息相關。因此，家族及其周邊環境，就是家族文學的來源。

一、家廟

家廟是同族之人合祀祖先的場所，以滿足追本溯源的本能，實現孝思感恩的追懷，進而獲得心靈的歸宿與安撫。故曰：「自天子下迄庶人，貴賤不同，而其尊祖之義一也。」因此，「凡士農工賈，莫不俾之各建宗祠，以祀其祖先。」簡言之，「聚族而居，族皆有祠。」[1]

為表示對所崇敬之祖先無盡之追思、懷想之情意，除家廟建築與庭園，供瞻仰之子孫徘徊其間，以興起崇敬之誠心外，更書刻碑碣、對聯、匾額及題辭等，使子孫在覽讀之餘，透過文字中情意的了解，引發虔敬與懷念，使主觀的感應與其所崇敬的祖宗，在精神上互相激揚，心靈上彼此契合，共同交織滲透，形成深厚尊貴的精神經驗。[2]此特殊意義的碑碣、對聯、匾額、題辭等，就是家族文學的內容，而家廟為其含藏所在。

祭祀祖先的廟堂中，以獨立興建的家廟較具規模，書刻的匾聯也較多。茲將宜蘭地區的家廟，列表如後：

編號	家廟名稱	地址	備註
1	林氏家廟追遠堂	宜蘭市南興街	格局完整
2	游氏家廟立雪堂	宜蘭市崇聖街	改建大樓
3	游氏祠廟盛蘭堂	宜蘭市聖後街	改建大樓
4	鄭氏家廟廣孝堂	宜蘭市聖後街	拆除保存
5	李氏宗祠敦本堂	宜蘭市和平路	
6	陳氏宗祠鑑湖堂	宜蘭市進士路	環境幽雅
7	蔡氏洽合祠堂	宜蘭市同慶街	格局較小
8	賴姓潁川公祠堂	宜蘭市東港路	格局較小

---

[1] 王思治，〈家族制度淺論〉，《清史論稿》（成都，巴蜀書社，一九八七年十二月），頁九~十一。

[2] 唐君毅，《中華人文與當今世界》，下冊（台北，學生書局，民國六十九年四月），頁五八九。

9	黃氏建和祠堂	宜蘭市昇平街	
10	鍾何祠堂瑞蘭堂	宜蘭市舊城北路	
11	游氏家廟追遠堂	狀園鄉壯六路	
12	游氏家廟餘慶堂	員山鄉員山路	改建大樓
13	吳氏祠堂	礁溪鄉吳沙村	改建廟宇
14	黃氏純善祠堂	五結鄉中福路	
15	游姓家廟東興堂	冬山鄉太和路	格局較小

家廟保存家族文學的情形，可略作說明：

1.維持原有建築格局，易於留住書刻資料，以林氏追遠堂最稱完整，黃氏建和祠堂、鍾何祠堂次之。

2.就地或移地重新修建，舊的匾聯或有毀損，惟保留狀況尚可，如黃氏純善祠堂、陳氏鑑湖堂、李氏敦本堂、游氏追遠堂、游姓家東興堂。

3.拆除改建大樓後，將家廟移到頂樓，因縮小家廟格局，難以留用原有材料，如游氏立雪堂、游氏盛蘭堂、游氏餘慶堂。

4.原為家廟，後改建為廟宇，舊的書刻資料，已不適用而遭拆毀，如吳氏祠堂。

5.原來家廟的格局不大，容納書刻文字有限，如蔡氏洽合祠堂、賴姓穎川公堂。

6.比較特殊的是相當精緻的鄭氏廣孝堂，拆除後，經縣政府協調搶救，移置宜蘭傳統藝術中心園區，照原樣重建，匾聯文字得以保留復舊。

士紳、殷商或富農的宅第，不乏院落重重，大廳的兩壁和各個門前，都有對聯，有些甚至出自名士手筆，極見文采。部分家族，另立堂號，或追念遠祖，或用為紀念惕勵；有的家族，或書香門第，或附庸風雅，而有書齋之命名，凡此對聯、稱號、齋名等，亦為可貴的家族文學。可惜的是，這些深宅大院經長期以來的自然毀損與人為破壞，倖存者已屈指可數，當然這些文字、文學也伴之湮淪。好在前此從事田野查訪時，頗有輯錄。

二、族譜

族譜乃家族社會的特有產物,也是獨特體例的著作,旨在通過載祖德、立族規、定世系、明宗支、別序齒、分族從,藉以強調木本水源,敦宗睦族的思想情感,使家族意識更加牢固。由於所述內容包刮姓氏來源、家族興替、人口升降、家族遷移、風俗習慣、社會變遷、經濟活動等,深具史料價值,自不待言。尤有進者,宗譜亦蒐錄一些文學作品,而成為「宗譜文學」,不僅豐富文學寶庫與文學史,且對研究詩文作者本人的生平思想,提供必要的資料,也可用來互校已刊刻出版的文集。比較完整的宗譜,其文學作品相當廣泛,如詩、詞、歌、賦、序、記、說、傳、形狀、贊、墓表、箴、祭文、壽序等,其文學性很強,甚至可說是一部文學總集。而這些作品所反映的實情,有濃厚的地方色彩,局限在「家鄉」的範圍內,性質上屬於「鄉幫文藝」、「鄉土文學」。所以鄉土文學的素材,亦寓居在族譜裡面。[3]此「宗譜文學」就是家族文學的重要成分。

宜蘭縣蒐藏族譜最多的地方是縣史館,現共收存六十二種姓氏,各類譜系逾四百種,數量之龐大,遠非其他縣市之蒐集所能比擬。其中大都取自縣內,且以記載宜蘭家族為限,至於來源,概可略分為四個途徑:[4]

1.宜蘭縣文獻委員會、文獻小組移交者:約 32 件,此類是原由宜蘭縣政府民政局禮俗文物刻保存,及以收集本縣鄉土社會資料為編組的宜蘭縣文獻小組所採集者。

2.宜蘭文化中心博物組移交者:約 35 件,此批譜系是宜蘭縣復興國中於民國八十一年二十週年校慶,舉辦「歷史科譜系特展」活動所收集的,由文化中心博物組影印再移交至宜蘭縣史館籌備處(八十一年三月)典藏。

---

[3] 艾秀柏,〈宗譜與文學〉,載《中華家族譜縱橫談》(南寧,廣西教育出版社,一九九三年十一月),頁三七五~三七六。

[4] 廖正雄,《宜蘭地方譜系整理暨影像檢索系統計畫》,未刊稿(宜蘭縣立文化中心,民國八十四年七月),頁三一。

3.配合縣史館開館「宜蘭人家譜特展」活動收集者：約160件，活動籌備之初，即運用本縣大專工讀生透過田野調查或至中央圖書館台灣分館、摩門教台北家譜中心、台灣省文獻委員會等處，收集宜蘭有關譜系。並於民國八十二年十月十六日配合「宜蘭縣史館」開館系列活動中展示，進而公開接受各方捐贈宜蘭有關之地方譜系。

4.各方陸續捐贈者：約170餘件，透過縣史館陸續推動譜系收藏及研究，地方田野調查，或各單位館際合作交流，部分熱心民眾的主動提供等途徑，蒐羅宜蘭地方相關譜系。

有些家譜頗簡略，缺乏家族文學的資料，但多少會有資料的畢竟佔多數，因此，族譜實為家族文學的溫床。

三、契書

近年來，家族史研究之展開，依賴古文書甚深，如無契書作為基礎史料，許多家族史的作品，應會大為遜色。此因古文書的內容揭露家族成員與發展的面紗。論其書寫須靠家族中或地方上的文人為之代筆，雖是應用文體，然亦清順明暢，不乏文辭優美。因此，古文書既是家族史料，視為家族文學，亦屬合理。

宜蘭地區，潮濕多雨，又常受颱風肆虐，使古文書更難保存。儘管如此，倖存的尚有蛛絲馬跡可尋，藏身於下列數處：[5]

1.望族後裔家：噶瑪蘭自開拓以來，墾務進展快速，各項建設蒸蒸日上，因而產生一些業戶豪農、科考仕宦與商賈豪門之家，他們進行土地買賣、分爨析產、立子過房等，所寫的文書契單可能極少數至今為其後裔所珍藏，如能詳細訪查，當有收穫。

2.書籍蒐餘：台灣銀行經濟研究室出版的台灣文獻叢刊第一一七種《台灣私法物權編》、第一〇五種《台灣私法人事編》及莊英章、吳文星編著的《頭城鎮志》等書，蒐錄一些宜蘭的古文書，縣內少數族譜亦

---

5 陳進傳，〈開蘭史料的新寵—古文書契單〉，《蘭陽青年》，第七十四期（宜蘭，蘭陽青年雜誌社，民國七十八年十一月），頁四十。

有附載。至於「宜蘭廳管內埤圳調查書」所載，雖與埤圳灌溉有關的契書，然亦為家族產業的見證。

3.文化學術機關典藏：宜蘭縣立文化中心經多年來的查訪蒐集，兼以私人的捐贈與寄放，加上影印所得，目前已逾三百件。台灣大學人類學系於日治時期曾接受古文書的捐贈，數約五十件。縣史館將這此古文書歸類整理，刊印《宜蘭古文書》，已出數輯，其中第三、四輯所收錄的均是五結張俶南家族珍藏的相關契書，為探討張氏的家族與家族文學的原始資料。

4.古董商蒐購：一些雅士嗜好蒐藏古玩舊物，因利之所在，就是古董商經營此道，居間買賣。古文書因只有文字，不便觀賞與擺設，早期較不引人注意，後來由於鄉土文物的重視，古文書跟著身價看漲，又是研究素材，而為文獻所需，格外受到關注，縣內古董商頗有蒐購，惟待價而估，不輕易示人。

從文章的內容看來，這些古文書雖是範圍廣泛，種類很多，但在傳統社會，大都扣緊家族的相關問題。因此，將古文書歸之於家族文學，頗為適切。

四、口傳

文學約可分為作家文學與民間文學兩大系統，就民間文學而言，「口頭」是創作與流傳的唯一工具與形式，然口傳的內容，可用文字記錄下來，以利保存，並傳之久遠，成為口傳文學。[6]口頭文學的種類很多，茲舉諺語與訪談，加以說明。

諺語是人類社會體驗的累積，民眾智慧的結晶，社會的共有文化財產，庶民的共同記憶，歷史文物的口碑，自有其濃郁的鄉土味。儘管滄海桑田，事過境遷，文獻的記載或已淹沒，諺語卻留下永難抹滅的痕跡，而為文化的瑰寶，學術研究的參考。蒐集台灣諺語，並加整理分類的著作，容或有之，但從諺語的內容，探討家族史的文章，尚不多見，是值

---

[6] 譚達先，《中國民間文學概論》（台北，貫雅文化公司，民國八十一年七月），頁三三。

得開採的寶藏。再者，諺語是群眾口頭上廣泛流傳的一種現成而固定的句子，一般比較簡短精煉，可謂是優美的言辭或文字。[7]由於其內容大都是人們日常習見的具體事情，如果涉及到家族問題，就形成家族文學。

耆老是年長的老輩，因閱歷豐富、認識廣博、去古未遠，而熟悉地方歷史、家族發展與人物掌故，這些官書未記的繁細瑣事，成為人們茶餘飯後的談助資料，隨著時間的流逝，真象逐漸模糊，舊聞不復記憶，甚至渺茫無跡。處此之際，就是耆老發揮承先啓後的積極作用時，只要到老人聚集的地方訪問，他們就滔滔不絕，細說從前地講個沒完。比較遺憾的是，真正了解宜蘭藝文掌故的耆老日漸凋零，已不多見，若再不儘速從事訪談工作，以後將追悔莫及。[8]由此觀之，家族興衰與事蹟，常成為流傳的諺語與訪談故事的重要對象。

五、詩文集

詩文集是作者個人創作的專集或全集，各類體裁，各種格式，均包括在內，其間必然有些篇章，是以家族為主題而寫的。換言之，這些作者在適當的時機，適合的場域，為自己家族或其他家族，寫些文稿，而留下家族的文化遺產。尤有進者，這些文章除敘述家族源流與發展外，也是總結前人和自己的經驗與教訓，以極富哲理，飽含深情，又以親切感人的文字，向後輩傳授美德及各種寶貴經驗，對兒孫寄予厚望。其珍言珠語，真是情深意切，開人心竅，啟人深思。[9]

宜蘭開發雖晚，卻十分重視文風，以致許多雅士撰有詩文集，但隨著時間的推移，大都散佚，倖存者甚鮮，茲列述如下：

1.李逢時，《李逢時先生遺稿》，手抄本。

2.楊德英編著，《應對酬答手記》，手稿本。

[7] 謝貴安，《中國謠諺文化—謠諺與古代社會》（武昌，華中理工大學出版社，一九九四年十月），頁三～四。

[8] 陳進傳，〈宜蘭鄉土資料書目彙編〉，三之三（下），《宜蘭文獻雜誌》，第四期（宜蘭縣立文化中心，民國八十二年七月），頁四七。

[9] 王承周，〈古代家教篇序〉，載《古代家教篇》（西寧，青海人民出版社，一九八九年八月），頁一～二。

3.林拱辰，《林拱辰先生詩文書》，玉豐出版社，民國六十六年八月。

4.李望洋，《西行吟草》，二冊，明治三十四年。

5.張振茂，《茗園集》，民國四十四年。

6.陳金波，《鏡秋詩集》，民國五十五年九月。

7.盧世標，《澤園雜俎》，民國五十六年七月。

8.盧世標，《澤園詩存》，民國五十六年八月。

9.陳保宗，《魯園詩集》，民國七十三年。

10.陳進東，《南湖吟草》，民國七十四年。

11.林才添，《達庵八三回憶錄》，民國七十五年三月。

12.李康寧，《千年檜》，民國七十七年六月。

13.陳榮岠，《龍峒詩草》，民國八十二年七月。

以上各家文集為筆者親見，另有陳情《畏勉齋詩文集》、蘇朝輔《蘭陽進鑑錄》、盧纘祥《史雲吟草》、林萬榮《玉屏山樓詩草》、陳燦榕《榕廬詩稿》、莊鰲《芳池吟草》、陳志謙《蘭陽詩文集》、洪湖音《西鼓堂印存》等，或先訂書名，尚未集結出版；或印製不多，極少流通，筆者無緣一見。但無可置疑的是，這些文人的詩作曾散載各詩集匯編與雜誌報刊，如要從中摘取家族文學的資料，則較費事。

第三節、宜蘭漢人家族文學的類別

文學的表達，須透過某些固定的形式，這些形式的結構互有區別，於是產生不同的文學體裁，因此，從文學形式的差異到文學體裁的殊相，造成各種的文學類別。就家族文學來說，可有下列幾種形式：

一、稱號

家族的稱號有郡號、堂號、齋號、寶號等，其命名非常慎重，雖是二、三個字所組成，但用字典雅，寓含深意，且大都饒富文學興味。

所謂郡號，就是族人世居本郡，年久族眾，因故遷徙流離，每冠郡

號於姓氏之上，蓋亦無非永誌世系，以示不忘本源之至意。此郡號率皆以發祥地為名，難以更改稱號，故不置論。至於堂號乃各姓氏之支派間，或因先世之德望、工業、科第、文學，或取義吉利祥端，或取義訓勉後人向上，以別於其他支派，而自所創立之堂號，此等堂號，係同一支派近親間宗族之標誌，其涵蓋面自遠比包舉全族之郡號為狹，此謂之「自立堂號」，亦即狹義之「堂號」。[10]

　　前述各家廟之林氏追遠堂、游氏立雪堂、游氏東興堂、游氏追遠堂、游氏餘慶堂、游氏盛蘭堂、李氏敦本堂、陳氏鑑湖堂、鄭氏廣孝堂、蔡氏洽合堂、鍾何氏瑞蘭堂、黃氏建和堂、黃氏純善堂等，就是此一類型的堂號。家廟之外，另有家族也立堂號，如舉人李望洋的「世德堂」等。就意義而言，上述堂號包括追根溯源、立雪課讀、敦厚崇本、推廣孝道、和合融洽、東渡興盛、盛衍或瑞發蘭陽、懷念原鄉一鑑湖、追思先世一純善。由此看來，這些堂號名稱除彰顯原本之意涵外，其字詞之優美精緻，已合乎文學要求，即使是後面兩個地名和人名，亦不失文學氣息。

　　部分重視子孫讀書的家族，宅院內另設書院，有些文人雅士則成立書齋，此書院與書齋，當有美稱，以呼應傳統文人的雅趣。茲表列宜蘭的書房名稱於後：

編號	書房稱號	建立者	資料出處
1	就正軒書院	頭城盧家	〈盧纘祥傳〉
2	就正軒書院	頭城吳祥輝	《頭城鎮志》
3	受益軒		〈陳金波傳〉
4	省三齋書院	復興莊陳家	〈介紹宜蘭復興莊梅林陳氏〉
5	古宜齋	復興莊陳家	〈介紹宜蘭復興莊梅林陳氏〉
6	問心齋書院	壯二陳其華	《太傅派陳樸直公族譜》
7	致用軒		《茗園集》

---

[10] 楊緒賢編撰，《台灣區姓氏堂號考》（台灣省文獻委員會，民國六十八年六月），頁一一五～一一六。

8	養真齋	宜蘭張振茂	《茗園集》
9	畏勉齋	頭城陳家	《頭城鎮志》
10	登瀛書院	擺厘陳家	
11	蘭如草堂	宜蘭楊士芳	
12	林仰南書院		《茗園集》
13	育英書房	宜蘭張振茂	《茗園集》

　　從這些齋名號可以看出是有閒人家與士紳階層的專利，雖然名號不同，但恬靜淡雅，浪漫飄逸，返歸自然的境界，是其基本韻律，如古宜齋、養真齋、蘭如草堂等，以文學來說，頗為接近婉約纖細的「詞境」。較富進取的士大夫常懷作育英才，入世報國，建功立業的淑世理想，也得到充分的反映，如育英書房、致用軒。而以立德修身，躬自反省，謙恭無塊等德行來題取齋名，亦相當普遍，如就正軒、受益軒、省三齋書院、問心齋書院等。[11]

　　此外，寶號與店號，因屬商業性，就此略過。

二、匾額

　　匾額，即題辭也，大概列舉人事時地，以頌揚祝賀獎勵為主要內容，型製長短不一，或一字、或二字、或三、四、五字，無定式，不過以四字為常格。匾詞雖屬短言，亦須平仄協調，音韻和諧。兩字之匾詞，根據「仄起平收」、「平開仄合」原則，即首字平聲，二字必為仄聲；首字仄聲，二字必用平聲，如「忠孝」、「廉節」等。三字之匾詞，則依「平平仄」、「仄仄平」之律而作，如「行大道」等。四字匾詞之準則，「平開仄合」、或「仄起平收」，上二字為平聲，下二字當為仄聲；上二字為仄聲，下二字必是平聲；然亦有變例，則一三不論，二四呼應，如「仄

---

11 金良年，《姓名與社會生活》（西安，陝西人民出版社，一九八九年十二月），頁一六一～一六三。

起平收」可為「平仄平平」。[12]因此，匾額與中文語詞意義文字特性文學涵養有很大關係。

　　一字匾，於婚有「囍」，於喪有「奠」，於信仰有「佛」、「道」，於習俗有「福」、「祿」、「壽」、「春」、「滿」等。這些字匾，相當普遍，經常使用，以致不刻意保留，倒是「壽」字匾，偶有所見。

　　二字匾也不多，李春池家中有清狀元吳魯於光緒甲辰（光緒三十年、一九○四年）題書的「仁壽」匾，珍貴異常。林氏家廟有林文炳立的「進士」匾、林遇春立的「進士」匾，舉人林步瀛立「文魁」匾、舉人林廷儀立「文魁」匾、舉人林以佃立「文魁」匾，恩貢生林炳旂立「恩元」匾、歲貢生林秀青立「經元」匾。[13]舉人黃纘緒立「文魁」匾，鄭氏家廟也有「文魁」匾。凡此諸匾之題詞均符合所立者的科舉功名與任職官銜。

　　三字匾較常用在家廟，如東興堂、敦本堂等，前已述及，不再重複。中舉與仕宦者，可在家宅豎相匹配之匾，如進士楊士芳的「進士第」匾、知州李望洋「刺史第」匾等，鍾何祠堂題「鍾德合」、「入則孝」、「出則弟」、「勤有功」、「儉則裕」、「和為貴」等匾詞，員山林朝英大宅的門樓則「菊美矣」之題詞。而書房名稱如秀才陳書的「畏勉齋」匾，另有富商的「葉宜興」等。

　　四字匾為數甚夥，十分繁雜，茲依黃典權的歸類，加以舉例。

　　1.標示名號：家廟不乏以四字標示稱號，如「鍾何祠堂」、「鄭氏家廟」、「建和祠堂」、「洽合祠堂」等。

　　2.證明資格：林氏家廟於大正十三年（一九二四）重修，管理人林以時和林元弼於是年同立「新修長薦」，以誌其事。日治時期，族內紛爭，而分派別，昭和十三年（一九三八），立「革故鼎新」匾的是署名「革新同盟會」。後來達成和解，特於民國四十五年由「改組籌備委員

[12] 林明德，〈台灣地區孔廟、書院之匾聯文化探索〉，《台北文獻》，直字第一一二期（台北市文獻委員會，民國八十四年六月），頁三二～三八。
[13] 族譜編纂委員會，《宜蘭林姓追遠堂誌要》（宜蘭，蘭陽林姓興德會，民國四十六年十二月），頁三～四。

會」立「祖德重光」，以示改組完成紀念，這些都是很好的見證。

3.旌表殊榮：功勞勳績是難得的殊榮，吳沙大宅掛有各界贊譽拓墾蘭陽的匾額，如「始創蘭城」、「功蓋蘭疆」、「蘭邑昭昌」、「開墾蘭疆」、「開蘭始祖」、「拓土開蘭」、「開蘭功臣」、「開蘭偉業」等。忠孝節義之事亦值得表彰，如林氏家族的李氏陳氏馮孺人均以節婦節孝，傳頌當時，家廟內特立「彤管揚休」、「渥受恩光」、「荻訓貽徽」以示殊榮。林氏族正林國翰素孚眾望，「公正和平」之匾就是對他的肯定。

4.誌謝隆恩：感謝祖先的庇佑，立匾是極佳的做法，如林氏敦本堂的「永懷祖澤」、「佑啓後人」、「祖澤慶長」，游氏餘慶堂的「垂裕後昆」，游氏立雪堂的「祖德宗功」。民國四十年林姓首屆民選議員林本堅等十人於林氏家廟同立「祖蔭裕後」匾，就是當選謝恩的具體表現。

這些匾額都是懸掛在廳堂與家廟內，就廣義而言，也是家族文學的一部分。

三、對聯

對聯是懸掛或黏貼在柱上、門上的聯句，片詞數語，著墨無多，其構思匠心巧意，落筆巧遣妙運，用典巧取妙引，集句巧擷妙採，使上、下句詞性相對，音韻相諧，富有一種字面上的對稱美，聲調上的韻律美，創造內涵、意境與韻味，看去意義深遠，讀來賞心悅目，細觀妙趣橫生，而為獨特的傳統文學形式。[14]因此，對聯有如一束束瑰麗的鮮花，競相開放在千家萬戶，祠堂廟宇的楹柱、門邊、廳堂、牆頭，成為社會家族與文人雅士中的組成元素。然而這種簡鍊的傳統文學，卻在各家的文學評述中缺席，永難跨進文學史上的門檻，然揆諸實際，對聯作者能在特定的表達形式與寫作格局內，展露智慧與才華，顯現豐富內容、多樣類別、絢麗文采與創作形式，由此看來，對聯的文學價值，不容忽略。[15]

---

[14] 李景峰，〈中國古今巧對妙聯大觀序言〉，載《中國古今巧對妙聯大觀》（北京，中國文聯出版公司，一九九一年二月），頁七～九。

[15] 吳直雄，〈楹聯作法縱橫談—兼及楹聯起源與種類〉，載《中國楹聯鑑賞辭典》（南昌，百花洲文藝出版社，一九九二年七月），頁五六二～六五一。

　　家族是對聯的最大棲息地，其所構成的家族文學，約可歸納如下：
16

　　1.追根溯源：祖先的發祥過程與淵源流長，是家族文學的首要關注。縣內各家廟的對聯，均開宗明義的指出家世源流。李氏敦本堂對曰：「敦化玄孫一無儒宗來隴邑，本追高祖百年帝王出唐朝。」黃氏純善堂曰：「江水溯源流追憶宗攻兼祖德，夏時傳古道更教春祀並秋嘗。」鄭氏廣孝堂曰：「系出滎陽堂構重新更爽氣，支分台島蒸嘗勿替永馨香。」黃氏建和祠堂曰：「建國合封啓姓支別嬴氏系，和宗聚處遷地籍平坪回鄉。」

　　2.孝親睦族：百善孝為先，乃千古不易的至論，因此，孝敬尊長，懷念祖先，成為傳統家族的基本要義。及至家族人眾感繁，不免爭端衝突，為求避免，先世再三告誡，力行敦親睦族，和善最樂。蔡氏洽和祠堂曰：「洽志尊宗萬代祠堂興俎豆，和衷睦族百年事業紹箕裘。」葉宜興宅曰：「和氣一團弟恭兄友，睦敦九族子孝父慈。」李氏敦本堂曰：「兄弟友愛夫婦和順妯娌融洽，孝順父母恭敬長上愛護子女。」鄭氏廣孝堂曰：「廣德植綱常高山仰止，孝心存孺慕源水流長。」三星陳宅曰：「錦繡高堂自是父慈子孝，榮華滿座循然兄友弟恭。」

　　3.進德修身：國之本在家，家由眾人組成，如個人品德高尚，躬行修持，則國泰民安當在不遠。這類對聯也很多，爰引數例：游氏追遠堂曰：「寬裕溫柔馨香勿替，義仁智禮俎豆萬新。」陳氏鑑湖堂曰：「平步人間有待兒孫知樹德，安居世上無貪名利自清心。」楊家進士第曰：「天地無私為善自然獲福，聖賢有教修身可以持家。」黃纘緒宅曰：「世事如棋讓一著不為虧我，心田似海納百川方見容人。」張達猷宅曰：「世事讓三分天寬地闊，心田存一點子種孫耕。」

　　4.讀書科考：傳統社會最大的出路就是讀書，既能添列聖賢門徒，且可待來年中舉名就，使得各個家族在耕作之餘，無不鼓勵子弟向學。游氏立雪堂，語出「程門立雪」，期望尤殷，曰：「立教攻書榜上題名日，

雪門問孝庠前忍棟時。」又曰:「立哲侍聖門文學與商聳峰頂,雪昭闡
儒教道傳尼山稱賢徒。」陳氏鑑湖堂曰:「登瀛即仙家學士李唐後人,
書院有古蹟杏壇鄒教三千。」又曰:「鑑穎發千支堂前科兄及弟,湖川
分萬派下親讀子傳孫。」頭城林朝宗宅曰:「華堂祥端靄宏開富有舊家
風,治家無別策課兒惟讀數行書。」又曰:「得山水情其人多壽,饒詩
書氣有子必賢。」員山林朝英宅曰:「書有未曾經我讀,事無不可對人
言。」吳沙故宅曰:「天地間詩書最貴,家庭內孝友為先。」

　　5.吉祥美話:精緻的雕飾,美麗、吉祥、優雅的表現是傳統社會所
樂見的事,如雕刻、彩繪、古玩、圖畫等,是家族裝飾的上品,訴諸對
聯,莫過於書寫吉祥文字與優美的詞句,則庭園景觀、堂構建築、富貴
康泰、瓜瓞綿延等美好的景象,躍然在字裡行間,主人亦感心滿意足。
陳氏鑑湖堂曰:「玉樹琪花香作錦,水光山色翠連雲。」又說:「天增歲
月人增壽,春滿乾坤福滿堂。」鄭氏廣孝堂曰:「名山前拱樹色青蒼呈
淑氣,秀水後環波光瀲灩獻精華。」五結張宅曰:「日麗雲蒸天與一同
瑞色,花香鳥語春呈滿堂和風。」頭城吳宅曰:「四序詔光甘露和風旭
日,一庭景色碧桃翠柳梅花。」三星陳宅曰:「水源木本根源長成富貴,
岑城山峰高聳永照光榮。」

　　6.落實本土:清初以來,閩粵的移民浪潮湧向台灣,使得台灣的漢
人移民社會逐漸從一個邊疆環境中掙脫出來,走向人口眾多,安全富庶
的土著社會。[17]很多資料都可為本土化的過程做註腳,宜蘭的家族對聯
即是明證之一。游氏盛蘭堂曰:「盛世明禋朝夕孝思如在日,蘭疆崇祀
歲時薦鼎若生前。」李氏敦本堂曰曰:「敦化為先祖德流傳宋代,本仁
有聚宗功丕覆蘭陽。」黃氏建和祠堂曰:「建業垂繼緒江夏是宗,和衷
奉祀蘭孫咸仰。」林氏追遠堂曰:「追美錫龍光荇苣宜蘭馨澤遠,遠謀
貽燕謨文紹武祖踪追。」甚至強調落籍所在地,如員山游氏餘慶堂曰:
「餘步員山子孫成樂業,慶揚詔邑宗祖播馨香。」可見本土化的形成,
還真是其來有自。

---

[17] 陳其南,《台灣的傳統中國社會》(台北,允晨文化公司,民國七十六年三月),頁九二。

究之實情，上述門聯文句所指涉的都是家族事務，關切的也都是家族問題。

四、碑記

古人立碑，自有其嚴肅的態度，其功能不外述德、銘功、紀事、纂言四端，立碑者有官府與民間，因而可視為公私文書。從碑文中，了解當時的社會生活型態及歷史背；同時，它也是一種文學作品的表達，下筆斐然成章，用辭精雕細琢，書法俊逸渾厚。因此，碑文誠千古名作，可傳可誦，深具文學價值。然古碑種類繁多，其中之一，就是家廟與墓誌之碑，內容所載，無非家世源流、家族發展，祠堂興建，族人事蹟等，而為家族文學的組成部分。就此而言，宜蘭的碑記當可增益宜蘭家族文學的廣度。

林氏家廟追遠堂，係福建漳州府七邑家族，移居蘭地者，共集資金，捐建而成，題曰「追遠堂」，以示追懷遠祖東渡崇祀，且寓敦睦親情。家廟歷經多次興修，大正十三年（年一九二四）重新改建，廟堂換新，族人感奮，為紀念此一盛事，特勒「重修林氏家廟碑記」，以垂昭後世。[18]

碑文曰：「林氏之先，出自黃帝高辛之後，歷唐虞夏商四十六世而生比干公，乃商之帝乙弟、紂之叔父也，遭紂無道，微子去，箕子因，乃嘆曰：『主過不諫，非忠也；畏死不言，非勇也。』因諫而死。次妃陳氏甫孕三月，怚禍避難長林石室中而生男，紂之十一年，功戳。十三年，武王克商，求公後裔夫人乃得男歸周，武王封公墓，賜所生子，姓林名堅，以其林中石室所生也。堅公食采博陵，世為大夫。周以降，豪生傑出，代不乏人。閱四十二世，至西晉穎公，居徐州下邳，生二子，曰懋、曰祿。祿公仕晉，永嘉喪亂，元帝南巡，祿公從之，初為征北將軍，次收合浦，轉任晉安，後封晉安郡王，子孫相繼居閩，為閩林肇基始祖。木大枝分，源流流衍，迄明末清初，多有渡台者，由南及北，至

嘉慶甲子年，噶瑪蘭開闢，踵接來居，三十有年。乙未之春，林登公、鳳棲公、文跳公，念木本水源，首倡同族鳩公金，買置頭圍下埔田地，於五圍本城內建築祠堂，彼時僅苟完耳；迨咸豐丁巳，國翰公協同文跳公紹厥前徽續功，捐資重修家廟，則曰苟美矣；後此而文富文章悅如毓麒繼續管理數十年。時勢變遷，人事廢弛，祖廟幾至傾頹，時等心焉歉之，出為管理；其時明治四十二年己酉，公款缺乏，暫借他項，略為修葺，迄於今十六年矣，廟貌正宜重新卜吉；癸亥秋七月，興工改築，自秋徂冬，十二月而後棟堂階告峻。甲子年秋七月，而前棟迴廊亦告成功。夫祠堂為觀德之所，林本聖人之後，忠孝開基，克昌來裔，故前宋徽音曰『忠孝有聲天地老，古今無數子孫賢』、『莫為之前雖美弗彰，莫為之後雖盛弗繼。』追溯天潢衍派承祖德於綿長，從茲世篤宗支振家聲而彌遠，仍以追遠名略述顛末，俾繼起者一覽而知，礱勒之石，以示後事。」

林氏家廟又於民國七十四年五月，另立「才添宗長昭績背」，以表揚林才添之勳勞，曰：「際此百事待舉之秋，宗長不憚任務艱鉅，毅然接任，盡其精誠領導，竭力營治，並承歷屆董、監事、會員代表，通力合作，未幾祭祀復舊，廟貌翻新，繼而講學、敬老、救濟等事，亦接踵舉辦，俾使本會事業，日益發揚光大。」

有的家廟在牆壁上書寫族人的移墾與家廟的修建，雖非單獨豎立碑座，卻有碑文之實，亦可視為碑記類的家族文學，如李氏敦本堂的〈略述本祀會與祖廟之由來〉，因以瓷磚燒製，字跡清楚，極便覽讀。從文中看出其家族是李火德公派下裔孫，嘉慶二年（一七九七）遷居蘭陽，後籌募款項，購置田產，成立組織，興築祖廟，祀會蒸蒸日上。及至年久失修，於民國五十年，再撥公款重建，「以安始祖在天之靈，並藉以發揚先祖生前創業功德于後。」至於游氏餘慶堂則文章寫在正廳的兩側，一邊是祀祖率三子渡台，卜居蘭陽，事業有成，終成文武世家。而另一邊則述家廟金碧輝煌、雕樑畫棟，足資告慰祖靈，且使各方羨望。文辭十分通暢典雅，筆跡畫法極富藝術，惟拆除重建後，已遭棄置，不復可見，殊屬遺憾。

此外，有二座紀念墓碑，一是民國六十七年李鳳鳴縣長撰述的吳沙

夫人墓碑，提到吳沙夫婦的婚姻緣起，攜手赴台，進墾蘭地及守節繼志等情形，最後贊曰：「夫世之賢婦相夫齊家者實多，然能助夫渡海來台，涉蠻荒深入蛤仔難開疆拓土，為炎黃子孫奠定萬年之基者，蓋亦少矣，後世宜以民族巾幗英雄尊之，茲值佳城重修，礙敘其崖略，以彰其德，永垂不朽耳。」[19]另一是五結鄉長何連煌和代表會主席黃阿熱於民國四十四年為抗日義民林大北所寫的碑誌，其動機「惟恐世人遺忘其事蹟，為重揚革命先勳，爰立碑以垂念。」[20]從碑文內容與章句語辭來，已達家族文學的要求。

五、譜牒

族譜的內容與題材十分豐富，雖然作品的水準有高低之別，但不失為家族性或地區性的文學總及。儘管如此，族譜的文學資料，卻不廣為人知，文學研究也很少注意。主要原因是族譜只發給本族成員，外人難得私窺，更不許鬻賣市場，否則即視為不敬不孝，甚至大逆不道，要受加法的判處，嚴重的還「追其譜牒，不許入祠。」[21]致使長期以來，族譜鮮有流通，其文學資料成散兵游勇的孤立存在。就算有人注意及此，也因囿於個別家族，拘泥地方區域，加上不易大量蒐集，也失去文學研究的意義。所以從眾多族譜中，標出其文學資料，實可增加宜蘭漢人家族文學的內涵。

族譜有許多體例，與文學資料，略舉如下：[22]

1.譜序：譜序包括本族人寫的序和邀請族外人寫的賜序，以及跋語等。其內容可有修譜緣由、修譜經過、家族的淵源傳承和譜學理論等。隨著族譜撰修次數的增加，序跋也不斷加多。如〈西堡張家族譜序〉中張國楨提及，係根據其祖父張鏡光秀才的手抄族譜，重新考訂整理，始

[19] 吳秀玉，《開蘭始祖－吳沙之研究》（台北，師大書苑公司，民國八十年六月），頁二四五。

[20] 白長川，〈抗日義民首領林大北〉，《台北文獻》，直字第一二一期（台北市文獻委員會，民國八十六年九月），頁二九。

[21] 郭松義，〈中國家族譜縱橫談序〉，載《中國家族譜縱橫談》，頁二。

[22] 陳支平，《福建族譜》（福州，福建人民出版社，一九九六年八月），頁二七~三三。

克完成。〈修葺黃氏家譜序〉為舉人黃纘緒的女婿連碧榕所撰,《隴西李氏族譜》除〈隴西李公族譜序〉,尚有舉人李望洋撰的〈李河州自敘家言〉、〈李河州自記〉,《擺厘陳家族譜》則有〈陳氏渙譜序〉、〈同嘉禾陳氏譜序〉和陳喬岳撰的〈宜蘭市擺厘陳略記〉等。

2.凡例和譜例:凡例又稱譜例,主要是闡明族譜的纂修原則和體例。卷帙較繁的族譜方有凡例的必要,如厚達三百七十餘頁的《游氏追遠堂族譜》有〈凡例〉九款;《林氏大族譜》則立〈譜例〉七款,分別就譜系、援據、人物、實徵、著作、禮俗、事產等,加以說明,如「禮俗」款曰:「宗制準國法為義,祠祀由禮義定制,尊卑以昭穆為序,收族主親厚立本,禮節按時序舉行,祭義適豐儉立則,風教務身先作倡,敦俗慎偷薄下趨。」文辭還真典雅優美。

3.先世考與遺像、遺贊:先世考義稱源流考、遷徒考等,用來考述本姓來源、本族的歷史淵源及始祖、世系的分支遷徒情況。如《祭祀公業李火德公祖祀會》有〈李氏歷代源流〉和〈續李氏歷代源流〉。《陳氏源流族譜》則有〈陳姓太源流〉、〈開漳聖王派下源流〉和〈金浦梅林陳姓後裔世居大福村概略〉等。

也些族譜在記述淵源的同時,還把家族中顯赫、德行、工業的先祖繪成遺像,載諸族譜,並附像贊。宜蘭的族譜大都是有繪像無像贊,或無繪像有傳記,兼備者如《林氏大族譜》共得像贊三十三人,其中十一人是進墾宜蘭的林家先世,裨益史料與章句甚多。

4.族規:族規是家族自行制定的約束和教化的家族法規,以供族人共同遵守,可分下列數種:其一祖訓,宜蘭開發較晚,家族綿延不過數代,致使祖訓新創建立的少,承襲遠祖的多,最明顯的範例是,宜蘭許多陳姓族譜的祖訓都是同一根源。而自創祖訓的有西堡張家,其族譜所載是「家和萬事成」,為秀才張鏡光所立,雖僅五字,實已道盡家族的要旨。其二家法,大致說來,祖訓較空泛,家法則為具體條文或明確規定,可行實際制裁,如《宜蘭張氏族譜》標示治家、處世、治事、從政四項遺規。其三家風,世代相承的家族,形成特殊的生活方式,象徵家族精神,即是家風。歸納宜蘭族譜所載,不忘本、盡孝道、重勤儉、須

讀書是共同的傳世家風。其四訓言，規矩較嚴的家族，常會定時訓話，如《擺厘陳家族譜》曰：「每月朔望較訓子弟立於祠堂」。《呂氏族譜》於敘述祖先的事蹟後，記曰：「這段陳年舊事，實為後代的表率。」也可視作訓言。其五聯對，家廟與宅廳固然有許多對聯，已如前述，當這些建築物拆除重建後，門柱上的對聯大都就棄置不留，十分可惜，幸好較完整的族譜，均會加以登載，作為紀念，並垂訓子孫，家族文學也得以保存。如李氏世德堂早就廢掉，但《隴西李氏族譜》錄有中柱楹帖曰：「錫命下九重揚祖德耀宗功惟冀兒孫世承罔替，賈恩榮四代裕後昆光前緒敢云家國兩無抱慚。」二柱和三柱的楹帖對聯則不贅錄，類此情形的族譜，還有很多，不勝列舉。

　　5.昭穆：亦稱字輩，為輩分的代表字，用來標示族人的世系次第，即後代族人在為子孫命名時，要依照字輩的順序規定，使得輩分清楚明確，如《周氏族譜》的昭穆為「良能熙繼忠，文仕振家庭；時思存可守，百德秉天行。」擺厘陳家的昭穆是「清伯則尚敦，朝懋景子永；邦元志汝計，教宣廣威靈。」入墾宜蘭後，於道光八年（一八二八）再立昭穆，「定有英賢起，才高日共升；振宗修大業，世繼美永承。」可見昭穆不僅是字輩有序組合，更是一首含義豐富的詩句，契合古典文學的章法。

　　6.傳記：族譜中的傳記包括行狀、墓志銘、祭文、神道碑以及年譜，有輯錄自正史、方志的列傳等，形式多樣，內容豐富的族譜，甚至將傳記加以分類，如德行、孝友、仕宦、烈女等篇目。而敘述的原則大致遵循「揚善隱惡」的意念。《林氏大族譜》除遠祖簡傳外，還有入蘭先世的奇蹟，如〈元旻公兄弟五渡台事略〉、〈世俊公渡台宜蘭〉、〈克恂公擇地遺居〉，此外還有世報公、世球公、世熹公、克清公、克灰公、克璋公、克恂公、明答公、明族公、明睿公等人的略傳，不僅是林氏的家族文獻，也是宜蘭的開拓史料。而《呂氏族譜》的〈十五世呂公阿德傳〉為口述傳記的代表。《黃氏族譜》的〈故岳父啓堂公之行狀〉，乃女婿連碧榕替岳父黃纘緒舉人撰寫的行狀。《弘農楊氏族譜》有〈楊士芳略歷〉，敘述進士一生行誼。《賴氏族譜》附載林春光為弔念其師賴和猷廩生所作的〈諸門生弔公祭文〉，是一篇文情並茂的傳記。而《西堡張家族譜》

有金月公夫婦的〈特記〉和〈娘、皇、天春公經略〉外，另附金月公的岳父李望洋舉人的生平紀要。可見族譜除族人傳記外，有時亦附異姓的生平，惟以關係密切者為限，如師生或岳婿等即是。

7.契書：許多族譜再記載族產的同時，附錄與之相關的契據文書。此外，一些與家族事務相關的承嗣、婚姻、過繼、分家、遺囑、懲罰，以及與其他家族的糾紛調節合同、狀告文書等，也往往一併選載。《林氏大族譜》有道光二十年（一八四〇）所立的〈據明族公鬮書〉。《胡公派竹林陳家族譜》附同治七年（一八六八）的〈杜賣盡根田園契字〉、光緒六年（一八八〇）的〈全立分管合約字〉、光緒十五年（一八八九）的〈全立合約字〉等契書。最珍貴的是「祭祀公業李火德公祖祀會」編印的《沿革》一書，在四百餘頁中，除傳與世系外，都是古文書和會議記錄，如同治十二年（一八七三）的〈會底名簿〉、光緒二年（一八七六）的〈春鬮約定日帳簿〉、光緒十八年（一八九二）的〈火德公立新簿〉以及歷年來各種的會議紀錄等，實為一部完整的宜蘭李氏家族文書集成。

8.藝文著述：收錄族人或家族相關的各種著作，體裁可有多種，如壽文、祭文、碑記、散文、詩詞、奏疏、議論等。如《林氏大族譜》有〈封釘集句、橋頭詩經集句〉、〈林氏重修先墓記〉、〈重修林氏家廟碑記〉、〈追遠堂聯文集〉、〈慶祝新居疏文〉、〈延才公祭文〉等。《太傅派陳直公族譜》有〈南山寺記〉、〈詩聯拾錦〉、〈祭祀公業陳楊合沿革暨規約書〉。《西堡張家族譜》有十七世張鏡光的〈開生路論〉及其岳父李望洋的詩作多篇。《鑑湖陳氏源流》有〈大坑鑑湖紀勝〉、〈鑑湖勝景採景〉、〈陳氏宗祠鑑湖堂簡介〉、〈陳氏宗祠楹聯、匾額、題詞〉、〈宜蘭市陳氏宗祠鑑湖堂甲子年秋季祀典簡介〉、〈乙丑秋季祀典簡介〉、〈陳氏登瀛書院簡介〉、〈馨香萬古〉、〈宜蘭市陳姓宗祠鑑湖堂戊辰年詩人聯吟大會詩選〉等。

其他族譜體例形式，較少關涉文學，因而從略。

六、古文書

古文書是珍貴的第一手史料，殆無疑義。儘管古文書是研究地方的開拓墾殖、社會變遷、經濟發展等之上等素材，但以其來自家族，環繞家族的各種問題。因此，古文書的最大價值是供家族的研究之用。再者，古文書的內容，雖有多項，大致分成三段，首段為立字的原因，次段是雙方條件，末段乃彼此之意願與保證。[23]凡此均須文字的敘述與說明，由於影響簽約者的權益，避免日後紛爭，當力求簡潔曉暢，而成為應用文學。

宜蘭縣史館多年來採集的古文書最稱周全，共出版四輯的《宜蘭古文書》，第壹輯所收錄者是民間通行的庶民契據，包括房地買賣、財產配管、拓墾贌耕、典貸借洗等四類契字，共六十九件。從內容來看，這些契字是家族事務與家族發展的告白，其中四結吳家為數較多。第貳輯則根據台灣大學人類學系收藏的宜蘭「平埔族」相關古文書，結集成冊，行文間透露噶瑪蘭人與漢人間的家族互動關係。第參、肆兩輯所收錄的契字，係五結張氏家族的相關文書，第參輯有房地買賣、財產配管、拓墾贌耕、典貸借洗等四類，共六十二件；第肆輯則得六十六件，計丈單執照三十三件、租稅契照十五件、水利契字與書狀證卷各一件，這些契書訴說張氏家族發展的歷史軌跡。張氏於嘉慶年間入墾羅東竹林，後定居頂五結，開設「土礱間」，因兼營農商，辛勞勤奮，家道日益興盛，財產漸趨富裕，迨族人張俶南得試廩生後，更因熱心教育，造福鄉梓，而甚得人望；且張家丁口興旺，事業有成，儼然成為清末蘭陽平原的一大望族。[24]這些古文書就是張氏家族的發展最佳見證。

七、諺語

諺語是「人的實際經驗之結果，而用美的言詞以表現者，於日常生活談話可以公然使用，而規定人的行為標準之言語。」就形式而言，大

---

[23] 唐羽，〈契券在台灣史研究上之運用與修譜時之史料價值—以白契為例〉，載《台灣史研究暨史料發掘研討會論文集》（台灣史蹟研究中心，民國七十六年八月），頁六二。

[24] 邱水金，〈編輯後記〉，載《宜蘭古文書》，第四輯（宜蘭縣立文化中心，民國八十五年六月），頁二○三~二○四。

致有四種要素：即句主簡短、調主齊整、音主諧和、辭主靈巧。這些要素也是文學的構成要件。就內容而言，諺語的意義在「真」與「善」，「真」者，觀察人事現象，以世態人情為材料；「善」者，充任權威的信條，足以訓誡諷諭。因此，諺語不能離開人生而獨立，亦即扣緊人生的種種現象[25]。其所描寫的世態人情與社會景況，範圍極為廣漠，家族是常被指涉的對象，在宜蘭，則不乏其例。

　　茲先說隱喻家人的重要，如「爬過三貂嶺，沒想厝內的某子」，三貂嶺為昔日入蘭必經之路，當時道路迂迴險阻，崎嶇難行；因此，往來淡蘭者，一旦越過三貂嶺，就不必想念家中妻兒，家人都無法顧及，其餘的就不用多談，以示家居生活的重要性。此句借家人意指淡蘭古道的危險，因而視作家族文學亦無不可。

　　因血緣械鬥，造成通婚問題的諺語是「陳林李，結生死」和「陳無情，李無義，姓林仔娶家己」，此乃清同治年間，羅東、冬山地區，林、李兩家發生糾紛，陳姓居中調解，但林姓不從，遂使陳、李兩家聯合對抗林姓家族。從此陳、李與林姓家族之間，形成水火，不相往來，造成陳、李與林姓不通婚的家規。就林姓而言，陳、李兩姓無情無義，林氏家族只好自相通婚，使得宜蘭地區，林姓族譜不避諱「同姓不婚」的習俗。

　　科舉功名是傳統社會百姓的最大理想，因而成為仰望羨慕的對象。相關的家族諺語有三：其一「有賺才有吃，不是楊家大少爺」，表示家無祖產就必須努力工作才能生活。楊家是指楊士芳家族，楊士芳於同治七年中進士，派任浙江知縣，翌年因父喪返鄉未再赴任，後擔任仰山書院山長，對於提升蘭陽文風厥功至偉。其二「李貢生出山，娘傘恰濟過人兜的雨傘」，李貢生是李紹宗，出山即出殯，娘傘為具功名者才能配帶。因李紹宗家族多人中舉功名，得娘傘多支，超過一般人家的雨傘，以示李氏家族功名之顯赫。其三「無陳不開科」，宜蘭擺厘陳家，人丁興旺，文武兼備，武舉人一名、武秀才四名、貢生兩名、廩生一名，故

[25] 郭紹虞，〈諺語的研究〉，《照隅室古典文學論集》（台北，丹青圖書公司，民國七十四年十月），頁三～十九。

當時有「現考無陳不開科」的說法。

　　富家望族也是人人企盼、戶戶期待，俾能過富裕生活，這種俗諺跟前者類似，羨慕之餘，寓含教訓與鼓勵的意義。如「有盧家富無盧厝」，表示頭城盧纘祥家族財力雄厚，一般家族即使有盧家之財富，也不如盧家宅第之多；即使擁有像盧家同樣多的房宅，也不如盧家之富裕。又如「黃阿西辦桌，前街透過後街」，形容規模盛大，人數眾多，宜蘭縣富豪黃阿西家境富裕，交友廣闊，每回宴客酒席都是從前街擺到後街，可見邀請賓客之多、場面之盛。再如「陳進東嫁得到，恰贏珍珠買一石」，陳進東為陳輝煌之孫，陳家是宜蘭名門望族，陳進東早年留學日本長崎醫科大學，學成返鄉於羅東開設大同醫院；能嫁給望族、醫生的陳進東，要比買到一石珍珠更可貴。

　　積善之家，必有餘慶，是民間通行的說法，然而做善事，也要有財富為後盾，「無人愛，交進泰」就是標準範例，即羅東富紳藍家樂善好施，有些貧窮家族庭養不起孩子，就將嬰兒棄置在藍家所經營的進泰行門口，請求代為撫養。「無人愛，交進泰」意即沒有人愛的嬰兒，就交給有錢人去撫養。[26]

　　以上所舉諺語，均因家族而起，如無這些家族事實，則此諺語也就無從產生。

第四節、宜蘭漢人家族文學的研究價值

　　家族文學兼容並蓄，實為一座豐富的資料寶庫，可供各方面的學術研究與問題探討之用，極具意義與價值；對文學而言，亦為重要的組成支柱，尤其在古典文學、民間文學、應用文學上，更是如此。以家族資料從事文學研究，即能顯現欣賞、輯佚、校勘、作品年月、作者生平與應用文學之價值。茲述於後：

一、欣賞

---

[26] 此節之諺語引自林茂賢，〈蘭陽俚諺〉，散見《宜蘭文獻雜誌》各期。

　　如前所述，宜蘭漢人家族文學，琳瑯滿目，美不勝收。然文學之欣賞，所取資於文學作品者，為情是賴，以感人之淺深衡量作品之優劣，十九得之。[27]是故，首言文學感情，文學作品之可讀可誦，傳之久遠，在於感人肺腑，動之以情，文學欣賞方有著落。

　　1.真情：望眾蘭陽，各方推崇的鄉先賢陳進東，雖集醫生、詩人、縣長於一身，但行事風格本乎至誠，出於性情，如〈感賦〉曰：「花開鳥語正逢春，難得今朝遇故人；屈指幾回能一醉，渾忘白髮簪吟身。」又曰：「栽花種樹遍蘭陽，一念難忘是故鄉；但願他年成樂土，豈因為己計名揚。」又曰：「與世無爭亦有爭，為存一念繫蒼生；滄桑閱歷將死，但願同心致太平。」順著逢遇故人到關懷鄉土至願致太平的延展，就是真情的流動，儘管格局很大，卻非矯情虛言，要之，誠心真情使然。

　　2.深情：舉人李望洋之〈李河州自敘家言〉曰：「彼時，賢師益友，進德良多，惟品三朱先生，余特邀賞識，每歲元旦後，即抵余家，強勸余先父曰：『汝斷不可使是子廢業，吾不計束修，總要是子來學，則吾心慰。』蓋謂我將來必有成也。余感其意，事之如父，倍加篤志力行，惜十九歲時，品三先生作古人矣。余雖不能盡心喪之禮，然亦不敢稍遺餘力。」[28]好一段師生深情，令人讀來甚是感動，咀嚼再三，愈見深情。

　　3.同情：秀才張鏡光，平生致力教育垂六十年，一向憐憫子民，同情百姓，曾撰〈開生路論〉，曰：「夫宜蘭之民，雖有作惡，而為真匪者，實無多人，有素稱善良，被匪招引驅迫，而後從其為匪；有被旁人哄嚇，某某狀中汝亦有名，自恐無辜陷罪，不得已去為匪，與真匪共居深山之中。斯時也，拋妻離子，與木石而相親。鳥啼猿嘯，偕鳥獸而為鄰。穴居岩棲，何異生人。晝沒夜出，宛如鬼民。風淒兮苦楚，雨滴兮艱辛。粒食難得兮，空乏其身。萬狀悲慘兮，悔入迷津。故鳥飛兮不克，等蠖屈兮莫伸。況自重兵駐紮山邊要路以來，土匪雖於出入，困久矣，惡念自能漸泯，慘極矣，善心自易發生。乘此時勢，斟酌罪惡之重輕，開其

---

[27] 傅庚生，《中國文學欣賞舉隅》（台中，普天出版社，民國六十三年八月），頁二十。

[28] 李望洋，〈李河州自敘家言〉，《隴西李氏族譜》，手稿本（宜蘭，光緒十六年二月），頁十八。

生路。」[29]不僅文辭典雅，悲天憫人的胸懷，更躍然紙上。

　　次言文學形式，文學要有固定的形式，以表達其意涵，沒有形式，文學無從產生，此形式即語言與文字。為求形式的完美與效果，技巧上亦須講究，也就是藉文字的運用，逐行文學的欣賞。

　　1.典雅：語言文字不論如何駕馭，所呈現的情意與實際，總會有些距離，如要縮短其間距離，進而使人百讀不厭，文字的精煉與章句的優美是必要條件。碑文之精雅洗鍊，眾所周知，〈重修林氏家廟碑記〉就是一例，前已引述。

　　古文書為裁決各種關係的契約，影響名分、權益至巨，致使用字遣詞相當慎重，代筆人均是地方上通曉文案者。因此，內容雖僅敘述記實，但通篇亦典雅可讀，如〈光緒十四年十一月吳崑石吳溪中為四圍開蘭聖母福神祭資祀地全立合約字〉曰：「全立合約字人吳崑石、溪中等緣嘉慶年間，吳沙欲闢蘭疆，招集結首佃戶，由淡入蘭，崇奉聖母福神，恭迎到四圍居住，人民咸賴聖神感庇，始得康安，遞年千秋祭費，就眾戶捐收。爾時開闢成莊，地段按戶均分，併無留存祀地，嗣後族正吳開春視開蘭聖母福神祭費祀眾戶捐收，恐歷年久遠，實有維艱。全眾結首等僉稟翟前憲叨蒙批准，就四圍內店地基併公埔頭路邊人民住屋地基，共有貳百餘間，逐年鳩收地租，以供聖母福神祭資，第因年湮日久，眾戶不無遷移他處，每及祭祀之時，地租鳩收不一，以致首事賠累。」[30]

　　祝壽文章更是詞藻華麗，如稟生林拱辰〈壽李母林太宜人祝文〉，曰：「喜值花朝之日，西池玉液，挹北斗以為漿，東海雲璈，和南音而舞簫，金泥錦字，如綷如繢，彤管瑤編，載歌載詠，夫人南嶽，趨鶴駕以招筵，阿母西崑，緘鸞書而展謁，撫子孫之累業，芯馥芳蘭，集朱紫以盈庭，繽紛筐筐，歡聲吹萬，樂事無雙。」[31]

　　其他譜序、自述、家書、新居文、祭文等所在多有，雖屬應用性，然均極重修辭，頗具欣賞價值。

---

[29] 張鏡光，〈開生路篇〉，載《西堡張家族譜》（宜蘭，民國七十一年），未標頁數。

[30] 邱水金編，《宜蘭古文書》，第一輯（宜蘭縣立文化中心，民國八十三年六月），頁一○七。

[31] 林拱辰，《林拱辰先生詩文書》（台北，玉豐出版社，民國六十六年八月），頁五三。

2.對偶：這種文學形式，力求工整，對聯是最典型的代表。長期以來，相沿不廢，文人雅士，競相吟詠，有如百花爭艷，而為眾人所喜愛。所謂對偶，就是上下聯的詞性要對應，即實詞對實詞，虛詞對虛詞；換言之，名詞對名詞，動詞對動詞，副詞對副詞，形容詞對形容詞，數量詞對數量詞，方位詞對方位詞。以此觀之，精緻工整，對仗呼應的楹聯，是最爽潔明快的文學欣賞。[32]

茲舉林氏家廟的對聯為例，如以「追遠」二字冠首的聯，有廳堂聯「追美錫龍光荐莒宜蘭馨澤遠，遠謀貽燕謨文紹武祖踪追。」觀德堂龕聯「追修祖廟光先烈，遠紹宗功裕後昆。」此謂之「鶴頂格」，將所要的文字，分別鑲崁在聯語兩句的開頭，以收寫出耀眼的效。前聯甚至把「追遠」二字同時置於聯語兩句末尾，又運用「雁足格」的手法，首尾兼鑲崁相同文字的功夫，令人嘆服。

有時為加強楹聯的語氣，以突出聯意，加深聯語的深度，將同樣的字在楹聯中間隔運用，使之既緊相連結而意義不盡相同的作聯方法，是為「反覆法」。如黃氏純善堂聯「純正純然俎豆千秋酬祖法，善為善名蒸嘗二季禮祠堂。」葉宜興宅聯「宜雉宜風家聲遠大，興仁興讓世澤綿長」，橫披「宜兄宜弟勃然興」，綜合「鶴頂格」「反覆法」兩種作法而成。

3.音韻：文詞多有資於聲音之美者，蓋聲音為流露情感之本源；文字者，亦人類表達感情以代聲音之工具，致使文章辭賦，必參校於音聲，這種音韻上的聲音之美，下列幾種用法，頗為常見。

（1）疊字：又名重言，係指由兩個相同的字組成的詞語。用此重言法作楹聯，可以生動地表現楹聯的意境，語音的和諧，節奏的明朗，韻律的協調，以增強藝術的魅力，更獲表現效果。[33]如頭城吳家聯「長流來息源泉混混，興作自成苴業隆隆。」此「混混」、「隆隆」就是疊字。

（2）疊同音：諺語中連續詞句的尾字是相同，便於上口與記憶，如「宜蘭三門鎖（嫂）─陳輝嫂、明順嫂和盧阿嬰嫂」，比喻宜蘭最具

---

[32] 吳直雄，〈楹聯作法縱橫談─兼及楹聯起源與種類〉，載《中國楹聯鑑賞辭典》，頁六○○。
[33] 吳直雄，〈楹聯作法縱橫談─兼及楹聯起源與種類〉，頁六○八。

影響力「嫂」與「鎖」諧音，有關鍵之意，即妻以夫貴，其丈夫是當時宜蘭的顯赫人物。

（3）尾韻：諺語與詩聯為求聲音協調，句尾有時不宜同字或同音，則採用韻腳，如「無人愛，交進泰」，意即沒有人愛的嬰兒，就交給有錢人藍氏家族撫養，此「愛」與「泰」，二字同韻，唸來順暢，加深印象。

（4）反覆：為要加強語氣，將敘述的事物表達的更生動強烈，將同樣的字或詞重複運用，使之既緊相連結而又意味無窮。如「有盧家富無盧家厝，有盧家厝無盧家富」，形容頭城盧家家族勢力雄厚。此「盧家」反複四次，「有」、「無」與「富」、「厝」個反複兩次，後二字且還押韻，不僅突顯盧家的聲勢，令人羨慕與趨人奮發，更是意在言外。

此外，民間各種生命禮俗儀式上常用的詞語，也都兼具不同的音韻效果與藝術美感。茲舉葬禮時封釘的一段集句，以概其餘，「一點釘子孫賢；買筆田園有出錢；外景錢銀入入進，兒孫發典自天然。二點釘子孫旺，孟良作官進朝唐；外景錢銀日日進，兒孫自有自滿倉。三點釘是招財，文武百官分兩載；良時開土地生財，兒孫自有富貴來。四點釘日月老，子孫代代有官做；今日採花花如得，來年得子子登科。」[34]

由此看來，楹聯與諺語之作，獨具匠心，深蘊巧思，詞性對偶，興味無窮，極便了解領悟，博收文字藝術的美感效果。

文學欣賞之道多端，以上僅就文學的感情與形式，略做討論。事實上，家族文學之欣賞，難以言全，限於篇幅，就此按住。

二、輯佚

大致說來，望族世家的譜諜，闢有「藝文」或「文徵」等項目，收錄譜主歷代族人及親友的文字作品，這些詩文兼有少許沒有置入其所出版的文集中。另外，部分無顯赫地位，既不居官又非著名文人，他們的文字作品就少有刊行的機會，卻保存在族譜之中，得以流傳，凡此族譜

---

[34] 林性派主編，《林氏大族譜》，頁甲四四。

即能發揮輯佚的功用[35]。對聯更是如此，常為個人文集所不收，如家廟宅院拆除重建，廳堂上的對聯大都廢除，後人尋找無門，族譜如有記載，就成為唯一的資料，彌足珍貴。比較遺憾的是，這些楹聯大都未署名，不知作者是誰，就算族譜有抄錄，但輯佚的功能，亦打折扣。

出任甘肅知州的李望洋著有《西行吟草》兩卷，以賦詩形式，記錄任官的過程與見聞，返鄉後，亦作〈宜蘭集詠〉八首和〈寄吾廬〉以示歸田情懷，如能將其在宅院「刺史第」所作的對聯，放在卷末，以收輯佚，更見完整，且益窺其心境。大門楹帖曰：「三十年前耕硯養親黃卷青燈潛思聖學，壬申歲後致身從政二州二縣渥受皇恩。」前廳二門楹帖曰：「一十四年佩劍西遊歷盡風霜歌湛露，甲申酉歲投簪東渡飽看山水賦歸來。」前廳頭門楹帖曰：「解印歸田喜見廬山真面目，攜琴引鶴重與吾黨論文章。」

清代宜蘭文人傳世的詩文集很少，現在費心採集，還勉強有點收穫，如《黃姓家譜》錄有舉人黃纘緒的對聯，其一曰：「鶯遷喬木桃花開簇錦，喜新居柏酒漾留霞。」其二曰：「地擅就蟠天開鴻宇，世詒燕翼人慶鶯遷。」此外，宜蘭市新民路舉人宅第的廳堂，亦有對聯二幅，據其年近八十歲的後人指認，前聯是女婿連碧榕所撰，後聯則為黃舉人的手筆。

已故宜蘭縣長陳進東，從政、懸壺之餘，詩文亦佳，曾出版《南湖吟草》，深受好評。然尚有遺珠之憾，如能再行蒐錄其他散佚的詩作，進而將其家族文學一併收入，則屬周全詳備。其一為匾額，曰：「奕世流芳」，其二是陳氏鑑湖堂寫景之題辭，曰：「此宜蘭市擺厘陳氏鑑湖堂家廟宅第暨登瀛書院憶往寫景，圖為文隆賢宗親追憶祖德，特請林妙鏗伯所作。按鑑湖陳氏一族，文武科第相望，人文鼎盛，天恩疊荷為邑中推望族者，百餘年來，春秋祀典，綿延不斷，進東誼忝宗親，多蒙與會，今見此圖丹青妙手，歡欣之餘，倍感親切，宗黨所繫，願誌數語，用示不朽云耳。」其三〈宜蘭市陳氏宗祠鑑湖堂甲子年秋祭祀典簡介〉，說

---

[35] 艾秀柏，〈宗譜與文學〉，載《中華家族譜縱橫談》，頁三七七。

明陳氏家族簡史，因原文較長，茲不引述。[36]

　　陳氏鑑湖堂於戊辰年（一九八八）。舉辦詩人聯吟大會，詩題分別是「秋日謁陳氏鑑湖堂」和「登瀛書院懷古」，入選的詩作甚多，詩人雖廣及北台地區，但仍以宜蘭居絕對多數。這些詩作對原作者與鑑湖堂而言，都是珍貴的家族文學，以後出版詩文集，當可發揮輯佚的效用。

三、校勘

　　僅只輯佚尚且不夠，還可從家族文學進行校勘的工作。一些較有影響的人物之文學作品，或已結集出版或為學者引述，而這些名人的詩文之作常常兼收在族譜之中。那麼，我們就可以利用族譜中的文學作品，與其編在文集中的作品相互參校。[37]學者引用資料時，未及深查，將族譜內的詩作聯對，統歸之某一文集者，如卓克華將《黃姓家譜》和黃氏宅第廳堂的對聯，均視為文舉人黃纘緒所撰。[38]事實上，從族譜內容推測，有些可能非黃氏作品，如黃纘緒之墓碑聯，應屬時人悼念之作，較為合理。而廳堂對聯的前聯是家譜作者連碧榕之作，後聯方為黃纘緒所撰。

　　古人詩文，屢經傳抄引用，面目漸失其真，所以昔人於書本衹好宋本，非愛其墨香紙潤，秀雅古勁，而是重其未經後人妄改妄刪，多存古本面目。石刻文字，設由作者手書上石，其文自最可信；即屬他人所書，因其去作者未遠，亦較後出轉刻者可信。[39]大正十三年（一九二四），林氏家廟林以時和林元弼書刻的〈重修林氏家廟碑記〉，至今仍完好的豎立在前庭內，字跡清晰可辨，殊屬難得。《林氏大族譜》以其為重要文獻，特加抄錄，遺憾的是，兩相校勘，族譜內的碑文，頗有錯誤，雖曾有訂校，仍未完全改正。因此，學者參考此碑文時，內容的引用，要多

---

36 陳文隆編，《鑑湖陳氏源流》（宜蘭，一九九三年七月），頁一○一。

37 艾秀柏，〈宗譜與文學〉，載《中華家族譜縱橫談》，頁三七九。

38 卓克華，〈黃纘緒舉人宅拆遷工程調查計畫與研究〉，未刊稿（台北，漢光建築師事務所），頁十五～十六。

39 于大成，〈石刻與文學〉，《古典文學研索》（台北，木鐸出版社，民國七十三年一月），頁三三。

加留意。

　　還有一種校勘視兩本分量有別的同姓族譜，取錄同一篇文章，內容
卻有出入，如民國七十年十月修訂的手抄本《弘農楊氏族譜》有〈楊士
芳略歷〉一文，而民國七十三年五月精裝排印本《楊氏譜纂》亦收錄楊
士芳的〈自傳〉。這兩篇文章主要內容大致相同，惟前者先敘述楊士芳
的先世及遷居宜蘭的情形，收尾時，提及其家庭諸子狀況、掌教仰山書
院、出任宜蘭廳參事與死後安葬等。[40]全文從先世至過逝，均有鋪敘，
且以第三人稱的筆法，是篇標準的傳記範文，以〈楊士芳略歷〉為名，
極為貼切。而〈自傳〉一文，採用第一人稱，如開頭「余昔居宜蘭（舊
稱噶瑪蘭）清水溝堡柯仔林莊」，結尾曰：「余一生素位守貧，不貪意外
之求，乃有今日，願汝曹記而勉耳。」[41]全文看來，完全符合自傳的口
吻，何以發生校勘上的問題？這應該是楊士芳生前確實寫過自傳，因其
為進士出身，為晚出版排印本的大宗譜所編錄，以示榮耀。而稍早的手
抄本僅記載楊士芳的血緣家族，而且修訂者當是楊氏後裔，十分了解家
族狀況，為使楊士芳有較完整傳記，特將〈自傳〉稍作補充增益，因而
調整筆調，以第三人稱行文，並改名為〈楊士芳略歷〉，倒是切合實情。

四、作者生平

　　古代文人，其名位高顯者，國史有傳，後人得據以知其事行。其以
文人終者，則史傳寥寥數言，甚或闕如，殊不足以盡知其人。[42]以宜蘭
縣籍人物而言，連雅堂《台灣通史》列傳榜上有名的僅吳沙一人，《台
灣省通誌・人物志》為十人，惟內容簡略。《宜蘭縣志・人物志・人物
篇》雖有多人，但隸屬縣籍亦不過十餘人，事蹟詳略不均，如李泰階僅
二行而已。而開蘭舉人黃纘緒和李氏、黃氏、陳氏等幾個科舉世家，均
摒除在名單之外，有點令人費解。

　　《黃姓家譜》保留很多黃纘緒的生平事蹟，對生平年月、科考名次、

[40]　〈楊士芳略歷〉，《弘農楊氏族譜》，手抄影印本（宜蘭，民國七十年十月），頁三～四。
[41]　莊吳玉圖編，《楊氏譜纂》（台中，民國七十三年五月），頁系二三二～二三三。
[42]　于大成，〈古董與文學〉，《古典文學研索》，頁三。

婚姻狀況、子嗣分支等均作必要的交代。後附其女婿連碧容所撰的〈故岳父啓堂公之行狀〉一文，內容更為詳細，茲引述其如何受姚瑩所器重，曰：「咸豐之間，戴萬生揭竿作亂，當其攻薄郡城，官軍數挫，勢殊急，公（黃纘緒）時適在姚道處，請於姚公曰：『事迫矣，今圖圍中，死囚良夥，公曷不設一生途，盡出囚人，誓而教之，使居陣先拚一戰。夫死於罪與死於戰均死也，況戰未必死而功有可望，人有不奪勇爭先精神百倍乎。』姚公曰善，公素諳拳技，隨著公同其屬吏主之止齊步伐，既小嫻既會官軍出城衝殺，果大捷，寇賴以戢。」[43]

　　儘管進士楊士芳名聞遐邇，深負文采，為治宜蘭古典文學者所熟知，但對其生平亦不十分清楚，故在手抄本的《弘農楊氏族譜》附一篇〈楊士芳略歷〉，概述楊氏一生，文中提及勤學機緣，深具啓發，曰：「道光二十年（一八四〇）庚子科所中開蘭文魁黃君纘緒下鄉會客，彩旂鼓吹，執事大轎，炫耀里人耳目，士芳在田中望之慕之，仰天嘆曰：『余何日而得若斯乎？』是晚負耡而歸，逐請父兄，明年與我讀書可乎？父曰，家貧少一人耕作，從中又要加費，何能勘此，意不肯允。遲數日，復請曰，願乞耕種之暇方就讀，半耕半讀可乎？父曰，且看來年光景如何。迨壬寅（一八四二）三月間，春忙告竣，乃就學，時年登十七矣，由是專心攻學。」[44]這段黃舉人與楊進士間的激勵，真是宜蘭文壇佳話。

　　曾出任甘肅河州知州的李望洋，聲名亦頗為人知，然了解其生平事蹟，最好的資料還是他歸隱後於光緒十五年（一八八九）編撰的《隴西李氏家譜》，特別是〈李河州自敘家言〉尤具價值。何以有此傳記，自曰：「今者年六十一，筋力雖云尚健，然為子孫計，不得不將一生顛末略述大概，以貽後人，俾有志者讀此奮袂而興焉，是則余自敘之本心也。」值得一提的是，李望洋深信風水，生前已在四圍埤口一結莊田中，覓好墳塚，備為埋身之所，並特撰〈李河州自記〉，告誡子孫不許移動。曰：「堪稱福地，宜蘭平原中不可多得者也。余求得此，當必有金馬玉堂之

---

[43] 連碧榕，〈故岳父啟堂公之行狀〉，《黃姓家譜》，手抄本（宜蘭，民國六十六年四月），頁二三。

[44] 〈楊士芳略歷〉，《弘農楊氏族譜》，頁三。

選第，未稔將來驗乎否耶？余到九泉地下拭目望之，切不可妄聽盲師之言，擅行啓攢改遷，切記！切記！倘有不肖子孫，敢違吾訓者，定遭天譴矣！」[45]

有些人物的傳記資料可得諸其朋友的詩文集，如李逢時的〈李逢時先生遺稿〉有〈題黃拔元匯東學海小像〉之長詩，約三百餘字，為目前所見貢生黃學海最詳細的文獻，極具傳記價值，開場曰：「先生於我為前輩，小像之間想姿態，姿態儼如美少年，我於此圖見遺愛。前有荷葉水殿開，旁有白鷺窺魚隊，先生坐在湘簾間，手執黃庭說三昧。三昧說與美人聽，美人隔簾露眉黛，說罷呼兒洗硯池，墨花澆水作煙靉。」[46]誠然一幅如詩如畫的文人閒情景況。〈題胡醫士小像〉亦發揮類似的傳記效果。李逢時同時與宗親李望洋往還情深，有詩為憑，即「秋夜送玉麟宗一兄西渡」、〈留別蒼官宗一兄喬〉、〈玉麟宗一兄枉駕留飲〉和〈子觀宗一兄之令甘肅詩以贈別十二首〉、〈有懷不寐復成短章贈別子觀宗一兄〉等。李望洋遠走甘肅任官，李逢時竟至「有懷不寐」而寫下動人的詩句，這麼情深意摯的辭章，實為李望洋傳的上等材料。

五、作品年月

所謂作品年月者，昔人很多作品多不標示日期，後人為之寫生平、撰年譜或作品繫年，乃深感不易。[47]進而要以作品探討作者不同階段的思想理念與家居情形，就更大費周章。

家族文學中，最可能註明時間的是古文書，凡房地買賣、財產配管、拓墾瞨耕、典貸借洗、丈單執照、租稅契照等各種契書均有明確年月，此因牽涉到家族成員的權益，如無加註時間，則權利與義務，不知何時開始生效，何時終止。試觀宜蘭縣之文化中心出版的四輯《宜蘭古文書》，每件都有確實的年月，毫無例外。大致說來，民間往還或家族內的契書，如非必要，只標示年與月；如屬政府發給家戶或佃人的丈單執

---

[45] 李望洋，〈李河州自記〉，《隴西李氏族譜》，頁二七。
[46] 李逢時，《李拔元遺稿》，手抄本，頁二七~二八。
[47] 于大成，〈古董與文學〉，《古典文學研索》，頁十六。

照，連日都會書寫清楚。

　　書信是另一個有日期的家族文學，廩生林拱辰寄給板橋林家函件〈堂弟爾嘉、鶴壽書〉的時間是「歲戊申七月二十七日」，〈與板橋堂弟林彭壽書〉的日期為「歲戊申仲冬中浣一日」。而〈與吳萬裕先生書〉修於「昭和戊辰三年三月二十九日」。[48]從信札日其中，可知當時雙方的心情與交往。

　　宗族間的重大活動，往往都有文學紀盛，為示公信與負責，日期是必要的見證，比較慎重的就立碑，如林氏家廟〈重修林氏家廟碑記〉，時間是大正十三年（一九二四）七月，有的則撰文於壁上，如民國五十年李氏宗祠敦本堂的〈略述本祀會與祖廟之由來〉，黃氏純善祠堂的民國七十二年癸亥六月所述的〈誌曰〉，林氏家廟的〈才添宗長昭績碑〉則立於民國七十四年五月十九日。纂修族譜也是大事一樁，當即將告成時，總要為這本家譜寫序作跋，壓註日期是不能免的，如《游氏追遠堂》的〈前序〉是「民國六十九年歲次庚申端午佳節」，而〈跋一修譜始末〉是「民國六十九年歲次庚申陽月」，其他各族譜亦然，不再贅述。凡此廟誌與譜序的年月，對該家族的藝文蒐集，提供繫年的助益，進而探討其家族發展，也有時間上的依藉。

　　有些作品雖無明確日期，但從內容加以推敲，也可獲知時間，同樣是作品繫年，對家族文學的意義，毫無二致，甚至增強文學上的考據工夫。

六、應用文學

　　應用文是國家機關、事業單位、社會團體、家族往來、人民群眾等，相互之間，在日常工作、學習、生產、權利、義務、財產和生活中，辦理公務以及個人事務，所行使的具有直接實用價值和某種慣用程式的一種常用文體。簡言之，應用文是應用於處理社會「公私事務」，有「慣用程式」的一種交際工具。於此，要特別注意「公私事務」和「慣用程

---

[48] 林拱辰，《林拱辰先生詩文書》，頁九三～九七。

式」兩個概念。這兩個概念規範應用文的主要特徵和交際功能，使其有別於其他種類的文體。[49]事實上，應用文還有一個概念，就是「實用價值」，顧名思義，任何應用文都有特定的指涉事實或對象，而非遊記與抒情，更不是虛構與玄想。就此而論，家族文學大致符合應用文學的原則。

首就公私事務來說，相對於政府，家族是私務；但在家族之內，家族成員是私，影響家族共同權益的內、外關係，即為公。因此，家族的各種行為包括公司事務，家族文學就是此公私事務的文字表現。

家廟的興建、族譜的編修、祭祀公業的成立、田產的丈單執照、財產的鬮分、血緣的械鬥、參與地方公益等都是家務內的公共事務，其相關文獻就是應用文學。舉例言之，家廟之碑記、聯匾與族譜之跋、內容等，前已多述，自無疑義。屬於祭祀公業的員山周氏〈祭祀公業周振記沿革〉，游氏盛蘭堂〈游氏公業游龍昭〉、〈祭祀公游六、七世祖〉、〈游氏蒸嘗會〉三篇，陳樸直公族〈祭祀公業陳楊合沿革暨規約〉等亦是。這些文章大都文情並茂，如〈游氏蒸嘗會〉曰：「光緒初年間，群居六結莊諸先祖，有感叔姪漸分漸廣，恐久隔而不識親血，乃議立蒸嘗，藉以聚會通親情，乃招邀立會，各捐銀置產，於光緒十二年丙戌葭月，成立游姓蒸嘗會，以寬義公名義購田放租，得金輪辦。」[50]即為一例。

宜蘭家族十分熱心參與公益，但留存文字者不多，表彰秀才張達猷家族義舉的「德彼斯文」碑，是少有的例外。碑曰：「竊以勒石紀功，千秋盛事，豐碑載德，萬世傳名。羅東公學校創設之初，頗乏基址，時十六份莊富紳張能旺裔孫等急公好義，逐將公學校不要用之地，全部寄附如址，實可謂有功儒林而流澤後世。」[51]各類丈單執照等，涉及官府與家族間的互動往來，要加蓋關防，亦屬家族的公共事務。至於房地買賣雖為家族成員的個人行為，但跟家族間仍有密切關係，如家族共同決

---

[49] 楊蔭滸，《文章結構論》（長春，吉林文史出版社，一九九○年十一月），頁三六五。

[50] 游永德編，《游氏追遠堂族譜》（宜蘭壯圍，民國六十九年十二月），頁三八。

[51] 陳進傳，〈日據時期宜蘭古碑之研究〉，《史聯雜誌》，第二十期（台灣史蹟研究中心，民國八十一年六月），頁一五二。

議後才進行交易、且賣方於出售前須先詢問族親等。在傳統家社會哩，家族的大小、公私事務，都是家族分內的事，古文書的記載就是很好的憑據。

次就慣用程式來說，此仍指應用文外在的表現樣式與規格要求，其形成是實際需要加上長期演變。主要格式至少包括標題、緣由、正文、簽署、日期等諸項。

書信就是標準的應用文字，茲以林拱辰的〈與板橋堂弟林彭壽書〉為例，書信的標題為後人所加，因而稱謂可視作標題，所以此信的標題是「彭翁大人閣下鈞鑒」；接著為恭維問候語，這是函札必要的禮貌；再來是寫信的原因，此信乃受人之請而作，曰：「托愚代為修函奉告，以明確係親堂等因。」再次是正事，曰：「至婚資一事，則由閣下高誼，出自鴻裁。」復次為謙詞請安，曰：「順祈屈駕敝所，則不但為蓬蓽增輝，而蘭邑地方，且以玉趾下臨而生色，曷迎郊以待。順請，文安統維，朗照不宣。」最後是署名與日期，曰：「劣親堂林拱辰頓首，明治四十一年舊十一月十一日。」[52]

古文書也是一種應用文字，以〈道光二十四年十一月吳添才為四圍東門內外店地併厝地立永杜賣盡根契字〉說明其格式：開場「立永杜賣盡根契人吳添才」就是標題，表示吳添才要賣斷財物；而「店地貳坎，址在四圍東門內」是出售的財物內容；杜賣的原因的「今因乏銀別創，自情願將此店地併厝地壹盡出賣」；而正文內容是買賣雙方的款額及各項條件；簽署則有代筆人、為中人、知見人、在場知見人、立永杜賣盡根契字人等；日期為「道光貳拾肆年拾壹月」。[53]其他各類古文書的格式，亦大率如是。

復就實用價值來說，家族文學不善雕琢虛飾，更非無病呻吟，而是建立在實用的基礎上。書信、古文書、碑記、族譜等固然均依特別的目的而成篇，即便是詩文、對聯、俗諺也離不開實用價值。

宜蘭名詩人李康寧慶賀張振茂之宅第，誌文記趣，文為〈題養真

---

[52] 林拱辰，《與板橋堂弟林彭壽書》，《林拱辰先生詩文書》，頁九四~九五。
[53] 邱水金編，《宜蘭古文書》，第壹輯，頁四二。

齋〉，曰：「莫若斯齋，居者，其神自怡，其性自靜，德養天然本真，不覺之中，延其齡，益其壽，是以曠達主人，無嫌跼促，終寓此焉。」此文雖為「養真齋」而作，然這兩人，乃至兩家之間的深切情誼，亦可見一斑。[54]

家廟與廳堂的對聯，就是扣緊實用價值而作，如三星大洲陳氏公廳的楹聯有「錦繡高堂自是父慈子孝，榮華滿座循然兄友弟恭」、「東魯雅言在詩書報禮，西京明教重孝悌親仁」、「守東平王格言為善最樂，聖座銀光燭映富貴長春」、「神臺寶篆香薰全安樂歲，尊司馬公家訓積德當先」、「水源木本根深長成富貴，岑城山峰高聳永照光榮」等，試問那一幅楹聯不是合乎實用目的。

諺語之富實用價值，亦不例外。諺語的主旨在於反映社會面貌，不能離人生而獨立，不僅暴露一時代社會的真相，同時含有人生處世於某一時代可以奉行的準則。因而具道德性，成為民眾哲學與民眾文學。就此通俗性之故，理想或不甚高深，意趣或不甚完善，但基於諺語的價值與作用，吾人確認其有指導、督責、鼓舞、獎勵、涵養、諷誡等種種功能。[55]因此，前述的家族諺語無不環繞這些功能而流傳。

諺語的實用價值尚且如此，匾額、對聯及其他類型的家族文學，也都有這樣的效用。

第五節、結語

綜前所述，家族文學自有其客觀的存在與實用的價值，站在文學的立場，意義如次：其一，家族文學擴大文學的廣度與深度，就廣度言，過去認為難登殿堂的家族稱號、匾聯、族譜、契書、口傳、諺語等，如從寬解釋，都搬上文學臺面；就深度言，這些文學不乏出自名家，相當嚴謹精順，尤其是楹聯、碑文、譜序，誠屬典範佳構。

---

[54] 李康寧，〈題養真齋〉，《千年檜》（宜蘭，蘭陽文教雜誌社，民國七十七年六月），頁二六四。

[55] 郭紹虞，〈諺語的研究〉，《照隅室古典文學論集》，頁二七。

　　其二，傳統家族強調的是世系綿延，長期以來，經歷無數的家族事件，流傳多少的歲月痕跡，透過家族文學陳述，就個別家族言，不難看出其歷史縱向；就整體社會言，亦可了解家族社會的發展趨勢。

　　其三，家族是由許多成員所構成，儘管家族運作優於個人利益，但各個成員仍留有纖細的思維，文學作品就是線索，從作者的身分、內容的分析，可以探討每個人的深處烙印及其對家族的意向。

　　其四，有的作品揭示居住環境與空間景觀，另些作品則描繪田園景致與寄意山水，而安時處順與家族和樂也常是著墨所在，這樣，經由文人雅士的鋪敘，一幅安詳的家居圖畫，浮現眼前，令人嚮往不已。

　　其五，傳統家族面臨變遷與轉型，未來的趨勢更是眾所投注的焦點，許多問題紛然而起，成為各界研究的課題，在此關鍵時刻，文學更不能缺席，要以生花妙筆，為這段家族發展，留下文字記錄，以作歷史見證。

　　以此觀照宜蘭的家族文學，呈現的意義毫無二致。因此，宜蘭的家族文學不僅是宜蘭的文學寶庫，而為宜蘭文學的重要環節，也是宜蘭家族研究及其他相關研究的基礎資料，於此更見宜蘭家族文學的重要。

第十一章　宜蘭漢人家族與地方事務

第一節、前言

　　傳統家族的運作有兩個系統：一是精神方面系統，二是功能方面系統。前者由各個家族以及家族內部各支房的長輩所組成，在進行祭祀祖先及其他族內活動時，體現慎終追遠、水源本木、敦親睦族的精神意義。然而家族活動不僅這些，還有諸如配合官府施政需要、介入地方事務，並與鄉鄰共事相處等，凡此均依賴族內長老、士紳出面辦理，因而形成功能系統。[1]

　　此外，相呼應的說法是，清代農村社會同時存在著兩套管理系統，即鄉里保甲和家族組織。按照國家法律，鄉里保甲是政府基層組織，負責維護地方治安，處置鄉里事務，包括催科派役、仲裁糾紛，及推動社會性服務，如築圩堤、修道路、管理集市等。家族組織則在本宗範圍內協助鄉里、維持地方秩序。當然某些豪門望族上通州縣官府，下串鄉里紳衿，把持鄉里事務，熱心地方公益，一身二任。[2]

　　據此而論，有些地區實行家族組織與里社保甲相結合的統治政策。就家族而言，雖然里社保甲的編成均以地域（人民住地）為基礎，而為基層社會的一種組織或統治的形式，甚至是基層社會的主幹，但傳統社會各地區都有聚族而居的習性，離開家族組織，里社保甲就成了一個空殼，如謂傳統家族是基層社會的實體，殆不為過。因此，清代基層社會乃「主幹」與「實體」的密切結合，而其中介因素，就是家族組織的頭面人物。[3]

　　由於族正即為鄉紳，消極而言，族正當不能置外於鄉邑活動；積極

---

[1] 陳支平，《近500年來福建的家族社會與文化》（上海，三聯書店，一九九一年五月），頁七五～七八。

[2] 朱勇，〈清代族規初探〉，《清史論叢》，第八輯（北京，中華書局，一九九一年六月），頁二〇七。

[3] 張研，《清代族田與基層社會結構》（北京，中國人民大學出版社，一九九一年九月），頁二一二～二一五。

而言，更須熱心參與地方事務。相對而言，基層社會的各項公共事務，使強宗望族居於地方的領導地位。

第二節、傳統漢人家族與地方事務

傳統村落向來與政府間的連繫不甚密切，官只須在衙門辦公即可，至於下鄉涉事，乃是最後手段，應盡量避免。而民間以終身不離鄉，不要進衙見官，為安居樂業的理想，致使官與村的交涉，只有租稅徵收一事而已。要之，舊時中國官治組織的末端止於知州、知縣，幾乎不及於百姓，尤其鄉村，素委由民間的自治。[4]

事實上，村落也有官治的保甲，然人少事繁，動則得咎，頗感力不從心。《皇朝文獻通考》曰：「地方一役最重，凡一州縣分地若干，一地方管村莊若干，其管內稅糧完欠，田宅爭辦、詞訟曲直、盜賊生發、命案審理，一切皆與有責；遇有差役，所需器物，責令催辦；所用人夫，責令攝管。稍有違誤，扑責立加。終歲奔走，少有暇時。」[5]甚至到後來「假公濟私，藉盤詰之虛名，滋無厭之苛求，汛防因而騷擾，胥吏緣以生奸。有保甲之名，無保甲之責；有保甲之累，無保甲之益。」[6]因此，為彌補保長人力的不足及保甲制度的缺失，進而參與各項事務，關心地方發展，以確立民間自治，誠乃豪門望族不可規避的社會責任。茲分項說明如次：

一、配合官府施政

國君是號令核心，官府為施政中樞，各家族為繁衍發展，維護利益，當然要效命君主，恪遵國法，配合政策。所以有些家譜提出「聖諭當遵」、「國恩宜報」、「禁為臣不忠」、「禁拖欠錢糧」，要求子孫「守國法」、「遵

---

[4] 戴炎輝，《清代台灣之鄉治》（台北，聯經出版公司，民國六十八年七月），頁一二八。
[5] 引自戴炎輝，《清代台灣之鄉治》，頁二一九。
[6] 引自戴炎輝，《清代台灣之鄉治》，頁二四一。

王章」，及至「一切行事須踴躍奉從，慎勿妄為阻撓，自蹈非刑。」[7]具體的說，就是忠君、遵法、納稅。

　　廣東進士洪鍾鳴在其家族的〈讀訓〉中，首先揭櫫「忠君」，曰：「君恩重於親恩，諺云：『寧可終身無父，不可一日無君』，生當聖明，省刑薄斂，教先尊賢，永享太平，豈敢忘諸。」認為處太平盛世，族人應感恩知報，要做順民。武進高氏〈家訓〉亦言皇帝對天下臣民都有恩，升斗小民能種田，有居處，安享樂業，就是皇帝「宵旰憂勞，為之興利備患」，否則怎能享太平之福，為此小民要感謝君恩，努力盡到子民的責任。[8]

　　當家族處理其與國家關係時強調忠君，就是要維護朝廷的領導與利益，使族人在守法和施政上支持政府。《芳田高氏族譜》告戒：「無犯國法也」。《陳氏族譜》曰：「強盜殺人，罪甘立決；賊犯三次，亦當絨首，此國法也，而家中亦不可恕。今而後，若子孫有不幸而犯此者，或鳴官而置之死地，或重責而摒之遠方，各隨其輕重以處之，父母迴護者同咎。」即使是因貧困所迫，鋌而走險，觸犯國法，也不寬貸。此乃家族須恪守法令，依循統治的明證。[9]

　　前曾提及，官府與鄉村的最大交集，就是徵稅。此項徵稅工作，往往就由家族負擔。《張氏族譜》申論其義，曰：「朝廷之取錢糧也，非以入私幣也。文武之俸出於是，士卒之養出於是，驅逐寇兵之用出於是。取之百姓者，還百姓用之，故百姓得以從容安樂，以成其耕耨，以享其安飽也。此何必勞官府之催徵，衙役之追促哉！世有拖欠，以希宥赦，欺侵以飽私囊者，必不容於天地鬼神。凡我宗族，夏熟秋成，及期完納，毋累官私焉，實亦忠之一端也，而實保家之道也。」這明確指出完納稅課，具有雙重用途，即忠君和保家。[10]何以納租可保家族？當政權衰微

[7]　王玉波，《中國家長制家庭制度史》（天津，社會科學院，一九八九年十月），頁二九一。
[8]　馮爾康、常建華，《清人社會生活》（天津，人民出版社，一九九○年七月），頁一二○～一二一。
[9]　王思治，〈宗族制度淺論〉，《清史論稿》（成都，巴蜀書社，一九八七年十二月），頁二六。
[10]　王思治，〈宗族制度淺論〉，《清史論稿》，頁二六～二七。

時，不完國課，容易失去保障，「不能自立於一朝夕」；當政權強大時，不完國課，可能會招致懲罰，使大片田產因「得罪」而被「沒官」。「要得寬，先了官」成為家族奉行的原則，因此，徵納賦稅就是維護族產的必要條件。[11]

茲舉李氏家族為例，該族自戒嚴的賦役共同體，無論是按房派役，照丁糧派役或照用賦津貼，無疑都是以控制族內的人丁和田產為前提的，這表明家族組織具有世代相承的戶籍管理權和賦役徵派權。而且家族組織的賦役徵派權還優先於里甲組織。此外，李氏還先後接收「絕甲顧永貴塔心田共租五十石」、「絕甲林旺存銀五兩」及「徐福插入本戶為甲首充銀十兩」，這可能是由於李氏屬於里長戶，因而對所屬甲首的戶籍及田產也有不同程度的控制權。[12]

較李氏家族這種自行完納和代收賦稅外，還有鄉紳聯辦收租機構，其特點是以家族組織、鄉族組織為基礎，上與官府聯為聲氣。很多鄉紳本身就是官僚，或者曾為官僚，或者其親子侄是官僚，至少是有功名未仕的紳衿，而且往往兼為族尊。故仗著這種勢力，鄉紳聯辦收租機構不但擁有全套的收租設施、收租隊伍、而且私設刑堂、拘所，擁有稟靖官府派給的協助收租的差役，以儘快達到收稅的目的。[13]

家族如此配合官府，使得政權和族權相輔相成，相得益彰，政權就會賦予家族組織在行政、司法方面的特權。如清政府規定：「同族之中，果有凶悍不法，偷竊奸宄之人，倘事起一時，令族公憤，不及鳴官，以致家法致死，……減等免抵。」總之，族長均明曉「國運與家運相消息」的道理。[14]

二、維持地方秩序

---

[11] 張研，〈清代族田的性質及作用〉，《清史研究集》，第六輯（北京，光明日報出版社，一九八八年八月），頁二一七。

[12] 鄭振滿，〈明清福建的里甲戶籍與家族組織〉，《中國社會經濟史研究》，總第二十九期（福建，廈門大學，一九八九年五月），頁四一。

[13] 張研，《清代族田與基層社會結構》，頁二七三。

[14] 許水濤，〈從桐城望族的興盛看明清時期的宗族制度〉，《譜牒學研究》，第一輯（北京，書目文獻出版社，一九八九年十二月），頁一一二。

　　儘管家族特別重視人倫、孝悌，以正綱常。「凡小兒甫能言，則教以尊尊長長；稍就家，則教以孝悌忠信禮義廉節。」因為「人倫之道，莫大於君親」，「求忠臣於孝子之門，是事親尤為人之本務也。」是以「古之孝者，立身行道，揚名於世，以顯父母，父母之樂，莫樂於有令子。」人倫之外，亦宣揚「安分」的天命思想，以達「睦族」的目的。故曰：「人生貧富貴賤，自有定分。」如貧者有非分之求，人不安命，就會引起「族之不睦」。凡此篤倫理、敦族誼、安天命，對家族的維繫有正面的意義。[15]

　　上述人倫思想的落實，要靠家族的自我約束與條文規範，所以各大家族都有名目繁多的族規、族禁、族誡、族約、祠規及譜例之類的家族法律，對其成員設定各式各樣的行為規範，內容包括族人的婚姻、繼承、職業、喪葬、及家族倫理、宗族機構、族產管理、祭祖方式、友鄰關係、奉公守法等。這些約束與規範的重要功能，在於維護傳統的地方秩序，對基層社會實行有效的控制，因在聚族而居的社會環境中，控制族人是控制基層社會的必要條件。[16]

　　僅只規範還不夠，尚須具體的實踐。因族規要有人負責執行，祠堂要有人主祭，族產要有人管理，族譜要有人編撰，總其事者，就是族長。所以族長「綱維家政，統理大小者也。」以其為全族領導，握有大權，除能約束一族之眾外，更可裁斷或償罰族內公是公非，展現司法效力，故曰：「牧令所不能治者，宗子能治之，牧令遠而宗子近也；父兄所不能教者，宗子能教之，父兄可從寬，而宗子可從嚴也。宗子實能彌乎牧令、父兄之隙者也。」族長的這種權力，不但能補強家長的不足，也大有助益於地方政權的穩定。[17]

　　由此看來，足見族長在家族秩序及家族司法上所處的重要地位以及地方與家族的關係。在社會和法律都承認族長這種權力的時代，家族實

---

[15] 王思治，〈宗族制度淺論〉，頁二〇～二二。

[16] 鄭振滿，《明清福建家族組織與社會變遷》（長沙，湖南教育出版社，一九九二年六月），頁九四。

[17] 王玉波，《中國家長制家庭制度史》，頁二八五～二八六。

被認為政治法律的基本單位，以族長為每一單位之主權，向國家負責。因此，家族可說是最初級的司法機構，家族團體內的糾紛及衝突先由族長仲裁，如不能調解處理，才由國家司法機構審理。進而言之，從家法與國法，家族秩序與社會秩序的連繫中，吾人可謂家族實為政治法律的單位，政治法律組織只是這些單位的組合而已。此乃家族本係政治法律的根基，也是齊家治國的理論礎石，每一家族能保障其單位內之秩序而對國家負責，整個地方社會的秩序自可維持。[18]

三、建立地方防衛

家族發展的目的之一固然是維持地方秩序，但更積極的做法是建立地方防衛力量，以抵禦外來的侵略。傅衣凌就中國南方的開發與宗族移民的防衛曾作精闢的論述，曰：「他們每每就統率宗族鄉里的子弟們一同移徙，在當時困難的交通條件下，加強了相互扶助，鞏固了血緣關係。當其在新墾地定居下來的時候，又為著從事生產，防禦外來者的入侵，常採取軍事的組織，所以中國的聚落形態，其名為塢、堡、屯、寨者，無不帶有濃厚的軍事的，戰鬥的性質。」[19]可見中國早有家族地方防衛的傳統。

聚眾擾亂滋事也會激發家族共組武裝，此因族田促使一般族眾同建置族田的家族地主產生經濟上的利害關係，因而便於家族地主將他們組成武裝，對抗擾亂之徒。在正常情況下，家族要求族人克己奉公，和睦鄉鄰。如一旦有變，鄉里告急，則要求族人齊心協力，一致對外。如云：「事關通族，將歷年所積羨餘公勳公用，不敷就族上、中、下丁協鳩濟公；或族人罹外侮者，公同出力。若分心異視，通族擯棄之。」這種共禦「外侮」的行為規範，既是基於強化族人的內聚力，也是為了維護對

---

[18] 瞿同祖，《中國法律與中國社會》（台北，里仁書局，民國七十一年十二月），頁二四～二五。

[19] 傅衣凌，〈論鄉族勢力對於中國封建經濟的干涉〉，《明清社會經濟史論文集》（北京，人民出版社，一九八二年六月），頁八〇。

地方社會的控制權，進而達到防衛與安定的目的。[20]

　　四川雲陽涂氏更是數代聚族防衛。嘉慶初年白蓮教起兵，轉戰川東，涂氏「族人相聚而保焉」。同治初，「滇寇犯境，族人又相聚而保焉」。至清末，「盜氛既張，劫掠攻擊之術愈演愈奇，於是修築磐石城」，整個寨堡「堅實鞏固」，如碉堡要塞，涂氏聚族居於寨中，也容戚友避居。這是典型的以家族為中心組織的寨堡防衛，目的非對付官府統治，而是建立地方防衛。[21]

　　清道光以後，外有列強進逼，內則變亂頻仍，使得財政漸感不支，軍力日益疲困，於是鼓勵各地成立團練，以挽局面，「沿海各處鄉村，均宜自行團練、鄉勇，聯絡聲勢，上為國家殺賊，下即自衛身家。」以及咸、同年間，團練再度發展，顯現平民宗族防衛地方的社會功能。而團練很多是由地方豪強鄉紳主持，這些人同時又是宗族的上層人物。因此，宗族便成了民間團練的堅強支柱，團練的出現，可說是宗族防衛力量的積極表現。[22]

　　這種家族性的地方防衛也通行於台灣。官府諭王等十一姓，各舉出一人為族長，結果由大甲街總理及義首稟舉族長十一人，之所以如此，乃由於官府極要大甲設立團練局。前此，於道光二十三年（一八四三），亦由總理、街庄正、義首及董事等稟舉族長，蓋亦因清庄、聯庄的需要。[23]所謂「清庄」，就是道光以後，渡台游民為飢寒所迫而作賊，倡亂或附和，或煽惑分類械鬥；同時海防吃緊，須肅清所謂「內奸」，於是官令街庄辦理「清庄」，以管束游民。而「聯庄」乃聯絡各街庄，互相救護之謂，即強化清庄及團練的組織與功能，以實質的自然庄為編制的單位，同時又擴大其互相救護、稽查地域，達到肅清內奸，共同防盜，對抗外敵，維持治安的機能。[24]因此，台灣史上亦不乏這種結合家族力量，

[20] 鄭振滿，《明清福建家族組織與社會變遷》，頁九八～九九。
[21] 王思治，〈宗族制度淺論〉，頁三六～三七。
[22] 鄭德華，〈清代廣東宗族問題研究〉，《中國社會經濟史研究》，總第三十九期（廈門大學，一九九一年十月），頁八〇～八一。
[23] 戴炎輝，《清代台灣之鄉治》，頁四一。
[24] 戴炎輝，《清代台灣之鄉治》，頁五九～六二。

建立地方防衛的案例。

四、排解地方糾紛

傳統社會的地方糾紛大都脫離不了家族的陰影，當然最後也是由家族仕紳出面處理。大致上，可將地方糾紛及其排解區分為三類，茲述如下：

1.家族內糾紛：家族人多感繁，不免產生閒隙，甚至爭執衝突，基於家醜不可外揚，均由族長、族正安撫懲罰。《李氏宗規》曰：「倘族人有家務相爭，投明族長，族議論是非，從公處分，必合於天理，當於人心，輕則曉諭，重則責罰。」嚴重的於朔日或望日，「執之於祠，祖宗臨之」，族長以家族領袖和祖宗代言人雙重身分，召集全體族人，聚眾議論，主持審判，以解決糾紛。這種族內糾紛不得逕投官府，犯者加重懲罰。[25]

2.家族間糾紛：家族間的衝突，因彼此各自堅持己見，指責對方，不肯相讓，難以彌平，如有德高望重的別族仕紳，居間穿梭勸解，或可圓滿收場。乾隆年間，浙江有三姓爭山，陳姓原有一片祖山，很早就劃售給金姓，築坟已百餘。山無鱗冊，陳忘售金，又不知金已售鍾。恃地近人眾，毀眾伐木，氣勢洶洶，將鳴於官。這本是一件沒有對證的無頭案，結果當地巨族韓氏只說了一句「鍾世稱長厚，必不強占人山。」陳姓即曰：「公言敢不服」，「悉白鍾謝過而去」，一件即將暴發的訟案終告落幕。[26]另有一例是華安縣陳、林二姓族人為水圳糾紛而由鄉里的「公親家長」加以調解。其契約提到「圳水滋嫌一事，蒙公親子狗、萬意延請兩堡公親家長，出為調理水判。」結果是「至公至美，相得相益」，順利解決。[27]類此某望族排解他族間糾紛的案件，應是各地常有的事。

有鑑於此，為防患未然，同區域內的許多家族，想到共同的利益和維持家族之間的平衡關係，往往也能達成一定的諒解和規約，從而和諧

---

[25] 朱勇，〈清代族規初探〉，頁二一三～二一五。

[26] 張研，《清代族田與基層社會結構》，頁二二一～二二二。

[27] 陳支平，《近500年來福建的家族社會與文化》，頁一一七。

相處，鄉里平安。舉長樂縣的梅花里為例，這裡居住著數十個姓氏的大小家族，他們共同制定了鄉約，建造了鄉約所，成為當地一種具有約束力的民間法制機構。〈鄉約〉的主要內容也和一般的族約、族規大致相同，旨在維持鄉里的社會地位和加強鄉里各家族的團結，其中對大家族欺凌小姓的行為，有著嚴厲的禁止。[28]這種防患未然，排解糾紛於無形，才是釜底抽薪的辦法。

3.家族與官府的糾紛：家族組織的族權和官府體制的政權，是兩個不同的權力系統。當家族勢力強大時，固然可以協助維持地方秩序，但也以私家司法的立場，破壞專制政體中的司法統一和官府統治，進而促成家族組織的獨立自主性，甚至有導致地方割據之虞。因此，官府一方面允許其存在，並加以扶植；同時，劃定範圍，嚴禁家族越權。[29]在其互動往來的過程中，無論是權責或實務，均不免會有所衝突，此時，族長大都採低調處理，不使事態擴大，以賡續保障家族發展，護衛家族利益。

五、參與地方事務

家族聚族而居，屬於一個地方，即使大族，散居數處，也多在一鄉一縣一府之內，總是同地域相關聯的，因此家族史是地方史的重要內涵，家族史資料就是地方史資料的一部分。[30]總之，地方事務為眾家族共同參與的綜合體。

這些地方事務項目很多，茲舉數端，以概其餘：

（一）就廟會活動而言

鄉族間的宗教信仰活動，頗能體現家族組織和鄉族組織對地方事務的控制。如福安甘堂堡修建鄉廟時，各族族長共襄大事，鄭、陳諸大姓倡首在前，其他小姓則隨其後，贊助響應，族權、鄉權和神權結合在一

---

[28] 陳支平，《近500年來福建的家族社會與文化》，頁一一二。

[29] 朱勇，〈清代族規初探〉，頁二二○～二二一。

[30] 馮爾康，〈清史的譜牒資料及其利用〉，載《中國家族譜縱橫談》（南寧，廣西教育出版社，一九九三年十一月），頁三○○。

起，宗教信仰活動成為聯結各家族間關係紐帶，穩定了鄉族勢力對地方
事務的領導與控制。再如長樂梅花所內，人口數千，大小姓數十個，則
創立鄉約以協調各個族姓的關係。其中各種寺廟雖有二十餘座之多，但
其建造與管理，亦在鄉董、約正、族長的掌握下，有條不紊的進行儀式
活動，每逢朔望，衿耆甲董輪流司香，春秋享祭，凡族長及年長者與祭，
加強各家族間的團結。[31]

（二）就科舉教化而言

科舉教育的目的是培養家族的政治力量和社會的統治人才，即所謂
的仕紳階層。他們經由教育課讀，參加科舉考試，中式列榜，獲取功名，
庇佑家族，故曰：「立國以養人才為本，教家何獨不然，令合族子弟而
教之，他日有發名成業起為卿大夫者，俾族得所庇……即未能為卿大夫
而服習乎詩書仁義之訓，必皆知自愛，族人得相與維繫而不散。」又可
造福社會鄉里，如首創義庄的范仲淹一族，宋朝共有進士二十二人，明
朝共有進士三十人，宋明二代作官的有一百八十四人。而清朝僅順治年
間，進士就有十二人，作官的就有三十七人，即使未出仕，也成了基層
社會的支柱。[32]

（三）就水利設施而言

傳統社會以農立國，農田的命脈是水利灌溉，而水利圩堤設施與管
理，耗事費時，流域寬廣，往往需要幾個家族共同開發合力完成。如鄱
陽湖區最大的圩堤之一古山圩，長三千二百丈，園田六千零三十畝，是
胡、陳、張、段四姓共築；當然，其經營管理也屬四姓共有。[33]台灣新
竹的望族鄭氏家族，於道光年間曾參與六十甲圳與青埔子圳的修築，青
埔子圳，灌溉田百餘甲，由開墾戶徐國華開濬，後鄭恒升承買青埔子莊
田園，自備工本重修。[34]

（四）就經濟發展而言

---

[31] 陳支平，《近 500 年來福建的家族社會與文化》，頁一九四～一九五。

[32] 張研，《清代族田與基層社會結構》，頁二三五～二三六。

[33] 張研，《清代族田與基層社會結構》，頁二六一。

[34] 張炎憲，〈台灣新竹鄭氏家族的發展型態〉，載《中國海洋發展史論文集（二）》（南港，
中央研究院三民主義研究所，民國七十五年十二月），頁二〇九。

　　明清時期，由於生產力的進步，商品經濟跟著發展，惟在廣大社會中，家族仍是一個生產組織與經濟單位。整個商品和手工業，除官辦外，大都是以家族為單位的世家，如亳州出輕紗，「一州唯兩家能織，相與世世婚姻，懼他人得其法也。」類此情形，城市工商業亦以家族為基礎。[35]如景德鎮的馮、余等姓控制陶、瓷業，佛山陳氏把持冶鐵業，梁氏掌握陶冶業等；寒族則控制次要行業或手工業流程中的某一工序、某一關鍵技術，世代承襲，不傳他人；如景德鎮童氏世以報火為業，魏氏世以結窯為業等。這些具有排他性的家族組織，實際上是共同從事連貫性的手工業生產，導致地區內的家族組織壟斷和控制整個手工業的發展。[36]

第三節、宜蘭漢人望族的組成

　　基層社會體系中，因為社會功能的分化，社會評價的不同和個人條件、努力的差異，致使有些人享較高的社會地位，有些則否；有些人具有較大的影響力，有些人則只是被影響著；有些人屬領導者，有些人則為被領導者。這些在地方上擁有較高之社會地位或具備較大影響力的人士，就傳統社會而言，可謂「地方性社會領導階層」，他們多係以官方權力參與地方事務的權力團體。至於「社會領導階層」究竟應包括那些對象，迄今仍眾說紛云，莫衷一是。惟筆者贊成將「社會領導階層」的下限降低，包括社會上沒取得仕紳地位，但社會地位較高，影響力較大的一群人，亦即納入社會上所能發揮領導功能，參與地方事務的人士。由於這些人士往往具備不同身分，兼營多種行業，因而在辨認上，係採多指標認法，使得各類別間難免會有互相重疊。[37]無庸置疑的是，「社會領導階層」之所以地位較高、影響力較大，最重要的因素是家世背景，如無家族的支撐，個人失去依憑，將從何表現起。所以，社會領導階層

---

[35] 王玉波，《中國家長制家庭制度史》，頁二七一～二七二。

[36] 張研，《清代族田與基層社會結構》，頁二六二。

[37] 蔡淵絜，〈清代台灣社會領導階層的組成〉，《史聯雜誌》，第二期（台北，台灣史蹟研究中心，民國七十二年元月），頁二五～二七。

的擴大解釋，就是地方上的望族，應是可接受的說法。將領導人物與望族之間畫上等號，似不為過。

宜蘭地區形勢封閉，開發較晚，自有其地方性與殊異性，反映在望族的組成上，從寬認定，凡地方上舉足輕重的家族均屬之，可歸納如下類別：

一、拓墾豪傑

拓墾豪傑是移墾初期的領導人物，墾首、結首、隘首等均屬之。墾首是先與官方或民蕃接洽，透過申請或購買而取得墾權，然後招佃開墾。他們負責規畫墾務，組織勞力、籌集資本和保衛墾民安全，官方亦賜權，責其管轄墾區內的行政事務與維持地方秩序。結首須是「強有力而公正見信於眾者」，因而為結首拓墾制中的主要領導者。而隘首多見於官方或民間為防蕃害，於與蕃區交界處設立墾隘的首領，督率隘丁，既防蕃害，又可開墾，且負保安事務。[38]

蘭陽平原，僻處偏隅，原係榛莽未闢。嘉慶元年（一七九六），吳沙率漳、泉、粵三籍流民進墾，開荒啟疆，自為墾首，與柯有成、許天送、何績等運籌擘畫，建立一套拓墾制度。嘉慶三年，吳沙死後，其子吳光裔頂充，侄吳化代理義首，繼續開展，進墾三圍、四圍、更至五圍（今宜蘭市）。總之，開蘭初期，吳沙家族望重一邑，應是實情，至今依然如此。跟隨吳沙的部分鄉勇，起初也是拓墾先鋒，落地生根後，就成拓墾型的領導人物。

嘉慶七年（一八〇二），復有漳人吳表、楊牛、林碏、簡東來、林膽、陳一理、陳孟蘭，泉人劉鐘，粵人李先等，率一千八百餘人來歸附吳化，號稱旗首，共同進闢五圍，這九位領導人即所謂九位大結首。「結」的組織是：一結由幾十個人組成的武裝開墾集團，是為一小結；一小結中有一個負責領導的小結首；合幾十個小結為一個大結，在一大結中舉一個富強而有力公正服眾者為一大結首。大結首就是一個大結內的大家

---

38 蔡淵洯，〈清代台灣社會領導階層的組成〉，頁二七。

長，小結首為其得力助手，平時負責結內的秩序與安全等公共事務，俟佔墾完成，就依資力付出的多寡授以土地。[39]同治初，陳輝煌募集各社噶瑪蘭人，「暨阿束、東螺、北投、淡水大甲、吞霄流蕃，連同彰化來歸者，計二百餘戶皆附之，遂以十九佃結首率領開始墾荒，今三星鄉十九結，乃紀念結首為名，亦則當年開墾之基地也。」[40]因此，凡縣內以「結」為地名者，最早都是經由結首組織所開墾的。今宜蘭市慈東社區福德廟供奉的「吳沙老大暨開基鄉勇祿位」，列有三結、四結、五結、六結、七結地區的開基先賢。凱旋里神福宮珍藏的「壯士開闢諸長者之神位」與「壯二庄鄉勇堂」布幅亦寫上結首名單。[41]日治初期，仍有結首統率佃戶之事，阿里史圳的各庄結首與圳長簽訂〈圳長僉舉ㄌ合約字〉提及「下紅瓦厝庄結首許阿蚊、番婆洲庄結首何武歹，新厝仔庄結首高抵歹，外抵搖埤庄結首潘龜劉，內抵搖埤庄結首吳武禮，銃櫃城庄結首潘龜劉、呂瑞、阿里史庄結首潘荖墨、潘界埒。」[42]這些結首如續保優勢，即可為當地拓墾望族。

　　宜蘭的隘首也很普遍。吳沙開蘭時，為避免原住民擾害，便沿山設隘十一處，以為防備：自噶瑪蘭收歸版圖，楊廷理再加置隘寮二十處。關於隘首及其事宜，姚瑩曰：「各隘口添設隘寮，募舉諳熟隘務之人為隘首，選僱壯丁，分管地段，堵禦生蕃，防衛耕佃，以及往山樵採諸民人，所有隘首丁口糧，鉛藥辛勞之費，由附近承墾課地諸佃，按田園甲數，均勻鳩給，責令隘首向佃科收，毋庸官為經理。」[43]嘉慶二十二年（一八一七）頒給大里簡隘首吳宋，准其督率寮丁開墾隘寮附近之樹林

[39] 吳秀玉，《開蘭始祖—吳沙之研究》（台北，師大書苑，民國八十年六月），頁一七八～一八〇。

[40] 林萬榮，〈陳輝煌傳〉，《宜蘭文獻》，合訂本（宜蘭縣文獻委員會，民國六十一年八月），頁三一七。

[41] 陳進傳，〈清代噶瑪蘭的拓墾社會〉，《台北文獻》，直字第九十二期（台北市文獻委員會，民國七十九年六月），頁九～一〇。

[42] 臨時台灣土地調查局，《宜蘭廳管內埤圳調查書》，上卷（台北，台灣日日新報社，明治三十八年三月），頁七五。

[43] 姚瑩，〈籌議噶瑪蘭定制〉，載《噶瑪蘭廳志》（宜蘭縣文獻委員會，民國五十七年元月），頁五三六～五三七。

埔地。[44]可見隘首也是一方的主腦。

最能指出開蘭初期的領導階層以拓墾豪傑居多的是呂志恒，議曰：「蘭廳自嘉慶十五年入版，生齒日繁，人煙輻輳，其間工商農業者，十居八九，多以強霸刁健為能，明於孝悌禮讓者，十難一二。」[45]此「強霸刁健」是豪傑的基本特徵。

二、地主富農

開墾完竣以後，墾首、結首和隘首逐漸成地主，如土地輕營得法，可能躍升為富甲一方的豪農。加上社會重視田產，擁有財富的家族往往就能掌握社會的經濟大權，可提高社會地位，擴大其影響力，而躋入社會的領導階層，其中尤以無科舉功名的家族依賴財富更甚。一般而言，每年坐享一千石以上租穀收入或價值番銀一萬元以上的家產，即可視為地主豪農之家。[46]

據陳維慶的口述，清代至日治時期，宜蘭的土地都集中在少數地主手中，真正屬於自己田地的自耕農很少。這些地主大者擁有土地數百頃，次者亦數十頃。因而造成富者田連阡陌，貧者幾無立錐之地，生活都成問題。[47]

宜蘭的地主，最早應從開墾起家，由於勤奮認真，不斷的增闢置產，漸成豪農。惟這些地主子弟後來也會參加科舉或從事其他行業。因此，純粹地主世家實不多見，只要財富收入，大都來自土地即可謂之地主型望族。茲爰舉數例：[48]

1.江錦章：蘭陽名門，生於豪農家，德望冠於地方，資產約四萬圓。

---

44 莊英章、吳文星纂修，《頭城鎮志》（頭城鎮公所，民國七十四年十二月），頁四一。

45 姚瑩，〈籌議噶瑪蘭定制〉，頁五五八。

46 蔡淵絜，〈清代台灣社會領導階層的組成〉，頁二八。

47 陳維慶口述，陳長城筆記，〈日據時期佃農與私塾生活追憶〉，《台北文獻》，直字第一〇六期（台北市文獻委員會，民國八十二年十二月），頁一二九～一三〇。

48 以下所述人物資料參考鷹取田一郎的《台灣列紳傳》（台灣總督府，大正五年四月）、遠藤寫真館主的《人文薈萃》（台北，大正十年四月）、林進發的《台灣官紳年鑑》（台北，民眾公論社，昭和九年十月）、台灣新報社的《台灣人士鑑》（台北，昭和十二年九月）諸書及其他相關文獻，因過於瑣碎，不一一註明出處。

2.張鏡光：其祖先移居蘭陽，以農興家，窮極經義，識見卓拔，馳名於遠近。

3.陳朝鏘：祖先以農興家，移居珍仔滿力庄，家租萬石，其富無出於陳氏之右，資產約三萬圓。

4.陳進財：羅東竹林豪農，家產稱十一萬圓。

5.游應蘭：員山豪農，忠厚溫和，急公好義，資產約二萬圓。

6.楊埤：一老農也，風雨辛苦，力耕於隴畝，居積千金富冠於邑里，資產約五萬圓。

7.呂青雲：員山大湖豪農，為人溫恭和順，孝悌治家，資產約三萬圓。

8.林振立：頭圍豪農，資性剛直，品性清秀，治績頗多，家產約五萬圓。

9.林枝：以農興家，溫厚篤實，望重於鄉黨。

10.張捷元：父祖相承以農為家，晴耕雨讀，勵志勤修。

11.陳蔡輝：家世農，恭謙慎守，有長者風，家眷三十餘人，門第最盛。

12.林懋昭：家世以農為業，明經精文，力主實學，邑人被薰化者不少。

13.李梃枝：壯圍美福庄豪農，其先勤儉以善居積，富能潤屋，產約二萬圓。

14.林巽東：地方豪農，君勤儉善居積，資產號稱四萬圓。

15.林維新：以豪農著，開墾荒蕪，招徠農戶，設埤圳，便灌溉，重山林經濟，資產三萬圓。

這些地主富農有如此多的土地與資產，當為地方所看重，參與地方事務，也是勢所必然的事。

三、營利富商

清代台灣基於：1.海上交通運輸便利；2.台民具有高度的經濟取向；

3.本島與大陸沿海及島內各地間區域分工專業生產的發展；4.島內外市場的不斷擴大，商業自始就很發達，不但商業市鎮越來越多，連政治文化中心的府縣廳治也日趨商業化。[49]宜蘭處在這樣的環境裡，也重視商業，日治時期更是明顯，造成富商家族的抬頭，而為地方望族。

巨賈富商是商業發達的結果，宜蘭的商業向來都很熱絡，可大別為二，即對外貿易與境內商業，前者與大陸往來。《噶瑪蘭志略》曰：「蘭中所惟出稻穀，次則白苧，其餘食貨百物，多取於漳、泉、絲羅綾緞則取資於江浙，每春夏間南風盛發，兩晝夜可抵四明、鎮海、乍浦、松江、惟售蕃藷，不裝回貨。至末幫近冬，北風將起，始到蘇州裝載綢定、羊皮諸貨，率以為常。」[50]頭城林才添提及每晨天未亮，港邊有船靠岸，「載運糙米至基隆，運大青（染料、福德坑出產）等產物至大陸汕頭、廈門、福州、溫州等地，運回日用品乾貨，無貨時運硬石料。每出航時，敲鑼擊鼓，儀式隆重熱鬧，觀眾亦多。」[51]宜蘭趙氏家族即緣此而興，古祖次九公輔佐父業，初創內陸商航，至光祖天成公宏大規模，經營糧食、煙酒、山產、海鮮、南北百貨，商號「自興」，往來頭圍、福州間，商業鼎盛，店舖聯綿十餘家，眾尊稱「趙總爺」。[52]

在蘭境內經商致富者，如光緒年間，康家族眾擴增，致須分居，青龍公遷返公埔繼營房地產業，久求公，青鳳公則聯袂遷往大埔，經營房地產業外，採購運銷農產物兼營土礱間（碾米廠），生意大展，兄弟同享盛名，為殷實富有的大商人。[53]其他成為富商型望族的大有人在，茲舉數例：

1.陳書：家素地方豪賈，世以牙籌為活計，德望冠於邑中，資產約四萬圓。

2.藍新：羅東富賈，豪華冠於邑中，資產約十二萬圓。

---

[49] 蔡淵洯，〈清代台灣基層政治體系中非正式結構之發展〉，《歷史學報》，第十一期（台北，台灣師範大學歷史研究所，民國七十二年六月），頁一○二。

[50] 柯培元，《噶瑪蘭志略》（宜蘭縣政府，民國七十年六月），頁一一六。

[51] 林才添，《達庵八三回憶錄》（宜蘭頭城，民國七十五年三月），頁二。

[52] 趙鏡心，《宜蘭趙氏家譜》（宜蘭，民國六十七年），頁三。

[53] 《康氏家譜》，頁一六。

3.李克聯：宜蘭之老舖，以為居積，富能潤屋。

4.陳貴仁：宜蘭良賈，其舖謂珍香號，以米穀雜貨廣販於市，信用最厚，資產約二萬圓。

5.林冠英：羅東義賈，初伍商界，仗義疏財，曾逢歲凶，穀價暴騰，君平糶以濟。

6.黃仕北：宜蘭之紳商，其富萬金，門葉悉有賢名。

7.李及西：宜蘭富豪，經商有成，家門隆盛，資產約十餘萬圓。

8.林青雲：宜蘭豪商，經營製酒，純益頗多，邑人仰慕，資產約二萬伍仟餘圓。

9.李長清：經營米穀雜貨，精米所及煉瓦製造業等，實業頗有聲望，致富頗巨。

10.黃作璜：襲先人餘資，後自營實業，經營製糖場、金礦業及諸事業，信用頗厚。

11.蔡朝興：經營雜貨商，開墾土地，創業製糖，致富巨萬，名望冠邑。

12.黃鳳鳴：宜蘭實業家，家世經商，創設興殖組合，成立振拓產業會社，資產參拾餘萬。

13.蕭維翰：熱心實業、造林、開墾、製糖、製酒、製灰等，莫不參與，組織信用組合。

14.林時香：蘭陽之世家，與從兄林元弼，從事商業，並留心種種事業。

15.黃再壽：經營實業，製糖、開墾、造林、製酒、變更振拓會社，創立製油會社。

富商掌握經濟，較能體察社會狀況，對地方事務更能得心應手。

四、科舉士紳

清代台灣係為新開墾地區，起初各地士紳本甚稀少，後來由於地方繁榮，文教漸興，透過科舉、捐納、軍功等方式，獲取科舉功名人士也

隨之增加，而成為地方的領導中堅與名門望族。以宜蘭平原而言，因科舉、捐納、軍功而得享仕紳望族的地位，約在咸豐、同治以後。[54]

此因嘉慶、道光年間，蘭地尚未脫離移墾社會的色彩，致使家族興起的方式都靠墾、商或商墾，以科舉起家者，道光朝僅黃纘緒一人而已。但是咸同以後，情況改觀，科舉蔚為主流，使得望族的產生，以科舉為基本背景。因此光緒時期，以科舉起家者佔百分之七十五以上。這種家族興起方式的轉變，連帶地影響地方領導階層的轉型，即仕紳型的領導人物取代豪強型的領導人物，此一轉變亦正反映清代宜蘭脫離移墾社會，走向正常化、仕紳化社會的事實。[55]同時，部分富豪之家，救濟賑災，捐得官銜、監生等；而另有些人參加戰事或委辦任務有功，獲官府賞授獎勵，也助長仕紳家族的發展。及至日治時期，雖已改朝換代，但其家族勢力已然形成，在地方上仍素負聲譽。如能鼓勵其子弟唸國語學校、總督府醫學校或東渡日本讀書，更能光耀家族的名望。

這些仕紳望族，可列數人，以供佐證：

1.楊士芳：同治戊辰進士，欽點即用知縣，仰山書院掌教，仰山書院祭酒，家門繁榮，其富四萬。

2.黃纘緒：開蘭首位舉人，儒學正堂，並追隨姚瑩，返籍後任仰山書院教授，有子十三人，一門興隆。

3.李春波：中舉後無意宦途，掌教仰山書院，其弟亦中舉人，子為貢生，三舉一貢，極有盛名。

4.陳掄元：宜蘭武科世家，其租萬石，富等王侯，家道昌盛，代有人才，允稱宜蘭第一。

5.李望洋：舉人出身，官至甘肅知府，回籍後經辦公務，兼掌仰山書院，家門頗盛。

6.黃學海：開蘭第一貢生，黃氏一族共得五貢生七秀才 且族繁逾百，可謂閥閱世家。

[54] 蔡淵絜，〈清代台灣基層政治體系中非正式結構之發展〉，頁一○一。
[55] 廖風德，《清代之噶瑪蘭——一個台灣史的區域研究》（台北，里仁書局，民國七十一年六月），頁二二六。

7.周振東：周家人丁興旺，中式武舉後，大興土木，堂皇燦爛，名聞遐邇，為員山首要望族。

8.陳際春：以賑濟饑荒，報捐監生，後又建功賞戴藍翎並軍功銜，為蘭境陳姓族正。

9.張達猷：祖父列授貢生，達猷取秀才，名遍蘭陽，宅屋華麗，門第增光。

10.張俶南：五結廩膳生，出任多項公職，治績咸佳，極孚眾望。

11.林廷儀：與弟廷綸均為舉人，誥授文林郎，後裔俱賢。

12.江錦華：武科秀才，以勞績授軍功，棣堂俱秀，門第愈耀。

13.黃友璋：宜蘭貢生，候補縣正堂，房親眾多　後裔皆地方俊彥，咸謂象邑中悉賴其慶。

在「學而優則仕」的傳統社會，這些仕紳家族是宜蘭人企盼的模範家族。

五、文人儒士

此類人物雖無高級科舉功名或顯赫官銜宦途，卻為鄉梓所敬重，以其具備幾項條件：其一，學識：讀過書，亦有見識，在遍地文盲的社會，誠乃難能可貴，「萬般皆下品，唯有讀書高」就是很好的寫照；其二，德行：傳統社會看重倫理道德，學做孔孟聖賢，行事成仁取義，品德高尚因之而為社會標竿；其三，年高：經驗與閱歷是待人處世的法寶，兼備者當是年長之人，使後生晚輩俾有遵循；其四，公益：熱心地方事務，參與公益活動，使鄉人能感受其恩德，亦是眾望所歸的基本要素。這些人物之取得領導地位，在名不在利，姚瑩致僚屬手札曾謂：「海外風俗雖多粗悍，而士子求名之心獨甚。」他們除參與處理公共事務外，亦當擔任文教工作，如講席塾師、文人儒士等因其甚受社會上一般人的尊崇，且具相當大的影響力，族人皆視為一族的殊榮。[56]

宜蘭向有「海濱鄒魯」之稱，除前述科舉仕紳，另有儒生、塾師等

---

[56] 蔡淵絜，〈清代台灣社會領導階層的組成〉，頁二八～二九。

文人儒士，其中部分亦為生員，茲舉數例：

1.呂桂芬：宜蘭之耆宿，職貢生之子，學問賅博，爽氣橫秋，首倡宣講聖諭，裨補風化。

2.陳以德：刻苦勵學，宏覽群籍，研鑽詩文，品學並進，垂惟授徒，後舉為保正，上下輯睦。

3.賴羲楨：累世宜蘭儒家，博學強記，穎悟俊秀，後教授生徒，閑居養老。

4.陳拔英：一介儒生，英邁進取，曾任區、庄長，忠職守分，名聲遠播。

5.林靖邦：宜蘭儒生之俊秀，恭謙持身，德容自備，開講筵教授諸生，受教者甚眾。

6.陳濟川：博覽強記，有名之老儒，在家助父，設塾授徒，其嫡亦成名，三世文學，門第增光。

7.楊樞機：博通經史，家居靜修，氣品道學，逐年雄俊，每與官紳協辦地方公事，以敷佐理。

8.陳蔡庸：品性純直，維持地方屢有建功，高風清節，為一清儒。

9.陳朝西：蘭西儒士，識見高超，維持地方，曾任庄長、區長，人望爾洽，為鄉閭之望族。

10.柯錫疇：居常好詩文、書法，樂與知名之士往來，耽為造就人才，且有好施不倦之德。

11.林祖陳：少修漢學，壯而習武，歷任街、庄長，凡地方公共事務，義舉救恤，皆竭力奔走。

12.陳登第：宜名望家，醇厚溫和，疏財仗義，有古人風，倡設宣講聖諭，維持地方教化。

13.林纘武：幼少修學，見識不凡，理義明晰，頗通吏務，為人溫和謙遜，為望重之鄉紳。

14.江兆麟：學識宏博，設帳授徒，任職地方莫不盡力奉公，榮譽遍邑，聲望殊高。

15.許正觀：少勤學文，歷經甲長保正，鄉黨仰慕，佳績頗多。

宜蘭的文人碩儒還有很多，無法盡舉，他們教遍蘭境，對蘭陽平原的文治教化當有一定的影響。

六、鄉庄頭人

鄉庄頭人為鄉庄組織中的任職人員，可視為鄉里基層組織的領導人物，其地位或來自政府指派，或係民眾推舉而來，大都為地方富豪或有力之家，進而負責經辦地方公務，如總理、董事、街庄正副、聯甲頭人、簽首等即是。他們可歸為兩類，一類是地方臨時有事或需從事公共措施，暫時推舉出來的負責人或督導人；另一類是屬於本項鄉庄組織中的常制領導者。其所以產生的理由乃傳統政治機構只到州縣廳為止，州縣廳以下須賴鄉里民間組織維持。因此，為加強政治控制和治安秩序，此種非正式的民間自治團體，遂為官方所看重，加以制度化和普及化，形成一套為地方官嚴密控制的半正式行政組織，因而呈現強烈的區域特性。[57]

依當時的基層組織，於堡內人煙稠密之地，或鄉間較繁盛之地稱街，餘則稱庄。合數堡所屬街庄置總理一人，每街庄置街庄正、副各一。總理由有關街庄紳耆選舉之，稟請官廳委任；街庄正副則由街庄居民選舉之，稟請官廳核准。地方官廳另遴選當地生員、監生中年長望重而有資產者為董事，參與街庄事務，係名譽職。董事、街庄正副等協助總理，辦理各街庄事務。[58]就此看來，總理地位較高，勢力亦大，擔負的職責共有九項：1.調節民事訴訟或其他紛爭；2.撤回已隸屬於官署的民事訴訟，由官署交下，而各予辦理；3.管理公共事業；4.協同紳士籌捐地方公務所需基金；5.領導人民迎送接應官吏；6.編查保甲門牌；7.辦理團練、冬防、保甲、聯庄；8.稟報不良之徒於官，以策境內安全；9.傳達政令。[59]

宜蘭地區的鄉庄頭人亦復不少，惟無具體而詳細的記載，茲從各種

---

[57] 蔡淵洯，〈清代台灣社會領導階層的組成〉，頁二八。

[58] 莊英章、吳文星纂修，《頭城鎮志》，頁一○三。

[59] 蔡淵洯，〈清代台灣基層政治體系中非正式結構之發展〉，頁一○六。

資料，加以匯整，得有數人：

1.陳奠邦：豪氣自許，天性不漓，為宜蘭街坊總理，閭里引以為榮，通判高鏞旌其廬曰：「純孝天成」。

2.張江池：地方俊士，天稟豪放，舉止活潑，接人甚篤，擢用蘭邑總理，上下信賴。

3.陳加添：羅東豪農，家產甚巨，曾任清水溝堡總理。

4.李皆然：曾受賜頂戴九品，任頭圍街董事及總理並鹽務支配人，老少均欽仰其為人。

5.陳順水：監生出身，光緒年間任頭圍街庄總理二十年，長於經商，富甲一方，急功好義。

6.林連三：林氏大族，才學雙優，道光十八年就任四圍保庄總理，達三十餘年，建樹良多。

7.江錦章：生於豪農家，昇授五品軍功，光緒年間錄用東勢六堡總理，日治時期，登任宜蘭廳參事。

七、杏林醫業

在望族的職業轉化中，一個新興的特殊行業漸受重視，就是醫生，包括以傳統中國醫術為業的漢醫和接受近代西洋醫學訓練的西醫。前者的培養途徑有：一是有志習醫的讀書人，跟隨漢醫研讀《黃帝內經》、《傷寒論》、《醫宗金鑑》等書，加上實地臨床經驗之後獨立行醫；二是進入藥舖為徒弟，從實地製作藥材開始，然後循序學習藥性、調劑、處方，再逐漸研讀醫書，從事醫療工作。[60]這些漢醫很多是文人出身，因此，頗具社會地位。

甲午戰後，西醫興起，更受崇敬。因日本統治台灣，實行差別待遇的殖民政策，在教育上採取愚民手段，只准台灣人學習少數具實用性的學科，使得醫師成為趨之若鶩的熱門職業。總督府醫學校是當時台灣最

---

[60] 陳君愷，《日據時期台灣醫生社會地位之研究》（台北，臺灣師範大學歷史研究所碩士論文，民國八十年六月），頁一五。

高學府，畢業生無論在公立醫院就職，或自己開業行醫，均受社會人士的尊重，成就非凡，積聚相當的財富，或被推選為信用組合長，或被選為市街協議會議員，甚或被遴選為總督府評議會員，成為新的顯貴族群。[61]這些漢醫、西醫幾乎等同於望族，茲列舉於後：

　　1.蘇壁聯：父蘇樹琮為漢醫，清朝秀才，軍功五品，學術淵博，醫術高明。

　　2.蘇壁璋：壁聯之弟，開設中醫診所，求醫者甚眾。其子耀正經營中藥店，三代漢醫世家。

　　3.林拱振：宜蘭望族，清代廩生，研習漢醫，著手成春，撰有《醫方大成》。

　　4.林耀庚：林拱辰長子，攻讀漢學，總督府醫學校畢業，父子中、西醫並舉。

　　5.藍堂燦：林拱振外孫，羅東望族，日本京城齒科醫專畢業，羅東行醫多年。

　　6.陳喬岳：林拱辰外孫，宜蘭擺厘望族，出身日本大學齒科部，返籍後開設齒科醫院。

　　7.陳金波：漢醫陳鳳鳴之子，少時研讀經書，畢業於總督府醫學校，曾赴日本東京大學醫學部深造。

　　8.陳熙春：陳金波之子，台灣大學醫學院畢業，接掌其父所開設的太平醫院，世代望族。

　　9.林木溪：五結望族，總督府醫學校畢業，成立利生醫院，其子林崑智，出身平壤醫學專門學校，女婿亦為醫生。

　　10.陳呈祥：羅東富豪陳進財長子，日本愛知醫科大學畢業，其妻石滿亦宜蘭望族，京都女子醫專畢業。

　　11.陳謙遜：杏林名家，從父修習醫術，無藥不效驗，曾賞授五品軍功，子孫皆業醫，數代中、西醫術家族。

　　12.林人和：總督府醫學校優等畢業，初職宜蘭醫院，後設仁和醫

院，懸壺施行之術，聲名遠播。

　　13.張蒼松：精醫術，業醫及藥種商，頗有令名，官許醫生，儼然一儒醫。

　　14.何連雲：冬山人，少修漢學，後專心醫術研究，施仁術於世，成績頗佳，名望殊高。

　　15.陳進東：溪南望族，日本長崎醫科大學畢業，行醫逾五十年，口碑甚佳，岳父林捷龍亦羅東名醫。

　　日治時期的新制醫師，以望族為後盾，醫術作進階，逐漸開展聲勢，成為地方上的新貴家族。

第四節、宜蘭漢人家族的地方參與

　　傳統社會建立在儒學的基礎上，而儒家倫理思想的內容和道德教化的任務，就是保持群體的和諧與統一，調節群體內部的人倫關係，培養人的群體意識；進而重視個人利益與群體利益的協合，以維護群體的公共利益。這種現象不僅表現在個人與家族間，作為一個孝子，其為人處世須遵從父母的意志並考慮到家族的利益。推而廣之，當個體利益與國家利益以及社會利益、公共利益發生衝突時，應該是要以後者為優先。因此，儒家從孝引申出忠，即「移孝作忠」，如果說「孝」是強調家族的群體利益，而「忠」則是代表國家、社會利益，看重的是國家的公共利益，「苟利社稷，則不顧其身」。[62]

　　地方望族雖望重地方，飲譽鄉里，但層次尚屬偏低，很難與聞國家大事，參討朝廷政務。就實務而言，其所能顧及的範圍，仍限於地方上、鄉里間的公共事務。因此，基於實踐儒家的倫理道德，望族熱心公益，關注鄉土，是切合情理的事。再者，人不能離群索居，家族也不可置外於地方社會，如無芸芸眾生與其他家族的烘托，望族就失去光彩；如無繁雜事務需要順利處理，望族的影響會大打折扣。職是之故，望族的價

---

[62] 張鴻翼，《儒家經濟倫理》（長沙，湖南教育出版社，一九八九年三月），頁一〇五～一〇七。

值顯現在與地方事務的密切結合，並起領導作用。宜蘭地區深受儒家薰
陶，教化所及，很多望族仕紳，亦皆關心地方，獻身公益，服務桑梓。
茲將《台灣列紳傳》和《人文薈萃》兩書明文提到對地方貢獻的宜蘭仕
紳，摘錄列表，以資佐證：[63]

編號	姓名	出身	敘述文句
1	李紹宗	貢生	執掌要職，貢獻地方，名聲噪於遐邇。
2	呂桂芬	廩生	凡地方公共義舉，以及慈善事業，靡不踴躍而為。
3	蔡王章	生員	凡公益諸事，無不踴躍前趨，可謂樂善君子矣。
4	王沈同	登仕郎	幫忙事務，維持地方有功。
5	江錦章	軍功	德望冠於地方、凡公益諸事，無不踴躍前驅云。
6	藍新	富賈	凡義所存者，無不竭力，公益諸事，捐貨不惜。
7	林澤蔡	生員	除弊興利，鞠躬盡瘁，不遺餘力，聲望益著。
8	陳進財	豪農	凡公益諸事，並義所在，喜捨千金而不惜。
9	李克聯	保正	素篤於義，賑濟救恤只恨其不遍，邑人信賴最厚。
10	陳貴仁	良賈	苟義所存者，棄捐不惜財，仁聲遠播。
11	呂青雲	豪農	凡公益事業，無不踴躍而率先，復不吝於惠施。
12	林祖陳	秀才	救荒恤貧，喜捨不惜，凡公共義舉，委身恨其不及。
13	李及西	富豪	獻策地方利弊，邑民無不偉其功。
14	林含靈	富農	社會公共義舉，輕重大小，悉皆俟其手腕。
15	李挺枝	貢生	救荒恤貧，不吝賑濟，凡公共義舉，委身擲財，只恨其不及。
16	林巽東	豪農	賑濟不吝，邑中義舉，皆喜而莫不棄捐盡瘁。
17	林青雲	豪商	急公好義，熱誠公益，義舉救恤，寄附公共。
18	朱再枝	富商	地方改善，莫不勇為，人感欽仰。
19	陳朝西	儒士	凡地方公益諸事，靡不盡力貢獻，人望爾洽。
20	石紹光	生員	所有事事及救恤寄附義舉，莫不竭力。
21	黃鳳鳴	豪商	自來傾心社會，凡地方義舉，惟恐落後。

---

[63] 參考鷹取田一郎的《台灣列紳傳》、遠藤寫真館主的《人文薈萃》及莊英章、吳文星的《頭城鎮志》之人物簡傳。

22	莊麗	望族	凡公益義舉，靡不踴躍，率先而為，令名遠播。
23	游仕卿	富商	公共事業，義舉救恤寄附，樂自施惠。
24	陳登第	望族	凡公共事業，賑濟救恤，靡不樂為。
25	蕭維翰	富商	濟人窮困，不惜巨資，貢獻地方，誠善人也。
26	林花梔	富商	凡公共事宜，莫不踴躍，信望冠邑。
27	張俶南	廩生	公共事業寄附頗多，真好紳士也。
28	莊贊勳	參事	急公好義，風俗改良，除弊興利，鞠躬盡職，不遺餘力。
29	林乾坤	保正	熱心致力於社會公益事業，樂善好施，名重鄉里。
30	黃纘宗	生員	舉凡地方公益或濟助貧困，輒慷慨捐輸。

　　以上僅就部分資料裡，出現「熱心地方公益」之類字句的人物，加以謄抄，事實上，奉獻鄉土的仕紳還有很多，也不必盡列。惟寥寥數語，內容失之空泛籠統，很難確知實情。因此，特將地方事務區分數端，並舉仕紳望族的具體貢獻，俾助了解地方人物與公益事務的關係，同時，從浮現的史事中，可尋繹宜蘭史的發展脈絡。

一、興建寺廟

　　宜蘭地區拓墾之初，由於地勢、交通、天災、疫癘及蕃害等問題，促使移民墾者凝聚結社，進而興建寺廟，以執行村落與團體的自治、自衛、涉外等各種機能、並擔負信仰、文教、娛樂、福利等責任，成為一股安定鄉土社會、處理地方事務不可或缺的力量。開蘭拓荒者腳步之所至，廟宇即是託命依歸所在。陳其南曰：「台灣鄉村的寺廟負擔起整合鄉庄社會的任務，使台灣漢人社會從傳統的、封建的祖籍分類意識中解放出來，而在新的移民環境建立新的社會秩序。更清楚地說，清代台灣漢人社會中，新的地緣團體之建立是以寺廟神的信仰為基礎，而發展出來的村落或超村落之社會組織。」[64]準此以論，蘭陽平原的寺廟與地方公共事務的關係至深且密。兼之涉及寺廟的事務均甚莊嚴慎重，非得仕

---

[64] 陳其南，《台灣的傳統中國社會》（台北，允晨文化公司，民國七十六年三月），頁一一七。

紳望族的主持，不能奏功，致使宜蘭寺廟的興修、管理、廟會等，都可發現仕紳望族的積極參與。茲分項說明：

(一)、孔廟

孔廟又稱聖廟、文廟，舉人李望洋盛贊其「備極尊崇，非他祠宇可比。其正殿名曰大成，所以奉先師孔子而集群聖之大成也。」又曰：「蓋孔子繼往開來為萬世師表，五帝三王之帝至孔子而大發，其精華斯文賴以不墜，吾道賴以昌明，振古爍今，光明日月。」[65]

宜蘭孔廟始建於清同治四年（一八六五），為舉人黃纘緒，拔貢黃學海、拔貢李逢時、仕紳林國翰等四人所發起興建。但初建造，即遇「唐山內亂」，物價飛漲而停工，直到同治七年 新科進士楊士芳及第返鄉，暨舉人李望洋、歲貢黃鏘等召集宜蘭各界人士捐修，當時建廟董事多達一百二十位，皆為宜蘭地區官宦紳商等顯要之人。竣工後歷經二十餘年，因遭蟻蝕之害，幸賴蘭紳陳掄元等倡議，於明治三十六（一九〇三）至四十年（一九〇七）重修。擔任的委員有：陳掄元、林拱辰、藍新、林維新、陳書、林元弼、江錦華、莊茂林、鄭騰輝、張鏡光、陳拔英、游聯甲、李紹宗、莊贊勳、張俶南、黃鳳鳴、林祖陳、陳朝鏘、郭奠邦、林振立、林澤蔡、呂桂芬、林舜年、林贊武、陳朝西、陳貴仁、林枝、蔡振芳、黃友璋、陳純精、李樹森、蕭維翰、林以時、李克聯、游仕清等共三十五位。[66]這個名單是集當時宜蘭科舉功名、碩儒俊彥、仕紳望族之大成，也唯有孔廟方能匯集如此精英，共襄盛舉。

蘭邑除文廟外，羅東亦建有崇奉孔子的文宗社，儘管規模遜色，聲勢不逮，但縣內並存二座孔廟，或為全台罕見。其始倡者為溪南望族黃永在，他「及至中年，致力社會公共慈善育英事業，尤對神祀信仰極深，創設羅東文宗社（文人墨客所崇拜之孔子及五文昌祀）」，並為之「購置田產十餘甲」。[67]羅東望族賴容鎮亦對建置文宗社，獻替良深。[68]

---

65 李望洋，〈修保廟宇（文廟、城隍廟、天后廟等類）議〉，載《揚文會策議》（台灣總督府，明治三十三年三月），頁五八。

66 民政局文獻課編輯，《宜蘭縣寺廟專輯》（宜蘭縣政府，民國六十八年十月），頁六一～七六。

67 黃阿熱編，《黃純善公家系譜》（宜蘭五結，黃純善公祭祀公業管理委員會，民國七十五年

（二）、各地寺廟

傳統信仰為泛神論，無神不可祭拜。鄉邑廩生林巽東曰：「溯及台灣自鄭氏開創以來，各處地方俱有建立神祠廟宇，以恭奉夫聖神者，此豈無故而然哉，蓋一邑自有一邑之人情，一郡更有一郡之風俗，人情不一，斯風俗亦因之而各異。」是以孔廟外，「政治者必設立夫城隍之神，以為化民之主宰；且營事業、建功勳者必藉夫神祇之默佑。」[69] 如此眾神包括政教神、名宦神、行業神、鄉土神、先賢神、自然神及無主鬼神等。而其廟宇的興建，則為公共事務，仕紳望族領銜主導，甚至無主的萬善祠、有應公亦不例外。余光弘曰：「由於相傳人死後若無適當的葬、祭，必會靈魂無依，以致遊蕩生怨，荼毒地方，因此對無主屍骸的收埋及祭祀一直是中國社會中，頗受注重的地方公益事業。」[70]

以下列舉部分宜蘭地區廟宇修建時重要的倡議者或獻金者：

編號	廟名	主神	興修年代	重要餐與仕紳望族	資料來源
1	蘇澳晉安宮	張公聖君	道光 7 年籌建	先賢蘇士尾、張光明	蘇澳開拓史考
			大正 13 年重建	縉紳雷萬福、林維巖、黃阿熊	
2	壯圍補天宮	女媧娘娘	咸豐元年改建	仕紳陳歪、陳騫、陳東立等建	補天宮沿革
			大正 11 年修建	保正陳海、仕紳陳振坤、陳竹山、戴陳金旺	
3	冬山福德廟	土地公	咸豐 6 年新造	首事許壘、仕紳李財生、林海生、林江准等人	清代噶瑪蘭古碑之研究
4	宜蘭先農壇	神農大帝	咸豐 8 年重建	黃遇春首倡、職監林國翰、舉人黃纘緒、	清代噶瑪蘭古碑之研究

十月），頁五一。

68　《桃川賴氏六修族譜》。

69　林巽東，〈修保廟宇（文廟、城隍廟、天后廟等類）議〉，載《揚文會策議》，頁六二。

70　余光弘，〈沒有祖產就沒有祖宗牌位？〉，《民族學研究所集刊》，第六十二期（南港，中央研究院民族學研究所，民國七十五年），頁一三八。

				職員林啟勳、職監黃玉瑤	
5	羅東震安宮	天上聖母	同治初改建	望族黃永在	日治時期台灣碑文集成
			光緒 18 年重建	總理陳謙遜望族,張能旺、黃禮炎	
			大正 11 年重建	信紳胡慶森紳	
6	五結萬善祠	無主孤魂	光緒 7 年興建	首事者皆貢生與舉人	清代噶瑪蘭古碑之研究
7	礁溪協天廟	關聖帝君	光緒 13 年重修	同知銜李及西、大成館林吉記、舉人黃纘緒、進士楊士芳、舉人李春波、河州府李望洋	清代噶瑪蘭古碑之研究
8	頭城喚醒堂	王靈官	光緒 21 年創建	進士楊士芳、同知銜李及西、貢生莊如川、廩生莊際輝、庠生陳掄元、林冠英、生員簡花魁、張鏡光	渡世慈帆
9	宜蘭碧霞宮	岳武穆王	明治 30 年興建	進士楊士芳、撫墾大臣林維源、同知銜李及西、五品同知汪鳳鳴,舉人李望洋、貢生李紹宗、黃友璋	碧霞宮建廟榜文
10	頭城慶安堂	定遠帝君	明治 32 年興建	紳耆莊碧芳、吳炳珠、吳祥輝	頭城鎮志
11	礁溪三皇宮	三官大帝	大正 7 年重建	區長游棟樑、鄉紳游九、陳天源、陳天性	礁溪鄉志
12	五結永安宮	天上聖母	昭和 3 年重建	地方諸先賢林木溪、林木火、林維、林松江、朱錦源、陳金泉、陳條旺、賴阿牛、林金水、林柏炎、林大目、蔡亦香	永安宮紀念手冊
13	壯圍永鎮廟	開漳聖王	昭和 6 年重修	庄長吳焰樹、仕紳游火旺、張郭春、李添旺	永鎮廟簡介

（三）、廟會慶典

此外，廟宇的執事管理與廟會慶典的統領，亦都由仕紳望族擔任。就前者而言，如明治三十一年（一八九八）宜蘭碧霞宮鸞堂的執事為總理堂講事進士楊士芳、校正生貢生黃友璋、校正生廩生汪鳳鳴、董事武生陳掄元、總理講事兼正講廩生呂桂芳、總理兼禮講并助講陳祖疇、副董兼抄錄并副講蔣國榮、幫理堂講事兼副職職員莊贊勳、總理台事兼正講生李克聯、左鸞生兼傳宣陳登第、右鸞生兼禮講武生吳天章、副鸞生兼淨垃賴黃章、副鸞生兼傳宣掌籍張榮藩、傳宣專責族正林承芳、辦理台事兼副講職員鄭祥雲、辦理台事兼司香林來安、督辦台事兼副講林㼆瑛、正講生專責兼監理講書李耀堂、正講生專責張源英、正講生兼傳宣抄錄游聯甲，還有石秀峰、簡賡南、陳克花、李紹年、李桐柏、黃順坤、潘益謙，潘以誠，林達源、蕭清茂等，真是職繁不及備載。[71] 凡此一時之選，除強調碧霞宮的重要性與影響力，亦可顯示地方仕紳望族參與廟會的誠意。

誦經是廟會的重要儀式之一，為祈求福報，仕紳望族非常樂於捐款助印。根據《武帝經》後頁所列捐印的頭銜芳名有：特授甘肅河州正堂李望洋、浙江即用縣正堂楊士芳、選用縣正堂李春波、選用選正堂林廷儀、儘先遊擊銜陳輝煌、選用儒學正堂周元音、同知銜李及西、恩貢生蘇朝弼、附貢生蘇朝輔、稻江與善堂、庠貢生胡玉峰、庠貢生張雨祁、廩生鄭逢香、廩生張俶南、廩生林以佃，增生陳占梅、增生林巽東、生員王及春、生員賴撝謙、生員張清源、生員林春光、生員張學書、生員宋鳳祥、生員陳濟川、生員林維新、生員林拱辰、生員蔡步蟾、生員吳如洋、生員宋偕鳳、生員莊際輝、生員張如淵、生員林步梯、生員林鴻賓、生員黃秋華、生員藍青、生員呂桂芬，其他還有職監、職員、監生、軍功、童生等，總共九十一人。[72] 幾乎網羅當時所有的科舉名士與縉紳望族。

這兩分名單充分傳達碧霞宮的重要性與影響力，以及經懺的警世意

---

[71]〈碧霞宮鸞堂執事姓名〉（宜蘭，戊戌年仲夏月）。

[72]《武帝經》後頁所附的捐資助印名錄。

義與勸善功能；同時，亦可獲知仕紳望族參與廟會的熱度。

寺廟的慶典活動，一般都很隆重壯觀，遇到重大廟會時，更是持續多日，費用浩大，過程繁複，儀式莊嚴，這時更不能沒有仕紳領銜帶頭。如光緒八年（一八八二）四圍庄祈安建醮的爐主是公埔林連三（總理）。明治三十五年（一九○二）四城祈安建醮的爐主是武暖吳舜年（武生）。大正六年（一九一七）四城祈安建醮的爐主是北門底吳步蟾（吳沙後裔）。明治三十六年（一九○三）宜蘭縣內做羅天大清醮（八天清醮）的爐主是黃士北（監生）。大正四年（一九一五）宜蘭市做三朝祈安清醮，爐主是西門呂阿博（店號呂玉和），四大壇主事，西門黃阿西（豪商）、中庄街石萬安（豪商）、北門口謝阿火（望族）、西門陳貴仁（舖謂珍香號）。[73]當活動熱烈展開時，依然要靠幕後功臣，如頭城搶孤時，首當其衝的重要聞人，就是苦力頭林傳生。林氏麾下百人，挑挽板車數十台，雄霸一方，每日米粟吞吐搬運，只有他能統籌辦理，號召這班苦力義務搭建孤棚十二柱的工程，尤有進者，其為人凡街坊冠婚喪祭，事無大小，任勞任怨，皆勇於承擔，誠樂善之人。[74]

二、公共設施

公共設施是地方事務的主要內容，從籌備到規畫及至施工，理應由官府全權負責，但因清代政治機構僅及廳、縣，鄉里以次則無法照顧，村民只好另行設法解決，特別是中葉以後，內外交迫，國勢艱難，情況更為嚴重。宜蘭處在台灣的東北隅，寄望官府關愛，加強地方設施，談何容易；也因而使宜蘭仕紳頭人得以積極投入建城、修路、造橋等建設行列。

（一）、興建噶瑪蘭城

清代台灣沿襲築城傳統，各重要的府、廳、縣大都有建城池。基於屏障防衛的立場，噶瑪蘭的收歸版圖與興築城垣有其地緣上與事實的需

---

[73] 林性派主編，《林氏大族譜》（宜蘭礁溪，民國六十五年十二月），頁甲四一～甲四二。

[74] 陳志謙，〈頭城搶孤〉，《蘭陽》，第七期（台北市宜蘭縣同鄉會，民國六十五年九月），頁八○～八一。

要。然而興建城垣是件工程浩繁，曠時耗錢的事。噶瑪蘭廳開辦之初，當可預料經費拮據，人員不足，民力未逮，難以支應築城工事，所以工事大都委由民間的結首與舖戶負責攤辦施工。

〈雙銜會奏稿〉曰：「飭令各結首同挑溝築基各事宜，分段趕辦。其建造城樓四座，應飭地方官勘估動次興建。並據聲明，各結首分段築地，事屬急公，俟如法捐築完竣，由地方官查明姓名，造冊詳請獎勵等情。」[75]《噶瑪蘭廳志》亦曰：「蘭地築土圍，春木植，挑濬濠河，載插竹木，俱係漳、泉、粵三籍結首分段輸工。中作五段，漳得其三，泉、粵各得其一，其四城門弔橋，另由城中各舖戶攤辦。」後因環城所種的九芎樹「存活著，無過十分之三，詢諸結首，始稱所栽過大，一時不能生根。」乃「飭各結首，再就城基上偏插箣竹數週，仍於各旁，栽補小九芎。」[76]

從汪志伊和陳淑均的論述，可歸結數點：其一，築城是三籍結首分五段施工，以結首統率其屬下籍民進行工事；其二，四個城門弔橋由城中舖戶攤辦，商人比較寬裕富有，支付費用，應無困難；其三，城垣的補修，仍責令結首統眾完事；其四，俟築城完竣，受官府獎勵的就是結首，可見其地位之重要；其五，各結首的分段築地，由急公好義的總理陳奠邦主其事。[77]一言以蔽之，噶瑪蘭的興建，結首、舖戶、總理等地方人物是功不可沒。

（二）、修築道路

道路之重要，「林廣懷舖路捐題碑」所論至切，曰：「嘗聞道路之設，由來久矣，在昔先王愛民如赤，慮往來行人之窮困，體擔任負載之艱辛，於是傭工石以造道路，俾億兆徘徊於大路者，無顛躓之憂，行止於周行，絕少崎嶇之患。」[78]因此，仕紳之家樂於從事修築道路，既可

---

[75] 汪志伊，〈雙銜會奏稿〉，載《噶瑪蘭志略》，頁一三五～一三六。

[76] 陳淑均，《噶瑪蘭廳志》，卷之二上，頁九六～九七。

[77] 陳進傳，〈清代噶瑪蘭城之興建（上）〉，《民俗曲藝》，第五十五期（台北，施舍鄭民俗文化基金會，民國七十七年九月），頁七六～七七。

[78] 陳進傳，《清代噶瑪蘭古碑之研究》，（鹿港，左羊出版社，民國七十八年六月），頁一一八。

參與公益，又能多積善德。茲舉數例：

1.林敦厚：嘗見開蘭初期的入蘭孔道，羊腸鳥徑，交通不便，乃偕其二伯父平侯公捐巨款，興修宜蘭至三貂嶺至台北之全部道路。[79]

2.陳謙遜：杏林名家，擔任羅東堡總理，光緒十八年（一八九二）棄捐私財，修理冬瓜山道路，翌年改造羅東街路。[80]

3.林和：頭圍的大糧商，個性敦厚，樂善好施，每傾資修橋鋪路或接濟貧苦，甚得鄉人之尊崇。[81]

4.游清山：游氏看到頂埔公墓通道泥濘沒足，不良行走，念及抬官過者，不慎滑跌摔落，後果不堪設想。乃出資傭工，運石填築，增寬路面，從此來往之人毋慮前患。[82]

5.林居旺：礁溪玉石村人，服務熱誠，為求環村通行，拓寬「山東埤」古道為五公尺，銜接白雲村份尾林道，村民咸稱德便。[83]

6.陳氏家族於生意順利後，熱心公益，或救濟貧民，或捐資修路造橋，以利商旅之便，耗費不貲。[84]

值得敘述的是，噶瑪蘭城離順門外的街道，行人絡繹不絕，貨物搬運頻繁，為造福往來行旅，聯首林廣懷，街長吳尚儒、蔣昆、陳聽，耆老鄭性愚，街總黃寅恭，監生林逢春，及和記號、振春號、元泰號、長興號、金振號、捷興號、茶裕號、金蘭號、贊元號、順吉號、永興號、振源號、致和號、益興號、金裕號、德茂號、六合號等商店共同集資傭工鋪路。[85]

至於「蘇花古道」因係提督羅大春奉命修築，而日治時期「湖底嶺路」則為宜蘭廳辦理，俱屬官修性質，不予討論。

（三）、建造橋樑

---

[79] 林桂川，〈林拱辰先生詩文集序〉，《林拱辰先生詩文集》（台北，玉豐出版社，民國六十六年八月），頁一九。

[80] 鷹取田一郎，《台灣列紳傳》，頁六八。

[81] 莊英章、吳文星纂修，《頭城鎮志》，頁四一八。

[82] 莊英章、吳文星纂修，《頭城鎮志》，頁四三四。

[83] 林萬榮編纂，《礁溪鄉志》（礁溪鄉公所，民國八十三年二月），頁六五〇。

[84] 陳玉崑，《陳氏族譜》（宜蘭，民國六十九年八月），頁三。

[85] 陳進傳，《清代噶瑪蘭古碑之研究》，頁一一八。

　　蘭陽平陽河川密布，道路需要橋樑為之連接，以免「民多跋涉之悲，秋落冬寒人有行旅之苦」，即所謂「一時之雕琢，萬世之坦平」。有案可查的橋樑包括：

　　1.永安橋：林定謙、林松發和康美德等人「不辭鳩捐之勞，殷戶皆樂好善之義」，慷慨解囊，建造永安橋，以實現「人力可助天地之缺憾」。捐銀者除前三人外，還有同知銜的富豪李及西等多人，以店舖為名的源泰號、洽振號、萬安號亦加入捐款助修的隊伍。[86]

　　2.武暖石橋：這座橋是早期宜蘭通往礁溪的必經之路，原為木橋，因年久腐朽，行走危險，當地村民為圖一勞永逸，便利往來，遂合資改建為石橋。贊助者有武生吳舜年，仕紳吳源興、吳合義、吳合春、朱福壽、吳賜福、蔡江溪、吳振英、陳昌記、藍溪漳、李如春、高安吉、李三合、王雨琳、吳啟昌、廖火旺、吳四合、張振合及店號合成、合興、邁記等。[87]

　　3.福德橋：此為頭城鎮福德坑溪上的橋樑，聽耆老提及修橋後立有石碑，筆者曾數次田野實察，均無所獲，可能是溪流短促，豪雨成災，沿岸塌陷，造成石碑的流失。《頭城鎮志》亦明示此碑「今已流失」。[88]惟存照片而已，雖字跡不清，仍可看出是題刻鄉民捐款，因此，福德橋是地方仕紳合建似無疑議。

　　4.竹安橋：昭和十一年（一九三六），地方募款興建竹安橋（木造），以聯絡頭圍和竹安村，大糧商陳合春率先捐一千日圓。此外，中崙、港墘、王通塭、武營、外澳、七坑及福興大橋等興建時，陳氏亦莫不踴躍捐輸。[89]

　　其他還有許多橋也是村民集資合修，然因資料不明確，且難以稽考，略過不提。

三、文治教化

[86] 陳進傳，《清代噶瑪蘭古碑之研究》，頁一八四～一八五。
[87] 陳進傳，《清代噶瑪蘭古碑之研究》，頁一九七～一九八。
[88] 莊英章、吳文星纂修，《頭城鎮志》，頁十一三。
[89] 莊英章、吳文星纂修，《頭城鎮志》，頁四一七。

宜蘭在嘉慶、道光年間，由於拓荒和械鬥，社會充滿粗獷氣息；因著區間貿與農業商品化，社會競相逐利，瀰漫「俗化」色調，至咸豐、同治時期，文質漸重，士風趨盛，此轉型跡象應歸功官方和民間的努力。[90]關於前者，暫置不論，但就民間而言，以獲取科舉功名與接受教育為目標，為實現這個目標，仕紳望族廣泛地推動文治教化，其具體的做法，分述如下：

（一）、講授仰山

教育是百年樹大的大業，更是一切建設的基礎，論及教育，就離不開書院。《噶瑪蘭廳志》曰：「庠序以培養乎人才也，而書院即以輔成乎庠序，其為功較近而捷焉。」因此，楊廷理於設廳之初，即以景仰楊龜山為名，設立仰山書院，延請碩學開課，教導諸生。[91]

仰山書院草創時期，讀書未開，缺乏儒士，乃首聘湖南湘潭楊典三主講，啟牖教化，淡水廳陳維英亦曾來任山長，從此文風丕振，科甲聯登，而有「淡蘭文風冠全台」之雅譽。這些中舉的儒士無意仕途，進而回饋地方，貢獻所學，仰山書院就成為最佳的安身之處。

1.楊士芳：同治七年進士，欽點浙江即用知縣，後丁父憂守制，遂不出仕，光緒年間，掌教仰山書院，裁培後進。[92]

2.李望洋：咸豐九年舉人，歷任甘肅知縣、知州、帶官回籍，辦理台灣善後事宜，兼掌仰山書院山長。

3.李春華：咸豐元年舉人，曾接頭圍林本源租館館事，並曾出任仰山書院教席。

4.李春波：咸豐九年舉人，迨及返籍，其師陳維英山長力荐掌教仰山書院，培育英才。

5.黃纘緒：道光二十年恩科舉人，曾任侯官儒學正堂，欽加同知銜，返籍後即任仰山書院教授。

---

[90] 徐雪霞，〈清代宜蘭的發展〉，《台北文獻》，直字第六十九期（台北市文獻會，民國七十三年九月），頁一五三。

[91] 陳淑均，《噶瑪蘭廳志》，卷之四上，頁二七七。

[92] 本段人物簡傳參考下列諸書：《宜蘭文獻》合訂本、《宜蘭縣志·人物傳》、《宜蘭鄉賢列傳》、《頭城鎮志》。

6.黃學海：道光十七年貢生，先後受聘淡水廳明志書院訓導與仰山書院教授。

7.黃友璋：光緒十二年貢生，曾任仰山書院教授，後赴台北府儒學正堂。

8.黃鏘：道光三十年貢生，分發台灣府學訓導，光緒初任教仰山書院，後接篆宜蘭縣儒學正堂。

9.張鏡光：光緒十一年秀才，初窮研經義，稍長辭藻瞻富，後講經授徒，為楊士芳所知，荐任仰山書院文學講席。

10.陳以德：光緒十六年秀才，紅榜第一，爾後秉掌仰山書院事務，講究經史。

蒙受這些科舉出身的碩學鴻儒之薰陶教導，真是如沐春風，以致人文蔚起，文教大興。

（二）、授徒興學

舊時社會，大都是文盲，因而讀過書，認得字的就高人一等，農家儘管生活縮衣節食，也鼓勵子弟向學，以待來年出人頭地，使得村落不時傳出琅琅書聲。而且文人為施展所學，貢獻鄉里，最便捷的途徑就是設帳授徒。何況還有束脩，可以養家過活，進而贏得地方名望。如蔡王章、王沈同、陳朝楨、張俶南、張鏡光、陳書、鄭騰輝、陳以德、林昌祺、莊及鋒、林懋勳、林蔭萱、陳濟川、陳蔡輝、林錦成、王及春、黃遷喬、黃大邦、黃宗岱、李鴻儀、林靖邦、張清源、林懋昭、張廷麟、柯詠春、孫騰雲、朱再枝、林吳庚、柯賜疇、黃鳳鳴、江兆麟、陳朝西等人。[93]

家境富裕的望族更私設書院，除教導族人子弟，村鄰學童亦可就讀。如擺厘陳家興建「登瀛書院」，佔地寬廣、規模軒敞，延聘名儒掌教，分文武兩科，考月課，陳捷元、洪朝華、胡漱潤、俞錦標等諸英俊，皆來學習，當時之盛，儕名於鵝湖鹿洞。[94]此外，大福望族陳家亦「興

---

[93] 參見鷹取田一郎的《台灣列紳傳》和遠藤寫真館主的《人文薈萃》各頁。

[94] 鷹取田一郎，《台灣列紳傳》，頁八九。

建書香院，使兒孫勤讀孔孟，滿門書香。」[95]林氏「追遠堂開設義塾，聘林時英主持。」[96]

根據明治三十五年（一九〇二）所做的全省書房統計，宜蘭的私房書房計八十五所，居全省第十位；就學人數共二千零九十二人，佔第八位；每所的平均人數逾二十四人，居第三位，僅次於台北和新竹。[97]三年後，再做調查，書房數第七位，就學人數則進至第六位。[98]偏在萬山之後的宜蘭有此佳績，實在難得，可見仕紳是如何的重視地方教育。

日治以後，授徒興學的方式，逐漸改變，書院沒落，公學校代之而起，部分塾師就轉至公學校任教。仕紳的興學就是捐資獻地，望族張家即是顯例，大正七年（一九一八）特立「德被斯文」碑，以記其事。曰：「羅東公學校創設之初，頗乏基址，時十六份庄富紳張能旺裔孫等急公好義，遂將公學不要用之地全部寄附如址，實可謂有功儒林而流澤後世，我先帝陛下敕語云『進廣公益』斯之謂歟，爰掇數語以垂諸不朽云。」[99]

（三）、宣講教化

清廷為教化人民，特宣講聖諭。唯在台灣，因係新闢之地，百端待理，故地方上未暇多設置，尤以僻遠地區為然。為彌補此項欠缺起見，各地民間乃成立宣講善書，以之作為社會教育之機構。這種機構均為地方樂善好施之人所創設，而由能言善道的仕紳生員擔任講演。時間多選在朔望之日，亦有每日在夜間寺廟市肆熱鬧之地舉行。內容大都根據聖諭廣訓之旨趣，加上佛道思想，雜以因果報應之說，教化的效果，極為宏大。[100]

---

[95] 陳朝洪，《陳氏源流族譜》（宜蘭壯圍，民國六十七年十二月），頁一四。

[96] 江萬哲主編，《林氏族志》（台中，新遠東出版社，民國四十七年三月），頁三九。

[97] 吳坤明譯，〈全島書房近況〉，《台灣慣習記事》中譯本，第二卷下（台灣省文獻委員會，民國七十六年二月），頁一八九。

[98] 王信福譯，〈全島書房統計〉，《台灣慣習記事》中譯本，第五卷下（台灣省文獻委員會，民國八十年三月），頁一九三。

[99] 陳進傳，〈日據時期宜蘭石碑之研究〉，《史聯雜誌》第二十期（南投，台灣史蹟研究中心，民國八十一年六月），頁一五二。

[100] 王啟宗，〈清代台灣的風教〉，載《台灣史蹟源流研習會研究班講義彙編》（台北，台灣

就宜蘭而言，宣講機關就是廟宇的鸞堂，如碧霞宮、喚醒堂、慶安堂等。碧霞宮開宮以來，「僅以『儒』為宗，以『神』為教，宣講武穆忠孝節義，警頑立廉，以飛鸞濟世，解釋士民疑惑，造《治世金針》，詳載立廟經緯，說敦倫教以五倫提高道德。」[101]同時亦出善書，以廣弘教，如碧霞宮的《治世金針》，喚醒堂的《渡世慈航》的內容有判證、判症、訓家、勸家之詩、話以外，尚有三十餘篇之警世、修身、養性、戒淫、戒賭、戒殺生等之論、文、賦、歌、曲，凡此足以移風易俗，破除迷信，亦可使人人得履正信之道。[102]

至於宣講師，均為地方仕紳，如「首倡宣講聖諭、裨補風化凡十餘年」的呂桂芳。[103]「首創宣講聖諭，隨時勸化，頗有佳績」的張鏡光。[104]巨紳楊士芳、莊贊勳、李克勤、陳登第等人，亦倡設宣講聖諭，維持地方風教，卓有貢獻。[105]而諸善書所附的神職人員與鸞堂執事，均是望重鄉閭的熱心人士。宜蘭地區民風淳淳，宣講教化，功不可沒。

（四）、參與修志

方志是記錄地方史事的重要典籍，內容豐富，意義深遠，可謂地方的百科全書。而對各方面的資料，要明其源流，鑑其真偽，博而能斷，須依賴當地人參加編寫，可收事半功倍的效果，以其熟悉清楚的緣故，所謂「修志有二便，地近則易覈，時近則迹真。」[106]

《噶瑪蘭廳志》之成書，總纂陳淑均應居首功，實至名歸，然邑人之採訪檢案，亦難磨滅。故通判董正官曰：「考開蘭四十年來事宜，文案半多沿誤殘缺，一時稽覈為艱，然樂與都人士蒐羅檢校。」[107]陳淑均

史蹟研究中心，民國七十八年十二月），頁一一九。

[101] 李肇基，〈碧霞宮功德堂歷代先輩芳名錄序〉載《碧霞宮功德堂歷代先輩芳名錄》（宜蘭，碧霞宮管理委員會，民國八十二年二月），頁二。

[102] 呂營陳，〈渡世慈帆重印緣起〉，載《渡世慈帆》（頭城，喚醒堂，民國七十二年十二月），封面底。

[103] 鷹取田一郎，《台灣列紳傳》，頁六五。

[104] 鷹取田一郎，《台灣列紳傳》，頁七〇。

[105] 參見遠藤寫真館主，《人文薈萃》各頁。

[106] 黃道立，〈巨細畢收博而能斷〉，載《中國地方史志論叢》（北京，中華書局，一九八四年八月），頁五七。

[107] 董正官，〈噶瑪蘭廳志序〉，載《噶瑪蘭廳志》卷之一，頁二。

亦曰：「顧念諸君採訪之勞，若疆域、水利、津梁，資楊德昭；山川、寺觀、民風、蓄俗，仗李祺生；用賦、蠲政，叢自林逢春；關隘、舖遞，詳自蔡長青，不可以弗識也者。」[108]其中以續輯邑人李祺生著力最多，當《噶瑪蘭廳志》於道光二十年（一八四〇）定稿，道光二十九年，李祺生再加增補，於咸豐二年刊行。「陳李二氏編纂之精勤，創始之事功，將永垂不朽。」試觀續輯：生員李祺生，採訪：貢生盧永昌、監生潘廷勳、監生楊德昭、貢生林逢春、監生蔡長青，檢案：監生林瑞遠、監生盧本立、監生林國翰、監生林華簪，彙校：貢生黃學海、舉人黃纘緒、生員張四維、廩生蔣常昭、廩生李際春、生員林瑞圭、廩生朱長城、生員黃肇昂，續校：貢生黃鏘、舉人李春華、欽賜舉人林維讓、賞戴藍翎林維源、貢生潘永清。[109]這二十三位仕紳中約有十八位設籍噶瑪蘭廳，比例甚高。無怪乎，曾任蘭廳通判的董正官、陳盛韶、仝卜年、薩廉在序文中，交加贊譽。

　　台灣設省後，其既成的府志、縣志和廳志，舊者經百餘年，新者亦屬十數年前所編纂，亟宜加以修訂而未及實行。逮至光緒十八年（一八九二）台灣巡撫邵友濂始決議纂修《台灣通志》，以采訪冊式為修志內容。越明年，《宜蘭縣采訪冊》首先完竣繳稿。此志書係進士楊士芳主修，仰山書院主講李望洋、貢生李紹宗、生員張鏡光、生員張清源任分輯。[110]《台灣列紳傳》則提及張清源「班列台灣通志采訪事務局，與楊進士士芳、李刺史望洋、黃教授纘緒、李孝廉春波諸老輩，編纂《宜蘭采訪冊》。」[111]兩相對照，參與撰述的至少有楊士芳、李望洋、黃纘緒、李春波、李紹宗、張鏡光和張清源等人，他們都是蘭境的望族仕紳。惟可憾者，此書現杳無蹤影，不知下落何處。

　　方豪認為台灣早期的幾部方志中，擔任實際工作的人，幾乎全部是

108　陳淑均，〈噶瑪蘭廳志前序〉，《噶瑪蘭廳志》，頁九。

109　陳淑均，《噶瑪蘭廳志》，卷之一，頁一九～二一。

110　伊能嘉矩著，台灣省文獻委員會譯編，《台灣文化志》中譯本，中卷（台灣省文獻委員會，民國八十年六月），頁二七九～二八七。

111　鷹取田一郎，《台灣列紳傳》，頁八七。

本地人，並且是和時本地最優秀的人士，然而他們都被埋沒。[112]《噶瑪蘭廳志》和《宜蘭縣采訪冊》可添充佐證。

四、社會救濟

鄉先賢廩生陳朝楨論曰：「且天下有相待之情，不必別構一情以應之也；天下有相通之理，即當適肖其理以還之也，不於情外有所加，惟取我之性情與彼之性情相感而天下之情得不於理中有所歉，惟體人之欲惡與我之欲惡相通而天下之理，全居同類之中，盡同類之事，將見合之而萬物可共分之而一物不遺，此義之心所由出也，獨是義莫大乎救濟賑恤耳。」[113]貢生黃友璋亦曰：「且天下之窮民而無告者，莫如鰥寡孤獨，此文王發政施仁所以必先此四者，然亦發政施仁非即救濟賑恤之謂乎。故禮運曰：大道之行也，鰥寡孤獨皆有所養。樂記曰：大道之亂也，老幼孤獨不得其所窮而苦之。」[114]茲分數項討論如次：

（一）、義倉

未雨綢繆，防患未然，古有明訓。孟子所謂「有七年之疾，蓄三年之艾」，中庸亦曰：「凡事豫則立，不豫則廢。」在在說明預防的重要。清代台灣一向很重視災荒的預防，義倉即為一例。《大清會典》曰：「凡紳之捐穀，以待賑貸，曰義倉。各就市、鎮、鄉村建廒，春頒秋斂，取贏散滯，獎善酬芳，悉依社倉規條；惟頒斂之期，出入之籍，時呈所在官覈之；所在官於去任蒞任時，授受簿籍，察其虛實，以行衍勤云。」可見義倉穀米的來源是紳民望族按定額捐輸，由官府代為保管，於災荒時發放賑濟。[115]

---

[112] 方豪，〈清初台灣士人與地方志〉，《方豪六十自定稿》，上冊（台北，學生書局，民國五十八年六月），頁六二二。

[113] 陳朝楨，〈救濟賑恤（養濟院、育嬰堂、義倉、義塚、義渡、義井等類）議〉，載《揚文會策議》，頁六五～六六。

[114] 黃友璋，〈救濟賑恤（養濟院、育嬰堂、義倉、義塚、義渡、義井等類）議〉，載《揚文會策議》，頁五九。

[115] 黃秀政，〈清代台灣的社會救濟事業〉，載《台灣史蹟源流研習會研究班講義彙編》，頁三二～三四。

　　宜蘭在同治年間，通判章覲文、王文棨、洪熙恬先後捐派各殷戶出
穀入倉，共成美舉。「就常平倉舊址改建義倉七間，現倉儲早穀四千數
百餘石，遞年出陳入新，由官監督，委紳辦理。」[116]馬關條約訂後，人
心思亂，就因「義倉積粟凡數千石」，士紳嚴加防備看管，使盜賊不敢
覬覦，後「蘭陽風水逢災，窮民泣飢，即發義倉以得賑濟。」此即義倉
發揮賑災的效果。[117]

　　（二）、義塚

　　安葬是人生大事，因此，義塚之設，即屬預防性的社會救濟。此因
宜蘭初闢時，人民困頓，謀生不易，死後苦無安厝之時；同時，為埋瘞
一些流亡孤民，客死蘭境的無主屍骸，設置義塚供人下葬，實有必要。
「礁溪庄義冢定界碑」曰：「事緣蘭地撮爾微區，人煙稠密，平原僻壤，
墾闢無遺，而窀穸一事，每苦難營，自道光九年五月間，經總理楊德昭
等稟請山場為義塚。」[118]「紅仁土大坪義塚碑」亦曰：「爾等須知，該
山場既葬義塚，凡鄉人無力買地者，均可赴山擇穴安葬。」[119]萬善祠、
大眾廟等之建立，也是基於類似道理。

　　（三）、救濟

　　鄉先賢歲貢李桭枝認為王道之治，首在養生，「養生者何？舉天下
無告之民，思所以救濟之、賑恤之，故養濟院之設尚矣，或頒以錢穀、
賜以衣食，務使飽煖有依，饑寒無慮，又免風雨飄搖之苦，庶養濟之事
得焉矣。」[120]另一歲貢李葆英亦曰：「去年匪徒猖獗，殺奪之風，耳所
不忍聞。昨歲饑荒乞糴之狀，目所不忍見，使於此而有人焉急起而籌之
立一保護之方，與夫補助之策，其功烈之俊偉，豈不超前而絕後乎。」
[121]由於宜蘭地區常受颱風、火災、饑荒、祝融之害，人民流離失所，因

[116] 李望洋，〈救濟賑恤（養濟院、育嬰堂、義倉、義塚、義渡、義井等類）議〉，載《揚文
　　　會策議》，頁五九。
[117] 鷹取田一郎，《台灣列紳傳》，頁七十三。
[118] 陳進傳，《清代噶瑪蘭古碑之研究》，頁一六六。
[119] 陳進傳，《清代噶瑪蘭古碑之研究》，頁一九一。
[120] 李桭枝，〈救濟賑恤（養濟院、育嬰堂、義倉、義塚、義渡、義井等類）議〉，載《揚文
　　　會策議》，頁六○。
[121] 李葆英，〈救濟賑恤（養濟院、育嬰堂、義倉、義塚、義渡、義井等類）議〉，載《揚文

此，李棁枝所述的「養濟院之設尚矣」，誠非虛言。

與養濟院性質雷同的是普濟堂，《噶瑪蘭廳志》曰：「設有普濟堂，除紳士好義捐建者，經費聽其自行經理，其動用官發生息銀及存公銀者，均每歲報部覈銷。」[122]宜蘭進士楊士芳率先創建的碧霞宮，於成立之初，除效法岳武穆王之精忠報國外，附設賑救堂，專司救濟貧民、施米、施棺、施藥等，因是常年舉辦，受惠者眾，各方交相稱善。[123]

開蘭舉人黃纘緒即屬積善之家。光緒十四年（一八八八），「蘭地清賦定則，間有貧瘠地多水患者，公請別為不入次則，賦吏怒不可，力爭曰：民終歲胼胝，一水旱，農本且不知何有是而不分之，民疲矣，豈朝廷綏撫吾民之意乎？」終從公議。黃纘緒平居喜歡研究醫道，疫病流行時，公自製方藥施濟貧困者，並躬親診治巡視。每遇災荒時，有逃荒者前來乞食，公「輒督家人接納，如恐不周」，民眾深感其意。[124]

宜蘭地區曾有陳林李三姓「彼此械鬥，生活無依者眾」，望族林平泰乃「秉乎義不苟避之道，將全縣田園分予九族。」後乙未割台，兵荒馬亂，林拱辰「籌組勸善局，安撫同胞，救饑拯溺。」[125]義賈林冠英，「仗義疏財，傳令聞於市，曾逢歲凶，穀價暴騰，窮民泣飢，君即求給於外，平糶以濟。」[126]秀才張鏡光，極看重生命，撰有〈開生路論〉，曰：「蓋宜生而生，人人皆有免死之念；宜死而死，人人咸有幸生之心。」故而「大量調製痢疾丸，濟世行善，廣積善果，垂德後昆。」[127]

五、興修水利

水稻是台灣的主要作物，來自閩粵之移民幾乎都以稻米為主食，種

會策議》，頁六一。

[122] 陳淑均，《噶瑪蘭廳志》，卷之三下，頁二七二。

[123] 藍懷生，〈全國唯一岳武穆王廟早建在蘭陽〉，《蘭陽》，第二期（台北市宜蘭同鄉會，民國六十四年六月），頁五八。

[124] 連碧榕，《黃姓家譜》，頁二三～二四。

[125] 林桂川，〈林拱辰先生詩文集序〉，載《林拱辰先生詩文集》，頁一九～二〇。

[126] 鷹取田一郎，《台灣列紳傳》，頁七六。

[127] 張鏡光，〈開生路論〉，載《西堡張家族譜》，頁二一～二二。

稻是其主要的生活依靠。因此，移民在辛勤地拓墾原野荒埔，變為旱園、水田的過程中，埤圳開鑿之成功與否，是決定拓墾成敗之關鍵所在。亦即開築埤圳完成灌溉系統，拓墾始告全面完成。就蘭陽地區而言，從嘉慶元年（一七九六）吳沙率眾入墾，至嘉慶十五年（一八二〇）收歸版圖的十餘年間，已墾田二千一百四十三甲、園三百甲，合計二千四百四十餘甲。至道光二年（一八二二），約三十年間，蘭境報陞新舊田園已達五千七百四十三甲，包括田四千三百餘甲，園一千四百四十餘甲。開鑿之水圳多達四十八條。田與園之比例為七十五比二十五，水田灌溉之便，高出於全台很多。蘭陽先民之拓墾及開鑿埤圳的成果，極稱輝煌。[128]

蘭陽平原開築水圳之有如此佳績，是因開闢之初，採取結首制從事拓墾，由總結首、結首領導佃友分別拓墾境內各地區的荒埔。這些結首佃戶大多是壯勇，在從事拓墾荒埔成園後，也都試圖開鑿埤圳以利耕作，提高土地經濟價值。然因宜蘭地區颱風暴雨多，溪流湍急，土壤多沙質，常被各河川的洪流沖毀，造成埤圳的修築維護過高而不堪負荷，使得圳戶後來一再改組或轉讓他人，最後接手掌握的，大都是宜蘭當地的總理（如陳奠邦、楊德昭、鄭山）、進士（如楊士芳）、舉人（如李望洋、黃纘緒）、生員（如林瑞圭）等地方頭人仕紳領導階層，或出贌熟悉圳務者管理經營。[129]

經買賣轉讓到後來的擁有權者之過程，十分詳細，不只是治宜蘭水利史的寶庫，也是研究整個宜蘭史不可或缺的資料。在此筆者特別標出日治初期這些埤圳的圳主、圳長或管理者，以了解仕紳望族與水利開發的關係。[130]

---

[128] 王世慶，〈談清代台灣蘭陽地區之農田水利開發史料〉，《清代台灣社會經濟》（台北，聯經出版公司，民國八十三年八月），頁二一七～二一九。

[129] 王世慶，〈談清代台灣蘭陽地區之農田水利開發史料〉，頁二四〇～二四二。

[130] 參見《宜蘭廳管內埤圳調查書》，上、下卷各頁。

編號	埤圳名稱	所有人或管理者	出身
1	紅柴林及十九結埤圳	林阿毛	
2	阿里史庄佃圳	陳振光	羅東望族
3	金復興圳	楊永進	進士楊家
4	金瑞安佃圳	張新存	羅東望族
5	埤頭陂門圳	楊慶龍、陳闊嘴	楊是進士楊家
6	打那岸陂門圳	柳克明(看圳)	
7	八仙佃圳	劉扁	
8	金合順圳	張新存	羅東望族
9	林合源圳	林開榮	
10	金榮發埤圳	張不	
11	金豐萬圳	林榮宗	
12	金漳成圳	陳來馨等	
13	萬長春圳	李紹宗	宜蘭望族
14	鼎鑢社圳	林協勝、林阿訓	
15	金長安埤圳	李登第	舉人李家
16	八寶圳	林本源	板橋林家
17	林寶春圳	林青草、林初藏	
18	火燒圍圳	林本源	板橋林家
19	沙阿港陂門圳	江阿祿	
20	金源和圳	黃溫和	舉人黃家
21	金大安埤圳	周振三	
22	鼻仔頭圳	李紹宗	宜蘭望族
23	番仔圳	林屋、曾玉三	曾氏任保正
24	金大成圳	李及西	同知銜
25	太山口圳	楊士芳等	進士楊家
26	金結安圳	黃溫和	舉人黃家
27	金新安圳	李大經、李文來	業戶
28	抵美簡圳	林本源	板橋林家
29	林金長源圳	林爐等人	

30	四圍軟埤圳	吳扁(看圳)	
31	金源春圳	林同、林虎	
32	三十九結圳	黃阿宗	
33	李寶興圳	李及西	同知銜
34	章永安圳	林循陔、林靖邦	均為秀才
35	金同春圳	林新科	
36	充公圳	林新科	
37	金慶安圳	李榮宗、藍金枝	

　　就此表看來，已確知半數圳主是仕紳望族，其他人雖難以查明，但揆之情理，擁有埤圳非財力雄厚者莫辦，因此，這些圳主盡是仕紳望族，該是不離譜的推論。再者，擔任圳主，深受地方敬重，《黃姓家譜》曰：「邑東金結安圳灌田千數百甲，源流屢決，管理者多虧失，公（黃纘緒）出理之，獨得寧順，獲利以巨。夫蘭邑也，公既早有名，邑有煩劇，恒倚重焉。」[131]可見從事埤圳的投資與管理，還是一條致富的捷徑。

六、鄉約團練

　　鄉村是行政體系的基層單位，也是自治單位，平時具有維護地方治安，穩固社會秩序的作用。一旦外患侵擾或變亂發生，中央政府未能及時有效的予以平亂、防禦，甚至無力防衛地方安全時，地方百姓為保障鄉黨鄰里的生存與安全，往往本著守望相助的精神，由仕紳望族起來號召，自動籌措財源、槍械、組織具有強烈地方色彩的自衛武力。此舉不僅達到保境安民的目的，亦彌補政府防衛上的空虛。[132]

（一）、城仔

　　中國北方百姓不斷移居福建以爭取生存空間，在一定程度上，必須以宗族實力作為後盾。在渡江過程中，他們每每統率宗族鄉里的子弟，

---

[131] 連碧榕，《黃姓家譜》，頁二二～二三。
[132] 黃寬重，〈從塢堡到山水寨─地方自衛武力〉，載《吾土與吾民─中國文化新論社會篇》（台北，聯經出版公司，民國七十一年十一月），頁二二九。

舉族、舉鄉地移徙，在兵荒馬亂的惡劣環境和交通困難的條件下，加強彼此間的互助合作並鞏固血緣關係。當其在新墾地定居下來的時候，既須從事生產，又要防禦外來的侵害，從而形成相當牢固的依血緣或地緣而居的地方社會。[133]

　　此種移民聚落，投射在宜蘭也很適當，「城仔」就是最好的例證。蘭陽平原上，經黃雯娟的普查共得九十二個「城仔」，這類「城仔」不是政治中心，性質上不能成如噶瑪蘭的「城」。通常「城仔」是某個地區最早的發展起點，基於防禦之理由，在周圍築以圍牆（刺竹或土牆或石頭），形成一個保護的據點。由於聚集的人數較多，除軍事作用外，也是地區的中心。基本上，「城仔」之確定有三項原則：1.必須是集村；2.四周要有圍牆；3.當地人稱之為城者。總之，開墾初期，防禦特別重要，構成蘭陽平原上「城仔」的基礎。[134]唯其如此，聚居在「城仔」的墾民，大都有血緣或地緣的關係，而且有結首、頭人等為之領導，如林彪城。事實上，部分稱之「圍」和「結」的地點，也有類似的性質。因此，「城仔」是蘭陽平原開發的殊異現象。

　　（二）、聯庄

　　《噶瑪蘭廳志》曰：「台灣一種無田宅，無妻子、不士不農、不工不賈，不負載道路，俗指謂羅漢腳，嫖賭摸竊，械鬥樹旗，靡所不為，曷言乎羅漢腳也，謂其單身遊食四方，隨處結黨，且衫褲不全，赤腳終生也。大市不下數百人，小市村不下數十人，台灣之難治在此。是惟清莊時，另造閒民一冊，著總理族長嚴謹約束。」清庄之外還有聯甲，「惟選立聯首，奉行聯甲，以少村聯大村，以遠村附近村，同心緝捕，保固鄉鄰，則各莊之正氣盛，邪氣衰，羅漢腳勢難為匪，必改邪歸正，否則公同棄逐內渡。為政之道，以官治民難，以民治民易。聯甲法行，不分漳泉閩粵，可以息分類之禍。」[135]林冠英於此出力獨多，當「西皮福祿

[133] 陳支平，《近 500 年來福建的家族社會與文化》，頁一一。

[134] 黃雯娟，《清代蘭陽平原的水利開發與聚落發展》（台北，台灣師範大學地理研究所碩士論文，民國七十九年六月），頁六九。

[135] 陳淑均，《噶瑪蘭廳志》，卷之二上，頁一○二～一○三。

二黨分類械鬥，亘數月，土匪乘機，劫搶諸莊，君受命設聯庄保甲，自提理其事，以克奏功。」[136]為擴大發揮聯庄的防衛功效，訂有契約，詳載條規，俾供遵守。明治三十一年（一八九八）宜蘭四圍的一分契書，透露很好的聯庄訊息。內容如下：[137]

> 全立聯庄合約字人四圍堡四結庄良民吳紅九、吳步蟾、謝佛、謝茂、吳崑山、黃榮陞、魏井泉、王江淮、吳天來、朱阿榮、李天文、李敦義、上抵美庄良民吳水清、吳清蒲，瑪璘社良民黃宗岱、吳福壽等，竊思官有正條，無非範下民之標準；民有私約，實可立該庄之範圍。茲因數庄內地近涯，匪徒之出沒無定，而庄民之寢食難安，爰邀集庄長併甲長到庄公仝酌議，立約為憑，凡遇有匪徒下鄉攻擊民家，該約內之人務須同心協力開炮救護，不得袖手旁觀，如敢坐視不救，被人查出，從重議罰，各不得異言，此係同鄉共井守望相助，口恐無憑，字實可據，爰立合約字壹樣參紙為炤。
> 即日仝庄長甲長立過合約字壹樣參紙是實再炤
> 一批明日夜遇有匪徒攻擊民家，該約內之人如敢坐視不救者，查出罰金拾貳員以採買銃子，約內之人按份均分，各無異言，倘有故違者，定即稟官究辦，決不姑寬。批炤
> 一批明日夜遇有匪徒攻擊民家，該約內之人協力救護，若有人拾得匪徒之物，宜於先到者按份均分，後到者不能爭執。批炤
> 一批明凡有偵知匪徒下鄉隱匿民家，該約內之人務要各出一人持執刀銃，協同搜捕，倘有推諉不前者，罰金陸員以作公用，如敢故違，稟官治罪，決不食言。批炤

（三）、團練

　　團練係淵源於古代寓兵於農之遺意，清代之團結莊丁，組成隊伍，屬於自治警察兼民兵之特殊防衛武力，除擔任土匪之警戒，冬防之出勤外，凡一旦有兵亂，就執干戈從軍，以補兵勇之不周，無事即散而歸隴

136　鷹取田一郎，《台灣列紳傳》，頁七七。
137　凌武昌、林焰瀧等編，《蘭陽史蹟文物圖鑑》（宜蘭縣立文化中心，民國七十五年十月），頁一八二。

敵。台灣初闢時，原無團練，唯遇兵亂之際，有人挺身防衛出力者，稱為義民。[138]道光以後，社會愈不安，財政愈匱乏，故須官民一體，積極組織，動員民兵以因應困局，於是擴大組織範圍（聯庄），施以軍事訓練（團練）。即團練係聯庄組織內之另一種組織，以訓練壯丁來對抗外敵為其任務。[139]

基於這個理由，宜實有團練的必要，舉人李望洋就是奉命辦理團練的最佳人選。李氏任官甘肅，知聞法人侵犯台灣，情關桑梓，稟准給假，日夜兼程，微服冒險渡台回到宜蘭本籍，後劉銘傳飭其辦理善後清賦等事，並提到「宜蘭縣僻處後山，蕃民雜處，匪盜甚多，善後一切亟須得力官紳會同舉辦，李望洋素有鄉望，情形熟悉，以之辦理宜蘭縣團練善後等事，實於地方有裨。」因此，李望洋開去知州實缺，留在宜蘭本籍辦理團練。[140]壯圍望族陳遐齡亦應劉銘傳之聘，為團級教師，練鄉勇，為國治安效勞。[141]

日治初期，辦理類似防衛武力的仕紳有黃宗岱，因「蘭境不靖，出仕救民局，與吳舜年協力，辦理團防事宜。」張清源也是看到亂事蜂起，蘭境戒嚴，特與陳春三胥謀，「徵募壯丁，辦理團防」。[142]

七、豎立石碑

早期先民立碑，係欲以文辭託諸於不朽物質，以永其壽命，垂之久遠，兼具述德、銘功、記事、纂言之作用。隨著時代的推演，碑碣漸寓藝術欣賞、文學書法與學術研究等多重功能。可以確信的是，立碑攸關官府威信，充任政令宣導，涉及地方公務，流露社會關懷，影響庶民生活，而且也是一件耗錢費事的工作，非有強烈的誘因與仕紳參與，立碑難以克竟全功。因此，石碑之立，除部分由政府負責外，其他各碑大都

[138] 伊能嘉矩著，台灣省文獻委員會譯編，《台灣文化志》，上卷，頁四〇一。
[139] 戴炎輝，《清代台灣之鄉治》，頁九〇。
[140] 李望洋，《隴西李氏族譜》，頁二四。
[141] 陳朝洪，《陳氏源流族譜》，頁一一。
[142] 鷹取田一郎，《台灣列紳傳》，頁八六～八七。

跟仕紳有密切關係，即仕紳透過或倡議或捐資或監造等方式，促使碑石豎立。

　　仕紳介入宜蘭古碑的情況，大致如下：[143]

編號	埤名	年代	參與仕紳
1	林廣懷鋪路捐題碑	道光 10 年	聯首林廣懷、街長吳尚儒、蔣昆、陳聰、耆老鄭性愚、監生林逢春、和記號等。
2	太安庄建廟捐題碑	咸豐 6 年	首事許壘、李財生、林海生、林江淮等
3	嚴禁放牧牲畜踐踏公塚碑	咸豐 8 年	生員林甘、蘇庄長
4	重建先農壇碑	咸豐 8 年	蘭營黃遇春、職監林國翰、舉人黃纘緒、職員林啟勳、職監黃玉瑤
5	禁止踐踏塚地乞食祭餘及捐題碑	同治 5 年	紳士李春波、林國翰、楊士芳、黃纘緒、李逢春、黃鏘、李望洋、林步瀛、陳玉盤等
6	礁溪庄義塚定界碑	同治 11 年	進士楊士芳、舉人李望洋、職貢黃國棟、督總黃玉瑤、職員林經國、職貢林國翰
7	羅提督義學碑	光緒元年	總董王秀俊、鄭禮泉、黃寶忠，暨鋪戶庄民等
8	萬善祠碑	光緒 7 年	舉人與貢生
9	永安橋碑	光緒 7 年	林受謙、林松發、康美德、李及西、洽振號等
10	重修協天廟捐題碑	光緒 13 年	知府周元音、同知銜李及西、大成館林吉記、舉人黃纘緒、進士楊士芳、舉人李春波、河州府李望洋、益順號等。
11	紅仁土大坪義塚碑	光緒 13 年	總董林榮國、沈懷三、吳振聲、楊鼎元等
12	憲禁使用牛油碑	光緒 16 年	紳士李望洋、黃纘緒、李及西、楊士

---

[143] 參考陳進傳，《清代噶瑪蘭古碑之研究》、〈日據時期宜蘭石碑之研究〉；陳文達、鄭喜夫、莊世宗編《日據時期台灣碑文集成》之碑文內容。

			芳、李春波、周家麟、貢生董家修、林秀青、李挺枝、李光輝、楊德英、蘇朝輔等。
13	重修石橋捐題碑銀員碑	光緒 17 年	武生吳舜年、合成、合興、邁記、胡榮昌、朱福壽、蔡江溪、陳昌記等。
14	功施神明	明治 35 年	大里簡當地庶民
15	西鄉廳憲德政碑	明治 38 年	宜蘭廳下紳董商庶
16	獻馘碑	明治 42 年	江錦章、李紹宗、陳掄元、藍新、林拱辰
17	重修林氏家廟碑記	大正 13 年	林以時、林元弼
18	樺山伯紀念碑	大正 13 年	蘇澳有心人士
19	羅東震安宮沿革碑	大正 14 年	胡慶森及諸人民
20	福德橋捐題碑	昭和年間	林朝宗等眾人

八、解決糾紛

在傳統習俗與道德教化的影響下，所呈現的是穩定而安祥的社會，事實上這個理想社會很難持續長久，常受到外在勢力的衝擊及內部利益的爭端，而招致社會的失衡與傷害，嚴重的可能造成崩潰解體。如能發生糾紛後，經由各種管道給予適當的排除消弭，就可以冰釋嫌隙，甚至免去一場災難。因此，既然社會發展過程中，糾紛衝突幾乎無法避免，如何克服解決成為重要的課題。

清代宜蘭是個新移墾社會，基本上，不具穩定性，而且社會組織尚未確立，本即易生爭執，加上偷渡冒險者目無法紀，男女比例失衡，導致生活苦悶，習慣上和心理上都勇於行使暴力；兼又社會上拜盟結黨的風氣，亦有推波助瀾之效，所以，一旦發生事故，往往互為聲援，將私人恩怨擴大為社會紛爭。[144]尤有進者，這些移民為取得更大的生存空間與實際利益，彼此的摩擦衝突勢難避免。此時，解決這些問題，除官府

---

[144] 廖風德，〈清代台灣社會的暴力衝突—以噶瑪蘭地區為例〉，《歷史學報》，第一期（政治大學，民國七十二年三月），頁二〇四。

外，透過仕紳望族的居間調節，實屬最好的安排

　　壯圍林含靈就是排解人選，「天稟豪放，意氣卓落，最有季布一諾之風。爭田盜雞，逋債偷香，凡邑中聚訟事件，君即出而聽其兩造，排難解紛，理非分明，以莫不收其局。是以社會公共義舉，輕重大小，悉皆俟其手腕。」[145]礁溪張倉連亦復如是，「渠個性耿直，急公好義，為排難解紛，不畏權勢主持公道，聲譽卓著。」曾任保正、庄協議會員等職。[146]康氏兄弟也擅此道，《康氏家譜》曰：「身名俱泰，家產繼富，光前裕後，建立康氏族人繁榮之大基礎，尤以青龍公為人豪爽，急公好義，仗義直言，鋤強扶弱，善於排難解紛，造福鄉里，功德無量，頌聲載道。」[147]開蘭舉人黃纘緒由於處事公正，地方發生糾紛，常請他評理，後以善於調處蕃漢衝突，曾獲平埔族人贈地以謝。就因性質樸直，待人寬厚，且歷事久深，頗諳世故，縣有疑難，常向其諮詢。每逢誕辰，縣內文武官員常來祝壽，皆以「老師」稱之。[148]

　　林氏家廟追遠堂管理不善，迭有紛擾，光緒十七年（一八九一）辦理人「林文富故後，交與林國綸接辦」，時「有生員林維新、職生林振英等，與林國綸之弟林富，歲貢生林秀青等，互控追遠堂祠租一節」，涉訟經年，轇轕未解。後經「公親進士楊士芳、鄉紳李及西等，在外會算處理，雙方甘願了事，具結完案」。並經會同「闔族紳耆等，妥議稟舉林豫章一人承接辦理，將前歷辦諸人經理事務，從此一概截止，毫無轇轕，倘有賬目不明，與林豫章一人無干，並不得累及承辦之人」，且於「公堂妥議，設立條款」，俾有遵循。可見纏訟多年的林氏追遠堂案，在楊士芳、李及西等仕紳的調節下順利落幕。惟日治以後，林案又橫生枝節。[149]

　　北管子弟之西皮、福祿兩派在宜蘭時相結黨拼鬥，民間與官衙深受

---

[145] 鷹取田一郎，《台灣列紳傳》，頁八七。

[146] 林萬榮編纂《礁溪鄉志》，頁六四五。

[147] 《康氏族譜》，頁一六。

[148] 安易，〈開蘭舉人—黃纘緒〉，《蘭陽青年》，第九十期（宜蘭，蘭陽青年雜誌社，民國八十一年三月），頁一八。

[149] 江萬哲主編，《林氏族志》，頁一七。

其苦，窮於應付。光緒十三年（一八八七）宜蘭西門外之河流因治水之事，又引起兩黨之爭鬥，各自手執銃器刀槍各種武器，嚴陣相對，正要開戰之時，為知縣林鳳章與營汛武官親赴現場制止，兩黨遂告散去，但仇想怨恨並未冰釋。後各地亦屢有爭端發生。迨至光緒十六、十七兩年，西勢林本源之營事管理陳丹書、何國等招待西、福兩黨之首腦，設酒宴饗以應，且諭四海皆兄弟之道理，諄諄諭誡其爭鬥之無益有害，從此兩黨仇怨稍解，舊恨消失，無賴之徒改事百工。[150]

更有婦道人家善於排解糾紛，亦值得一述。藍母陳太夫人賢慧令名，守節撫孤，端正勤儉，深得好評。生性溫和，時亦剛烈，鄉里中遠近之人遇有不能解決者，求之於太夫人，則必查明事理，如是不解之事，很快都排難解紛。昔時未有「調解委員會」之類的組織，而太夫人排難解紛之事，儼如明鏡，致無大小，率都仰賴太夫人主持。[151]

凡此皆為仕紳望族排解地方糾紛之案例。

第五節、結語

中國傳統基層社會普遍缺乏官府的積極統治，使得地方事務大都委任仕紳家族協調治理。以清廷的政府中樞而言，宜蘭僻處邊陲；以台灣的開發過程，宜蘭歸諸後山，均屬鞭長莫及，官治薄弱地區。因此，宜蘭地方事務提供較多機會讓仕紳家族有更大的發展空間。如噶瑪蘭廳城的興建，應是官方的職責，卻由總理陳奠邦主理其事，漳、泉、粵三籍結首分段輪工，而城中各舖戶則攤輸辦理四城門吊橋。廳城尚且如此，其他如寺廟的興建，廟會的參與，路橋的修造，學堂的設置，社會的救濟，埤圳的開鑿，治安的維護，碑石的豎立，糾紛的排解等諸多事務，若無仕紳家族的響應參與，難能收效。

---

[150] 黃文新譯，〈西皮福祿之歷史調查及目前之情勢〉，《台灣慣習記事》中譯本，第三卷上（台灣省文獻委員會，民國七十六年六月），頁八。

[151] 陳長城編著，〈蘭陽鄉賢列傳（二）〉，《蘭陽》，第八期（台北市宜蘭縣同鄉會，民國六十五年十二月），頁七二～七三。

　　換個角度說，由於宜蘭地勢偏隅，交通不便，路途困難，出外任官者除李望洋外，絕大多數均不樂宦途，經商者雖有水郊貿易，亦少有遠行，致令這些仕紳家族難以施展抱負。因此，熱心公益，貢獻地方成為最佳的安排，前述各項事務，宜蘭縣境的重要仕紳望族幾乎都獻身其間。論者謂，「吳沙率領著漳、泉、粵流民，向蘭陽平原踏出了他的第一步，套一句話說，這是吳沙的一小步，卻是蘭陽歷史，乃至台灣開拓史的一大步。」[152]推而言之，就因吳沙及每個仕紳望族的一小步，各項建設落實在這塊新樂園，終而顯現宜蘭的快速進展。

---

[152] 徐惠隆，《蘭陽的歷史與風土》（台北，台原出版社，一九九二年十月），頁一二三。

第十二章　宜蘭員山林家的古厝興建

第一節、前言

　　傳統家族社會非常重視宅第的興建，除供住家之用，更是望族、仕紳、地位、聲名、財富的具體表徵。因此，清代宜蘭地區修築很多宅第院落，楊士芳的進士第、李望洋的刺史第即為代表。此外，如李及西、黃纘緒、周振東、張能旺、林步瀛等宅院，亦皆格局完整，精緻典雅。然經多年自然與人為的損毀，且未適時重修補強，有的改建樓房，有的任其傾頹，有的夷為平地，令人不勝感嘆。進士第尚留有正廳，黃舉人宅移建國立傳統藝術中心園區，算是補救的做法。最難得的是，員山林家古厝是宜蘭碩果僅存的清代完整合院式建築，保存仍極良好，其後人也十分珍惜維護，極具指標性的意義。因此，對此宅院的興建，實有探討的必要。

第二節、興建選擇

一、位置選定

　　員山林家開蘭老祖媽在二城過世後，諸子南遷，分徙各處，純直公先移居宜蘭新店仔，因已無良田，非長住之地，於是遷到員山三鬮二現址附近拓荒。然起初仍住新店仔，因步行到三鬮二來回需二小時餘，路途稍遠，耽誤工作，而有搬遷的想法。再者，這個地方在蘭陽溪漫流的邊緣，但地勢略高，可免水患之災，林家積多年的勘查與經驗，認定實為居家的好處所。剛來時在現古厝旁開墾，其後這塊地由三房先建宅院，而古厝地原本是租來的，先蓋簡單的草房，後來向原地主買下，待經費寬裕，才大興土木。

　　關於古厝地點的選定，有一傳說，相當神奇，姑且敘錄，聊備參考。林家的某位祖先喜歡到內員山的雷公埤釣魚，常遇到一位老者搗蛋，只

要他在釣魚時，老者就朝埤裡丟石頭，驚嚇魚兒，以致釣不到魚，幾次以後，釣者相當生氣，予以驅離，兩人你追我趕，老者跑到古厝附近就消失不見，林家祖先遍尋不著，只看見一個很大的螞蟻窩，遂認為螞蟻既然可以做窩，人也一定可以住，於是棲身這塊地，後來在此動工興建。[1]

傳統家族傾向聚族而居，純直跟三個兒子來到三鬮二拓墾荒地，頗有收穫，為使全家團聚，相互照顧，同時又保有各房的獨立，避免日後丁口繁眾，徒增糾紛，因此十三世的三個兄弟都住在一起，但到十四世長大後，三個房系各自興建宅第，隔鄰而居，甚是壯觀，成為員山的重要地標。

二、興建時間

清代時期的建築物實在很難確認其起造時間，因缺乏有效的文字紀錄，口述回憶又頗多困惑，建物實體祇能做推斷而已。員山林家宅第也面臨同樣情形，何時建造即為各界極感興趣的問題，耆老表示已有一百八十多年的歷史，部分人士雖持質疑，卻未加深究，多年來始終未解。茲根據多方資料，試作研判，考訂林宅的興建時間，以釋疑義。

1、開發時程

嘉慶十七年（一八一二），噶瑪蘭正式設廳，收歸版圖，雖說此時溪北區域大致拓墾完成，然基本上仍以平原的適墾地為限，其他近山地帶及溪河漫流區仍一片荒野。就後者而言，因常遭水患，且土地貧瘠，甚至多是沙礫，不利種植。這種情況在道光以後，墾民繼續增加，因缺乏良田，只得向漫流區移動。惟自然環境實在欠佳，初期無法接納過多的人口。但是為了生存，逐漸開荒，清出水路，闢建田地，經多年的辛勞，總算逐漸有所改善。因此，蘭陽溪從再連至深溝以迄尚德村，可能到道光末年以後，才有較多的人口與聚落。

---

[1] 本文資料大都根據林朝陽、林滄進兩位耆老及林家其他人士的訪談，謹此致謝，為省篇幅，後文口述資料不再註明。

2、財富累積

咸豐初期，上述蘭陽溪漫流區雖已有人口與聚落，但自然環境仍無改善，開闢的土地經不起水災的侵害，周邊又缺乏其他資源，百姓生活仍很清苦，處此條件，能夠糊口度日，已是幸運，實在無法累積財富。林家遷居大三鬮後，雖勤勞簡樸，拓荒墾地，頗見收成，惟難以廣增錢財。第十四世的萬盛就到現二結地方開設蔗廍，因經營得法，理財有術，成為富商，以此雄厚財力興建林家宅第。可見漫流區不適人居，開發自是較晚，因而積財不易。再者，興建費用仰賴經營蔗廍所得，所以林宅的興建當為開設糖廠以後的事。根據田野調查，二結宜蘭地區較早設蔗廍的地方。噶瑪蘭廳通判董正官〈蘭陽即事〉詩曰：「竹圍茅屋疏村落，蔗廠礱房小變遷。」[2]可見道光年間，宜蘭已有蔗廍。

3、年代推算

林家耆老數度強調，古厝是十四世的萬盛到二結興辦糖廠，賺到錢才修建的，動工三、四年就辭世，其子金同接掌後隨即完成，迄今已有一百八十餘年的歷史。[3]簡言之，這幢宅院建於萬盛的晚年，費時約四年，如能確定萬盛的生命紀年，建築年代的爭議自能迎刃而解。根據《林家簡譜》的記載，萬盛是「道光辛巳年九月初五日亥時生，卒于同治庚午年六月十二日酉時別世，陽壽五十歲。」[4]亦即道光元年（一八二一）生，同治九年（一八七〇）年亡。依耆老口述，略予放寬，從萬盛過世之年往前推四年，則為同治五年（一八六六），這一年就是林家古厝的興建年代。準此而言，距今僅有一百四十年的歷史，這個說法比較近乎事實，一百八十餘年的歷史確實誇大。

4、建築實體

就調查所得，一百五十年前縣內尚難出現大木結構、雕工精緻的合院式建築。何以言之，嘉慶、道光年間，宜蘭還在開發的階段，以科考

---

[2] 董正官，〈蘭陽即事〉，載《噶瑪蘭廳志》（宜蘭，宜蘭文獻委員會，民國五十七年元月），頁六六一。

[3] 黃鴻禧主編，《話說員山》（宜蘭縣員山鄉公所，民國九十年三月），頁三八～三九。

[4] 《林家簡譜》，未編頁數。

而言，還在起步，如首位舉人黃纘緒是道光二十年（一八四○），其他則都偏後，李望洋、李春波為咸豐九年（一八五九），楊士芳是同治元年（一八六二），至於榮登進士須到同治七年（一八六八）。這些文人之能大興土木，都是中舉數年，經濟改善以後的事。就擴地而言，楊廷理設廳之初，力裁業戶，限制墾首發展，影響所及，短時間內，大地主無從產生，財力不足的小農，沒有能力蓋完整的宅第，這種情形到同治以後，富農逐漸增加，合院式建築才跟著出現。就經商而言，蘭陽平原，農產豐富，號稱米倉，輸往西部與唐山地區；同時，人口激增，亦須外來的貨品，以充實生活，水郊商行由是而起，豪商大賈趁勢產生，其願望之一就是興建大宅，但這也是道光末葉以後的事。

以此看來，作為廳城的宜蘭街區，都很難在一百五十年前就有合院式的宅第，遑論再往前推三十年，何況是離廳城四公里外的員山，而大三鬮更偏外緣，各方條件未成熟前，工程浩大的林家宅院落難有興建的可能。

第三節、興建情形

一、建築費用

由於缺乏各種數據與統計，因而要探究一百四十年前宅院的營建經費，真是辦不到，而且宜蘭地區也沒有同時代類似規模的宅第之興建資料可供參考，使問題更是費解，但可以肯定的是耗費必然十分龐大。茲從三方面說明：

其一，十三世的象吉結婚兩次，前妻林媽鄭氏，育萬生、萬盛兩人，繼室陳氏有古賢、旺欉兩子，或許因母親不同，造成兒子各自發展。這幢古厝是萬生和萬盛兩兄弟共同出資合建、共同持分居住，而古賢和旺欉則沒參與，當然也未享權利。至於兩兄弟如何分攤費用，沒有資料，不得而知。但就萬盛的部分，林家耆老表示，萬盛長大後，到溪南的二結開設糖廠，因善於經營，進帳豐厚，後來主持古厝的興建，就是動支

這筆財務，為數應相當可觀。完工後，兩兄弟共同持有，想來萬生亦須攤派部分費用，其來源可能是土地的收穫與糖廠的收益，由此可以略窺其費用情形。

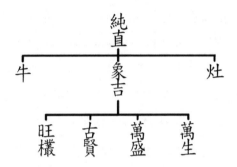

其二，當訪問到八十餘歲的林朝陽時，得到的答案是：「這棟古厝興建三年多的時間，總共花費多少錢，無法估計，據上一代的說法，當時所用的錢，足夠把整個尚德村買下來。」尚德村的面積以目前市價，保守估計，至少約值五十億。但當時農地價格跟現在不能相比，而且不同的社會型態，只舉一種樣本交易，也難以作對照之用。即現在尚德村可有五十億的價值和當時能賣的價值，在效用上不儘相同，不易比較。縱然如此，這也不失為參考指標，可以推想林家當年的財務狀況與古厝的興築費用。

其三，林朝陽又說：「所僱請的工人，一餐需要三、四桌，除了木工師父以外，其餘小工都是央請鄰居或佃農來幫忙。」這樣多的工人費時三年有餘，就工資與吃、住的開銷，已夠驚人。加上眾多材料的支出，以及從唐山進口的運費，當時交通不便，相對來講，運費的支出應不在少數。總之，這是筆龐大的負擔，放眼當時宜蘭，類此宅院屈指可數，其耗費非鉅富實難支度，因此，可以想像林家古厝的背後是多大的財務基礎。

二、建築材料

建築物的堅固耐久，材料是重要因素。林家古厝之能禁得起長期的颱風侵襲、日曬雨淋，結構仍完好如初，就是對建材十分講究與特別處

理。

（一）、唐山進口

當時宜蘭還在發展階段，產業尚未成熟，有些材料從大陸運來。其一，石材：台基所用的石板及其他石料都是壓艙石，將石料放在帆船的底部，從唐山運到台灣，一來可以穩住船體不致翻覆，再者具經濟價值，供各種用途，由於質地較硬，而為上等的選材。其二，樑柱：樑的部分和重要柱子是唐山產的福杉，這些木材不用船載，而是綁在一起，拖附在船尾讓木頭浮在海上，經過鹽分的浸泡，上岸後陰乾，再製成各種木料，就非常耐用，不易腐朽。其三，磚瓦：磚分土埆磚和土埆，後者做好後乾燥即可使用，而土埆磚於乾燥後加一道燒的手續，使外表變黑變硬，可防水防火。土埆磚和燕尾磚、屋瓦同樣由唐山一起運來。上述材料由唐山運到烏石港後，順著西勢大溪在宜蘭北門口上岸，之後再以人力或水牛搬運。體積較小的磚瓦，部分或許可沿水路到員山渡頭卸貨。

（二）、就地取材

所有建材都仰賴唐山相當麻煩，時間拖延，費用亦高，事實上，也不必如此，只要品質良好，材料來源無缺，採取就地供應，便於掌握進度。其一，黏劑：第三代的萬盛在溪南的二結開設糖廠，將次級的黑糖加上糯米、稻草灰、貝殼粉和適量的水量，照比例攪拌成糊狀的黏劑，用來黏貼屋頂的瓦和砌疊外牆的磚，其效果如同水泥，事隔百餘年，並無脫落的現象，可見這個傳統配方的黏劑仍有稱道之處。其二，木料：門板及其他木製構件在台灣採購，取用前，先在門口挖個「材仔埤」，即蓄木池，木材裁好尺寸，放到池裡泡，讓「材汁」泡掉，再將木材擺在預先搭好的草寮內陰乾，木頭須十字型疊放，使能透氣，充分乾燥，不可讓陽光直接曝曬，否則容易彎曲變形。因此，百多年來，材質都還相當良佳，一點縫隙都沒有。其三，家俱：各種家俱的木料不盡相同，都是就地取材，公廳內祭祀用神桌，會客用桌椅以及長條板凳、書桌、櫥櫃等，雖經百年歲月的洗禮，仍然堅固如昔，沒有絲毫搖晃鬆動。以前人多，煮飯用大灶，難免有灰塵和煙霧，為了加以隔離，製作「木竹板」，使用至今，仍完好如初。其四，石頭：台基和牆身為求墊高和穩

固，需要大量的石頭，尤其是外牆下層的石頭，大小與形狀都有約制，以求整齊美觀。眾所公認，蘭陽溪所產的石頭，色澤與品質都很好，林家就在蘭陽溪漫流的邊緣，距河床地不遠，搬運上不算費事。

三、建築師傅

林家古厝的興建，小工是請鄰居或佃農協助，但木工師傅則從唐山聘請，渡海而來，主持工程重任。

（一）、師傅來源

宜蘭開發初期，產業與經濟尚未成形，無法養活優秀的工藝匠師，以大木師傅而言，廟宇雖多，完整的大木構造仍是少數，好的穿斗式民宅也不普遍。因此，光緒初年以前，宜蘭的大木建築的廟宇、宅院，都是從唐山或西部請師傅來主持，完工後如無接續的建造工作，那就打道回府。日後別處另有營建，就由不同的外地師傅負責興建。從文昌宮、昭應宮、五穀廟等的不同格局，或可看出些許端倪。

光緒以後，真正在宜蘭傳授技藝，教導與培養大木匠師，構成師徒關係的是海師。此時宜蘭已步向榮景，生活甚有改善，新修或翻建的廟宇與住宅已然普遍，需求大為增加。海師每天例行坐轎巡視各地工程進度，匠師無不恭敬，待以上賓之禮。[5]換言之，前此的匠師並未在宜蘭落地生根，有工作就來，完工後即回，因此，始建於同治中葉的林家古厝請唐山師傅主持，相當吻合史實。

（二）、師傅最大

依民間習俗，建造房子，師傅最大，要善加侍候，不能得罪，否則生起氣來，略施動作，會使主人家難以安寧。林家也深知這個道理，耆老述說：

> 林家蓋了三年，當然要供師傅吃住，以前要吃雞、鴨肉談何容易，但供給師傅常有雞肉、鴨肉，然而這位唐山師傅愛吃雞肫，蓋了

---

[5] 林福春，《清代噶瑪蘭古建築藝匠之研究》（巨龍文化事業有限公司，民國八十七年十二月），頁二十二。

三年房子有吃到雞肉、鴨肉，卻從沒吃到雞肫或鴨肫，心有不甘，於是在屋頂燕尾下燭腳的地方，畫了一條往外開的船，意思讓林家錢財只出不進，房子蓋好要回唐山之際，長輩吩咐做了便當，另包了一包點心讓師傅途中止飢，因為以前到唐山不像現在這麼方便，坐帆船要一個多月，若遇到不順風更久，在途中師傅打開包裹的點心，赫然發現一整包的雞肫鴨肫，用鹽醃漬，原來三年來的雞肫、鴨肫都在這，此時的師傅心中起了悔意，嘆了一口氣，對徒弟說：「我把林家屋脊上畫了一條開出的船，啊！錯了，原來雞肫都在這兒哪！」

此時徒弟說：「師傅沒關係啦！我看你在畫，我也在另一邊跟你畫，我畫了一條開進來的比你那更大。」因為這樣，林家躲過了一場詛咒與災難，雖有出但進來的更多。

（三）、高手過招

匠師固然得罪不起，但林家祖先能創造基業，也當有過人之處，對匠師除盡心接待，也能察言觀色，彼此過招，十分精采。林家耆老回憶，以前匠師都抽鴉片，必須等他抽完，吃過點心才開始工作，當時長工、煮飯的或佃農會來幫忙，非常努力，師傅看了不高興的說：「你如果這麼忙，明天就不用來了。」這樣威脅幫忙的工人。此外，還會試主人的肚量，那時林家祖先在二結做生意，知道那天要黏屋瓦，蓋屋頂都是從公廳開始，要回來看，師傅早就注意著，那天遠遠看見主人回來，故意把瓦堆成三落，等主人走進門樓時假意滑倒，那些屋瓦全破，他意在測試主人的肚量，看看會不會生氣，主人是做生意之人，見過世面，怎會讓師傅捉弄，於是笑笑的上前問師傅受傷沒有，師傅才說沒受傷，可是瓦都弄破了，主人笑著說：「小事小事，人沒受傷就好，咱們這麼大片的屋頂，難免有些地方要用到小片來塞縫隙，這些剛好可用。」就這樣讓師傅心服口服，以前的師傅雖動作慢，但功夫好，作工細。

另一則故事雖是有趣，卻很嚴肅，攸關家族命運。興建宅第期間，孩童們每天跟著內地師傅享受豐盛菜餚，俟快竣工階段，有一位師傅對著正在用餐的小孩們打趣道：「厝一蓋好，你們連屎也沒得吃！」在旁

邊的長輩聽了這句話顯然有所忌諱，乃刻意不將左右護龍第二波水屋脊下之廂房完成，以尚未蓋好破解此不祥之兆。無怪乎廂房在未搭蓋鐵皮之前，有一段漫長的歲月是以茅草覆蓋，並作為牛廄及養雞處所。

第四節、古厝重修

傳統建築以木結構為主，形成獨樹一幟的營建體系，是一種既富彈性又易加工的理想材料，具有多重的功能與良好的性能。然可惜的是，這種大木構造對水患、火災、蟲蛀、潮濕等較缺乏抗力，尤其是宜蘭地區颱風不斷，多雨濕潤，更不利建築物的維護，每幢房屋經過一段年代後，均須重加裝修，否則有倒塌之虞。儘管林家宅第的建材上乘、施工妥善，較其他宅第來得堅固密實，但仍難免需要整修，只是維護的時間差距可以拉長，修葺的程度限在局部。

一、第一次重修

興建於同治中葉的林家宅院，由於結構嚴整、品質優良，雖經七十年的風霜歲月，仍十分完善，根本無須翻修，只是門聯對句與彩繪油漆，長期露在外面，顏色逐漸褪色，字跡略顯斑駁，油漆似有脫落，因而特於昭和十三年（一九三八），將對聯重新書寫，同時大廳、花格窗、柱子、花堵等也全部油漆過，這個師傅來自羅東叫林耀都，技術很棒，漆料也好，所以做得很漂亮。後因發生太平洋戰爭，日本推行皇民化運動，認為這些詩句的中國思想太過濃厚，容易滋生抗日情結，所以用黑色的紙，糊貼門廳的詩句，進而不准大廳掛三界公爐，並強迫收掉神明，日本警察恐嚇的說：「不收起來，要把你們趕去支那（大陸）喔！」

二、第二次重修

磚瓦房屋雖擋得住日曬雨淋，卻最怕颱風，當強烈颱風來襲時，一般房屋有的傾倒，有的半毀，堅固的房舍雖仍挺住不移，但屋頂的瓦面

絕大多數被吹掉，變成只見牆壁棟樑，而屋頂一片光禿，屆時市上建材飛漲，尤其是瓦更嚴重缺貨，造成搶購。夜晚屋內睡覺，穿透屋頂，眼望天空，細數星星，是以前颱風過後，部分人家痛苦的生活經驗。

員山林家的第二次裝修與颱風有密切關係，民國五十一年，強烈颱風歐珀侵襲宜蘭，遍地災害，損失慘重。在此情況下，林家也難倖免，屋頂瓦片被颱風吹跑，七零八落，不忍卒睹，結果動員全家整修，公廳部分由林振乾主持，費用公租支付，其他間房則各自負責，但也只是修理屋頂而已，瓦片從台南買來，因樑柱都還相當堅固，所以不須拆除改建。當時林燈從台北回來，跟林朝陽說：「你怎麼不做主重建。」朝陽應說：「叔爺，祖先蓋得這麼漂亮，我捨不得拆。」因而原貌得以保留，事實上，就是結構完整堅固的緣故。

三、第三次重修

林家宅院建得再好，歷時一百多年，雖經兩次的小修，畢竟是大木結構，各方面都有損壞的跡象，如油漆色彩不彰，牆面內磚破露，部分樑柱蛀朽，對聯文字模糊，門樓飾面剝落，屋內滲水滴漏，庭院堆積髒亂等，這些問題並不傷害主體結構與居家安全，但已影響住屋環境與生活品質，且情況還在持續惡化，如不趕緊裝修，再拖上時間，後果堪憂，會有傾頹之慮。

林家族親都知道上述狀況，有意再次重修，但問題是，修繕舊的宅院較新蓋同樣形式的屋宅來得困難，不僅老師傅漸趨凋零，費用也高出很多。如要各房主動出錢或均攤經費，基於種種原因，終究是畫餅而已，因此，負責整修的任務就落在林燈身上。林燈之願意耗費巨資，當有其理由，林燈是林家後裔，看到祖先留下這個宅院，內心感到無比的榮耀與自豪，看到林家的精神象徵已經頹壞，當然認為是無可推託的責任，何況上回歐珀颱風時，已關切過重建的事，此次自掏腰包就是出自內心的真誠反應。再者，林家族親雖多，從事各行各業，不乏經營有成，理財順利，但均遠不及林燈。因此衡量財務，猶能勝任，又不想為難各房

族親，遂慨然承擔所有經費，並以此做為回饋家族最佳獻禮。復次，林燈投資多家公司，其中最稔熟的是營建業，創設國產實業公司，而為業界龍頭，享有口碑。就林燈而言，自己老家要重修，如坐視不顧，實在愧對本行，所以很自然的承接下這件修繕工程。

　　民國八十一年，林宅準備重修之時，林燈卻不幸過逝，事前交代家人要出錢整修古厝，所以修葺費用約三百萬之譜，就由其兒子林嘉政獨立負擔，工程進行約一年。由於格局未曾變動，結構仍甚強固，因此，以恢復舊觀為修繕原則，不做任何的拆除工作，如有腐朽的樑柱窗扇，只加抽換而已，所有的彩繪油漆因日久剝落，全部重新粉刷塗飾。神案、桌椅、家具等木製品，也是作工精細，幾乎毫無損傷，只是顯得老舊。各房間的地面都鋪上水泥或磁磚，唯獨公廳還是百多年前的泥土地，散發原有的黑亮，夏日清涼，冬天保暖。至於對聯則請員山國小校長簡清源重新書寫。這次是林家古厝興建後大規模的整修，林燈父子的慷慨手筆令人感佩，其他族親鼎力配合也功不可沒。惟大體說來，略有美中不足之處，其一，大廳、花格窗、柱子、花堵等重新漆過，但技術與塗料都不夠好，可能缺乏早期的手藝與沒有用自然漆料的關係；其二，色彩看來過於鮮豔亮麗，致使難以看到木材的質感，覺得失了些渾樸與古趣；其三，很多地方加裝現代化的設備，如鐵門、鐵窗等，似乎不很搭配，但過去曾有些器物遭竊，甚至後門的「福州門仔」（門的外緣之二扇小門，以隔內外）還被偷走，誠乃不得已的苦衷。

　　總之，林家古厝的修繕，基本上維持原有的格局與風貌，雖然略有瑕疵，還是贏得交相而來的肯定與稱道，至少就林家而言，裨益族親尋回失落的歷史記憶，建立溫馨的心靈家園，成為共同的精神象徵。茲將現存宜蘭縣史館，復興工專建築科測繪的林家古厝圖，錄製如后：

林朝英宅等角透視圖　　　0 1 2　　5M

林朝英宅剖立面圖

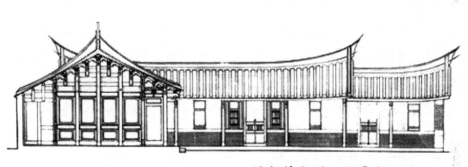

林朝英宅剖立面圖

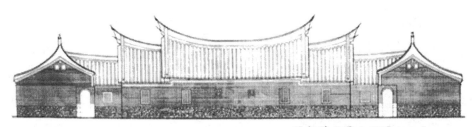

林朝英宅背立面圖

第五節、建築意涵

　　宜蘭的古厝是傳統大木建築的一環，乃傳統文化的具體表徵，也是宜蘭開發過程的歷史見證，亦為區域發展的重要遺產，林家古厝更因維護良佳，子孫珍惜，深獲各界讚響，因而在兼顧建築文化、移墾社會與區域性格的情境下，呈現多面向的意涵。

一、形制完整

　　宜蘭的傳統宅第絕少四合院，大都以三合院為主，這可分開放式和封閉式兩種，前者做成敞口，便於人員與農具的出入，如楊士芳擺厘宅第、張達猷宅、葉宜興宅、林連權宅、林朝宗宅等；而後者則有門樓與院牆，為內外的區隔，如進士第、周振東宅、黃舉人宅等，除黃舉人宅已遷建傳統藝術中心、進士第僅存正廳外，其他或拆除或毀壞，惟獨林家古厝仍保存完整，維持舊有形制，非常珍貴。其格局正身為「九間起」，屋頂呈二波水落差，總長三十點七二公尺，每間屋室進身一○點三三公尺（含屋簷下台基長度），屋頂脊尾屬短截型之「燕尾翹脊」，此中最與眾不同的是護龍（總長一七・九一公尺）亦出現燕尾翹脊，此與蘭地宅第護龍善用馬背脊的習慣有很大的差別，顯然受早期內地風格影響有關。另外宅第入口院門為菱形脊「入口門屋」，即院門式門屋，門屋兩側邊牆形式特殊。正身明間入口廊亦成「凹壽式」，兩邊次間為屋室，第一波水下為左右邊間，邊間旁之稍間與左右護龍相銜接，稍間前闢過水門。明間步口面牆為「三關六扇門」，左右格扇，皆出自內地師傅之藝匠，每個格扇由上而下依序為「縧環板」、「隔心」、「螭虎紋縧環板」、「長形彩繪花卉裙板」組成。進了門廳，隔壁房上「穿斗式」之通樑間，繪以忠孝節義題材之隔板，深富裝飾巧思。另外值得一提的是，宅第院牆因維修情況良好，如今菱形脊式的「入口門屋」與門屋兩側邊牆及其

所圍構而成的開擴庭院，都為宅第平添恢宏的效果。[6]

二、標竿作用

林家古厝建好後，發揮標竿的作用。

其一，路途的地標：交通工具未發達以前，人們往來，出入行動，貨物運送，均唯雙腳是賴。步行速度慢，如攜帶東西，就更辛苦，又渴望儘快到達地點，當時又無鐘錶，無法計時。因此，沿途的重大景物成為最好的地標，即走到哪裡，看到甚麼就知道還多少路程，或是以此為方向的判定，外地人到此亦以此景物作為尋路的指標。景物可分自然與人為，就後者而言，最明顯的是建築物，其代表就是廟宇與宅院。林家古厝格局宏展，氣勢不凡，燕尾斜飛，在開闊的平原上，是非常好的道路標幟，極便行人路程的衡量與方向的辨識，而具地標意義。

其二，嚮往的目標：傳統農業社會，靠天吃飯，生活艱困，因而老百姓期盼日子好過，諸如多蓄田園、人丁旺盛、科舉仕進、興建大宅、經商致富等均是。林家在各方面的表現，有目共睹，而為鄰里鄉親所稱羨，宅院完成於第四代的金同，剛蓋好時既壯觀又精緻，當時即有諺語，指人家說話好聽又漂亮，就說：「好聽（廳）！好聽貓同厝啦！」金同因為臉上坑疤甚多，小時被叫做「貓同」，所以說好聽的話，如金同所建大廳一樣漂亮，以示對宅院的讚美。尤有進者，更以林家為學習的榜樣，自我督促，努力圖強，並用來訓勉子弟，認真奮發，希望將來亦能出人頭地，榮耀鄉里。因此，林家的名氣之能婦孺皆知、聲名遠播，供作他人嚮往與勉勵的目標，實有推波助瀾的功效。

其三，參訪的景點：隨著經濟的繁榮，社會的變遷，林家往昔的風光與盛名逐漸褪色，古厝的地標與目標功能也日趨為人們所淡忘。然而近年來，情況已有改觀，因受到多元價值，回歸鄉土，重視古蹟的影響，林家宅第再造生機，重聚焦點，到此參訪者，絡繹於途。如結婚是人生大事，照相紀念勢所必要，古趣盎然的林家宅院就是絕佳的選擇。古裝

---

[6] 林福春，《清代噶瑪蘭古建築藝匠之研究》，頁八四～八五。

戲或連續劇有時為場景的需要，也會在這裡拍製。文化解說、古蹟巡禮、社區訪問和鄉土研究愈來愈熱門，已蔚成風潮，林家宅院深具歷史意義與文化內涵，為參訪行程不能錯過的景點。難得的是，林朝陽和林滄進兩位者老，平易近人，述說詳細，讓來訪者印象深刻。況且林家體認古蹟的意義與價值，願意將古厝登記為「歷史建築」，深得各界感佩，因而樹立林家宅院的新標竿。

三、防衛功能

林家住在外員山，離山區不遠，容易遭受從邊區山上下來出草的原住民和到處出沒的匪徒所害，兼以周圍都是空曠的平野，缺乏天然屏障，比較危險，加上林家資產豐厚，常為盜賊覬覦的對象。因此興建宅院時十分重視防衛，以確保生命財產。

從宅第的建構與佈局來看，林家的防衛措施分成三層。其一，竹圍：傳統農家在居室和院子的四周，種植高聳、密實且有韌性的竹林，特別是刺竹，「旁枝橫生而多堅刺，環植屋外，人不敢犯。」就算突破綿密交錯的竹籬，恐怕也是傷痕累累，因而其能發揮防盜禦蕃的功用。[7]林家也不例外，周邊的牢固竹圍就是第一道防衛，惟這些竹圍已不合時宜，遭到剷除。

其二，院牆：傳統封閉式三合院向內開放，對外隔離，造成內外有別。在心理上，家人覺得身在封閉的庭院，外有高牆阻擋，沒有外力侵害，自然產生安全感。在實質上，通過竹圍的盜賊，已損耗相當的體能，遇到院牆擋住，非身強體壯，否則翻越困難，以致萌生退意，此時家中男丁守在牆內，以逸待勞，匪徒實難得逞。林家的院牆更是完善，設置「銃孔」，增加火力，是為第二道防線。

其三，內牆：如果盜匪聚眾侵襲，連破前述防禦工事，進到庭院，直通窗下，情況看似危急，卻有第三道的保護策施，以林家宅院為例，

---

[7] 陳進傳，〈宜蘭的傳統竹圍與農家〉，載《宜蘭縣傳統竹圍測繪專輯》（宜蘭縣立文化中心，民國八十五年十月），頁六～七。

一者內牆為石砌磚牆，非常堅固，無法損傷，門與窗的強度雖不如牆，但也有好的防衛裝置，如要破壞，亦非易事。再者，正廳與護龍的牆壁也都有「銃孔」，若以戰術而論，正廳受敵，左右護龍可相挾射擊，如右翼受敵，左翼可監控並開火，三方面共同應合，構成火網交叉，實為多邊防衛機制。[8]

根據林滄進的說法，早年林家有壯丁保衛，至今仍留有壯丁使用過的齊眉棍，結實沉甸的齊眉棍充滿歲月潤澤的痕跡。每當生蕃出草日前，鄰居都會躲到古厝內，以防生命不保，因為只有磚牆能防生蕃的火把，而林家先人也不跟鄰居計較，除提供住宿外，也會供應餐食。廚房牆壁是用「土埆磚」製造而成，土埆磚厚度達一尺一，等於整個牆壁厚度，土埆磚因為經過火燒過程具有防火功能。

[8] 林福春，《清代噶瑪蘭古建築藝匠之研究》，頁十一。

四、室內配置

在談室內配置前，先列萬生、萬盛派下簡譜，以利說明。[9]

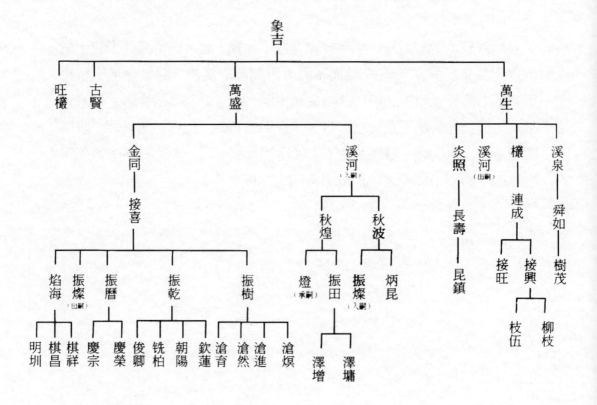

⁹ 林恩顯主編，《林氏大宗譜》（台北，財團法人全國林姓宗廟，民國七十三年十月），頁二七一。

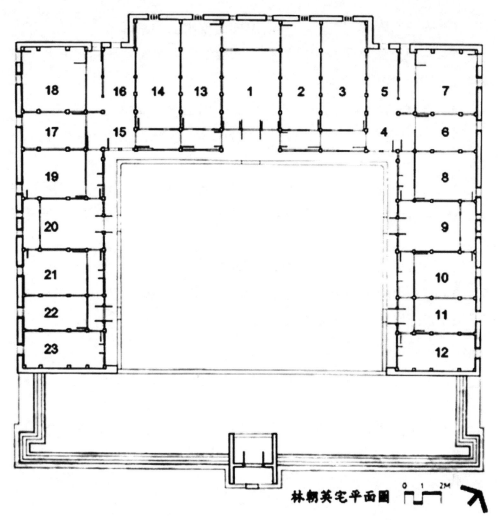

林朝英宅平面圖

　　傳統家族社會講究倫理規範，重視長幼尊卑，反映在建築上，依循
一定的常軌，大都以「龍邊為尊，虎邊為卑」，各行各業皆開龍邊之門，
作為人來由外入內動線的起點。此種取向乃倫理觀念的延伸，亦被應用
在宅第護龍的居室上。一般房間的分配是以公廳為整體重心，由此形成
中軸主線，中軸線的左翼龍邊護龍為尊，右翼虎邊護龍為卑。茲將林家
宅第興建完成後，各房分配住屋，及產權轉移情形，圖示說明如次：

　　1 公廳是家族祭祀所在，為萬生、萬盛派下所共有。

　　2 分配溪河，傳子秋煌，再傳振田，現為其子澤墉所有。

　　3 先傳金同，其後由接喜、振乾、朝陽相續繼承。

　　4 撥交金同，後亦為接喜、振乾、朝陽各代繼承。

5 配付金同，傳給接喜，再傳振樹，現由滄進掌理。

6、7 原為溪泉所有，傳子舜如，舜如考中武秀才後搬到街上，由林振乾購買，現傳給朝陽。

8 分配金同，傳交接喜，再由振樹、滄進先後繼承。

9、10 原屬炎照，交付長壽，再傳昆鎮，後賣給振樹，現是滄進所有。

11、12 先給檣，傳子連成，後讓售給振樹，致使連成子接興無房舍，遂向振樹借地建屋，因而目前地是振樹子滄進所有，房屋屬接興子柳枝。

13 分給金同，後分別由接喜、振曆、慶宗繼承。

14 配予金同，後分別由接喜、焰海、棋祥繼承。

15 產權移轉過程比照 13

16 產權移轉過程比照 14

17、18 先配溪河、後分別由秋波、振燦、雲楠繼承。

19 產權移轉過程比照 2

20、21 原屬溪河，傳子秋煌，再傳的時候，振田、燈都是承嗣，燈住在外地，繼承時讓給振田，振田再過戶澤墉。因此，林燈名下無屋，但為兄弟共有。

22 早期由各房的穀倉，分成三塊，前塊為振田，現是澤墉；中間為振乾，現為朝陽；後面為振樹，現歸滄進。

23 房屋重修時，澤墉加蓋而成。

從這樣的配置，可做如下的討論：

其一，配置屋間大都是長輩過逝，諸子分家或長輩生前主導諸子分房或諸子結婚重行分配房間，但林家比較例外，建造時，象吉前妻生的兩個兒子萬生、萬盛共同出資，竣工後由此兩房的子輩居住，而續絃的兩個兒子古賢、旺欉均未預聞，也就沒有住在一起。同父異母的兒子之所以境遇有別，跟父親無涉，因非父親建造並遺留下來的關係，而是母親不同，造成兄弟隔閡，導致不願合資共建，這種情形是家族分房居住少見的案例。

　　其二，照傳統民宅的空間安排，公廳左邊最大，右邊其次，應該讓萬生諸子居住，但林家卻將公廳的左邊一間給萬盛長子溪河，左邊次間和右邊二間歸於二房次子金同，長房萬生諸子分配右邊稍間和右護龍，確實有違常規。合理的解釋是二房負責此宅院的主要經費與建造工作，因而享有首位的分配權利。再者，溪河是長房過繼為二房長子，就萬盛派下而言，是為大房，所以這間又稱為「大房厝」。復次，溪河雖過繼二房，卻也是長房的骨肉，為兼顧起見，優先機會就讓給溪河。

　　其三，以最早分配的間數而言，長房的溪泉分得 6、7，炎照為 9、10，欉為左護龍的兩個耳間，其餘的都是二房的溪河和金同所有。就此來看，實在不算公平，房間大都盡屬二房，何況長房的兒子，還較二房為多。造成此種現象的唯一說辭，就是如上推測，二房的萬盛出力較大。

　　其四，這些房子的所有權人透過繼承與購買，已傳了三代，權狀有所變更。最後結果，所有產權幾乎掌握在萬盛的裔孫。這說明林家後代非常愛護名聲，內聚力強，如要賣房子，不考慮外人，以家族兄弟為限。購買的一方，也不忍祖產流失，傷及門風，而慨然承購。放眼宜蘭，類似規模的傳統宅院之產權，至今仍如此集中在同一房支，真是鳳毛麟角，十分難得。

第六節、結語

　　林家古厝是族親的居住庇護和心靈安慰之處所，由是顯示多重意義：其一、寧靜：林家宅院遠離城市，迴避街區，沒有眾多的人群，亦無嘈雜的鬧聲，只因它位在鄉村，坐落田間，遠望草綠青山，近看原野平疇，鄰近房屋，院落有致，田間道路乾淨清爽，好一幅寧靜的畫面，駐足其間，感受這寧靜的氣氛，讓人留連，不忍離去。

　　每當傍晚餘暉，老人家出來散步，親切的問候，間有小孩的笑聲，劃破天際，感受更是美好。過不久，夕陽西下，薄霧輕煙，夜幕逐漸低垂，寧靜之餘，不禁想起宋詞「七、八個星天外，兩、三點雨山前，聽取蛙聲一片處」，身處其間，紅塵俗事，無從沾染，榮辱成敗，化作春

夢，不知不覺中，腦海空靈，雜念不生，油然興起安寧靜謐的意境與感受。

　　其二、美感：林家宅第入口門樓的大門上有一橫批，刻曰：「菊美矣」，林老先生的說法是永遠美麗的意思，有的寫成「久美矣」，語辭更白，意涵相同。這固然是建造者的主觀認知，亦為自我期許，當然亦不無誇示的味道。但照實來看，還真是如此，深寓美感，絕非虛言。之一，自然之美：寧靜的環境，清麗的景致，恬靜的村落，都是天然形成，沒有矯飾做作。之二，淳厚之美：悠閒的步調，民居的和諧，親切的往來，彼此誠信相契，稟性敦厚純樸。之三，形制之美：格局的完整，造型的優雅，屋舍的儼然，令人稱讚不已，允稱傳統宅院建築的佳構。之四，雕飾之美：精細的雕琢，調和的彩繪，適宜的裝飾，都是藝匠心血的傑作，觀賞起來十分順眼。之五，文辭之美：對聯文字最為講究，可誦可讀，均是名家之作，如門板上落書「彈琴」、「舞劍」和「吟風」、「弄月」，既能激勵，又堪玩賞。

　　其三、情懷：文物古蹟是前賢造作的成果，為實用與美觀的結合，並見證當年時空背景，但經自然災害與人為破壞，已慘遭損害拆毀，尤其受到科技與經濟的壓迫，情況更是嚴重，目前保持完整的實屬罕見。面對此歷史空間的摧毀與歷史記憶的斷層，有心人士憂心不已，卻又徒呼奈何。加上近年來，鄉土意識的抬頭，鄉土資源的重視，文物古蹟成為不可或缺的一環，藉此激發取代的即為失落與空虛，尊重先賢業績，喚醒尋根意念。反之，如無文物古蹟，這些情懷失去依憑難以產生。慶幸的是，林家宅院雖年代久遠，但仍維持固有形制，饒富古趣，訴說往事，很自然的讓人觸景沉思，緬懷從前，到此參觀者，幾乎都會發出讚嘆，留下深刻感受與心靈印痕，因而泛起鄉土情懷。

　　其四、安實：大致說來，參加古蹟巡禮，是抱著輕鬆休閒的態度，踏上旅途，既是知性，亦為感性，更屬心性。看到舊建築實體了解發展過程，知道歷史事件，就是知性之旅。進而感受良深，流露愛鄉情結，正合感性之旅。同時，領略周圍環境的寧靜，理解宅第與場景的搭配，體會庭院裡散發的安祥氣氛，感慨青史春夢，頓時，寵辱皆忘，成敗無

住，內心充滿安適，性情歸於踏實，即為心性。因此，參觀古蹟有助修心養性，洵不誣也。

　　「樹高千丈，落葉歸根」，是傳統社會的人生哲學，長年在外，到了晚年，總要尋求安身立命，心靈歸宿，「家」就是最好的終老場所。儘管林家各房均事業有成，騰達他鄉，但經常想念故鄉泥土，家園往事。所以林燈願意撥付鉅資，重修宅院，以撫慰心情，充實性靈，彌補在外的遺憾。林朝陽、林滄進和林雲楠等房親，離開職場，步入晚年，由燦爛歸於平靜，回到親切溫馨的老窩，安享晚年，得閒之時，參與社區，招呼訪客。因對這兒的一草一木，一磚一瓦，楹聯詩句，如數家珍，熟悉不過，只要有人來參觀，老先生總是和顏悅色、不厭其煩的娓娓訴說古厝的滄桑歲月。真是守著家園、守著族親、守著自己、守著群眾，滿心感懷，喜悅踏實。

第十三章　宜蘭員山林家的產業經營

第一節、前言

　　林氏家族的祖籍是福建省漳州府漳浦縣廟兜社，依《林氏大宗譜》所載，員山林氏家族只記從十二世開蘭始祖純直公以次至十九世的世系簡表，在此之前的歷代祖先則付闕如，無從查考。[1]而《林家簡譜》僅是某一房支的生卒記年，十分簡單，渡台前的先世均無資料，所以員山林家的歷史只能從渡台開始起算。

　　林家的渡台是老祖媽於嘉慶年間帶九個兒子一起搭船，經過黑水溝從烏石港上岸，後來到二城因途程勞頓而過逝，可見老祖媽是開蘭的始祖，這在宜蘭早期移民史較為少見。老祖媽死後，生活依然窮苦，難以為繼，兄弟相商，不能再困居二城，遂各奔前程，分別發展。結果純直公向南遷移，先是住在宜蘭新店仔，後再搬到員山三鬮二現址附近，從此留住，傳嗣灶、象吉、牛三房，且是比鄰而居，枝繁葉茂，人丁興盛，林家在宜蘭由是開創一片傲人的產業。[2]

　　家族之能壯大興盛，人丁繁眾固然是基本因素，財富的增加也非常重要，如有雄厚的資產，就能望重鄉里，晉身領導階層。因此，每個家族定居後，無不期望榮華富貴，汲汲追逐財利，其必要的過程就是經營產業。

　　何謂產業？「業」含抽象與實體兩種意義，前者為有秩序的經營而作抽象使用，如生業、作業、營業、管業、世業等。另一指經營的物體本身，即別業、產業或與官地對稱的民地、民業。換言之，「業」由抽象意義轉用為實體意義，一者為經營或管理，再者指經營的物體，尤其是田宅等財產，所以山川田野等自然之物由人經營時，始稱為「業」，

---

[1] 林恩顯主編，《林氏大宗譜》（台北，財團法人全國林姓宗廟，民國七十三年十月），頁二七一～二七二。

[2] 本文資料大都根據林朝陽、林滄進兩位耆老及林家其他人士的訪談，謹此致謝，為省篇幅，後文口述資料不再註明。

可增財產，因而「產」與「業」同義。「產」可分為動產和不動產，稱動產為「物」或「財」、「財物」、「家財」；稱不動產為「產」或「業」、「產業」。[3]

　　根據如上說明，早期產業經營是就田地房宅的經營與工廠商務的投資以創造利潤，厚殖財富。當然也有財運不濟，失利賠本或不事生產，揮霍享受，以致錢帛縮水，甚至家道中落。此外，無可諱言的，朝代更替，政策改變，造成財產重新分配，亦為不爭的事實。林家的產業發展透過這樣的討論，大致可以浮現輪廓。

第二節、土地開發

　　田地是農業生產的基本要素，也是傳統社會的財富象徵，亦為階層聲望的具體指標。意即利用土地進行生產事業，隨著土地的擴大與產量的提高，產值也不斷增加，財富滾滾而來，因而興起地主與豪農，而為眾所欽羨，甚至成了地方頭人，「有土斯有財」就是這個道理。尤其在新拓墾區，土地的佔有與利用是墾民首要奮鬥的目標。

一、自行拓荒

　　林家耆老追述，宅第左前處是林家最早開墾的所在，何以看中此地，因這附近是宜蘭從六結、七結到外員山平原的尾閭，地處稍高，不虞水患，再往南延伸，儘是蘭陽溪河道漫流，遇有豪雨，經常改道，遍地砂石，實在不利耕種。外員山及以北地帶雖適農作，但已被先到者佔地為用。好在林家純直公來得還算早，得以在平原與河道間的荒埔，開闢新的天地，找到棲身之所，進而建立基業。這種以大三鬮和外員山作為林家土地開發的分界，可從如下說明得到驗證。
　　（一）、向南發展

[3] 陳金田譯，《台灣私法》，第一卷（台灣文獻委員會，民國七十九年六月），頁一三九～一四一。

　　《林家簡譜》後面附錄其家族於日治時期在各地擁有的田地分佈，茲統計如下：[4]

地區	筆數	比例
員山堡三鬮二	29	0.22
員山堡深溝庄	28	0.21
員山堡吧荖鬱	12	0.09
員山堡洲子庄	36	0.27
浮洲堡粗坑庄	3	0.02
羅東堡竹林庄	1	0.01
清水溝堡歪仔歪庄	3	0.02
員山堡員山庄	11	0.08
民壯圍堡壯七庄	3	0.02
宜蘭街坤門	7	0.05

　　從表列數字明顯看出林家的開發偏重宅第以南的三鬮二、深溝、吧荖鬱、洲仔尾、粗坑等相連的區帶，土地數合共得一百零八筆，超過全部比例的八成；事實上，竹林和歪仔歪地處更南，且為新開墾地帶，亦應歸在同一領域，則比例更高。而北邊緊鄰的員山庄僅有十一筆，約為百分之八。而宜蘭街坤門的七筆土地或許因發跡以後，頗有資產，經常進出市街，再行添置房產，以供使用。可見林家的土地開發採南向政策，且有明顯集中的現象。

[4] 《林家簡譜》，未編頁數，合計登記土地共有三十七頁。

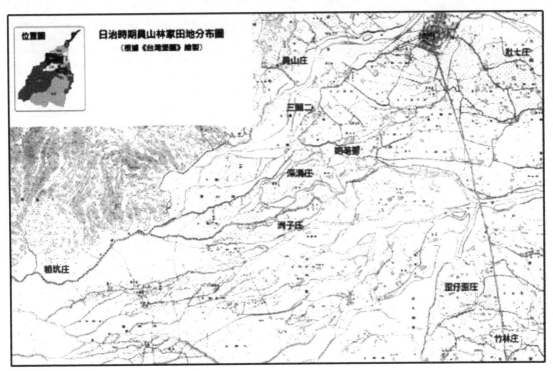

（二）、開荒拓墾

　　基於三鬮二以南的大片土地都是河床與荒野，地力貧瘠，易遭水患，在良田墾盡後，或為新移民的生存選擇，只要肯吃苦耐勞，跟自然搏鬥，與水爭地，抱著聽天由命的心態，努力開墾荒地，終會有所收穫，林家的許多土地就是如此得來。茲舉古文書為例，其一是「立歸就杜賣盡根田契字人林金獅有承伯父遺下鬮分，應得水田一段，地在三鬮二庄，其田經官丈明三甲零。」[5]另一為「仝立贌耕合約字人業主林金同佃人陳阿憨緣同有承祖父遺下鬮分應得水田壹段，地在東勢竹林庄，其田明丈四甲四分零。」[6]從上述兩則來看，金獅和金同均為十五世，其地分別從伯父和祖父象吉鬮分取得，此二人為入蘭的第二和第三代，當時這些地區應還屬荒野，須勤奮開拓，方能成田。再者，他們到此尚非甚久，生活有待改善，仍在起步階段，似無能力購置田產。因此，早期的土地應為林家祖先赤手空拳，自行開墾的結果。

---

[5] 光緒十二年葭月，林金獅為三鬮二庄水田等立歸就杜賣盡根田契。
[6] 明治三十三年十一月，林金同為竹林庄水田等仝立招贌耕合約字。

　　從「地目變更」也可看出有些田是由荒地改善而來。如日治時期「土地異動通知書」將林振樹的三鬮字地番一○六～二號，地目「原」更改為「田」，此「原」當係荒野之地。[7]《林家簡譜》所附的土地登錄，就有多筆在「等則」項下記為「野」、「原野」或「河川」，也是相同道理。[8]「土地公帳謄本」亦記浮洲堡粗坑庄再連三~六號和員山堡三鬮庄一○六號的土地，所開墾可免租，表達類似訊息。[9]

　　同樣地號有時註記「地域變更」，意謂此地的範圍有所變遷，可能原因是這些農地經河川改道，造成地表變化，影響所及，地號的範圍跟著不同，林家「土地公帳謄本」就有數處提到。凡此足以證明林家所擁有的土地，大都是條件很差的區域，而且愈是早期，愈是自行開墾，靠著辛勤勞力，胼手胝足，逐步拓展。

二、逐筆購買

　　人力開墾荒地，耗工費時，為自家生活，還無問題，如要大舉開發，可有兩個途徑，即僱用長工拓墾和購買他人田地。前者也是依賴人力，績效亦屬有限，除非大量僱用，但管理上相當困難。最簡捷的辦法是購買現成的土地，一手付錢，一手交地，銀貨兩訖，頗稱省事。林家早期因尚處貧困，土地均為自行開墾，已如前述。及至後來，少部分乃雇工的成果，多數則購買而來。林朝陽就說：前期土地大部分自己開墾，後來漸漸存錢，再一點一點買，到後期多數用買的，最遠買到二結歪仔歪。林滄進亦提到，剛來開荒時，生活艱苦，賺到錢了，再買土地，加上自己開的田，林家的田越來越多。買地的方式，一小塊一小塊的買，像切豆腐般，一塊一塊的切，逐漸累積。

　　從林家於日治時期所登記的土地，雖有一百多筆，但每筆的面積均不大，可見「一小塊一小塊的買」，應是信而有徵。就現存古文書而言，早在咸豐二年（一八五二），林家就有購買田產的記載。契曰：

[7] 昭和十一年九月，林振樹之土地異動通知書。
[8]《林家簡譜》，未編頁數。
[9] 大正元年十一月林接喜之土地臺帳謄本。

> 仝立杜賣盡根田契字人林允，胞姪乞、岱、德意，姪孫茂盛、和、
> 註仝叔姪等有承祖父遺下自置水田一段，址在三鬮二庄，其田經
> 官丈明參甲零，其田東至吧荖鬱為界，西至林烈田為界，南至楊
> 仰峰為界，北至水圳為界，四至界址明白，併帶茅厝一所，竹圍、
> 稻埕、菜園、樹木、菓子、餘埔壙地一應在內，又帶大埤圳水通
> 流灌足…。外托中引向與宗親林萬盛、古賢觀前來出首承買，當
> 日仝中三面議定時值，盡根田價番面銀陸佰貳拾大圓正，其銀即
> 日仝中兩相交收足訖。[10]

　　林家承買人林萬盛、林古賢兩兄弟尚屬開墾時期的第三代就有財力
添置田產，其勤奮的程度，概可想見。此契為咸豐二年，或許有更早的
交易情形，果真如此，時間還可往前推，則更具土地開發的意義。林家
這種購置田產的現象，持續進行，只要有錢就買。到大正五年（一九一
六）還有契書可證。曰：

> 立杜賣盡根契字人游阿科，緣有土地貳筆，列明於後，今因乏金
> 應用，願將此土地盡行出賣，外托中招得買主林振樹出首承買，
> 當日三面議定時值，盡根地價金連找喜酒席花紅計共金千四百貳
> 拾元，即日仝中交賣主親收足訖。[11]

　　其間經過六、七十年，不斷的收買土地，無怪乎，林家土地毗鄰連
綿，雄富一方。家族發展經數代後，各房支的際遇均有所不同。純直公
移居員山，育有三子，生活情況頓形改善，以二房象吉的表現尤佳，其
次子萬盛及後嗣金同、接喜一派，更是脫穎而出。他們不僅收購外人的
土地，其他房親的田產亦在購買之列。明治三十年（一八九七）年的契
書曰：

> 仝立歸就杜賣盡根田契字人林阿木、春兄弟等，有承先父遺下鬮
> 分應得水田壹段，址在員山堡三鬮二庄值三字拾伍柒號，其田東
> 西四至界址併甲聲分數，俱載在新給紅單字內……。今因乏銀別

---

[10] 咸豐二年十二月，林允叔姪孫等為三鬮二庄田園茅厝等仝立杜賣盡根田契字。

[11] 大正五年十一月，游阿科為三鬮庄土地立杜賣盡根田契字。

創，本母子兄弟相商，甘願將此南畔田業聯竹圍在內，併證明願字據田業一應盡行出賣，外托中引就招得堂叔林金同前來承買。[12]

另一契書是明治三十九年（一九〇六），曰：

立杜賣盡根田契字人堂侄林樹春，有承祖父遺下鬮書，應得水田并建物敷地數筆，座落員山堡三鬮庄……。今因乏銀應用，願將此水田及建物敷地，盡行出賣，乃托中引就向與堂叔林接喜出首承買。[13]

林金同與林接喜為父子關係，分別購買子姪輩的田產，這一房支之能財富日增，凌越別房，實有脈絡可循。

三、招耕收租

土地繼續擴增，終成地主，因事務繁多，地主無法耕種，少部分可僱用長工下田，大多數必須招募佃人贌耕，坐收地租，以收租所得，再購買其他土地，造成併購，財富集中，大地主於焉產生，此為農業社會的常態，林家就是經由此道，登上大戶人家，其事蹟至今仍流傳在鄰閭村落間。茲舉數例，明治三十三年（一九〇〇）的書契曰：

仝立招贌耕合約字人業主林金同、佃人陳阿憨，緣同有承祖父遺下鬮分應得水田壹段……。並帶田寮厝三間半，竹圍、稻埕一應在內，原配圳水通流灌足，今因乏力耕作，憑保認耕人戴老枝招得佃人憨自備工本，前來承贌耕作……。議定佃人全年應納業主小租谷壹佰捌拾石正，分作早七晚三兩季交納清楚。早季應納小租谷壹佰貳拾陸石，晚季應納小租谷伍拾肆石，逐季租谷務要在埕曬乾，經風搧淨，不得濕有抵塞，亦不敢少欠升合。[14]

此為一業主一佃人之例。另有多業主一佃人的情形，昭和九年（一

---

[12] 明治三十年十一月，林阿木、春兄弟為三鬮庄田厝等仝立歸就杜賣盡根田契字。

[13] 明治三十九年十二月，林樹春為三鬮庄水田并建物敷地立杜賣盡根田契字。

[14] 明治三十三年十一月，林金同為竹林庄水田仝立招贌耕合約字。

九三四）有契曰：

> 仝立招贌耕契約書人業主林金井外九名，佃人李赤牛等，緣業主
> 有贌耕土地貳拾筆…。今因業主乏力耕作，佃人托出保認耕人同
> 來承，自備牛工、種子、農器前去耕作，仝場議定。

業主除林金井外，還有林振燦、林振田、林燈、林接興、林接旺、
林振樹、林振乾、林振曆和林焰海等，這九名都是各房支的同一晚輩，
土地雖有二十筆之多，然均為祖上鬮分所得，每筆的面積不大，總計不
過二甲半，佃人承耕，應無問題，所以佃人僅李赤牛一人而已。[15]此外，
亦有數業主、數佃人、數筆土地的案例，可見招贌的情形相當複雜。大
正十一年（一九二二）的契說：

> 仝立贌耕合約簿字人業主林振樹、林振乾、林呂氏，佃人何獅、
> 沈騫富，緣于樹有共業之畑，址在員山庄深溝字杆升巷佃三筆，
> 今因樹等乏力耕作，爰是招得何獅等有自備工資、種子、牛隻，
> 前去耕作，當日三面議定。[16]

第三節、經商投資

財富的增加固然可以依賴購買土地、放耕收租和借貸利息等的方式
為之，惟脫不出勞務所得和本金孳息，數額均不算大，維持小康，當無
問題，如要巨富，須另尋他途，最好的辦法，就是投資工商，經營企業。

一、開設蔗廍

甘蔗為清代台灣重要的經濟作物，多半種在砂土相兼的園裡，正好
將不適種穀物的土地，加以充分利用。其插植情形是，每園四甲，先插
蔗二甲，留二甲，遞年更易栽種，可謂相當粗放。在採蔗製糖方面，則
具相當專業化的色彩，各部門都有明確的分工操作。以專門製糖的廍屋

---

[15] 昭和九年舊八月，業主振樹、林振乾、林呂氏等為深溝畑地仝立招贌耕契約簿字。
[16] 林家，〈仝立招贌耕合約簿字〉，大正十一年舊十一月。

為單位，計用牛十二隻，日夜硤蔗。人工方面，糖師、火工、車工、牛婆、剝蔗工、採蔗尾及看牛共十七人。上園每甲可煎烏糖六、七十擔，中、下園只四、五十擔。鳳山、諸羅、淡水三縣每年出蔗糖約六十餘萬簍，每簍百七、八十觔；烏糖百觔，價值八、九錢，白糖百觔，作銀一兩三、四錢。甘蔗獲利如此之多，且又有「糖斛未出，客人先行買定，糖一入手，即便裝載」的供求情形，怪不得有「全台仰望資生，四方奔趨圖息，莫此為甚」的說法。[17]

　　林家純直公落腳員山後，經拓荒墾殖，漸入佳境，到第三代已頗有積蓄，可以購買土地，特別是二房的萬盛，精明幹練，積極進取，越過蘭陽溪，到二結庄開設「蔗廍」，即製糖廠，此實為清代宜蘭糖業的先驅者之一。萬盛之所以有此創舉，可能他知道製糖是獲利豐厚的產業，守著貧瘠的土地，難以展翅，以致頗思創業，正好手頭也略具資本，因而走上投資之路。再者，從三鬮二以北都是良田，為水稻區域，向南之地，河水漫流，遍佈砂石，雖可拓墾，仍以種稻為要，先行養家活口，不敢貿然改植甘蔗。蘭陽溪對岸的二結，地勢稍高，川流較穩定，少有災患，且為沙土，適合甘蔗的生長。由於萬盛開設糖廠，當其晚年興建林家宅院時，將次級的糖漿加上糯米，麻糬攪拌，發揮水泥的功用，當作屋頂的瓦和牆壁的磚之黏著劑。而且建造的經費，部分也來自糖廠的營利支付。因此，蔗廍的開設，實具多重的經濟價值與實際利益。

　　林萬盛的興辦製糖廠，或許產生兩個連帶效應：其一，二結位在西勢過蘭陽溪到東勢的門戶，向南延伸皆為平原，自萬盛在此種植甘蔗設糖廍以後，影響所及，成為早期蘭陽平原的產業基地，不僅糖廠繼續有人經營，到日治時代，更擴大經營，鄰近地區的甘蔗都往這裡輸送，台南糖業株式會社就設廠於此。曾稱雄東南亞的中興紙業公司，過去與二結人的關係至為密切，百姓生活深受紙廠營運的影響。其二，可能帶動深溝的製糖業，員山鄉深溝村耆老李昆焰曾表示：「咱深溝有一個蔗廍，以前是製糖的所在，目前還保留有一塊當年榨甘蔗的石樁，聽說原本有

---

[17] 陳秋坤，〈台灣土地的開發（一七〇〇～一七五六）〉，載《台灣史論叢》，第一輯（台北，眾文圖書公司，民國六九年四月），頁一八二。

三塊，其他兩塊不知埋在地底何處。」另一耆老陳榮昌也陳述：「深溝的三福廟是土地公廟，要開挖地基蓋新廟時，在舊廟原址挖到以前榨甘蔗汁用的石墩，這才了解，這個地方以前原來是蔗廍。據我所知，這個蔗廍清朝時代就已存在，住在三鬮二有一位叫做林豐正的人也有投資。」[18]

二、企業經營

（一）、投資興殖組合

三星地區位在蘭陽平原的西南邊，地處偏遠，受到河流的阻礙，出入比較不便，加上遠離聚落人潮，且多泰雅人出沒，為開發較晚的平原地帶，長期以來，雖有漢人從事拓墾，但為數不多，倒是平埔族陸續湧入，逐漸增加，成為叭哩沙喃的主人。日治時期，為積極鼓勵人民前往開發，宜蘭廳特於明治三十七年（一九〇四），諭曰：

> 本廳管內浮洲堡叭哩沙原野，可以開墾之地段雖有貳千甲之廣，因時有蕃人出沒或難調查，致天然沃土盡棄荒蕪，實為可惜。今日者該地方防蕃之事，警備幾為周密，暨土地調查事業，不日將可告竣，本廳為該地開墾起見，察其狀況，（每）名每次定二甲以下之程度，准其開闢，以圖產業發達。

包括宜蘭境內的漢人資本家，組織公司招募佃農，拓墾土地，亦有熟蕃數十人申請土地開墾，此外不乏日人以團體或個人型態，投資叭哩沙原野的開發事業，引入新的移民。其中較具規模的是明治三十八年（1905）六月，以黃鳳鳴為首的宜蘭漢人資本家三十一人，組成「宜蘭興殖組合」，在溪南隘勇線擴張後，用民營移墾方式招引開墾的農民，當時共募集一百五十餘戶，每戶分配田兩甲，田一甲，依此推算開墾面積約四百五十甲。翌年十一月，宜蘭興殖組合又投資再連之蕃地，林野一百八十甲、田八十甲、田七十五甲、田寮十二棟、農家三十戶、佃人

[18] 黃鴻禧主編，《話說員山》（宜蘭縣員山鄉公所，民國九〇年三月），頁八四～八六。

二百二十五人。尤有進者，明治四十一年（1908），仍由黃鳳鳴發起十六人集資五萬圓，將宜蘭廳內幾個糖廍合併組織「宜蘭製糖公司」，其甘蔗產地多是在叭哩沙平原所開墾的土地，全部面積三百餘甲。因原有資金不足，且蔗作面積未能達到規模效益，次年四月，計劃增資至二十萬圓，且於宜蘭河、凱旋川兩河沿岸擴增蔗作面積，並興建輕便鐵道運輸。[19]

　　這個「宜蘭興殖組合」成立時，資本額為三萬一千圓，共三百一十股，每股一百元，茲列投資者名單如下：[20]

出資額	持分	住所	姓名	職務
3千圓	30	本城堡宜蘭街	黃庭勳	
3千圓	30	員山堡大湖庄	周庭耀	評議員（理事）
3千圓	30	同上	李珪璋	評議員（理事）
2千圓	20	同上	周家芳	評議員（理事）
2千圓	20	同堡內員山庄	陳朝西	幹事
2千圓	20	同上	陳國樹	
2千圓	20	苗栗廳苗栗三堡	陳啟心	
1千4百圓	14	本城堡宜蘭街	李紹宗	評議員（理事）
1千圓	10	利澤簡堡利澤簡街	莊茂林	監察員（監事）
1千圓	10	本城堡宜蘭街	黃挺華	監察員（監事）
1千圓	10	同上	李樹森	評議員（理事）
8百圓	8	同上	李壁選	
8百圓	8	同上	蔡朝興	
8百圓	8	同上	王黎	
8百圓	8	員山堡	林接喜	
6百圓	6	頭城堡頭圍街	盧廷翰	評議員（理事）
6百圓	6	本城堡宜蘭街	黃鳳鳴	組合長

[19] 廖英杰，《宜蘭近山地區發展過程之研究（一七九六～一九二〇）－樟腦、泰雅與叭哩沙平原》，（台北，中國文化大學史學研究所碩士論文，民國九一年六月），頁一七〇～一七五。

[20] 廖英杰，《宜蘭近山地區發展過程之研究（一七九六～一九二〇）－樟腦、泰雅與叭哩沙平原》，頁一七八。

6百圓	6	同上	黃黎明	
6百圓	6	同上	張尊義	
4百圓	4	同上	林拱辰	評議員（理事）
4百圓	4	同上	黃居敬	
4百圓	4	同上	黃仲凱	
4百圓	4	同上	黃式謨	
4百圓	4	同上	林家趙	
4百圓	4	同上	石秀華	
4百圓	4	同上	陳喜	
4百圓	4	員山堡三鬮庄	游旭元	
2百圓	2	本城堡宜蘭街	陳純精	
2百圓	2	－	李其許	
2百圓	2	－	游棟棵	
2百圓	2	員山堡三鬮庄	曾進益	
			共計 31 人	

　　從如上敘述和表列內容，對林家的經營可做多重解讀。

　　其一，性質相同：土地開墾是增加財富的基本途徑，林家先世進到宜蘭後，就積極的拓墾荒地和購買田產，及至林接喜已累積非常多的土地，欣慰之餘，當會延續過去成功的模式，再找待墾的荒地，叭哩沙雖是很好的目標，有利可圖，但家大田多，需要處理，不克前去開墾，因而知悉宜蘭興殖組合，籌集股金，開拓叭哩沙平原，自然願意入夥，不僅維持擴大開墾，增加土地，且無須親自操持，真是獲益良多。

　　其二，開創新機：林接喜每年靠土地的收租十分可觀，這麼多的財富，除了買地置產，借貸生息外，缺乏更好的投資機會。後來發現集體合股，共同出資的方式，引進不同的事業，可創造更大的效益，所以順應潮流，參加投資的隊伍，為多餘的錢財作更好的安排，於此不難看出林接喜不墨守成規，勇於接受新的觀念，了解如何投資與理財。

　　其三，位置接近：投資與地點的關係相當密切，林家的置產情形就是很好的例證。如前所述，林家的土地，絕大多數位在三鬮二、吧荖鬱、深溝、洲仔、粗坑等區域，其他地方很少，這種土地集中在緊鄰的區塊

內，環境熟悉，就近照顧，便於收租，如要繼續購買，優先考慮附近的土地，否則分散各處，管理上徒增困擾，叭哩沙平原就位在隔蘭陽溪與林家土地相望。換言之，過河即能到達，距離還算近，仍屬有效的掌握範圍，此一延伸性的土地投資，林家當然樂意接受。

其四，晉身領導階層：社會領導階層意謂在地方上享有較高的地位，發揮較大的影響，得到較多的尊重，具體而言，這些人在清代係指具科舉功名的士紳，以及富商、地主、儒士等。在日治時期則為政治、經濟、教育及文化等方面地位重要或表現傑出者，因此，每個家族無不企盼晉身社會領導階層。[21]林家亦復如此，既已坐擁土地，又有科舉秀才，當然願意投資宜蘭興殖組合，何況物以類聚，人以群分，這些投資者均非等閒，各有來頭，科舉、參事、區長、保正、豪農、富商等就是他們的名銜。林接喜出資八百圓，金額偏多，顯現經濟寬裕，更重要的是與這些人同夥共伍，已屬領導階層，享有社會聲望。

（二）、繼續創業

林接喜參加宜蘭興殖組合的投資，其子林振樹克紹箕裘，繼續投資經營，進行合股企業，所謂合股是由數人出資，共同經營事業，其性質如下：

1.合股是兩人以上的契約，並稱合股人為股東，人數並無限制，而且僅在當事人間發生債權關係，合股本身對內部及外部並無法人性質。台人認為合股財產屬於全體股東，股東有合股財產的持分，而不視為與股東獨立的主體。

2.各股東要出資：以金錢及其他動產出資，尚無以信用或勞務出資之例。

3.合股以經商為目的：商業的意義頗難確定，依慣例商業合股包括一般法令認定的商業，因而不僅直接媒介貨物的行為，間接媒介貨物的行為亦包括在內。合股以經商獲利為目的，此點以個人營業的商人無異。

4.合股以店號經營商業：習慣上個人經商，無論有無店號皆得以營

---

21 吳文星，《日據時期台灣社會領導階層之研究》（台北，正中書局，民國八十一年三月），頁五。

業，但合股需要有店號，需要店號的原因可視為避免股東全部成為交易主體，因而合股對外有某種程度的獨立性。

　　合股具有組合性質，合股財產為股東共有，並對交易直接負責，因而合股僅在各股東間發生組合而已，對外不得成為主體。然而合股以店號對外交易，有形式上的獨立性。[22]

　　台灣的商業，需要較多資本者，通常組織合股經營，有些市街的合股營業家數與獨資者為數相若，每家的股東二至十人，資本額一百圓至一萬圓均有。由於合股經營萬般商業，對台灣的經濟發展頗為重要。[23]林振樹就於大正年間，在員山庄與人合股開設商店，其契約書內容如次：[24]

　　　　仝立憑準字人林池緣有與林振樹合股共作金商址在宜蘭郡員山
　　　　庄今因生理著止爰是繳集族親全場會算帳目扣除以外侵欠于振
　　　　樹伸來金額一千八百三十七元四角九分即日將此來往帳內彼他
　　　　人所欠金項五百三十八元四分池又備出現金貳百丹合計金七百
　　　　三十八元四分即日仝交于振樹收討抵額況不足其餘尚欠金額一
　　　　千零九十五元四角當場相商樹應減收金三百九十五元四角五分
　　　　餘者池再立信借金字壹枚字內金七百圓也自此以後無利不論何
　　　　年亦不論多少池當要備出清還樹收回其限內俱載在借用字內利
　　　　息金每年三丹若到還清之年亦要扣抵母金之額亦不敢不還如有
　　　　不還者任從金主請求此係貳此甘愿各無反悔恐口無憑字實可證
　　　　仝立出憑準字壹紙付執為炤
　　　　即日仝立出憑準字壹紙是實再炤
　　　　又批明金合興賬簿計 160 本又結算賬簿三本交于樹收存此炤
　　　　親筆立憑準字人林池
　　　　　知見林樹春
　　　　　公證人族親林連成

---

[22] 陳金田譯，《台灣私法》，第三卷（南投，台灣省文獻委員會，民國八十二年六月），頁三八八。

[23] 陳金田譯，《台灣私法》，第三卷，頁三九〇。

[24] 大正十二年十一月林池為合股共作金商仝立憑準字。契約上登記的林池，耆老更正應為林坤池。

大正十二年壬戌舊曆十一月二十九日親立憑準字人林池

從這份資料的內容，可以看出：其一，此非兩人共同合股的原始契約，因為除店號名稱外，位置地址、開業時間、出資金額、繳款方式、經營項目、帳目管理、盈餘分配等相關問題均付闕如。其二，由於這是清算契約書，終止合股關係，經股東同意後的清償內容，故對兩人之間的金錢來往，跟外界的債權與債務等均有所處理。其三，交出多本賬簿，以供查核清算，並由存續的股東收存。其四，拆夥是件傷感的事，容易鬧出意見，造成糾紛，為求順利解決，特請族親充任公證人，參與清算事務。

台灣向有「富於金砂」的雅稱，宜蘭藏金亦見紀錄，礦產調查也證實不虛，其中蘭陽溪河系中含金之較有希望者為土場段丘。[25]林家的另一房林連成，於大正十三年（一九二四），夥同其他七名，集資合股成立金順發公司，開鑿三星地區烏帽子山、土場山內的金礦及銀、銅礦等，其各項規定與內容具載〈合約書〉，茲錄於後：[26]

> 今股合約者林連成外七名等募集股夥合資開鑿金鑛號金順發公司其開鑿金鑛之座落台北州羅東郡三星庄夕ボノ、烏帽子山、土場山內金、銀、銅、礦等但股份之按作百拾分資金貳千貳百丹每分應出金貳拾丹興工之日先交每分貳丹其餘資金候有出現金、銀、銅之際每分殘金為五期每月六日交納若有不能交納以前開費及股分取削（應作消）不敢異言若有利益之時按作百貳拾分均分但拾分之額分配於發見者游金順應得及至損益資金者游金順拾分以外要照百拾分攤出不得異言合約書各人壹通付執為炤但會計及財務由股內選舉林振樹為充當其股夥氏名列明于左貳拾分林連成 貳拾分林振樹 貳拾分林屋 貳拾分張赤祿 貳拾分朱再枝 貳拾分林連成 八分林照 貳分林呆 拾分游金順
>
> 大正十三年七月一日

---

[25] 唐羽，《台灣採金七百年》（台北，錦綿助學基金會，民國七十四年十月），頁二六七。

[26] 大正十三年七月，林連成外七名等募集股夥的合約書。

此契約透露一些訊息：其一，林家從事企業經營，除二房萬盛、金同、接喜、振樹派下外，大房萬生後裔也是生財有道，善於置產，即是明證。其二，八個股東是林連成、林振樹、林屋、張赤祿、朱再枝、林照、林呆、游金順，其中林姓佔五個，比例極高，深含顯著的血緣傾向，林連成與林振樹更是堂叔姪關係。其三，通常發起人在合股公司成立後，大都居領導地位，林連成負責招募，當然主持大局，而林振樹則擔任會計與業務，可見林家掌控公司實權。其四，林家的視野逐漸廣闊，格局跟著擴展，已由荒地拓墾、設立蔗廍、收租獲利至組合公司，擴大開墾，現已進到合股開礦，追求高利潤的行業。其五，比較巧合的是，金順發礦場座落在土場，與前述林接喜投資的宜蘭興殖組合同在三星庄，可見三星地帶是林家企業向外擴展的主要地盤。由於後來三星靠近山區，形勢受阻，交通不便，是否因而限制林家的發展？至於林家事業之再攀向高峰，並非延續既有的基礎，而是走出三星，離開員山，告別宜蘭，遠赴台北，另闢蹊徑，從新打造，終於開創國產企業王國的林燈。

三、放貸孳息

過去非小康以上的農家，常有手頭不便，生活拮据的情況，如遭逢變故或水旱災禍，收成不佳的時候，更是難以為繼，陷於困境，此時，向人告貸為解決燃眉之急的辦法。當然也有一些人貪圖享受，寅吃卯糧，以致盤纏用盡，不得不伸手借錢維生。既然有背負債務者，相對而言，出借的債權人就應運而生，這些債權人都是地方上土地豐厚、從商致富、經濟寬裕的地主與富商，其以多餘的錢財外借他人，一方面幫助他們渡過難關，再方面獲取利息，增加收入。更重要的是，部分有錢人家以此為生財之道，不斷的出借財物，並賺得息金，這也是一種很好的理財模式。一般農家較通行的借貸可有兩種，即借錢和賣稻穀。先說前者，林家財力雄厚，不乏借貸情事，然此借貸又分信用借款和土地抵押

兩類，以信貸而言，茲舉一例，以概其餘：[27]

> 借用證
> 一金七百圓也
> 但此係是會算信借金額自大正十二年舊曆十一月二十九日起至
> 不論何年何月若有者務宜備出金清還金主親收不敢不還如有不
> 還者任從金主請求期限內每年該貼利息金計參丹也年款年清不
> 得少欠分文此係池甘愿不敢異言口恐無憑爰立借用證壹紙又憑
> 準字壹紙計貳紙付執為炤
> 即日親立借用證壹枚是實再炤
> 右借用確實候也
> 宜蘭郡員山庄三鬮字三鬮二四十一番地
> 親筆借用金人林池
> 知見人林樹春
> 公證人族親林連成
> 大正十二年舊曆壬戌十一月二十九日立借用證壹枚
> 金主林振樹殿

其次是以土地抵押的借貸，茲依昭和八年五月十一日的「土地賃貸
借契約書」所示，賃貸人（債權人）林振樹外七名，賃借人（債務人）
楊進旺，連帶保證人劉井，存續期間自昭和七年舊十一月冬至日至昭和
十三年舊十一月冬至日滿六年，息金納付每年在來種米舊斗額二十三
石，第一期作十六石一斗，舊六月來納付，第二期作六石九斗，舊十月
末納付，納付場所住宅。磧地金四十丹，土地所在宜蘭街字坤門地番二
二九、二三六、二三六－一三筆田地，合計六分一厘八毫六絲，賃貸人
之持分協定為林振樹三十二分之五、林振乾三十二分之三、林焰海三十
二分之一、林振田三十二分之五、林振燦三十二分之五、林振曆三十二
分之一、林金井三十二分之八、林接興三十二分之四。[28]另有，「農地貸
付狀況報告書」之格式，內容大致相同，不再贅述。

---

[27] 大正十二年十一月，林池為信借的借用証。
[28] 昭和八年五月，賃貸人林振樹外七名和賃借人楊進旺的土地土地賃貸借契約書。

　　此外，賣稻穀也是農家通行的借貸方式，即在每季稻穀播種後，會收稻青，就是未熟之稻穀，因為缺錢先賣稻青，到收成時，再交給收成的稻米，稻青價格較低，頭家賺取中間的差價，類似貸款形式，而林家在當時乃大富人家，難免有借貸行為。總之，林家耆老表示：

> 那時有人來借錢，利息不是很好，因不便多收，而且是一年計息一次，每年的冬至日是收利息的日子，如果還錢也是在冬至，沒到冬至不能要錢，佃農繳納田租也在冬至這天，所以冬至在過去是非常重要的日子。

第四節、產業沒落

　　雖然林家有如此多的土地與租額，且從事工商投資，如依上述模式發展，土地愈廣，收租愈多，有了錢就買地，照此循環，應該只會持續增加。事實上，每個家族經過數代的耕耘與購買後，土地積累到相當程度後，開始走下坡，逐漸喪失，甚至囊空殆盡，此為大家族幾乎難以倖免的命運，只是土地變少的原因不盡相同。至於企業經營方面，因宜蘭腹地狹小，產值有限，開礦的資本與技術亦不足，後來也告收攤。林家的土地狀況與產業經營亦相去無多，茲分述其沒落的情形。

一、財產鬮分

　　傳統家族社會認為兒子代表勞力，強調多子多福，因而鼓勵生育。及至父親過逝，名下土地田產必須鬮分，由兒子平均分享，使得一輩子辛勤的所有土地，遭到切割，再也無法集中，這種財產鬮分的現象，週而復始代代重演，使得終生所得的全部土地，化整為零，各兒子僅保有部分田產而已。因此，鬮分是財產的自然分化，隔代減少。爰舉數例為證，同治九年（一八七〇）的契書曰：「仝立合約字人四福、金同等有承父遺下水田壹段，址在三鬮二庄，東西四界址具載丈單內明白，今田

欲分執掌，字據難以分析，於是同堂相商議定，拈鬮分執。」[29]此乃繼承父親遺留的水田，雖尚未分割，但終會處理，各得一半。又明治三十三年（一九〇〇）的契書曰：「仝立招贌耕合約字人業主林金同、佃人陳阿憨，緣同有承祖父遺下鬮分應得水田壹段。」[30]這水田是林金同得自祖父遺下，中間差兩代，根據鬮分原則，其祖父象吉生前應有很多土地，才能蔭及孫子。同樣道理，林接喜有振樹、振乾、振曆、振燦（出嗣）、焰海五子，因一人出嗣，故鬮分為四份，每人各得四分之一，此雖無鬮書可資佐證，卻為家族析產的法則，不能違背，其他各房應復如此。所以再多的土地也禁不起幾次的鬮分，後代子孫田產稀釋是必然的結果，除非自己努力，另行購買。

二、變賣土地

土地是農業的根本，謀生的利器，傳統農家均視其為傳家之寶，只要有錢，價格合理，總會多加購買，非不得已，絕不輕言出售。換言之，如有變賣土地情事，表示情況特殊，大都是好賭成性、耗費過度、遭人欺騙、投資缺錢、作保牽連、境遇艱困等因素，結果田產不斷變賣，導致沒落。以前鴉片是大戶人家的享受，平民只有羨慕的份，日治時代須政府許可。然吸食上癮後，鴉片用錢很多，又頗費時，體力變差，終告無法工作，萬貫家產也承受不起，出售土地成為無法逃避的不歸路。林家素來富裕，多人染上鴉片，以十五世的金井最是晚景堪憐，耆老有生動的描述：

> 一支煙斗狀的筒子，前端有一個小斗，挖一塊約一指結大小的鴉片放入小斗中，用火烘烤到鴉片軟了，再用一支小竹箃攪動到冒煙時開始抽，邊抽邊烘烤，到這一塊鴉片丸抽完也就解癮了。金井因為抽鴉片終身未娶，身上乾黑瘦弱，抽鴉片變得懶散，原本自己煮食，老了以後由兄弟佛德的孩子侍奉，兒孫輩到河裡刺魚

---

[29] 同治九年十一月，四福、金同等為三鬮二水田仝立合約字。

[30] 明治三十三年十一月，業主林金同為東勢竹林庄水田仝立招贌耕合約字。

會拿一些給他，他就用醬油蒸一蒸，一直都只有姪孫陪伴，抽鴉片就像現在吃大麻一樣是毒品，沒有人家女兒願嫁，田地也賣光，身後凋零過世時剩幾毛錢而已。

憨厚的人容易被騙，以致土地遭到變賣，時有所聞，如族親蓄意欺蒙，更是品德有虧。十七世的昆鎮因而土地喪失殆盡，過著清苦的日子。其媳婦回憶婆婆（昆鎮妻）生前的敘述，昆鎮以往住在宅院裡，比較「爛性爛性」（懶惰之意），挑一個擔子收「鴨毛酒矸」賣麥芽糖，頂街下街到處去，因為個性關係被人家「硬房吃軟房」，族親常跟他說：「昆鎮仔印章拿來一下」，田地就像被割豆腐一樣，一塊一塊割去，後來朱□□問昆鎮有沒有賣土地，才知道田地已經被賣得差不多了，每次拿印章就會給個一二十元，卻不知田被割讓了，族親叫甚麼名字不知道，只知道大家叫他老婆「阿□嬸」，昆鎮的兒子文普也提到：

父親做生意回來，會用竹篾做謝籃、畚箕、菜籃等，手藝很好，日治時代就過逝，因土地已被人家賣光，還留下一些債務給我，我到處幫人家割稻子、除草、做工等，一天才幾元而已，約一千多元，後來才還完。

這是土地遭蓄意欺騙變賣，結果家道沒落，甚至積欠債務，兒子做工多年，始能償還。有時變賣土地是有正當理由，如為了投資企業，規劃理財，卻受限於資金不足，如要籌足款項，讓售田產不失為可行的辦法，林振樹的變賣土地即屬此類。他頗曉潮流脈動，參與投資，因而調度資金，曾多次賣地求現，卻又不願土地外流他人，致使買主優先考慮房親，如大正十一年（一九二二）十一月冬至日的三筆土地就是賣給林陳氏菫。同年十二月二十六日三人共有的十四筆土地都轉售林紅九。又依據同年的兩份〈賣買豫約定頭字〉有五筆土地的買主也是房親的林春。上述多筆土地的變賣時間都在大正十一年的年底，可見當時林振樹需款孔急，而他並非揮霍浪費的人，可見是基於投資理財的需要。

三、收租困難

農業社會財富的衡量以田產的多寡和收租的數額為依據。就收租而言，以前田租一百斤稱一石，如土地很多，又分散各地，業主就要到佃農家收租，當然也有佃農自動送上門來。愈是早期，佃人害怕地主不續約而無田可耕，生活陷入困境，對地主非常恭敬，逢年過節，還會贈送土產禮物，以示感謝。但到後來，經濟日趨改善，對地主逐漸冷淡，不再示好，甚至會起爭執，結果徒增收租的困難。收租不易，影響所及，或任其荒廢，或遭到侵吞，或乾脆讓售，造成土地的喪失。林滄進說到，戰後初期，浮洲有「林投班」，林投樹裡窩藏土匪，十分凶悍，經常出沒搶劫，一班人都不敢接近。林家是當時的大地主，常是覬覦的對象，到粗坑收租，被搶在所難免，不給會有殺身之禍，為保命只好犧牲田租，所以後來收租是痛苦的差事。年逾八十的林朝陽亦曰：

> 我曾經到惠好村去「打租」（收租），那是父親時代的佃租，佃農不履行租約，我去收租，這時候的佃農不像以前，古早的佃農對頭家非常客氣，現在的佃農不一樣，繳租拖欠，態度不好，收回自己做，又太辛苦，只好遠到台北就職，我一走父親也無力耕作。

這種現象的結局之一就是求售，林朝陽就提到，原在二結歪仔歪的土地，因早年佃農只有一個，租金好收，後代繁衍多人，繳租拖拖拉拉，有時還收不到，不得已，才開會決定把這些公業處分掉，免得困擾。

四、土地流失

如前所述，《林家簡譜》所附的土地資料，大都在大三鬮、深溝、浮洲、粗坑一帶，皆屬蘭陽溪從粗坑以下的漫流區，每逢颱風或大水時，造成河川改道，土地流失，如大正元年（一九一二）九月二十六日，宜蘭遭暴風雨侵害，深溝庄、大三鬮庄，家屋入水、屋舍流失、全潰、半倒、打壞多間，田園浸水十餘甲，沙庄六、七甲，流失二、三甲，員山庄、金包里古庄，房屋倒毀十八、九戶，橋樑斷壞七、八所；五、六結庄、珍仔滿力庄、芭荖鬱庄，家屋倒塌三十餘棟，田地浸水十餘甲，五

穀物產，深受損害。[31]沒有流失的土地，經洪水肆虐後，表層土壤也被沖蝕大半，不好耕作。當然也可能浮出新的埔地，唯多屬沙礫，亦難種植，何況這些土地產權的歸屬，也是問題。林家耆老說到，大正元年的水災，浮洲那裡的土地就流失一些，事實上，此漫流區土地流失的機會高於其他農地，只是不清楚狀況而已。新生的土地並非林家所能掌有，因此，林家流失的土地較一般地主來得嚴重。

五、徵用土地

公共建設往往需要許多土地，政府機關在執行時，如公地不足就徵用私家土地，地主不能違抗，只得被迫接受，造成重大損失。昭和四年（一九二九）日本政府開始修造員山堤防，歷時七年完成，蘭陽溪從此不再向內城、深溝的方向亂竄，水患因而根除，脫離「做大水」（淹水）的夢魘，確保人民的生命財產，影響至深且巨。然而勢必徵收堤防線上的土地，地主的損失不言可喻。根據林滄進的說法，興建堤防時，二十四股、蚊仔煙埔附近就被使用近二十甲土地。葫蘆大橋上去的一公里處，是土堤和石頭堤的相接處，水流急的地方用石頭砌成，流速緩的就用土造，此石頭建的部分，就是林家原來的土地。戰後，所有權狀還在，曾向政府單位陳請，亦不得要領。這種情形，不僅是地主的嚴重損失，廟宇亦復如此，未建員山堤防前，七賢村的土地連接到對岸三星鄉的清洲，當地人都挑著牲禮，涉過蘭陽溪到再興宮祭拜。後來堤防往河岸外方向興建，很多土地變成蘭陽溪河道，再興宮就位於目前的河床上，逼得內移，後來幾經遷建，終確定於現址。因此，員山堤防把浮洲一分為二，對七賢村的土地損失很大，現三星鄉清洲附近，有些土地還屬於再興宮的廟產，而陷在河床的土地就更多了。可見堤防的興建，對地主的土地之徵用與淪失，真是莫名的傷痛。

六、投資事業的困限

31　〈宜蘭洪水慘狀續報〉，《台灣日日新報》，大正元年九月二十四日，第十版。

　　就產業而言，第三代的萬盛雖獨具慧眼，早在咸、同之際就已到二結開設糖廍，收益頗佳，然並未擴大規模，甚至另創他業；而且半百之齡亡逝，天不假年，無法繼續經營。其孫接喜雖別開新機，與人合股，成立宜蘭興業組合，但仍限於土地開發，惟選在靠近山邊的叭哩沙一帶，以其已近山區，墾地受制，獲利有限；再者，也沒有轉型到其他產業，後就無疾而終，何況接喜三十五歲，即告往生，投資事業也就停擺。簡言之，如跟不上時代腳步，缺乏投資工商業，只守住富農本色，充其量僅能保住局面，如再遇壽命不長，更阻礙企業的發展，一旦大環境改變，財富就有縮水之虞。

　　至於振樹雖長於經營，曾與人集資設立金順發公司，開採礦產，夥同他人共作金飾商店，加上因自家土地多，稻產豐富，順理成章的開設土礱間（輾米廠）。同時，亦曾開設磚窯廠。此外，介入土地買賣，資金周轉，參加農會組合等也是常態工作。這些業務各有贏虧，至少財力仍很雄厚。但大正十一年（一九二二），受到親戚蓄意構陷，財產縮水，損失嚴重，甚至變賣家產，其子林滄進說是為避免破產，先行脫產。經此衝擊後雖困境解決，經濟好轉，但已見折損。因此，雖仍屬富戶，終究還是地方性，至於林家成為全國性的企業大亨，則是在林燈手上完成的。

七、耕者有其田政策

　　農業社會靠耕種為生，理論上說，農民應該有自己的田，生產所得歸給自己，但事實相反，土地大都地主享有，農民泰皆是佃農，其終年辛苦的收成，大半繳付地主，造成農地的分配不均，所得有失公平，造成貧富明顯差距的現象。為解決這個積弊已深的問題，戰後，政府特別實施耕者有其田政策，使農民成為自耕農，擁有合理的土地，得到勞苦的收穫，改善生活狀況，可謂立意良嘉。相對而言，地主雖有補償，仍屬有限，卻損失眾多的土地，而由佃農承領，以致十分痛心，頗有怨言。多年來，許多地主提到耕者有其田政策，想起過去的廣大田園與優渥環

境，而今都已消逝，無奈與感慨，就是最鮮明的寫照。

對此政策的影響，林家耆老曾有深刻的回應，即當時田租一甲地5000斤的稻穀，照三七比例六月冬（前期）拿3500斤，後冬（後期）再拿1500斤，有些心比較狠的，一甲地6000斤到7000斤都有，我們家的佃農只要承租都做好幾代人，我們不會隨便漲租金，沒想到後來土地改革，田全變成別人的。有一些地主很壞，別的佃農加個100、200斤就換人承租。那時候稻子價錢好，人工便宜，以前100斤稻子可以請4～5天的工人，但現在時局不同。當時有土地租給人家耕作，民國四十二年放領，那是政策沒辦法，如果是現在一定抗議，土地是買的為何要放領？雖然發給食物債券與水泥、工礦、農林、紙業等四家公司的股票，但為數不多。土地放領後，佃農原本要交稻租給地主，就不用再交，而且十年後就變成他的田了，現在有田的大部分都是放領得的，不是自己能力買的。那時食物債券一年拿二次，十年共拿二十次，可以領稻穀，可是十年後田沒了，食物券也停發。這是民國三十八年的三七五減租和四十二年耕者有其田，當時政令嚴格，只有乖乖聽話的份，要不然我買的田怎麼要給放領呢？如果是現在可要引起抗爭。目前耕田已經落伍了，極少數還有租田來做，但租金都非常便宜，在洲子那邊也有田給人家做，但沒收租金，只求別長草就好，到下冬（下半年）撒豆青領休耕的錢，如此而已。耕者有其田的結果，土地被徵收，轉為佃農的，影響所及，曾一度造成林家祭祖的中斷，後來總算圓滿解決。第一代的田租800斤，以前100斤稱一石，800斤剛好8石，所以稱「八石公」，輪值者都拿這800斤去使用，沒想到八石公的田被放領，無租可收，就沒人去承認與祭拜，多年後湖底的祖墳重新修造，將分散的舊墓集中，便於掃墓，第一代的祖墳才有歸宿。

第五節、房支與產業的連動

同一祖先派下各房的發展都不儘相同，以財富而言，固然不乏善於經營，席豐履厚；但寅食卯糧，貧無立錐的房親亦或有之。以此檢視員

山林家，大致說來，純直公的傳嗣以第二房象吉較有表現，共育四子，長曰萬生，其孫舜如考中武秀才，為全家族唯一的科舉，得來不易。然論及財富發展，次房萬盛及其裔孫最有成就，整個林家的土地產業，大都是這個房支所建構的，而且愈至後來愈明顯。

純直公生灶、象吉、牛三子，起先是生活在一起，後來各自分居，獨立生活，依林家耆老的說法，先是第三房頗為強勢，很能治產，約於同治初年興建宅第，格局甚佳，精緻典雅，現雖見破損，但仍看出原來風貌，放眼宜蘭，當初有此規模，還真鳳毛麟角。不久，二房象吉前妻所出的萬生和萬盛兩兄弟共同集資建造現存的林家古厝，惟位置受到三房的約束，不能越過三房的建築線。可見林家開蘭的前三代，第三房深具聲勢，就此而論，早期土地應該很多，但缺乏直接證據，無從知悉，倒是二房留存的契書，提到向三房購買土地的資料，似乎透露三房逐漸沒落的訊息。而大房因舊宅第早就改建，難以得知當時的格局，亦無資料研判，耆老亦未特別說明，看來家境小康。因此，林家的發展，最早三房表現優異，但後繼無力，到第三代，二房隨即趕上，從此開創基業。

二房象吉結婚兩次，前妻鄭氏有子萬生、萬盛，後室陳氏育古賢、旺欉，或因母親關係使得兄弟間親密有別，亦即萬生和萬盛是同母所出，二人共同出資興建宅院，至於購買土地，家族置產，初期是共同合買，如咸豐二年（一八五二）十二月，萬盛和古賢合資承購土地。古文書曰：

> 仝立杜賣盡根田契字人林允⋯⋯，茲因乏銀別用，情愿將此物業出賣，先盡問房親伯叔兄弟姪人等，俱不欲承受，外托中引向與宗親林萬盛、古賢觀前來出首承買，當日仝中三面議定時值盡根田價番面銀陸佰貳拾大員正，其銀即日仝中兩相交收足訖。[32]

同年另一件契書的買主則寫「林萬盛等」，表示雖一人出名，卻是兄弟合購，家族共同。契尾曰：「計開業戶林萬盛等買林允等水田壹段坐落三鬮二庄用價銀肆百貳拾柒兩捌錢納稅銀壹拾貳兩捌錢參分肆

---

[32] 咸豐二年十二月林允叔姪孫等為三鬮二庄田園茅厝等仝立杜賣盡根田契字。

厘。」[33]值得注意的是，光緒十二年（1886）的契書提到：「立歸就杜賣盡根田契字人林金獅有承伯父遺下鬮分，應得水田一段。」[34]這個內容顯示：其一，第三代兄弟確實共享財產，後於光緒十二年以前曾經鬮分析產；其二，林金獅為古賢之子，所分得財產係從伯父，即古賢之兄萬盛的名下移出。可見以林萬盛具名，代表家族經營土地田產，應是信而有徵。

日治時代的古文書亦能說明第三代的田產是共有的，昭和六年（一九三一）契約曰：「仝立招贌耕契約人業主林金井外九名，佃人李赤牛等緣業主有贌耕土地貳拾筆，以及小作料支拂期每年地租金併土地連帶等預列明於後，今因業主乏力耕作，佃人托出保認耕人同來承贌。」[35]統計業主共有林金井、林振燦、林振田、林燈、林接興、林接旺、林振樹、林振乾、林振曆、林焰海等十人。依內容所示，二十筆土地由十人共同持有，這十人分屬第三代的個房系，且為不同的世代，應該不可能他們聯合購買，合理的解釋為這些土地先是第三代共有，後來處置，然因土地坐落相同番號緊鄰，各房後裔遂共同招佃耕租，每人依各房鬮分原則，享有應得比例的租金。昭和八年（一九三三）的〈土地賃借契約書〉亦同樣性質，惟書後將各賃貸人的持分標示明確，以利清算與轉售。[36]

儘管第三代維持共同族產的型態，但到第四代，各房的際遇與發展不同，逐漸有所差異。大致說來，以萬盛支派最為出色。萬盛到今二結地區開設蔗廍，經營得法，獲利甚多，晚年主持興建宅院，其子金同更積極添置地，除開拓荒地外，還大量購買土地，其方式一者外人求售，再者向族人價購。前者較為普遍，數量也多，土地增加很快；後者雖機會有限，然亦有數件。茲舉二例，其一為光緒十二年（一八八六），契曰：「立歸就杜賣盡根田契字人林金獅……茲因乏銀費用，獅情願將此田業出賣，父子相商，托中引就向與堂兄和同全母親前來出首承買，當

---

[33] 咸豐二年十二月業戶林萬盛等買水田契尾。
[34] 光緒十二年葭月林金獅為三鬮二庄田屋等立歸就杜賣盡根田契字。
[35] 昭和六年一月業主林金井外九名佃人李赤牛等仝主招贌契約書。
[36] 昭和八年五月賃貸人林振樹外七名賃貸人楊進旺立土地賃貸借契約書。

日仝中三面議定時值歸就盡根。」[37]次年，有一契尾曰：「計開業戶林和同買林金獅田一段，座落三鬮二庄，用價銀玖百零參兩玖錢，納稅銀貳拾柒兩壹錢壹分柒厘。」[38]林金獅是老三古賢的兒子，其土地被老二萬盛哲嗣和同（即金同）收購。簡言之，這是堂兄弟間的土地交易。及至明治三十三年（一九〇〇）十一月，林金同也向大房灶的裔孫買土地，契書曰：

> 仝立歸就杜賣盡根田契字人林阿木、阿春兄弟等，有承先父遺下鬮分應得水田壹段……今因乏銀別創，木母子兄弟相商，甘愿將南畔田業聯竹圍在內，併証明願字據田業一應盡行出賣外，外托中引就招得堂叔林金同前來承買，當日三面議定時值歸就杜賣。[39]

此乃叔姪間的土地買賣。逮至第五代，情況亦復如是，土地終究還是流到萬盛派下。明治三十九年（一九〇六）十二月的契書曰：「立杜賣盡根田契字人堂侄林樹春有承祖父遺下鬮書，應得水田并建物整地貳筆……今因乏銀應用，愿將此水田及建物敷地盡行出賣，乃托中引就向與堂叔林接喜出首承買，當日三面議定時值。」[40]從上述的交易過程，金同及其兒子接喜都是買主，財力富厚，當無庸置疑。接喜生有數男，均能維持家業，尤以長子振樹最為出色，傳承家風，繼續購置土地，如向外人買的，如大正五年（一九一六）十一月，契曰：

> 立杜賣盡根字人游阿科，緣有土地貳筆，列明於後，今因乏金應用，愿將此土地盡行出賣，外托中招得買主林振樹出首承買，當日三面議定時值盡根，地價金連找洗酒席花紅共計金千四百貳拾圓，即當仝中交賣主親收足訖。[41]

有的是堂兄弟讓售，如昭和五年（一九三〇）五月契曰：「一金拾

---

[37] 光緒十二年葭月林金獅為三鬮二庄田屋等立歸就杜賣盡根田契字。
[38] 光緒十三年閏四月業戶林和同買林金獅田契尾。
[39] 明治三十三年十一月林阿木、阿春兄弟等為三鬮二水田等仝立歸就杜賣根田契字。
[40] 明治三十九年十二月林樹春為三鬮二水田并建物立杜賣盡根田契字。
[41] 大正五年十一月游阿科為三鬮二庄土地立杜賣盡根契字。

貳丹也，此金係是與貴殿所豫約於宜蘭郡壯圍庄壯七之共有持分土地，賣渡代金壹相四拾丹之內金也。」後由林樹茂署名給林振樹所開的證明。[42]

放款亦為財力的指標，林振樹因手頭寬裕常出借錢財，甚至族親也向他告貸，有「借用證」為憑，曰：

> 一金八拾五丹也
> 但此自大正五年壹月式拾八日借起至大正仝年舊曆
> 八月式拾四日止限借八個月每丹金每月加式而行計
> 八個月該貼利息金拾參丹六拾錢務宜至期之日每利
> 金備足送還清楚不敢少欠分文此係俱名喜悅爰立借
> 用証壹紙付執為炤
> 　右及借用証也
> 大正五年壹月式拾八日
> 員山堡三鬮庄土名三鬮二　四二番地
> 　　　　　借用人　林昆鎮
> 　　　　　為中人　林連成
> 　　　　　代書人　林寶琛
> 金主　林振樹殿[43]

以上討論的焦點是土地問題，如就企業經營，這個房支也很有作為。第三代的萬盛公已知道糖業的超值利潤，而於二結地區開設糖廠，獲益甚豐，晚年興建規模宏偉的宅院，可惜天不假年，尚未完工，五十歲即告過逝，其子金同守住產業，擴買土地。到了接喜已跟外界仕商合股，成立宜蘭興殖會社，進行大規模的土地開發，晉身名流。再來的振樹，更是多角化經營，對地方多所貢獻。因此，無論就土地或企業的發展來看，這個房支的表現可圈可點，令人稱羨。

由於家族繁衍的關係，第六代有男三十七，除振樹外，林燈的成就尤有超勝，創辦甚多企業，涵蓋許多領域，雄跨各個業界。他雖也是萬

---

[42] 昭和五年五月林樹茂給林振樹的賣地證明。

[43] 大正五年一月借用人林昆鎮向金主林振樹立的借用證。

盛公曾孫,卻不是金同派下,其成功亦非繼承祖業,而是自力更生,別闢蹊徑,確實難得。何況林燈原是三房牛之曾孫燧火的兒子,過繼給萬盛的另一孫子秋煌當養子。依照台灣社會的習俗,「養的大過生的」,意謂養子應重視並歸屬養父家,而與生父的關係較為淡薄。因此,林燈就是萬盛的裔孫,其成就仍然列在萬盛公派下。至於同為第六代的萬盛公子嗣,尚有數人也很有表現,不再一一敘述。按實情狀況,第三房牛的子嗣,即林燈的生父這一房也很有出息,如林參、林振標、林振炎、林永松等人,均甚可觀。總之,林家就以萬盛公派下的理財最具績效,第三房燧火的幾個兒子也很爭氣,光耀家風。

第六節、結語

　　傳統豪門望族的重要指標就是世代綿延、人丁興旺、科舉功名、土地田產、企業經營、宅第院落、義行善舉等,這些條件愈多的家族,得到的尊重與羨慕也愈多。但事實上,完全具備者實屬鳳毛麟角,絕難實現,能有一、二項已是不易,因每個條件均須各方面的密切配合,方克有成,否則還是徒勞無功。其中族產經營雖非傳統家族的核心概念,卻是家族運作的極佳利器,如維持家族發展的經濟來源,支應家族活動的開銷,參與公共事務的後盾,而為形之於外的家族整合力量。以此檢視員山林家,經清代至日治,開創這一片產業,家道榮顯,財富雄厚,以致造成深遠影響,舉其要者有三:其一,興建林家大宅:開蘭第三代的萬生、萬盛以龐大金錢修築宅院,而且蓋得十分牢固,經長期的颱風侵害,仍維護良好,如今成為宜蘭地區唯一留存的清代合院式古厝,彌足珍貴。其二,參與地方公益:林家向來敦親睦鄰,樂於助人,對賑災救濟,捐獻寺廟及其他義行善舉,莫不關照贊助。此外,接喜、振樹二代長期擔任保正,熱心公共事務,推動鄉里建設,甚至或頒獎令。其三,激勵林燈創業:林燈在家族產業的激勵下,宜蘭農林學校畢業,負笈東瀛,返台後,秉承產業經營的家風,抱持學以致用之理念,創辦石棉工業,接著先後成立約四十家公司行號,涵蓋食、衣、住、行、育、樂各

生活層面，蔚為國產實業集團。

　　綜上所述，林家早期的產業經營深切決定林家的發展，易言之，林家之能綿延昌盛，興建大宅，聲明遠播，從產業經營的面向，當可獲致清晰而完整的理解。

參考書目

一、古文書

嘉慶十九年十一月，八寶太和庄魏盛來、李華漢等仝立合約埤水灌蔭字

道光三年八月，吳家鬮分書字

道光四年十一月，陳家仝立鬮書合約字

道光二十年三月，林家仝立鬮書字

道光二十八年六月，林家仝立鬮書約字

道光三十年十月，莊家立約付與兒子字

咸豐二年十二月，林允叔姪孫等為三鬮二庄田園茅厝等仝立杜賣盡根田契字之
　　一

咸豐二年十二月，林允叔姪孫等為三鬮二庄田園茅厝等仝立杜賣盡根田契字之
　　二

咸豐二年十二月，業戶林萬盛等買水田契尾

咸豐四年十一月，潘家仝立囑約字

同治三年十月，仝立鬮書字

同治四年二月，林家仝立鬮書字

同治八年十月，吳梓隆同姪吳旺、吳義成等立杜賣圳契字

同治八年十一月，仝立鬮分字之一

同治八年十一月，仝立鬮分字之二

同治九年十一月，四福、金同等為三鬮二水田仝立合約字

同治十一年十一月，李家仝立再分合約字

光緒二年十月，陳棟哲、陳王坤、陳招賢、陳桂芳等仝立合約字

光緒三年八月，游永佃立永遠杜送地基契字

光緒三年十一月，柯接枝、柯順茂等同立杜賣盡根永圳字

光緒四年六月，林青草、黃永清、林春華、林應元仝立合約字

光緒四年八月，林家仝立鬮書字

光緒四年十一月，吳家全立分管約字

光緒五年九月，藍家全立鬮書字

光緒六年十一月，藍家全立分管合約字

光緒九年十一月，潘家全立鬮分定界各管合約圖說字之一

光緒九年十一月，潘家全立鬮分定界各管合約圖說字之二

光緒十年十二月，李家全立鬮書約字

光緒十一年十一月，吳文章立贌耕字

光緒十一年十一月，吳家全立鬮書字

光緒十二年十一月，潘家全立分管合約字，潘登旺

光緒十二年十一月，潘家全立分管合約字，潘登山

光緒十二年十一月，潘家全立分管合約字，潘鼎

光緒十二年葭月，林金獅為三鬮二庄田屋等立歸就杜賣盡根田契字之一

光緒十二年葭月，林金獅為三鬮二庄田屋等立歸就杜賣盡根田契字之二

光緒十三年閏四月，業戶林和同買林金獅田契尾

光緒十三年五月，李家全立合約字之一

光緒十三年五月，李家全立合約字之二

光緒十四年十月，蔡家全立鬮書字，仁字號

光緒十四年十月，蔡家全立鬮書字，義字號

光緒十四年十月，蔡家全立鬮書字，智字號

光緒十四年十月，蔡家全立鬮書字，信字號

光緒十四年十月，小租戶石復興執照

光緒十六年四月，陳家全立鬮分約字，貴字號

光緒十六年八月，黃家全立鬮書字

光緒十七年二月，潘家全立鬮分公業合約字，忠字號

光緒十七年二月，潘家全立鬮分公業合約字，弟字號

光緒十七年十一月，吳家全立分管合約字

光緒十七年十一月，業主李及西，佃人張愧蕉等同立招贌耕約字

光緒十八年二月，吳光寶立找洗字

光緒十八年十一月，張四合、顏宗輝等同立合約字

光緒十九年十一月，佃人陳娘旺、銀主曾青松仝立招贌耕合約字

光緒二十年十一月，劉家仝立分管字據合約字

光緒二十三年三月，蕭順生立胎借銀字

明治三十年六月，林家仝立拈鬮約簿字

明治三十年十一月，林阿木、春兄弟為三鬮庄田厝等仝立歸就杜賣盡報田契字

明治三十一年四月，四圍堡四結庄、上抵美莊、瑪璘社庄良民等仝立聯庄合約
　　　字

明治三十一年，碧霞宮鸞堂執事姓名

明治三十三年十一月，林金同為竹林庄水田仝立招贌耕合約字之一

明治三十三年十一月，林金同為竹林庄水田仝立招贌耕合約字之二

明治三十三年十一月，業主林金同為東勢竹林庄水田仝立招贌耕合約字

明治三十三年十一月，林阿木、阿春兄弟等為三鬮二水田等仝立歸就杜賣根田
　　　契字

明治三十四年十一月，結首潘龜劉、許阿蚊等仝立合約字

明治三十八年十一月，許家仝立分爨各管合約字

明治三十九年十二月，林樹春為三鬮二水田幷建物立杜賣盡根田契字

明治三十九年十二月，林樹春為三鬮庄水田幷建物數地立杜賣盡根田契字

明治四十三年四月，張家仝立鬮分合約字，次房執義字

大正元年十一月，林接喜之土地臺帳謄本。

大正五年一月，借用人林昆鎮向金主林振樹立的借用證

大正五年十一月，游阿科為三鬮二庄土地立杜賣盡根契字

大正五年十一月，游阿科為之三鬮二庄土地立杜賣盡根田契字

大正十一年舊十一月，林家仝立招贌耕合約簿字

大正十二年十一月，林池為合股共作金商仝立憑準字。契約上登記的林池，耆
　　　老更正應為林坤池。

大正十二年十一月，林池為信借的借用證

大正十三年七月，林連成外七名等募集股夥的合約書

昭和五年五月，林樹茂給林振樹的賣地證明

昭和六年一月，業主林金井外九名佃人李赤牛等全主招墾契約書

昭和八年五月，賃貸人林振樹外七名和貸借人楊進旺的土地土地賃貸借契約書

昭和八年五月，賃貸人林振樹外七名賃貸人楊進旺立土地賃貸借契約書

昭和九年一月，吳家全立鬮分契約證字

昭和九年舊八月，業主林振樹、林振乾、林呂氏等為深溝畑地全立招墾耕契約
　　　簿字

昭和十一年九月，林振樹之土地異動通知書

昭和十八年十一月，黃家過房書

民國三十九年十月，張家鬮書字

李家，〈東西勢田園圖冊〉

二、族譜

江朝開編著
1975《江氏直系歷代族譜》，宜蘭。
江貴章編
1905《江氏族譜》。
江萬哲主編
1958《林氏族志》，台中，新遠東出版社。
李秋茂
1967《李氏族譜—君寵公族系》，宜蘭冬山。
李訓樸
1982《李氏族譜》，宜蘭。
李望洋
1890《隴西李氏族譜》，宜蘭，手抄本。
周炯榆
1991《霞山周氏族譜》，宜蘭。

林青松
——《林啟公世系略譜》，宜蘭，油印本。

林性派主編
1976《林氏大族譜》，宜蘭礁溪。

林恩顯主編
1984《林氏大族譜》，台北，財團法人全國林姓宗廟

林義川
1988《林氏族譜沿源》，宜蘭蘇澳。

唐羽纂修
1983《蘭陽福成楊氏族譜》，台北，信大水泥公司。

張方鏗
1960《張家族譜》，宜蘭。

張建邦主修
1981《宜蘭張氏族譜》，台北。

張國禎
1981《西堡張家族譜》，宜蘭。

陳文隆編纂
1993《鑑湖陳氏源流》，宜蘭。

陳玉崑
1980《陳氏族譜》，宜蘭。

陳永瑞編撰
1984《太傅派陳樸直公族譜》，宜蘭。

陳永瑞、陳文隆編
1992《臺灣陳氏家譜》，宜蘭。

陳兆麟、呂博文編撰
1986《呂氏家譜》，宜蘭。

陳呈禧編輯
1965《胡公派竹林陳家族譜》，手抄本。

陳萬生編撰

1989《陳祿公派下族譜》，宜蘭。

陳喬岳編

1936《擺厘陳氏族譜》，宜蘭。

陳朝洪編

1978《陳氏源流族譜》，宜蘭壯圍。

莊吳王圖編

1984《楊氏譜彙》，台中。

莊為璣、王連茂編

1984《閩台關係族譜資料選編》，福州，人民出版社。

連碧榕

1909《黃姓家譜》，宜蘭，手抄本。

游永德編輯

1980《游氏追遠堂族譜》，宜蘭壯圍，追遠堂管理委員會。

游有財主編

1970《游氏大族譜》，台中，創譯出版社。

黃姓建和祠堂管理委員會

1976《黃榮輝公派下族譜》，宜蘭，油印本。

黃阿熱編

1986《黃純善公家系譜》，宜蘭。

黃茂德

1927《黃姓家族譜故事錄》，宜蘭，手抄本。

黃為

1981《黃氏循直公直系族譜》，宜蘭，手抄本。

黃純善公祭祀公業管理委員會編

——《黃氏家系譜》，油印本

趙鏡心

1978《宜蘭趙氏家譜》，宜蘭，油印本。

蘇溫禧整理

1982《蘇氏武功堂族譜》,宜蘭。

鄭榮春

1901《滎陽鄭氏家譜》,宜蘭,手抄本。

賴宣揚

──《桃川賴氏六修族譜》,手抄本。

賴耀煌

1966《平和賴氏家譜》,宜蘭。

蕭金合等編

1959《松源蕭氏族譜》。

鍾茂樹

1911《鍾氏族譜月朗公派下家譜》,宜蘭。

藍德欽編

1966《藍家族譜》,宜蘭羅東,手抄本。

編輯委員會

1981《祭祀公業李火德祖公祀會沿革》,宜蘭,李氏宗祠敦本堂。

──

1958《吳氏家譜》。

──

──《李仲信派下族譜》。

──

──《洪源簡氏族譜》,宜蘭五結,手抄本。

──

──《康氏族譜》。

──

──《郭氏家譜》,手抄本。

──

1986《曾姓家譜》,宜蘭員山。

——

1981《弘農楊氏家譜》，宜蘭，手抄本。

——

——《葉氏家譜》，手抄本。

三、中日文專書

于大成
1984《古典文學研索》，台北，木鐸出版社。

王必昌
1968《臺灣縣志》，台北，國防研究院。

王玉波
1989《中國家長制家庭制度史》，天津，社會科學院。

王政
1964《社會問題的連環性》，台北，正中書局。

王崧興
1967《龜山島—漢人漁村社會之研究》，中央研究院民族學研究院，專刊之十三。

王滬寧
1991《當代中國村落家族文化—對中國社會現代化的一項探索》，上海，人民出版社。

仁井田陞
1983《支那身分法史》，東京，東京大學出版會復刻。

田仲一成著，錢杭、任餘白譯
1992《中國的宗族與戲劇》，上海，古籍出版社。

甘懷真
1991《唐代家廟禮制研究》，台北，商務印書館。

全祖望

1968《鮚埼亭集》，台北，商務印書館。

池田敏雄

1944《台灣の家庭生活》，台北，東都書籍株式會社台北支店。

伊能嘉矩著，台灣省文獻委員會譯編

1991《台灣文化志》，台灣省文獻委員會。

朱景英

1958《海東札記》，台北，台銀文獻叢刊第十九種。

朱鳳瀚

1990《商周家族形態研究》，天津，古籍出版社。

何光岳、聶鑫森

1991《中華姓氏通書—陳姓》，湖南，三環出版社。

何棟如

1971《何太僕集》，台北，考正出版社，金陵叢書丙集之十四。

何聯奎

1973《中國禮俗研究》，台北，中華書局。

何懿玲

1980《日據前漢人在蘭陽地區的開發》，台北，台灣大學歷史研究所碩士論文。

吳文星

1992《日治時期台灣社會領導階層之研究》，台北，正中書局。

吳秀玉

1991《開蘭始祖—吳沙之研究》，台北，師大書苑公司。

李汝和主修

1972《台灣省通志・政事志・司法篇》，台灣省文獻委員會

李亦園

1992《文化的圖像（上）—文化發展的人類學探討》，台北，允晨文化公司。

李亦園、莊英章

1987《中國家庭之研究論著目錄》，台北，漢學研究中心。

李國祁

1985《中國現代化的區域研究—閩浙台地區（一八六〇—一九一六）》，南港，
　　中央研究院近代史研究所。

李康寧

1988《千年檜》，宜蘭，蘭陽文教雜誌社。

李逢時

——《李逢時先生遺稿》，手抄本。

李曉東

1986《中國封建家禮》，西安，陝西人民出版社。

李樹青

1974《蛻變中的中國社會》，台北，三人行出版社。

余兆波等

1952《宜蘭新治》，宜蘭，聯合版宜蘭分社。

林才添

1986《達庵八三回憶錄》，宜蘭頭城。

林以士等

1930《追遠堂革新期或同盟會宗旨書》，宜蘭，手抄本。

林拱辰

1977《林拱辰先生詩文集》，台北，玉豐出版社。

林美容

1989《人類學與台灣》，台北，稻鄉出版社。

1990《漢語親屬稱謂的結構分析》，台北，稻鄉出版社。

林淑妙

1988《宜蘭地區寺廟文學初探》，台北，業強出版社。

林進發

1934《台灣官紳年鑑》，台北，民眾公論社。

林福春

1998《清代噶瑪蘭古建築藝匠之研究》，台北，巨龍文化公司。

林萬榮編著

1976《宜蘭鄉賢列傳》，宜蘭縣政府民政局。

林萬榮編著

1994《礁溪鄉志》，礁溪鄉公所。

林嘉書

1991《閩台風俗》，西安，陝西人民出版社。

林耀華主編

1990《民族學通論》，北京，中央民族學院出版社。

姊齒松平

1939《本島人ノミ二關スル親族法並相續法大要》，台北，台法月報社。

姊齒松平著，程大學等譯

1983《日治時期祭祀公業及在台灣特殊法律之研究》，台灣省文獻委員會。

屈大均

1985《廣東新語》，北京，中華書局。

直江廣治著，王建朗等譯

1991《中國的民俗文化》，上海，古籍出版社。

金良年

1989《姓名與社會生活》，西安，陝西人民出版社。

姚瑩

1957《東槎紀略》，台北，台銀文獻叢刊第七種。

施添福

1987《清代在台漢人的祖籍分布和原鄉生活方式》，台北，台灣師範大學地理系。

柯培元

1981《噶瑪蘭志略》，宜蘭縣政府。

唐君毅

1980《中華人文與當今世界》，下冊，台北，學生書局。

唐羽

1985《台灣採金七百年》，台北，錦綿助學基金會。

凌昌武、林焰瀧等編

1986《蘭陽史蹟文物圖鑑》，宜蘭縣立文化中心。

徐朝陽

1973《中國親屬法溯源》，台北，商務印書館。

徐惠隆

1992《蘭陽的歷史與風土》，台北，台原出版社。

翁福清、周新華編著

1991《中國古代家訓集成》，北京，中國國際廣播出版社。

高達觀

1978《中國家族社會之演變》，台北，九思出版社。

梶原通好

1941《台灣農民生活考》，台北，緒方武歲發行。

張研

1991《清代族田與基層社會結構》，北京，中國人民大學出版社。

張鴻翼

1989《儒家經濟倫理》，長沙，湖南教育出版社。

高拱乾

1968《台灣府志》，台北，國防研究院。

莊英章

1990《林圯埔——一個台灣市鎮的社會經濟發展史》，南港，中央研究院民族研
　　　究所，專刊乙種第八號。

莊英章、吳文星纂修

1985《頭城鎮志》，頭城鎮公所。

許烺光著，張瑞德譯

1979《文化人類學新論》，台北，聯經出版公司。

許雪姬

1990《龍井林家的歷史》，南港，中央研究院近代史研究所，專刊之五十九。

脫脫等

——《宋史》，台北，藝文印書館。

清水盛光著，宋念慈譯

1956《中國族產制度考》，台北，中華文化出版委員會。

陳孔立

1990《清代台灣移民社會研究》，廈門大學出版社。

陳支平

1991《近 500 年來福建的家族社會與文化》，上海，三聯書店。

1996《福建族譜》，福州，福建人民出版社。

陳文達、鄭喜夫、莊世宗編

1992《日治時期台灣碑文集成》，南投，台灣史蹟研究中心。

陳君愷

1991《日治時期台灣醫生社會地位之研究》，台北，台灣師範大學歷史研究所
　　　碩士論文。

陳金田譯

1993《台灣私法》，第二卷，台灣省文獻委員會。

陳其南

1986《婚姻家族與社會—文化的軌跡（下冊）》，台北，允晨文化公司。

1987《台灣的傳統中國社會》，台北，允晨文化公司。

1990《家族與社會—台灣和中國社會研究的基礎理念》。台北，聯經出版公司。

陳鵬

1990《中國婚姻史稿》，北京，中華書局。

陳淑均

1968《噶瑪蘭廳志》，宜蘭縣文獻委員會。

陳紹馨

1979《台灣的人口變遷與社會變遷》，台北，聯經出版公司。

陳進東

1984《南湖吟草》，宜蘭羅東。

陳進傳

1989《清代噶瑪蘭古碑之研究》，鹿港，左羊出版社。

陶希聖

1966《婚姻與家族》，台北，商務印書館。

郭明昆

1965《中國の家族制及び言語の研究》，東京，泰山文物社。

梁漱溟

1977《中國文化要義》，台北，問學出版社。

連橫

1977《台灣通史》，台北，幼獅文化公司。

費孝通

1948《鄉土中國》，上海，觀察社。

程歗

1990《晚清鄉土意識》，北京，中國人民大學出版社。

黃雯娟

1990《清代蘭陽平原的水利開發與聚落發展》，台北，台灣範大學地理研究所
　　　碩士論文。

黃鴻禧主編

2001《話說員山》，宜蘭縣員山鄉公所。

滋賀秀三

1967《中國家族の原理》，東京，創文社。

傅庚生

1974《中國文學欣賞舉隅》，台中，普天出版社。

馮爾康、常建華

1990《清人社會生活》，天津，人民出版社。

楊杰主編

1992《家範‧家訓》，海口，海南出版社。

楊緒賢

1979《台灣區姓氏堂號考》，台灣省文獻委員會。

楊蔭滸

1990《文章結構論》，長春，吉林文史出版社。

葛劍雄

1991《中國人口發展史》，福州，人民出版社。

廖正雄

1995《宜蘭地方譜系整理暨影像檢索系統計畫》，未刊稿，宜蘭縣立文化中心。

廖風德

1982《清代之噶瑪蘭——一個台灣史的區域研究》，台北，里仁書局。

廖英杰

2002《宜蘭近山地區發展過程之研究（1796-1920）－樟腦、泰雅與叭哩沙平
　　　原》，台北，中國文化大學史學研究所碩士論文。

趙翼

1978《陔餘叢考》，台北，世界書局。

蔡宏進、廖正宏

1987《人口學》，台北，巨流圖書公司。

潘光旦

1987《中國伶人血緣之研究》，上海，商務印書館。

1991《明清兩代嘉興的望族》，上海，新華書店。

潘英編

1987《同宗關係與台灣人口之祖籍及姓氏分佈的研究》，台灣省文獻委員會。

1991《台灣人的祖籍與姓氏分佈》，台北，臺原出版社。

達良

1993《中華姓氏通書－王姓》，湖南，海南出版社。

鄭振滿

1992《明清福建家族組織與社會變遷》，長沙，湖南教育出版社。

盧世標總纂

1969～1970《宜蘭縣志》合訂本，全四冊，宜蘭縣文獻委員會。

錢杭

1994《中國宗族制度新探》，香港，中華書局。

龍冠海
1955《中國人口》，台北，中華文化出版委員會。

薛允升
1968《唐明律合編》，台北，商務印書館。

戴炎輝
1979《清代台灣之鄉治》，台北，聯經出版公司。

蕭國亮
1991《皇權與中國社會經濟》，北京，新華出版社。

謝金鑾
1968《續修臺灣縣志》，台北，國防研究院。

謝維揚
1990《周代家庭型態》，北京，中國社會科學出版社。

謝貴安
1994《中國謠諺文化──謠諺與古代社會》，武昌，華中理工大學出版社。

謝繼昌
1984《仰之村的家族組織》，南港，中央研院民族學研究所，專刊乙種第十二號。

瞿同祖
1937《中國封建社會》，商務印書館。
1982《中國法律與中國社會》，台北，里仁書局。

譚達先
1992《中國民間文學概論》，台北，貫雅文化公司。

羅文華、聶鑫森
1991《中華姓氏通書—羅姓》，湖南，三環出版社。

羅香林
1955《中國民族史》，台北，中華文化出版委員會。
1971《中國族譜研究》，香港，中國學社。

顧炎武

1970《原抄本日知錄》，台北，明倫出版社。

鷹取田一郎

1916《台灣列紳傳》，台灣總督府。

民政局文獻課編輯

1979《宜蘭縣寺廟專輯》，宜蘭縣政府。

追遠堂

1905《林氏追遠堂管理訴訟案相關資料》，宜蘭，林氏追遠堂。

1907《追遠堂管理解除時承認請求事件判決》，宜蘭，林氏追遠堂。

臨時台灣土地調查局

1905《宜蘭廳管內埤圳調查書》，台北，台灣日日新報社。

遠藤寫眞館主

1921《人文薈萃》，台北。

1937《台灣人士鑑》，台北，台灣新報社。

——

1961《台灣私法人事編》，台北，台銀文獻叢刊第一一七種。

——

1963《台灣私法物權編》，台北，台銀文獻叢刊第一五〇種。

——

1964《台案彙錄》，辛集，台北，台銀文獻叢刊第二〇五種。

四、 中日文論文

方建新

1986〈宋代婚姻論財〉，《歷史研究》，總第一八一期，北京，中國社會科學出版社。

方豪

1969 〈清初台灣士人與地方志〉，《方豪六十自定稿》，上冊，台北，學生書局。

毛漢光

1985〈中古大族著房婚姻之研究〉,《歷史語言研究所集刊》,第三十六本第四分,南港,中央研究院歷史語言研究所。

王人英

1963〈台灣農村家庭之一斑〉,《台北文獻》,第六期,台北市文獻委員會。

1973〈宗族發展與社會變遷—台灣小新營李姓宗族的個案研究〉,《民族學研究所集刊》,第三十五期,南港,中央研究院民族學研究所。

王玉波

1988〈傳統的家族認同心理探析〉,《歷史研究》,總第一九四期,北京,中國社會科學出版社。

1993〈從啓動到重建—中國家庭、家族史研究概述〉,《大陸雜誌》,第八十六卷第一期,台北,大陸雜誌社。

王世慶

1977〈台灣地區族譜之調查研究〉,《台灣人文》,創刊號,台北。

1980〈台灣地區族譜編纂史及其在史料上的地位〉,《台北文獻》,直字第五十一、五十二期,台北市文獻委員會。

1994〈談清代台灣蘭陽地區之農田水利開發史料〉,《清代台灣社會經濟》,台北,聯經出版公司。

王承周

1989〈古代家教篇序〉,《古代家教篇》,西寧,青海人民出版社。

王信福譯

1991〈全島書房統計〉,《台灣慣習記事》,中譯本,第五卷下,台灣省文獻委員會。

王思治

1987〈宗族制度淺論〉,《清史論稿》,成都,巴蜀書社。

王啓宗

1989〈清代台灣的風教〉,《台灣史蹟源流研習會研究班講義彙編》,台北,台灣史蹟研究中心。

王崧興

1981〈論地緣與血緣〉,《中國的民族、社會與文化》,台北,食貨出版社。

尹章義

1985〈「非『父系血親繼嗣』制度」初探〉,《第二屆亞洲族譜學術研討會會議記錄》,台北,聯合報國學文獻館。

1989〈台北平原拓墾史研究(一六九七～一七七二)〉,《台灣開發史研究》,台北,聯經出版公司。

白長川

1984〈蘇澳開拓史考〉,《台灣文獻》,第三十五卷第四期,台灣省文獻委員會。

1991〈宜蘭先賢陳輝煌協臺評傳〉,《臺北文獻》,第四十二卷第三、四期,台灣省文獻委員會。

1997〈抗日義民首領林大北〉,《臺北文獻》,直字第一二一期,台北市文獻委員會。

石磊

1992〈房與宗:兩種不同結構類型的漢人繼嗣體系〉,《陳奇祿院士七秩榮慶論文集》,台北,聯經出版公司。

安易

1992〈開蘭舉人—黃纘緒〉,《蘭陽青年》,第九十期,宜蘭,蘭陽青年雜誌社。

朱勇

1991〈清代族規初探〉,《清史論叢》,第八輯,北京,中華書局。

朱鋒

1984〈台灣的鬮書〉,《台灣文物論集》,台北,華岡書局。

艾秀柏

1993〈宗譜與文學〉,《中國家族譜縱橫談》,南寧,廣西教育出版社。

吳仁安

1992〈上海地區明清時期的望族〉,《歷史研究》,總第二一五期,北京,中國社會科學出版社。

吳坤明譯

1987〈全島書房近況〉,《台灣慣習記事》,中譯本,第二卷下,台灣文獻委員
　　會。

吳直雄

1992〈楹聯作法縱橫談──兼及楹聯起源與種類〉,《中國楹聯鑑賞辭典》,南
　　昌,百花洲文藝出版社。

杜正勝

1982〈傳統家族試論(上)〉,《大陸雜誌》,第六十五卷第二期,台北,大陸雜
　　誌社。

杜家驥

1989〈清朝皇族家法及其對清代政治的影響〉,《南開史學》,第二期,天津,
　　南開大學歷史研究所。

宋光宇

1989〈試論明清家訓所蘊含的成就評價與經濟倫理〉,《漢學研究》,第七卷第
　　一期,台北漢學研究中心。

余光弘

1986〈沒有祖產就沒有祖宗牌位?──E.Ahern 溪南資料的再分析〉,《民族學研
　　究所集刊》,第六十二期,南港,中央研究院民族學研究所。

何啟民　1982〈鼎食之家──世家大族〉,《吾士與吾民──中國文化新論社會
　　篇》,台北,聯經出版公司,

李亦園

1993〈民族誌學與社會人類學:台灣人類學研究與發展的若干趨勢〉,《清華學
　　報》,新第二十三卷第四期,新竹,清華大學。

李梴枝

1900〈救濟賑恤(養濟院、育嬰堂、義倉、義塚、義渡、義井等類)議〉,《揚
　　文會策議》、台灣總督府。

李景峰

1991〈古今巧對妙聯大觀序言〉,《中國古今巧對廟聯大觀》,北京,中國文聯
　　出版公司。

李國祁

1986 〈清代台灣社會的轉型〉,《中國近代現代史論集—近代歷史上的台灣》,
　　　台北,商務印書館。

李望洋

1900a〈修保廟宇(文廟、城隍廟、天后廟等類)議〉,《揚文會策議》,台灣總
　　　督府。

1900b〈救濟賑卹(養濟院、育嬰堂、義倉、義塚、義渡、義井等類議),《揚
　　　文會策議》,台灣總督府。

李葆英

1900 〈救濟賑恤(養濟院、育嬰堂、義倉、義塚、義渡、義井等類)議〉,《揚
　　　文會策議》,台灣總督府。

李肇基

1993 〈碧霞宮功德堂歷代先輩芳名錄序〉,《碧霞宮功德堂歷代先輩芳名錄》,
　　　宜蘭,碧霞宮管理委員會。

阮昌銳

1972 〈台灣的冥婚與過房之原始意義及其社會功能〉,《民族學研究所集刊》,
　　　第三十三期,南港,中央研究院民族學研究所。

呂營陳

1983 〈渡世慈帆重印緣起〉,《渡世慈帆》,宜蘭頭城,喚醒堂。

周翔鶴

1994 〈南靖縣和溪、奎洋等地單姓區域形成的探討〉,《台灣與福建社會文化研
　　　究論文集》,南港,中央研究院民族學研究所。

林明德

1994 〈台灣地區宅第之匾聯探索〉,《宜蘭文獻雜誌》,第十一期,宜蘭縣立文
　　　化中心。

1995 〈台灣地區孔廟、書院之匾聯文化探索〉,《台北文獻》,直字第一一二期,
　　　台北市文獻委員會。

林美容

1989〈草屯鎮之聚落發展與宗族發展〉,《第二屆國際漢學會議論文集,民俗與文化組》,台北,中央研究院。

林茂賢

——〈蘭陽俚諺〉,《宜蘭文獻雜誌》各期。

林巽東

1900〈修保廟宇（文廟、城隍廟、天后廟等類）議〉,《揚文會策議》,台灣總督府。

林萬榮

1972a〈盧纘祥傳〉,〈宜蘭文獻〉合訂本,宜蘭縣文獻委員會。

1972b〈陳輝煌傳〉,〈宜蘭文獻〉合訂本,宜蘭縣文獻委員會。

柳立言

1989〈論族譜選錄人物的標準〉,《第四屆亞州族譜學術研討會會議記錄》,台北,聯合報國學文獻館。

卓克華

——〈黃纘緒其人其事〉,《黃纘緒舉人宅拆遷工程調查計畫與研究》,未刊稿,台北,漢光建築師事務所。

唐羽

1987〈契券在台灣史研究上之運用與修譜時之史料價值—以白契為例〉,載《台灣史研究暨史料發掘研討會論文集》,台灣史蹟研究中心。

徐雪霞

1984〈清代宜蘭的發展〉,《台北文獻》,直字第六十九期,台北市文獻委員會。

徐曉望

1988〈試論古代亞細亞生產方式的化石—義門〉,《東南文化),第三輯,江蘇,古籍出版社。

根岸勉治

1959〈日治時代台灣之農產企業與米糖相剋關係〉,《台灣經濟史》,第七集,台北,台銀台灣研究叢刊第六十八種。

許水濤

1989〈從桐城望族的興盛看明清時的宗族制度〉,《譜牒學研究》,第一期,北京,書目文獻出版社。

許雪姬

1992〈日治時期的板橋林家——一個家族與政治的關係〉,《近世家族與政治比較歷史論文集》,南港,中央研究院近代史研究所。

1992〈台灣家族史的研究與展望〉,《台灣史蹟源流研究會八十年會友年會實錄》,高雄市文獻委員會。

1994〈生命怎堪飄零‧家族豈可無史〉,《中國時報》。

陳中民

1967〈晉江厝的祖先崇拜與氏族組織〉,《民族學研究所集刊》,第二十三期,南港,中央研究院民學研究所。

陳亦榮

1991〈從族譜看清代漢人在台灣地區遷徙之特質〉,《第五屆亞洲族譜學術研討會會議記錄》,台北,聯合報國學文獻館。

陳奕麟

1984〈重新思考 Lineage Theory 與中國社會〉,《漢學研究》,第二卷二期,台北,漢學研究中心。

陳志謙

1976〈頭城搶孤〉,《蘭陽》,第七期,台北,宜蘭縣同鄉會,蘭陽雜誌社。

陳長城編著

1976〈蘭陽賢列傳(二)〉,《蘭陽》,第八期,台北,宜蘭縣同鄉會,蘭陽雜誌社。

1977〈吳沙與楊士芳〉,《台灣文獻》,第二十八卷第三期,台灣省文獻委員會。

1979〈前清碩儒陳其華先生事略〉,《蘭陽》,第十九期,台北,宜蘭同鄉會,蘭陽雜誌社。

1982〈介紹前清宜蘭梅林陳氏〉,《台灣文獻》,第三十三卷第二期,台灣省文獻委員會。

1986〈陳氏宗祠鑑湖堂乙丑秋祭祀典簡介〉,《蘭陽》,第四十六期,台北,宜

蘭縣同鄉會，蘭陽雜誌社。

陳秋坤

1980〈台灣土地的開發（一七○○～一七五六）〉，載《台灣史論叢》，第一輯，
　　　台北，眾文圖書公司。

陳美桂

1987〈猶他家譜學會在台蒐集族譜報告〉，《台北文獻》，直字第八十四期，台
　　　北市文獻委員會。

陳祥水

1984〈「公媽牌」的祭祀—承繼財富與祖先地位之確定〉，《民族學研究所集刊》，
　　　第三十六期，南港，中央研究院民族學研究所。

陳朝楨

1900〈救濟賑恤（養濟院、育嬰堂、義倉、義塚　義渡、義井等類）議〉，《揚
　　　文會策議》，台灣總督府。

陳進東

1984〈宜蘭市擺厘陳氏家廟鑑湖堂秋祭祀典簡介〉，《蘭陽》，第四十期，台北，
　　　宜蘭縣同鄉會，蘭陽雜誌社。

陳進傳

1986〈宜蘭傳統建築的現況〉，《蘭陽青年》，第四十五期，宜蘭，蘭陽青年雜
　　　誌社。

1988〈清代噶瑪蘭城之興建（上）〉，《民俗曲藝》，第五十五期，台北，施合鄭
　　　民俗文化基金會。

1989〈開蘭史料的新寵—古文書契單〉，《蘭陽青年》，第七十四期，宜蘭，蘭
　　　陽青年雜誌社。

1990〈清代宜蘭的拓墾社會〉，《台北文獻》，直字第九十二期，台北市文獻委
　　　員會。

1992〈日據時期宜蘭石碑之研究〉，《史聯雜誌》，第二十期，南投，台灣史蹟
　　　研究中心。

1993〈宜蘭鄉土資料書目彙編〉，三之三（下），《宜蘭文獻雜誌》，第四期，宜

蘭縣立文化中心。

陳瑞堂

1983〈繼承〉,《台灣民事習慣調查報告》,台北,法務通訊雜誌社。

陳萬年

1983〈吳沙祖籍初探—漳浦後江與台灣的血緣關係〉,《漳浦文史資料》,新第
　　　三輯,福建省漳浦縣委員會。

陳漢光

1954〈台灣移民史略〉,《台灣文化論集》,第一冊,台北,中華文化出版委員
　　　會。

陳維慶口述,陳長城筆記

1993〈日治時期佃農與私塾生活追憶〉,《台北文獻》,直字第一○六期,台北
　　　市文獻委員會。

張炎憲

1986〈台灣新竹鄭氏家族的發展型態〉,《中國海洋史論文集(二)》,南港,中
　　　央研究院三民主義研究所。

張其昀

1988〈譜系學之新開展〉,《張其昀先生文集》,第十冊,台北,國史館。

張研

1988〈清代族田的性質及作用〉,《清史研究集》,第六輯,北京,光明日報出
　　　版社。

張秋寶

1985〈蘭陽平原的開發與中地體系之發展過程〉,《台銀季刊》,第二十六卷第
　　　四期,台北,台灣銀行。

張惠媛等

1989〈尋找台灣的漳州人—蘭陽平原〉,《漢聲》,第二十二期,台北,漢聲雜
　　　誌社。

張鏡光

1982〈開生路篇〉,載《西堡張家族譜》,宜蘭。

郭松義

1993〈中國家族譜縱橫談序〉,《中國家族譜縱橫談》。

郭紹虞

1985〈諺語的研究〉,《照隅室古典文學論集》,台北,丹青圖書公司。

莊英章

1972〈台灣農村家族對現代化的適應——一個田野調查實例的分析〉,《民族學研究所集刊》,第三十四期,南港,中央研究院民族學研究所。

1974〈台灣漢人宗族發展的若干問題—寺廟宗祠與竹山的墾殖型態〉,《民族學研究所集刊》,第三十六期,南港,中央研究院民族學研究所。

1978〈台灣漢人宗族發展的研究述評〉,《中華文化復興月刊》,第十一卷第六期,台北,中華文化復興運動推行委員會。

1982〈社會變遷中的南村家族—五個家族的個案分析〉,《民族學研究所集刊》,第五十二期,南港,中央研究院民族學研究所。

1985〈台灣宗族組織的形成及其特性〉,《現代化與中國化論集》,台北,桂冠圖書公司。

莊英章、周靈芝

1984〈唐山到台灣:一個客家宗族移民的研究〉,《中國海洋發展史論文集》,南港,中央研究院三民主義研究所。

莊英章、陳運棟

1982〈清代頭份的宗族與社會發展史〉,《歷史學報》,第十期,台北,台灣師範大學歷史研究所。

常建華

1989〈試論中國族譜的社會史料價值〉,《譜牒學研究》,第一輯,北京,書目文獻出版社。

麻國慶

1993〈漢族傳統社會結構與家族〉,《社會科學戰線》,總第六十四期,長春,社會科學戰線雜誌社。

2001〈漢族的家族與村落〉,《人類學理論的新格局》,北京,社會科學文獻出

版社。

傅衣凌

1982〈論鄉族勢力對於中國封建經濟的干涉〉,《明清社會經濟史論文集》,北
　　京,人民出版社。

黃文新譯

1988〈西皮福祿之歷史調查及目前之情勢〉,《台灣慣習記事),中譯本,第三
　　卷上,台灣省文獻委員會。

黃友璋

1900〈救濟賑卹(養濟院、育嬰堂、義倉、義塚、義渡、義井等類)議〉,《揚
　　文會策議》,台灣總督府。

黃秀政

1989〈清代台灣的社會救濟事業〉,《台灣史蹟源流研習會研究班講義彙編》,
　　台北,台灣史蹟研究中心。

黃金山

1988〈漢代家庭成員的地位與義務〉,《歷史研究》,總第一九二期,北京,中
　　國社會科學出版社。

黃福才

1986〈試論清初台灣封建經濟的特徵〉,《清代台灣史研究》,廈門大學出版社。

黃道立

1984〈巨細畢收博而能斷—論章學誠編修地方志的理論與實踐〉,《中國地方史
　　志論叢》,北京,中華書局。

黃寬重

1982〈從塢堡到山水寨—地方自衛武力〉,《吾土與吾民—中國文化新論社會
　　篇》,台北,聯經出版公司。

黃應貴

1984〈光復後台灣地區人類學研究的發展〉,《民族學研究所集刊》,第五十五
　　期,南港,中央研究院民族學研究所。

葉妙娜

1986〈東晉南朝僑姓世族之婚媾〉,《歷史研究》,總第一八一期,北京,中國社會科學出版社。

馮爾康

1989〈宗族制度對中國歷史的影響──兼論宗族制與譜牒學之關係〉,《譜牒學研究》,第一輯,北京,書目文獻出版吐。

1993〈清史的譜牒資料及其利用〉,《中國家族譜縱橫談》,南寧,廣西教育出版社。

溫振華

1981〈清代台灣漢人的企業精神〉,《歷史學報》,第九期,台北,台灣師範大學歷史研究所。

1986〈二十世紀上半葉宜蘭地區的人口流動〉,《歷史學報》,第十四期,台北,台灣師範大學歷史研究所。

廖風德

1983〈清代台灣社會的暴力衝突──以噶瑪蘭地區爲例〉,《歷史學報》,第一期,台北,政治大學。

1987〈清代台灣婚約中反映之婚制〉,《歷史學報》,第五期,台北,政治大學。

潘宏立

1992〈港垵的祖厝與宗族〉,《惠安人研究》,福建教育出版社。

潘英

1988〈台灣地區同籍聚落及同姓聚落探索〉,《台北文獻》,直字第八十四期,台北市文獻委員會。

劉王惠箴著、孫隆基譯

1980〈中國族規的分析:儒家理論的實行〉,《儒家理想的實踐》,台北,商務印書館。

劉紹猷

1983〈親屬〉,《台灣民事習慣調查報告》,台北,法務通訊雜誌社。

劉翠溶

1980〈近二十幾年來歐美歷史人口學之發展〉,《史學方法論文選集》,台北,

華世出版社。

鄭振滿

1989〈明清福建的里甲戶籍與家族組織〉,《中國社會經濟史研究》,總第二十
　　　九期,廈門大學。

1991〈中國家族史研究:歷史學與人類學的不同視野〉,《廈門大學學報》,第
　　　四期,廈門大學。

1992〈清代台灣鄉族組織的共有經濟〉,《清代區域社會經濟研究》,上冊,北
　　　京,中華書局。

鄭喜夫

1977〈李靜齋先生年譜初稿〉,《台灣文獻》,第二十八卷第二期,台灣省文獻
　　　委員會。

鄭德華

1991〈清代廣東宗族問題研究〉,《中國社會經濟史研究》,總第三十九期,廈
　　　門大學。

歐陽宗書

1989〈從字輩譜透視中國傳統文化的內涵〉,《譜牒學研究》,第一輯,北京,
　　　書目文獻出版社。

1992〈合二姓之好傳祖宗血脈—從家譜透視中國古代宗族婚姻〉,載《中國民
　　　間文化》,第七集,上海,學林出版社。

廖正雄

2000〈宜蘭縣史館館藏譜系簡介－兼談如何製作家譜〉,《宜蘭文獻雜誌》,第
　　　四十七期,宜蘭縣文化局。

蔡淵絜

1983〈清代台灣社會領導階層的組成〉,《史聯雜誌》,第二期,台北,台灣史
　　　蹟研究中心。

1983〈清代台灣社會領導階層性質之轉變〉,《史聯雜誌》,第三期,台北,台
　　　灣史蹟研究中心。

1983〈清代台灣基層政治體系中非正式結構之發展〉,《歷史學報》,台北,台

　　　灣師範大學歷史研究所。

1985〈清代台灣行郊的發展與地方權力結構之變遷〉,《歷史學報》,第七期,
　　　台中,東海大學歷史研究所。

盧世標編

1972〈楊進士士芳年表〉,《宜蘭文獻》合訂本,宜蘭縣文獻委員會。

戴炎輝

1963〈清代台灣之家制及家產〉,《台灣文獻》,第十四卷第三期,台灣省文獻
　　　委員會。

謝繼昌

1982〈中國家族研究的探討〉,《社會及行為科學研究的中國化》,南港,中央
　　　研究院民族學研究所,專刊乙種之十。

顏立水

1991〈閩南傳統婚俗中的"重男輕女"〉,《閩台婚俗》,廈門大學出版社。

藍懷生

1975〈全國唯一岳武穆王廟早建在蘭陽〉,《蘭陽》,第二期,台北,宜蘭縣同
　　　鄉會,蘭陽雜誌社。

譚其驤

1987〈湖南人由來考〉,《長水集》,上冊,北京,人民出版社。

1987〈晉永嘉喪亂後之民族遷移〉,《長水集》,上冊,北京,人民出版社。

龔鵬程

1986〈宗廟制度論略〉,《思想與文化》,台北,業強出版社。

五、英文書目

Ahern, E.N.

1973 The Cult of the Dead in a Chinese village, Stanford, Stanford University
　　　Press.

Chen, Chi-Lu

1980 "Lineage Organization and Ancestal Worship of the Taiwan Chinese ", Studies and Essays in Commemoration of the Golden Jubilee of Academia Sinica, Taipei, Academia Sinica, pp. 313-332.

Cohen, M. L.

1969 "Agnatic Kinship in South Taiwan", Ethnology8(2), pp. 167-182.

1970 "Developaental Process in the Chinese Domestic Group", in Maurice Freedman, ed., Family and Kinship in Chinese Society, Stanford, Stanford University Press, pp. 21-36.

1976 House United, House Divided: The Chinese Family in Taiwan, New York, Columbia University Press.

Ebery, P. B. & Watson, J.L.

1986 Kinship Organization in Late Imperial China, 1000-1940, Berkeley, University of Cali, Press.

Freedman, M.

1958 Lineage Organization in Southeastern China, London, University of London, Athlone Press.

1966 Chinese Lineage and Society: Fukien and Kwang Tung, London, University of London, Athlone Press.

Gallin, Bernard

1966 Hsin Hsing, Taiwan: A Chinese Village in Change, Berkeley, University of Cali. Press.（蘇兆堂譯，《小龍村—蛻變中的台灣農村》，台北，聯經出版公司，民國 68 年 5 月）

Hseih Ji-Chang & Chuang Ying-chang eds.

1985 The Chinese Family and its Rital Behavior, Taipei, Institute of Ethnology, Academia Sinica.

Hu, Hsien-Chin

1985 The Common Descent Group in China and its Functions, Taipei, Reprinted by Southern Materials Center, Inc.

Liu Wang, Hui-chen

1959 The Traditional Chinese clan Rules, New York, J.J. Augustin Incorporated publisher press.

Messill, J. N.

1979 A Chinese Pioneer Family: The Lins of we-Feng, Taiwan, 1729-1895, Princeton, Princeton University Press. (王淑琤譯,《霧蜂林家—台灣拓荒之家 1929-1895》, 台北, 文鏡出版社, 民國 85 年)

Pasternak, B.

1968 "Atrophy of Patrilineal Bonds in a Chinese Village in Historical Perspective", Ethnohistory 15(3) , PP. 293-327.

1969 "The Role of the Frontier in a Chinese Lineage Development." Journal of Asia Studies 28(3), PP. 551-561.

1972 Kinship and Community in two Chinese Village, Stanford, Stanford University Press.

Reischauer, E.o. & Fairbank, J.K.

1960 East Asia: The Great Tradition, Harvard University Press.

Matson, J.L.

1975 Emigration and Chinese Lineage, Berkeley and Los Angeles, University of Cali. Press.

1982 "Chinese Kinship Reconsidered: Anthropological Perspective on Historical Research", The China Quarterly 92, pp. 589-622.

Watson, R.S.

"The Creation of a Chinese Lineage: The Teng of Ha Tsuen, 1669-1751", Modern Asian Studies 16(1), pp. 69-100.

Wolfe, A.P. & Huang, Chieh-shan

1980 Marriage and Adoption in China, 1845-1945, Stanford, Stanford University Press.

國家圖書館出版品預行編目資料

陳進傳臺灣史研究名家論集/陳進傳　著者. -- 初版. -
臺北市：蘭臺, 2016.8
面；　公分
ISBN 978-986-5633-41-7 (精裝)
1.臺灣史　2.文集

733.2107　　　　　　　　　　　　　　　105010487

陳進傳臺灣史研究名家論集

著　　者：陳進傳
主　　編：卓克華
編　　輯：高雅婷
封面設計：塗宇樵
出 版 者：蘭臺出版社
發　　行：蘭臺出版社
地　　址：台北市中正區重慶南路 1 段 121 號 8 樓之 14
電　　話：(02)2331-1675 或(02)2331-1691
傳　　真：(02)2382-6225
E—MAIL：books5w@gmail.com 或 books5w@yahoo.com.tw
網路書店：http://bookstv.com.tw/、http://store.pchome.com.tw/yesbooks/、
　　　　　　http://www.5w.com.tw、華文網路書店、三民書局

經　　銷：成信文化事業有限公司
電　　話：(02)2219-2080　　　　傳　真：(02)2219-2180
地　　址：台北市中正區重慶南路 1 段 121 號 5 樓之 11 室
劃撥戶名：蘭臺出版社　帳號：18995335
網路書店：博客來網路書店 http://www.books.com.tw
香港代理：香港聯合零售有限公司
地　　址：香港新界大浦汀麗路 36 號中華商務印刷大樓
　　　　　　C&C Building, 36,Ting, Lai, Road, Tai,Po, New,Territories
電　　話：(852)2150-2100　　　　傳真：(852)2356-0735
總 經 銷：廈門外圖集團有限公司
地　　址：廈門市湖裡區悅華路 8 號 4 樓
電　　話：(592)2230177　　　　傳　真：(592)-5365089
出版日期：2016 年 8 月初版
定　　價：新臺幣 2000 元整　　（全套新台幣 28000 元正，不零售）
ISBN：978-986-5633-41-7